Neckarsulm
Die Geschichte einer Stadt

NECKARSULM

Die Geschichte einer Stadt

Herausgegeben von der Stadt Neckarsulm

Mit Beiträgen von
Wolfram Angerbauer, Dorothea Bader, Willi A. Boelcke,
Michael Diefenbacher, Immo Eberl, Gudrun Emberger,
Barbara Griesinger, Dieter Herlan, Rolf Herrmann,
Anton Heyler, Christina Jacob, Uwe Jacobi,
Erhard Klotz, Marlene Maurhoff, Hermann Rabaa,
Werner Thierbach, Heinz Thudium und August Vogt

Redaktion: Barbara Griesinger

Theiss

Die Deutsche Bibliothek –
CIP-Einheitsaufnahme

Neckarsulm:
Neckarsulm. Die Geschichte einer Stadt /
hrsg. von der Stadt Neckarsulm.
Mit Beitr. von Wolfram Angerbauer ... –
Stuttgart: Theiss, 1992
   ISBN 3–8062–0883–2
NE: Angerbauer, Wolfram:
Neckarsulm. Die Geschichte einer Stadt; HST

Schutzumschlag: Mathias Hütter,
Schwäbisch Gmünd

© Konrad Theiss Verlag GmbH & Co.,
Stuttgart 1992
Alle Rechte vorbehalten
Satz und Druck: Druckhaus Horch KG,
Neckarsulm
Printed in Germany
ISBN 3-8062-0883-2

Geleitwort

Es gibt aus der jüngeren Zeit eine ganze Reihe von Publikationen, die sich mit der Stadt Neckarsulm beschäftigen, aber all diese Werke behandelten jeweils nur einen Teil der Stadtgeschichte, oder sie beziehen sich auf bestimmte Ereignisse oder neue Einrichtungen. Zuletzt wurde „Die Geschichte Neckarsulms" von dem früheren Oberkirchenrat Franz Joseph Maucher im Jahre 1901 geschrieben und herausgegeben. Anton Heyler veröffentlichte dann 1955 eine „Chronik 1900 bis 1950. Neckarsulm im Auf und Ab eines halben Jahrhunderts", die er 1989 um die „Chronik 1951 bis 1976" ergänzte.

Über die früher selbständige Gemeinde Obereisesheim, heute Stadtteil von Neckarsulm, erschien anläßlich der 1200-Jahr-Feier 1967 eine Ortschronik.

Es war also an der Zeit, die Geschichte der Großen Kreisstadt Neckarsulm nach dem heutigen Wissensstand neu zu schreiben und fortzuführen. Heute liegt das neue Heimatbuch Neckarsulm vor.

18 Autoren haben die Geschichte unserer Stadt neu geschrieben, jeder für seinen Bereich. Jeder Verfasser trägt deshalb auch die Verantwortung für seinen Beitrag. Insgesamt ist meines Erachtens ein sehr gut lesbares und eindrucksvolles Werk entstanden, das als Informationsquelle hervorragend geeignet ist.

Ich hoffe und wünsche, daß möglichst viele Bürger unserer Stadt von diesem Angebot Gebrauch machen und unsere Stadtgeschichte mit Interesse lesen. Ich bin sicher, daß sie dabei erkennen werden, daß die Gegenwart ohne die Vergangenheit nicht erfaßt und begriffen werden kann und daß das, was wir heute erleben und mitgestalten, die Geschichte von morgen ist.

Ich bedanke mich bei allen Autoren für ihre Mitwirkung, ganz besonders bei Frau Barbara Griesinger, die als Historikerin und Verantwortliche für unser Stadtarchiv die Konzeption entwickelt und die Redaktion übernommen hat. Ebenso danke ich Herrn Oberverwaltungsrat Volker Blust als Leiter des zuständigen Fachamts und dem Konrad Theiss Verlag, Stuttgart, für die mit der Herausgabe dieses Heimatbuches verbundenen Anstrengungen.

Dr. Erhard Klotz
Oberbürgermeister

Vorwort

Fast genau 90 Jahre nach dem Erscheinen der ersten und bisher einzigen Stadtgeschichte Neckarsulms hat sich die Große Kreisstadt nun zur Herausgabe eines neuen Heimatbuches entschlossn. In dem knappen Jahrhundert, das zwischen dem Erscheinen dieser beiden Bücher liegt, hat sich nicht nur das äußere Erscheinungsbild, sondern auch die innere Struktur der Stadt drastisch verändert.

Der Schwerpunkt des neuen Bandes liegt deshalb auf der Zeit, die der damalige Autor, Stadtpfarrer Franz Joseph Maucher, nur noch streifte. Im Zentrum der Betrachtung stehen das 19. und 20. Jahrhundert, in denen sich das alte Weingärtnerstädtchen zur bedeutenden Industriestadt entwickelte und seine heutige Prägung erhielt.

Hatte Stadtpfarrer Maucher zu Anfang dieses Jahrhunderts die Geschichte von Neckarsulm noch allein schreiben können, so ist das heute bei der Vielfalt der Themen nicht mehr möglich. Deshalb hat sich ein Team von Autoren – Lokalforscher und Wissenschaftler von außerhalb – zusammengetan, um alle Facetten der Stadtentwicklung zu beleuchten. Viele Autoren – das heißt zugleich viele unterschiedliche Sichtweisen, Blickwinkel und Methoden. Dies wurde von Herausgeber und Redaktion als Bereicherung des Buches gesehen. Nur bezüglich des Umfangs mußten den Verfassern Grenzen gesetzt werden. Manches konnte deshalb nicht in der ursprünglich gewünschten Anschaulichkeit und Detailliertheit vor dem Leser ausgebreitet werden. Manches konnte nur angerissen, manches mußte ganz zurückgestellt werden. So ist es der Wunsch der Redakteurin, daß die vorliegende Stadtgeschichte über den lebendigen Einblick in Werden und Wachsen der Stadt Neckarsulm hinaus Anstoß sein möge für künftige stadtgeschichtliche Forschungen und Publikationen. Nach fünf Jahren intensiver Zusammenarbeit ist es nun aber auch meine angenehme Pflicht als federführende Redakteurin, allen Autoren für das fruchtbare gemeinsame Wirken zu danken, das die neue Neckarsulmer Stadtgeschichte zustande kommen ließ. Mein Dank gebührt nicht zuletzt der Stadt für die immerwährende Unterstützung der Arbeit.

Mein besonderer Dank gilt dem Direktor des Staatsarchivs Ludwigsburg, Herrn Dr. Alois Seiler, der diesen Band mit vielen hilfreichen und wertvollen Hinweisen und Anregungen gefördert hat. Dank auch allen Kollegen in den Archiven, Bibliotheken und Institutionen, die die Arbeiten der Autoren durch ihre Sachkenntnis, Aufgeschlossenheit und Einsatzfreude unterstützt haben, sowie dem Konrad Theiss Verlag in Stuttgart.

Januar 1992   Barbara Griesinger

Inhalt

Geleitwort	5
Vorwort	6
Die Autoren	10

Der Weg der villa Sulmana zur Stadt

Landschaft und Geologie
von Rolf Herrmann — 13

Vor- und Frühgeschichte im Neckarsulmer Raum
von Werner Thierbach und Christina Jacob — 25

Die *villa Sulmana* als Vorläuferin der Stadt Neckarsulm.
Eine frühmittelalterliche Siedlung und ihre Geschichte
von Immo Eberl — 31

Neckarsulm im Mittelalter
von Barbara Griesinger — 47

Die Amtsstadt Sulm unter dem Deutschen Orden

Die Amtsstadt des Deutschen Ordens 1484 – 1805.
Zur Sonderrolle Neckarsulms unter der Herrschaft des Deutschen Ordens
von Michael Diefenbacher — 77

Weinbau in Neckarsulm vor 1800
von Wolfram Angerbauer — 89

Handwerk und Handel in der Ordensstadt — 99
VON BARBARA GRIESINGER

Altneckarsulm: Ein Gang durch die Ordensstadt — 139
VON AUGUST VOGT

Das Schulwesen in Neckarsulm unter dem Deutschen Orden — 161
VON DOROTHEA BADER

VOM WEINGÄRTNERSTÄDTCHEN ZUR INDUSTRIESTADT

Entstehung und Entwicklung des Oberamts Neckarsulm — 173
VON BARBARA GRIESINGER

Untertanen und Obrigkeit:
Die politische Entwicklung in der ersten Hälfte des 19. Jahrhunderts — 185
VON BARBARA GRIESINGER

Der Untertan wird Staatsbürger:
Von der Reichsgründung bis zur Bundesrepublik — 203
VON DIETER HERLAN

Weinbau in Neckarsulm im 19. und 20. Jahrhundert — 225
VON WOLFRAM ANGERBAUER

Neckarsulm vor der Industrialisierung — 241
VON BARBARA GRIESINGER

Von der Weinstadt zur Industriestadt — 265
VON WILLI A. BOELCKE

Die Arbeiterschaft in Neckarsulm: Vom Proletarier zum Partner — 301
VON DIETER HERLAN

Unter dem Hakenkreuz — 329
VON UWE JACOBI

Wiederaufbau — 355
VON ANTON HEYLER

Inhalt

Die Entwicklung zur Großen Kreisstadt — 373
VON ERHARD KLOTZ

Die Entwicklung der Neckarsulmer Schulen — 383
VON HERMANN RABAA UND HEINZ THUDIUM

Die katholische Kirchengemeinde — 413
VON AUGUST VOGT

Protestantismus in der Diaspora: Die Entstehung und Entwicklung der
evangelischen Kirchengemeinde Neckarsulm — 427
VON GUDRUN EMBERGER

Neckarsulmer Kulturleben — 439
VON MARLENE MAURHOFF

ANHANG

Anmerkungen/Literatur — 455

Personen-, Firmen- und Vereinsregister — 496

Ortsregister und topographisches Register Neckarsulm — 504

Die Ehrenbürger der Stadt Neckarsulm — 507

Bildnachweis — 510

Die Autoren

Dr. Wolfram Angerbauer, Kreisarchivar, Landratsamt Heilbronn
Dorothea Bader, Diplomarchivarin, Staatsarchiv Ludwigsburg
Prof. Dr. Willi A. Boelcke, Lehrstuhl für Wirtschafts- und Sozialgeschichte, Universität Hohenheim
Dr. Michael Diefenbacher, Archivdirektor, Stadtarchiv Nürnberg
Prof. Dr. Immo Eberl, Archivrat, Leiter des Stadtarchivs Ellwangen
Gudrun Emberger, Historikerin, Schorndorf
Barbara Griesinger, Stadtarchivarin, Neckarsulm
Dieter Herlan, Oberstudienrat, Albert-Schweitzer-Gymnasium, Neckarsulm
Dr. Rolf Herrmann, Geologe, Leiter des Naturhistorischen Museums Heilbronn
Anton Heyler, Stadtoberamtsrat i. R., ehem. Leiter des Hauptamts Neckarsulm
Dr. Christina Jacob, Archäologin, Leiterin der vor- und frühgeschichtlichen Abteilung der Städtischen Museen Heilbronn
Uwe Jacobi, Stellvertretender Chefredakteur der „Heilbronner Stimme", Heilbronn
Dr. Erhard Klotz, Oberbürgermeister, Neckarsulm
Marlene Maurhoff, freie Journalistin, Untereisesheim
Hermann Rabaa, Schulamtsdirektor, Neckarsulm
Werner Thierbach, Ingenieur, Neckarsulm
Heinz Thudium, Schulrektor i. R., Neckarsulm
August Vogt, ehem. Leiter der Volkshochschule Heilbronn, Neckarsulm

Der Weg der villa Sulmana zur Stadt

Landschaft und Geologie

von Rolf Herrmann

Die Landschaft

Es ist die Vielfalt der Landschaft um Neckarsulm, die sie besonders reizvoll macht. Man blickt auf die ausgedehnten Wälder des Keuperberglandes mit den ursprünglich natürlichen Eichen- und Buchenwaldungen und den inzwischen immer mehr vorherrschenden Nadelwäldern. An den Südhängen der Berge und Hügel erfreuen üppige Rebkulturen das Auge. Abgerundet wird die Schönheit der Landschaft durch Auen, Wiesen, Ackerflächen und Obstgärten. Allerdings ist die ehemals stille Weingegend inzwischen zu einem betriebsamen Verkehrsschwerpunkt mit all seinen nachhaltigen Folgen für die Natur geworden.

Der mittlere Neckarraum zeigt in seiner Oberflächenbeschaffenheit drei miteinander verzahnte Landschaftstypen:

1. das Neckartal, das sich um Heilbronn zu einer weiten Aue öffnet und im Süden ab Nordheim, im Norden ab Bad Friedrichshall tief in den Muschelkalk einschneidet;
2. die flachwelligen Gäuebenen des Lettenkeupers mit bis zu 15 m mächtigen Lößüberdeckungen, vor allem westlich von Neckarsulm zum Kraichgau hin;
3. die Keuperberglandschaft mit den Löwensteiner Bergen im Südosten und dem Heuchel- und Stromberg im Südwesten mit markanten Schichtstufen.

Die charakteristischen Elemente im Landschaftsbild sind die Gipskeuperhänge mit den Weinbergen und den darüber liegenden bewaldeten Höhenzügen aus Schilfsandstein. Einer dieser Höhenzüge, der Scheuerberg, überragt Neckarsulm. Er ist der Hausberg dieser Stadt.

Das mittlere Neckartal, Teil der schwäbisch-fränkischen Schichtstufenlandschaft, besteht überwiegend aus Mergel- und Sandsteinschichten des Keuper. Er ist die oberste, d.h. jüngste Abteilung der Trias, die aus Bunt-

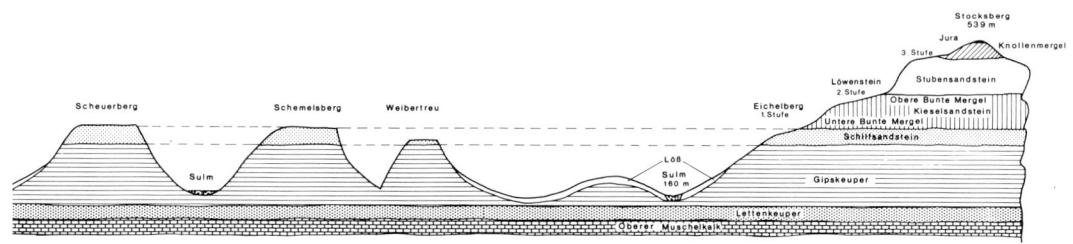

1 Schematischer Schnitt der Schichtstufenlandschaft des Keupers im Sulmtal.

sandstein, Muschelkalk und Keuper besteht. Diese Schichten haben sich vor ca. 200 Millionen Jahren gebildet und prägen unser heutiges Landschaftsbild.

Die Schichtstufenlandschaft mit drei Höhenniveaus ist durch Abtragung über lange geologische Zeiträume hinweg entstanden, indem sich die härteren, verwitterungsbeständigen Schichten als Felsterrassen und Verebnungsflächen und die weicheren, anfälligeren Schichten als Hänge herauspräpariert haben. Der vertikale Wechsel von weicheren, tonigmergeligen Schichten und härteren Sandsteinen bildet die beste Voraussetzung für eine solche selektive Verwitterung und Abtragung.

Von besonderer Schönheit ist das landschaftsbestimmende Sulmtal mit seinen Quellen und Bachläufen, das zu erwandern immer wieder Freude macht. In diesem Zusammenhang ein Wort zur geologischen Arbeit des Wassers. Bei starken Niederschlägen spült der Regen das durch die Verwitterung aufbereitete Gesteins- und Bodenmaterial flächenhaft aus und führt es, dem Gefälle folgend, den nächsten Bachläufen zu. So sind die Bachläufe mit Flußablagerungen wie Schotter, Sanden und Tonschlick aufgefüllt, die bei Hochwasser fortgeschleppt werden und dabei erodierend, d.h. zernagend auf den Untergrund einwirken. Aus Furchen und Rinnen entstehen Schluchten, Täler und Terrassen und formen über lange Zeiträume hinweg das Relief unserer Landschaft.

Neben diesen Kräften des Wassers spielten vor allem noch formgebende Faktoren der Eiszeit eine Rolle, wie z.B. der Löß im Neckar- und Sulmtal. Die bis zu 15 m mächtigen, sehr fruchtbaren Lößschichten wurden in der Eiszeit als feiner Gesteinsstaub vom Gletscherrand der Alpen her durch Winde eingeweht. Im Heilbronner Raum ist der Löß weit verbreitet, 40 Prozent aller Böden bestehen daraus. In ihm und in den Flußschottern des Neckars und der Sulm finden sich zahlreiche Überreste von Mammut, Nashorn, Rentier, Wildpferd u.a., die in der einstigen Lößsteppe der Eiszeit vor ca. 20000 – 30000 Jahren hier zu Hause waren. Nicht nur ihre Spuren finden wir in dieser Schicht; im Löß siedelten auch die Menschen der Steinzeit.

Zur Landschaftsökologie

Neben den Kräften der Natur greift der Mensch immer mehr in die Landschaft ein. Vor allem in den letzten 30 bis 40 Jahren hat er

ÖKOTOPE		
Morphotop	Bergzone
Biotop	Wald
Klimatop	Bergklima
Pedotop	Braune Waldböd...
Hydrotop	
Lithotop	Schilfsandste...

Zur Landschaftsökologie

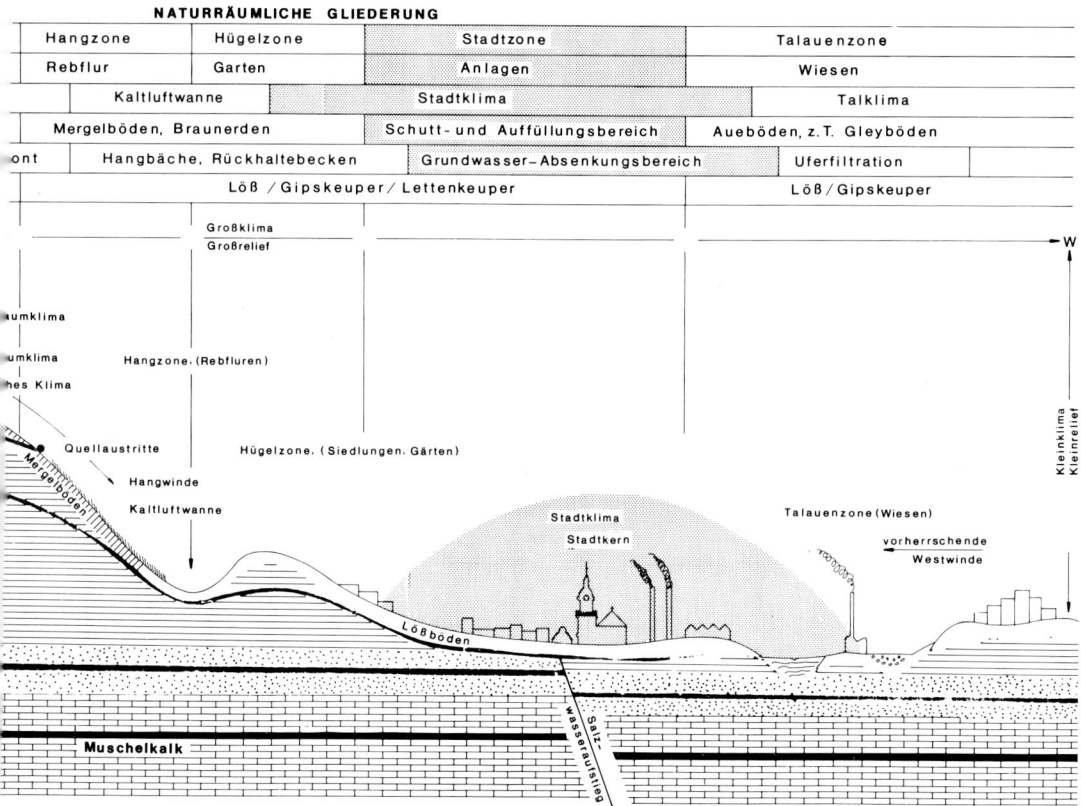

2 Ökotope nach ihrem landschaftsökologischen Aufbau im Raum Neckarsulm.

die Gliederung und Struktur der Landschaft so stark verändert wie nie zuvor in so kurzem Zeitraum. Neben Waldrodungen und Bach- und Flußregulierungen traf die Rebflurbereinigung die Natur am schwersten. Dabei verschwanden Reste der Steppenheideflora wie Hasel, Schlehe und Heideröschen, ebenso Mergelgruben, Ödflächen, Hohlwege, Raine und Hecken mit ihren Lebensgemeinschaften. Größere Siedlungen, Schnell- und Umgehungsstraßen zerschneiden Landschaftsräume und verbrauchen Land. Große Forderungen müssen deshalb an Naturschutz und Landschaftspflege gestellt werden, um die weitere Entwicklung von Wirtschaft, Verkehr und Naherholung mit ihren Folgen in Grenzen zu halten. Dabei sollte man stets daran denken, daß Heimatliebe in erster Linie Heimatpflege ist! Voraussetzung dafür ist eine möglichst genaue Kenntnis der landschaftsökologischen Gliederung.

Der heutige Landschaftscharakter ist das Resultat einer langsamen, wechselvollen Entwicklung. Die Kräfte dieser Entwicklung nennt man geoökologische Faktoren (Ökotope). Darunter versteht man Gestein (Lithotop), das Relief (Morphotop), den Boden (Pedotop), das Wasser (Hydrotop), das Klima (Klimatop) und die Pflanzen (Biotop). Sie alle stehen in enger Wechselwirkung miteinander, so daß man von einem vernetzten System sprechen kann und jeder störende Eingriff entsprechende Folgen nach sich zieht. So würde z.B. eine weitere Bebauung der Hangflächen um Neckarsulm die Frischluftzufuhr (Hangwinde!) zur Stadt hin unterbrechen und die Frostgefahr in den Kaltluftwannen wegen zu geringer Luftzirkulation verstärken. Außerdem würden sich die Boden- und Grundwasserverhältnisse verschlechtern, der Grüngürtel als Sauerstoffproduzent würde reduziert, das Landschaftsbild gestört werden. Die Folge wäre eine Verringerung des Naherholungswertes.

Die Lagerungsverhältnisse (Tektonik)

Für die Gestaltung unserer Landschaft ist neben den schon geschilderten Schichtstufen vor allem die Schichtlagerung in Form weitgespannter geologischer Mulden und Sättel von großer Bedeutung. Neckarsulm liegt im Bereich der Heilbronner Mulde in Verbindung der Löwensteiner- zur Stromberg-Mulde. Aufgrund dieser Muldenstruktur sind die Keuperberge in unserem Raum der erosiven Abtragung entgangen und erhalten geblieben. Diese erdgeschichtlich schon sehr früh angelegte Muldenstruktur war eine wesentliche Voraussetzung zur Bildung der späteren Salzlager im Heilbronner, Neckarsulmer und Bad Friedrichshaller Raum. Die Ausdehnung des Salzlagers im Mittleren Muschelkalk ca. 170 m unter Neckarsulm in einer Nord-Süd-Erstreckung ist deutlich zu erkennen. Nach Süden und Norden zum Jagst- und Kochertal hin, ebenso unter Neckarsulm, dünnt das Salzlager aus, weil es durch die Einwirkung von Wasser reduziert und ausgelaugt worden ist.

Von besonderer Bedeutung sind die Klüfte und Spalten, die den Gesteinskörper durchziehen. Sie spielen bei der Gewinnung der Ge-

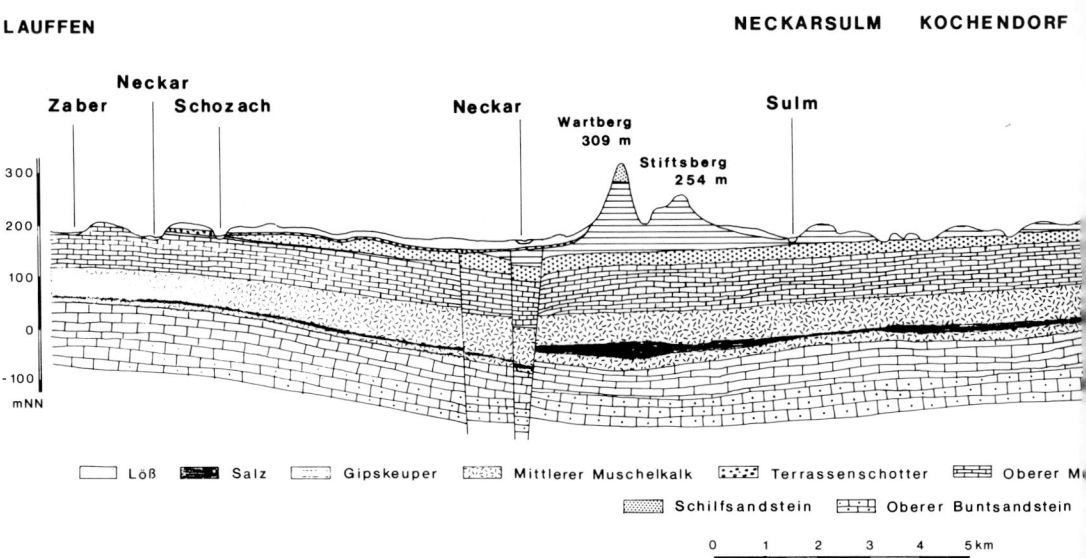

3 Heilbronner Mulde.

steine eine große Rolle und erleichtern den Abbau, weil sich das Gestein gerade in diesen Bereichen gut ablösen läßt. Auch beim Verwitterungsvorgang sind die Klüfte von großer Bedeutung, denn dort kann der Spaltenfrost wirksam werden, der das Gestein lockert und zerstört. Weiterhin sammeln sich in Poren und Klüften die Niederschläge als Grundwasser, das dann die Quellen speist.

Zur Paläogeographie

Unter Paläogeographie versteht man die ständig wechselnde Verteilung von Meer und Land in erdgeschichtlicher Zeit. Zur Triaszeit befand sich im mitteleuropäischen Raum ein Senkungsgebiet, das die Bezeichnung Germanisches Becken erhielt. Es war umgeben von Hochgebieten wie dem Gallischen Land im Westen, dem Nordland und dem von Südwesten nach Nordosten ziehenden sogenannten Vindelizischen Land. Im Süden lag die Tethys, das damalige Weltmeer. Die Grundzüge dieser Paläogeographie bestanden über die ganze Triaszeit. Während der Buntsandsteinzeit kam es im Germanischen Becken unter wüstenähnlichen Klimabedingungen zur Füllung dieser Senke durch sandige Schichten. Zu Beginn der Muschelkalkzeit drang das Meer in das Becken vor und leitete eine marine Phase ein. Das Germanische Becken war zu dieser Zeit ein Nebenmeer bzw. eine größere Bucht des Weltmeeres. Je nach Nähe des Festlandes wurden im süddeutschen Raum Dolomite, tonige Kalke und Kalksteine in einem Flachmeer abgelagert. Während der Zeit des Mittleren Muschelkalks, vor ca. 200 Millionen Jahren, wurde die Verbindung dieser Bucht zum Meer zeitweise durch Barrenbildungen und Hebungen unterbrochen und so ein Austausch des Meerwassers verhindert. Unter heiß-trockenen Klimabedingungen kam es dabei zu Salzbildungen.

Mit Beginn des Keuper setzte wieder eine mehr festländische Entwicklung mit gelegentlichen Meeresvorstößen ein. Sie lassen sich in Form von Dolomit- und Kalkbänken mit marinen Muschelfaunen (Anatinen) nachweisen. Vorkommende Gipsschichten, die bei hoher Verdunstung in abflußlosen Senken zur Ablagerung kommen konnten, zeugen von einem trocken-heißen Klima.

Intensive Verwitterungen, begünstigt durch ein trocken-heißes Klima, zersetzten die meist aus Graniten und Gneisen aufgebauten Hochgebiete. Periodisch auftretende starke Niederschläge verfrachteten die Gesteinstrümmer durch Flüsse in Form von Geröllen, Sanden, Tonen und Kalken in die Germanische Senke. Sie kamen in verschiedenen Durchmischungen und Zusammensetzungen als sandige Tone (Tonstein), kalkige Tone (Mergel), Kalk- und Sandsteine zur Ablagerung. Diese Schüttungen erfolgten erst vom Nordland,

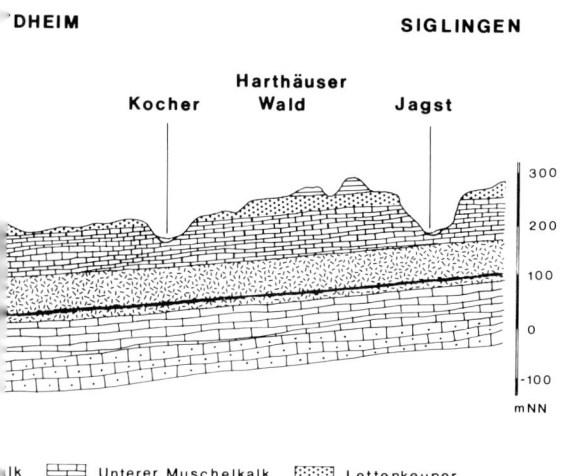

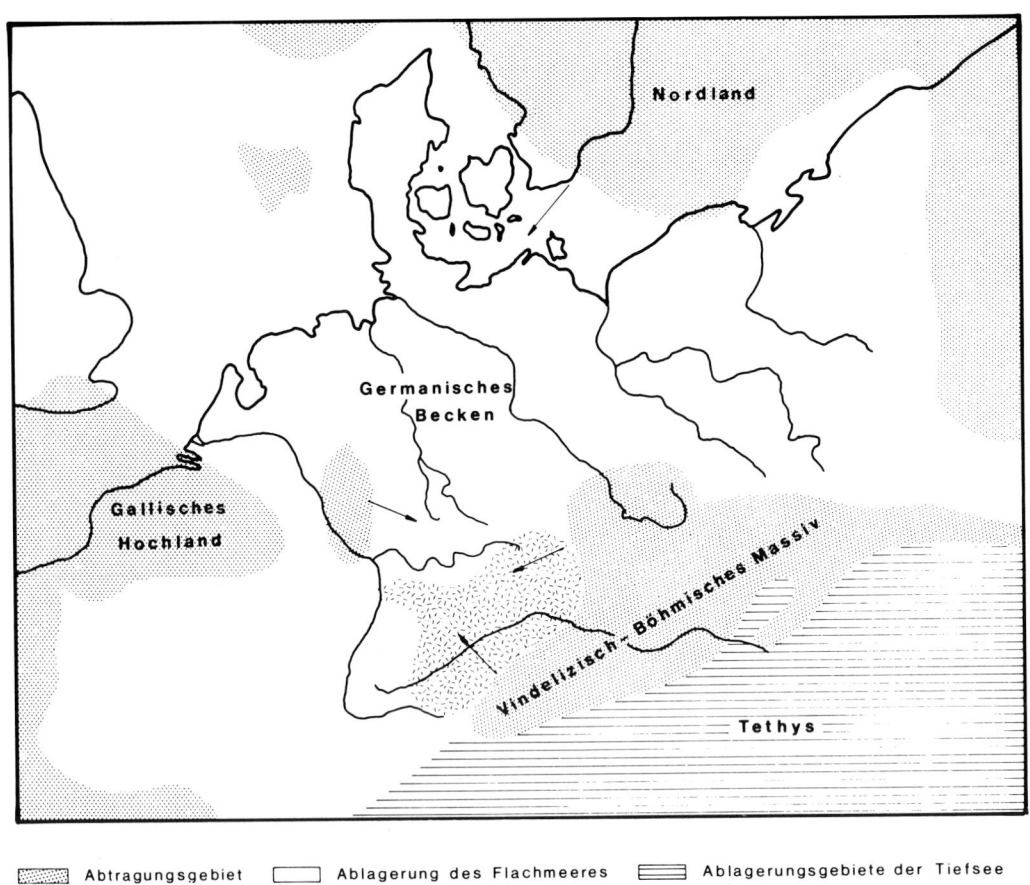

4 Paläogeographie zur Keuperzeit.

später vom Vindelizischen Land her. Dabei spielte der Transport durch Flüsse die größte Rolle, wenn auch gelegentlich mehr oder weniger stark durch den Wind feines, staubartiges Material eingeweht wurde. Etwa 1200 m mächtige Triasschichten wurden so im Verlauf von 30–40 Millionen Jahren abgelagert, später herausgehoben, dann abgetragen und zur heutigen Landschaftsform modelliert.

Gesteinsaufbau und Schichtenfolge (Stratigraphie)

Die Schichten des tieferen Untergrundes, über die die Bohrung Erlenbach vom Jahr 1912/13 Auskunft gibt, sollen hier nur kurz behandelt werden, weil sie in unmittelbarer Nähe von Neckarsulm nicht zutage treten, im Gegensatz zu den die Landschaft prägenden Keuper- und Lößschichten. Der Mittlere Muschelkalk mit

Gesteinsaufbau und Schichtenfolge

5 Seelilie. Lebensbild aus dem Muschelkalkmeer.

seinem Salzlager kann im Bergwerk Bad Friedrichshall befahren werden. Solch ein Ausflug lohnt sich für jedermann.

Der Obere Muschelkalk ist eine Folge von ca. 85 m mächtigen Kalk-Mergel-Ton- und Dolomitlagen, die in einem Flachmeer abgelagert wurden. Die zahlreichen Fossilien, vor allem die aus Muscheln bestehenden Gesteinsbänke, haben ihm seinen Namen gegeben. Diese Muschelkalkschicht ist um Neckarsulm noch sehr gut an der Landstraße von Kochendorf nach Oedheim aufgeschlossen. Geschichtete Kalksteine mit Versteinerungen von Meerestieren weisen darauf hin, daß hier einstmals Meeresboden gewesen sein muß. Die Abbildung 5, eine Art Stilleben im Muschelkalkmeer, gibt einen Einblick in das damalige Tierleben mit den Ammonshörnern (Ceratiten), Schnecken, Muscheln und den von allen Sammlern so geschätzten Seelilien (Encrinen). Am besten zu sehen ist der Obere Muschelkalk jedoch im Jagsttal, wo Steinbrüche beiderseits der Talwände vom ehemaligen Abbau des Gesteins im früheren Oberamt Neckarsulm künden. Muschelkalk fand als Schotter, Bau- und Pflasterstein, als Gesteinsmehl zum Düngen der Äcker und nicht zuletzt zur Mörtel- und Zementherstellung Verwendung.

Der Lettenkeuper oder Untere Keuper (ku)

Er setzt sich aus einer Folge von dunklen Schiefertonen, grau-grünen Mergeln, Dolomiten und Sandsteinen zusammen. Der häufige Wechsel dieser Schichten und die in ihnen vorkommenden Fossilien, mit Muscheln und Muschelkrebsen, weisen auf ufernahe Meeresablagerungen von Lagunencharakter hin. Farne und Schachtelhalme (Equisetiten) häufen sich in den Pflanzenschiefern zu dünnen Kohleschichten. Dies führte früher zu dem irreführenden Namen Lettenkohle für den Unteren Keuper. Bei Degmarn wurde um 1860 ohne Erfolg versucht, in diesen Schichten Kohle abzubauen. Da der Lettenkeuper weithin von einer mächtigen Lößschicht verhüllt wird, ist er dem Beobachter schlecht zugänglich, wiewohl die Stadt Neckarsulm auf dem Lettenkeuper gründet. Schon nördlich der Stadt schneidet sich der Neckar in den Lettenkeuper ein.

Der Mittlere Keuper (km)

Er besteht im Neckarsulmer Raum aus den Folgen Gipskeuper (km 1), Schilfsandstein (km 2) und den Bunten Mergeln (km 3) mit einer Mächtigkeit von zusammen 160-180 Metern.

Der *Gipskeuper (km 1)* ist wechsellagernd aus sandigen und tonig mergeligen Gesteinsschichten aufgebaut. Gelegentlich spielen Kalke und Dolomite, ein Karbonatgestein ähnlich dem Kalkstein, und Gips eine Rolle. Nach letzterem wurde die ganze Schichtenfolge benannt. Dieser Keupergips wurde im 18. und 19. Jahrhundert am Scheuerberg abgebaut und in drei Mühlen an der Sulm verarbeitet. Diese Gipsschichten sind noch am Weinsberger Ortseingang, an der B 29 von Heilbronn her, aufgeschlossen. Charakteristisch für den Gipskeuper sind die Estherienschichten. Sie sind nach den darin vorkommenden kleinen Muschelkrebsen benannt. Dabei handelt es sich meist um karminrote Mergel, denen graugrüne Schichten mit eingeschlossenen Steinmergeln folgen. Die Estherienschichten schließen nach oben zum Schilfsandstein mit rotbraunen und grauen Mergeln ab.

Der Gipskeuper und seine umliegenden Hänge bilden den ersten Anstieg zum Keuperbergland und damit auch die Grundlage des ursprünglichen Reichtums der Stadt. Denn für den Weinbau sind die Mergelböden der

Der Mittlere Keuper 21

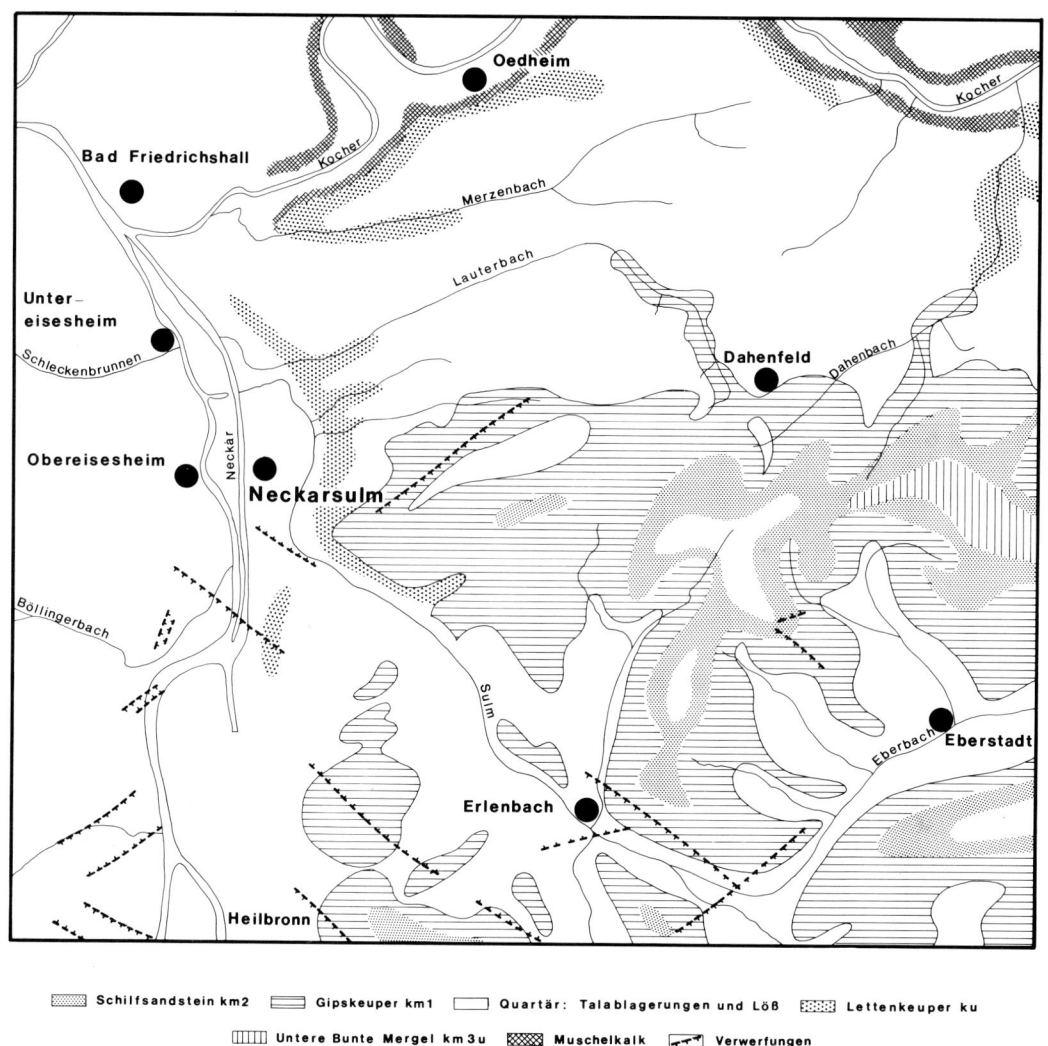

6 Geologische Übersichtskarte von Neckarsulm und Umgebung.

Geologische Schichtenfolge im Raum Neckarsulm

Schemaprofil zur geologischen Übersichtskarte		SCHICHTFOLGEN	MÄCHTIGKEIT	GESTEINSAUSBILDUNG	FOSSILIEN
Scheuerberg 310 m	Schilfsandstein km2 / km 3u	Untere Bunte Mergel	ca. 30 m	dunkelrote Mergel	
		Schilfsandstein	20 - 40 m	Normalfazies plattige, tonige, Feinsandsteine / Flutfazies massige Feinsandsteine, z.T. erosiv in Estherienschichten eingeschnitten	Equisetites, Pterophyllum
		Obere Bunte Estherienschichten	1,5 - 10 m	rote, bunte Mergel	Estherien
		Obere Graue Estherienschichten / Anatina-Bank / Untere Graue Estherienschichten	20 - 22 m	grau, grüne Mergel mit karbonatischen Bänkchen	Anatinen
		Untere Bunte Estherienschichten / Malachitbank	23 - 25 m	rote, bunte Tonsteine und Mergel mit karbonatischen Bänkchen	Estherien
	Gipskeuper km 1	Region der Engelhofer Platte		Mergel mit karbonat. Bänkchen	
Hungerberg 224 m		Mittlerer Gipshorizont	45 - 50 m bei Auslaugungen geringer	bunte Tonsteine und Mergel in Wechsellagerung mit Gipsen	Anoplophora lettica
		Bleiglanzbank	01 - 0.8 m	Karbonat Bank mit Bleiglanz	Myophoria kefersteini
		Dunkelrote Mergel	20 - 25 m	Mergel mit Gipslagen	
		Bochinger Horizont	2 - 4 m	Karbonat Bank und grau-grüne Mergel	Costatoria goldfussi
		Grundgipsschichten / Muschelbank	25 - 30 m bei Auslaugungen geringer	überwiegend graue Tone und bunte Mergel mit Gips und Karbonat-Bänkchen	
Neckarsulm 162 m	Lettenkeuper ku	Grüne Mergel	3 - 4,5 m	Mergel mit Grenzdolomit	Lingula tenuissima
		Dolomit-Mergel-Region	8 - 10 m	Dolomite in Wechsellagerung mit sandigen Mergeln und Tonen	
		Lettenkeuper Hauptsandstein	0,5 - 9 m	feinkörnige, tonige Sandsteine	Equisetites, Pterophyllum
		Estheria-Schichten	0,9 - 7 m	graue und braune Tone mit Dolomit-Bänkchen	Estherien
		Dolomit-Schiefer Region	8 - 5 m	Dolomit mit Mergeln und Tonen wechsellagernd	
	Muschelkalk				Nach GWINNER

7 *Geologische Schichtenfolge im Raum Neckarsulm.*

steilen Südhänge sehr geschätzte Standorte. Der Weinstock liebt solche lockeren Mineralböden mit hohem Kali-, Kalk- und Magnesiumgehalt, die gelegentlich durch Rohmergel (Leberkies) ergänzt, gedüngt und vor Erosion geschützt werden. Verbunden mit einer kräftigen Durchlüftung und Erwärmung erbringen diese Kulturstandorte hohe Qualitätsweine, vor allem die Lokalsorte Trollinger.

Den besten Einblick in die Schichten des Gipskeupers und des darüber liegenden Schilfsandsteins bekommt man auf dem Weg von Erlenbach entlang dem Erlenbach am Westfuß des Kayberges in Richtung Nordosten nach Lennach zu. Entlang dieser Route sind die dunkelroten Mergel mit Gipsbänkchen, die Bleiglanzbank, die Grauen und Bunten Estherienschichten sowie der Schilfsandstein in mehreren, z.T. verwachsenen Gruben und Steinbrüchen aufgeschlossen.

Der *Schilfsandstein (km 2)* bildet die erste Schichtstufe in ca. 300 m Höhe, die in vielfach zerschnittene Einzelberge aufgelöst ist und der Landschaft ihr Gepräge gibt. Schon morphologisch sind die trapezförmigen Tafelberge charakteristisch wie Wartberg, Scheuerberg, Kayberg und Wildenberg. Mit dem Schilfsandstein beginnt auch das Waldgebiet, so daß die Grenze Gipskeuper/Schilfsandstein fast genau der Grenze Rebland/Wald folgt.

Der Schilfsandstein ist charakterisiert durch seinen gleichmäßigen Feinsandgehalt mit Farben von Graugrün nach Gelbbraun und Rotbraun. Das Bindemittel zwischen den Körnern des Schilfsandsteins ist tonig, worauf seine gute Bearbeitbarkeit beruht. Früher galt er als geschätzter Werkstein, obwohl er nicht überall abbauwürdig war. Die 50-60 Steinbrüche im Raum Heilbronn künden von einem jahrhundertelangen Abbau. Zahlreiche

8 *Mastodonsaurus aus der Keuperzeit.*

repräsentative Gebäude, wie das Heilbronner Rathaus und die Kilianskirche, sind ebenso aus Schilfsandstein erbaut wie die ehem. Burgfeste Scheuerberg, Teile der Stadtbefestigung, Schloßturm und Klosterkirche von Neckarsulm. Der Schilfsandstein ist wie alle Sandsteine nährstoffarm und deshalb weniger fruchtbar, so daß er nur dem Wald Lebensraum bietet mit einer für Sandböden charakteristischen Begleitflora wie Adlerfarn, Heidelbeere, Pfeifengras, Ginster und Schachtelhalm.

Die rege Steinbruchtätigkeit hat zahlreiche Fossilien zutage gefördert, am häufigsten Pflanzenreste von Schachtelhalmen (Equisetiten). Weiterhin treten Farnreste und Wedel von Palmfarnen (Pterophyllum) auf. Zahlreich sind die Spuren niederer Meerestiere (Grabgänge, Kriechmarken). Von den Wirbeltieren sind die Dachschädlerlurche, wie Mastodonsaurus, von Bedeutung, deren Reste wie Zähne, Wirbelteile u.a. immer wieder gefunden werden.

Möge die Erd- und Landschaftsgeschichte Anregungen geben, die Natur der Heimat besser verstehen zu lernen, und vor allen Dingen zu ihrer Erhaltung beitragen. Die Geologie liegt vor der Haustür. Man braucht nur Geduld, Phantasie, Liebe zur Heimat und dazu die Erkenntnis, „daß die Natur keine Sprache noch Rede hat, aber Zungen und Herzen schafft, durch die sie fühlt und spricht", wie es Goethe in seinen Fragmenten über die Natur so schön zum Ausdruck bringt.

Vor- und Frühgeschichte im Neckarsulmer Raum

von Werner Thierbach und Christina Jacob

Neckarsulm, an der Mündung der Sulm in den Neckar gelegen, und der Stadtteil Obereisesheim westlich des Neckars blicken auf eine lange Geschichte zurück. Die ersten Nennungen der Orte Obereisesheim (767) und Neckarsulm (771) im Lorscher Codex stammen aus dem 8. Jahrhundert n. Chr., doch die Besiedlung des Raumes läßt sich anhand archäologischer Funde bis in die Steinzeit, vor allem bis in das 6. Jahrtausend v. Chr., zurückverfolgen.
Bereits im 19. Jahrhundert wurden archäologische Funde im Neckarsulmer Raum geborgen.[1] Am 9. Oktober 1919 konnte der Heimat- und Altertumsverein die bis dahin zusammengetragenen vorgeschichtlichen Zeugnisse der Vergangenheit im Neckarsulmer Bandhaus (Stadtschloß) der Öffentlichkeit präsentieren.
Sammler von archäologischen Funden im Oberamt Neckarsulm waren Anfang unseres Jahrhunderts 1904 – 1929 der evangelische Stadtpfarrer Dr. Max Dunker und ab 1924 Gustav Scholl (1895 – 1980). Scholl war bis in die siebziger Jahre in der näheren und weiteren Umgebung auf der Suche nach Überresten aus der Vergangenheit unterwegs. Seine reichhaltigen Sammlungen fielen am 1. März 1945 den Kriegszerstörungen in Neckarsulm zum Opfer. Was Gustav Scholl aus den Trümmern retten konnte und was er wiederum nach dem Zweiten Weltkrieg geborgen hatte, befindet sich heute zum größten Teil im Württembergischen Landesmuseum Stuttgart und in den Städtischen Museen Heilbronn.

Alt- und Mittelsteinzeit

Einer der wenigen Funde aus der Altsteinzeit ist der Aufmerksamkeit eines siebenjährigen Mädchens aus Neckarsulm-Amorbach zu verdanken. Beim Spaziergang auf einem Feldgrundstück nahe dem von der Neuenstädter Straße nach Oedheim führenden Weg entdeckte 1967 Iris Braun, die Enkelin von Gustav Scholl, ein Hornsteingerät[2] wahrscheinlich aus dem älteren Jungpaläolithikum, etwa 32 000 v. Chr., als der Neckarsulmer Raum einer Steppenlandschaft glich.
Von den Wohnstätten der in dieser Zeit lebenden Sammler und Jäger lassen sich nur selten Spuren nachweisen. Denn die Menschen lebten in Zelten und natürlichen Unterschlüpfen. Im Neckarsulmer Raum wurden hiervon bisher keine Nachweise entdeckt.

Jungsteinzeit

Mit „neolithischer Revolution" bezeichnet man die grundlegende Änderung in der Lebensweise der Menschen zu Beginn der Jungsteinzeit, belegt im Neckarsulmer Raum ab der Mitte des 6. Jahrtausends v. Chr. Von den ersten Bauern und Viehzüchtern wurden zahlreiche Bruchstücke von Gefäßscherben gefunden, z. B. in der Flur Reitweg hinter dem Freibad in den zwanziger Jahren unseres Jahrhunderts.[3] In den Fundberichten wird außerdem von Steinbeilen, dem Bodenstück einer Handmühle und einem Feuersteinmesser berichtet. Anfang 1928 wurde in den Pfarräckern, nahe der Reisachmühle, eine Fläche untersucht[4], die Funde aus der Bronzezeit, der keltischen und römischen Zeit enthielt. Außerdem wurden kleine Gruben angeschnitten, die sich zeitlich nicht näher bestimmen ließen. Der Humus über diesen Löchern enthielt zahlreiche verzierte Gefäßscherben aus dem Beginn der Jungsteinzeit, die von einer nordwärts gelegenen Siedlungsstelle angeschwemmt worden waren. Gustav Scholl hatte auf diese Siedlungsstelle aufmerksam gemacht.

Die Kultur zu Beginn der Jungsteinzeit nennt man *Bandkeramische Kultur,* da die Tongefäße mit bandförmigen Mustern verziert sind. Im

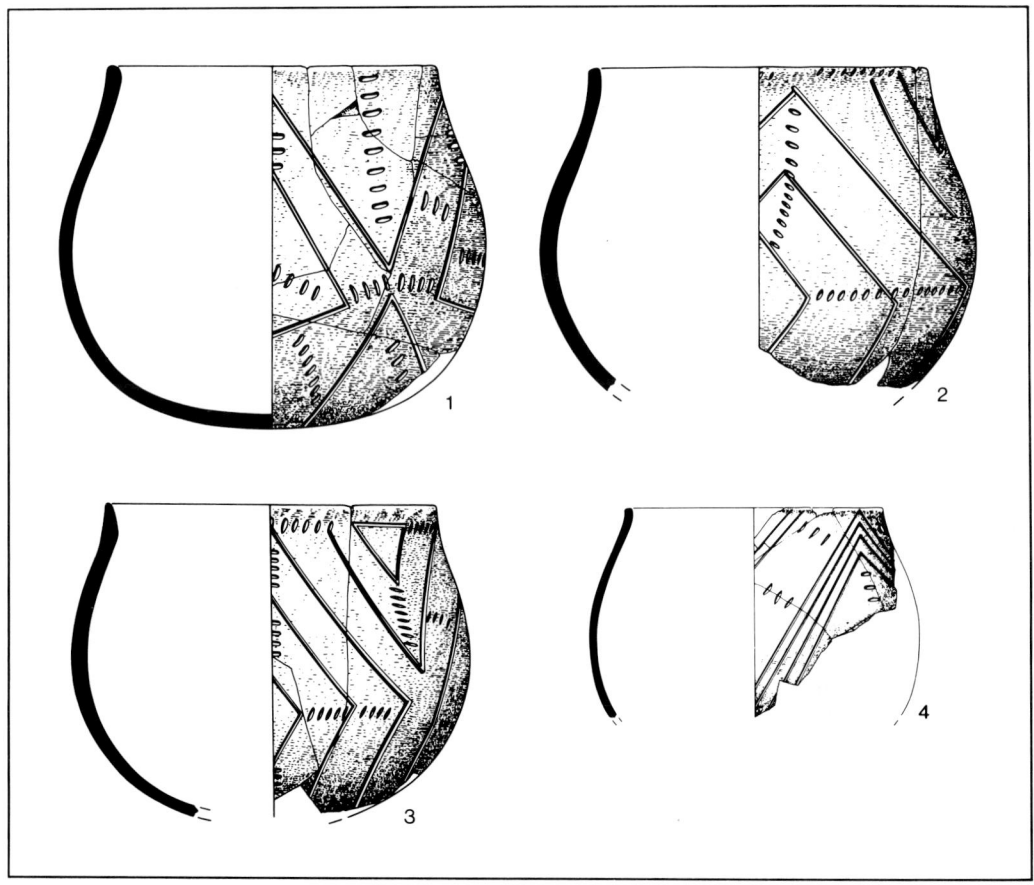

9 Kümpfe der Bandkeramischen Kultur aus dem Neubaugebiet „Am Sender" auf dem Hetzenberg bei Neckarsulm-Obereisesheim.

Neubaugebiet „Am Sender" auf dem Hetzenberg bei Obereisesheim wurden Anfang der achtziger Jahre an verschiedenen Stellen bandkeramische Siedlungsreste und Funde beobachtet.[5] Vier fast vollständige „Kümpfe" kamen in einer Grube zwischen Einsteinstraße und Johannes-Kepler-Straße zutage.

Aus den darauffolgenden mittelneolithischen Kulturen *Hinkelstein-Kultur, Großgartacher Kultur* und *Rössener Kultur* stammen vor allem Funde, die in den zwanziger und dreißiger Jahren unseres Jahrhunderts geborgen wurden: So fand man in Neckarsulm an der Binswanger Straße beim Südostausgang der Stadt bei Kanalisationsarbeiten sowie südlich der Binswanger Straße in der Flur Untere Wildäcker und in den Gärten an der Schillerstraße mehrere Gruben mit Tonscherben der Rössener Kultur.[6]

Auf dem Scheuerberg, auf dem später die mittelalterliche Burg errichtet wurde, fand Gustav Scholl in den zwanziger und dreißiger Jahren zahlreiche Gefäßscherben und Feuersteingeräte der *Michelsberger Kultur*, etwa aus der Mitte des 4. Jahrtausends v. Chr.[7] Auch bei einem Neubau in der Paulinenstraße entdeckte er 1932 zwei Gruben der Michelsberger Kultur und den Rest eines sog. Backtellers.[8]
Ein befestigtes Erdwerk der Michelsberger Kultur auf dem Hetzenberg, einer lößbedeckten Höhe bei Neckarsulm-Obereisesheim und Heilbronn-Neckargartach[9], ist schon seit Beginn des vergangenen Jahrhunderts bekannt. Im Kreis Heilbronn gibt es insgesamt drei solcher Anlagen: Die Siedlung auf dem Hetzenberg stammt etwa aus der Zeit 3800 v. Chr. und ist die älteste der drei Erdwerke. Reste der Häuser wurden, abgesehen von gebranntem Hüttenlehm, in keiner der drei Siedlungen gefunden, da durch die Erosion etwa 1,5–2 m Erde seit der Jungsteinzeit abgeflossen sind. Der Umfang aller drei

10 Das Michelsberger Erdwerk auf dem Hetzenberg bei Neckarsulm-Obereisesheim.

Anlagen ist aus Luftbildern bekannt[10]: Charakteristisch für die Michelsberger Erdwerke sind drei bis vier Gräben mit zahlreichen, gegeneinander versetzten Tordurchlässen.

Umfangreichere archäologische Untersuchungen auf dem Hetzenberg wurden 1966 durch den Autobahnbau notwendig.[11] 1989/90 wurden weitere Teile der Gräben untersucht.[12]

Metallzeiten

Nach der „Entdeckung" der Metalle, zunächst des Kupfers, dann der Bronze, hat man immer mehr Gebrauchsgegenstände und Waffen aus diesem neuen Werkstoff hergestellt. Die Metallgegenstände wurden häufig den Toten mit ins Grab gelegt.

11 Urnengrab von Neckarsulm-Obereisesheim.

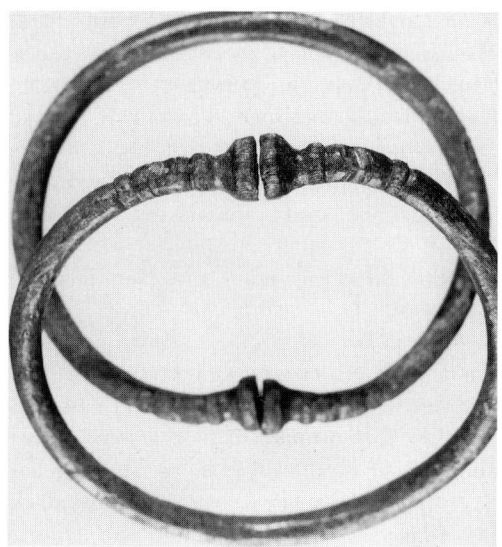

12 Bronzearmringe aus einem Frauengrab der Latènezeit von Neckarsulm-„Fahräcker".

Im Norden von Neckarsulm-Obereisesheim fand sich in einer Baugrube an der Kernerstraße ein Urnengrab aus dem 11./10. Jahrhundert v. Chr.[13] Der Leichenbrand, die verbrannten Überreste des Toten, befand sich in der Urne, darüber die kleinen Tongefäße. Daneben standen ein kleines Zylinderhalsgefäß und eine konische Schale, die mit einer anderen Schale abgedeckt war. In dem Grab befand sich außerdem der Oberteil einer Bronzenadel und ein Fingerring aus Bronze.

In Neckarsulm und Umgebung wurden drei Siedlungen der Urnenfelderzeit, 11./10. Jahrhundert v. Chr., gefunden[14], die unterschiedlichen Zeitphasen der Urnenfelderzeit angehören: Auf dem Reichertsberg in Neckarsulm-Amorbach entdeckte Gustav Scholl Gruben mit Scherben von großen Vorratsgefäßen und fein gearbeiteten Schalen; auch beim Bau der Autobahntrasse in der Flur „Napf" wurden 1964 Gruben mit Keramikscherben entdeckt; die Funde der jüngsten Siedlung in der Paulinenstraße von Neckarsulm stammen bereits von 1933.

Bei den Bauarbeiten für die Autobahntrasse wurden auf dem Hetzenberg bei Obereisesheim nicht nur jungsteinzeitliche Funde geborgen, sondern auch eine keltische Siedlung entdeckt[15]: zahlreiche Ränder von Töpfen und Schalen, Reste eines Tontrichters, Bruchstücke von Tontiegeln, Spinnwirtel, gebrannte Lehmbrocken z.T. mit Stangen- und Rutenabdrücken – einige mit hartgebrannter glatter Oberfläche, wohl von einer Herd- oder Backofenplatte.

Von einem keltischen Töpferofen, entdeckt 1929 in der Olgastraße[16], fanden sich Teile eines Brennrostes mit 4 cm großen Löchern in 5-10 cm Abstand. Dabei wurden zahlreiche Keramikscherben der Mittellatènezeit, ca. aus dem 3. Jahrhundert v. Chr., gefunden.

Zwei Flachgräber entdeckte man 1905 bei Bauarbeiten gegenüber dem Bahnhof in den „Fahräckern".[17] Bei dem einen Skelett fanden sich ein Schwert mit Resten der Eisenscheide, eine Lanzentülle, aus dem Frauengrab stammen zwei Bronzearmringe, zwei weitere Armringe und eine Gewandspange aus Bronze.

Das Grab eines 20-25 Jahre alten Mannes kam 1926 in der Salinenstraße zutage.[18] Ein Tongefäß stand am Kopf des Toten, ein Gefäß an den

Füßen. Außerdem waren dem Verstorbenen ein eisernes Schwert, zwei Spinnwirtel, eine eiserne Schnalle, ein Fingerring aus Bronzedraht, zwei Bernsteinringe und eine Münze ins Grab gelegt worden. Das Grab stammt aus der zweiten Hälfte des 2. Jahrhunderts v. Chr.[19]

Römerzeit

Das Gebiet des Neckarsulmer Stadtbereichs war bis Mitte des 2. Jahrhunderts n. Chr. nicht römisch. Die römische Grenze bildete der Neckar; sie wurde durch die Kastelle in Wimpfen i. Tal und Heilbronn-Böckingen gesichert. Auf einen Teil der römischen Straße stieß man beim Bau der Entwässerungsanlage für den Sendeturm auf der Wart südlich vom Ostrand von Neckarsulm-Obereisesheim.[20] Auch wurden die Beigaben eines römischen Brandgrabes gefunden: ein Henkelkrug, zwei graue Teller, Nägel, Bruchstücke eines Topfes und geglühte Scherben, auch von Terra-Sigillata-Gefäßen.

Nachdem die römische Grenze Mitte des 2. Jahrhunderts nach Osten verlegt und die Truppen in den Kastellen in Öhringen und Jagsthausen stationiert worden waren, entwickelte sich im Grenzhinterland römische Wohnkultur. Es entstanden zahlreiche Gutshöfe. Fundamente einer solchen „villa rustica" wurden Ende des vergangenen Jahrhunderts auch bei Obereisesheim in der Flur Steinäcker gefunden.[21] In der Nähe von Gutshöfen und Straßen wurden häufig die sog. Jupiter-Gigantensäulen aufgestellt. Von einer solchen Säule kann auch der Kopf aus Sandstein[22] stammen, der lange in einem Haus in der Neckarsulmer Altstadt eingemauert war. Heute befindet sich der Fund im Magazin des Heimatvereins Neckarsulm e.V.

Nach dem Rückzug der römischen Truppen nach 259/60 n. Chr. besiedelten die Alamannen auch die Neckarsulmer Gegend. Aus dieser Zeit fehlen jedoch bisher Nachweise.

Fränkische Zeit

Aus fränkischer Zeit sind von Neckarsulm und Obereisesheim reiche Grabbeigaben überliefert. Vom Beginn des 6. Jahrhunderts n. Chr. stammt ein Grab mit einem Kamm, Glasperlen und den Scherben eines Glasbechers aus Obereisesheim, das 1950 von Wilhelm Mattes geborgen wurde.[23] Andere Bestattungen dieses Gräberfeldes müssen zerstört worden sein, denn drei Jahre später wurde noch eine silbervergoldete Gewandspange mit Almandineinlagen – roten Schmucksteinen – gefunden. Eine doppelkonische, mit Stempelmuster verzierte Kanne aus grauem Ton hatte Gustav Scholl bei Bauarbeiten bereits vor dem Zweiten Weltkrieg entdeckt.

Wertvolle Grabbeigaben aus der fränkischen Zeit wurden in Neckarsulm 1935 sowie 1950 in der Binswanger Straße[24] entdeckt. In einem Männergrab aus dem 7. Jahrhundert n. Chr.,

13 *Eiserne tauschierte Gürtelschnalle aus einem fränkischen Männergrab in der Binswanger Straße in Neckarsulm.*

in dem man auch noch Reste eines Holzsarges fand, war zur Rechten des Toten ein 92 cm langes Eisenschwert, die Spatha, und zur Linken ein Kurzschwert, der Sax, niedergelegt worden. Besondere Beachtung verdient die Gürtelschnalle mit der reichen Edelmetallverzierung: In das Eisen wurde das Muster eingetieft und dünne Silber- oder Messingdrähte eingehämmert; diese Technik nennt man Tauschierung.[25] Bei einer weiteren Schnalle mit drei „Hefteln", Bronzeösen zur Befestigung des Ledergürtels, aus einem Grab in der Binswanger Straße[26] ist der Griffdorn in Form einer Hand gestaltet; diese Schnalle stammt aus der Mitte des 6. Jahrhunderts.

Vom Ende der Beigabensitte, dem späten 7. Jahrhundert n. Chr., stammt eine runde bronzene Gewandspange aus Neckarsulm mit einem Kreuzmotiv.[27] Vergleichbare Stücke, die den Einfluß des Christentums zeigen, finden sich von Nordfrankreich bis in die Oberpfalz.

Die Grabbeigaben aus der fränkischen Zeit von Neckarsulm und Obereisesheim belegen, daß dort, wo später diese beiden Orte entstanden und urkundlich belegt sind, bereits im 6. und 7. Jahrhundert Siedlungen bestanden.[28] Auch die Endung -heim bei Isinesheim deutet auf eine fränkische Siedlung. Überreste der Orte wurden bisher allerdings nicht gefunden. Aus dem 8. und den darauffolgenden Jahrhunderten sind keine Funde mehr überliefert, da die Sitte, den Toten Beigaben ins Grab zu legen, aufgegeben wurde.

Die *villa Sulmana* als Vorläuferin der Stadt Neckarsulm.
Eine frühmittelalterliche Siedlung und ihre Geschichte

VON IMMO EBERL

Die heutige Stadt Neckarsulm liegt zwischen Neckar und Sulm auf einem nach Süden und Osten flacher werdenden Schwemmkegel der Sulm, der nach Westen zum Neckar hin mäßig, nach Norden gegen die Sulm jedoch teilweise steil abfällt.[1] Die erst im Hochmittelalter entstandene Stadt Neckarsulm gibt die Lage der voraufgehenden dörflichen Siedlung des Frühmittelalters in ihrem Bereich nur andeutungsweise wieder. Da im unmittelbaren Bereich der Stadt mehrere Reihengräberfriedhöfe nachgewiesen sind, hat die Forschung daraus den Schluß gezogen, daß die *villa Sulmana* nicht ein geschlossenes Dorf war, sondern eine Siedlung mit mehreren Siedlungskernen im Bereich der heutigen Stadt.[2] Es ist offen, wann die *villa Sulmana,* die neben dieser im letzten Viertel des 8. Jahrhunderts üblichen Namensform[3] einmal 791 auch mit der Namensform *Sulmanerheim*[4] überliefert ist, gegründet wurde. Das Gebiet um Neckarsulm hat, nachdem die Alamannen den Limes durchbrochen hatten (259/260), zu deren Siedlungsgebiet gehört. Nach den bisherigen archäologischen Forschungen scheint die alamannische Siedlung bereits vom 3. bis zum frühen 5. Jahrhundert auch in diesem – heute nördlich der schwäbisch-alamannischen Stammesgrenze gelegenen – Gebiet dichter gewesen zu sein.[5] Mit der Niederlage in der Schlacht bei Zülpich verloren die Alamannen 496 den nördlichen Teil ihres bisherigen Siedlungsgebietes an die Franken. Der südliche Teil trat vorerst unter den Schutz der Ostgoten, fiel aber nach deren beginnender Auseinandersetzung mit Byzanz 536 ebenfalls an das Merowingerreich der Franken. Damit gelangte 496 der gesamte Raum am unteren Neckar in fränkische Hand. Seit der Forschung des 19. Jahrhunderts wird die Grenze zwischen dem fränkischen und alamannischen Gebiet aufgrund der Bistumsgrenzen auf einer Linie festgeschrieben, die vom Hesselberg über Hohenberg, Hohenasperg und Hornisgrinde bis zu den Vogesen verläuft.[6] Aus der Reihengräberforschung konnte festgestellt werden, daß sich vom Kraichgau östlich der Elsenz über das dichter besetzte Neckartal hinweg eine Zone wesentlich geringerer Dichte von Reihengräberfriedhöfen über das Bauland bis zur Tauber hinzog.[7] Da dieses Ergebnis mit einer Karte der Streuung der Ortsnamen vergleichbar ist und hier dasselbe konstatiert werden kann, wird in der Forschung die Frage gestellt, ob im Anschluß an die Herrschaftsveränderungen nach der Schlacht bei Zülpich auch Siedlungsveränderungen, z.B. durch Flucht, stattgefunden haben.[7]
Ob der Raum um Neckarsulm von diesen Vorgängen betroffen war, muß aufgrund der mangelnden Quellen dahingestellt bleiben. Doch läßt sich aufgrund des 791 überlieferten Ortsnamens *Sulmanerheim* festhalten, daß die *villa Sulmana* mit zu den ältesten Siedlungen gehört haben muß. Die archäologische Forschung ist noch nicht so weit fortgeschritten,

daß sie aufgrund der teilweise sehr geringfügigen Funde in Verbindung mit den Formen der Ortsnamen, wie z.B. der auf die Silben -ingen und -heim endenden Ortsnamengruppen, eindeutige Schlüsse auf die genauen Gründungszeiten dieser Orte ermöglicht. Doch hat die neuere archäologische Forschung zumindest einen Ablauf der Siedlungsentwicklung in vier Abschnitten skizziert, die in der Mitte des 5., 6. und 7. Jahrhunderts sowie um 700 erfolgten.[8] Zu der Datierung nach den Ortsnamensformen ist dabei festzuhalten, daß die Siedlungen auf den landwirtschaftlich besten und am leichtesten nutzbaren Böden häufig Ortsnamen mit den Endsilben -ingen oder -heim aufweisen. Die Forschung sieht die Siedlungen mit diesen Namensformen daher zu Recht als die im allgemeinen ältesten Siedlungen an und bezeichnet das zu diesen Ortschaften gehörige Gebiet als sog. Altsiedelland. Die auf die Silben -dorf, -hausen, -hofen, -stetten und -weiler endenden Ortsnamen werden dagegen als jüngere Namensformen angesehen und unter dem Begriff des sog. Älteren Ausbaus zusammengefaßt. Diese Siedlungen liegen fast immer auf nicht mehr ganz so guten, aber doch noch relativ guten Böden. Bei den Siedlungen des Altsiedellandes und teilweise auch denen des Älteren Ausbaus werden die Reihengräberfriedhöfe gefunden. Damit ist die Gründung dieser Ortschaften zumindest überwiegend bis zum Ende des 7. Jahrhunderts festgelegt.[9]

Die Siedlungen des Älteren Ausbaus sind nach gängiger Forschungsmeinung zwischen dem 6./7. Jahrhundert bis ins 10. Jahrhundert hinein entstanden.[10] Dagegen ist die Forschung bei den auf -ingen und -heim endenden Ortsnamen noch immer nicht zu einem abschließenden Urteil gelangt. Während die -ingen-Orte ihren Namen im allgemeinen auf einen Personenverband zurückführen, bezeichnen die -heim-Orte ebenso wie die auf -hausen, -hofen, -stetten, -dorf und -weiler endenden des Älteren Ausbaus eine Wohn- oder sonstige Stätte. Hans Jänichen datierte die ersten Gründungen von -ingen-Orte spätestens in das 5. Jahrhundert und hielt die -heim-Orte zu Recht für nicht wesentlich jünger.[11] Auf dieser chronologischen Grundlage ist die Siedlung in Neckarsulm und Umgebung zu sehen und einzuordnen.

Die Gründung der dörflichen Siedlung in Neckarsulm, das seit etwa 770 urkundlich erwähnt ist[12], läßt sich zeitlich nicht eindeutig festlegen. Da jedoch bei der Namengebung der *villa Sulmana* bzw. *Sulmanerheim* auf die Sulm Bezug genommen wird und die Bezüge in Ortsnamen auf landschaftliche Erscheinungen in der Regel meist jüngeren Datums sind, ist eher davon auszugehen, daß die Siedlung in Neckarsulm nicht zu den ältesten gezählt werden kann.

Die frühen Schenkungen in Neckarsulm an das Kloster Lorsch stehen in diesem Gebiet keineswegs allein. Um nur die allernächste Umgebung von Neckarsulm zu nennen: Kloster Lorsch erhielt neckarabwärts ebenfalls umfangreiche Schenkungen in den Orten Jagstfeld[13], Bachenau[14], Böttingen[15], Gundelsheim[16], Haßmersheim[17], Hochhausen[18], Tiefenbach[19] und Ober- bzw. Untergriesheim[20]. Aber auch östlich des Neckars jagstaufwärts erhielt Kloster Lorsch Schenkungen in Herbolzheim[21]. Auch neckaraufwärts sind Stiftungen an Kloster Lorsch in Ober- bzw. Untereisesheim[22], Neckargartach[23], Böllingen[24] und Böckingen[25] nachgewiesen und ebenso in dem heute abgegangenen Helmbund[26] in der Markung Neuenstadt am Kocher. Westlich des Neckars erhielt Kloster Lorsch Schenkungen in den Orten Großgartach[27], Schluchtern[28], Schwaigern[29], Massenbach[30], Biberach[31], dem heute abgegangenen Utenhausen bei Biberach[32], Massenbachhausen[33], Kirchhardt[34], Gemmingen[35], Zimmern[36] und südlich davon im Umkreis von Brackenheim sind weitere festzustellen[37]. Jedoch hat nicht nur Kloster Lorsch in diesem durch seine Lößböden sehr fruchtbaren Gebiet umfangreiche Schenkungen erhalten, sondern auch Besitz des Klosters Fulda ist in den bei Herbolzheim gelegenen Orten Siglingen[38] und Züttlingen[39] nachweisbar und ebenso in Klingenberg am Neckar[40] und in Kirchhausen[41] Besitz des Klosters Weißenburg. Das Bistum Würzburg hat bei seiner Gründung im 8. Jahrhundert Grundbesitz und Rechte in Heilbronn[42] erhalten. Die im Spätmittelalter nachweisbaren Lehensrechte Würzburgs in Neipperg[43] dürften ebenfalls in sehr frühe Zeiten zurückgehen. Da das Bistum Würzburg 1013 die Hälfte des Dorfes Alt-Böckingen durch Tausch erwarb und zu Beginn des 13. Jahrhunderts das gesamte Dorf besaß, könnte auch dieser Besitz in frühere Zeiten weisen.[44] Bei der örtlichen Verteilung dieses sehr alten geistlichen Besitzes fällt auf, daß die später in diesem Gebiet feststellbaren Reichsrechte, so z.B. in Wimpfen[45], Kochendorf[46], Oedheim[47], Binswangen[48], Degmarn[49], Erlenbach[50], Flein[51], Lauffen am Neckar[52] und Ilsfeld[53], in keinem dieser Orte mit Besitz von Klöstern aus Schenkungen im Laufe des 8. Jahrhunderts zusammenstießen. Damit ist nachgewiesen, daß die Dörfer mit Stiftungen an die Klöster des 8. Jahrhunderts, in unserem Raum vor allem Kloster Lorsch, anscheinend überwiegend in adligem Besitz waren. Der Adel hat aus seinem Besitz die Grundherrschaften der Klöster – im Raum um Neckarsulm insbesondere die des Klosters Lorsch – gefördert und eigentlich erst entstehen lassen. In den Ortschaften, die später im Reichsbesitz nachgewiesen werden, erfolgten dagegen keine Schenkungen an die Klöster des 8. Jahrhunderts. Daraus ist abzuleiten, daß sich diese Orte im 8. Jahrhundert anscheinend nicht in Adelsbesitz befunden haben, sondern bereits in dieser Zeit in der Hand des Herrschers gewesen sein dürften. Ferner geht daraus hervor, daß sich die fränkischen Herrscher in diesem Raum im 8./9. Jahrhundert mit Schenkungen an die Klöster sehr zurückgehalten haben müssen. Sie haben jedoch den Ausbau der Hochstifte durch Schenkungen im Gebiet um Neckarsulm gefördert. Ein Beweis dafür sind die Schenkungen in Heilbronn an das Bistum Würzburg bei dessen Gründung und später im 10. Jahrhundert die Überlassung des Wildbanns im Bereich von Neckarsulm an das Bistum Worms.

Kloster Lorsch erhielt in der Zeit zwischen etwa 770 und 791 in der *villa Sulmana* insgesamt sieben Schenkungen. Dabei hat es sich um folgende gehandelt:

1. 778 vier Morgen Ackerland von Hartger und seiner Ehefrau Richswint[54]
2. 782 sieben Morgen Ackerland von Egilbert für seinen Sohn Adelhard[55]
3. 774 zehn Morgen Ackerland von Bernhard für die Seele seines Bruders Adelhard[56]
4. 782 vier Morgen Ackerland von Hanswind für die Seele Dudos[57]
5. Zwischen 770 und 790 sieben Morgen Ackerland von Hanswind[58]
6. 771 den gesamten Besitz mit sieben Leibeigenen von Plidroch und seiner Ehefrau Blitrud[59]
7. 791 den Besitz in Eisesheim und Neckarsulm mit zwölf Leibeigenen von Giselhard und seiner Ehefrau Arila[60]

Die relativ große Zahl von Personen, die in Neckarsulm an Kloster Lorsch schenkten, läßt die Frage aufkommen, ob diese Wohltäter Angehörige lokaler Adelsfamilien waren oder ob sie sich nicht vielleicht auch mit Schenkungen in anderen Orten an Kloster Lorsch oder andere Klöster der Zeit nachweisen lassen.[61] Es wäre bereits aufschlußreich, wenn es gelingen würde, die Neckarsulmer Schenker Personen- oder Familienkreisen zuzuweisen, die sich über einen größeren Raum des Karolingerreiches verteilen. Obwohl die Neckarsulmer Tradenten bereits von der Forschung in mehreren Fällen im Rahmen des Reichsadels erwähnt werden, der außer im fränkischen Siedlungsgebiet auch in anderen Stammesgebieten des Karolingerreiches auftrat[62], fehlt eine ins einzelne gehende Untersuchung der Neckarsulmer Wohltäter des Klosters Lorsch bislang und soll daher im folgenden versucht werden.

Ein Giselhard schenkte 803 zusammen mit Hildibald und Eberhard Besitz in dem nicht eindeutig lokalisierbaren Bettenheim im Oberrheingebiet.[63] Eine Identität des Neckarsulmer Giselhard mit dem Bettenheimer wäre denkbar, läßt sich aber nicht sicher erschließen. Der 793 als Zeuge anläßlich einer Schenkung in Dossenheim erwähnte Giselhard[64] könnte diese Identität eher beanspruchen, vielleicht auch der 817 in Büdesheim bei Alzey erwähnte Giselhard, der dort gemeinsam mit einem Thiodolt das Kloster Lorsch beschenkt[65]. Die Forschung hat Giselhard aufgrund seiner Schenkung in Eisesheim und der dort erwähnten Wohltäter des Klosters Lorsch in den Umkreis der in Bayern bekannten Sippe der Sighardinger gesetzt.[66] Die Ehefrau Giselhards Arila tritt in dieser Namensform im gesamten althochdeutschen Namensbestand singulär auf. Daher lassen sich durch sie keine Verwandtschaftsbeziehungen erschließen. Für die Seele Giselhards stifteten 799 Guther und Wither eine Hube in Eisesheim.[67] Da in diesem Fall sicher eine Identität mit dem Stifter von 791 angenommen werden kann, dürfte dieser wohl nicht allzulange vor der Stiftung von 799 verstorben sein. Nur ein Jahr zuvor hatten Guther und Wither eine Stiftung für die Seele Tancholfs an Kloster Lorsch mit dem gesamten Besitz desselben gemacht.[68] Da sie in der Forschung in diesem Zusammenhang als „Testamentsvollstrecker" angesehen werden[69], scheint keine Vater-Sohn-Verwandtschaft bestanden zu haben. Dafür könnten die beiden Stifter aber Söhne Giselhards gewesen sein. Während ihre Beziehung zu Tancholf in den Umkreis der liudolfingischen Sippe führt, weist der Name Gu(n)ther in burgundische Traditionskomplexe.[70] Aus dieser ersten Schenkung in Neckarsulm lassen sich somit die hinter der Stifterfamilie stehenden Sippenkreise schon teilweise erfassen und aus ihrer bisherigen Anonymität reißen. Wie zahlreiche andere Untersuchungen bereits zeigen konnten, erweist sich hier neuerlich, daß das Gebiet am mittleren Rhein mit seinem Einzugsgebiet in der Erfassung des karolingischen Adels eine besonders wichtige Stellung einnimmt.

Der 771 an Kloster Lorsch schenkende Adlige Plidroch trägt einen in der gesamten Quellenlage der Zeit singulären Namen. Er kann daher keine weiteren Aufschlüsse zur Neckarsulmer Frühgeschichte vermitteln. Dasselbe gilt für den relativ seltenen Namen seiner Ehefrau Blitrud. Aus der nur einmaligen Erwähnung Plidrochs und allem Anschein nach auch seiner Ehefrau Blitrud dürfte aber abzulesen sein, daß es sich bei diesem Ehepaar um Adlige mit geringerem Besitz gehandelt hat, die deshalb eben nur einmal in den Verzeichnissen der Wohltäter des Klosters Lorsch erscheinen. Wenn somit auch der Familienzusammenhang unaufgeklärt bleiben muß, ist doch der soziale Hintergrund dieser Adelsfamilie ermittelt. Es ist dadurch deutlich, daß neben den Sippen mit Besitz an vielen Orten auch Adelsfamilien standen, die eine schmale Besitzbasis hatten und daher in den uns vorliegenden Quellen nur in Einzelfällen oder vielleicht vielfach überhaupt nicht erschienen.

Die in Neckarsulm mit zwei Schenkungen nachgewiesene Hanswind stiftete 776 dem Kloster Lorsch Besitz in Eisesheim.[71] Die beiden Stiftungen von ihr in Obrigheim, die

14 Die erste Erwähnung Neckarsulms als „villa Sulmana" 771 im Lorscher Codex: Plidroch und seine Ehefrau Blitrud schenken dem Kloster Lorsch ihren gesamten Besitz in der „villa Sulmana".

zwischen 778 und 783[72] bzw. zwischen 784 und 803[73] erfolgten, geben den Namen des Ehemannes der Hanswind zu erkennen: Vodelwan oder Odolwan. Der auf die Silbe -wan endende Name weist dessen Träger in den Umkreis der Immedingersippe.[74] Bei der Stiftung des Hucbert in Handschuhsheim bei Heidelberg zwischen 779 und 783 wird ein Udalwan als Zeuge genannt[75] und ebenso 791, als Albolf in dem bei Seckenheim abgegangenen Herimundesheim an Kloster Lorsch Besitz tradiert[76]. Die Namen Hucbert und Albolf weisen deutlich auf Bezüge zum Traditionskomplex der alamannischen Agilolfinger, wie wir seit den Untersuchungen von Reinhard Wenskus wissen.[77] Das Beziehungsgeflecht wird durch den 791 als weiteren Zeugen neben Udalwan (Odolwan) erwähnten Heio noch verstärkt, denn 769 tritt ein Haio gemeinsam mit einem Hartger als Wohltäter für Kloster Lorsch in Sickingen bei Bretten auf.[78] Damit ist aber der Kreis zu einem der weiteren Tradenten in Neckarsulm geschlossen: zu dem Adligen Hartger. Der Name Udelwan tritt nochmals in den Lorscher Quellen auf: Gerbert schenkt 769/770 für das Seelenheil des Udelwan in Handschuhsheim.[79] Derselbe Ort wie die Zeugenerwähnung des Udelwan zwischen 779 und 783 läßt auf eine nahe Verwandtschaft, vielleicht ein Vater-Sohn-Verhältnis zwischen den beiden gleichnamigen Adligen, schließen. Der Name des Stifters Gerbert öffnet einen Weg zur Sippe der Rupertiner, ohne daß sich diese Spur hier näher feststellen oder sogar verfolgen ließe.[80]

Es ist festzuhalten, daß Hanswind 782 in Neckarsulm für das Seelenheil eines Dudo stiftet. Mit diesem Namen ist wieder eine Verbindung zu dem Kreis der Liudolfinger hergestellt, die mit Heinrich I. 919 den deutschen Königsthron besteigen sollten. Liudolf, der Sohn Ottos I., erscheint bei Thietmar von Merseburg mit der Kurzform Dudo, wie dieses bei vielen Namen mit dem Stamm Liud- üblich war.[81] Mit der Verbindung der Neckarsulmer Adligen Hanswind zu Dudo ist eine Verbindung zu einem häufig als Wohltäter von Kloster Lorsch erwähnten Mann hergestellt. Dudo wird 773 bei einer Schenkung in Ilvesheim neben Baldwin und einer Reihe weiterer Adliger als Zeuge genannt.[82] Die Frage, ob dieser Dudo in Beziehung zu dem in Neckarsulm erwähnten zu setzen ist, ist mit dem Hinweis darauf zu beantworten, daß in Ilvesheim 778 ein Bernhard Besitz an Kloster Lorsch vergabt[83], wobei als Zeugen u. a. Gerold, Heribert und Hardrad erwähnt werden. Letzterer war nun einer der Schenker des Jahres 773, für die Dudo als Zeuge auftrat. Darüber hinaus wird Heribert 778 in einer weiteren Schenkung Dudos als dessen Sohn bezeugt.[84] Der Name Bernhard führt uns wieder nach Neckarsulm zurück, wo ein zumindest gleichnamiger Adliger auftritt. Im gleichen Dorf, in dem Dudo 778 für seinen Sohn Heribert schenkt, ist 782 ein Egilbert mit einer Stiftung zum Seelenheil der Bertrada aufgeführt, womit wieder ein Name erscheint, der auch in Neckarsulm unter den Lorscher Wohltätern vertreten ist.[85] Eine Beziehung abzulehnen wird mit diesem Nachweis von zwei Seiten her schwieriger. Als Dudo 777 in Seckenheim und Wallstadt für das Seelenheil des Rupert und der Theudrada an Kloster Lorsch schenkt[86], sind Egisbert, Eigilbert (=Egilbert), Bernhard und Gerold Zeugen. Damit ist das Namensgeflecht von Neckarsulm in neuerlichem gemeinsamem Handeln an einem anderen Ort festgestellt. Der Mönch Sigewin wird in einer Stiftung zwischen 779 und 783 als Sohn einer Bertrada genannt[87], wobei neben ihm als Zeugen Dudo, Egilbert und Rutbert und andere auftreten. Dieser Sigewin war nach seiner weiteren Stiftung 766 in Dossenheim Sohn eines

Egilwin.[88] Dieser Name läßt in seiner anlautenden Silbe eine Verbindung zu dem mehrfach als Zeuge erwähnten Egilbert in greifbare Nähe rücken. Dudo, Baldwin und Rambert bezeugen auch eine Schenkung des Presbyters Gautswin mit seinen Brüdern Rooh und Sigewin in Wallstadt[89], wobei über den genannten Sigewin und dessen Identifizierung mit dem 766 und 779/783 genannten Mönch Sigewin eine weitere Erhellung des familiären Hintergrunds der Wohltäter möglich ist. Dudo wird 773 als Zeuge bei einer Schenkung Gerolds und Baldwins aufgeführt[90], wobei der Ort dieser Schenkung mit der von Dudos Stiftung 778 für seinen Sohn Heribert identisch ist. Anläßlich eines Verkaufs Dudos an Kloster Lorsch im gleichen Dorf 766/767 werden als Zeugen u.a. Baldwin und Rutbert genannt.[91] Dudo trat 768/769 zusammen mit Baldwin als Zeuge auf[92], ebenso 770 mit Gerold und Egilbert[93] sowie 770 als Wohltäter für das Kloster Lorsch in Wieblingen bei Heidelberg, wobei u. a. sein Sohn Heribert als Zeuge fungierte[94]. In einer weiteren Schenkung tritt er zusammen mit Gerold und Baldwin im Zeugenstand auf.[95] Die mehrfachen Erwähnungen legen eine Identität der Personen nahe.

Dudo schenkt Kloster Lorsch 767 Grundbesitz in Mannheim[96], was Rutbert, Heribert, Gerald (Verschreibung für Gerold?), Baldwin, Magintrud und der bereits bekannte Presbyter Gautswin bezeugen. Neuerlich ist hier Dudo mit seinem Sohn Heribert und Baldwin gemeinsam erwähnt. Auch mit dem Presbyter Gautswin und dessen Bruder, dem Mönch Sigewin, war Dudo zusammen in den Lorscher Quellen aufgetreten. Aus einer weiteren Schenkung von 770 ergibt sich, daß Magintrud die Ehefrau Dudos war.[97] Neben einer Reihe von Zeugen, die hier nicht weiter verfolgt werden können, sind auch Gerold und Hucbert als solche aufgeführt. Nun ist bei der Stiftung eines Hucbert in Handschuhsheim zwischen 779 und 783 der wahrscheinliche Ehemann der Neckarsulmer Hanswind, Udalwan, als Zeuge aufgetreten.[98] Damit schließt sich innerhalb der Beziehungen der in den Lorscher Quellen genannten Adligen neuerlich ein Kreis. Es bestätigt diesen Zusammenhang nochmals, daß Dudo und Wenibert 774 Besitz an Kloster Lorsch schenken und dabei Hucbert, Gerold, Eberwin und Rudwin als Zeugen auftreten.[99] Obwohl sich der Name Dudo in der Forschung als vieldeutig erwiesen hat und mehreren Familien zugeordnet werden kann[100], hat er sich im vorliegenden Fall als ein wichtiges Bindeglied erwiesen, um die enge Zusammengehörigkeit der in Neckarsulm auftretenden Adligen über Schenkungen an anderen Orten nachzuweisen. In diesem Zusammenhang ist auch die Schenkung des Dudo, der Meginrat (wohl verschrieben für Megindrut) und der Gebelindis 767 in Dornheim und Mannheim von Bedeutung. Neben den schon bekannten Zeugen Baldwin, Heribert und dem als Sigewin identifizierten Seckini wurde hier neuerlich ein Egilbert genannt.[101]

Die unmittelbare Verwandtschaft der Lorscher Wohltäter ist nur selten zu erschließen. In der Regel läßt sich nur der familiäre Zusammenhang durch die mehrfachen gemeinsamen Erwähnungen als Zeugen bei Schenkungen nachweisen. Der 782 in Neckarsulm erwähnte Egilbert dürfte aber auf jeden Fall der Vater des 774 ebenfalls in Neckarsulm genannten Bernhard gewesen sein, da bei beiden Schenkungen auf einen Sohn bzw. einen Bruder Adelhard abgehoben wird.[102] Wenskus hat diese Familie mit den in Schwaigern genannten Wohltätern des Klosters Lorsch als verwandt angesehen, ist aber diesem Zusammenhang nicht näher nachgegangen.[103] Die Wohltäterfamilie in Schwaigern hat Wenskus aber in einem unmittelbaren Verhältnis zu den

Karolingern gesehen, da aus ihr wahrscheinlich die Friedelfrau Karl Martells stammte, von der dieser den Sohn Bernhard hatte. Dieser Bernhard wiederum war der Vater Adalhards, Walas, Bernhers und Theotradas, der Äbtissin des Marienklosters in Soissons.[104] Einige dieser Namen haben sich in den vorstehend besprochenen Schenkungen an Kloster Lorsch finden lassen.

In Zeilsheim schenkte Egilbert 773 Güter an Kloster Lorsch, wobei sein Sohn Engilbert neben Egisbert, Gumbert und Egisheri als Zeuge auftritt.[105] Diesen Egilbert hat die Forschung bereits mit dem gleichnamigen Adligen in Neckarsulm identifiziert.[106] Er ist dabei sogar in ein umfassendes Familienstemma integriert worden[107], das die Beziehungen zu den Vorfahren der später als Popponen bezeichneten Adelsfamilie zusammenfaßt. Dabei ergeben sich auch Verbindungen zu den Ekbertinern. Die Schwester Egilberts, Atta, tradierte zusammen mit diesem 782 in Handschuhsheim und Schwetzingen Besitz an das Kloster Lorsch.[108] Ihr Sohn Hadubert war mit der Schwester Ekberts, Hildiswind, verheiratet.[109] Nun sind in Handschuhsheim auch die Schenkungen eines Adligen Heio 781 an Kloster Lorsch festzustellen[110], der allem Anschein nach mit dem 769 zusammen mit Hartger, Ricger und Sigemunt in Sickingen bei Bretten Besitz an Kloster Lorsch tradierenden Heio identisch ist[111]. Als Zeugen bei der Schenkung von 781 sind Machtswint, die Ehefrau Heios, ferner Hadubert, der Presbyter Heribert, Gramann, Walafrid und Rutpert genannt. Einige dieser Zeugen sind mit den gleichnamigen Personen, die bereits im vorausgehenden angesprochen wurden, zu identifizieren. Auch der 769 erwähnte Hartger dürfte mit dem 778 in Neckarsulm genannten gleichnamigen Adligen identisch sein. Der Adlige Heio trat mit seiner Ehefrau Machtswint nicht nur 782[112] als Lorscher Wohltäter auf, sondern auch 789[113]. Als Zeugen sind 789 neben Erkanbert und Erlolf ein Hadebert genannt. Im übrigen hat der in Neckarsulm begüterte Hartger zwischen 778 und 784 eine Stiftung für Machtswint vorgenommen.[114] Diese Urkunde wurde im Kloster Lorsch von Donadeus geschrieben. Dieses war auch der Fall, als im gleichen Zeitraum Machtswint und ihre Schwester Williswint in Ottersheim bei Grünstadt Besitz an Kloster Lorsch tradierten.[115] Ob die in Neckar- oder Großgartach schenkende Machtswint, die hier zusammen mit Urolf handelt (766), mit der vorstehenden Machtswint identisch ist, muß offenbleiben, sicher waren beide aber in verwandtschaftlicher Verbindung[116]. Zu Beginn des 9. Jahrhunderts war der Name Machtswint in der Familie der Rupertiner vertreten, wie der 814 erwähnte Ruthard und dessen Schwester Machtswint beweisen.[117] Der Name Heio tritt noch mehrere Male bei Stiftungen an Kloster Lorsch als Zeuge entweder zusammen mit bereits im vorstehenden erwähnten Adligen auf – so 766 mit Sigewin, Hucbald und Eberhard[118]; 776 als Zeuge für den schenkenden Eberhard in Mannheim mit Sigehard, dessen Sohn Gerold und Lambert[119], sowie 791 in dem abgegangenen Herimundesheim bei Seckenheim mit Odolwan[120] – oder in Dörfern, in denen die vorstehend besprochenen Adligen Besitz an Kloster Lorsch tradiert haben, so 766 und 773[121]. Die 766 feststellbaren Namen Hucbald und Eberhard sind mit den 803 in Bettenheim mit Giselhard zusammen genannten Hildibald und Eberhard zu vergleichen.

Der 773 in Zeilsheim als Lorscher Wohltäter auftretende Egilbert ist vermutlich mit dem 769 in Wallstadt genannten Egilbert identisch, da neben ihm in diesem Falle ebenso wie 773 in Zeilsheim ein Zeuge Egisbert genannt ist.[122] Egilbert und Egisbert bezeugen zusammen mit Rutbert, Lambert, Gerold, Bernwin und

Bernhard 777 eine Stiftung des Dudo[123] in Wallstadt und im gleichen Ort 773 eine Stiftung des Lambert ebenfalls an das Kloster Lorsch [124]. Dabei tritt aber ein zweiter Zeuge Egisbert auf. Egilbert war 776 zusammen mit einem Bernhard Zeuge für die Stiftung der Frideburg in Dornheim[125] und 770 mit Gerold, Dudo und einer Reihe weiterer Adliger bei der Schenkung des Folcholt in Mannheim[126]. Die aus der Zeilsheimer Stiftung von 773 bekannte Zeugengruppe Egisbert, Engilbert und Egilbert tritt 780 auch bei der Stiftung Sigeberts und dessen Ehefrau in Wallstadt auf.[127] Egilbert machte 782 eine Seelgerätstiftung für eine Bertrada, die von Bernwin, Egisbert, Rutbert, Mahdold und Benno bezeugt wurde.[128] Da der Lorscher Mönch Sigewin als Sohn einer Bertrada und eines Egilwin bezeugt ist[129], erhebt sich die Frage, ob Egilwin und seine Ehefrau Bertrada nicht nur die Eltern von Sigewin und seinen Brüdern Gautswin und Rooh – dieser Name ist übrigens eine Kurzform des bekannteren Chroccus[130] – waren, sondern auch nahe Verwandte (Eltern, Onkel/Tante) von Egilbert. Damit ließe sich das bei Wenskus vorgelegte Stemma um eine Generation zurück erweitern. Ein Verwandtschaftsverhältnis zwischen den genannten Personen ist grundsätzlich nicht zu leugnen, problematisch ist lediglich die genaue Zuordnung. Es ergibt sich aus den Untersuchungen von Wenskus, daß über diese Personen ein Verbindungsstrang zu den bedeutendsten und wichtigsten Adelsfamilien des Karolingerreichs bestanden hat.[131]

Auch der Name Bernhard wird im Kreise der Wohltäter des Klosters Lorsch wiederholt erwähnt. Ein Bernhard tritt 791 als Zeuge für den Presbyter Willehari in Bürstadt auf.[132] Der neben ihm erscheinende weitere Zeuge Hertdric führt ebenso wie das Dorf Bürstadt nicht unbedingt in den Kreis der Neckarsulmer Wohltäter des Klosters Lorsch. Dagegen ist der 767 in Handschuhsheim bei der Schenkung Rudings, Aginolds und der Bacchildis erwähnte Bernhard durch die neben ihm genannten weiteren Zeugen weit eher im Umkreis der Neckarsulmer Wohltäter zu sehen.[133] Dasselbe gilt für die Erwähnung bei der Schenkung Hardrads in Handschuhsheim 778[134] und im gleichen Ort und Jahr bei der Schenkung der Theutswint[135] sowie bei der Schenkung Nortwins in Hillenbach 767[136] und der des Wisigart und seines Sohnes Lantfrit 774 in Dossenheim[137]. Aufschlußreich ist die Schenkung des Bernhard, Harbrecht, Ceizo und Willeher in Eilfingerhof bei Maulbronn, das 802 als Alaholfincheim erscheint[138] und somit eine frühe Beziehung zu der in Südwestdeutschland wichtigen Familie der Alaholfinger gehabt haben dürfte. Eine Verbindung zwischen den Grundbesitzern in dem Dorf und den Alaholfingern dürfte naheliegen. Die Erwähnungen Bernhards in den Lorscher Quellen lassen im Zusammenhang der Zeugenreihen, der Ortschaften und der Wohltäter wesentlich weniger Zusammenhänge fassen als die übrigen Namen der in Neckarsulm genannten Adligen. Es hat daher den Anschein, als wäre Bernhard entweder ein ärmerer Mann gewesen, der fast nur als Zeuge auftritt oder – was plausibler erscheint – aus dem Lorscher Umkreis in andere Teile des Frankenreiches umgezogen und daher in den Lorscher Quellen seltener greifbar ist.

Das Ehepaar Hartger und Richswint stiftet 778 dem Kloster Lorsch Grundbesitz in Neckarsulm. Hartger schenkte auch 772 in Ubstadt bei Bruchsal[139] und 769 zusammen mit Ricger, Heio und Sigemunt in Sickingen bei Bretten[140]. Die Brüder Gerold, Regilo und Hartger stiften 781/782 für das Seelenheil des Liuthard und dessen Ehefrau Rūtgard in dem abgegangenen Herimundesheim bei Seckenheim.[141] Gerold und Regilo treten auch 782 als Zeugen bei der Schenkung des Richgauz in

Wallstadt auf[142] und zusammen mit Ruthard, Edelwin und Willehart bei der Schenkung Iuncmanns in Rettigheim im Kraichgau[143]. Die Mutter der mindestens drei Brüder war Herswint, die zusammen mit ihrem Sohn Hartger zwischen 781 und 804, vermutlich aber zeitlich näher bei 781, in Herimundesheim schenkte, wobei Theotbert, Sigewin, Regilo, Ruthard und Irminold als Zeugen auftreten.[144] Die Zeugen Sigewin und Regilo sind mit den bereits vorstehend vorgestellten Persönlichkeiten dieses Namens zu identifizieren. Durch die Zeugenreihen bei der Stiftung Leidrads zwischen 782 und 804[145] und des Beinhard (wohl eher Bernhard?) 791[146] wird der Zusammenhang zwischen den im Umkreis um Hartger genannten Namen mit dem Kreis der übrigen Wohltäter des Klosters Lorsch in Neckarsulm zusätzlich verstärkt. Das gilt auch für die Schenkung Hartgers für Machtswint in Bürstadt zwischen 778 und 784.[147] Dabei ist darauf hinzuweisen, daß die vorgenannte Schenkungsurkunde Leidrads ebenso wie die Hartgers für Machtswint von dem Mönch Donadeus geschrieben ist, was einen weiteren Zusammenhang andeutet. Der Artger in der zwischen 769 und 778 erfolgten Schenkung in Rudolsheim (heute abgegangen, bei Oppenheim) dürfte mit dem Hartger der übrigen Urkunden zu identifizieren sein.[148] Aus der Urkunde von 779 geht hervor, daß die schenkenden Gunzo und Hartger Brüder waren.[149] Da in dem dabei genannten Ort Dienenheim auch der in Neckarsulm stiftende Egilbert mit seiner Ehefrau Wonadun 766/767 Besitz an Kloster Lorsch tradierte[150], dürften der Dienenheimer und Neckarsulmer Hartger ein und dieselbe Person gewesen sein. Die jüngere Forschung hat den Gerold aus der Stiftung der drei Brüder Gerold, Regilo und Hartger 781/782 mit dem 766 anläßlich einer Stiftung in Mannheim genannten Gerold (verheiratet mit Ruttrud) identifiziert und diesem damit den Vater Erphhing zugewiesen.[151] Diese Annahme baut auf der Stiftung Gerolds und seiner Ehefrau Ruttrud in Mannheim auf, in der Erphhing genannt wird.[152] Ein weiterer Bruder der drei Brüder Gerold, Regilo und Hartger ist der 779 zusammen mit seinem Bruder Hartger in Dienenheim Besitz an Kloster Lorsch schenkende Gunzo.[153] Wenn auch der Name Gunzo in den alamannischen Raum weist, wie es der Name Erphhing ebenfalls tut[154], läßt sich die Herkunft der vier Brüder auf einem anderen Weg klären: Nach einer Stiftung Gundis für das Seelenheil Nebis und seiner Ehefrau Herswint 788 in Geinsheim[155], das übrigens als Gunzinheimer marca bzw. Gunzinger marca in den Quellen erscheint, sowie nach einer Stiftung Nebis 774 ebendort für sein eigenes Seelenheil und das seiner Ehefrau Herswint[156], waren diese Eheleute die Eltern der vier Brüder Gerold, Regilo, Hartger und Gunzo[157]. Da der 788 erwähnte Gundi von der Forschung nicht mit dem 779 genannten Gunzo identifiziert wird, vermutet man, daß letzterer bei der Stiftung seiner drei Brüder 781/782 bereits verstorben war.[158]

Hartger war nach der Schenkung in Neckarsulm mit einer Richswint verheiratet. Im Jahr dieser Schenkung – 778 – stifteten Liutfrit und sein Sohn Hildiger für das Seelenheil der Richswint einen Weingarten in Geinsheim an das Kloster Lorsch.[159] Die Identität dieser Richswint mit der Ehefrau Hartgers wird durch den Ort der Stiftung gesichert, in dem auch für die Schwiegereltern der Richswint gestiftet wurde. Über die Stifter Hildiger und seinen Vater Liutfrit sowie seine vermutliche Mutter Odala[160] wird eine neuerliche Beziehung zu dem im gleichen Raum, ja in vielen gleichen Ortschaften begüterten Adel hergestellt.[161] Hildiger schenkte im Jahr 800 Besitz in Eisesheim dem Kloster Lorsch.[162] Der Ort der Schenkung und die vorstehenden Verbindungen zum Kreis der Wohltäter des Klosters

Lorsch in Neckarsulm lassen die Identität ohne weiteres zu. Hartgers Ehefrau Richswint könnte eine Schwester Hildigers gewesen sein.

Der Name Herswint weist nach der Forschung in das alamannische Herzogshaus und galt als ein Exklusivname in demselben.[163] Dasselbe gilt auch für den Namen Nebis bzw. Nevis[164] ihres Ehemannes. Damit ist neuerlich aus dem in Neckarsulm begüterten Adelskreis eine Verbindung zu den Adelssippen Alamanniens erschlossen. Das Ehepaar Nebi – Herswint hatte auch Beziehungen zu dem oben bereits behandelten Ehepaar Egilwin – Bertrada und dessen Sohn Sigewin. Man bezeugte gegenseitig die Schenkungen an das Kloster Lorsch: so bei Herswint 784/804 die Zeugengruppe Theotbert, Sigewin und Regilo[165] und bei Bertrada 767 die Zeugengruppe Sigewin, Dietbert und Gerold[166]. Nebi und Egilwin waren auch in Mettenheim bei Worms nebeneinander begütert.[167] Es gibt durch die Familie des Egilwin und der Bertrada Beziehungen zum bayerischen Raum.[168]

Oskar von Mitis hat auch auf die Verbindungen eines Emicho zu der Familie Nebis hingewiesen. Emicho ist im Reichenauer Verbrüderungsbuch zwischen Nebis Söhnen Gerold und Regilo eingetragen.[169] Mitis sieht in diesem Emicho den 777 als Stifter für Kloster Lorsch genannten Adligen.[170] In dem mit Emicho gemeinsam in dem abgegangenen Gemminisheim auftretenden Ruthart[171] sieht er den hinter Sigewin und Regilo in der Schenkung Herswints genannten gleichnamigen Zeugen[172]. Emicho ist aber auch 775 gemeinsam mit einem Eberwin genannt[173], der wiederum – worauf auch Mitis ausdrücklich hinweist[174] – in der Nähe von Neckarsulm als Lorscher Wohltäter erscheint[175]. Mitis spricht die Vermutung aus, daß dieser Eberwin durch seine Frau Engiltrud mit der Nebi-Familie verschwägert war. Emicho tritt auch in Freimersheim auf[176], wo er gemeinsam mit Ruthard begütert war[177] und wo auch die in den Umkreis des Ehepaars Egilwin und Bertrada zu setzenden Gozbert, Gerold und Dietbert genannt sind[178].

Zu der Familie des Hartger und der Richswint bzw. seiner Eltern Nebi und Herswint gehört auch der 766 in Wallstadt an Kloster Lorsch schenkende Wanilo, der als Sohn des verstorbenen Gunzo bezeichnet wird.[179] Die Zeugen der Urkunde sind mit den beiden Grafen Warin und Cancro außerordentlich abgehoben von den im übrigen auftretenden Zeugen. Wanilo war demnach wohl auch ein Mann, der sich aus dem Kreis seiner Adelsverwandtschaft herausgehoben hat. Es ist auch noch besonders auf die Zeugen Egino und Heribert bei dieser Schenkung hinzuweisen, die einerseits in den alamannischen Raum weisen und andererseits eine Verknüpfung mit dem bereits oben vorgestellten Familiengeflecht wiedergeben. Nach der Ansicht von Mitis war Wanilo ein Neffe Nebis[180], da sich als Zeugen bei Schenkungen in Wallstadt neben Gerold und Rutpert[181] auch Gerold und Regilo feststellen lassen[182]. Aus der neueren Forschung ergibt sich ein Hinweis darauf, daß Wanilo vielleicht mit dem als Bruder des im agilolfingischen Bayern so bedeutsamen Machelm auftretenden Wenilo identisch ist.[183]

Die Schenkung des Grafen Rotbert, Sohn des Hnabi, in Aulfingen bei Engen in der Nähe des Bodensees an Kloster St. Gallen 773 ermöglicht durch ihre Zeugenreihe Hroadhari, Starchulf, Amicho, Lantpert, Presbyter Berthad, Seligaer, Folcholt, Isanhart weitere Hinweise.[184] Ein Starcholf wird mit einer um 800 liegenden Schenkung in Pfettrach (Pfarrei Reichertshausen bei Moosburg) an das Kloster Mondsee erwähnt.[185] In diesem Pfettrach hatte ein Adliger mit Namen Gunzo an das Bistum Freising geschenkt, doch hatte nach dessen Tod sein Bruder Nevo auf den vergabten Besitz Ansprüche angemeldet und dabei durch seine vermutlichen Verwandten Otolf, Paldrih und den Presbyter Hroadheri Unterstützung gefunden.[186] Das Bistum Freising konnte diese Ansprüche zurückweisen. Der Presbyter Hroadheri läßt einen Zusammenhang mit der Familie des Grafen Rotbert und dem dort genannten gleichnamigen Zeugen erkennen. Die Zusammenhänge der St. Galler-Zeugenreihe mit den in Lorscher Urkunden genannten Personen läßt sich fortsetzen. Nicht nur wird ein Isanhart in dem Dorf Freimersheim als Grundbesitzer erwähnt[187], sondern auch Isanhart und Berthad urkunden am gleichen Tag, dem 1. August 767, für das Kloster Lorsch[188], und in einer Urkunde des Folchold für das Kloster Lorsch treten Gerold, Egilbert und Dudo als Zeugen auf[189], wobei die beiden letztgenannten wieder in dem engen Zusammenhang mit der Familie des Egilwin im Lorscher Quellenbestand erscheinen[190]. Auf diese Weise hat sich auch über Folchold der Kreis der Wohltäterfamilien für die Klöster Lorsch und St. Gallen schließen lassen. Zu der Familie des Hartger und seiner Ehefrau Richswint in Neckarsulm ist festzuhalten, daß sich diese auf den verschiedensten Wegen in den Umkreis einer großen, über diverse Gebiete des Karolingerreichs verbreiteten Familie einordnen läßt, bei der eine Reihe von in den Quellen wiederholt auftretenden Namen, so u.a. der Name Nebi (auch Nevo oder Hnabi geschrieben), verbreitet war.

Ausgehend von den Besitzvergabungen einiger Adliger in Neckarsulm, läßt sich am Ende der Übersicht zusammenfassend feststellen: Wie sich bereits an anderen Orten, so beispielsweise in Münsingen auf der Schwäbischen Alb, aufhellen ließ[191], waren in den Dörfern, in denen Kloster Lorsch vom Adel beschenkt wurde, häufig mehrere Familien begütert. Daraus läßt sich vielleicht der Schluß ziehen, daß die frühmittelalterlichen Adelsfamilien gerne ihre Güter in den Dörfern an die Klöster schenkten, in denen ihnen nur Anteile oder einzelne Höfe gehörten. Die Klöster dagegen nahmen rasch an Besitz zu, weil sich diese Handlungsweise auf große Teile des Adels ausdehnte. Der hohe Grad der Besitzzersplitterung in den Dörfern dürfte zu einem großen Teil auf Erbschaft und Verwandtschaft des Adels beruhen. Während sich bei den Schenkungen in Münsingen in zwei Drittel der nachgewiesenen Fälle eine Verbindung zu den Unruochingern abzeichnet, ist dieses in Neckarsulm wesentlich schwieriger. Es lassen sich sowohl Verbindungen zum alten Herzogshaus der Alamannen, d.h. zur Familie der Alaholfinger, feststellen, darüber hinaus waren aber Beziehungen zu den Sighardingern, den Rupertinern, den späteren Immedingern, Popponen und Ekbertinern greifbar. Nach den Untersuchungen von Wenskus ist auch vor allem darauf hinzuweisen, daß sich aus den Neckarsulmer Wohltätern für das Kloster Lorsch ebenfalls frühe Verbindungen zum Umkreis der liudolfingischen Familie, die seit 919 den deutschen König stellte, abzeichnen. Es ist nicht möglich, diese Beziehungen in der Regel in feste Verwandtschaftsstemmata zu pressen und eindeutig festzuschreiben, doch lassen die Namensbestände, Besitzüberschneidungen und gemeinsamen Bezeugungen nur den Schluß der Verwandtschaft oder Identität zu. Die adligen Besitzer der *villa Sulmana* gehörten einerseits verschiedenen Familien an, die andererseits jedoch miteinander nahe verwandt waren. Es ist aus dem weitgespannten Verwandtschaftsgeflecht aber der Schluß zu ziehen, daß diese Verwandtschaften teilweise über mehrere Generationen zurückgehen müssen. Im Falle von Neckarsulm ist daher zu fragen, ob die *villa Sulmana* nicht bereits im Zusammenwirken verschiedener Adelsfamilien entstanden ist. Inwieweit hier der vielleicht bewußt auf die Lage abgestimmte Ortsname einen Hinweis gibt, der keinen Sippenkreis in bevorzugter Stellung zeigt, müßte durch weitere Untersuchungen im Bereich der frühmittelalterlichen Siedlung geprüft werden.

In Neckarsulm haben im letzten Drittel des 8. Jahrhunderts Angehörige mehrerer fränkischer Adelsfamilien Besitz gehabt, die sich mit ihrem Verwandtschaftsgeflecht über weite Teile des karolingischen Reichs verfolgen lassen und damit eine entsprechend bedeutende Stellung innerhalb des damaligen Adels innegehabt haben dürften. Es hat sich auch deutlich herausschälen lassen, daß diese Familien eine eher engere Verbindung zum Kloster Lorsch unterhalten haben als die in Münsingen auf der Schwäbischen Alb an Kloster Lorsch tradierenden Familien. Es ist bedauerlich, daß die Quellenlage für das 9. bis 11. Jahrhundert in der Umgebung von Neckarsulm nicht die Möglichkeit bietet, die weitere Entwicklung der Adelsfamilien in dem Umfang zu beobachten, wie dieses aufgrund der Lorscher Überlieferung möglich ist. Erst daraus ließen sich abschließende Aussagen machen, die auf diese Weise nicht möglich sind. Die derzeitige Quellensituation – Abhilfe könnten vielleicht noch umfassende archäologische Untersuchungen geben – läßt nur die vorliegende Beschreibung zu, die viele Verbindungen und Beziehungen nur anreißen, aber nicht umfassend ausführen kann. Neckarsulm war im späten 8. Jahrhundert sicherlich bereits eine wichtige Siedlung, hat sich aber aus den umgebenden Siedlungen nicht als zentraler Ort herausgehoben. Daraus läßt sich der Schluß ziehen, daß die später in der näheren Umgebung bestehenden Zentren – der Königshof Heilbronn und die Herrschaft Scheuerberg, die an einen bischöflichen Wildbann anknüpfte – bereits in früherer Zeit bestanden oder Rechtsvorgänger gehabt haben müssen.

Eine Untersuchung ist in Neckarsulm bislang unterblieben: die Betrachtung des Patroziniums der Pfarrkirche. In Neckarsulm ist diese dem hl. Dionysius geweiht.[192] Damit dürfte ihre Gründung nicht vor der Mitte des 7. Jahr-

15 Bronzene Scheibenfibel vom Ende des 7. Jahrhunderts aus einem Grab in der Binswanger Straße in Neckarsulm.

hunderts anzusetzen sein, da der Merowinger Dagobert I. (629-638/639) durch die Gründung des Klosters St.-Denis bei Paris die Verehrung des hl. Dionysius im Merowingerreich bekannt und vor allem auch beliebt machte.[193] Nach der berühmten Scheibenfibel aus einem Neckarsulmer Grab war am Ende des 7. Jahrhunderts das Christentum in Neckarsulm nicht nur bekannt, sondern hatte auch in der herrschenden Oberschicht Bekenner gefunden.[194] Da in dieser Zeit die Belegung der Reihengräberfriedhöfe aufhörte, ist darauf zu schließen, daß sich etwa um 700 die Verlegung der Friedhöfe an die Kirchen durchgesetzt hat.[195] Dieser Zeitraum paßt sehr gut zu dem ersten Ausgreifen des zu Beginn des letzten Drittels des 7. Jahrhunderts (ca. 670) gegründeten Klosters Weißenburg in das rechtsrheinische Gebiet.[196] Das zunächst in Personalunion mit dem Bistum Speyer geleitete Weißenburg (so unter Bischof/Abt Dragebodo 660/670 und Bischof/Abt David 744/752) ist das anfängliche Missionszentrum für die Gebiete östlich des Rheins etwas südlich von Neckarsulm gewesen. Als Zeitraum für diese Tätigkeit werden die Jahrzehnte zwischen 660 und 750 genannt. In dieser Zeit soll die erste kirchliche Organisation in dem Gebiet entstanden sein, zu dem auch Neckarsulm gehört.[196] Die Verehrung des hl. Dionysius im Zabergäu wird von Alois Seiler auf den Einfluß des Klosters Neuhausen bei Worms zurückgeführt.[197] Da dieses nach seiner ehemals dem hl. Dionysius geweihten Kirche ebenfalls erst in der Zeit nach der Mitte des 7. Jahrhunderts entstanden sein kann, spricht nichts gegen einen von dort ausgehenden Einfluß zur Gründung der dem hl. Dionysius geweihten Pfarrkirche in Neckarsulm.[198] Irgendwelche Rechte des Klosters bzw. späteren Stifts Neuhausen sind aber in Neckarsulm oder seiner näheren Umgebung nicht festzustellen. Dagegen hat im Spätmittelalter (seit vor 1264) das Patronat der Pfarrkirche Neckarsulm dem Kloster Amorbach gehört.[199] Dieses Kloster ist nun zu Beginn des 8. Jahrhunderts durch die Unterstützung eines Grafen Ruthard entstanden[200], also eines Mannes, der nach seinem Namen in einem verwandtschaftlichen Beziehungsgeflecht zu den Vorfahren der Wohltäter des Klosters Lorsch am Ende desselben Jahrhunderts in Neckarsulm gestanden haben dürfte. Es bleibt offen, wann die Pfarrkirche Neckarsulm an Kloster Amorbach gekommen ist. Es spricht jedoch nichts dagegen, daß dieses bereits in früher Zeit erfolgt ist.[201] Damit läßt sich für die kirchliche Frühgeschichte Neckarsulms zusammenfassen: Nach dem Patrozinium St. Dionysius und der kirchlichen Entwicklung des umliegenden Gebiets steht fest, daß die Pfarrkirche – vermutlich als adlige Eigenkirche – im späten 7. Jahrhundert gegründet wurde. Sie hat ihr Patrozinium vermutlich durch Verbindungen ihrer Stifter zum Kloster Neuhausen bei Worms erhalten, obwohl natürlich auch an Beziehungen der Kirchengründer zum Kloster St.-Denis zu denken wäre, wie sich das Bild für die Kirche St. Dionysius in Esslingen/Neckar bietet. Die adligen Stifter der Pfarrkirche haben diese zu einem späteren Zeitpunkt, der vielleicht nicht allzu lange nach der Gründung gelegen hat, dem Kloster Amorbach überlassen.

Diese Entwicklung der Pfarrei Neckarsulm findet ihre Parallele in den benachbarten Pfarrkirchen der weiteren Umgebung. Die auf dem Michaelsberg bei Cleebronn gelegene Kirche des hl. Michael wird bereits 793 in einer Quelle erwähnt.[202] Im Kapitel Schwaigern, in dem Kloster Lorsch an einer Reihe von Dörfern Besitzanteile erworben hatte, waren die Kirchen St. Peter in Wimpfen, St. Cornelius und Cyprian in Biberach, St. Alban in Kirchhausen (erwähnt 926), St. Pankratius in Bökkingen (795 erwähnt), St. Maria in Botenheim, St. Johann Baptista in Brackenheim, St. Martin in Frauenzimmern, St. Laurentius in Großgartach mit den Filialen Nordheim und Schluchtern, St. Mauritius in Güglingen mit den Filialen Eibensbach, Pfaffenhofen, Stockheim und dem abgegangenen Rodenbach, St. Martin in Meimsheim mit der Filiale Hausen, Dürrenzimmern und Neipperg, St. Peter in Neckargartach und Böllingen (als Basilika 823 erwähnt), St. Martin in Gemmingen, St. Martin in Niederhofen, St. Martin in Kleingartach, St. Mauritius in Obereisesheim mit den Filialen Untereisesheim, St. Johann Baptist in Schwaigern mit den ursprünglichen Filialen Massenbach und Massenbachhausen, St. Hilarius in Heimsheim, St. Aegidius in Kirchhardt mit dem Filial Berwangen und St. Maria in Richen mit den ursprünglichen Filialen Adelshofen und Ittlingen sicherlich recht alte Kirchen.

Das Alter dieser Pfarrkirchen und die frühen Erwähnungen vieler Dörfer beweisen auch das hohe Alter der Siedlungen in diesem Gebiet um Neckarsulm. Während das Kapitel Schwaigern zum Bistum Worms gehörte, war das Kapitel Weinsberg Bestandteil des Bistums Würzburg. Der Neckar stellte dabei größtenteils die Diözesangrenze im Raum Neckarsulm dar. Im Kapitel Weinsberg waren die Michaelskirchen in Heilbronn (erwähnt 741), im abgegangenen Bochingen und in der Böttinger Markung (erwähnt 771, vermutlich Mutterkirche von Gundelsheim) sicherlich sehr alt und sind in der Zeit der ersten kirchlichen Organisation dieses Gebietes entstanden. Vergleichbares dürfte auch für die Martinskirchen in Erlenbach, Lauffen am Neckar, Sontheim und Sülzbach sowie die Kilianskirchen in Talheim, Duttenberg, Herbolzheim und im abgegangenen Helmbund gelten. Dabei sind die letztgenannten sicherlich nicht vor der Gründung des Bistums Würzburg, d.h. vor Mitte des 8. Jahrhunderts, entstanden.

In einer tiefschürfenden Untersuchung ist vor einigen Jahren der Versuch unternommen worden, den Umfang des Königsgutkomplexes Heilbronn in karolingischer Zeit festzulegen.[203] Die Arbeit kam zu dem Ergebnis, daß dieser Komplex seine Begrenzung im Norden mit Neckarsulm fand, im Süden mit Gemmrigheim, im Westen mit dem Neckar und im Osten vermutlich mit den Löwensteiner Bergen. In diesem umfangreichen Königsgutkomplex lagen nach der Forschung die beiden Fisci Heilbronn und Lauffen.[204] Die Herrschaft der Weinsberger, die Engelhard von Weinsberg 1335 verkaufte, bestand aus der Burg Scheuerberg, der Stadt Neckarsulm, ferner aus den Dörfern Erlenbach, Binswangen, Oedheim, Kochertürn, Lautenbach sowie der Hälfte von Gellmersbach und Eisesheim. Es ist nun zu Recht die Frage aufgeworfen worden, ob diese Herrschaft nicht ebenfalls aus dem ehemaligen Königsgutkomplex hervorgegangen ist.[205] Diese Frage ist zumindest teilweise zu bejahen. Doch haben die Siedlungen Neckarsulm und Eisesheim einen anderen Weg genommen als die übrigen Orte der Herrschaft. Wie ausführlich dargestellt, hatten in diesen beiden Siedlungen am Ende des 8. Jahrhunderts mehrere Adlige Besitz an Kloster Lorsch geschenkt. Da sich für Eisesheim nachweisen läßt, daß Kloster Lorsch seinen umfangreichen Besitz 908 vertauschte, dürfte dieses vermutlich auch für Neckarsulm zutreffen. Es ist zwar nichts aus den Quellen bekannt, doch ist dieses deshalb anzunehmen, weil der ehemals klösterliche Besitz denselben Weg nahm wie die Güter in Eisesheim.

Die Geschichte der *villa Sulmana* zeichnet sich damit deutlich ab: Im 6./7. Jahrhundert wurde die dörfliche Ansiedlung mit verschiedenen Siedlungskernen und daher auch – wie sich aus den Lorscher Schenkungen am Ende des 8. Jahrhunderts ermitteln läßt – wohl von Anfang an im Besitz verschiedener Adelsfamilien stehend begründet. Diese haben am Ende des 7. Jahrhunderts im Zuge der kirchlichen Organisation in diesem Raum die Pfarrkirche des Ortes gegründet. Einflüsse vom Kloster Neuhausen oder sogar aus dem innerfränkischen St.-Denis bei Paris sind zumindest zu vermuten. Die Pfarrkirche scheint früh – zumindest im 8./9. Jahrhundert – dem Kloster Amorbach geschenkt worden zu sein. Die Entstehung der Pfarrkirche und der Siedlung Neckarsulm hat sich in die jeweils allgemeine siedlungs- und kirchenorganisatorische Entwicklung dieses Raumes eingepaßt. Am Ende des 8. Jahrhunderts haben die in Neckarsulm Grund und Boden besitzenden Adelsfamilien umfangreiche Stiftungen an Kloster Lorsch gemacht. Es ist nicht zu überprüfen, ob damit Kloster Lorsch zum alleinigen Grundbesitzer geworden ist, doch dürfte dieses anzuzweifeln sein, da Kloster Amorbach noch in spätmittelalterlicher

Zeit umfangreiche Besitzkomplexe in Neckarsulm ihr eigen nannte. Während Kloster Amorbach seinen Besitz bewahren konnte, hat Kloster Lorsch diesen vermutlich vertauscht – wie in Eisesheim 908 – oder auf andere Art und Weise verloren. Rechtsnachfolger des Klosters scheint das Reich geworden zu sein, denn aus dessen Hand kam Neckarsulm wohl im Zuge mit der Wildbannverleihung an das Bistum Worms zur Verwaltung neuerlich in adlige Hände, die dann die *villa Sulmana* zur Stadt machten und die Siedlung in die mit Quellen abgesicherte Zeit hinübergeleiteten.

Neckarsulm im Mittelalter

VON Barbara Griesinger

Ich, Engelhard von Weinsberg

Nach langer Überlieferungslücke wird das Dorf Sulm 1212[1] erstmals wieder genannt. Engelhard von Weinsberg legte, wohl an einem alten Gerichtsort in Sulm unter den Elmbäumen, fest, daß er im Tausch gegen andere Lehensgüter von Kloster Schöntal mit Besitz im Jagst- und Kochertal belehnt worden war. Daß Engelhard diese Abmachung vertraglich unter Zeugen am Gerichtsort in Sulm besiegelte, heißt nichts anderes, als daß die Herren von Weinsberg 1212 die Hoheitsrechte über Sulm besaßen. Die Weinsberger traten als staufische Ministeriale, d.h. Dienstleute, bereits im 12. Jahrhundert am unteren Neckar auf. Ihr Erscheinen steht im Zusammenhang mit dem Erwerb der Reichsburg Weinsberg, die der erste Stauferkönig Konrad III., der in allem bestrebt war, die staufische Kernstellung zu festigen und zu erweitern[2], in den Auseinandersetzungen mit den Welfen um das Erbe der Calwer Grafen 1140 erobert hatte[3].
Erstmals nannte sich Konrads Kämmerer Tibert, der zwischen 1138 und 1150 in zehn Königsdiplomen[4] als Zeuge in der Reihe der „ministeriales regis", der Königsministerialen, in Erscheinung trat, in einer Urkunde seines Königs 1150 „Thiepertus camerarius de Winsperch"[5]. Deshalb ist anzunehmen, daß Konrad seinen Kämmerer gerade in diesem Jahr als Vogt in Weinsberg einsetzte. Noch auf demselben Hoftag nannte sich Tibert auch von Linbahc, was aufgrund einer Erwähnung 1151 als verschrieben für Lindach gilt.[6]
Dieser Tibert wird zwar von der Forschung keineswegs einhellig als Stammvater der Herren von Weinsberg anerkannt[7], denn der

16 Das Siegel Engelhards II. von Weinsberg mit den drei Weinsberger Schilden.

Name Tibert wurde in der Familie nicht weitertradiert. Doch es sprechen einige Argumente für diese These. Noch in späteren Zeiten besaßen die Herren von Weinsberg Rechte gerade in Lindach, Herlikofen und im weiteren Umkreis von Gmünd im Remstal.[8] Einen weiteren Hinweis gibt der Weinsberger Flurname Lindich, wo eine abgegangene Siedlung Lindach vermutet wird.[9] Auch Ritter, deren Stammsitze in der Region Gmünd–Aalen lagen, finden wir in ihrem Gefolge: Burkhard von Wagenhofen, Rüdiger von Herlikofen, Heinrich von Vachsenfeld.[10] Und schließlich legt die Wappengleichheit derer von Weinsberg mit der staufischen Ministerialenfamilie von Ahelfingen aus dem Großraum Aalen die Verwandtschaft beider Familien nahe – ein weiteres Indiz für die Herkunft der Weinsberger aus dem Remstalgebiet und damit aus den Stammlanden der Staufer. In diese Tradition paßte sich ein königlicher Kämmerer Tibert von Lindach gut ein. Nicht verschwiegen werden soll jedoch, daß Wappengleichheit auch zwischen Weinsberg und den Herren von Urslingen vorliegt, einer hochnoblen Familie aus dem Gebiet um Rottweil mit Besitz im Elsaß, die zeitweise die Herzöge von Spoleto stellte. Bereits die Schöntaler Klosterchronik aus dem 17. Jahrhundert stellt familiäre Verbindungen zwischen den Herren von Weinsberg und den Urslingern her, und auch ein neuerer Beitrag zur Weinsberger Forschung unterstreicht diese Linie.[11] 1151 wird Tibert von Weinsberg/Lindach letztmals erwähnt. Ob er identisch ist mit jenem Diepertus, den das Wimpfener Seelbuch[12] nennt und der für Seelmessen neun Joch Land in Eichhausen stiftete, einem abgegangenen Ort bei Bonfeld[13], ist bislang noch nicht zu entscheiden.

Als weiteren Vorfahr Engelhards von Weinsberg, der 1212 als erster Weinsberger in direktem Zusammenhang mit Sulm steht, lernen wir nur noch 1166 Engelhard I. kennen, der zusammen mit einem anderen, nicht näher zu identifizierenden Engelhard als Zeuge in einer Urkunde von König Konrads III. Sohn, Herzog Friedrich, auftritt. Er ist nicht wie Tibert Kämmerer König Konrads, sondern sein Schenk.[14] Es scheint, daß die Weinsberger nach Konrads Tod – wie der Besitz Rothenburg und Weinsberg selbst, nach dem sich Herzog Friedrich zeitweise benannte – dem Herzog unterstellt wurden und damit zu seiner direkten Dienstmannschaft zählten.[15]

Diese enge Beziehung zum schwäbischen Herzog läßt sich sogar in der mehrfach erwähnten Urkunde aus dem Jahre 1212 greifen, die in Sulm ausgestellt wurde, denn im Vorfeld des Lehenstausches mit Schöntal tritt kein Geringerer als Herzog Friedrich von Schwaben als Vermittler und Fürsprecher der Weinsberger auf.

Engelhard II., Aussteller unserer Urkunde, lernen wir wieder als Zeugen in vielen Stauferurkunden kennen, vor allem im Umkreis Friedrich Barbarossas und König Heinrichs, die er 1184 – 1186 auf dem sechsten Italienzug begleitete.[16] Wir finden die Weinsberger also bereits im 12. Jahrhundert in unmittelbarer Staufernähe, wo sie als Ministeriale Hofämter bekleideten und als Vögte der Reichsburg Weinsberg Reichsgebiete für die Staufer verwalteten.

Ein Dorf namens Sulm

Es ist unwahrscheinlich, daß auch Sulm in diesen Reichslandkomplex gehörte, der teilweise schon früh um Heilbronn, Weinsberg und Wimpfen greifbar wird. Doch scheinen seine früheren Besitzer enge, ja engste Fühlung mit dem fränkischen Hochadel gehabt zu haben. Dafür sprechen nicht nur das Dionysius-Patrozinium der Neckarsulmer Kirche und die frühe Erwähnung der „villa sulmana" im Lor-

Tafel 1   Die Darstellung der Burg Scheuerberg in der „Hällischen Chronik" entstand erst nach deren
Zerstörung 1525 und zeigt vermutlich kein wirklichkeitsgetreues Abbild.
Die älteste Darstellung Neckarsulms stammt aus dem Jahr 1578.

Tafel 2   Tauschobjekt im Jahr 1484 – die Deutschordenskommende Prozelten. Ausschnitt aus einer Geleitskarte von 1598.

Die von Deutschmeister Reinhard von
Neipperg und seinen Brüdern gestifteten
Rundscheiben schmückten die 1487
erbaute Ordenskapelle in Neckarsulm.

scher Codex, sondern auch die Konzentration geistlicher Rechte und weitläufiger Besitzungen in Sulm in der Hand des Klosters Amorbach. Diese Bündelung von Rechten und Besitz weist zwar auf eine frühe Ausstattung Amorbachs auf Sulmer Markung hin, greifbar werden aufgrund der fehlenden Quellen diese Rechte Amorbachs jedoch erst in späterer Zeit.[17] Noch 1264 lernen wir den Amorbacher Abt Wibert als Patronatsherrn der Sulmer Kirche kennen.[18] Die Kopialüberlieferung des Klosters bestätigt 1325, daß der Neckarsulmer Zehnt „gros und klein zu zweytheylen eines Abbts und seines Klosters zu Amorbach"[19] ist. Gerade die Verbindung dieses großen Zehntanteils und des Patronatsrechts, also des Rechtes, den Neckarsulmer Pfarrer einzusetzen, dessen Pfarrpfründe mit dem restlichen Zehntdrittel ausgestattet war, macht eine frühe Begabung Amorbachs mit Rechten in Sulm wahrscheinlich, die in diesem Maße nur vom Hochadel, von Personen aus dem nächsten Umkreis des Königs, herrühren können. Gleichermaßen ist auch der Amorbacher Grundbesitz zu bewerten. Bis zur Säkularisierung im 19. Jahrhundert blieb Amorbach ein bedeutender Grundherr auf Neckarsulmer Markung. Dieser Besitz, der in sieben große und sechs kleine Hoflehen gegliedert ist, kam nach 1803 über die Fürsten von Leiningen und den Deutschen Orden an Württemberg.

Ein genauer Überblick über die Güter liegt erst aus dieser württembergischen Zeit vor.[20] Danach umfaßte Amorbacher Besitz neben dem benannten Amorbacher Feld über 300 Morgen Land. Diese Ländereien lagen im Osten der Markung gegen Binswangen. Ein weiterer Teil gruppierte sich in der Steinacher Flur in der Nähe von Frauenkirche und Heillosem Loch, in einem Bereich, wo man eine ältere abgegangene Siedlung Steinach vermutet.[21] Schließlich zog sich der dritte Komplex an der Südgrenze der Sulmer Markung gegen Heilbronn hin und umfaßte Gebiete im Rötel und Klauenfuß, am Stiftsberg, im Napf und im Allmuthsbrünnle. Selbst wenn man einräumt, daß Teilstücke erst später erworben wurden, spricht nicht zuletzt die Größe des Besitzes für eine frühe Ausstattung, zumal Neckarsulm auch nicht in den Amorbacher Traditionsnotizen vorkommt, die Schenkungen und Gütererwerb wohl nach Quellen aus der ersten Hälfte des 12. Jahrhunderts zusammenfassen.[22] Darüber hinaus erleben wir das Kloster Amorbach bereits 1256 auf dem beginnenden Rückzug aus seinen alten Sulmer Rechten. In diesem Jahr legte Abt Giselher wohl die rechtliche Basis für den später erfolgten Übergang des Patronatsrechts an Würzburg.[23]

Unsicher bleibt indes, wer vor den Weinsbergern die weltliche Hoheit über Sulm ausübte, wer zu Gericht saß, wer über den Besitz wachte, wer die Bevölkerung vor Übergriffen schützte. In diesem Zusammenhang rücken die Anlage des späteren Stadtschlosses Neckarsulm, an deren hohes Alter die romanischen Fundamente des Bergfrieds erinnern[24], und Hinweise auf Neckarsulmer Ortsadel ins Blickfeld, die der Interpretation allerdings Schwierigkeiten machen. Denn sämtliche Nennungen von Ortsadel wie von weiteren, nicht näher zu identifizierenden Adligen entstammen undatierten klösterlichen Quellen. So begegnet im Hirsauer Codex ein Egezo de Sulmena, der alles, was er dort, nämlich in Sulm, besaß, dem Kloster vermachte.[25] Wann er diese Schenkung tätigte, welchen Umfang sie hatte, bleibt ebenso im Dunkel der Geschichte wie das weitere Schicksal des Guts, das die Benediktiner sogleich weiterverkauften und für den Erlös andere Güter bei Pforzheim erwarben. Auch Egezo de Sulmena finden wir in weiteren Quellen nicht mehr wieder. Ob er identisch ist mit dem Bruder Egezo, dem „Egezo frater", dem im Stift

Wimpfen eine Seelmesse gelesen wurde[26], kann nicht bewiesen werden. Denkbar ist allerdings, daß sich Egezo kurz vor seinem Tod, wie viele Adelige, in klösterliche Abgeschiedenheit zurückgezogen hat. Als Arbeitshypothese wäre vielleicht vorstellbar, daß Egezo als Sachwalter eines Sulmer Herrenhofs[27] gerade im Vorfeld oder im Zusammenhang mit dem Streit um das Calwer Erbe – also im 12. Jahrhundert – Sulmer Besitz in die Hände des Klosters legte, eventuell, um ihn vor dem Zugriff Welfs VI. zu schützen, so wie Wolfram von Weinsberg im Auftrag des sterbenden Pfalzgrafen Gottfried dem Kloster Heilbronner Gut zurückgab[28]. Vielleicht gehörte also auch Sulm wie Weinsberg und wie der Heilbronner Königshof in den Besitz der Calwer Grafen.[29] Egezo müßte man sich damit wahrscheinlich auf der Stufe eines Calwer Lehensmanns vorstellen, eventuell bereits vor 1140 abhängig vom jeweiligen Herrn der Burg Weinsberg.

Der Wimpfener Nekrolog enthält noch weitere Hinweise auf Adlige, die in Sulm begütert waren. In diesem Seelbuch wurde eingetragen, wer dem Stift Wimpfen Grundbesitz oder Gülten (Abgaben) schenkte, damit die dortigen Geistlichen jährliche Seelenmessen für das Seelenheil des Stifters oder eines Angehörigen lasen. Wie im Hirsauer Codex sind jedoch auch die Einträge im Nekrolog undatiert. Da meist nur die Namen der Stifter eingetragen sind und die zeitliche Spanne der Einträge mehrere Jahrhunderte umfaßt, sind genaue Identifizierungs- und Datierungsversuche kaum zu bewerkstelligen.[30] Deshalb kann in diesem Rahmen zunächst nur eine Zusam-

Stifter	Seelmesse	Seelgut aus Neckarsulm
Hiltegundis	für sich und ihren Mann Ludwig	4 Joch Land und einen Hof[31]
Ludewicus	–	4 Unzen (außerdem in Obereisesheim eine Wiese und 5 Solidi)[32]
Fridericus de Isinsheim (Friedrich von Eisesheim)	–	ein Weinberg in Sulmen
Lentfridus	–	2 Solidi in Sulmen
Heinricus de Sulmen	–	6 Heller von einem Weinberg dort
Adala[33]	Rudegerus miles de erlekoven (für den Gemahl Rüdiger, Ritter von Herlikofen)	ein Weinberg in Sulmen
Hildebrandus	–	eine Manse (Hufe, Hofstelle) in Sulmen
Rugger	–	12 Joch und einen Hof (curtis) in Sulmen

menstellung der Stifter erfolgen, die das Wimpfener Ritterstift mit Sulmer Gütern begabten. Die Reihenfolge richtet sich dabei nicht nach einer chronologischen Abfolge der Schenkungen, sondern nach der Reihenfolge der entsprechenden Jahrtage im Kirchenjahr (s. S. 50).
Außer Rüdiger von Herlikofen, auf den noch näher eingegangen wird, läßt sich keiner der Stifter näher einordnen. Ob es also Querverbindungen unter den Schenkenden gab, in welchem Verhältnis sie zu den Herren von Weinsberg standen – falls sie überhaupt Zeitgenossen waren –, bleibt vorläufig im Dunkel der Geschichte.

Scheuerberg schön erbaut

Während vieles um den Ortsadel im Bereich der Spekulation bleiben muß, finden wir die Weinsberger weiterhin als getreue Dienstleute der Staufer. Noch 1231 unterstrich König Heinrich (VII.) den Ministerialenstatus für Konrad von Weinsberg ganz explizit. Sein Vatergut, so der Stauferkönig, könne Konrad, eben weil er sein Dienstmann sei, nur mit seiner königlichen Genehmigung veräußern.[34] Trotz des Hinweises auf eine ursprünglich unfreie, vom Dienstherrn abhängige Stellung der Weinsberger zeigen gerade die Ämter, die sie bekleideten, welch hohe Stellung sie im Stauferumkreis innehatten und in welch hohem gesellschaftlichem Ansehen sie damit wohl standen. Besonders handgreiflich wird die Bedeutung der Familie im Umkreis der Staufer aber nicht nur dadurch, daß sie als Träger verschiedener Verwaltungsaufgaben im staufischen Machtzentrum Wimpfen auftraten, wo sie überdies Besitzer eines großen Teils des Grundes waren, auf dem die staufische Bergstadt gegründet wurde[35], sondern auch daran, daß ihnen wahrscheinlich noch König Heinrich (VII.) die Verwaltung des Wildbanns übertrug, der in späteren Quellen Scheuerberger Wildbann hieß. König Heinrich hatte offenkundig den 988 von Kaiser Otto III. dem Wormser Bistum übertragenen Königsbann, der von Neckar, Elsenz und Lein umgrenzt wurde, als Kirchenlehen zurückerhalten.[36]
Denkbar ist dies erst nach dem Aussterben der Grafen von Lauffen um 1219, die bisher den Wormser Forst verwaltet hatten. Während ein Teil des Waldes der Stadt Wimpfen geschenkt wurde, kam der Großteil des Forstes an die Herren von Weinsberg und wurde mit reichseigenen Wäldern jenseits des Neckars zum sog. Scheuerberger Wildbann zusammengefaßt.[37] Dieser Forst erstreckte sich nach späteren Quellen von Klingenberg ins Zabergäu hinein bis zur Ochsenburg und Ravensburg, dann die Elsenz entlang bis Sinsheim und von dort an den Neckar bei Obrigheim.[38] Er zog sich neckaraufwärts bis Mosbach und verlief dann entlang der alten Wildenstraße über Großeichholzheim und Sennfeld zur Seckach. Ihr folgte die Grenze bis Möckmühl, um dann über Jagsthausen, Sindringen den Kocher abwärts nach Ohrnberg zu laufen. Der nächste Grenzpunkt war die Burg Neideck, und der weitere Verlauf zog sich über Löwenstein und Heinriet an den Neckar zurück.[39] Der Forst umfaßte damit einen Bezirk mit Plätzen, die, wie Kieß nachweist, für die Staufer und die Weinsberger wegen der Beziehung zum Königsdienst und zum Reichsgut vermutlich besondere Bedeutung hatten.[40] Man darf sich nun das vom Wildbann umfaßte Gebiet nicht als gesichertes abgerundetes Territorium vorstellen, wohl aber als ein Gebiet, in dem eine Verdichtung von staufischen Herrschaftsrechten erreicht war, „die durch das großflächige Recht des Wildbanns eine äußere Abrundung erfuhren"[41]. Somit wurde aber gerade der Wildbann in der Hand der Staufer zu einem

wichtigen Instrument der Reichslandpolitik, mit Hilfe dessen sie nicht zuletzt nach 1220 im Raum Heilbronn–Wimpfen ihre Herrschaft ausbauten.[42] Den Weinsbergern als staufischen Sachwaltern kam dabei eine exponierte Rolle zu.

An der Nahtstelle von reichseigenen Wäldern zwischen Jagst und Kocher und dem von Worms zurückerhaltenen Wildbann, etwa in der Mitte des Forstbereichs, liegen am Neckar der Flecken Sulm und der Scheuerberg, der Burgberg, nach dem der Wildbann in den Quellen genannt ist. Bauherren der Burg waren unzweifelhaft die Herren von Weinsberg. Die Größe der Anlage ist in den siebziger Jahren noch einmal deutlich vor Augen getreten, als bei Rebflurbereinigungen der etwa 60 m lange Mauerzug der ehemaligen Vorburg gefunden wurde.[43] Leider hat man sich in diesem günstigen Augenblick keine Zeit genommen, die Überreste der 1525 zerstörten Burg untersuchen zu lassen. Die einzige und deshalb um so lobenswertere Arbeit, die der lokalhistorischen Forschung über die Burg Scheuerberg zur Verfügung steht, ist die Untersuchung des Neckarsulmer Lehrers Rudolf Stich.[44] Das Aussehen der Burg ist nur vage zu rekonstruieren, denn sie wurde – wie bereits erwähnt – während des Bauernkrieges 1525 völlig zerstört. Ihre Überreste fanden vor allem im 17. Jahrhundert beim Klosterbau sowie im 18. Jahrhundert beim Kirchenbau in Neckarsulm Verwendung. Damals trug man die Steine des letzten Überbleibsels, des Turmes, ab, zumal dieser schon öfter von Blitzschlägen getroffen worden war. Die ursprüngliche Anlage, so unterstreicht Stich, hatte eine höchst imposante Größe. Er beschreibt die Burg als typische Abschnittsburg mit einer rechteckigen, 80 x 35 m großen Hauptanlage. Sie war durch einen tiefen Halsgraben von der Vorburg getrennt, deren Anlage nochmals eine Fläche von 62 x 32 m einnahm. Übrig geblieben sind nur noch kümmerliche Mauerteile, die Turmanlagen an der Südwest- und Nordwestecke der Hauptburg anzeigen. Von der Ummauerung der Vorburg fand Stich an der Nordwestecke noch 3 m hohes Mauerwerk von beträchtlicher Breite, das ebenfalls Anhaltspunkte für einen runden Eckturm gibt. Der Vorhof der Burg war insgesamt ¾ Morgen groß. Was das Aussehen der Baulichkeiten betrifft, ist man weitgehend auf Mutmaßungen angewiesen. Eine Zeichnung der Burg, wie sie etwa Hans Baldung Grien von der benachbarten Weibertreu anfertigte, gibt es von Burg Scheuerberg nicht. Dagegen haben wir Darstellungen der Ruine. Die meisten zeigen auf dem Scheuerberg einen Rundturm, der nach Aussagen von Amtmann Stipplin erst 1705 zum Bau von St. Dionysius vollständig abgetragen wurde. Die aussagekräftigste Darstellung findet man auf einer Reichskammergerichtskarte aus dem Jahr 1578. Man erkennt Haupt- und Vorburg, im Mauerbereich der Hauptanlage sind sogar eine Schildmauer, der Halsgraben zum Bergplateau hin und der Vorsprung des einstigen Südwestturmes angedeutet. Den Innenhof füllt fast vollständig der Palas aus, dessen Fenster für Stich "gut als romanische Doppelfenster" zu deuten sind. Was allerdings fehlt, ist ein überragender Bergfried, ein Turm, wie ihn die deutschordischen Quellen bezeugen.

Die Bauzeit der Burg läßt sich aufgrund der verwendeten Steine und Hebewerkzeuge sowie der Steinmetzzeichen grob festlegen. Während der Randbeschlag der Buckelquader wie auch die Überhöhung der Buckel um 1200 ihr Höchstmaß erreichten, pendelte sich die Bearbeitung im 13. Jahrhundert auf ein Mittelmaß ein, so wie man es an den Quadern der Burg, die heute in der Klosteranlage verbaut sind, feststellen kann. Wichtiger für eine Datierung ist die Verwendung von Wolf oder Greifzange als Hebewerkzeuge für die Stein-

Scheuerberg schön erbaut

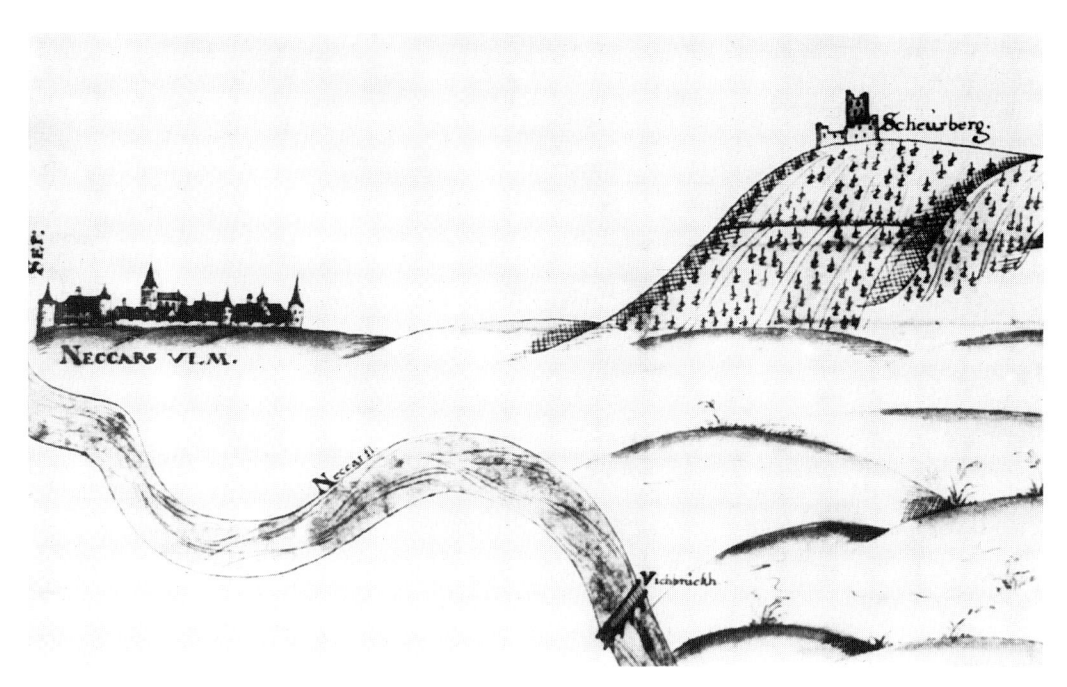

17 Die Ruine der im Bauernkrieg 1525 zerstörten Burg Scheuerberg auf einer Karte von 1579.

blöcke. Bei der Verwendung der Zange findet man in jedem Block eine kleine Vertiefung eingeschlagen, in die die Zange greifen konnte. Diese Löcher bleiben an der Quaderlängsseite sichtbar. In den Mauersteinen des Neckarsulmer Klosters finden sich keine solchen Vertiefungen, dagegen große schwalbenschwanzförmige Vertiefungen, wie sie für den Hebewolf nötig sind. Burg Blankenstein, bei der beide Hebeinstrumente benutzt wurden, kann indes sicher auf die Zeit vor 1241 datiert werden. Gleichheit vieler Steinmetzzeichen fiel Stich bei den noch auf dem Scheuerberg auffindbaren Steinen und denen der Weinsberger Stadtkirche auf. Er konnte aufzeigen, daß die Steinmetzzeichen, die bei der Kirchenerweiterung 1230–1240 verwendet wurden, häufig identisch sind mit den Scheuerberger Zeichen. So kam er insgesamt auf eine vorsichtige Datierung des Burgbaus zwischen 1230 und 1250. Sicher ist die Anlage auf jeden Fall in die erste Hälfte des 13. Jahrhunderts zu datieren. Stich vermutet, „daß die ein-

18 Steinmetzzeichen auf einem Buckelquader von Burg Scheuerberg.

flußreichen Vögte in Weinsberg sich den Weg nach der Pfalz in Wimpfen dadurch sicherten, daß sie auf dem Scheuerberg einen festen Platz anlegten".[45] Damit hat er sicher recht. Vielleicht darf man darüber hinaus auch vermuten, daß der Burgbau im Zusammenhang mit der Wildbannverleihung stand. Noch 1381, nachdem Scheuerberg und Sulm von Weinsberg bereits verkauft worden waren, hing die Betreuung des Wildbanns offenbar immer noch zu einem guten Teil an Scheuerberg. Es war damals Lutz, der alte Jäger von Sulm, der über die Grenzen des gesamten Wildbanns befragt wurde. Während der 150jährigen Herrschaft von Mainz über Sulm, zu der auch die Hälfte des Wildbanns gehörte, betreute ein gemeinsamer Beamter vom Scheuerberg aus den gesamten Wildbann.[46]

Diese Verwaltungsweise könnte nahelegen, daß der Wildbann von Anfang an von Burg Scheuerberg aus betreut und überwacht, gehegt und gepflegt wurde. Die übergreifende zentrale Bedeutung der Burg wäre auch eine Erklärung für das enorme Ausmaß der Anlage, die 1264 eine eigene Kaplanei bekam und die sicher für eine große Mannschaft ausgelegt war. Von diesen Burgmannen erfahren wir aber aus Weinsberger Zeit nichts. Nur einmal, 1277, urkundeten Engelhard und Konrad von Weinsberg selbst auf dem Scheuerberg. Drei Jahre später erwähnt eine Weinsberger Urkunde die Ritter Heinrich und Remboto von Suerberg.[47] In Zusammenhang und in der Folge des Burgbaus auf dem Scheuerberg sollte auch der Ausbau Sulms und seiner Markung gesehen werden. Für einen solchen stärkeren Ausbau zu Weinsberger Zeiten gibt es einige vage Indizien. Demnach hat es den Anschein, als hätten gerade Gefolgsleute der Weinsberger Grund auf Sulmer Markung erworben.

Hier müssen wir zunächst auf Rüdiger von Herlikofen zurückkommen, den wir aus dem Eintrag im Nekrolog kennen. Das Paar Rüdiger und Adala zeigt sich dabei als Grundbesitzer auf Sulmer Markung. In diesem einen Fall ist auch die zeitliche Einordnung dieses Ritters von Herlikofen gesichert, der offenbar aus der Gmünder Heimat der Weinsberger an den unteren Neckar gekommen war. Der Ritter Rüdiger nämlich trat im Gefolge Konrads von Weinsberg zusammen mit Burkhard von Wagenhofen 1225 als Zeuge in einer Urkunde König Heinrichs (VII.) auf.[48]

Auch ein gewisser Conrad von Lindach hatte Besitz in Sulm. Er wurde 1295 im Rentenverzeichnis des Ritterstifts zu Wimpfen aktenkundig.[49] Wenn tatsächlich ein enger Zusammenhang zwischen Lindach und Weinsberg besteht, wie vermutet wird, darf wohl sogar die Frage gestellt werden, ob Conrad von Lindach nicht gar (vielleicht ein entfernter) Verwandter der Weinsberger selbst war. Der erwähnte Conrad besaß 1295 einen Weinberg, genannt „Zum Hiltebrande". Eine Nachfahrin Conrads tritt uns wohl in der ersten Hälfte des 14. Jahrhunderts, acht Jahre nach dem Verkauf von Neckarsulm an Mainz, entgegen. Es ist Elisabeth von Lindach, die gemeinsam mit ihrem Mann Fritz von Neuenheim die sog. Lindachkelter in Neckarsulm an das Kloster Amorbach verkaufte. Das Ehepaar besaß in Sulm mindestens eine Hofreite, also einen Wirtschaftshof, und Fritz von Neuenheim bekleidete darüber hinaus auch das Amt des Schultheißen.[50] In Neckarsulm war er damit Vertreter der Ortsherrschaft, eine Funktion, wie sie einem eventuell mit den Weinsbergern verschwägerten Mann durchaus angemessen wäre. Aufschlußreich ist auch die Aufzählung der in die Lindachkelter gehörenden Weinberge. Darunter befinden sich zwei Morgen Weingärten „am vachsenvelde" und weitere 4 ½ Morgen „In der Helden beim vachsenvelde". Den Namen Vachsenfeld findet man also sowohl als Sulmer Flurnamen wie auch als Stammsitz eines Gefolgsmannes der Weinsberger. Heinrich von Vachsenfeld lernen wir als Zeugen in einer Urkunde Konrads von Weinsberg 1234 kennen.[51] Einer seiner Nachfahren Heinricus dictus (genannt) Vachsenvelt[52] bezeugte noch 1294 den Verkauf eines Amorbacher Zehntteils in Binswangen an das Kloster Schöntal. Da der Geschlechtsname auf Sulmer Markung zur Flurbezeichnung wurde, spricht dies wohl für den Grundbesitz der Weinsberger Gefolgsleute. Neben den Weinbergen im Vachsenveld finden wir auch noch weitere knappe sieben Morgen, die „sein geheizen alle die roter Wingarten" in der Lindachkelter. Die Bezeichnung „rot" deutet hier wohl auf Rodungstätigkeit hin. Die Roten Weinberge sind damit als in neuerer Zeit kultivierte Weinberge zu verstehen – ein weiterer vager Hinweis auf den Ausbau grundherrlicher Rechte und die Intensivierung des Weinbaus noch zu Weinsberger Zeit.

Stat ze Sulme

Spricht man vom Ausbau grundherrlicher Rechte, gar von Rodung auf Sulmer Markung, drängt sich dem interessierten Bürger der heutigen Großen Kreisstadt natürlich die Frage auf, wann das Gemeinwesen, in dem er heute lebt, zur Stadt geworden ist. Darauf muß man ihm eine exakte Antwort schuldig bleiben, denn wie in den meisten Fällen gibt es für Neckarsulm kein exaktes Datum für die Stadtgründung oder womöglich eine Gründungsurkunde.[53] Die Forschung konnte nachweisen, daß ein Großteil, etwa „zwei Drittel der mittelalterlichen Städte unseres Raumes"[54], im 13. Jahrhundert entstanden. Die meisten von ihnen verdanken ihre Entstehung der Initiative der Territorialherren und gehörten zu den Mittel- (5000-10000 Einwohner) wenn nicht gar zu den Klein- (500-2000 Einwohner) und Zwergstädten (weniger als 500 Einwohner).[55] Das Vorbild hatten häufig die Staufer gegeben, in deren Machtpolitik Städte als Mittel zur Herrschaftsintensivierung eine wichtige Rolle gespielt hatten. Ihre Funktion als strategische Stützpunkte wurde immer wichtiger, sie waren aber auch eine wichtige Finanzquelle. Allein in unserer Region können Wimpfen, Heilbronn und Weinsberg, wahrscheinlich auch Neudenau, ihre Gründung auf die staufischen Kaiser und Könige in der ersten Hälfte des 13. Jahrhunderts zurückführen.[56] Zahlreiche Territorialherren folgten ihrem Beispiel und fungierten vor allem nach dem Untergang der Staufer als Städtegründer. Den Hintergrund dieses Vorgehens bildeten zumeist weniger wirtschaftliche denn politische Aspekte. Zu einem Zeitpunkt, an dem die Zentralmacht große Schwäche zeigte, wurden Territorien mit Hilfe von Städten gesichert und ausgebaut, die sich oft in ehemaligen Grenzbereichen finden, in Regionen also, in denen verschiedene Machtansprüche aufeinandertrafen.[57] Als besonders erfolgreich erwiesen sich die Württemberger, die ganze Städteketten in Grenzgebieten aufbauten und ihr Herrschaftsgebiet absicherten. So kam es in manchen Regionen zu Konkurrenzgründungen auf relativ engem Raum. Eine weit weniger konsequente Politik verfolgten die Weinsberger in diesem Bereich. Es gelang ihnen auch nicht, ein gesichertes zusammenhängendes Herrschaftsgebiet aufzubauen. Vielmehr waren sie aus Geldnot bald gezwungen, Teile ihres Besitzes zu verpfänden und zu verkaufen. Als Städtegründer können sie in den Fällen von Neckarsulm, Neuenstadt, Sindringen und Kleingartach gelten. Im Fall Sindringens wurde ihnen im 14. Jahrhundert Gründungsrecht gewährt, das aber vermutlich nicht mehr wahrgenommen wurde. Andere Städte, die sich zeitweise in Weinsberger Besitz fanden, wie Widdern, Neudenau, Öhringen, Neckargemünd und Eberbach, hatten andere Ursprünge. Neckargemünd und Eberbach waren wie die Stadt Weinsberg selbst verpfändete Reichsstädte.[58]

Städte, die ihre Gründung oder Stadterhebung auf die Weinsberger selbst zurückführen können, sind in Quellen relativ spät faßbar. So sind beispielsweise bei den Dürner Gründungen an der Jagst Möckmühl, Widdern, Forchtenberg einzelne Hinweise auf städtische Organisation mit Belegen für Schultheiß, Rat und Bürgerschaft in der zweiten Hälfte des 13. Jahrhunderts greifbar.[59] In unmittelbarer Nähe dieser Städte liegt das weinsbergische Sindringen. Seine erste Nennung als „oppidum" (befestigter Ort, Stadt), ohne einen Hinweis auf irgendwelche städtische Einrichtungen, fällt dagegen erst in das Jahr 1328.

Eine ähnliche Situation zeigt sich im Kraichgau, wo gleich mehrere Machtansprüche aufeinanderprallten. Dort entstand unter Einfluß derer von Neuffen nahe bei Burg Blankenhorn und im Anschluß an einen Herrenhof um 1250 Güglingen, das 1295 „civitas" genannt wird und dessen Rat ein Jahr später aktenkundig wurde. Brackenheim, eine Magenheimer Gründung, erhielt 1281 Esslinger Stadtrecht. Schon 1277 heißt es in Quellen „oppidum". Im weiteren Umfeld erhob dort König Rudolf auch um das Ende des 13. Jahrhunderts die Stadt Eppingen zur Reichsstadt. Als Weinsberger Vorposten zur Wahrung und Sicherung der Rechtsansprüche der Familie entstand unter der Leinburg um 1295 die Bürgerschaft des späteren Kleingartach, die sich, ganz im Schatten der Burg, 1295 „civitas de Luneburc" nannte.[60] Zwar versuchte die Familie offenbar gerade in Grenzregionen ihre Position auch durch Städte zu festigen, doch scheint sie eher auf bereits früher initiierte Gründungen zu reagieren und selbst keine starke Städtepolitik zu treiben.[61] Allgemein kann gelten, daß im Falle der Weinsberger Städte die Nähe zu einer Burg immer gegeben ist.

So ist es auch bei Neckarsulm, das unter dem Einfluß von Burg Scheuerberg stand. Zweifellos hat die Siedlung durch den Burgbau in der ersten Hälfte des 13. Jahrhunderts einen wichtigen Entwicklungsschub erhalten, denn die Burgbesatzung wollte nicht nur versorgt sein, sie beanspruchte auch Dienstleistungen, Handwerkerdienste. Wann das Dorf Sulm unter dem Scheuerberg allerdings zur Stadt wurde, ist schwer zu sagen. 1248 nennt eine Papsturkunde Innozenz' IV. für Kloster Comburg, die den Benediktinern Weinberge und einen Hof in Sulm bestätigte, die Siedlung noch „villa".[62] Die nächsten Hinweise finden wir erst in Quellen des 14. Jahrhunderts. 1318 erhielt Konrad der Jüngere im Tausch gegen Burg und Stadt Widdern Burg Scheuerberg und Stadt Sulmen. 1323 war der Ersatz für das verpfändete Muttergut Winnenden der Weinsberger Brüder Konrad und Engelhard Konrad das „oppidum" Sulm und die Burg Guttenberg.[63] Die Verkaufsurkunde des Jahres 1335, die den Beginn der Mainzer Herrschaft ankündigt, spricht von der „Stat ze Sulme" und von den „zwo vesten Schurberg und Sulm".[64]

Der Begriff Feste, der sowohl auf Burgen als auch auf Städte angewendet werden kann, unterstreicht wohl das Schwergewicht der Siedlung, das auf dem Festungscharakter lag.[65] Kein einziger Hinweis liegt im Rechtsbereich vor. Man erfährt in Weinsberger Zeit weder von Bürgern noch von einem Stadtsiegel, noch von einem Rat. Allein die Einrichtung eines Schultheißenamtes darf man mutmaßen. 1343 lernen wir als ersten Schultheißen Fritz von Neuenheim kennen, den möglicherweise noch die Weinsberger eingesetzt haben, wie auch seinen Bruder Heinrich, der zur selben Zeit Kaplan auf dem Scheuerberg war. Aufgrund dieser Quellenbelege wird die Gründung der Stadt Sulm relativ spät, um 1300, eingereiht.⁶⁶ Eine Stadterhebung noch im 12. Jahrhundert ist freilich nicht ganz auszuschließen, denn gerade die früher belegten Dürner und Kraichgauer Gründungen entstanden auch in Burgnähe, und es spricht vieles dafür, daß diese Siedlungen über ihre ursprüngliche Versorgungsfunktion hinaus zunehmend politische und strategische Aufgaben im Kalkül ihrer Stadtherren übernahmen, wobei das Gewicht auf der bürgerlichen Selbstständigkeit relativ gering gewesen sein dürfte. Eine ähnliche Ausgangsposition trifft man auch bei Neckarsulm. Doch die Hinweise aus den Quellen sind eher dürftig. Eventuell könnte man die Urkunde des Amorbacher Abtes Giselher⁶⁷, der die Rechtsgrundlage für den späteren Übergang des Patronatsrechts an Würzburg legte, und auch die Einrichtung der Scheuerberger Kaplanei 1264, mit der die Pastoration der Burgmannen aus der Sulmer Kirche herausgelöst wurde⁶⁸, als vage Hinweise auf allmähliche Änderungen im Rechtsstatus der Siedlung Sulm werten. Als Beweis reicht beides keinesfalls aus. Die Einrichtung der Frühmesse in Sulm, die wohl auf Weinsberg zurückgeht, ist dagegen nicht datierbar und erst (lange?) nach ihrer Einrichtung 1335 greifbar.⁶⁹ Gerade in der Ausweitung des Kultus könnte sich ein weiterer Beleg für die größere Bedeutung Sulms und die allmähliche Hinwendung zu einer zentraleren Funktion verbergen.⁷⁰

Auch aus dem Bereich der Bevölkerung gibt es keinen klaren Anhaltspunkt, daß das Gemeinwesen Sulm bereits im 13. Jahrhundert zu den Städten zählte. Das Wimpfener Rentenverzeichnis, das im Fall Kleingartach den ersten „civitas"-Beleg bringt, gibt für Neckarsulm nichts her. Neben vereinzelten Nennungen von Weinsberger Gefolgsleuten auf Sulmer Markung und den Grundherren im Rentenverzeichnis lernen wir nur den Rabbi Vives de Sulm, also von Sulm, kennen. Er wurde 1298 zusammen mit seiner Frau und seiner Enkelin in Heilbronn ermordet.⁷¹ Zwar wurde darauf hingewiesen, daß Juden im 13. Jahrhundert fast ausschließlich in Städten lebten, doch kann die Nennung eines einzigen Rabbis als Beleg für städtisches Leben in Sulm nicht genügen. So bleibt noch die Frage nach der Stadtanlage offen. Da allerdings findet sich eine interessante Parallele. Die Stadt am Fuß des Burgbergs „zeigt planmäßige Anlage, etwa ein Quadrat. Zwei Tore waren durch die mitten durch die Stadt von Westen nach Osten ziehende Hauptstraße miteinander verbunden. Schmale Querstraßen kreuzten die Hauptstraßen"⁷². Diese Beschreibung ist für Kleingartach geschrieben. Abgesehen davon, daß die Hauptstraße Neckarsulm in Süd-Nord-Richtung durchschneidet, könnte sie auch auf Sulm zutreffen. Ähnliche Grundrisse lassen sich auch bei weiteren Stadtgründungen des 13. Jahrhunderts finden. Im besten Fall läßt sich vermuten, daß sich im Schatten der Burg Scheuerberg Sulm allmählich zur Stadt entwickelte, deren Schwerpunkt die Ortsherrschaft im Festungsbereich sah, eventuell als besonders ausgebaute Feste zwischen Heilbronn und Wimpfen. Daß dabei vom Stadtherrn weniger Wert auf besondere bürgerliche Rechtsinstitutionen gelegt wurde, könnte man vielleicht nachvollziehen. Doch bei allen vergleichbaren Städten des Umlands, deren Gründung ins 13. Jahrhundert gelegt wird, findet sich in aller Regel wenigstens ein Beleg für die Bürgerschaft – „civitas". Aus diesem Grund muß bei der zeitlichen Einordnung der Stadtwerdung Sulms sehr vorsichtig verfahren werden. Ganz ausgeschlossen werden kann sie für das späte 13. Jahrhundert nicht, doch die Quellen stützen diese Datierung nicht gut ab. Es scheint, daß die Weinsberger Herrschaft eine erste Grundlage für die städtische Entwicklung gelegt hat, indem sie Sulms

Festungscharakter stärkte und eine wie auch immer geartete Befestigung anlegte. Mittel zur Territorienbildung konnte weder Sulm noch eine andere Weinsberger Stadt werden. Vielmehr zeigt sich am Beispiel Neckarsulms eine zweite Instrumentalisierung der Stadt im politischen Handeln der Territorialherren: ihre Rolle als Pfandobjekt. Bereits 1331 war Scheuerberg mit Sulm und allem Zubehör an Mainz verpfändet worden.[73] 1335 wurde der endgültige Verkauf notwendig, der großen Schulden bei Christen und Juden wegen, die Engelhard von Weinsberg von seinem Vater geerbt hatte. Für 22000 Pfund Heller verkaufte er Burg Scheuerberg und die Stadt Sulm mit den zugehörigen Ortschaften Erlenbach, Binswangen, Oedheim, Kocherturn, Lautenbach, halb Gellmersbach und Eisesheim.[74]

Unter der Herrschaft des Erzstifts Mainz: Burgmänner, Amtmänner und Keller

Die Verkaufsurkunde, die Engelhard von Weinsberg am Dienstag nach Walburgis, am 2. Mai 1335, ausstellte, zeigt, was darunter zu verstehen ist, wenn von Scheuerberg und Sulm mit allem Zubehör und allen Gerechtigkeiten die Rede ist. Burg Scheuerberg bildete den Sitz der Verwaltung für Neckarsulm und die Dörfer Erlenbach, Binswangen, Eisesheim (Obereisesheim), Oedheim, Kocherturn, Lautenbach (Lautenbacher Hof) und halb Gellmersbach. Die dort lebenden Bauern zahlten ihre Abgaben von Äckern, Wiesen, Weinbergen in die Kellerei (Finanzbehörde) des Amtes Scheuerberg, waren dem Inhaber des Amtes fronpflichtig (dienstpflichtig), ebenso waren ihm die Mannen und Burgmannen (Burgbesatzung) Gehorsam schuldig. Dieser Herr, ab 1335 war es der Erzbischof von Mainz, besaß die hohe und niedere Gerichtsbarkeit über diese Untertanen, d.h. er war ihr Richter in allen Rechtsangelegenheiten. Ihm standen die Einkünfte aus dem Geleitrecht (Straßenbenutzungsgebühr), Zölle und die Gerichtsbußen (Strafgelder) zu, und ihm gehörten der halbe Wildbann (Forst- und Jagdrecht) sowie die Fischwasser, die Mühlen, Seen, Wälder, Weiden und Wiesen, die in seinem Herrschaftsgebiet lagen. Ihre Nutzungsrechte konnte er gegen Zinsen und Gülten, die in Naturalien, später zunehmend in Geld erstattet wurden, vergeben. Dafür sicherte er den Bewohnern seinen Schutz und alle Freiheiten und Gewohnheiten (Rechtsverhältnisse) zu, die bislang für sie gegolten hatten, d.h. er schützte vor Übergriffen und bewahrte das alte Recht.[75]

Doch der Erzbischof von Mainz war weit. Zur Verwaltung seiner Rechte und Erfüllung seiner Aufgaben brauchte er einen Stellvertreter und Ausführungsorgane am Ort. Zuerst erfahren wir in diesem Zusammenhang von Burgmännern auf der Burg Scheuerberg. 1331, zu einem Zeitpunkt, als Mainz Scheuerberg bereits als Pfand innehatte, setzte der Verwalter des vakanten erzbischöflichen Stuhls, Erzbischof Balduin von Trier, Gerhart von Talheim, genannt von Blankenstein, als Burgmann ein. Als Burglehen, d.h. als Lohn für seinen Dienst, erhielt er alljährlich zur Weinlese ein Fuder von dem Wein, der an der Burg wuchs.[76]

Vier Jahre später lernen wir Zeisolf von Magenheim in dieser Stellung kennen. Ein Fuder Landwein oder vier Pfund Heller sollte ihm der Keller in Scheuerberg jährlich anweisen. Gleichzeitig mußte Zeisolf dem Erzbischof Eigengüter beim Scheuerberg auflassen (übereignen), um sie als Burglehen wieder zu empfangen. In Burg und Stadt Scheuerberg und Sulm mußte er von Martini (11. November) bis Petri Cathedra (22. Februar) oder sonst auf Verlangen seinen Wohnsitz nehmen, um seinen Dienst auszuüben.⁷⁷ Dieser bestand in der Verteidigung der Burg in Notzeiten bzw. in der Sicherung und Erhaltung der Wehrfähigkeit der Anlage. Er gebot über die Burgbesatzung und war für den Erhalt der Festung verantwortlich. In derselben Eigenschaft begegnet uns in den Quellen noch 1340 der Ritter Conrad von Neuenstein, der sechs Pfund Heller für seinen Dienst bezog und ebenfalls Eigengüter am Scheuerberg besaß. 1360 hatte Konrad von Talheim das Amt inne. Er wurde bereits 1359 als Edelknecht in Sulm bekannt und hatte wohl schon zu dieser Zeit seinen Wohnsitz in der Stadt.⁷⁸ Auffallend ist, daß die bekannten Burgmänner alle Eigenbesitz im Gebiet Scheuerberg–Sulm hatten. Nach Hantsch zählten auch die Wittstatt zu den Burgmännern von Scheuerberg. So ist es möglich, daß das Lehen, das Kunz von Wittstatt 1364 vom Erzbischof erhielt, das Burglehen war. Es umfaßte 20 Morgen Acker am Hag unterm Scheuerberg, sieben Morgen beim Brunnen im Egentail, zwei Morgen in den Langenluszen, 1 ½ Morgen am Krähenpfad, 1 ½ Morgen am Hungerberg gegen die Burg hin, zwei Morgen Wiesen am Egentailbrunnen und einen Morgen Weingarten am Lyndacher.⁷⁹ Mancher dieser Burgmänner kam bereits 1335 als Zeuge in der Weinsberger Verkaufsurkunde vor und besiegelte sie: Gerhart von Talheim und Conrad von Neuenstein. Neben ihren Namen finden wir auch den des Kaplans auf dem Scheuerberg Heinrich (vermutlich von Neuenheim) und den Reinharts von Sickingen. Die Vermutung liegt also nahe, daß die späteren Mainzer Burgmänner bereits in Weinsberger Diensten oder zumindest in irgendeiner Verbindung zu den Herren von Weinsberg und dem Scheuerberger Gebiet standen.

Mit Reinhart von Sickingen lernen wir 1336 den ersten Amtmann für Burg und Stadt „Schurberg und Solme" kennen. Zum Nachfolger war schon sein gleichnamiger Sohn designiert. Er also war der Vertreter des Erzbischofs und Sachwalter seiner landesherrlichen Rechte in Sulm. Daher wurde er beauftragt, gewappnet mindestens selbfünft, also mit insgesamt fünf Personen, in Sulm Amt zu halten. Gedacht ist dabei wahrscheinlich in erster Linie an die Ausübung des Gerichts. Dafür erhielten die Sickingen jährlich 100 Pfund Heller, die in vierteljährlichen Raten jeweils zu Fronfasten ausbezahlt wurden. Überdies bezogen sie Wein, Korn und was sonst zum Amt gehörte, hatten Gärten und Wiesen vor der Stadt in Besitz und kassierten alle „buzze und vrevel" (Strafgelder) außer der höchsten Buße, die Leib und Leben anrührte und die sich der Erzbischof vorbehielt.⁸⁰ Der Keller, Kellerer oder Kelner, der erstmals 1337 bezeugt ist, bekleidete das Amt des Finanzverwalters in Scheuerberg und Sulm. Das heißt, er führte Buch über die Einnahmen und Ausgaben im Amt. Der erste bekannte Keller ist Kaplan Heinrich vom Scheuerberg, der 1337, 1338, 1340 und 1343 Abrechnungen für den Erzbischof zusammenstellte. Sein Beispiel zeigt, daß Geistliche weit über den kirchlichen Bereich hinausgehende Aufgaben übernahmen, und Kaplan Heinrich scheint seine Sache gut gemacht zu haben.⁸¹ 1338 hatte er nämlich ein Jahr lang zehn Famuli, Praktikanten, zur Ausbildung auf dem Scheuerberg. Die Rechnungen selbst sprechen immer wieder von Ausständen, die der Kaplan nachzuliefern hatte, aber auch von erzbischöflicher Seite sind Fehlposten verzeichnet. 1340 beliefen sich die Lieferungen aus dem Amt Scheuerberg inklusive Ausstände auf 206 ½ Malter Roggen, 197 Malter Spelt (Weizenart im südwestdeutschen Raum, meist Dinkel), 237 Malter und sieben Simri Hafer, 76 Fuder Wein und elf Simri Mohn. An Ausgaben nannte der Kaplan 1337 die Bezahlung der Burghut, d.h. Lohn des Burgmanns, Ausgaben für Wachdienste,

Kosten für die Beherbergung von Freunden, „amici", des Erzbischofs, schließlich 1343 auch Löhne für die Wächter zum Schutz der Stadt Sulm. Ein sicherer Nachfolger des Kaplans ist erst aus dem Jahre 1384 bekannt: Es war Heinrich von Heinstatt.[82] 1409 begegnet uns auch Hans von Wittstatt neben ihm als Keller.[83]

Größten Einfluß auf die Entwicklung von Scheuerberg und Sulm mit Umland hatten die Amtleute. Es fällt besonders auf, daß sie meistens auch die Geldgeber des Erzstiftes waren. Absetzen konnte sie der Erzbischof deshalb immer erst nach Bezahlung seiner Schulden. So war es bereits, als 1342 die Brüder Bernger und Poppe, Ritter von Adelsheim, als Amtleute auf dem Scheuerberg aufzogen.[84] Sie erhielten neben den bereits bekannten Einkünften auch die Fischereirechte auf dem Neckar. Erst nach Erstattung von 840 Pfund Heller konnten sie abgesetzt werden. Das tat Erzbischof Heinrich zwei Jahre später, hatte aber dazu bei Engelhard von Hirschhorn 400 Pfund Heller aufnehmen müssen. So war die Grundlage dafür gelegt, daß dessen Bruder Johann die Geschäfte auf dem Scheuerberg versah.[85] Neben Wein und den bekannten 100 Pfund erhielt er nun sämtliche Gefälle (Einkünfte) des Amtes aus Mühlen, Fischereien, Wiesen und Gütern samt dem Umgeld, einer Art Verbrauchssteuer, und den Strafgeldern. Versprechen mußte er dafür, weder einen Krieg zu beginnen noch Schulden zu machen. Sehr oft wechselte so der Scheuerberger Amtmann seinen Posten. 1346 zog der Sohn des Ritters Albrecht Hofwart von Kirchen auf, ihm folgte ein zweites Mal Engelhard von Hirschhorn.[86] 1360 löste Erzbischof Gerlach mit Hilfe der Stadt Miltenberg, die dafür vier Jahre Steuerfreiheit erlangte, das Amt aus.[87] 1374 schließlich findet Friedrich von Aufseß, 1380 Eberhard Rüdt von Bödingen Erwähnung als Mainzer Vogt zu Scheuerberg.[88] 1383 schwor dann schon Wolf von Wunnenstein, der den Zeitgenossen als „Gleißender (schleichender) Wolf" bekannt war, dem Erzbischof Adolf den Treueid als Amtmann. Seine Amtszeit dauerte bis 1399, war aber zwischen 1391 und 1393 unterbrochen.[89] Damals hatte Mainz etwa 3400 fl., die man Wolf schuldete, durch ein Darlehen bei Dieter Rüdt und dessen Frau Else getilgt[90] und damit den Grund zu dessen Amtsherrschaft gelegt. Doch schon das Jahr 1393 brachte eine Neuverschuldung bei Wolf und leitete somit dessen zweite Amtsperiode ein. Als Besoldung erhielt er acht Fuder Wein, 100 Malter Korn, 100 Malter Hafer, 60 Hühner, vier Fuder Heu und die Fischerei auf dem Kocher bei Oedheim. Als Zins für das geliehene Kapital von 4000 fl. mußte ihm die Sulmer Kellerei jährlich 200 fl. zahlen. Falls ihre Einkünfte nicht ausreichten, wollte der Erzbischof Wolfs Ansprüche anderweitig befriedigen. Schon im folgenden Jahr stieg die Pfandsumme auf 5700 fl. Differenzen zwischen dem Amtmann und Gläubiger und seinem Schuldner, dem Erzbischof, beendeten die Amtszeit des Wunnensteiners 1399. In den ersten vierzehn Tagen des Jahres 1400, also mitten im Winter, zahlte der Erzbischof seine Schulden zurück und stellte Wagen für den Umzug des ehemaligen Amtmanns vom Scheuerberg, der nun auf seine Burg Maienfels zog.[91]

Mit dem Jahr 1406 begann die Amtsperiode der Familie von Sickingen, die, nur unterbrochen durch die achtjährige Amtszeit des Hans von Gemmingen[92], erst 1484 beim Übergang des Scheuerberger Amtes an den Deutschen Orden endete. Die Sickingen wie auch die Gemmingen waren und blieben während ihrer gesamten Amtszeit Gläubiger des Erzschofs, wobei die Summe, die auf dem Amt als Pfand lastete, bis 1484 gewaltig anstieg. Während der Amtsperiode Swickers von Sikkingen, der auch den halben Wildbann verwaltete, wie er ausdrücklich betonte[93], stiegen die Mainzer Schulden bereits auf 6000 fl. Ohne Ausnahme verpfändete der Erzbischof das gesamte Amt mit allen Einkünften, Nutzungen, Gefällen, vom Zehnten bis zu den Fischrechten. Swicker mußte dagegen wie seine Amtsvorgänger versprechen, die Amtsuntertanen, „mannen, burgmannen, burger, armelute"[94], zu schützen und ihnen ihre alten Freiheiten und Rechte zu lassen. Besonders sollte er sich auch für die Sicherheit der „Pfaffen und Klöster" verbürgen. Die Wälder mußte er hegen und pflegen, durfte sie weder „verhauen" noch verkaufen und ihnen nur soviel Holz entnehmen, wie als Bau- und Brennholz für die beiden „sloßße Schurberg und Solme Burg und Stadt"[95] nötig war. Für Mainz, d.h. Mainzer Militär, mußten die Festungen offen gehalten werden, und falls der Erzbischof für seine Lande eine allgemeine Bede und Steuer erheben wollte, war auch das Amt Scheuerberg nicht ausgenommen. Andererseits konnten die Sickingen auf erzbischöfliche Hilfe zählen, wollte sie jemand unrechtmäßig aus dem Amt vertreiben.

Als Termin für einen möglichen Wiederkauf, eine Auslösung des Pfandes Scheuerberg, wurde die Zeit um Petri Cathedra (22. Februar) festgesetzt. Wollte das Erzstift zu diesem Zeitpunkt sein Amt tatsächlich auslösen, mußte dies ein halbes Jahr zuvor angekündigt werden. In Heilbronn oder Wimpfen sollte dann die Pfandeinlösung stattfinden. „Mannen, Burgmannen, Burgermeister, und Räte, Schultheißen, Scheffen, Burger, Inwoner, Menner, armelute, Thornhuter, Wechter, Pfortener unser und unseres Stiffts Schloß Schurberg und Sulm Burg und Stat dazu alle unser derfer"[96] wurden in den Pfandurkunden der Familie Sickingen verpflichtet. Beim Übergang des Amtes an einen anderen Amtsinhaber mußte deshalb das Rittergeschlecht die Untertanen von „ir gelubde und eyde die sie mir von der pfantschafft wegen der obgenannten Sloß getan hant gentzlichen ledic und loys sprechen".[97]

Nicht unerwähnt bleiben soll, daß die Sickingen die Amtsgeschäfte nicht immer selbst führten, sondern auch sie wiederum Stellvertreter einsetzten. Das bedeutet auch, daß die Familie wahrscheinlich nicht durchgängig auf dem Scheuerberg präsent war. Namentlich bekannt sind zwei Stellvertreter aus dem 15. Jahrhundert, die sich gemäß ihrer Aufgabe auch Amtmann nannten. Sie entstammten der Bürgerschaft Neckarsulms und gehörten nicht mehr zum Adel. 1457 erwähnt das Heilbronner Urkundenbuch Hans Guck in dieser Eigenschaft, und auch Claus Spiel, Bürger von Neckarsulm, trat in dieser Funktion auf.[98] Als das Amt 1448 nach der achtjährigen Amtszeit des Hans von Gemmingen wieder den Sickingen unterstellt wurde, betrug die darauf lastende Summe 13000 fl.[99] Sie steigerte sich in der Amtszeit von Hans, Dieter und dem jüngeren Hans von Sickingen auf insgesamt 21000 fl. Hans der Ältere hatte bereits 1449 dem Erzbischof Dietrich 5000 fl. auf den Zoll bei Gernsheim geliehen, wofür ihm jährlich 200 fl. Zinsen zustanden.[100] Doch dieser Zins wurde nicht ausgezahlt, und so lasteten bereits 1467 19000 fl. auf Scheuerberg: 13000 waren ursprünglich auf das Amt geliehen, 5000 waren vom Gernsheimer Zoll übertragen worden, und 1000 fl. waren unbezahlte Zinsen. Als 1484 Hans von Sickingen der Jüngere seine Scheuerberger Amtsuntertanen entließ, hatte ihm das Erzstift 21000 fl. zurückerstatten müssen. Die Differenz zu der 19000 fl.-Schuld waren 2000 fl. Baukosten, die für Scheuerberg verwendet worden waren.[101] Am 7. Mai 1484 schließlich ging das gesamte Amt an den Deutschen Orden über. Das Erzstift hatte dafür im Tausch Burg und Stadt Prozelten und Neubronn am Main erhalten und konnte so sein Territorium abrunden. Das Amt Scheuerberg fügte sich dagegen viel besser in die ordischen Güter am unteren Neckar ein, die als Kammergut direkt dem Deutschmeister unterstellt waren.

Die Stadt Solme als mainzische Stadt

Trotz der zahlreichen Verpfändungen gibt es einige Hinweise auf die Entwicklung Neckarsulms. Dort waren neben dem Territorialherrn Mainz, der die wichtigsten Rechte und größten Einkünfte in seiner Hand vereinigte, Klöster als bestimmende Kraft begütert und stellten einen wesentlichen wirtschaftlichen Faktor dar. Neben Amorbach erlangten besonders die Zisterzienser von Schöntal wachsende wirtschaftliche Bedeutung in der kleinen Stadt an der Sulm. Bereits 1335, im Jahr des Erwerbs von Neckarsulm durch Mainz, besaß Schöntal einen Hof in der Stadt, für den der Verweser des Erzstifts Mainz, Erzbischof Balduin von Trier, den Mönchen die Freiheit von Steuer, Fronen und anderen Beschwerden gewährte, wie dies schon früher Sitte war.[102] Das ist ein klarer Hinweis darauf, daß Schöntal sich hier vom neuen Stadtherrn alte Rechte bestätigen ließ, d.h. der Schöntaler Besitz in Neckarsulm geht auf Weinsberger Zeiten zurück. Der Schöntaler Hof dürfte mit dem Anwesen identisch sein, das Kraft Greck von Kochendorf den Zisterziensern 1334 verkauft hatte.[103] An diese Freiheiten knüpfte Balduin von Trier jedoch die Bedingung, daß das Kloster keine weiteren Besitzungen, Einkünfte oder Güter in der Stadt oder im Amt kaufen, noch bereits bestehende Höfe weiter ausbauen durfte.[104] Der weitere Ausbau klösterlicher Rechte und Wirtschaftskraft in Sulm sollte also zugunsten von Mainz eingeschränkt werden. Doch diese Rechtsgrundlage war, wie sich noch zeigen wird, weit davon entfernt, Wirklichkeit zu werden.
Über den Ausbau Sulms durch das Erzstift Mainz ist nicht allzuviel bekannt. Besondere Erwähnung verdient dabei die Münzstätte, die das Erzstift noch im 14. Jahrhundert in Neckarsulm einrichtete. Sie entstand dort, wo der Deutsche Orden später die Kleine Kelter errichtete[105], also am heutigen Marktplatz beim Rathaus. Die Sulmer Münze war späteren Quellen zufolge in zwei Häusern, den sog. „Müntzheussern", untergebracht. Bereits Erzbischof Adolf von Nassau ließ dort zunächst nach Würzburger und Regensburger Art Silbermünzen schlagen. Diese Tradition wurde unter dem Mainzer Erzbischof Konrad II. und dessen Nachfolger Johann II. weitergeführt. Die Prägung der Neckarsulmer Münzen zeigte das (nicht naturgetreue) Porträt der Erzbischöfe mit der Umschrift MONETA (Münzstätte) einerseits, andererseits das Mainzer Rad mit der Münzstättenangabe SULMA.[106] Als letzter prägte dort Hans Sporin aus Zofingen als Münzmeister nach Mainzer Beschluß „umb unser Undertanen geistlich und werntlich (weltlich) Stete (Städte) lande (Länder) und lute (Leute) bestes und eynes gemeinen nutzes willen"[107] ab 1407 eine Silbermünze. Die Abschrift der entsprechenden Urkunde bezeichnet das Geldstück als „einen kleinen silbern phennig mit unserm zeichen und wapen und in der große als ein Straßpurger phennig itzund ist der sollen gelten zwolff schilling einen gulden. So soll der obgenannte phennige gen uff ein loid (Lot) vier und drissig und nit me."[108] Vier Jahre lang hatte Münzmeister Sporin die Erlaubnis, diesen Neckarsulmer Pfennig zu schlagen. Wollte Mainz den Betrieb niederlegen, mußte das Erzstift seinem Münzmeister ein Vierteljahr vor der Stillegung der Prägeanstalt kündigen. Auch Sporin selbst hatte eine vierteljährliche Kündigungsfrist, und er mußte Mainz im Falle seines Abzugs auch den Schlagschatz ausliefern. Als Schlagschatz bezeichnete man die Deckungssumme der Münzkosten, die

19 Neckarsulmer Pfennige nach Würzburger und Regensburger Schlag aus dem 14. Jahrhundert.

sich aus der Differenz zwischen dem Metallwert und dem Nennwert der Münze errechnet. So mußten Sporin und seine Erben von jeder Mark, „die sie vermünzten", zwölf Pfennige in den Schlagschatz legen. Aufbewahrt wurde dieses Geld in einer dreifach verschlossenen Büchse, deren drei verschiedene Schlüssel drei verschiedenen Personen ausgehändigt waren: dem Neckarsulmer Keller, einem besonderen Wächter als Aufsicht des Münzmeisters und dem Münzmeister selbst. Für jede Einlage in den Schlagschatz erhielt Sporin eine Quittung. So versuchte man, Betrügereien zuvorzukommen. Wie lange dieser Neckarsulmer Pfennig geschlagen wurde, ist unbekannt. Ein Hinweis auf eine Verlängerung dieser letzten Münzperiode ist noch nicht gefunden worden. 1414 jedenfalls hat zumindest Hans Sporin aus Zofingen keine Münzen in Sulm mehr geprägt, denn in dieser Zeit war er bereits Münzmeister in Stuttgart, dann in Heilbronn[109], wo er und seine Frau Barbara im Jahr 1438 der Heilbronner Kirche 1 5/8 Morgen Wiesen zu Sulm stifteten.

Weitere Schritte zur Verbesserung der städtischen Struktur sind nur in Andeutungen zu fassen. Bereits im 14. Jahrhundert beauftragte Mainz die Amtleute mit Bautätigkeiten in Sulm. Um welche Baulichkeiten – möglicherweise vielleicht Befestigungsbauten – es sich dabei handelte, ist unklar. Engelhard von Hirschhorn sen. scheint um 1360 dieser Aufgabe jedoch nicht oder nur teilweise nachgekommen zu sein.[110] Einen genaueren Hinweis auf Bautätigkeiten finden wir in der Amtszeit des Hans von Gemmingen (1440-1448). Er hatte in diesen acht Jahren 271 fl. verbaut, allerdings nicht nur in Sulm. Während in Erlenbach und Binswangen Kelterneubauten entstanden, wurden „sust (sonst) an eynem Kelterhuß und an dem Steinhuß zu Sulme etliche buwe getan"[111]. Dies ist der erste Beleg für eine herrschaftliche Kelter in Neckarsulm. Da aber nur einige „buwe", Bauarbeiten, getan wurden, wird man von einem höheren Alter dieser ersten Herrschaftskelter ausgehen müssen. Wo sie in Sulm lag, bleibt unklar. Auch die Sickingen betätigten sich als Bauherren auf Scheuerberg und in Sulm. Die Ortsüberlieferung nennt diese Familie als Stifter der Frauenkirche. Das Wappen von Dieter und Jonatha von Sickingen schmückte ehemals den Kirchenbau.[112] Welche anderen Bauwerke in der Amtszeit dieser Familie errichtet, erneuert oder vergrößert wurden, bleibt im Dunkel der Geschichte. Bei der Auslösung des Amtes 1484 hatte das Erzstift der Familie Sickingen insgesamt 2000 fl. für Bauarbeiten zurückzuzahlen, die jedoch im ganzen Amtsbereich angefallen sein können und nicht nur in Sulm und Scheuerberg ausgegeben worden sein müssen. 1374 ist zum erstenmal von einer Badestube in Sulm die Rede.[113] Eine Badestube zu damaligen Zeiten war nicht nur ein Ort der Hygiene, sondern auch der einer in unserem modernen Verständnis nicht sehr professionellen medizinischen Versorgung und nicht zuletzt des Vergnügens, wie zahlreiche mittelalterliche Darstellungen belegen. Leider fehlt hierüber jegliche Information. Aus dem Jahre 1457 ist nun wenigstens der Name des Inhabers überliefert: Es war Adam der Bader, der ein Pachtgeld in Höhe von 4 fl. bezahlen mußte.[114] Burgvögte, Keller und Amtleute sind die ersten Beamten von Mainz, über die wir etwas genauer Bescheid wissen. Deshalb erstaunt es nicht allzusehr, wenn wir 1367 von einem Haus der Vögte, „der vauden hus"[115], hören. Erzbischof Gerlach verlieh dieses Haus damals einem Bürger zu Neckarsulm mit Namen Contz Fuwrer und dessen Frau Helle. Beide stammten offenbar aus Heilbronn. 4 fl. bezahlten die beiden jährlich für das Haus, das bede-, d.h. grundsteuerfrei blieb, solange sie und ihre Erben darin wohnten. Wo dieses Haus der Vögte in Neckarsulm gestanden hat, muß offenbleiben. Man könnte versucht sein, es im Schloßbereich zu vermuten, doch Belege dafür gibt es nicht. Dagegen finden sich einige Andeutungen, die dafür sprechen, daß gerade zu Mainzer Zeit das Neckarsulmer Schloß ausgebaut wurde. Wie die ursprüngliche „Schloßzelle" zu Weinsberger Zeiten aussah, muß ungeklärt bleiben. Allzu groß darf man sich die Anlage sicher nicht vorstellen. Allein der Bergfried, der Turm, hat Fundamente, die sicher in diese Zeit zurückreichen. Eine Urkundenabschrift aus dem Jahre 1405 läßt aufhorchen. Es handelt sich um ein Übereinkommen zwischen Erzbischof Johann von Nassau und Agnes von Kochendorf, „die man nennet von Berlichingen". Agnes übereignete dem Erzbischof gegen Dienst-, Bede- und Steuerfreiheit ihres Ackers, der Hofacker genannt wurde, „die hofestad daruff uns(er) hus (Haus, d.h. das Mainzer Haus) zu Solme gebuwet (gebaut) ist und als viel wir der bedorffen zu dem Twengir (Zwinger) und zu dem Graben umb daz hus gentzlich"[116].

20 Die Westbefestigung der um 1405 erbauten Mainzer Zwingeranlage ist zum Teil noch erhalten.

Sechs Jahre später ertauschte das Erzstift gegen Wegerechte zur Nähermühle „eine Hofstatt zu Sulm vor unserem Nuwen Hus"[117] von Kloster Schöntal. Vor allem der Hinweis auf die Anlage von Zwinger und Graben um die Mainzer Hofstatt scheint eindeutig auf das Sulmer Schloß hinzuweisen. Man wird damit rechnen müssen, daß die Mainzer Herrschaft eine schon vorhandene Hofanlage vergrößert und ausgebaut hat. In diesem Zusammenhang dürfte um die Jahrhundertwende sowohl mit der Erhöhung des Schloßturms zu rechnen sein, der sich anhand von Baudetails nachweisen läßt, als auch mit dem Bau des noch heute vorhandenen Steinhauses mit seinem charakteristischen spätgotischen Treppengiebel. Wie ein weiteres Indiz für diese An-

Tafel 3   Als Küchenchef mit Teller und Probierlöffel ließ sich Peter Heinrich Merckle in seinem Poesiealbum „Denkmal der Freundschaft" darstellen.
Der 1772 vom Neckarsulmer Zimmermeister Peter Elias Berdold gezeichnete Schloßplan.

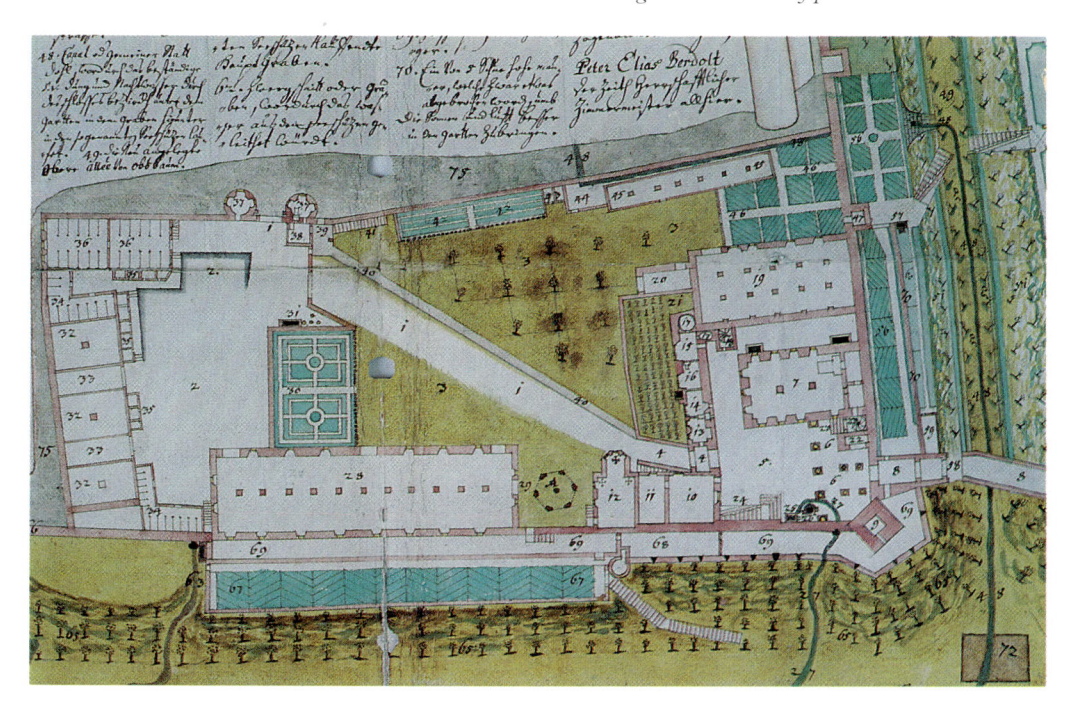

Tafel 4 Das Neckarsulmer Schloß. Aquarell von Philibert von Graimberg, 1875/76.
Eine besondere Kostbarkeit in der Stadtpfarrkirche St. Dionysius ist die „Madonna vom Sieg" von Giovanni
Battista Crespi, genannt „Il Cerano".

21 Blick auf Schloßturm und Steinhaus, die bereits zur Mainzer Zeit bestanden, vor ihrer Zerstörung im Zweiten Weltkrieg.

nahme paßt sich hier eine Bemerkung aus dem deutschordischen Visitationsbericht von 1720 ein. In der unteren Stube fand sich damals „an der Säul noch das Churmaintzische Wappen mit den zwei Löwen"[118]. Es ist möglich, daß es sich dabei um das Wappen Erzbischof Johanns handelte, der als Mitglied der gräflichen Familie von Nassau zwei Löwen im Wappen führte, zu denen das Mainzer Rad als Zeichen seiner erzbischöflichen Würde trat.

Schultheiß – Bürgermeister – Richter

Während die Stadt Neckarsulm auf diese Weise langsam Gestalt annimmt, bekommt auch die Organisation der städtischen Verwaltung zunehmend deutlichere Konturen.
Von einem ersten Sulmer Schultheißen, dem bereits mehrmals erwähnten Fritz von Neuenheim, der sich selbst Edelknecht nannte, hörten wir 1343. Edelknecht ist die Bezeichnung für einen in den Diensten eines Herrn stehenden Niederadligen. Der Dienst, den Fritz von Neuenheim versah, war der des Schultheißen. Er vertrat den Stadtherrn vor Ort, und sein Amt umfaßte meist Verwaltungsbefugnisse wie die niedere Gerichtsbarkeit. Leider lernen wir Fritz von Neuenheim nur als Privatmann und nicht in Ausübung seiner Dienste kennen, so daß unklar bleibt, welche Kompetenzen er in Neckarsulm hatte. Sicher ist, daß er zur Sulmer Oberschicht gehörte und vermutlich umfangreichen Besitz hatte, zu dem ein Haus an der Sulmer Stadtmauer mit der erwähnten Lindachkelter und auch eine Mühle an der Sulm gehörten.[119]
Der nächste bekannte Schultheiß tritt ebenfalls im Zusammenhang mit Grundstücksgeschäften aus dem Dunkel der Geschichte hervor. Es ist Heinrich von Heinstatt (auch Hainstatt geschrieben), der zusammen mit unbekannt

22 „Sigillum civitatis in Sulma" – das älteste erhaltene Stadtsiegel Neckarsulms aus dem Jahr 1374.

gebliebenen Bürgermeistern und Bürgern eine Stiftung für die Sulmer Katharinenpfründe beglaubigte. Er tat dies, indem er 1374 sein Siegel und auch das Siegel der Stadt an die Schenkungsurkunde der Hedwig von Wittstatt hängte.[120] Das Stadtsiegel benutzte bereits Fritz von Neuenheim 1343 beim Verkauf der Lindachkelter.[121] Nun aber, etwa 30 Jahre später, ist das Siegel erhalten geblieben. Es zeigt das sechsspeichige Mainzer Rad mit der Umschrift „Sigillum civitatis in Sulma" – Siegel der Bürgerschaft in Sulm. Neben den Bürgermeistern, die in dieser Zeit gewöhnlich den Vorsitz im Rat und Gericht hatten, mit dem Vollzug von dessen Beschlüssen sowie der Besorgung laufender Geschäfte, beispielsweise der Frondienstregelungen, betraut waren, hatte Hedwig von Wittstatt weitere Zeugen für ihre Stiftung benannt: Herrn Dieter, Pfarrer zu Sulmen, Heinrich Eychbloch, Contz Raben und Contz Barten. Alle drei waren Richter. Sie waren dem Schultheißen in der Regel zur Verhandlung von Zivil- und Strafsachen zur Seite gestellt. Schon 1357 begegnet uns Heinrich Eychbloch als Bürge beim Verkauf einer Hellergülte (Abgabe, die an Land hängt) an das Heilbronner Klarakloster.[122] In diesem Zusammenhang wurde er als Bürgermeister bezeichnet. So ist es wahrscheinlich, daß er auch 1374 einer der unbekannt gebliebenen Bürgermeister ist.

Es sind fast ausschließlich Grundstücksangelegenheiten, mit denen Schultheiß, Bürgermeister und Gericht der Stadt in den noch vorhandenen Quellen befaßt sind. Oft treten sie dabei in Rechtsgeschäften auf, die man heute in den Geschäftsbereich des Notariats verweisen würde: Verkäufe, Verpfändungen, testamentarische Stiftungen werden bezeugt, d.h. beglaubigt und besiegelt. 1457 legten Schultheiß, Bürgermeister und Gericht einen Streit mit der Stadt Heilbronn bei. Es ging um Meinungsverschiedenheiten über die Fischereirechte im Neckar, um Grenzstreitigkeiten am Hunterich und um das Besitzrecht des Kieses am Neckargartacher Weidach. Sechs Tädigungsleute, Schiedsrichter und Sachverständige, waren mit der Schlichtung beauftragt. Von Neckarsulmer Seite nahmen Hans Guck, Amtmann, der Schultheiß Heinz Newreuther und der Gerichtsmann Kunz Pfister diese Aufgabe wahr, ordneten mit ihren Heilbronner Kollegen die Grenzversteinung des Fischwassers wie am Hunterich neu und sicherten den Heilbronnern den Kiesbesitz.[123]

Heinz Newreuther begegnet uns bereits 1439 in den Quellen von Kloster Amorbach als Schultheiß der Stadt.[124] Damals waren Unsicherheiten über den Zehnten im Madelburger Acker auf Sulmer Markung aufgetreten. Newreuther hatte die Zeugenaussage eines kundigen alten Heilbronners für Amorbach einzuholen, der das Amorbacher Zehntrecht bestätigte. Zeugen dieser Aussage waren der Neckarsulmer Pfarrer Johann Glissenberger, der Scheuerberger Kaplan Johans Gerwer, Peter Vogk, ein Edelknecht, sowie Bürger und Richter der Stadt Sulm: Hans Rockner, Cuntz Koch, Syffer Ranze und Hans Wyck. Heinz Newreuther bekleidete noch 1461/63 das Schultheißenamt, als wieder genaue Zeugenverhöre wegen Rechtsstreitigkeiten zwischen dem Sulmer Pfarrer, der Bürgerschaft und dem Kloster Amorbach nötig waren. Ein Teil dieser Vernehmungen, in denen es um die Besitzrechte des ehemaligen Neuenheimschen Hauses an der Stadtmauer ging, wurde im Beisein des Schultheißen und der Richter Thoman Rodenheintzen und Hans Weicken (vermutlich identisch mit Hans Wyck) sowie der Bürger Hans Leren und Seitz von Erlenbach im Sulmer Rathaus geführt. Das ist der früheste bekannte Beleg für ein Rathaus in Sulm – wo man es suchen müßte, geht aus dem Quellentext nicht hervor.[125]

Niederadel als Oberschicht in Sulm

In zahlreichen Urkunden des mittelalterlichen Neckarsulm begegnen uns Vertreter des Niederadels, die in Neckarsulm Besitz haben. In vielen Fällen ist sogar klar, daß diese Adelsvertreter in Neckarsulm zumindest zeitweise wohnten. In der ersten Hälfte des 14. Jahrhunderts erfahren wir bereits von den Magenheim, Talheim, Hirschhorn, Adelsheim, die als Burg- und Amtsleute auf Scheuerberg saßen. Viele von ihnen lebten vermutlich nur zeitweilig in Sulm, doch manche wohnten dort und nannten sich auch Bürger. So erscheint 1359 Konrad von Talheim als Bürger zu Sulm.[126] Noch im Jahr 1381 traten er und der Edelherr Conrad von Ebersberg als Bürgen in einer Urkunde auf, beide „wonende zu Sulm"[127]: Sie wohnten also in Sulm. Auch die Familien Neuenheim und Lindach, die durch Heirat miteinander verbunden waren, sowie die Wittstatt, Heinstatt und zumindest zeitweise die Sickingen, Gemmingen, Rüdt von Bödingen sind zu diesem Personenkreis zu rechnen.[128] Sie traten sowohl als Grundbesitzer als auch als Amtsinhaber in Sulm auf, wobei schwer zu entscheiden ist, ob das Amt den Grundbesitz nach sich zog oder umgekehrt der Grundbesitz die Amtsausführung ermöglichte. Sicher belegen läßt sich diese Verbindung von Besitz und Amt immer wieder, nicht nur bei Schultheiß von Neuenheim, sondern sogar bei Verwandten der Amtsleute wie Marx Ryett.[129] Er verkaufte 1395 Besitz im Reissach an Schöntal, der ihm und seiner Frau Adelheid von Wunnenstein gehörte, einer Tochter des Gleißenden Wolfs von Wunnenstein, der bekanntlich zu dieser Zeit Scheuerberger Amtmann war.

Neben diesen Familien, die Ämter innehatten, finden wir jedoch auch die Berlichingen, bereits 1343 als „gesezzen ze Sulme"[130]. Sie bezeugten mehrfach die Grundstücksgeschäfte der Familie Neuenheim. Auch die Capler von Oedheim, die in den Zeugenreihen derselben Urkunden auftreten, hatten zumindest zeitweise in Sulm Besitz und Wohnung. 1335 bereits ist Heinrich von Oedheim als „civis" (Bürger) in Sulm bekannt.[131] Neben den Berlichingen traten vor allem die Greck von Kochendorf als Grundbesitzer von Sulm auf. Kraft Greck verkaufte schon 1334 seinen Hof zu Sulm an das Kloster Schöntal.[132] Aber auch in späterer Zeit trat die Familie von Kochendorf noch in Sulm auf. 1374 nämlich stiftete Hedwig von Wittstatt, die Witwe des Hans von Kochendorf, Haus und Hofreite an der Stadtmauer zwischen Badstube und Syfrid Summerer.[133] Der Besitz, mit dem sie die Katharinen-Frühmesse zu Sulm ausstattete, bestand aus zwei Häusern, einer Scheune und einem Keller sowie elf Morgen Acker im Wingarttal. Anfang des 15. Jahrhunderts lernen wir bereits Agnes von Kochendorf kennen, die mit einem Berlichingen verheiratet war und mindestens eine Hofstatt in der Stadt besaß.[134] Die Familie von Kochendorf begegnet nicht bei der Ausübung weltlicher Ämter, wohl aber lernen wir ein Mitglied der Familie als Pfarrer in Sulm kennen. 1384 hatte der Pfaffe Conrat von Kochendorf die Frühmesse zu Sulm am Katharinenaltar inne[135], also genau die Pfründe, die von einer Verwitweten von Kochendorf zehn Jahre zuvor großzügig ausgestattet worden war. Er selbst vermachte 1421 aus seinem Erbe der Pfründe nochmals Korngülten.[136] Auch Contz von Nydeck und seine Frau Adelheid von Blaufeld standen mit dem Inhaber der Katharinenpfründe in Verbindung. Sie verkauften ihm 1384 vier Morgen Wiesen jenseits des Neckars zwischen Neckarsulm und den beiden Eisesheim für 152 Pfund Heller. Den Verkauf, der innerhalb eines Jahres rückgängig gemacht werden konnte, wenn Contz dem Frühmesser die 152 Pfund Heller zurückerstattete, bezeugten Frank von Berlichingen und Hans von Weiler.[137]

Mit dieser kurzen Aufzählung muß es zunächst sein Bewenden haben. Offenkundig werden bereits zwei Hauptmerkmale: Die meisten in Sulm begüterten und wohnenden Adligen gehörten zum Niederadel der Umgebung, der kürzer oder länger geistliche oder weltliche Ämter in Sulm bekleidete. Zwischen diesen Familien bestanden die verschiedensten Verbindungen. Sie traten in Rechtsgeschäften füreinander als Bürgen und Zeugen ein, und sie waren zum Teil verwandtschaftlich verbunden, wie die Lindach und Neuenheim oder die Wittstatt-Kochendorf-Berlichingen. Ob diesem Personenkreis auch Damberga de Sulm und Peter von Sulm zuzurechnen sind, erscheint nicht unmöglich, aber doch fraglich, da es sonst keinen Beleg für niederen Sulmer Ortsadel gibt. Damberga, Witwe des Heilbronner Bürgers Conrad Limbach, stiftete 1334 eine Pfründe an der

Frauenkapelle in Neuenstadt.¹³⁸ Nur zwei Jahre später findet man im Heilbronner Urkundenbuch die Überlieferung von Peter von Sulm, der einen Hellerzins in Höhe von zehn Schilling aus 1 ½ Morgen Weingarten am Sulmer Stiftsberg der Heilbronner Kirche stiftete.¹³⁹ Sowenig sich diese beiden Hinweise bis jetzt einordnen lassen, wird doch aus anderen Erwähnungen deutlich, daß Beziehungen zwischen Neckarsulm und Heilbronn gerade über die Schicht des Amts- und Niederadels liefen. Zweimal beispielsweise trat Heinrich von Wittstatt im Jahre 1423 als Geldgeber von Heilbronner Bürgern auf.¹⁴⁰ Er war in Neckarsulm Keller, also Finanzbeamter. Das Heilbronner Urkundenbuch gibt noch viele Einblicke in Beziehungen zwischen den beiden benachbarten Städten, denen genauer nachzuspüren nicht uninteressant wäre. Auffällig ist, daß Heilbronner als Sulmer Bürger auftreten und umgekehrt Personen aus Sulm zur Heilbronner Bürgerschaft gehören. Ein gutes Beispiel dafür gibt Contz Fuwrer von Heilbronn ab, der als Bürger von Sulm 1367 das Haus der Vögte innehatte.¹⁴¹ Ihn findet man im Urkundenbuch 1382 auch als Grundbesitzer in Böckingen wieder.¹⁴² Albrecht Hirt der Alte, Bürger von Heilbronn, hatte dagegen Besitz auf Sulmer Markung, den er der Heilbronner Kirche verkaufte, genauso wie der erwähnte Peter von Sulm. Beziehungen zu Heilbronn lassen sich vage auch beim Neckarsulmer Bürger Heinz Reinwort greifen, der mit der Stadt Heilbronn, der Else Biedermännin und ihrem Schwiegersohn, einem Bürger zu Heilbronn, 1417 in Streit geriet. Verkäufe an die Heilbronner Kirche durch Sulmer Bürger finden sich noch 1453. Damals ging ein Hof in Obereisesheim an die Kirche, der von Jost Rudolf, Martin Schmid und Kunz Raban aus Sulm veräußert wurde. Syffer Ranz und Peter Bender aus Sulm traten dabei als Zeugen auf.¹⁴³ Genauere Hintergründe und Querverbindungen lassen sich jedoch noch kaum fassen.

Daß bei solchen Transaktionen zwischen Bürgern und Kirche keinesfalls ausschließlich das Seelenheil im Vordergrund stand, kann das Beispiel von Heinz Beyer und seiner Frau Greth zeigen. Sie verkauften den Heilbronner Klarissen für 17 ½ Pfund eine ewige jährliche Hellergülte in Höhe von 30 Schilling.¹⁴⁴ Sie mußte von zwölf Morgen Acker zu Reissach auf Martini bezahlt werden. Falls Heinz Beyer diese Forderung nicht erfüllte, fiel dem Kloster der Acker als Eigentum anheim. Das war eine gängige und häufig genützte Möglichkeit für mittelalterliche Bürger, an Geld zu kommen. Für Klöster bedeutete dies eine Chance, Besitz und Vermögen zu vergrößern und auszudehnen. So auch für die Klarissen, die um 1350 außerdem Grundstücke am Hängelbach besaßen.¹⁴⁵ Tatsächlich waren die Beyers ihrer Verpflichtung nicht nachgekommen, denn 1361 verkaufte wiederum die Äbtissin des Klaraklosters diesen Besitz für lediglich 16 Pfund Heller an das Kloster Schöntal.¹⁴⁶

Gerade der in Sulm sitzende Niederadel hatte ausgeprägte Beziehungen zu Klöstern. Hervorgehoben werden sollen hier nur die Verbindungen zu den beiden Klöstern Amorbach und Schöntal, die zu den stärksten wirtschaftlichen Machtfaktoren im mittelalterlichen Neckarsulm gehörten. Auch hier gibt es keine Hinweise auf fromme Stiftungen, wie dies bei Hedwig von Wittstatt greifbar wurde. Für sie gab es nichts Sichereres als den Tod und nichts Unsichereres als die Stunde des Todes, weshalb sie sich zur Stiftung für die Katharinenkaplanei verstand.¹⁴⁷ Die Verbindungen zwischen Adel und Zisterziensern wie Benediktinern entstanden aus höchst weltlichen Geschäften, bei denen die Klöster immer in der Rolle des Geldgebers für die adlige Sulmer Oberschicht zu finden sind.

Fast möchte man ihre Funktion mit der eines Bankhauses, eines großen Kreditgebers vergleichen.

1343 verkaufte Fritz von Neuenheim dem Kloster Amorbach Hof und Kelter zu Sulm. Er bekam dafür 60 Pfund Heller.[148] Im folgenden Jahr, knapp zehn Jahre nachdem Kraft Greck von Kochendorf seinen Hof an Schöntal veräußert hatte[149], werden die ersten Verbindungen zwischen Neuenheim und Schöntal greifbar. Zwei Gülten (jährliche Abgaben) von 16 Malter Roggen und vier Pfund Heller, die auf der „Muln/diu allernehst an der statt zu sulme gelegen ist"[150] ruhten, wurden von den Besitzern der Mühle, der Nähermühle, dem Kloster „verkauft". Der Kaufpreis betrug 104 Pfund Heller, die Fritz von Neuenheim bereits erhalten hatte. Wiederkauf war vereinbart worden, d.h. wenn die Familie zum Frauen- und Michaelstag im nächsten Jahr die Summe von 104 Pfund Heller zurückerstattete, bekam sie die Gülten wieder. Die mittelalterliche Terminologie verstellt uns etwas den Blick auf die tatsächlichen Vorgänge. Das, was hier Kauf genannt wird, ist schlicht eine Darlehensaufnahme in Form einer Hypothek, bei der Schöntal als Geldgeber fungierte. Der Korngülte entspricht bei heutigen Abschlüssen der Jahreszins. Als Sicherheit diente die Mühle, die dem Kloster verfiel, wenn die Neuenheim die Zinsen nicht bezahlten und zahlungsunfähig wurden.

Doch zunächst hafteten die Bürgen für die Einhaltung der Vertragsbestimmungen. Sie verpflichteten sich zur „Leistung", wenn die Gültbezahlung ausblieb. Das hieß, daß sie sich persönlich mit einem Pferd in einem Heilbronner oder Wimpfener Wirtshaus einfinden und dort so lange auf eigene Kosten logieren mußten, bis die Schöntaler Ansprüche befriedigt waren. Das war eine teure Angelegenheit, und die Bürgen waren deshalb daran interessiert, daß der Orden schnellstens zufriedengestellt wurde. Es gibt Beispiele dafür, daß die Bürgen die Forderungen übernehmen, um sich von den Kosten der Leistung zu befreien.[151] Der Hypothekenvertrag der Neuenheim scheint mehrmals verlängert oder erneuert worden zu sein, denn identische Verträge liegen aus den Jahren 1344, 1346 (zwei) und 1347 vor. Da sich die Nähermühle bis ins 19. Jahrhundert hinein in Schöntaler Besitz befand, steht zu vermuten, daß die Familie 1347 die Mühle nicht auslösen konnte und der Besitz an das Kloster fiel.

Während der Einfluß des Niederadels spätestens in der Ordenszeit so gut wie ausgelöscht ist, bleiben vor allem Schöntal und Amorbach bis zur Säkularisation nicht unbedeutende Wirtschaftsfaktoren in der Stadt, und gerade der Amorbacher Hof prägte auch das bauliche Erscheinungsbild Neckarsulms mit. Der Adel dagegen wurde zunehmend unbedeutender, wie es scheint. Die Familien verkauften ihren Besitz oder übergaben ihn, wie Hedwig von Wittstatt, der Kirche. Deutlich wird diese Schwächung der Position auch an der Besetzung des Schultheißenamts. Lag es zu Beginn der Mainzer Periode noch in der Hand des Adels, eines Fritz von Neuenheim oder eines Heinrich von Heinstatt, so hatte sich im 15. Jahrhundert das bürgerliche Element durchgesetzt: Heinz Newreuther hatte nun das Schultheißenamt mit Sicherheit bis in die sechziger Jahre inne. Sein Nachfolger läßt sich nicht mit Sicherheit ausmachen. Der nächste bekannte Amtsinhaber ist bereits Peter Bartenbach, der jedoch erst in der Ordenszeit in den Quellen auftritt.

Bürger in Sulm

Die ersten Hinweise auf Bürger in Sulm, die nicht aus dem Adel stammten, findet man wieder beim Verkauf der Lindachkelter 1343.

Neben Engelhardt von Berlichingen, dem Capler von Oedheim, Kaplan Heinrich vom Scheuerberg und dem Weinsberger Heinrich dem Stemler trat auch Werner Vetter, ein Bürger aus Sulm, auf, der noch über kein eigenes Siegel verfügte. Diese nichtadlige bürgerliche Schicht schiebt sich immer mehr in den Vordergrund. Sie begegnet uns wie ihre adligen Mitbürger in Zeugenreihen, teilweise in ihrer Funktion als Richter der Stadt. So lernen wir Heinrich Eychbloch, Contz Raben, Contz Barten, Syffer Rantz, Peter Bender kennen.[152] Als Kloster Amorbach 1461/63 um den Besitz eines Hauses an der Stadtmauer stritt, das die Abtei vor über 100 Jahren von Fritz von Neuenheim mit der Lindachkelter erworben hatte, wurden die Auskünfte kundiger alter Bürger eingeholt. Hans Reysenbach und Konlin Gerhart, Hans Leren und Seitz von Erlenbach, alle Bürger zu Sulm, bat man 1461 zur Aussage ebenso aufs Rathaus wie die beiden Richter Hans Weik und Thoman Rodenheintzen. Zwei Jahre später befragte der Vertreter Amorbachs Hans Ferber nochmals die Bürger Cuntz Sauern, Cuntz Kochen und Peter Bender, in dessen Haus die Zeugenvernehmungen stattfanden. Wie seine Mitzeugen sagte er aus, „daß die Hofstat bei der Mauer, da dann Seitz Erlebach uffsitzet ztu disen Zeiten, die sey der Herren von Amerbach und stand vor Zeiten eine Kelter daraut, die von Neuenheim war".[153]

Zeigen die Quellen Klöster und Niederadel als Geschäftspartner, so findet man die nichtadligen Neckarsulmer häufiger in Diensten der Klöster, die ihren Besitz in Sulm nicht selbst bewirtschafteten, sondern zu Lehen gaben, verliehen oder, wie man heute sagen würde, verpachteten. Gut läßt sich diese Vorgehensweise am Beispiel der Nähermühle zeigen, die von den Neuenheim an Schöntal überging. Hans Lür hatte 1412 die Mühle als Erblehen inne, d.h. er und auch seine Erben konnten die Mühle „nutzen und niessen" wie anderes Eigentum. Sie waren dafür verpflichtet, die Mühle innen und außen in Schuß und „in rechtem und redlichem gebrauch" zu halten. Als Entgelt bezahlten sie jährlich auf Weihnachten sieben gute Gulden, die „gemeinlich un schwer genug an rechtem Gewicht" sein mußten, sowie ein Fastnachtshuhn. Als Fall oder Hauptrecht sollten seine Erben bei der Übernahme der Mühle dem Kloster einen Gulden überreichen. Wenn sich Hans Lür an diese Vorgaben nicht hielt, konnten die Zisterzienser ihm die Mühle abnehmen und an einen anderen Müller vergeben.[154] Ein identischer Vertrag ist aus dem Jahr 1474 zwischen Schöntal und Leonardt Muller, dem Sohn Claus Mullers, erhalten.[155] Diese Bewirtschaftungsweise war für diese Zeit typisch und wurde auch von Amorbach bei der Bewirtschaftung der umfangreichen Hofgüter angewendet. Als Rudolf Wydmann, Syfer Ranz, Hans Brecht, Hans Neitz, Hans Wuste, Heintz Waltz, Peter Bechtold, Syfer Knuwer, Cuntz Sniwer, Cuntz Cochlin, Peter Bender und Jorge Schiffold Lehensgüter übernahmen, zahlten sie als Pacht jährlich 20 Schilling und lieferten Korn und Hafer.[156] Doch nicht immer blieb das Verhältnis zwischen dem Kloster und den Pächtern aus der Neckarsulmer Bürgerschaft ungetrübt. Amorbacher Quellen legen davon Zeugnis ab. 1409 wird von Unstimmigkeiten berichtet, die über die Hellerzinsen, Bede und Frondienste ausgebrochen waren. Das Kloster beschwerte sich, zu hoch mit Bede (Grundsteuer) für die Hofgüter und Frondiensten angesetzt zu sein. Auch scheint es Zwistigkeiten über den Hellerzins (Pachtzins) gegeben zu haben, der auf den von Sulmer Bürgern bearbeiteten Amorbacher Hoflehensgütern lag. Amtmann Swicker von Sickingen entschied, daß die betreffenden Bürger dem Abt jährlich sechs Pfennig für einen Schilling geben sollten. Auch sollten die Amorbacher nicht höher zu Bede und Fronleistungen veranschlagt werden als andere Grundbesitzer. Und schließlich wurden die Inhaber der Lehensgüter ermahnt, die Güter nicht ohne Zustimmung des Klosters zu verkaufen oder zu verändern.[157] Veränderungen gaben indes 1437 Anlaß zu Beschwerden des Klosters. Denn Michel Walz, Dionysius „den man nent Enys" und Ulrich Mangold, die Amorbacher Weingärten innehatten, kamen ihren Verpflichtungen eben nicht nach. Zwei hatten Weinbergwege angelegt und dabei Weinstöcke ausgehauen. Mangold hatte gar im Milchschmalz einen Acker auf ehemaligem Rebland angelegt. Alle mußten sie versprechen, die Weingärten wieder in einem „guten redlichen gewönlichen bauwe" zu halten, andernfalls ihnen die Grundstücke entzogen würden.[158]

Die überwiegende Mehrheit der Sulmer Bürgerschaft ernährte sich von der Landwirtschaft, insbesondere vom Weinbau. Das wird bereits aus den mittelalterlichen Quellen deutlich. Erste Hinweise auf die Besitzer landwirtschaftlicher Güter liegen in Wimpfener Quellen schon aus dem 13. Jahrhundert vor. Das Rentenverzeichnis des Ritterstifts nennt „Crein Huseln sun", den Sohn von Crein Huseln, als Besitzer eines Weinbergs im Stockach, der ein halbes Joch groß war. Auch Rud, der Hase genannt wurde, Richarda Landoltin, Conrad von Lindach, Albertus Vilgerin und Azo in der Steppach finden im Verzeichnis Erwähnung und gaben dem Stift Abgaben aus Äckern und Weinbergen im Hungerberg und im Haspelhorn, im Hiltebrande und im Egental.[159] Von anderen Berufen wissen wir aus dieser Zeit nur wenig. Neben dem Müller, dem Bader und dem alten Jäger Lutz aus Sulm, der im 14. Jahrhundert von der Herrschaft über die Ausdehnung des Scheuerberger Wildbanns befragt wurde[160], sind keine direkten Hinweise auf handwerkliche Berufe überliefert. Belege für Sulmer Mühlen gibt es indes bereits aus dem 13. Jahrhundert. Das Rentenverzeichnis des Ritterstifts nennt eine „molendinum inferius" 1295 in Sulm.[161] Diese „untere Mühle" läßt sich mit der Nähermühle identifizieren, die im 15. Jahrhundert im Besitz Schöntals ist. Gab es im 13. Jahrhundert eine untere Mühle, so kann man davon ausgehen, daß zur selben Zeit auch eine weitere, obere Mühle an der Sulm klapperte. Ob sie identisch ist mit der Reisachmühle, läßt sich jedoch nicht belegen. Diese Mühle ist zur Lokalisierung eines Wiesenstücks genannt, und der Müller von Reysach findet sich im 15. Jahrhundert erstmals als Anstößer, das heißt als Grenznachbar, eines Feldbesitzers. Ferner benennt ein Zinsbuch der Stadt Neckarsulm in derselben Zeit Hans Rebelin als Besitzer einer „Schliffmuln", also einer Schleifmühle, die sich nicht weiter lokalisieren läßt.[162] Alle diese Gewerbetreibenden dürften als Bauern und wohl auch als Weingärtner Land in Sulm bestellt haben, wie es sich für Hans Rebelin nachweisen läßt. Den ersten umfassenden Hinweis auf die Neckarsulmer Weingärtner liefert wieder die oft erwähnte Quelle zum Verkauf der Lindachkelter 1343. In der ersten Hälfte des 14. Jahrhunderts wuchs in Neckarsulm Wein in den „roten Weingärten", die nicht zu lokalisieren sind, im Vachsenfeld bzw. in den Helden am Vachsenfeld, am Schiffberg (eventuell verschrieben für Stiftsberg), im Hasenzagel, im Stogech (Stockach), im Rorich (Rörich), in den Haidenhelden, am Zideler (Zeidler), am Schriossen, im Unsetzen, im Schuppus (Schuhputz), im Igelbein, am Ebolt im Grunde. Auch die Besitzer dieser Weinlagen, insgesamt ca. 34 Morgen, sind namentlich aufgeführt: Werner Vetter, bekannt als Zeuge in den Verkaufsurkunden, Cuntz Drabet, der Kaplan vom Scheuerberg, Sydelman der Lepschin Sohn, Heinrich Eychbloch, der erwähnte Bürgermeister, Snelle, Cunrad

Roting, Seitz Hirt, Irmengart Hetzingerin, Pfaff Marckart, Hermans Sohn am Thore, Pfaff Heinrich Weiß von Heilbronn, Werner Vetter der Jüngere, Albrecht Ortloffs Frau, der Schultheiß, der Rober von Wimpfen, die Greck von Kochendorf, Mudelin von Neuenstadt, Walther Hornunge, der Deisser, Walther Bitingers Frau, Conrad Bruchlin, Lutz Rudolffen und Brecht Bruchlin, Irmel Hetzingerin, wahrscheinlich identisch mit Irmengart Hetzingerin, Heinrich Hirt und sein Bruder Seitz, Seitz Grew, die Greylerin, der Hetzger, Cuntz Bruchlin, wahrscheinlich identisch mit Conrad Bruchlin, Seubach, Bünlin, Pfaffe Hernat, Fritze Resthe, Hans Bronne.

Damit bekommt man für das 14. Jahrhundert einen ersten vagen Einblick zumindest in einen Teil der Bürgerschaft der Stadt Sulm. Aus der zweiten Hälfte des 15. Jahrhunderts liegt nun ein „Zintzbuch über die jenige gueter, welche gemainer Statt zinssen" vor. Es verzeichnet die Abgaben, die der Stadt zukamen, und die Grundeigentümer, die sie zu bezahlen hatten. In welchem Jahr das Zinsbuch angelegt wurde, ist unklar, denn die entsprechenden Seiten, die darüber Auskunft geben könnten, sind verloren. Ungefähr läßt sich der Band datieren, da Jonatha von Sickingen und Heinz Newreuther, der Sulmer Schultheiß, genannt sind, d.h. das Buch dürfte in der zweiten Hälfte des 15. Jahrhunderts angelegt worden sein.[163] Insgesamt waren etwa 138 Morgen der Stadt zinspflichtig, davon 69 ¼ Morgen Ackerland, 60 ¾ Morgen Wiesen und acht Morgen Weingärten.[164] Ihre Besitzer können als Sulmer Bürger bezeichnet werden, da Grundeigentümer aus anderen Gemeinden, beispielsweise aus Eisesheim, besonders gekennzeichnet sind. Hier finden wir die Namen von Hans Attenspach, Conrad Arnolt, Hense und Steffan Bampenheyn, Ulrich Becker, Contz Bortzel, Hans Beyer, Hanns Braun, Carlin Bender, Hanns Brecht, Hans und Anna Dietz, Hans Deuffel, Contz Eber, Contz Fiescher, Peter Fierlin, Claus Flyner, Hans von Griessen (von Griesheim?), Kathrin Gebhartin, Steffan German, Reinhart Gelpff, Hans und Martin Herr, die Alt Hutterin, Hans Hutterer, Hans Hartmann, Heintz und Engelhard Han, Hans Hagner, Hans Heylmann, Fritz Ingelfinger, Hans Koch, Endris Lorlin, Bernhard Lang, Bartholomey, Peter und Hans Mangolt, Hans Mayer, Hanns Metzler und Els Metzlerin, Hans Muller, der Schultheiß Heinz Newreuther, Hanse, Peter, Heintz und Jost Rudolff, Thoman Rot, Hans Rebelin, Hans Rockner, Johannes Rysenbach, Burchart, Contz, Jörg und Michel Raben, Hans Rantz, Hans Reynit und die von Reysach, Claus Stahel, Hense Schluchterlin, Jorg Schweble, Michel Strycher, Horneck Viescher, Heintz Vielhauwer, Hense Weltin, Hans Wick (Weik), Hense Wyler, Hense und Caspar Ynis, Peter Ysimenger und die alte Wiesenfegerin. Man könnte diese Namenreihe noch durch die der Grundstücksnachbarn ergänzen, doch es soll mit dieser Aufzählung fürs erste sein Bewenden haben.

Die Stadt, die Mainz 1484 im Tausch gegen Besitz am Main an den Deutschen Orden abgab, war also eine ländlich geprägte Siedlung inmitten von Wiesen, Äckern und Weinbergen. An der Sulm klapperten zumindest zeitweise zwei, wenn nicht mit der erwähnten Schleifmühle gar drei Mühlen. Der Bach scheint zudem gestaut gewesen zu sein, denn das Lagerbuch berichtet von einem „Seelin" vor dem Unteren Tor. Gärten, auch Baumgärten, als Obstwiesen vorzustellen, waren vor der Stadt angelegt. Für einige „Pome", Bäume, war sogar innerhalb der Stadt zu bezahlen. Über die genaue Größe dieser Stadt lassen sich erst für ordische Zeit genauere Aussagen machen. Die Haupteinkommensquelle war die Landwirtschaft, wobei dem Weinbau zweifelsohne bereits im Mittelalter hohes

Gewicht zukam. In die Hand des Weingärtnerstandes gelangten, nachdem das Adelselement stärker in den Hintergrund getreten war, zunehmend die Geschicke der Stadt. Der Weinbau war wirtschaftlicher Schwerpunkt der Gemeinde, die Weingärtner prägten über Jahrhunderte Werden und Wachsen der Stadt. Abhängig war das Wohlleben der Bürger besonders von der Witterung und dem Herbstergebnis, wie wir es noch lange, fast bis in unser Jahrhundert hinein kennen. Die erste bekannte schlechte Weinernte, die die Zahlungsfähigkeit der Sulmer Bürgerschaft deutlich einschränkte, muß wohl um das Jahr 1336 datiert werden. Im Januar 1337 durfte nämlich der Keller Heinrich 2 ½ carrata (Fuder) Wein wegen Mißwachs von den Abgaben für den Erzbischof abziehen.[165] Die Weingärtner sind es, die als bürgerliches Element im 15. Jahrhundert deutlicher hervortreten, und mit ihrem Wohl und Wehe verband sich das Geschick der Stadt durch die ganze Ordenszeit bis in die zweite Hälfte des 19. Jahrhunderts hinein, als mit der Industrialisierung eine neue Bevölkerungsgruppe, der Arbeiterstand, das Leben in der Stadt maßgeblich mit beeinflußte.

Die Amtsstadt Sulm unter dem Deutschen Orden

Die Amtsstadt des Deutschen Ordens 1484–1805.
Zur Sonderrolle Neckarsulms unter der Herrschaft des Deutschen Ordens

VON MICHAEL DIEFENBACHER

Im Jahre 1810 leitete Hofrat Jakob Joseph Freiherr von Kleudgen, der letzte Deutschordenskanzler im Fürstentum Mergentheim, seinen Rückblick auf den ehemals reichsunmittelbaren Orden mit folgenden Worten ein: „Die Untertanen des Deutschen Ordens, von jeher beglückt durch die gelindeste Verfassung, wandelten selbst unter den Stürmen eines längjährigen Krieges noch heiter und froh ihre Wege. Nie schlug der Kriegsgott mit seinen verwüstenden Schritten seinen Schauplatz auf dem Gebiete dieses Fürstenthums auf. Der Bürger und Landmann behielten von jeher ihre Söhne für Gewerb und Feldbau, denn freiwillig stellte sich der entbehrliche Teil zum Militärstande, der mit den Kräften des Landes in einem richtigen Einklang stand."[1]

Im Rückblick manches verklärend, beschreibt Kleudgen die für die Untertanen überwiegend angenehme Herrschaft des Deutschen Ordens. Man kann daran den Haß ablesen, den sie ihren neuen Herren entgegenbrachten. Und dies war nicht nur so in Mergentheim oder Neckarsulm[2] und nicht nur gegenüber den neuen württembergischen Herren; Badenern und Bayern, Hessen und Nassauern ging es nicht anders.

Schon in den Jahren 1805 und 1806 hatten die neugeschaffenen Königreiche Bayern und Württemberg den Löwenanteil der Deutschordensbesitzungen in Süddeutschland an sich gerissen[3], darunter die großen Gebietskomplexe um Mergentheim, auf der Ostalb, am Bodensee und vor allem hier im Raum Heilbronn–Neckarsulm–Gundelsheim.

Napoleons Tagesbefehl im kaiserlichen Heerlager zu Regensburg 1809, „l'ordre Teutonique est supprimé dans tous les états de confédération du Rhin"[4], hob wenige Jahre nach dieser Okkupationswelle den Deutschen Orden im Machtbereich der Rheinbundstaaten vollends auf. So wurden ein politisch intakter und wirtschaftlich keineswegs desolater geistlicher Kleinstaat und eine Institution mit großer Tradition im Alten Reich beseitigt, ein Orden, der 1990 auf seine 800jährige Vergangenheit zurückblicken konnte.[5]

Von 1484 bis 1805, also mehr als 320 Jahre, stand Neckarsulm unter der Herrschaft des Deutschen Ordens.[6] Diese geistliche Gemeinschaft, basierend auf dem von Bernhard von Clairvaux formulierten Ethos der "militia Christi" des Hochmittelalters, prägte mithin die bislang längste Phase der Neckarsulmer Geschichte – Grund genug, in einem gedrängten Abriß die Geschichte des Deutschen Ordens zu beleuchten.[7]

Der Deutsche Orden ist der jüngste der drei großen Ritterorden. Er wurde 1190 während der Belagerung Akkons im Rahmen des dritten Kreuzzugs als Feldlazarett von Bremer und Lübecker Kaufleuten gegründet. Zu Beginn war er eine Hospitalbruderschaft, die jedoch acht Jahre später in einen Ritterorden nach dem Vorbild der Templer und Johanniter umgewandelt wurde. Die Hospitalfunktionen behielt er bei – es sei nur erinnert an die großen Ordensspitäler in Marburg/Lahn[8] und Nürnberg[9] –, wenn sie auch allmählich hinter den ritterlichen Aufgaben zurücktraten.

An der Spitze des Deutschen Ordens stand der Hochmeister.[10] Er wurde von einer Anzahl führender Beamter nach Stimmenmehrheit gewählt. Seine Aufgaben lagen in der Repräsentation des Ordens nach außen und der geistigen Führung nach innen. Hinzu kam ab dem 14. Jahrhundert die Leitung des Ordensstaats[11] in Preußen. Ihm stand als oberstes korporatives Ordensgremium das Generalkapitel zur Seite, an dessen Zustimmung er in allen wichtigen Entscheidungen gebunden war. Das Generalkapitel bildete die oberste Legislative, Justiz- und Finanzbehörde. In der praktischen Verwaltungstätigkeit des Ordensstaats unterstützten den Hochmeister sog. Großgebietiger – ein Oberster Marschall (Militärwesen und Verwaltung des Ostteils Preußens), ein Oberster Spittler (Hospitalwesen, Kranken- und Armenfürsorge), ein Oberster Trappier (Bekleidungswesen) und ein Oberster Treßler (Finanzwesen).

Die Untergliederung der höchsten Ebene in Meister, Kapitel und Gebietiger wiederholte sich auf den drei weiteren Verwaltungsstufen des Deutschen Ordens.[12] Zuunterst stand das einzelne Ordenshaus, Kommende genannt. Es wurde von einem Komtur geleitet, der in allen wichtigen Entscheidungen der Zustimmung seiner Mitbrüder bedurfte. Mehrere Kommenden waren zusammengefaßt zu einer Ordensprovinz, Ballei genannt, geleitet von einem Landkomtur, dem Vorsteher des Balleihaupthauses, der Landkommende.

Zwischen Balleien und Ordensspitze schoben sich im Laufe des 13. Jahrhunderts die Landmeister. Sie leiteten jeweils eines der drei Ordensgebiete, in die der Gesamtbesitz des Deutschen Ordens unterteilt war: das deutsche, das preußische und das livländische Gebiet.

Große Bedeutung für die Geschichte des Ordens und vor allem seiner Besitzungen im süddeutschen Raum hatte der Landmeister des deutschen Gebiets, der Meister in deutschen Landen oder kurz Deutschmeister genannt. Ihm unterstanden mit wenigen Ausnahmen die zwölf Balleien des Ordens im Reich[13], und gegen Ende des 14. Jahrhunderts konnte er seinen Einfluß auch auf die Provinzen des Mittelmeerraums ausdehnen.

Diese korporative Verwaltungsgliederung behielt der Deutsche Orden bis zu seinem Ende im Alten Reich bei, obwohl die administrativen Aufgaben eines modernen Staatswesens, wie es das Fürstentum Mergentheim in der Neuzeit darstellte, eine systematischere Einteilung in Fachressorts verlangten. Die arbeitsteilige Struktur trat seit dem 17. Jahrhundert folglich neben das alte Verwaltungsprinzip.

Ein Grundsatz der frühen Ordenspolitik war die enge Anlehnung an kaiserliche Belange.[14] Nach dem Untergang der Staufer vertraten meist die Deutschmeister das Oberhaupt am jeweiligen Königshof. Daran hielten sie auch weiter fest, als die Hochmeister, die seit ihrer Übersiedlung von Akkon über Venedig auf die Marienburg an der Nogat 1309 primär für ihre preußischen Interessen eintraten, sich zunehmend von der kaiserlichen Politik lösten.

Im Reich begann sich seit dem 14. Jahrhundert die spätmittelalterliche Agrardepression auf die Wirtschaftskraft der einzelnen Balleien auszuwirken.[15] Sie konnten ihre Funktion als personelle und finanzielle Zuträger der hochmeisterlichen Politik in Preußen immer weniger erfüllen. Der dadurch geschwächte Ordensstaat stand überdies seit der polnisch-litauischen Union 1386 einer neuen Mächtekonstellation in Nordosteuropa gegenüber, die Preußen zunehmend bedrohte. Zugleich verlor der Orden mit der Christianisierung

Litauens seine ideelle Funktion als Vorkämpfer des Christentums im Baltikum.

Je stärker der Hochmeister seit der Niederlage von Tannenberg 1410 in die Auseinandersetzungen mit Polen-Litauen gezogen wurde und je mehr Geld und Personal er aus dem deutschen Gebiet forderte, desto enger banden sich die Deutschmeister und mit ihnen vor allem die süddeutschen Ordensbesitzungen an Kaiser und Reich. Sie gewannen zunehmend eigenes politisches Gewicht und drängten ab dem 15. Jahrhundert aktiv auf eine verfassungsrechtliche Änderung ihrer Stellung im Gesamtorden und im Reich.

Ab 1437 traten im Umfeld des Deutschmeisters Eberhard von Seinsheim die „Orselschen Statuten"[16] zutage. Diese gefälschten Bestimmungen gestanden dem Deutschmeister die Vertretung des Deutschen Ordens bei Sedisvakanz des Hochmeisteramtes zu und räumten ihm Kontrollfunktionen gegenüber dem Ordensoberhaupt und den obersten Ordensgremien ein. Im 15. Jahrhundert wurden sie zur stärksten Waffe des Deutschmeisters gegenüber der hochmeisterlichen Politik, die unter größten finanziellen und ideellen Einbußen des Ordens im Reich hauptsächlich darauf bedacht war, den Staat an der Ostsee zu erhalten. Und gerade dagegen setzten die Deutschmeister die Orselschen Statuten ein, um die Ordensgüter im Reich vor einer zu großen Inanspruchnahme seitens der Hochmeister zu schützen.

Verfassungsrechtlich untermauert wurde die im 15. Jahrhundert vollzogene Emanzipation vom Oberhaupt, als König Maximilian I. 1494 auf einem Reichstag zu Löwen Deutschmeister Andreas von Grunbach mit den Regalien eines Reichsfürsten belehnte und damit in die Reichsverfassung einband.[17] Dagegen stand der Hochmeister im fernen Königsberg, wo er seit dem Verlust der Marienburg 1457 residierte, als Territorialherr Preußens immer noch außerhalb der Reichsverfassung. Erst 1523/24 gelang es Hochmeister Albrecht von Brandenburg-Ansbach, dem letzten Hochmeister in Preußen, in Funktion seines Ordensamts Mitglied des Reichstags zu werden.[18] Jedoch kam dieser Schritt für den wirtschaftlich und finanziell durch ein Jahrhundert Krieg ruinierten Ordensstaat zu spät. Im April 1525 unterzeichnete Hochmeister Albrecht ohne Zustimmung des Ordens und vor allem ohne Zustimmung des Deutschmeisters den Vertrag von Krakau, der den Restordensstaat in Preußen in ein weltliches polnisches Lehensherzogtum umwandelte. Trotz aller Anstrengungen konnte der Orden die Säkularisation Preußens nie mehr rückgängig machen.

Sie und diejenige Livlands 1561 engten den Deutschen Orden auf seine Balleien im Reich ein.[19] Die übrigen Provinzen in Griechenland, Spanien, Italien, Frankreich und in Böhmen waren schon im Spätmittelalter verlorengegangen. Der im Reich verbliebene Restbesitz zerfiel verwaltungstechnisch in zwei Gebiete: In die acht Balleien deutschen Gebiets, die dem Deutschmeister direkt unterstanden (Franken, Hessen, Altenbiesen, Westfalen, Utrecht, Lothringen, Sachsen und Thüringen), und in die vier Balleien preußischen Gebiets (Koblenz, Elsaß-Burgund, Österreich und Etsch). Die Letztgenannten trugen den Namen preußisch, weil sie vor 1525 der hochmeisterlichen Kammer unterstellt gewesen und so von Preußen aus verwaltet worden waren.

Da der Deutschmeister nach Albrechts Mediatisierung zur zentralen Figur des Deutschen Ordens aufgestiegen war, lag es an ihm, eine Lösung zu finden, die den 1525 entstandenen verfassungsrechtlichen Schwebezustand beseitigen, aber gleichzeitig den Anspruch des Ordens auf Preußen aufrechterhalten sollte. Deutschmeister Walter von Cronberg[20] beanspruchte nun ab 1526 von seiner neuen Residenz Mergentheim aus mit Hilfe der Orselnschen Statuten, die ihm ja bei Sedisvakanz des Hochmeisteramts dessen Stellvertretung zubilligten, die Anerkennung als interimistisches Ordensoberhaupt.

Gemäß der Forderung des fränkischen Balleikapitels übertrug 1527 Kaiser Karl V. Cronberg die Verwaltung des Hochmeisteramts und bereitete damit den Weg zur Konsolidierung des Ordens, die zwei Jahre später ihren verfassungsrechtlichen Abschluß erhielt. Das neue Oberhaupt trug fortan den Titel „Administrator des Hochmeistertums in Preußen und Meister Deutschen Ordens in deutschen und welschen Landen", der Einfachheit halber verkürzt zu „Hoch- und Deutschmeister".

In der von früheren Deutschmeistern vorgezeichneten Richtung, sich strikt an Kaiser und Reich anzulehnen, bemühte sich Cronberg von nun an, dem Verselbständigungsstreben einzelner Balleien und den Territorialisierungsabsichten mächtiger Reichsfürsten zu begegnen.[21] Hierbei profitierte der Orden von der 1494 erfolgten Aufnahme des Deutschmeisters in den Kreis der Reichsfürsten. Die Politik Cronbergs und seiner Nachfolger war freilich nicht überall erfolgreich. Zwar blieb der Ordensbesitz im süddeutschen Raum weitgehend reichsunmittelbar, im Westen und Norden des Reichs, wo der Einfluß der Deutschmeister seit jeher gering war, konnte es benachbarten Landesherren gelingen, dem Orden Besitz zu entziehen.

Von der engen Anlehnung an Kaiser und Reich war es nur ein kleiner Schritt zur Übernahme des obersten Ordensamts durch ein Mitglied des habsburgischen Kaiserhauses. So war seit der Wahl Erzherzog Maximilians[22] 1585 zum Koadjutor und designierten Nachfolger des Administrators das oberste Ordensamt meist eine Pfründe des deutschen Hochadels und überwiegend des Hauses Habsburg. Oftmals häuften sich in den Händen solcher Hoch- und Deutschmeister geistliche Ämter[23], die Ordensresidenz Mergentheim wurde von ihnen weitgehend vernachlässigt. Das Amt des Administrators war bloße Titulatur geworden. Geschadet hat dies dem Orden aber keineswegs, da die Regierungsgeschäfte der Mergentheimer Komtur als Statthalter des Administrators ausführte.[24] Ihm stand mit der Dreiteilung in einen Hofrat für die Verwaltung, eine Hofkammer für die ökonomischen und finanziellen Belange und einen Geistlichen Rat für seelsorgerische und geistliche Angelegenheiten eine straffe zentrale Verwaltung zur Seite, die aber nur für den Staat des Meisters, nicht für den Gesamtorden zuständig war. Für diesen blieb auch weiterhin die oben vorgestellte korporative Verwaltung in Kraft.

Trotz der häufigen Abwesenheit des Oberhaupts blieb das Fürstentum Mergentheim ein politisch intaktes Staatswesen. Gegen Ende des 18. Jahrhunderts konnte Hoch- und Deutschmeister Erzherzog Maximilian Franz[25] den Meisterstaat nochmals erheblich vergrößern. Er vollzog mit seiner Verwaltungsreform von 1782 und 1788/89 die Umwandlung der Ballei Franken von einer Provinz, die dem Administrator rechtlich ebenso wie andere Balleien unterstand, zu einem Teil seines Territorialstaats. Die Gebietsmasse des alten Meisterstaats um Mergentheim und um Gundelsheim/Neckarsulm wurde in der Verwaltungsreform mit den 21 Kommenden der Ballei Franken verschmolzen und in drei Oberämter umgeformt: Das Oberamt Ellingen verwaltete 18 Ämter, das Neckaroberamt mit Horneck/Gundelsheim als Mittelpunkt sechs Ämter und das Tauberoberamt um Mergentheim acht Ämter.

Dieses vergrößerte Fürstentum Mergentheim

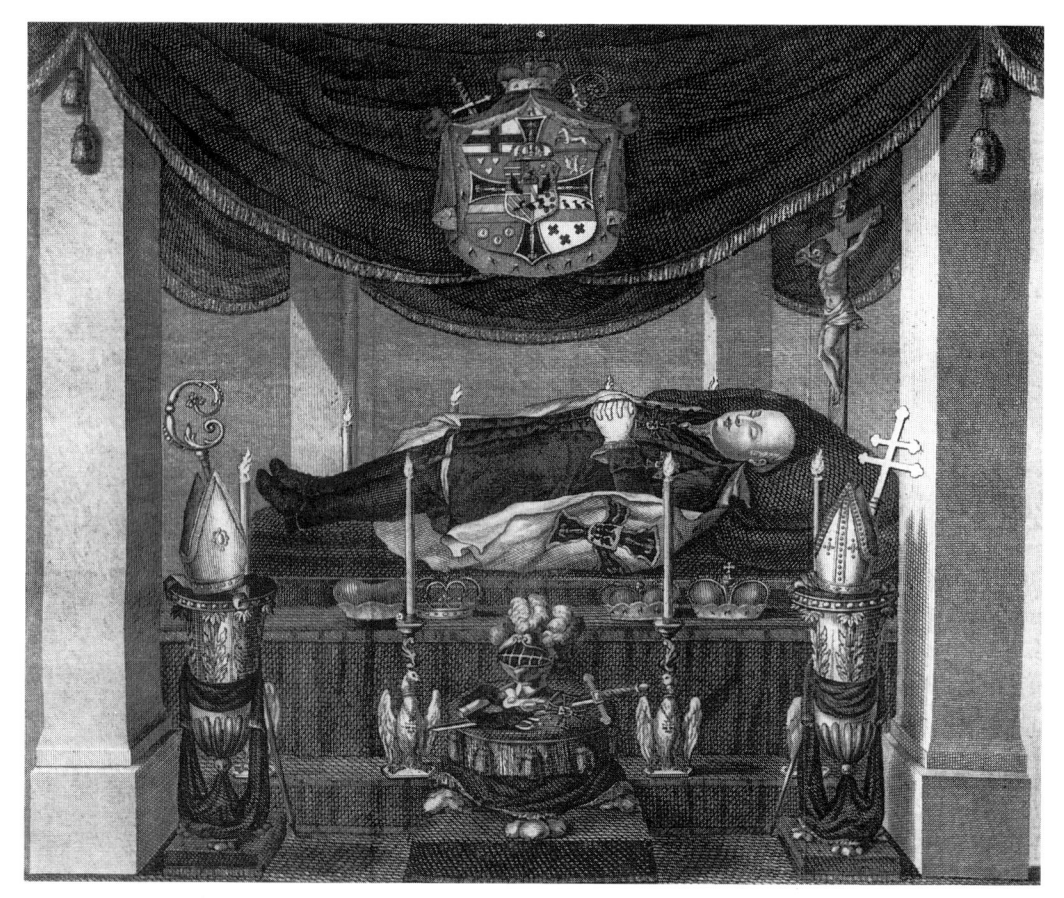

Zur Sonderrolle Neckarsulms unter der Herrschaft des Deutschen Ordens 81

23 Hoch- und Deutschmeister Maximilian Franz, ein Sohn Maria Theresias, machte gegen Ende des 18. Jahrhunderts aus den Ordenslanden „ein Glanz und Ansehen verschaffendes und selbständiges Deutsches Fürstentum".

erlitt 1796 durch die preußischen Okkupationen in Franken erste größere Einbußen.[26] Der Friede von Lunéville 1801 fügte dem Orden erneut Gebietsverluste zu, als er seinen gesamten linksrheinischen Besitz abtreten mußte.[27] Die Verbindung zum Haus Habsburg konnte 1803 auf der Reichsdeputation zu Regensburg zwar verhindern, daß der Orden wie andere geistliche Staaten säkularisiert wurde. Andererseits aber verlor er eben aufgrund dieser Bindung 1805 im Frieden von Preßburg seine Reichsunmittelbarkeit und all seine Besitzungen außer in der näheren Umgebung von Mergentheim.[28] Hier beendete erst 1809 die militärische Überlegenheit des neugeschaffenen Königreichs Württemberg die alte Ordensherrlichkeit. Bestehen blieb der Deutsche Orden im Machtbereich der Habsburger – bis 1923 als ritterlicher Hausorden des Kaiserhauses und ab 1929 als Priesterorden, der heute auch wieder in Deutschland tätig ist. Wichtigstes „Ordensland" neben Preußen war seit dem 13. Jahrhundert die Terra imperii zwischen Main und Donau. Hier entstand 1268[29] als eine der letzten Balleien die fränkische, die größte und besitzstärkste Provinz des Deutschen Ordens im Reich. Allein im Spätmittelalter lebte ein Drittel aller Ordensmitglieder des Reichs in dieser Ballei.[30] An ihrer Peripherie, am unteren Neckar, am unteren Main und am Rhein lagen einige Deutschordenshäuser, die nach der Entstehung der Ballei Franken in keiner Ordensprovinz organisiert waren.[31] Sie unterstanden dem Deutschmeister direkt und bildeten den Grundstock seines späteren „Staats", des Deutschmeistertums. Hierzu zählten im Jahr 1510[32] die Kommenden Horneck – zu jener Zeit Residenz des Deutschmeisters –, Sachsenhausen, Weißenburg im Elsaß, Speyer, Mainz, Waldbreitbach und Weinheim, Ramersdorf und Prozelten waren 1510 schon veräußert, letzteres im Tausch gegen die Reichsherrschaft Scheuerberg.

Im Gegensatz zur balleifränkischen Kommende Heilbronn, die dem Landkomtur in Ellingen unterstellt war, war das Haus Horneck und mit ihm die Stadt Neckarsulm direkt dem Deutschmeister und damit ab 1527/30 dem Ordensoberhaupt verbunden.

Die Anfänge des Deutschen Ordens am unteren Neckar gehen ins 13. Jahrhundert zurück. Zwischen 1222 und 1224 stifteten Mitglieder des Hauses Dürn die Niederlassung in Heilbronn, zu deren Territorium neben beachtlichem Streubesitz die Dörfer Sontheim, Degmarn und zwei Drittel Talheims zählten.[33] Nördlich davon entstand ein zweiter, weitaus größerer Gebietskomplex, als Konrad von Horneck anläßlich seiner Aufnahme zwischen 1254 und 1258 seinen Besitz bei Gundelsheim in den Orden einbrachte.[34]

Diese Kommende umfaßte den später zur Stadt erhobenen Burgweiler Gundelsheim, die Wüstung Seelbach, die Dörfer Böttingen, Höchstberg, Tiefenbach, den Hof Dornbach, Teile von Bernbronn und Heinsheim sowie um 1550 Streubesitz in 14 weiteren Ortschaften.[35] Außerdem waren ihr seit dem 14./15. Jahrhundert vier Ämter unterstellt: Stocksberg, Kirchhausen, Scheuerberg und Heuchlingen.[36] Diese erwuchsen einerseits aus der Notwendigkeit, weiter entfernt liegenden Besitz bewirtschaften und verwalten zu müssen. Andererseits gelangten sie aufgrund größer angelegter Kauf- und Tauschaktionen in die Hand des Ordens.

Das kleine Amt Stocksberg[37] lag weitab von Gundelsheim inmitten des von Württemberg beherrschten Zabergäus und im nördlich daran stoßenden Gartach- oder Leintal. Die Burg Stocksberg und der zugehörende Burgflecken Stockheim waren seit dem beginnenden 14. Jahrhundert wirtschaftliche Sammelstelle und Verwaltungsmittelpunkt für den Ordensstreubesitz in ungefähr zehn Dörfern. Zwischen 1404 und 1486 kaufte der Orden von verschiedenen ritterschaftlichen Familien sein späteres Amt Kirchhausen[38] auf. Es blieb bis ins 17. Jahrhundert auf das Dorf Kirchhausen beschränkt, nach dem Dreißigjährigen Krieg wurde es um das zuvor wimpfische Dorf Biberach vergrößert.

Das bedeutendste der vier Ämter war zweifelsohne die ehemalige Reichsherrschaft Scheuerberg.[39] Ihren Mittelpunkt bildete Neckarsulm, die einzige Stadt im modernen Sinn, die dem Orden am unteren Neckar gehörte. 1484 tauschte Deutschmeister Reinhard von Neipperg seine am Untermain gelegene Kommende Prozelten und das dazugehörende Amt Neubrunn[40], die beide weitab vom übrigen deutschmeisterlichen Kammerbesitz inmitten des Mainzer Territoriums um Aschaffenburg, Miltenberg und Tauberbischofsheim lagen, gegen den kurfürstlichen Besitz um Neckarsulm. Hiermit erwarb der Deutsche Orden ein arrondiertes und der

24 Die Siegel der Stadt Neckarsulm – hier von 1528, 1651 und 1666 – bewahren mit den Neippergschen Ringen bis heute die Erinnerung an den ersten deutschordischen Stadtherrn Reinhard von Neipperg.

Kommende Horneck benachbartes Kleinterritorium, das im 16. Jahrhundert neben der Stadt Neckarsulm 11 ½ Dörfer umfaßte. Das vierte Ordensamt der Kommende – Heuchlingen[41] – wurde mit der Herrschaft Scheuerberg verbunden. Heuchlingen selbst bestand aus einem ausgedehnten Hofgut und einer Mühle an der Jagst. Der Orden erwarb sie 1466 und 1502. Neben den Dörfern Hagenbach und Ilgenberg war dem Amt die von Neckarsulm aus verwaltete „Deutsche Ebene" unterstellt, jener Landstrich zwischen den Unterläufen von Kocher und Jagst, in dessen Benennung heute noch der Name des Ordens weiterlebt[42].

Obwohl aufgrund der Verwaltungshierarchie Horneck dieses geistliche Kleinterritorium dominierte, bildete die Herrschaft Scheuerberg – das spätere Amt Neckarsulm – zumal nach der Eingliederung der Deutschen Ebene die eigentliche Machtbasis der Kommende und somit infolge der Verwaltungsreform des späten 18. Jahrhunderts das Zentrum des Neckaroberamts. Hier übte der Deutsche Orden nach einer ersten uns überlieferten Bestandsaufnahme des Jahres 1554[43] in der Stadt Neckarsulm sowie in den Dörfern Binswangen, Erlenbach (hierzu gehörten herrschaftsrechtlich, aber nicht kirchenrechtlich auch die Ordensuntertanen von Gellmersbach), Dahenfeld, Kochertürn, Oedheim, Unter- und Obergriesheim, Bachenau, Duttenberg, Offenau und Jagstfeld, das in Kriegsfällen mit Bachenau als ein Dorf angesehen wurde, Landeshoheit mit Obrigkeits-, Besteuerungs- und Kriegsdienstrechten aus. Heg- und Jagdrechte besaßen die Ordensritter auf Neckarsulmer, Binswanger, Erlenbacher, Dahenfelder, Unter- und Obergriesheimer, Bachenauer, Duttenberger, Offenauer und Jagstfelder Gemarkung. Kelterrechte standen dem Deutschen Orden in Neckarsulm über den größten Teil der Weinberge zu, in Kochertürn und Bachenau übte er sie allein aus, in Erlenbach zusammen mit dem fränkischen Zisterzienserkloster Ebrach. Über Patronatsrechte verfügte er in Dahenfeld (Kommende Horneck), in Kochertürn und seit 1581 in Untergriesheim; in Neckarsulm und damit auch in Binswangen erwarb er sie von Würzburg im Tausch gegen die Pfarrei Krautheim erst 1667. In Kochertürn stand dem Orden ein Zollrecht zu. Die Gerichtsstätte des Amts Neckarsulm lag – laut Halsgerichtsordnung von 1539[44] – in Erlenbach.

Das Landstädtchen Neckarsulm war somit – eingebunden in ein Geflecht verschiedenster Rechte, Zwänge und Gegebenheiten, welche die alltägliche Realität im Südwesten des Alten Reichs widerspiegeln und sinnfälliger Ausdruck jener aufgesiedelten Kulturlandschaft sind, die unseren Raum bis ins 19. Jahrhundert hinein prägte – seit 1484 Teil eines Kleinstterritoriums innerhalb der kleinen geistlichen Herrschaft des Deutschen Ordens. Die politischen Verflechtungen und Aktivitäten des Deutschmeisters und späteren Hoch- und Deutschmeisters bedingten seine Geschichte. Nach dem Desaster des Bauernkriegs[45] – im April 1525 erstürmten und zerstörten die Bauern, ohne auf große Widerstände zu treffen, den Scheuerberg, die Truppen des Schwäbischen Bunds eroberten am 28./29. Mai die Stadt zurück[46] – fand Neckarsulm 1538 als Teil des Deutschmeisterstaats Aufnahme in den Fränkischen Reichskreis.[47] Die Stadt wurde also in die Verfassung des Heiligen Römischen Reichs Deutscher Nation, in die Trias Kaiser–Reich–Reichskreise eingebunden. Neckarsulm selbst, am äußersten westlichen Rand „Frankens" gelegen, wurde von der Kreispolitik mit wenigen Ausnahmen nur indirekt berührt.

Große Ereignisse wirkten sich meist in Form von Pressionen, Geldforderungen und persönlichem Leid auf die Ordensuntertanen aus. So mußte Neckarsulm 1525 im Bauernkrieg dem Schwäbischen Bund 700 Gulden Kontributionen bezahlen, 13 Personen wurden nach der Einnahme der Stadt hingerichtet, 60 verschleppt.[48] Zwei Jahre später belegte Deutschmeister Walter von Cronberg obendrein jeden Haushalt mit zehn Gulden Strafe[49] und zusätzlichen Fronleistungen[50].

Nicht weniger bedroht waren die Stadt und

25 Das Wappen des Hoch- und Deutschmeisters Wolfgang Schutzbar, genannt „Milchling", mit der Jahreszahl 1551 am Schloßturm.

ihre Bewohner in den Kriegen des 16., 17. und 18. Jahrhunderts. Da das Ordensoberhaupt, seiner Maxime folgend, stets kaisertreu agierte, bot sich der Ordensbesitz als ein willkommenes Ziel Habsburger Kriegsgegner dar. Vom Schmalkaldischen Krieg bis zu den französischen Revolutionskriegen war das Deutschordensgebiet am unteren Neckar wiederholt Auf- und Durchmarschland fremder Truppen, wurde verwüstet und mit Geldforderungen belegt.[51] Schadensberichte und Kriegskostenaufstellungen liefern hiervon beredtes Zeugnis.[52]

Das Städtchen an der Sulm stand aber auch wiederholt – vor allem im 16. Jahrhundert – im Mittelpunkt der großen Deutschordenspolitik. 1538 und 1545 fanden hier Kapitelgespräche der Ballei Franken statt.[53] 1572, 1577, 1588 und 1590 war Neckarsulm Tagungsort für den Gesamtorden[54], 1572 wurde mit Heinrich von Bobenhausen ein neues Oberhaupt gewählt. 1577 beriet und verwarf man das Projekt, den Deutschen Orden mit dem Johanniterorden zu fusionieren und ihm eine neue Aufgabe im Heidenkampf gegen die Türken zu übertragen. 1588 kümmerten sich die Ordensmitglieder um die Folgen der polnischen Gefangenschaft des designierten Hoch- und Deutschmeisters Erzherzog Maximilian, und 1590 wurde die Entmachtung des regierenden Administrators Bobenhausen durch das Koadjurat Maximilians besiegelt.

Noch zweimal sollte Neckarsulm ins Rampenlicht der großen Politik treten: In der Frühphase des Spanischen Erbfolgekriegs wählte man 1702 die Stadt zum Tagungsort des Fränkischen Kreistags.[55] Zur gleichen Zeit versammelte sich in der benachbarten Reichsstadt Heilbronn der Schwäbische Reichskreis. Die Wahl beider Orte war kriegsbedingt, beratschlagte man doch ein gemeinsames militärisches Vorgehen. Aus demselben Grund beherbergte Neckarsulm 1758 während des Siebenjährigen Kriegs abermals die fränkischen Kreisgesandten.[56]

All diese Facetten überregionaler Politik belegen kaum die Alltagswelt Neckarsulms in der Deutschordenszeit. Die Regierung war eingebettet in die großen Ereignisse der Jahrhunderte, der Bürger in Neckarsulm empfand sie – außerhalb von Kriegen, Pressionen und glänzenden Tagungen[57] – als Summe seiner Pflichten und Rechte. Um sich ein Bild jener Zeit machen zu können, die ja noch nicht von der Bürokratie eines durchorganisierten Flächenstaats des 19./20. Jahrhunderts geprägt war, muß man sich die Herrschaft des Deutschen Ordens vorwiegend als diejenige eines Großgrundbesitzers vorstellen[58]: Die Ordensritter bewirtschafteten 1554 einen Hof von etwas mehr als 70 Morgen Ackerland und nahezu acht Morgen Wiesen. Er war als Lehen verpachtet, der Orden bezog daraus zwei Fünftel der Bodenerträge. Ferner verwaltete die Herrschaft drei Morgen Weinberge, 30 Morgen Wiesen, mehrere Kraut- und

26 Das Wappen des Hoch- und Deutschmeisters Johann Kaspar von Ampringen mit der Jahreszahl 1688 an der Innenseite der Stadtmauer unweit des Schloßturms.

Baumgärten, drei Fischwasser und ca. 1000 Morgen Wald in eigener Regie. Daneben war der Orden der größte Grundherr der Neckarsulmer Bevölkerung, neben dem aber diverse andere Herrschaften Anteile an der örtlichen Grundherrschaft besaßen[59]: das Ritterstift St. Peter in Wimpfen im Tal, das Dominikanerkloster in der Reichsstadt Wimpfen, das Ritterstift Comburg bei Schwäbisch Hall, das Zisterzienserinnenkloster Gnadental und als seine Rechtsnachfolger die Herren von Hohenlohe, die Karmeliter und Klarissen zu Heilbronn, das Zisterzienserkloster Schöntal und natürlich die Abtei Amorbach. Die Grundherrschaft wurde durch bestimmte – meist real fixierte – Abgaben in Geld und Naturalien anerkannt. Die verworrenen Besitz- und Grundrechte gaben wie andernorts auch immerwährenden Anlaß für Streitereien und Prozesse.[60]

Nach einer Jahresrechnung 1694/95[61] standen

dem Deutschen Orden als Landes- und Grundherrn Einnahmen in Höhe von 8980 Gulden zur Verfügung. Nennenswerte Posten in dieser Liste bilden die Steuereinnahmen (ca. 5 %) – 82 Gulden Bede (eine Art Staatssteuer) und 365 Gulden Umgeld (Getränkeumsatzsteuer) –, die Strafgelder mit 99 Gulden (ca. 1,1 %) sowie die Schutzgelder für acht jüdische Familien mit 90 Gulden (ca. 1 %). 92 Prozent der Einnahmen (8278 Gulden) erwirtschaftete der Orden aus dem Verkauf von Naturalien, allein 6500 Gulden (72 %) mit Wein. Diese Gelder waren allerdings ertragsabhängig und somit krisengefährdet.

Die hohen Erlöse aus dem Weinhandel verwundern kaum, wenn man bedenkt, daß Neckarsulm eine fast ausschließlich auf Weinbau ausgerichtete Agrargemeinde war, und wenn man in Betracht zieht, wie sehr sich der Orden im 15. Jahrhundert bemühte, die gewinnträchtige Sonderkultur Weinbau zu fördern und selbst zu nutzen.[62] Verstärkt wurden solche Tendenzen durch die verkehrsgünstige Lage des Neckarsulmer Raums am unteren Neckar: Der offene Kraichgau im Westen stellt den natürlichen Durchbruch zwischen den Gebirgsstöcken Odenwald und Schwarzwald dar, der Neckar bietet sich als Wasserstraße an, und die Hohenloher Ebene öffnet den Raum nach Osten und Südosten. So kreuzten sich im Gebiet um Heilbronn/Neckarsulm und Wimpfen drei große Handelsstraßen[63]: Eine verlief von Brabant, Flandern, Nordfrankreich zum Rhein, dem sie flußaufwärts bis zum Kraichgau folgte. Hier wurde die Rheinlinie verlassen, um über Wimpfen und Heilbronn neckaraufwärts Marbach, Cannstatt, Ulm, Augsburg, München, Salzburg und Tirol oder Marbach, Cannstatt, Esslingen, Oberschwaben den Bodensee und die Ostschweiz zu erreichen. Von dieser Nord-Süd-Richtung zweigten am unteren Neckar zwei Ostrouten ab. Eine ging über Crailsheim–Dinkelsbühl bzw. Schwäbisch Hall–Ellwangen nach Regensburg und damit in den südosteuropäischen Donauraum, die andere verlief über das Jagsttal und Rothenburg ob der Tauber bzw. über Öhringen, Crailsheim, Feuchtwangen nach Nürnberg und verband so Nordwesteuropa mit Böhmen, Mähren, Mittel- und Ostdeutschland. Gerade die letzte Route, der Austausch mit Nürnberg als dem aufstrebenden Wirtschaftsplatz Süddeutschlands war für den Neckarraum die wichtigste. Der Nürnberger Welthandel kannte zwei Wege gen Westen[64]: entweder die Mainlinie über Frankfurt oder die Route über unseren Raum und den Kraichgau zum Rhein. Die Nürnberger Handelsherren vermittelten die Wirtschaftsbeziehungen der Länder Osteuropas mit dem Westen, dem Rheingebiet und den Niederlanden, und im Schatten Nürnbergs entfalteten auch kleinere Handelsplätze wirtschaftliche Potenz.

Die gute Infrastruktur am Neckar half den Ordensrittern, ihre Überschüsse zu exportieren.[65] Absatzmärkte für Heilbronner und Neckarsulmer Weine lagen in den weinarmen Regionen Frankens, der Oberpfalz und Bayerns. Der Deutsche Orden bediente sich wohl derselben Umschlagplätze wie die Reichsstadt Heilbronn, nämlich der Märkte in Ulm, Nürnberg und Frankfurt. Besonders Nürnberg spielte die Rolle eines Zwischenhändlers, die Neckarweine wurden von der Pegnitz aus nach Norddeutschland weiterverkauft. Der Nördlinger Markt ist als Umschlagplatz für Weine der Heilbronner Deutschordenskommende belegt[66], Neckarsulmer Wein bot man am Handelsplatz Regensburg feil[67].

Neben Geld bezog der Deutsche Orden als Grundherr in Neckarsulm 1694/95[68] noch diverse Naturalien. Auch dabei stechen die hohen Weineinnahmen ins Auge. Die Ordensritter deckten mit ihren Einnahmen –

Geld und Naturalien – ihre landesherrlichen Ausgaben: die Besoldung der Amtsträger vom Amtmann bis zum Schloßtorwärter[69], den Unterhalt öffentlicher und herrschaftlicher Gebäude[70], die Betriebskosten der eigenwirtschaftlichen Güter[71], die Herbst- und Kelterkosten[72], den Unterhalt der Neckarfähre[73], Botenkosten, Diäten und – in nicht geringem Umfang – die Abgaben an die Mergentheimer Regierung[74].

Alles in allem war die Neckarsulmer Obrigkeit – wie fast alle geistlichen Territorialherren – darauf bedacht, ihre Untertanen nicht allzusehr zu belasten, was gemeinhin in der Geschichtswissenschaft zu einer positiven Beurteilung der Zugehörigkeit zu einer geistlichen Herrschaft geführt hat.[75] Dies bedeutet aber nicht, daß Neckarsulmer Untertanen freier lebten als württembergische oder hohenlohische Untertanen, die Lasten waren nur weniger drückend oder wurden als weniger drückend empfunden. Wie sehr der „Staat", die Deutschordensobrigkeit, das Leben seiner Bürger regelte, seine Untertanen bis ins Kleinste mit Verordnungen reglementierte, verdeutlichen allein fast 100 herrschaftliche Erlasse in der Zeit zwischen 1668 und 1737.[76] Einen großen Raum nehmen neben persönlichen Verordnungen (Hochzeit-, Kindstauf-, Begräbnisordnungen) und Gewerbeordnungen Judenschutzbestimmungen sowie Vorschriften für das Zusammenleben mit jüdischen Mitbürgern ein.

Schon in den Pogromen 1298 und 1349 sind in Neckarsulm Juden nachweisbar.[77] Ein erstes Zeugnis für Israeliten im deutschordischen Neckarsulm datiert auf 1486, demnach stand die Stadt im 15. Jahrhundert wohl für aus Heilbronn vertriebene Juden offen. Nach der restriktiven Judenpolitik der Deutschmeister des 16. Jahrhunderts[78] sind 1625 in Neckarsulm wieder sieben Haushalte mit 45 jüdischen Einwohnern belegt[79]. Ihnen stand als Gebetsraum eine im 19. Jahrhundert aufgelassene Synagoge zur Verfügung. Eine Judensteuerliste des Deutschmeisterstaats führt 1685 insgesamt 71 Haushalte auf, die mit 170 Gulden besteuert wurden.[80] Acht Haushalte entfallen auf Neckarsulm, je sieben auf Gundelsheim und Biberach, je drei auf Heinsheim und Kochertürn und zwei auf Kirchhausen; die restlichen 41 liegen in Mergentheim und in den von Mergentheim abhängigen Ämtern, allein 16 im unterfränkischen Aub.

Die Zahl der Neckarsulmer Judenhaushalte blieb nahezu konstant[81], im Jahr 1726 zählten die acht Haushalte insgesamt 40 Personen[82]. Sie bewohnten – abgesehen von einer Ausnahme[83] – eigene Häuser, in den von Neckarsulm aus verwalteten Dörfern lebten damals keine Israeliten[84].

Wenn auch der jüdische Anteil in der Neckarsulmer Bevölkerung verschwindend gering war – das Reichssteuerregister des Gemeinen Pfennigs von 1495 nennt in Neckarsulm 180 Haushalte[85], das Urbar von 1554 führt 206 Häuser an[86], eine Statistik von 1667[87] kennt 201 Häuser und 763 Einwohner –, so verdeutlicht die Zunahme der Israeliten seit dem 17. Jahrhundert einen weiteren Zug der Politik kleiner Herrschaften im Heiligen Römischen Reich Deutscher Nation. Gerade die geistlichen und ritterschaftlichen Kleinstterritorien waren aus kameralistischen und merkantilistischen Gründen daran interessiert, Juden in ihren Städten und Dörfern anzusiedeln. Sie erbrachten mit den erhobenen Schutzgeldern reale Einnahmen, ohne Kosten zu verursachen, sie standen den notorisch leeren herrschaftlichen Kassen als willkommene Geldgeber und -beschaffer zur Verfügung[88] und belebten obendrein den Handel mit alltäglichen Dingen. Den zünftisch organisierten Handwerkern[89] und den auf den eigenen Markt hin orientierten Bauern waren sie gerade wegen ihres Handels weniger willkommen.

Der Neckarsulmer Weinbau und Weinhandel sowie die kameralistische und merkantilistische Bedeutung der Juden für den Deutschen Orden stellen exemplarisch die Sonderrolle der Landstadt an der Sulm in der Deutschordenszeit dar, eine Sonderrolle mit Rückwirkungen auf die Verwaltung und den Alltag der Bevölkerung. Die allgemeine Administration eines geistlichen Territoriums, die chronologische Abfolge der Zeitläufte und ihre Auswirkungen auf die Stadt und ihre Bewohner[90], die Beleuchtung des Zunftgewerbes können die Neckarsulmer Geschichte nicht aus dem Rahmen der Entwicklung andernorts hervorheben. Auf die kirchliche Sonderrolle Neckarsulms – die Rolle des Würzburger Landkapitels und seine Übertragung auf Neckarsulm[91] sowie das Inseldasein der katholischen Konfession innerhalb eines evangelischen Umlands seit dem 16. Jahrhundert[92] – einzugehen, sprengt den Rahmen dieser Untersuchung.

Abschließend möchte ich nochmals auf die Geschichte des Deutschen Ordens zurückkommen. Spätestens seit der Übersiedlung der Deutschmeister von der zerstörten Horneck nach Mergentheim im Jahre 1525 spielte Neckarsulm innerhalb der Ordensterritorien die Rolle eines Unterzentrums. In der Verwaltungshierarchie war es der Kommende Horneck untergeordnet, diese wiederum unterstand der Mergentheimer Zentralregierung. Die Reformen des Hoch- und Deutschmeisters Maximilian Franz in den achtziger Jahren des 18. Jahrhunderts änderten hieran wenig: Das Amt Neckarsulm wurde Bestandteil des Neckaroberamts, eines der drei neugeschaffenen Oberämter des Deutschmeisterstaats. Mit der Zuordnung der Kommende Heilbronn zum Neckaroberamt rückte jedoch Neckarsulm vom südlichen Rand der Kommende Horneck, des alten Ordensgebiets, ins Zentrum des neuen Oberamts und übernahm in der Folgezeit auch mehr und mehr zentrale Aufgaben. Vielleicht ist in diesem Sinne die abschlägige Antwort des Hoch- und Deutschmeisters Maximilian Franz auf ein Gesuch des Baumeisters Ludwig Brunner zu werten, der 1797 außerhalb der Stadt ein Wirtshaus errichten wollte und dieses Ansinnen der Mergentheimer Regierung zur Genehmigung vortrug. Das Ordensoberhaupt begründete der Regierung gegenüber seine ablehnende Haltung mit dem Hinweis, daß das Wirtshaus „dem in der nehmlichen Gegend etwa in der Folge zu erbauenden Oberamtshause die beste Aussicht benehmen würde"[93]. Das Oberamtshaus des Deutschen Ordens wurde nie mehr gebaut, aber war Neckarsulm in den Planungen des rationell denkenden und handelnden, vom aufgeklärten Absolutismus seines Bruders, des Kaisers Joseph II., geprägten Hoch- und Deutschmeisters schon die zukünftige Zentrale des Neckaroberamts? Befand sich Neckarsulm also bereits 1797 auf dem Wege zur Oberamtsstadt? Die Quellen lassen diese Vermutung zu. Der königlich-württembergischen Regierung war es jedenfalls beschieden, unter diese Entwicklung einen Schlußstrich zu ziehen.

Weinbau in Neckarsulm vor 1800

VON WOLFRAM ANGERBAUER

Als der württembergische Weinchronist Dornfeld im Jahre 1868 eine „Geschichte des Weinbaus in Schwaben" verfaßte, hob er hervor, daß überall dort, wo die Rebe gepflanzt und Wein erzeugt werde, sich eine höhere Kultur des Bodens zeige und bei den Bewohnern reinere Sitten und edlere Gefühle geweckt würden. Aber nicht nur edlere Gefühle verband man im 19. Jahrhundert mit dem Weinbau, denn die wenig später veröffentlichte Beschreibung des Oberamts Neckarsulm weiß zu berichten, daß die Bewohner meist körperlich kräftig seien, da der Weinbau eine starke Anstrengung erfordere.

Als Neckarsulm erstmals 771 anläßlich einer Güterschenkung an das Kloster Lorsch in der schriftlichen Überlieferung genannt wird, gab es in der altbesiedelten Landschaft am unteren Neckar bereits ausgedehnte Weinbauflächen, so in Biberach, Böckingen, Schluchtern, Frankenbach, Eisesheim und Gartach. Neben Kloster Lorsch, das 764 gegründet worden war und dem der fränkische Adel schon kurz darauf eine Fülle von Stiftungen zukommen ließ, erscheint schon früh das seit dem 8. Jahrhundert bestehende Kloster Amorbach als eine der bestimmenden Kräfte in Neckarsulm, dem die Pfarrkirche St. Dionysius, sofern es sich nicht um eine grundherrschaftliche Gründung aus noch früherer Zeit handelt, ihre Entstehung verdankt; noch 1264 ist der Abt von Amorbach als Patronatsherr bezeugt.

Die obrigkeitliche Herrschaft (besonders Gericht und Verwaltung) über Neckarsulm gewannen vor 1212 die Herren von Weinsberg, unter denen Neckarsulm um 1300 auch zur Stadt erhoben wurde. Als herrschaftlichen Mittelpunkt erbauten sie die später im Bauernkrieg zerstörte Burg Scheuerberg.

Im Jahre 1335 mußten die in große finanzielle Schwierigkeiten geratenen Weinsberger die Herrschaft Scheuerberg und Neckarsulm an das Erzstift Mainz verkaufen, und es beginnt ein sehr verwirrender Zeitraum in der städtischen Geschichte, denn neben Mainz als neuer Stadtherrschaft blieben für länger oder kürzer auch zahlreiche Klöster in Neckarsulm begütert, so vor allem die Abtei Amorbach, die Benediktiner des Klosters Comburg, das Zisterzienserkloster Schöntal, das Klarissenkloster Heilbronn, das Ritterstift St. Peter in Wimpfen und das Wimpfener Dominikanerkloster, dazu mehrere adelige Geschlechter wie die Herren von Neuenheim, die Greck von Kochendorf, die Berlichingen, die Herren von Wittstatt, die Capler von Oedheim, Wolf von Wunnenstein u. a.

So verwirrend diese Besitzverhältnisse auch waren, eines darf mit Sicherheit im Hinblick auf das, was aus späterer Zeit bei besserer Quellenlage überliefert wird, gefolgert werden: In jener Epoche wurde der besondere Charakter von Neckarsulm als Weinbau- und Weinhandelsstadt geprägt. Die mittelalterlichen Klöster schufen vor allem durch Waldrodung große Weinbaugebiete am Neckar,

27 Schon um 1300 wurde auf dem Scheuerberg Wein angebaut.

denn Wein galt bei der strengen Fastenordnung als Nahrung, da Getränke das Fasten nicht brechen. So besaß Kloster Comburg 1248 Weinberge in Neckarsulm, im 13. Jahrhundert auch das Ritterstift St. Peter in Wimpfen in den Flurstücken Hilbert, Stockach (zugleich ein Hinweis auf Rodungstätigkeit) und auf dem Hungerberg, so daß wohl schon um 1300 ein großer Teil des Südhangs des Scheuerbergs mit Weingärten belegt war. Im Jahr 1382 werden auch Weinberge des Klosters Schöntal auf dem Hungerberg und im Löwenhag genannt.

Kloster Amorbach

Eine besondere Bedeutung hatte der Weinbau in Neckarsulm für Kloster Amorbach, da Weinbau in der Nähe des Klostermittelpunkts im Hinblick auf die geographische Lage am Nordabhang des Odenwaldes wenig begünstigt war. Nachdem Amorbach seit dem 12. Jahrhundert einzelne Weingebiete durch Schenkungen zugefallen waren, erwarb das Kloster 1343 in Neckarsulm von dem Edelknecht und Schultheiß von „Solme", Fritz von Neuenheim, die in einem Haus nahe der Stadtmauer gelegene Lindachsche Kelter (genannt wohl nach Neuenheims Ehefrau Else von Lindach), die bald nach 1343, spätestens 1425, in den Amorbacher Hof „geführt und allda aufgestellt" wurde. Verbunden mit dem Kauf von 1343 war das Kelterrecht über die Roten Weinberge unter der Kapelle des Scheuerbergs sowie über etliche Weinberge „in der Gruben", im Stiftsberg, im Hasenzagel, „in denen Nunnen", im Grund, „Schuhputz" und „in der Helden".

Da der Weinbau viel Arbeitsaufwand erforderte, verpachtete Amorbach seine eigenen Weinberge in zumeist kleinen Parzellen von einem viertel bis zu einem ganzen Morgen gegen Teilbauquoten von einem Drittel bis zu einem Sechstel des Ertrags. Bei diesen „Teilweingärten" mußte Amorbach den Pächtern nicht nur den gekelterten Wein „heimführen", sondern auch für die „Besserung" der Weinberge aufkommen, wobei Amorbach jährlich pro Morgen zehn Karch Mist, den die Pächter zu stellen hatten, in die Weinberge führte.

Neben dem Ertrag aus den „Teilweingärten" und einer Kelterbenutzungsgebühr in Höhe von fünf Prozent bezog Kloster Amorbach die größten Mengen an Wein in Neckarsulm aus dem Weinzehnten, obwohl hier neben Amorbach auch die jeweilige Ortsherrschaft (bis 1484 die Landesherrschaft Mainz, dann der Deutsche Orden) und die Stadtpfarrei Zehntbezugsrechte besaßen. Der Weinzehnt wurde in der Regel an der Kelter vom fertigen Wein entrichtet, ab etwa 1500 von neu angelegten Weinbergen auch auf dem Felde. Das Lagerbuch des Klosters Amorbach von 1656 nennt die Lagen der Weingärten, die damals an Amorbach den zweiten und an die Stadtpfarrei den dritten Teil des Zehnten abführten: „Schlaiffenberg", Stiftsberg, Hasenzagel, „ober und under der Hackhen", Reitweg, Ebene, „Nonnen", „Stöckhig" und „Röhrig". Genannt werden auch der „Hildenbrandt Zehnt" und die „Milchschmaltz Zehenten", ferner gaben Amorbach einzelne Weinberge im Rosenberg, Hohenberg und im „Neuen Weg" Zehnt. Der „Cuntzenberg" gehörte zu den Amorbacher Teilweinbergen. Nach einem Zehntberechnungsbuch aus der Mitte des 18. Jahrhunderts erhielt Amorbach zwischen 1748 und 1762 folgende Zehntmosterträge:

1748	223 Eimer	
1749	59 Eimer	
1750	84 Eimer	
1751	127 Eimer	
1752	160 Eimer	
1753	105 Eimer	
1754	169 Eimer	
1755	2 Fuder	11 Eimer
1756	155 Eimer	
1757	213 Eimer	
1758	5 Fuder	3 Eimer
1759	3 Fuder	18 Eimer
1760	12 Fuder	5 Eimer
1761	2 Fuder	15 Eimer
1762	10 Fuder	11 Eimer

Die Bedeutung des Neckarsulmer Weins für Amorbach zeigt auch der Hinweis, daß sich hier ein Konventuale als ständiger Verwalter aufhielt, der zur Herbstzeit einen Küfermeister zum Richten der Fässer und des „Weingeschirrs" sowie drei Kelterknechte bestellte, die keine größeren eigenen Weinberge besitzen sollten, damit sie Tag und Nacht den Leuten „winden" und darauf achten konnten, daß niemand nachts Wein aus der Kelter forttrug. Der Verwalter sorgte auch für drei Zehntknechte, die insbesondere am Stifts- und Schleifenberg den Zehnt „fleißig" einsammeln mußten und mit zwei Schilling am Tag entlohnt wurden. Zur Unterstützung des Verwalters beim Transport von Wein und bei der Düngung der Weinberge entsandte der Klosterhof in Amorbach Knechte mit Pferden und Wagen. Diese Knechte übernahmen auch Weintransporte nach Amorbach. Eine Kellereirechnung von 1513 nannte 15 solcher Weinfuhren.

Der Weinhandel Amorbachs war im Gegensatz zu verschiedenen anderen Klöstern nicht sehr beträchtlich. Nach dem Dreißigjährigen Krieg versuchte das Kloster allerdings, seine Finanzen durch den Einstieg in den Weinhandel zu bessern. Die Zollfreiungen in Hanau und Frankfurt deuten dabei die Richtung an, in die sich der Weinhandel bewegte. So zeigen noch erhaltene Rechnungen des Amorbacher

28 Die Bedeutung, die der Neckarsulmer Weinbau für Kloster Amorbach hatte, läßt sich an der Größe der Kelteranlagen des Amorbacher Hofs auf dieser Skizze von 1681 ablesen.

Verwalters in Neckarsulm aus der zweiten Hälfte des 17. Jahrhunderts, daß Wein nicht nur nach Amorbach, an den Schultheißen zu Breitenbach, an den Dechanten zu Groß-Heubach, an Wirte in Oberrot, Neckarsteinach und „Sinsen" (vermutlich Sinsheim) sowie an Bürger in Neckarsulm und Umgebung verkauft wurde, sondern daß auch wie 1680 mit 703 und 656 Gulden umfangreiche Verkäufe bei der Frankfurter Herbstmesse getätigt wurden.

Deutscher Orden

Die Bedeutung des Weinbaus für Neckarsulm – im Hinblick auf die Stadtentwicklung darf durchaus auf die bezeichnende Formel des Siedlungsgeographen Karl Heinz Schröder „Weinland ist Städteland" verwiesen werden – wird vor allem nach dem Übergang Neckarsulms an den Deutschen Orden 1484 ersichtlich, da vom 16. Jahrhundert an die schriftlichen deutschordischen Quellen deutlich zunehmen. Nach dem ältesten erhaltenen Urbar der Herrschaft Scheuerberg aus deutschordischer Zeit besaß der Deutsche Orden 1554 bereits mindestens zwei Keltern, eine alte mit sechs Bütten und eine neue mit drei Bütten. Der Standort der damals alten Kelter, die in Mainzische Zeit zurückreicht, wird nicht genannt. Die 1554 neue Kelter stand zusammen mit einem Bandhaus an der Stelle zweier Münzhäuser, der ehemaligen Neckarsulmer Münzstätte aus Mainzischer Zeit um 1400, in der ein Neckarsulmer Pfennig nach Würzburger Art in runder Form und nach Regensburger Art in leicht viereckiger Form geprägt wurde. Es handelt sich, so Joseph Muth, um die spätere kleinere Kelter an der Rathausstraße, deshalb als „klein" bezeichnet, weil der Deutsche Orden 1567 mit der Großen Kelter eine dritte Kelter errichtete, in der sich heute die Kreissparkasse befindet und die früher noch einen größeren, heute nicht mehr erhaltenen rechteckigen Anbau besaß.

Nicht nur dieser Hinweis auf drei Keltern zeigt die Bedeutung der Weineinkünfte des Deutschen Ordens in Neckarsulm, wobei es sich neben Eigengewächs im Tiergarten insbesondere um Erb-, Kelter- und Zehntwein handelte, da 1554 aus 289 Morgen Weinberge Abgaben an den Deutschen Orden geleistet werden mußten und zwar von jedem Fuder Wein (1100 Liter) ein Eimer (55 Liter) als Kelter- und zwei Eimer als Zehntwein. Von den Weineinnahmen gab der Deutsche Orden – so 1591 – fünf Fuder (5500 Liter) als Dienstwein an seinen Amtmann und ein Fuder an den Schultheißen zu Neckarsulm.

Einen aufschlußreichen Überblick über Weinerlös und Weinabsatz vermittelt eine Amtsrechnung von 1588/89. Diese Amtsrechnungen sind wichtige Archivalien, denen gelegentlich auch Hinweise auf Brauchtum entnommen werden können wie beispielsweise der alte Neckarsulmer Brauch, nach dem im 16. Jahrhundert die jungen Leute der Stadt einen Gulden für Pulver und Blei erhielten,

29 Die im Zweiten Weltkrieg zerstörte Kleine Kelter wurde 1554 am Platz der ehemaligen Mainzer Münzstätte errichtet.

30 Die 1567 erbaute Große Kelter.

wenn sie am Pfingsttag schießend um die Stadt ritten.
1588/89 nahm das Amt Neckarsulm insgesamt 17 583 Gulden ein, davon allein 14 380 Gulden aus dem Weinerlös. Ein Verzeichnis führt insgesamt 126 einzelne Weinverkäufe an: drei größere Verkäufe in Höhe von insgesamt 3634 Gulden an Bürger und Handelsleute in Heilbronn, etliche Verkäufe an Bürger und Wirte aus Neckarsulm und der näheren Umgebung wie Erlenbach, Binswangen, Gellmersbach, Neckargartach, Kochertürn und Untergruppenbach sowie über 70 Verkäufe an Fuhr- und Kaufleute aus zum Teil weit entfernt liegenden Orten, die aufgrund der Schreibweise und der Namensgleichheit vieler Orte nicht immer eindeutig identifiziert werden können: Aichen, Augsburg, Babenhausen oder Bobenhausen, Tannhausen bei Ellwangen, Donauwörth, „Feringen" bzw. „Ferringen", Geislingen, „Goschen" oder „Goscha", Hausen, Hellenbach, Kuchen, Langen oder Langenau, „Nortingen" (vermutlich Nürtingen), Ottenhofen, „Sarestetten", „Schinda" bei Ulm (auch „Schenda" oder „Schinida" geschrieben), „Schmida" (wohl Schmiden), Waldhausen, Weißenhorn, „Wennberg" und „Uttingen". Die deutschordische Amtsrechnung von 1588/89 ist somit ein bemerkenswertes Zeugnis für den Weinabsatz aus Neckarsulm gegen Ende des 16. Jahrhunderts, denn Neckarsulmer Weine gingen nicht nur über Kloster Amorbach in die Frankfurter und Hanauer Gegend, sondern über den Deutschen Orden sehr stark auch in Richtung Donauwörth, Ulm und Augsburg. Aufgeführt werden 1588/89 auch Weinlieferungen in Höhe von 270 Gulden für das Generalkapitel des Deutschen Ordens sowie – fein abgestuft – 138 Gulden für die Diener der Herren und 37 Gulden für das Gesinde.
Der Weinabsatz in Neckarsulm selbst wurde nicht zuletzt durch das Recht des Weinschanks gefördert, das besagte, daß vom Samstagabend vor dem Sonntag Exaudi (sechster Sonntag nach Ostern) bis auf Trinitatis (Sonntag nach Pfingsten) allein der deutschordische Keller Wein für Geld ausschenken durfte, wobei die Höhe des Preises in seinem Ermessen lag. Diesen Weinschank, bei dem in der Regel „Gefällweine" ausgeschenkt wurden und der Deutsche Orden jeweils fünf bis elf Fuder Wein verkaufte, nannte man Bannwein oder Kirbewein, da die Kirchweihe auf Exaudi fiel. Keinem Bürger war es gestattet, während dieser Zeit Wein auszuschenken, und Gastwirte durften ihren Gästen nur soviel vorsetzen, wie diese zu einem Mahl benötigten. Im 18. Jahrhundert wurde dann das Recht des Weinschanks an Gastwirte verpachtet.
Weitere Rechnungen aus dem 17. Jahrhundert verdeutlichen, wie wichtig der Weinerlös für das deutschordische Amt Neckarsulm war. 1644 betrugen die gesamten Einnahmen 2880 Gulden, davon erbrachte der Weinverkauf 992 Gulden. 1645 waren es 929 von 2467 Gulden, 1659/60 1859 von 4531 Gulden, 1660/61

2707 von 5007 Gulden, 1661/62 1433 von 4741 Gulden, 1669/70 3673 von 5656 Gulden, 1670/71 2939 von 4684 Gulden, 1671/72 2831 von 4783 Gulden, 1674/75 4101 von 7096 Gulden, 1692/93 1717 von 2869 Gulden. Als während der Kriegsunruhen 1675/76 von Neckarsulm aus auch die bei der Kommende Heilbronn eingelagerten Weine an die deutschordische Rentkammer in Mergentheim abgegeben wurden, stieg der Weinerlös gar einmal auf 9429 Gulden.

Die Neckarsulmer Weine wurden in jener Zeit an Wirte und Bürger aus Neckarsulm und der näheren Umgebung verkauft, in größeren Mengen aber auch an deutschordische Ämter, Kellereien und Propsteien wie Ellwangen und Ellingen, an die Jesuiten in Ingolstadt sowie an Fuhr- und Kaufleute u. a. aus Heilbronn, Augsburg, Bobenhausen, Dinkelsbühl, Dorfgütingen, Eberbach, „Goscha", Heubach, Ingolstadt, Mosbach, Regensburg, Schnaitheim, Schwäbisch Gmünd, Schwäbisch Hall, Straubing, Tannhausen, Ulm und gelegentlich auch Nürnberg. Bemerkenswert sind aus dem 16. Jahrhundert auch Verkäufe von vier Fudern Wein nach Regensburg (1540) und von 29 Fässern nach Wien (1590), die über Donauwörth verschifft wurden. Im 17. Jahrhundert sind mehrere ansehnliche Verkäufe an den Hofkellermeister in München (1669/70 allein für 2346 Gulden und 1671/72 für 1008 Gulden) und an Weinhändler zu Mannheim (um 1675) verzeichnet.

Die erzielten Preise schwankten je nach Qualität und lagen bei den als Bann- und Kirbeweinen abgegebenen Gefällweinen in der Regel zwischen 20 und 50 Gulden pro Fuder, bei den Weinen vom Tiergarten zwischen 70 und 90 Gulden.

Den Einnahmen aus Weinverkäufen standen jeweils beträchtliche Ausgaben für die Unterhaltung von Kelter, Keller und Bandhaus, für Herbstkosten sowie für den „Weingartbau" in Höhe von jährlich 400 bis 600 Gulden, mitun-

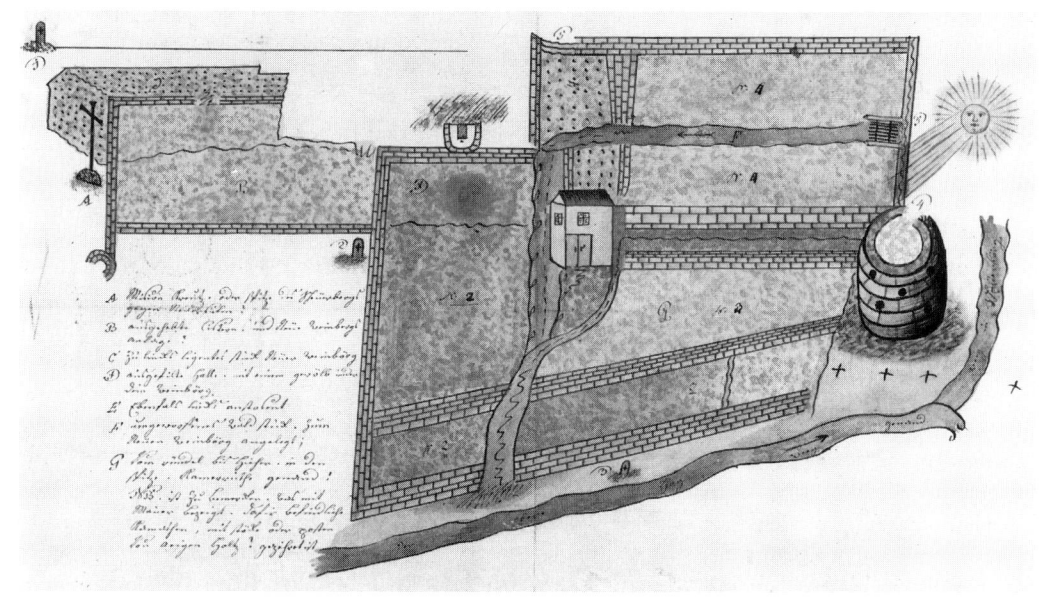

31 Lageplan eines herrschaftlichen Weinbergs am Scheuerberg unterhalb der Burgruine, um 1820.

ter auch höher, gegenüber. So mußten für den Tiergarten immer wieder Pfähle gekauft und Arbeiten wie „Erde tragen, Pfähle zuspitzen, ziehen, enträumen, schneiden, hacken, zwikken, binden, überhauen und Laub abheben" besorgt werden.

Um den Weinabsatz zu fördern, wurde im 17. und 18. Jahrhundert auch der Ausschank von Bier eingeschränkt. So hatte der deutschordische Amtmann 1651 darauf zu achten, daß Wirte ihren Gästen nicht mehr Bier als Wein vorsetzten. Wer dagegen verstieß, dem sollte der Amtmann „das Bier schencken darniederlegen". 1697 sollte den damals vier Braustätten das Brauen „aus bewegenden Ursachen" nur noch bis Martini zur Verbrauung des noch vorrätigen Malzes gestattet werden. 1715 wollte der deutschordische Amtmann Stipplin keine ständige Brauerei dulden und das dem „Weinverschlaiß" so schädliche Bierbrauen abstellen. Zu einem generellen Verbot des Bierausschanks kam es jedoch nicht, da die Bierbrauer 1717 zur Abgabe eines „Sudgeldes" von drei Kreuzern pro Eimer verpflichtet wurden und um 1700 sogar im deutschordischen Amtshaus noch die „rudera" (Reste) einer Brauerei vorhanden waren.

Um 1720 übernahm zeitweise der Jude Nohe Samuel aus Mergentheim den Handel mit Weinen aus den deutschordischen Ämtern am Neckar, wobei er vor allem durch Raphael aus Neckarsulm unterstützt wurde, der hier zeitweise zwei der vornehmsten Keller pachtete. Die Zahl der schon seit dem Mittelalter – 1298 und 1349 war die jüdische Gemeinde Neckarsulms von Judenverfolgungen betroffen – ansässigen Juden hatte sich seit der Mitte des 17. Jahrhunderts allmählich auf acht Haushaltungen im Jahre 1726 erhöht. Die Bemühungen einzelner Juden um den Erwerb größerer Häuser mit großen Kellern in guter Stadtlage zur Einkellerung von Weinen führten dann jedoch zu lebhaften Auseinandersetzungen innerhalb der Neckarsulmer Bürgerschaft. Da Raphael auch Weine in der Umgebung, vor allem Kocherweine, erwarb und sie von Neckarsulm aus verkaufte, hielt ein Teil der Bürger dies für sehr „präjudizierlich" und für eine „prostituirung deß gantzen Orths", da hierdurch der bislang in großem „Renommee" gestandene Neckarsulmer Weinhandel gehemmt, Fuhrleute abgehalten und die Stadt „verschreyet" werden könnte. Obwohl Raphael in den Vorwürfen das Werk „einiger gegen mich aufgewickhelter passionirter Gemüther" sah, erging der Befehl, daß jüdische Familien Wein nur für den Bedarf ihrer Haushalte zum Koschern und Einlegen erwerben durften, und erst 1752 wurde ihnen wieder gestattet, soviel Most in ihre Keller zu nehmen, wie sie wollten, weil die deutschordische Regierung das „commercium, das am Neckar allein im Wein besteht", hierdurch zu vermehren hoffte. Bemerkenswert, wie in jenen Jahren reichere Bürger wie Gastwirte, Bäcker und Metzger wohl aus Furcht vor Konkurrenz den Weinhandel durch Juden zu beschränken suchten, während die ärmeren Bürger für die Juden eintraten, weil sie aus Mangel an Fässern und Kellern auf den Weinverkauf im Herbst angewiesen waren und sich von Juden günstigere Absatzchancen erhofften.

Auch in der zweiten Hälfte des 18. Jahrhunderts machten die Einkünfte aus dem Weinerlös nahezu 50 Prozent der gesamten Einnahmen des deutschordischen Amtes Neckarsulm aus, so 1778/79 4557 Gulden von 10 684 Gulden. Größere Posten Wein gingen zwischen 1778 und 1780 an das Kloster Neresheim, an die Franziskaner von Mosbach, an den Weinhändler Joseph Traub von Rehlingen bei Ellwangen, an den Gastwirt Johann Holz in Göggingen bei Augsburg („bester Tiergärtner"), aber auch an den Sonnenwirt Merckle in Neckarsulm. Weitere zahlreiche kleinere Posten gingen an Bürger und Wirte der nähe-

32 Die größte Neckarsulmer Kelter lag im inneren Schloßhof.

ren und weiterer Umgebung („aufs Land und an die Bürgerschaft verkauft"). Lese und Kelterbetrieb wurden wie bei Kloster Amorbach auch durch deutschordische Ordnungen geregelt, die in früheren Jahrhunderten alljährlich der versammelten Bürgerschaft vor dem Rathaus verlesen wurden. Vor allem der Ablauf der Weinlese wurde zuvor festgesetzt. Niemand durfte „vorlesen" bei Strafe von zehn Gulden oder „Thurns". 1660 hieß es überdies, daß niemand die besten Trauben „als Muskateller, Gutedel und Traminer" für seine Haushaltung „ausstechen" und heimtragen dürfe. Niemand sollte nachts oder am frühen Tag, wenn der Kelterschreiber, Keltermeister oder andere Kelterbedienstete sich noch nicht in der Kelter befanden, seinen Wein oder Most abholen. „Welcher bey der Nacht in der Kältern, so darin nichts zu suchen, ergriffen wird", sollte zehn Gulden Strafe und dazu einen Monat lang „ohnnachläßlich mit dem Thurn gestraft werden". Jeder mußte seinen „Fleiß anwenden" und der Herrschaft im Hinblick auf die Weinabgaben wie Zehntwein „treulich mitteilen, wieviel ein jedes Stück Treber in den Bergen gegeben habe". Daß derartige „treuliche" Angaben gar nicht so selbstverständlich waren, zeigt ein Hinweis auf die „Nachbarn" in Binswangen aus dem 16. Jahrhundert: Sie trinken sich, so hieß es, „gemeinlich voll teglich im Herbst von dem Zehentwein".

Nach der Herbst- und Kelterordnung von 1660 durfte auch niemand mit einem Karch oder Pferd in die Kelter fahren, damit andere nicht behindert würden; niemand durfte aus

33 Das Neckarsulmer Eichmaß von 1766 faßt 150 Liter.

den Fässern der Herrschaft, worin sie den ihr gebührenden Wein sammelte, mit einem Rohr oder etwas anderem trinken. Das „Stupflen" von Trauben vor Beginn der Weinlese sollte unterbleiben. Der Lohn bei der Lese war bescheiden. So erhielt im Herbst 1638 ein „Leser" pro Tag, allerdings bei ziemlichem Essen und Trinken, einen Batzen, für den er sich gerade drei Eier kaufen konnte (eine Schnepfe kostete damals drei Batzen, ein paar junge Tauben fünf Batzen).

Aus einer Weinläderordnung ebenfalls aus dem 17. Jahrhundert wird ersichtlich, daß auch Wein nicht nur aus der unmittelbaren Umgebung nach Neckarsulm eingeführt wurde, denn jeder Weinläder sollte für das Abladen von einem Fuder rheinischen Wein zwei Batzen erhalten.

Ein festlicher und für die Beteiligten glanzvoller Abschluß des Weinherbstes war das von den Zehntherren allen mit der Weinlese und dem Kelterbetrieb befaßten Bediensteten gegebene und schon im 16. Jahrhundert bezeugte Keltermahl. Nach einer Amorbacher Rechnung von 1698 wurden hierfür eingekauft: Gewürze, Zitronen, Nelken, Birnen, Äpfel, Eier, 15 „Krammetvögel", zwölf Ringe Bratwürste, fünf Pfund frische Butter, 28 Pfund Rindfleisch, zwei alte Hühner vom Heilbronner Wochenmarkt, ein Schinken, zwei Pfund Speck, ein Hirschschlegel sowie Schmelzbutter, für die die Mutter des Stadtpfarrers sorgte. Nach einer weiteren Rechnung von 1736 gab es beim Keltermahl zwei Tische. An einem „Honoratiorentisch" saßen der deutschordische Kommentur, der Amtmann, Stadtpfarrer, Frühmesser, Stadtschultheiß und zwei Kapuziner, denen zunächst eine Suppe mit einem Fleischkloß, zehn Pfund Ochsenfleisch, Sauerkraut mit halbgedörrtem Schweinefleisch sowie Meerrettich, „Boragen", Senf und Erbsen vorgesetzt wurden. Anschließend gab es eingemachtes Kalbfleisch, ein Huhn mit Nudeln, ein welsches Huhn mit zwei gebratenen jungen Hähnchen und schließlich in einem dritten Gang Rehschlegel, Gänsefleisch, Schinken, Zitronen, gekochte Birnen, Salat, Konfitüre und Äpfel. Am zweiten Tisch mit den „Bedienten" gab es etwas bescheidener außer Suppe acht Pfund Rindfleisch, Sauerkraut mit Schweinefleisch, eingemachtes Kalbfleisch sowie Hammelschlegel mit Salat. Der Wein war an beiden Tafeln der gleiche. Wie wichtig Küfermeister, Zehntknechten, Kelterschreibern und anderen Kelterbediensteten dieses Keltermahl war, zeigt ein Vorgang von 1624: Als damals der Stadtpfarrer als Zehntherr das Mahl unter Hinweis auf den geringen Weinertrag verweigerte, wurde ihm bedeutet: „Es würdt ohne Zweifel Herr Pfarrer in der Bibel wohl gelesen haben, was Gott demjenigen, so den armen Taglöhnern ihren verdienten Liedlohn vorhalte, trewen (drohen) thuet".

Handwerk und Handel in der Ordensstadt

VON BARBARA GRIESINGER

Handwerker in Neckarsulm

In Schatzungsbüchern ist das Steueraufkommen der Bevölkerung einer Stadt verzeichnet. Bei 136 von 163 zur Steuer veranlagten Bürgern und Beisitzern Neckarsulms nennt das Schatzungsbuch aus dem Jahr 1681 auch den Beruf. So eröffnet es dem heutigen Betrachter einen ersten Einblick in das Gewerbeleben der Stadt.[1] Dabei kann es nicht verwundern, daß in einer Weingegend der am stärksten besetzte Beruf der des Weingärtners ist. 50 Neckarsulmer wurden als Wengerter ausgewiesen. Zu ihnen darf man noch die neun Bauern hinzuzählen, die allesamt Weinberge besaßen. Aber auch die Mehrheit der zahlreichen Handwerker wie der wenigen Krämer und Handelsleute hatte Grundbesitz, bebaute neben ihrem Gewerbe kleine Äcker und schmale Flecken Rebland. Nur 29 Handwerker, Krämer und Händler hatten keinen Grundbesitz, waren also als einzige Einkommensquelle auf ihr Handwerk, ihre Hantierung, ihr Gewerb, wie die Umschreibungen für den Begriff Beruf im 17. Jahrhundert lauten, angewiesen.

So läßt sich vom Handwerksstand der Stadt ein recht buntes Bild zeichnen. 13 Bäcker, vier davon aus der Familie Engelhardt, versorgten die Stadt mit Brot. Mehl lieferten die Nähermühle, die Balthasar Größler betrieb, und die Reisachmühle, die dem Orden gehörte und verpachtet war. Die meisten Neckarsulmer ließen auch in Kochendorf mahlen, da die Sulmmühlen oft unter schlechten Wasserverhältnissen litten.[2]

Ebenfalls 13 Metzger schlachteten in Neckarsulm. In diesem Handwerk war die Familie Merckle am häufigsten vertreten. Sie stellte neben Groll (2), Kuhn, Klingler (2), Geiger, Boß, Heckler und Soßle allein vier Metzger. Der Fischerei hatten sich sieben Personen aus den Familien Eisenmenger, Ihle, Rab (3) und Krauß (2) verschrieben. Als Wirte werden Johann Caspar Windolff und Johann Stremsdörfer erwähnt. Ersterer war Löwenwirt, wie aus mehreren Quellen zur Stadtgeschichte hervorgeht. Welches Lokal Stremsdörfer betrieb, bleibt ebenso unklar wie im Fall von Metzger Hans Georg Klingler, der neben seinem Metzgerhandwerk auch eine Wirtschaft führte. Auch der Wirt „Zum Engel", der wohl ältesten und renommiertesten Schildwirtschaft in Neckarsulm, war Metzger von Beruf. Damit ist aber nur ein Teil der Wirte genannt, die zahlreichen Hecken- oder Gassenwirte führt das Schatzungsbuch nicht auf.

Mit Kleidung und Schuhwerk versorgten die Neckarsulmer 1681 acht Schuhmacher und vier Schneider, die den Familien Froscher, Eisenmenger, Matthes, Krauß (2), Huber, Müller und Vischer bzw. Dalmayr, Anger, Dietz und Rohmann angehörten. Das dazu nötige Leder bereiteten Hans Jacob Scherer und Hans Wolff Schedel, der auch Rotgerber war. Stoffe woben nicht weniger als sieben

34 Die Reisachmühle am Fuß des Scheuerbergs war die größte Mühle auf Sulmer Markung. Am Ende des 18. Jahrhunderts wurde sie zur Gipsmühle ausgebaut. Lithographie von 1865.

Weber, nämlich Wörner, Beckher, Wagner, Rankh, Emmert, Schnester und Dab.
Für Arbeiten an Haus und Hof standen vier Zimmerleute, je zwei aus der Familie Schedel und Widtmann, vier Maurer (Holtzmaister, Selb, Pruscher, Lander), die zwei Schreiner Ohenadel und Süeß, Tüncher Felderer, Schlosser Leutz, Glaser Schwentzer und der Ziegler Georg Martin Harttmann zur Verfügung, der zu den höchstbesteuerten Neckarsulmern zählte.
Haushalts-, Arbeits- und sonstiges Gerät zu verfertigen oder zu reparieren, war Aufgabe von den drei Wagnern, von denen zwei der Familie Greis angehörten. Zwei Hufschmiede namens Hartmann und Matthes kümmerten sich um das Beschlagen der Pferde. Neben ihnen betrieb Hans Schnep eine Schmiede, und Caspar Trew hatte sich auf das Schmieden von Nägeln spezialisiert. Neben ihnen arbeiteten Hafner Dentzer, Seiler Sauer, Büchsenmacher Barthel Müller, Kessler Fünawer, Kübler Christnacht und Sattler Harttle. Am stärksten belegt war – wie zu erwarten – das Küferhandwerk. In diesem in Neckarsulm sehr wichtigen Handwerk arbeiteten Breu-

flech, Müller, Brockh (2), Beckher, Bimpel, Schue, Kumpff, Schöpfer, Billig, Denschlag und Bohn.

Um die Gesundheit kümmerten sich außer dem Arzt Matthias Jäger ein Bader mit Namen Hans Peter Precht und auch der Barbierer Hans Philip Büchler. Neben ihnen vervollständigen der Cornet Beckher, der „Spillmann" Michel Wigenandt und der Postillon Paul Ernstberger das sehr bunte Bild des Handwerks. Die Sphäre des Handels erscheint dagegen sehr viel blasser. Neun Krämer, darunter zwei aus der Familie Englert und der französischen Familie de Laschenal, versorgten Neckarsulms Bevölkerung mit den nötigen Spezereien und Viktualien. Andreas Neer hatte sich dabei auf den „Saiffenkram" verlegt. Auffallend ist, daß sämtliche Neckarsulmer Bürger ausländischer Abstammung, die das Schatzungsbuch aufführt, im Bereich des Handels tätig waren. Neben den Krämern Hans Adam und Hans Georg de Laschenal treten als Handelsleute noch Hans Leonhard Cordon, Johann Rovillio und Wilhelm Cherbon auf. Erweitern läßt sich der Kreis der Kaufleute durch Mitglieder der jüdischen Gemeinde Neckarsulms. Joseph und Hirsch treten bei der Schatzungsanlage als Händler auf, letzterer hatte sich auf den Pferdehandel spezialisiert. Auch bei Benjamin hatte man es möglicherweise mit einem Kaufmann zu tun, das läßt sich zumindest aufgrund seiner immensen versteuerten Weinvorräte vermuten. Will man sich über einen groben Überblick hinaus noch näher mit dem Neckarsulmer Handwerk beschäftigen, trifft man vor allem in der Zeit nach dem Dreißigjährigen Krieg, aus der die meisten Unterlagen vorliegen, auf die Institution der Zunft. In den Zünften schlossen sich die Angehörigen eines, mitunter auch mehrerer verwandter Handwerke genossenschaftlich zusammen, um den sicheren Bestand des Handwerks zu wahren, ihrer aller Lebensgrundlage vor der Konkurrenz fremder Meister und Stümper, aber auch vor internem Wettbewerb zu schützen.

Die Entstehungszeit der Zünfte ist lokal verschieden, fällt in den größeren Städten jedoch überwiegend ins 13. Jahrhundert. Oft liegen die Zusammenschlüsse der Zünfte bereits vor der Verleihung von Zunftordnungen.[3] Im Raum Neckarsulm sind zunftmäßige Zusammenschlüsse vor dem Dreißigjährigen Krieg schwer greifbar. Die Entwicklung war in der kleinen Landstadt vermutlich stark phasenverschoben. Einziger sicher nachzuweisender Zunftzusammenschluß war die Konstituierung der Schuhmacherzunft 1593.[4] Im Bereich anderer Handwerke ist zumindest die Neigung zum Zusammenschluß und zur Verleihung einer entsprechenden Ordnung aktenkundig geworden. Die 1598 eingereichte Bäckerordnung erhielt von der Herrschaft den Vermerk „ist nit uffgericht worden".[5] Dennoch gibt es bereits aus diesem Zeitraum Nek-

35 *Das Zunftsiegel der Schuhmacher (vermutlich aus dem 17. Jahrhundert).*

karsulmer Beispiele, daß die Meister sich gegen die Etablierung eines neuen Kollegen zusammenschlossen und sich gegen weitere Niederlassungen von Handwerksmeistern wandten. Ein typisches Beispiel dafür ist die Eingabe gegen den Gmünder Zimmergesellen Jacob Schedel. Er wollte Magdalena, die Tochter von Melchior Kugelmann, heiraten und sich in Neckarsulm, wo er schon seit geraumer Zeit arbeitete, niederlassen. Dagegen erhoben die Zimmerleute Jung Gerg Selbisch, Hans Has, Gerg Hockh, Gerg Eckingen und Gerd Gerstetter ihr Veto. Sie wollten den neuen Kollegen nicht akzeptieren, denn es gab bereits fünf Bürgersöhne, die das Handwerk gelernt hatten und gewandert waren.

Hans Stramer hatte sogar eine 13jährige Wanderschaft hinter sich. Über fünf Jahre waren auch sein Bruder Bastian und Bastian Rosenberger Geselle. Abgesehen von Gerg Gelpf und Bernhard Dörr interessierten sich die Söhne der niedergelassenen Meister natürlich auch für das Handwerk. Damit „wir mit unserem Handwercke unser Leibsnahrung erhalten und unsere Khinder ernehren kennen", sollte Jacob Schedel nicht auch noch in Bürgerschaft und Handwerk aufgenommen werden. Tatsächlich wurde Schedel das Bürgerrecht, die nötige Voraussetzung für die Gründung eines Handwerksbetriebes und Hausstandes, verweigert. Die Kugelmanns wehrten sich gegen diesen Bescheid, da Magdalenas Hochzeit damit in Frage gestellt war. Man führte nicht nur an, daß das junge Paar über das erkleckliche Startkapital von 700 fl. verfügte, Schedel war auch frei und ehrlich geboren, als Gmünder sogar katholischen Glaubens.[6] Ob die Eingabe Erfolg hatte, geht aus den Akten nicht mehr hervor. Da der Familienname jedoch noch heute häufig in Neckarsulm vorkommt, ist Jacob Schedel als Stammvater zumindest denkbar.

1708 waren neben der Schusterzunft nachweislich weitere 14 Handwerke zünftig organisiert, nämlich die Bäcker (1694), Küfer (1681), Schneider, Sattler (1666), Seiler, Hutmacher und Weber (1654). In einer gemeinsamen Zunft hatten sich Schreiner, Schlosser, Glaser und Nagelschmiede sowie die Zimmerleute, Maurer und Tüncher (1655) zusammengeschlossen. Ohne Zunftvereinigung blieben die Dreher, Kürschner und Schmiede, die Wagner, Weißgerber und Bader, die Krämer und Handelsleute wie auch die Metzger, die jedoch zwei Jahre später eine Zunftordnung erhielten.[7]

In den vermehrten Zunfteinrichtungen kann man zweifellos ein Mittel zur Belebung und Förderung der durch die langen Kriege des 17. Jahrhunderts zerrütteten Wirtschaft sehen. Darüber hinaus fehlen aber auch nicht Hinweise auf konkrete Gründe, die die Meister nun vehement die Verleihung von Ordnungen fordern ließen. 1680 beschwerten sich die Neckarsulmer Küfer, daß das Handwerk schon lange Zeit in solcher Unordnung stehe, daß einer, der sich zu Neckarsulm niederlasse, gleich „für einen Kiefermeister" gehalten werden wolle, egal ob er gute oder schlechte Arbeit verrichte. Weil die Küferei dergestalt verstümpert sei, wollten auch wandernde Büttnergesellen nicht mehr in Neckarsulm arbeiten.[8]

Die Meister blieben ohne Unterstützung in ihren Betrieben. Wenig später klagten die Bäcker, daß in Neckarsulm ausgebildete Bäckerjungen „auf der Wanderschafft hin undt wider in Stättlein, allwo das Handwerck zünfftig, wan Einem oder dem anderen Ein glückh zum Hewrathen und daß Handwerckh vor sich zu treiben anstehe, nicht passirt werden wollen"[9], d.h. in die dortige Zunft nicht aufgenommen wurden. Auch die Metzger hatten ähnliche Erfahrungen gemacht. Sie konnten als unzünftige Handwerker ihre Lehrjungen nicht entsprechend för-

Zünftiges Handwerk

dern. Metzgerknechte aus Neckarsulm fanden andernorts keine Aufnahme, und andererseits wollten zünftig ausgebildete Gesellen auf Wanderschaft nicht bei unzünftigen Meistern arbeiten.

Zünftiges Handwerk

Guten Einblick in die Organisation von Zünften gibt die Ordnung „der kombinierten Zunft für das Zimmermann-, Maurer-, Steinhauer- und Tüncherhandwerk"[10], die am 8. Juli 1655 vom Komtur von Horneck und Oberamtmann des Scheuerberger Gebiets, Philipp Jacob von Kaltental zu Aldingen, eingerichtet wurde. An der Spitze der Zunft standen vier vom Handwerk gewählte Zunftmeister. Zwei von ihnen waren Zimmerleute, zwei Maurer, von denen jeweils einer dem Handwerk der Amtsstadt angehörte. Die ersten beiden Neckarsulmer Zunftmeister, die der Hornecker Komtur im Amt bestätigte, waren Martin Bob und Peter Widmann. Sie und ihre beiden Kollegen aus den übrigen Amtsortschaften waren dem Komtur Rechenschaft schuldig und trafen einmal jährlich zur Berichterstattung mit ihm zusammen. Dabei erhielt der Oberamtmann eine Beschreibung der handwerklichen Lage, es wurden ihm Straffälle, Mängel und Behinderungen des Handwerks mitgeteilt und nach Möglichkeit mit obrigkeitlicher Unterstützung Abhilfe geschaffen. Ebenfalls mindestens einmal im Jahr trafen sich die Mitglieder der Zünfte an ihren Zunfttagen in Neckarsulm. Dort waren in den Gasthäusern ihre Zunftstuben eingerichtet. Die Zimmerleute kamen am Peter- und-Pauls-Tag im Wirtshaus „Zum Engel" zusammen. Es bestand Anwesenheitspflicht. Wer ohne triftigen Grund fernblieb, zahlte einen halben Gulden Strafe.
Die Treffen in der Zunftstube, wo die Meister

36 Der renommierte Gasthof „Zum Engel", in dem vorzugsweise Ordensritter logierten, beherbergte die Zunftstube der Zimmerleute.

– wohlgemerkt „ohne große Schwelgerei", wie die Bäcker ausdrücklich festlegten[11] – über handwerkliche Belange debattierten, Beschwerden vorbringen konnten, waren keineswegs die einzigen Aktivitäten zünftigen Lebens. Es ist bezeichnend für die Gesellschaft vor der Aufklärung, daß in einer vom Christentum durchdrungenen Welt jeder einzelne in seinem Privat- und Alltagsleben in Religion und Kirche eingebunden war. Auch in Zusammenschlüssen mit starkem wirtschaftlichem Schwerpunkt war die Einbeziehung des Glaubens selbstverständlich. So trafen sich die Zunftmitglieder am Jahrtag der Zunft, der häufig mit dem Tag des Schutzpatrons zusammenfiel, zum gemeinschaftlichen Gottesdienst. Für die Metzger mitsamt ihrer Familie, den Hausfrauen und Gesellen, wurde in St. Dionysius morgens um sechs Uhr am Bartholomäustag die Messe „gesungen und musicaliter gehalten". Dabei gedachte man auch der verstorbenen Zunftangehörigen.

Wer beim Gottesdienst fehlte, stiftete zur Strafe ein Pfund Wachs für die Kirche. Gleich zwei Pfund Wachs forderte die Bäckerzunft von ihren Mitgliedern, die die Messe an Johannis verschliefen. Sie ernannte überdies zwei Kerzenmeister, die nicht nur bei der zunftinternen Messe, sondern bei sämtlichen Prozessionen an Feiertagen und den Begräbnissen der Zunftmitglieder die vier der Kirche gestifteten Kerzen der Zunft anzündeten und trugen, damit „nebst anderen Zünfften hiemit des Gottes Dienst desto mehr gezihret werde..."

Die Zunft stellte auch zumindest grobe Richtlinien für das Verhalten ihrer Mitglieder auf. Allem voran wurden die Metzger zu einem redlichen, untadelhaften und ehrlichen Lebenswandel ermahnt. Bäcker hielt man besonders zur Gottesfurcht an. Allen Handwerkern war – zumindest an Zunfttagen – das Schwören, Fluchen, Gottlästern, Schelten und Schmähen bei Strafe verboten. Fleischer mußten dann sogar 1 fl. 30 Kr. bezahlen, von denen die Hälfte in die herrschaftliche Amtskasse floß. Gerade bei ihnen scheinen besonders rauhe Sitten geherrscht zu haben. In keiner anderen Ordnung wird nämlich explizit eine Strafe verhängt, wenn „wider den Knechten einige Scheltwort oder Schlägereyen vergehen". Das Strafmaß wurde in jedem Einzelfall bemessen. Bei anderen Zünften beschränkten sich die Maßregeln eher auf Äußerlichkeiten. So war den Küfern das Tragen ihrer Küfermesser an Zunfttreffen untersagt. Die Bäcker waren gehalten, in ordentlicher Kleidung, das hieß niemals ohne Mantel, vor der Zunft zu erscheinen. Alle Handwerker, egal welcher Zunft, schuldeten ihren Zunftmeistern Gehorsam. Ihr Urteil war in Streitfragen absolut verbindlich. So wie die Meister den geschworenen Zunftmeistern gehorsam sein mußten, so erwartete man natürlich von Gesellen und erst recht von Lehrjungen Unterordnung unter ihre Meister, in deren Haushalt sie lebten. Ohne triftigen Grund durften weder Lehrjungen noch Gesellen den Meister verlassen. Gesellen, gleich welchen Handwerks, bekamen dann keinen Lohn und erhielten im Amt Scheuerberg über mehrere Monate bei keinem anderen Meister Arbeit. Wer einen solchen Gesellen dennoch einstellte, machte sich strafbar. Vergriffen sich gar Metzgersknechte am Geld des Meisters, zog dies nicht nur den „Verlust ihres Lohns, sondern auch nach Gestalt ihres ehrlichen Namens" und damit den Ausschluß aus dem Handwerk nach sich.

Eine wesentliche Voraussetzung für die Aufnahme in eine Zunft war der ehrliche Name, der anhand des Geburtsbriefs nachzuweisen war. Darüber hinaus mußte natürlich jeder Bewerber eine zünftige Ausbildung erfahren haben und geloben, das Handwerk redlich und ehrlich zu führen.

Da der Ausbildung große Bedeutung zukam, bilden ihre Vorschriften gleichsam das Herzstück jedes Zunftbriefs. Über sie wachten die geschworenen Meister mit strengen Maßregeln. Kein Meister durfte mehr als einen Lehrjungen gleichzeitig ausbilden oder ohne Wissen der Zunftmeister einen Lehrjungen annehmen. Drei Jahre dauerte die Lehre bei Zimmerleuten, Maurern, Bäckern, Metzgern und Küfern. In dieser Zeit erhielt ein Zimmermannslehrling jährlich 3 fl. Lohn und hatte im Hause des Meisters freie Kost und Logis. Nach Beendigung der Lehre sollte „ihm der Lehrmeister uf der geschwornen Meister Ir Ambt bewilligung einen Lehr brüeff auf des Jungen Costen zu geben schuldig sein". Bei seiner Einstellung hatte der Junge zuerst den

Zünftiges Handwerk 105

Nachweis seiner ehrlichen Geburt zu bringen, unehrlich Geborene waren von vornherein von der Ausübung eines Handwerks ausgeschlossen. Der Lehrjunge, der zu diesem Zweck vor den Zunftmeistern zu erscheinen hatte, wurde kräftig zur Kasse gebeten. Zuerst mußte er sieben Kreuzer in die „Büx" des Handwerks legen. Wenn nach zwölftägiger Arbeit beim Meister entschieden war, ob der Junge überhaupt tauglich war und ob er auch beim Meister bleiben wollte, kam noch einmal ein halber Gulden in die Kasse, die Hälfte davon mußte an Horneck abgeführt werden.

Außer diesen Gebühren war der Junge seinem Meister auch Lehrgeld schuldig. 40 Taler kostete eine Metzgerlehre. Die erste Hälfte mußte sofort, die zweite nach eineinhalb Jahren bezahlt werden.

An die Lehrzeit schloß sich die Gesellenzeit an, in der die Zunft die Gesellen zu einer dreijährigen Wanderschaft verpflichtete. Diejenigen Zimmer- oder Maurergesellen, die im Scheuerberger Amt arbeiteten, mußten sich spätestens nach 14tägigem Aufenthalt von den Zunftmeistern ins Zunftbuch einschreiben lassen. Das kostete einen Batzen Einschreib-

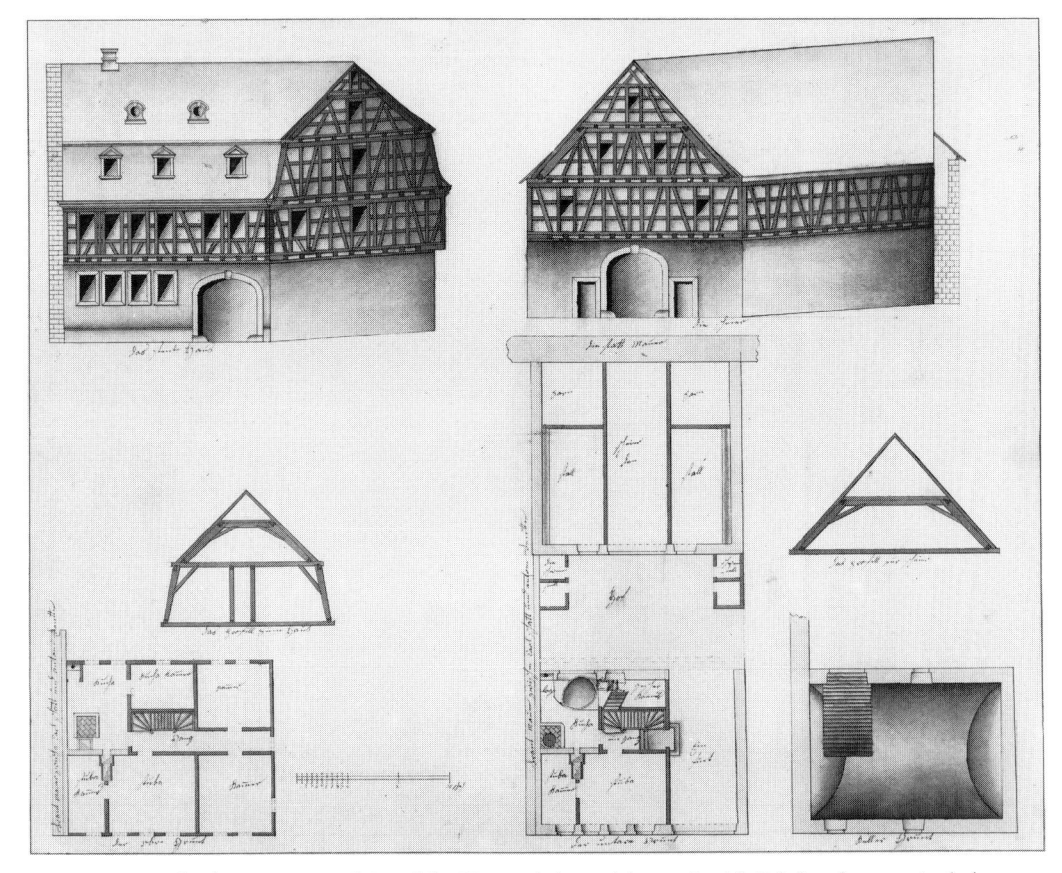

37 Einen Eindruck von Form und Stand der Konstruktionszeichnung im 18. Jahrhundert vermittelt der Bauplan des Anwesens Bender in der Lammgasse aus dem Jahr 1798.

geld. War der Geselle säumig, zahlte er das Doppelte. Ein weiterer Kreuzer ging in die Pflegkasse, die mit einer innergewerblichen Krankenunterstützung zu vergleichen ist. Wenn ein Geselle krank wurde, erhielt er von der Zunft einen halben Gulden. Falls sich sein Zustand über längere Zeit nicht besserte, konnte ihm weiteres Geld geliehen werden. Jährlich hatten deshalb Gesellen wie Meister einen neuen Pfennig in die Kasse einzuzahlen. Nicht alle Zünfte boten solche Unterstützungen. Im Amt Scheuerberg sind diese Einrichtungen nur von der Weber-, der Zimmermann- und Maurerzunft bekannt. Manche Zünfte – beispielsweise die Neckarsulmer Metzgerzunft – boten auch Hilfen für arme Wandergesellen, sie wurden als „geschenktes Handwerk" bezeichnet. Auch für die Beschäftigung von Gesellen gab es in manchen Zünften gewisse Rahmenrichtlinien. Webermeister durften ihre Gesellen keinesfalls beurlauben, bevor sie ihr Stück nicht beendet hatten.[12] Auch die Gesellen mußten jedesmal, wenn sie ein neues Stück zu weben begannen, mit ihrem Meister absprechen, ob sie wandern wollten oder nicht. Brach ein Geselle diese Abreden, sollte er vier Wochen bei keinem anderen Meister im Amt Scheuerberg Arbeit finden.

Wollte jemand Meister werden, wandte er sich ebenfalls an die Zunft. Maurer und Zimmerleute mußten zunächst eine Meisterprobe vor den geschworenen Meistern ablegen. Erst wenn sich der Zunftvorstand mit dem Kreuzgewölbe eines Maurers oder dem Holzmodell eines Zimmergesellen, das „für sich auß freyer Handt" gemacht war, zufrieden zeigte, vergab er das Meisterstück. Die zukünftigen Meister gelobten, es allein und innerhalb von sechs Monaten anzufertigen. Auch Gebühren wurden nun fällig. Ein Fremder zahlte 8 fl., ein hiesiger Meistersohn die Hälfte für das Meisterstück in die Zunftkasse. War seine Arbeit angenommen, kassierten

38 Wie dieses Fachwerkhaus am Marktplatz, wurden die meisten Zeugnisse bauhandwerklichen Könnens in Altneckarsulm im Zweiten Weltkrieg vernichtet.

Zunft und Amt nochmals 1/2 fl. Der Ortskirche mußte der junge Meister 15 Kr. stiften. War sein Meisterstück aber für untauglich befunden worden, mußte der junge Mann ein weiteres Jahr bei einem Meister als Geselle arbeiten und ein zweites Meisterstück anfertigen.

Ebenso erging es den Bäckern, wenn sie beim Musterbacken durchfielen. Hatte der junge Bäcker bestanden, durfte er zwar ab sofort selbständig backen, doch als junger Meister war es ihm geboten, noch ein Jahr lang allein und ohne Lehrjungen das Handwerk zu verrichten. Besonders streng waren die Auflagen bei der Prüfung des Meisterstücks in der Küferzunft. Als Beweis der Meisterschaft erwartete die Zunft ein „zweyefütteriges undt weniger nit, nach belieben aber wohl mehr haltendes Faß und Einen bronnen Aymer". Inspiziert wurde das Meisterstück von den Zunftmeistern und auch von zwei Deputierten des Stadtrats. Daß Ratsverwandte zur Prüfung des Meisterstücks zugezogen wurden, ist einzigartig in Neckarsulm und unterstreicht die fundamentale Bedeutung, die der Weinbau und damit verbunden natürlich auch die Küferei für die Stadt hatte. Das Faß mußte aus gutem glattem Holz und so gearbeitet sein, daß es ohne Reiff „ligen... nachgehends von zweyen jungen Meistern uff zwo Stangen gewörgelt, der Aymer aber gleichmessig ohne raiff hin und her gestossen wordten" konnte. Sehr auffallend sind bei allen Zunftordnungen die Unterschiede, die in der Ausbildung zwischen Fremden und Meistersöhnen gemacht wurden. Dabei wurde der Nachwuchs aus den eigenen Reihen der Zunft klar bevorzugt. Grundsätzlich waren für Meistersöhne sämtliche Gebühren geringer. Bei der Aufdingung als Lehrjunge entrichtete ein Metzgerssohn nur 4 fl., einem anderen Lehrjungen forderte die Zunft 10 fl. ab. Allgemein war es Brauch, daß die Söhne der Meister nur zwei Jahre auf Wanderschaft gehen mußten, während sonst drei Jahre vorgeschrieben waren. Schließlich floß auch für die Annahme als Meister von einem Fremden mehr Geld in die Zunftladen als von einem Meistersohn. Bei Bäckern war die Differenz sogar enorm hoch: Für das Meisterstück entrichtete ein Meistersohn 20 fl. weniger als ein Kollege, dessen Vater nicht Meister und Zunftgenosse war. Schließlich entfiel für die ausbildenden Meister auch die Sperrklausel. Wenn ein Lehrjunge ausgelernt hatte, durfte der Meister nämlich erst über Jahresfrist einen neuen annehmen, es sei denn, er hatte einen Meistersohn in das Handwerk eingeführt. Die Absicht, die hinter diesen Klauseln steht, ist schnell zu durchschauen. Man wollte zuerst für die zünftigen Meister und deren Nachkommen sorgen und fremde Elemente möglichst aus der Zunft heraus- und die Zunftgemeinschaft klein halten. Das ist um so verständlicher, wenn man bedenkt, daß sich jede Zunft als Bruderschaft sah, in der die Gemeinschaft dafür einstand, daß jedes Mitglied eine sichere Existenzgrundlage hatte. In einer Zeit, in der die Märkte enger wurden, bedeutete dies eine möglichst starke Beschränkung neuer fremder Elemente und in starkem Maße auch die Abschottung nach außen. Besonders greifbar wird dies im Verhalten gegenüber Meistern anderer Zunftbereiche und unzünftigen Handwerkern, Stümpern und Pfuschern. Erwischte die Zimmermanns- und Maurerzunft einen auswärtigen Meister, der den hiesigen Meistern einen Auftrag abspannen wollte, zahlte dieser 12 fl. Strafe. Wenn einheimische Weber einen fremden Konkurrenten ertappten, durften sie ihm Tuch und Lohn abnehmen und letzteren zusammen "vertrinken". In der ersten Hälfte des 18. Jahrhunderts war der Existenzkampf der Handwerker bereits so hart, daß die Gundelsheimer Schreiner von einem Neckarsulmer Meister, der in Obergriesheim arbeitete, 10 fl. Strafe verlangten, obwohl er derselben Herrschaft angehörte und die Neckarsulmer denselben Artikelbrief wie ihre Gundelsheimer Kollegen hatten.[13] Es versteht sich von selbst, daß es die Kollegialität verbot, einem Zunftgenossen den Gesellen oder Lehrjungen abspenstig zu machen oder gar die Kundschaft auszuspannen. Dagegen setzte man in der Zunft auf Chancengleichheit, da es nicht zu sehr darum gehen sollte, mehr zu haben als der andere und den Zunftgenossen dabei zu verderben, sondern man wollte erreichen, daß sich die Marktanteile möglichst gleichmäßig auf die Mitglieder der Zunft verteilten. Der einzelne ging in der Gruppe auf und fand Sicherheit unter Gleichgesinnten, die sich nicht als Konkurrenten, sondern als Brüder und Genossen verstanden. Zwischen der Gruppe und dem Individuum bestand völlige Interessengleichheit, nur nach außen im Gegensatz zu fremden Meistern, fremden Zünften, Stümpern entstand Konkurrenz, auf die mit Abschottung reagiert wurde. Darin besteht der gravierendste Unterschied zwischen dem zünftigen Handwerk und dem freien Gewerbe des 19. Jahrhunderts. Um für jeden möglichst gleiche Voraussetzungen zu schaffen, finden sich in manchen Zunftordnungen auch Arbeitszeit- und Lohnregelungen. Die Küfer mußten beispielsweise vom morgendlichen bis zum abendlichen Ave Maria arbeiten, wenn sie im Hause eines Kunden tätig waren. Auch bei den Bäckern gab es gewisse Regeln für die Arbeitszeit. Ihnen war vorgeschrieben, bis Samstagabend 18 Uhr die Feuer zu löschen und kein Brot mehr zu bakken. Nur einem Meister war es jeweils erlaubt, in der Nacht zum Sonntag das Feuer wieder anzuzünden und bis um 8 Uhr morgens zu backen, um die Stadt mit frischem Brot zu versorgen. Dabei wechselten sich die Bäckermeister ab. Während der Meister, der gerade die Backerlaubnis hatte, als Zeichen dafür eine Tafel ausgehändigt bekam, wurden alle übrigen Bäcker bestraft, die das Feuer nicht löschten. Die Kontrolle darüber oblag dem jüngsten Meister der Zunft, der am Samstag durch die Straßen Neckarsulms ging und die Bäckereien visitierte.

Wie den Webern nur maximal drei Stühle genehmigt waren, so war es ebenfalls ein Gebot der Chancengleichheit, daß jeder Bäcker sein Brot außer in seinem Laden nur an einem einzigen Marktstand verkaufen durfte. Ein zweiter Stand war bei Strafe verboten, ebenso wie das Hausieren mit Brot in den Wirtshäusern. Auch in den Mühlen durfte niemand bevorzugt werden. Konnten die Müller wegen Wassermangel nicht alle Bäcker ausreichend mit Mehl versorgen, wurde das vorhandene Mehlkontingent unter ihnen geteilt, so daß jeder etwas zum Verbacken hatte.

Auf der Fleischbank

Besondere Auflagen erhielten Handwerker, die für die Versorgung der Bevölkerung vorrangige Bedeutung hatten. Das war nicht nur bei den Bäckern der Fall, die aus diesem Grund auch von den städtischen Brotschätzern überwacht wurden, die ihr Augenmerk vor allem auf Brotpreis und Gewichte legten. Dies galt insbesondere auch für die Metzger, die ihr Fleisch in Neckarsulm auf der städtischen Fleischbank unterm Rathaus verkauften. Deshalb war jeder Metzger der Stadt jährlich 5 fl. schuldig. Die Bankordnung, die dann auch Teil der Metzgerzunftordnung wurde, verbreitert den Einblick in das Handwerk um eine weitere Facette. Sie zeigt, inwieweit der Handwerker, in diesem Fall eben der Metzger, seinem Kunden gegenüber verpflichtet war. Auch hier hatte er nicht völlig freie Hand. Denn während die Kollegen ein Auge darauf hatten, daß der Nachbar an der Fleischbank seinen Platz sauberhielt und die anderen Vorschriften der Bankordnung befolgte, lag die Überwachung des Fleischverkaufs, die Inspektion des Schlachtviehs und des angebotenen Fleisches wie auch die Preisbildung und die monatliche Prüfung der Gewichte und Waagen in den Händen der städtischen Brot- und Fleischschätzer. Wie es an der Fleischbank zuging, läßt sich anhand der Ordnung recht plastisch darstellen.[14]

Zunächst mußte dem Schätzer das Schlachtvieh vorgeführt werden, das nur geschlachtet werden durfte, wenn er es für gesund, groß und gemästet genug erachtet hatte. War das Tier krank, zu mager, schadhaft, handbissig oder stammte womöglich entgegen dem ausdrücklichen Verbot aus einer Gegend, in der gerade eine Viehseuche grassierte, befahl er, es in den Neckar zu werfen. Es sei denn, es war noch zu irgendeinem anderen Zweck nütze. Nach der Schlachtung kamen die Schätzer nochmals, diesmal besichtigten sie das Fleisch auf der Fleischbank. Dazu waren samstags und dienstags feste Termine anberaumt. Die Metzger hatten das Schlachtgut zuvor zu eröffnen, auszuarbeiten und zu säubern. Da das Wasser abgelaufen, das Fleisch gekühlt und getrocknet sein mußte, hatten sich die Fleischer drei bis vier Stunden vor der Besichtigung an die Arbeit zu machen. War das Fleischstück nicht entsprechend vorbereitet, wurde es nicht geschätzt und konnte infolgedessen nicht verkauft werden. War das Fleisch für „gesund, sauber, rein undt ohne Mackhel" befunden, legten die Schätzer den Preis fest. Dazu wurde die Fleischbank geschlossen. Die Widerrede der Metzger gegen die Entscheidung der Schätzer war bei 5 fl. Strafe verboten, es sei denn, es geschehe „mit bescheidenheit und genugsamer Ursach". Nun durfte das Fleisch verkauft werden, allerdings keinesfalls zu einem höheren Preis. Wer sich nicht daran hielt, zahlte eine Strafe und mußte damit rechnen, daß ihm das Handwerk zumindest für eine Zeitlang niedergelegt, also verboten würde. Man kann sich vorstellen, daß es dabei nicht immer friedlich zuging. Gravierende Auseinandersetzungen zwischen Metzgern und Schätzern sind aus dem Dreißigjährigen Krieg bekannt, da erstere sich 1635 weigerten, die für ihre Begriffe viel zu niedrigen Fleischpreise zu akzeptieren. Im Regelfall aber wurde der Preis auf einer Tafel festgeschrieben, und der Verkauf begann. Neben dem Fleisch waren die Metzger verpflichtet, „die Köpff, Hirn, Füß, Mäuler, Lung, Leber, Gehänng, Krüß, Netz, Bluth und hinderdarm" feilzubieten. Sie mußten natürlich um einiges billiger sein als das Fleisch, ebenso wie die Brat-, Leber- und Blutwürste. Auch das Fleisch alter Farren und magerer Schweine mußte billiger als die reguläre Ware angeboten werden. Da es in erster Linie darum ging, den Bedarf der Neckarsulmer Bevölkerung zu decken, hatten die Einwohner der Stadt das Vorkaufsrecht. Unter ihnen mußten die Metzger die Ratsverwandten und deren Dienstpersonal, Kranke, Schwangere und „Kindbetterinnen" bevorzugt behandeln. Unter Strafe gestellt war es, Fleisch zurückzuhalten oder gar die Bank zu schließen, wenn noch Kunden da waren. Vor zwei Uhr den Verkauf zu beenden, war vollkommen unmöglich und stand unter Strafe.

Damit die Fleischversorgung gesichert war, mußte von den Metzgern abwechselnd ein Ochse pro Woche geschlachtet werden. War die Nachfrage größer als das Angebot, hielt der Schätzer die Meister an, mehr zu schlachten. War der Fleischmangel so groß, daß einige Metzger gar nichts zu metzgen hatten, konnten sie von Kollegen einen Teil des Fleisches zu einem bestimmten Preis abnehmen und an die Kunden weiterverkaufen. Auch hier war man also darauf bedacht, daß jeder Metzger einen kleinen Verdienst hatte und nicht einer allein das Geschäft machte, während der Kollege leer ausging. Andererseits war es so, daß ein Fleischer, der zuviel geschlachtet hatte und deshalb dazu beigetragen hatte, daß die Zunftgenossen auf ihrem Fleisch sitzen geblieben waren, deren liegengebliebenes Fleisch aufkaufen mußte.

Von Bedeutung für die Meister war natürlich auch die Regelung der Hausschlachtung, zumal die meisten Bürger eine kleine Landwirtschaft betrieben. So war es auch erlaubt, ein selbst gemästetes Stück Vieh zu schlachten.

Der reguläre Verkauf aber war dem Bürger verboten. Das Fleisch war in erster Linie für die eigene Versorgung gedacht. Blieb dennoch etwas übrig, durfte diese Neckarsulmer Familie das restliche Fleisch bestenfalls viertel- und halbpfundweis an ihren Schuhmacher, Schneider, Bäcker etc. abgeben oder aber, wenn es sich um eine Handwerkerfamilie handelte, ihren Kunden das Fleisch anbieten.

Hat Handwerk goldenen Boden?

Die Zunftordnungen geben zwar genaue Auskunft über die Arbeitsbedingungen im Handwerk, über Ausbildung, teilweise über Beschränkung der Einrichtungen, über Marktregulation, aber sie bleiben dabei natürlich im theoretisch-rechtlichen Bereich. Aussagen über den Stand des Handwerks, die Anzahl der Meister und ihr Fortkommen lassen sich daraus nicht ableiten. Es ist nun ein Glücksfall für Neckarsulm, daß im Jahr 1708 eine recht genaue Gewerbeaufnahme vorgenommen wurde. Anlaß für die Untersuchung war damals just die Frage, „wieviel Meister jeden Handwercks sich allda ehrlich nähren können"[15]. Diesen Unterlagen verdanken wir eine genaue Auflistung der Meister mitsamt den im Betrieb tätigen Meistersöhnen, Gesellen und Lehrjungen. 22 verschiedenen Gewerben wurde Anfang des 18. Jahrhunderts in Neckarsulm in 96 Meisterbetrieben nachgegangen.

Handwerk (Namen der Meister)	Meister	Meistersöhne	Gesellen	Jungen
1. Bäcker (Fischer (2), Streble (2), Schultheiß, Weber, Schwartz, Donant, Rückel, Ingelfinger)	10	6	3 (1 Bürgersohn)	2
2. Küfer (Beckher, Warmuth, Lämble, Abele, Lantz, Barth, Dill, Ihle, Proll, Bawer, Knupf, Müller (2), Huber)	14	6	6	2
3. Rotgerber (Engelhardt, Donant (2))	3	1	1	1
4. Schuhmacher (Büttner, Weingärtner (2), Öchsle, Kempf, Bermann, Müller, Schedel	8	7	7 (davon 6 auf Wanderschaft)	4
5. Schreiner (Heberle, Hohenadel, Dill, Hohlbusch)	4	–	1	2
6. Schlosser (Preyth, Schmidt)	2	3	–	–
7. Glaser (Specht)	1	–	–	–

	Meister	Meistersöhne	Gesellen	Jungen
8. Nagelschmied (Eichinger)	1	–	–	2
9. Schneider (Anger, Dahlmeyer, Dietz, Keimb, Comb, Fleiner, Fischer, Sacks, Kuhn, Greis, Ernstperger)	11	3	6	6
10. Zimmerleute (Wittmann (3), Berthold (2), Brunner)	6	1	1	3
11. Maurer (Prutzher, Neunner, Hüttel, Schuele, Condterer)	5	–	2	1
12. Tüncher (Felterer, Erlenwein)	2	–	–	–
13. Sattler (Hörtle, Schön)	2	–	1	1
14. Seiler (Pfisterer)	1	1	–	–
15. Hutmacher (Condoldt)	1	1	–	–
16. Dreher (Henster)	1	–	–	–
17. Kürschner (Hüttner)	1	–	–	–
18. Schmiede (Schupp, Schnidter, Straub, Matheisen Wtw.)	3	–	1	1
19. Wagner (Dörr, Eysenmenger)	2	1	–	1
20. Metzger (Groll, Geyger (2), Merckle (4), Klingler, Soller, Engelhardt, Groos, Beckher, Schedel, Hortmann, Baumann)	15	12	3	1
21. Weißgerber (Ihle)	1	–	–	–
22. Bader/Wundärzte (Metz, Endres)	2	–	1	–

Die am stärksten vertretenen Handwerksberufe waren demnach die Metzger, Küfer, Schneider und Bäcker. Aufgrund der Ausführungen von Amtmann und Stadtrat läßt sich sogar sagen, ob Handwerk in Neckarsulm damals tatsächlich goldenen Boden hatte. Generell findet Bestätigung, was sich bereits am Schatzungsbuch feststellen ließ: Die Struktur der Stadt ist leider so, „daß Keiner vom Handwerckh allein ohne guther sich zu Ernehren in die Lenge vermag".

Von den Handwerkern, die am stärksten repräsentiert sind, hatten Bäcker, Metzger und Küfer keine gute Lebensgrundlage. Sie ernährten sich in erster Linie von der Landwirtschaft und den Gassenwirtschaften, den „Besen", die sie unterhielten. Wer tatsächlich mit Küferei, Bäckerei oder Metzgerei seinen Lebensunterhalt verdienen konnte, wagte der Rat nicht zu entscheiden. Er stellte nur fest, wenn diese Handwerker ihr Gewerbe betreiben, „so treiben sie es doch schlecht". Die Ursache für diese wirklich miserable Situation, die sich teils sogar an der Handwerkertabelle ablesen läßt, sah der Magistrat hauptsächlich in den Zeitläuften, wo „heut fried morgen Krieg ist". Dazu kam noch die Abhängigkeit von guten Weinjahren oder Fehlherbsten, was sich vor allem in der Konjunktur für die Küfer auswirkte. Amtmann Stipplin hielt in diesem Zusammenhang genauere Hinweise für nötig, da die Lage in diesen Handwerken schon seit Jahren sehr schlecht sei. Bereits um 1700, als man eigens wegen des Bäcker- und Metzgerhandwerks einen Amtstag abhielt, seien aus diesen Branchen „bey 2 biß 3 auf dem Schragen des Verderbens gelegen!". Nicht weil sich die Bäcker und Metzger nur in unbefriedigendem Maße dem Handwerk widmeten, sondern weil ihr Gewerbe übersetzt sei und sie ihr Auskommen dabei nicht fänden, würden Bäcker und Metzger nicht nur als Landwirte, sondern vor allem als Besenwirte tätig. Das Handwerk selbst floriere nur bei den besten und vornehmsten von ihnen. Diese wenigen guten Betriebe beschleunigten noch den Untergang der übrigen. Aber nicht nur die vielen Bäcker- und Metzgermeister trieben sich gegenseitig in den Ruin, auch die Schildwirte beklagten sich über Geschäftseinbußen durch die zahllosen Heckenwirte, die sich mitunter erlaubten, ihre Gäste nicht nur mit Getränken, sondern auch mit Speisen zu bedienen. Im Hinblick auf diesen Entwicklungszustand plädierte Amtmann Stipplin dringend für eine Verminderung der Gewerbe. Bei Bäckern wie Metzgern würden jeweils acht Meister genügen, zumal von 15 Metzgern ohnehin bereits fünf „in gar schlechtem Stande" seien.

Am schlimmsten stand es allerdings um die Küfer. Unter den 14 Meistern gab es fünf, „die entweder wenig, oder gar keine Kunden haben oder aufm Verderben stehen". Gar keine Kunden hatte Johann Becker, schlecht trieben das Gewerbe Hanns Georg Bawer, Andreas Proll, Hanns Ulrich Lantz und Marx Abele. Er und Lantz fanden ihr Auskommen in der Landwirtschaft. Am besten schien es noch Johann Lämble zu gehen, der die Arbeit mit Sohn, Geselle und Lehrjunge verrichtete. Er hatte seinen guten Status wahrscheinlich nicht zuletzt der Tatsache zu verdanken, daß er als Schloßküfer arbeitete.[16] Ein besonderer Dorn im Auge des Amtmanns waren die elf Schneidermeister. Über sie machte sich zwar auch der Stadtrat Gedanken, war jedoch der Ansicht, daß sie ihr Auskommen fänden, zumal er damit rechnete, daß einige das Geschäft aufgeben würden. Die Stadtväter beunruhigten sich eher über die hohen willkürlichen Stück- und Taglöhne, die die Schneider nach Gutdünken ansetzten. Eine Lohnfestlegung schien daher wünschenswert. Dieses Anliegen hielt Stipplin dagegen für aussichtslos. Auch er wünschte wohl, daß man nicht so viele brauchte, die „den luxum unterrichten, und

Tafel 5 Der Hoch- und Deutschmeister Anton Victor Erzherzog von Österreich.

Der Stadtrat und Ratsschreiber Carl Speidel bemühte sich in den turbulenten Tagen des Jahres 1849 in Neckarsulm um Ausgleich.

Tafel 6   Die Tracht der württembergischen Landtagsabgeordneten. Nach dieser Zeichnung ließ sich Peter Heinrich Merckle 1815 sein Habit schneidern.

Das Gasthaus „Zur Rose" war 1849 der Treffpunkt der Bürgerwehroffiziere.

damit nit den weeg zu mehrerem Verderben bauthen und beförderten". Die Kriege vor allem schienen die Hoffart in Neckarsulm stark gefördert zu haben, das brachte den Schneidern zwar manche Arbeit, manchen Bürger aber auch an den Bettelstab. Aber gerade die Nachfrage schien hier die Preise zu treiben, denn in Neckarsulm fühlte man sich trotz Geldmangel "mehr zu Hoffarth als arbeith und Haushaltung gezogen". Deshalb reichten für seine Begriffe eine auf acht verminderte Schneiderzahl immer noch aus.

Wirklich zufrieden war Stipplin nur mit den Rotgerbern, denen er "gute Gelegenheit und Nahrung" im Gegensatz zur schmalen Existenzgrundlage des Weißgerbers bescheinigte. Auch um die Lebensgrundlage des Kürschners und des Hutmachers, die erst neuerdings in Neckarsulm arbeiteten, machte er sich keine Sorgen, denn einer würde "gar wohl bestehen". Hutmacher Lundolt war übrigens Konvertit und stammte aus Weinsberg. Kürschner Hütter gehörte gar noch der evangelischen Konfession an. Auch die acht Schuhmacher, von denen sieben Meister mit Gesellen arbeiteten und die Hälfte zugleich noch einen Lehrling ausbildete, konnten in den Augen des Amtmanns bestehen. Laut Stadtrat ernährte sich jedoch auch der Großteil von ihnen von der Landwirtschaft. Ihr Handwerk trieben sie zumindest nicht gut genug, so daß es dem Rat wünschenswert erschien, „daß mann noch Ein oder ander wohl gereist, gewanderten und des Handwercks wohl Erfahrenen Meister dahier hätte".

Stipplin beurteilte die Lage des Handwerks generell strenger als der Magistrat der Stadt. Er war der Ansicht, daß Schreiner, Schlosser, Glaser, Nagelschmied, Schmiede, Wagner, Zimmerleute, Maurer und Tüncher in der momentanen Anzahl wohl bestehen konnten, zumal von letzteren drei Berufen einige Meister aufgeben wollten. Auch für die Seiler und Sattler sah der Rat durchaus Existenzmöglichkeiten, wenn er sich auch mit dem Amtmann einig war, daß weitere Sattler und Seiler keine guten Arbeitsmöglichkeiten in Neckarsulm mehr finden konnten. Von den Schreinern indes hielt Stipplin drei für „überflüssig genug", zumal es ja auch noch einen Dreher in der Stadt gab. Nagelschmied und Schlosser hatten zwar Arbeit, sehr ungünstig waren aber die Verhältnisse des Glasers. Er konnte kaum existieren, und sein ehemaliger Kollege war fortgezogen, weil er in der Stadt kein Einkommen mehr fand. Den Zimmerleuten stellte er gar ein recht schlechtes Zeugnis aus. Nur vier „rechte Werkmeister" gäbe es in Neckarsulm, die auch völlig genügen würden. Auch bei den Maurern fand er nur zwei gute Meister, alle anderen trieben „das Handwerk gohr schlecht". Drei Maurer konnten seiner Ansicht nach in Neckarsulm arbeiten. Auch den Tüncher ließ er durchgehen, allerdings nur, weil er neben seiner wenigen Arbeit genügend Landbesitz hatte, um sich zu ernähren. Schmiede und Wagner reichten aus, hatten aber auch nicht immer Arbeit. Abschließend nannte Stipplin noch die fünf saisonal arbeitenden Leineweber David Beckher, Valentin Emerth, Hans Wolff Dal, Frantz Beckher und Thomas Lachenmayer, die aber doch ihr Fortkommen hatten, wie auch der Kessler Jacob Finauer und der Buchbinder Johann Jacob Krämer, der „nit sonderlich viel zu thun" hatte. Sie waren bei der Gewerbeaufnahme offenbar vergessen worden.

Hinter Stipplins recht kritischer Stellungnahme zum Neckarsulmer Handwerk steht der Wunsch, die Anzahl der Meister in Neckarsulm teilweise drastisch zu reduzieren. Ein weniger stark besetztes Handwerk ist für ihn gleichbedeutend mit einem gesünderen, krisensichereren Handwerk, das für die Herrschaft gewinnbringender wäre und sich auch von den Kriegsfolgen, unter denen Neckarsulm im 17. und 18. Jahrhundert häufig zu leiden hatte, erholte. Im Magistrat wurde manches Handwerk ebenfalls mit Sorge betrachtet, eine Lösung des Problems à la Stipplin scheint man eher skeptisch beurteilt zu haben. So erhob sich für die Räte denn auch die Frage, „wo deromahl Einstens die Burgers Kinder bey so umbligend lutherischen Benachborschaft und dessenwegen abgeschnittener Gelegenheith da oder dorthin zu heurathen und sich häuslich niederzulassen, Ihren Schutz und Aufenthalt haben mögten".

Die Regierung entschied sich indes, Stipplins Vorschlag zu folgen. In jedem Handwerk wurde die Meisterzahl limitiert. Man hoffte, diese Verminderung dadurch zu erreichen, daß die ärmsten und schlechtesten Meister ihren Betrieb über kurz oder lang doch niederlegen müßten, um sich und ihre Familien anderweitig zu ernähren. Die Verminderung richtete sich nach Stipplins Vorschlägen. Arbeiten sollten in Zukunft in Neckarsulm: acht Bäcker, zehn Küfer, acht Schuhmacher, drei Rotgerber, drei Schreiner, zwei Schlosser, ein Glaser, ein Nagelschmied, acht Schneider, vier Zimmerleute, drei Maurer, zwei Tüncher, zwei Sattler, ein Seiler, ein Hutmacher, ein Dreher, vier Schmiede, zwei Wagner, acht Metzger, ein Weißgerber, fünf Leineweber, ein Buchleimer, ein Kessler, zwei Bader und sechs Krämer.

Großen Wert legte man weiterhin auf die zunftmäßige Lehre, vor allem auf eine ausreichend lange Wanderschaft. Für alle neuen Handwerksmeister war obendrein ein Sonderkonsens zur Niederlassung vorgesehen, solange die Reduzierung noch nicht erreicht war. Man darf sich nun mit Recht fragen, ob sich dieser Vorsatz in die Realität umsetzen ließ und nach welchen Kriterien solche Konsense erteilt wurden. Dabei genügen bereits wenige Beispiele, um zu zeigen, wie problematisch sich die konkrete Ausführung von Stipplins an sich sehr konsequenten Überlegungen gestaltete.

1709 bereits bat Georg Martin Fischer um die Erlaubnis, die Backstube seines alten Vaters übernehmen zu dürfen. Er war – und das war für ihn zweifellos ein großer Vorteil – über zweieinhalb Jahre Hofbäcker der Kommende Ellingen. In der Tat genehmigte der Orden seine Niederlassung als „supernumerarius", als Überzähliger im Bäckerhandwerk. Die Voraussetzung war, daß sein Vater innerhalb von zwei Jahren das Handwerk niederlegte, worin Hans Georg Fischer auch einwilligte. Tatsächlich aber buk er weiter und begründete dies mit einer Notlage, da er sonst nicht für die „teure kranke Tochter" aufkommen könne. Während der Sohn mit Weißmehl arbeitete, buk der Vater weiterhin mit Genehmigung der Herrschaft Schwarzbrot. Wenige Jahre später bekam Melchior Schultheiß die Erlaubnis, in der Backstube des Vaters zu arbeiten, und dies, obwohl Stipplin auf die nicht vollzogene Wanderschaft des jungen Bäckers aufmerksam machte, was dem Plan der Reduzierung völlig zuwiderlief. Deshalb kann es nicht wundernehmen, daß 1714 nicht mehr zehn Bäcker, sondern sogar zwölf Meister in Neckarsulm arbeiten.

Generell wurden vom Orden Witwen als Sonderfälle recht rücksichtsvoll behandelt. Eva Maria Krausin war als Mutter von drei Kindern 1710 sehr jung Witwe geworden und bat neun Monate nach dem Tod ihres Mannes, eines Metzgers, sich mit einem vermögenden Bürgersohn auf das Handwerk wieder verheiraten zu dürfen. Da ihr jede andere Nahrungsquelle fehlte und sie sonst an den Bettelstab gekommen und damit der Armenpflege zur Last gefallen wäre, wurde ihr die Bitte gewährt. Sie durfte das Handwerk fortführen und einen Metzger heiraten.

Witwen war im Ordensgebiet grundsätzlich erlaubt, das Handwerk fortzutreiben und

„darauf zu heyrathen". Die Obrigkeit legte aber Wert darauf, daß eine Witwe ihren neuen Ehemann in der Bürgerschaft fand und die Existenzgrundlage des Paars gesichert war. Deshalb lehnte der Orden 1785 das Heiratsgesuch der Hutmacherwitwe Nebis ab. Sie wollte einen Gesellen aus Buchen heiraten, der obendrein auch noch arm war. Er besaß nicht mehr als 50 fl. Der zweite Hutmacher Neckarsulms, Peter Augustin Donant, legte sogleich sein Veto gegen dieses Vorhaben ein. Aber weniger die Klage Donants, der keine Konkurrenz mehr wollte, als vielmehr die bescheidenen Verhältnisse des Ausländers Joseph Palé waren der Grund für die abschlägige Antwort aus dem Oberamt zu Horneck. Doch die Witwe erwies sich als Beispiel weiblicher Standhaftigkeit und Durchsetzungskraft. In ganz Neckarsulm gäbe es keinen Bürgersohn, der sie heiraten wolle, geschweige denn einen, der einen guten Hutmacher abgäbe. Darin gab ihr der Stadtrat recht, der Joseph Palé, der schon einige Zeit in der Stadt arbeitete, als fleißigem Hutmacher ein gutes Zeugnis gab. Da die Witwe außerdem ein Vermögen von 400 fl. hatte und schließlich auch in einem Alter war, „das keine Nachkommenschaft mehr erwarten läßt"[17], genehmigte die Mergentheimer Regierung schließlich doch noch ihren Wunsch. Die offizielle Begründung hieß, daß die „Heirat mit ihm für die Witwe verträglicher scheint als mit einem vermögenden, aber weniger handwerklich verständigen Mann."[18] Entscheidend für die Genehmigung waren klare wirtschaftliche Erwägungen, die für die Besetzung des Handwerks mit einem fachlich besseren Bewerber sprachen.[19]

Abgelehnt wurde dagegen 1710 das Gesuch von Bernhard Baumann.[20] Der Neckarsulmer Metzger, der wegen des Krieges und der teuren Zeit in Armut geraten war, wollte sein Handwerk aufgeben und es an seinen Vetter Matthes Merckle übertragen. Auf Hinweis Stipplins, daß solche Übertragungen ganz und gar nicht mit der Gewerbereduzierung vereinbar seien, lehnte der Orden dieses Gesuch ab. Der Protest des Vaters Matthes Merckle sen., der auch Metzger und Stadtrat war, zeigt, wie schwierig diese Politik bei der Bevölkerung selbst durchzusetzen war. 1715 erhielt Johann Adam Merckle die Erlaubnis, als Metzger zu arbeiten. Auch er hatte eine lange Wanderzeit hinter sich, die ihn bis nach Brabant führte, und hatte sich darüber hinaus bereits als Metzger in der kaiserlichen Armee qualifiziert. Bei der Erteilung des Konsenses wurde also hauptsächlich auf die Qualität der Ausbildung und den Status des Bewerbers geachtet: Er sollte bereits das Bürgerrecht genießen, d.h. in den meisten Fällen handelte es sich um Bürgersöhne, und in gesicherten, möglichst wohlsituierten Verhältnissen leben. Man versuchte also, gut ausgebildete Handwerker zu fördern, die Reduzierung blieb indes auf der Strecke. Wie bei den Bäckern stieg auch die Anzahl der Metzgermeister: 1710 unterschrieben immerhin 19 Metzger das Zunftprotokoll.

Bierbrauerei in einem Weinland

Um ihren Lebensunterhalt auf eine tragfähigere Basis zu stellen, versuchten die Handwerker, neben der Landwirtschaft noch weitere wirtschaftliche Nischen aufzutun, in denen sie sich ein Zubrot verdienen konnten. Unter diesem Aspekt muß man auch den Beginn der Bierbrautradition in Neckarsulm sehen, die erst in unserem Jahrhundert ihr Ende fand. Erste Hinweise auf Bierausschank fanden um den Dreißigjährigen Krieg in den Akten ihren Niederschlag. 1651 war man in der Weingegend darauf bedacht, daß jeder, der Bier ausschenkte, auch dasselbe Quantum Wein verkaufte.[21] Belege für erste Bierbrauereien in

Neckarsulm gibt es aus dem Jahr 1696. Dort wird erklärt, daß „erst vor wenig Jahren, durch ein oder ander das Bierbrauen aufgebracht und vorhero nie gewesen".[22] Unter den ersten Bierbrauern wird Georg Martin Hartmann genannt, der in seinem Haus nahe der Stadtmauer Bier in einer größeren Anlage braute. Dort hatte er die Dürre eigens mit Hafnerplatten auslegen lassen und einen Brunnen gegraben, um jeder Gefahr eines Brandes vorzubeugen. Das verstärkte Interesse an Bier fand seine Begründung einerseits im Weinmißwuchs, andererseits in den Auswirkungen des Krieges. Gesteigerte Nachfrage und gleichzeitiger Weinmangel trieben die Preise in die Höhe, so daß der Sold der Soldaten und der Taglohn eines gemeinen Mannes nicht mehr ausreichten.

Skeptisch standen dem neuen Gewerbe der Amtmann und der Magistrat gegenüber. Da der Weinbau und Weinverkauf für die Stadt von elementarer Bedeutung waren, sorgte man sich natürlich darüber, daß die Weingärtner auf ihren Erzeugnissen sitzen bleiben könnten. Dies war anscheinend bereits vorgekommen, denn die Brauer hatten übers Jahr mehrfach fremden Wein eingekauft und ihn zusammen mit dem Bier an Marketender verkauft. Gerade die kleinen Wengerter konnten ihre Produkte nicht loswerden. Ferner fürchtete man die Feuergefahr, die von den Braukesseln ausging, und offenbar hatten die Getreidekäufe der Brauer auch die Kornpreise in die Höhe getrieben. Die Folge war, daß für den kleinen Mann das Brot teurer wurde. Man hoffte daher in Neckarsulm, daß der Orden die Brauerei genauso regeln würde, wie es in Weinsberg und Heilbronn üblich war. Dort wurde Bier weder gebraut noch ausgeschenkt. Nur in Anbetracht des zu erwartenden schlechten Herbstes 1696 erklärte sich der Rat mit der Ausübung der Braukunst einverstanden, aber nur unter der Voraussetzung, die Brauereien „auf einen gewissen numerum (Anzahl) zu restringieren (einzuschränken) und einem jeden etwan 2 biß höchstens 3 Sudt zu erlauben, damit man den etwan erwachsenen Wein auch ausbringe und man der Stadt-Herrschaft nicht schade".

Der Komtur in Horneck und die Regierung in Mergentheim erkannten indes durchaus den Vorteil eines eigenen Brauereiwesens in Neckarsulm, wobei der Mißwuchs im Weinbau die Entscheidung sicher begünstigte. In erster Linie aber stand hinter der Genehmigung der Brauereien ein typischer Aspekt der damaligen merkantilistischen Wirtschaftspolitik. Die Einrichtung von Brauereien in Neckarsulm sollte verhindern, daß aus dem Ordensgebiet Geld für Bierimporte ins Ausland floß, zumal auch das Amt Heuchlingen seinen Bierbedarf in Neckarsulm deckte. So wurde die Erlaubnis auch in den folgenden Jahren aufrechterhalten, wobei innerhalb der Stadt recht schnell ein Gesinnungswandel zugunsten des Bierbrauens einsetzte. Bereits 1698 wollte man nicht mehr auf das selbsterzeugte Bier verzichten. Damals nämlich erwog die Regierung, nachdem der Krieg beendet war, das Brauwesen wieder abzuschaffen. In Neckarsulm hatte man inzwischen aber festgestellt, daß Reisende sowie Kranke und Gesunde, denen Wein verboten oder „von Natur aus zuwider" war, stets nach Bier fragten. Da unterdessen überall in den Weinstädten an Neckar, Rhein und Main Bier hergestellt wurde, fürchtete man in Neckarsulm nicht mehr so sehr um den Weinverkauf, denn exportiert wurde Neckarsulmer Bier in diesen Zeiten nicht. Die Landesherrschaft beschloß jedoch, zumindest das Brauen zu verringern. Weißgerbern, Sattlern, Schustern, Schreinern, Maurern, Zimmerleuten sollte es nicht weiter gestattet sein. Das Verbot zeigt, wie viele Handwerker sich neben ihrem Handwerk am Bierbrauen versucht haben.

Nur noch gelernte Bierbrauer sollten diesen Gewerbezweig weiter betreiben. 1698 ist von zwei nicht namentlich genannten gelernten Brauern die Rede. In der Gewerbeaufnahme sind zusammen mit dem Lammwirt vier Brauer gezählt, die sich nun alle aus dem Küferhandwerk rekrutierten.

Im Jahr 1717 unterzog man die Brauereien in Neckarsulm einer genaueren Untersuchung. Gut befanden sich dabei die Brauereien von Lemle, Johann Huber und Peter Caspar Kaufmann. Lemle hatte die größte Braueinrichtung in Neckarsulm, sein Braukessel faßte 18 Eimer. Die gesamte Anlage mit Braustatt und Bierkeller war 300 fl. wert. Sein Betrieb, der vom Orden konzessioniert war, stand mit 75 fl. in der Schatzungsanlage. Kaufmann, der Lammwirt, hatte die Brauerei samt der Wirtschaft erst vor einigen Jahren geerbt. Sie war wesentlich kleiner. Sein Braukessel faßte nur acht Eimer, genausoviel wie der von Johannes Huber. Huber, gelernter Bierbrauer, hatte das Handwerk in Bamberg gelernt und die Tochter des Neckarsulmer Küfers Schuh geheiratet. Von ihrem Vater durfte er dann die Brauerei übernehmen. Die zweitgrößte Niederlassung indes gehörte Augustin Müller, seine Anlage faßte 15 Eimer, war jedoch veraltet. Brauen konnte er nur elf Eimer pro Sud, denn vier Eimer mußten beim Brauvorgang einkochen. 1717 plante er, sein Brauwesen „in Ein sicheres Orth (zu) setzen", also zu verlegen. Im Begriff, eine „Braustatt aufzurichten", war auch Caspar Warmuth, der Engelwirt, der allerdings nur fünf Eimer braute. Sogar der Amtmann hatte einen kleinen viereimrigen Braukessel, und schließlich beschäftigte sich auch der Küfer Hans Peter Dill mit der Bierherstellung. Er besaß nur einen kleinen Kessel, der offenbar nicht anerkannt war. Deshalb versprach er, die Anlage instand zu setzen, wenn er die herrschaftliche Brauerlaubnis bekam.

Bei dieser Aufnahme gab es offenkundig einigen Wirbel. Eine herrschaftliche Braukonzession, eine Gerechtigkeit, besaßen nämlich augenscheinlich nur Müller und Lemle. Die anderen drei waren Küfer und teils nach eigener Aussage gelernte Brauer. Sie bezahlten nur die übliche Schatzung für ihr Handwerk, d.h. für die Küferei.

Noch gar nichts ist indes über die Qualität des Neckarsulmer Gerstensafts gesagt. 1724 beantragte der Barbier Metz aus Neckarsulm, neben Wein auch Bier ausschenken zu dürfen. Das Gebräu wollte er aus Mannheim beziehen, denn von den fünf Neckarsulmer Braustätten waren anscheinend nur noch die Warmuthsche und Dillsche Anlage in Betrieb, wo man aber "doch auch selten etwas Gutes brauen thut".[23] Da es in Neckarsulm ein "gahr schlechtes und untrinckbahres Bier" gab, wollte Metz auf Mannheimer Importe zurückgreifen. Die Herrschaft war damit jedoch nicht einverstanden, genausowenig wie die protestierenden Neckarsulmer Bierbrauer. Sie wurden aber bei dieser Gelegenheit gleich ermahnt, „fürs künfftig besseres und gutes Bier zu brauen", damit keine Klagen mehr kämen. Zwei Jahre später erneuerte Metz seine Eingabe mit dem Hinweis, daß Hiesige, Benachbarte, Reisende, vor allem aber Kranke und Schwangere sich über das Bier beschwerten, „das bekanntlich fast kein Mensch zu trinckhen vermag". Wiederum verweigerte der Orden ihm Biereinfuhr und -ausschank, verwarnte die Brauer jedoch scharf, entweder gutes Bier zu brauen oder sich „bei empfindlicher Straf" der Brauerei völlig zu entäußern. Ob dies der Grund dafür war, daß das Brauwesen um 1740 ein Ende fand, läßt sich nicht feststellen. Wahrscheinlicher ist jedoch, daß sich die Nachfrage nach Bier in dem Maß verringerte, in dem der Weinbau wieder in Schwung kam. Interessant wurde das Brauwesen erst wieder um das Ende des 18. Jahrhunderts, wiederum im Zusammenhang mit einer schweren Weinbaukrise. Die beginnenden Kriege mit dem revolutionären Frankreich trugen das ihre dazu bei, die Neckarsulmer Brauereien wieder zu neuem Leben zu erwecken.

1792 litt Neckarsulm unter Weinmißwuchs, seit drei bis vier Jahren zerstörte Frost die Reben, so daß es auf Jahre hin am Neckar keine Hoffnung auf Weinmost gab.[24] Der Wein war rar und derart teuer, daß sich der normale Bürger seinen Schoppen nicht mehr leisten konnte. Vermehrt wurde auf Bier umgestiegen, und dieses mußte eingeführt werden, da es in der Stadt keine Brauerei mehr gab. Die Folge der erhöhten Nachfrage waren Lieferschwierigkeiten und steigende Preise. Oft ließ sich im Neckarraum bis hinab nach Heidelberg und Mannheim kein Bier mehr auftreiben.

Dies alles wissen wir von Gottfried Berner, einem Neckarsulmer Ratsmitglied, der eine Braugerechtigkeit für sein Haus anstrebte, da sein Sohn in Mannheim das Brauhandwerk lernte. Auch Ignaz Maier, der Neckarsulmer Zuckerbäcker, erinnerte sich in jenen Tagen, daß die Braugerechtigkeit auf seinem einst dem Küfer und Bierbrauer Huber gehörenden Haus lag. Nachdem er jahrelang dafür bezahlt hatte, ohne Bier zu brauen, wollte er diese Möglichkeit nutzen. Zunächst wünschte er aber, die Gerechtigkeit zu „translocieren", d.h. auf ein anderes Haus zu übertragen, denn er war im Begriff, sein Haus gegen ein größeres in der Marktstraße zu vertauschen.

Amtmann Lindner wies darauf hin, daß es in der Stadt inzwischen drei bekannte Braugerechtigkeiten auf Häusern gab. Außerdem mischten sich die Küfer in die Debatte um die Braugerechtigkeiten ein und erinnerten daran, daß ehemals das Recht, Bier zu brauen und auszuschenken, nur bei den Küfern lag und daß es dabei bleiben sollte.

Amtmann Lindner hatte gegen Maiers Antrag keinen Einwand, 1793 durfte er die Brautradition, nun allerdings in seinem Haus an der Marktstraße, wahrscheinlich dem späteren „Gasthaus Rose", wiederbeleben. Dem Sohn des Stadtrats Berner wurde jedoch keine neue Braugerechtigkeit genehmigt, sondern man empfahl ihm den Kauf einer der bereits vorhandenen Gerechtigkeiten. Berner ließ aber offenbar den Plan, Bier zu brauen, wieder fallen. 1803 jedenfalls gab es nur zwei Brauer, Ignaz Maier und Joseph Ludwig Brunner, der die Braugerechtigkeit, die nun bereits auf seinem neuen Gasthaus, dem „Prinz Carl" liegt, 1803 von Kneller und Müller gekauft hat.[25] Ihre beiden Brauereien wurden auch im 19. Jahrhundert noch weitergeführt.

Von Schild- und Heckenwirten

Wie für Brauereien war auch für den Betrieb von Gastwirtschaften eine Konzession notwendig. Wer im Besitz einer sog. Schildgerechtigkeit war, durfte als Kennzeichen seiner Gastgeberei ein Schild führen. Die Landesherrschaft verlieh Schildgerechtigkeiten teils auf Häuser, teils an Personen auf Lebenszeit oder nur für eine festgelegte Zeitspanne. Bezahlt wurde sowohl eine einmalige Summe anläßlich der Verleihung des Schildes als auch eine jährlich wiederkehrende Gebühr für die Rekognition, d.h. für die Anerkennung, daß der Betrieb weitergeführt werden durfte. Die Zahl der Schildwirtschaften, in denen außer Getränken auch Speisen serviert wurden und Herbergsplätze zur Verfügung standen, schwankte in Neckarsulm. Spezialakten über Wirtshäuser liegen aus dem 17. und 18. Jahrhundert vor, für die Zeit davor finden sich Hinweise auf die Neckarsulmer Gastronomie in Kriegsakten und Amtsrechnungen. Abgesehen von der örtlichen Überlieferung über die „Sonne", in der 1525 der Bauernführer Jäcklein Rohrbach aufgegriffen worden sein soll, galt als ältestes Gasthaus der „Engel" in Neckarsulm.[26] Wann es seinen Anfang genommen hatte, war bereits Ende des 17. Jahrhunderts nicht mehr bekannt. Der Konzessionsbrief soll im Schwedischen Krieg, also wohl um 1640 während des Dreißigjährigen Krieges, verlorengegangen sein, als die Stadt vollständig geplündert worden war. Man erinnerte sich nur, daß das Haus schon „vor unerdencklichen Jahren" – an anderer Stelle heißt es vor 100 und mehr Jahren – mit Privilegien versehen war. Der „Engel", das geht aus den Amtsrechnungen des Ordens hervor, war zumindest im 17. und teils noch im 18. Jahrhundert das erste Haus am Platze. Der Engelwirt durfte laut Konzessionsbrief sein Schild nicht verändern und es weder zu bestimmten Ruhezeiten noch im Krieg einziehen. Diese Wirtschaft sollte, so war es der Herrschaftswille, also dauernd und ohne Unterlaß geführt werden. Sie war auch besonders als Herberge für Ordensangehörige vorgesehen, denn es hatten des „hohen Ordens Cavalliers freye Einker alda". Für diese Sonderauflagen genoß der Engelwirt auch Vorteile. Das Haus war wacht- und fronfrei, der Besitzer wurde also weder zur Wache auf der Stadtmauer noch zu Frondiensten herangezogen, noch mußte er die entsprechenden Auslösungen für diese Dienste an die Stadt bezahlen, und er hatte im Herbst „seine freie Vorlees".

Daß Wirtsschilder auch eingezogen wurden, war keine Seltenheit und konnte verschiedene Gründe haben. Gerade in Kriegszeiten neigte mancher Wirt dazu, seine Herberge lieber zu schließen. Zwar konnte man, soweit Geld noch floß, mit Soldatenzechen anfangs auch ein Geschäft machen, doch in der Regel blieb den Wirten ein Defizit. Auch in Friedenszeiten war das Leben der Wirte unruhig, für damalige Verhältnisse sogar hektisch. Wer es sich leisten konnte, setzte sich dieser Belastung nicht aus. Aus diesem Grund gab Heinrich Ludwig Merckle die Bewirtschaftung der „Rose" wieder auf, die er 1655 erworben hatte. Auch sein Sohn, der sein Vermögen durch eine „reiche Mariage" vermehrte, hielt nichts von einem unruhigen Wirtsleben. Somit endete die Tradition der „Rose", die 1635 zum erstenmal erwähnt worden war, für sehr lange Zeit.

1697 gab es deshalb nur noch drei Gasthöfe: den „Engel", das „Lamm", das erst 1674 eröffnet worden war, und den „Löwen". Auch der „Löwe" blickte bereits auf eine längere Tradition zurück, deren Beginn sich 1697 im Dunkel verliert. Die Wirtin Barbara Windolf konnte sich nicht erinnern, wann der Wirtschaft die Schildgerechtigkeit erteilt worden war, denn sie hatte in die Löwenwirtschaft eingeheiratet. 1697 wollte Wilhelm Hertle eine weitere Schildwirtschaft eröffnen. Die anderen Wirte waren gegen Hertles Antrag. Nach den langen Kriegszeiten wollten sie nun nicht mit neuen Mitteln, mit größerem Konkurrenzdruck, ins Verderben gestürzt werden. Die Lage der Neckarsulmer Wirte schien nicht besonders gut zu sein, und obwohl bekannt war, daß es früher mehr Schildgerechtigkeiten gegeben hatte, traten sie nun für eine Verringerung der Gasthöfe ein. Die amtlichen Nachforschungen ergaben, daß neben den genannten drei Wirtschaften früher in Neckarsulm „das Hartmannshaus eine Gastgeberey war und sonst noch zwey andere Gastgebereyen gewesen".

Insgesamt scheinen also vor Zeiten sechs verschiedene Gerechtigkeiten bestanden zu haben: „Engel", „Lamm" und „Löwe"; daneben die abgegangenen Wirtshäuser „Sonne" und „Rose". Die sechste bleibt unbekannt. Tatsächlich erreichten Johann Adam Khun vom „Engel", Johann Heinrich Gündler vom „Lamm" und des Löwenwirts Johann Caspar

Windolf Witwe am 2. Oktober 1700 von der Regierung die Zusicherung, daß die Zahl der Wirtschaften nicht erhöht werde. Abgesehen davon, daß die Wirte im französischen Krieg schwer gelitten hatten, begründete die Regierung das Reservat damit, daß der Verkehr in Neckarsulm nicht so ansehnlich sei, daß mehr als drei Wirte davon leben könnten.

Diesen „Schutzbrief", der die Zahl der Wirtschaften jedoch in widerrufbarer Weise festschrieb, ließ sich der Orden natürlich bezahlen. Jährlich 150 fl. hatten die Wirte dafür zusammen zu entrichten. Entsprechend den Kapazitäten und der Einträglichkeit der Betriebe wurde die Summe aufgeteilt. Die Witwe Windolf trug dabei einen Anteil von 30 fl., was wiederum auch ihren schweren Stand unterstreicht. Lamm- und Engelwirt hingegen bezahlten je 60 fl., und damit läßt sich wohl ziemlich sicher sagen, daß ihre Gaststätten auch wesentlich besser florierten als die ihrer Kollegin.

Schon zehn Jahre später entschloß sich der Orden, trotzdem eine weitere Gerechtigkeit zu vergeben, und in der Folge bekam der Neckarsulmer Amtmann Stipplin die Erlaubnis, die Gerechtigkeit der „Sonne" wiederzubeleben.[27] Der Protest der Neckarsulmer Wirte nützte nichts. Nach dem Tod des Amtmanns unternahmen sie einen erneuten Vorstoß gegen die „Sonne". Die Sonnengerechtigkeit sei ein ius personale, ein persönliches Recht, des Amtmanns gewesen, das mit seinem Tod erloschen wäre. Erfolg war ihrem Kampf nicht vergönnt, Stipplins Witwe durfte die „Sonne" weiterführen. Sie tat das natürlich nicht persönlich, genausowenig wie Georg Gottfried Stipplin selbst als Wirt in der „Sonne" ausgeschenkt hatte. Die Gerechtigkeit wurde an einen Neckarsulmer verpachtet, der die Wirtschaft führte. Während die Windolfin selbst als Wirtin im „Löwen" stand, empfand es die Amtmann-Witwe bereits als unschicklich und störend, in einem Wirtshaus auch nur zu wohnen. Als sie beim Tod ihres Mannes die Amtswohnung im Schloß verlassen mußte und in das Stipplinsche Haus „Zur Sonnen" zog, beantragte sie aus diesem Grund die sog. „Translocierung" des Sonnenschildes. Die Wirtschaft wurde daraufhin mit herrschaftlicher Erlaubnis in ein anderes Haus verlegt.

Damit gab es seit Anfang des 18. Jahrhunderts also vier Wirtschaften in Neckarsulm, die in Friedenszeiten in erster Linie mit den Heckenwirten konkurrieren mußten. Die damaligen Besenwirte, die in der Weingärtnerstadt – vor allem im Metzger- und Bäckerstand – zahlreich vertreten waren, durften im Grunde nur Wein ausschenken. An diese Auflage hielten sie sich aber nicht, vielmehr gaben sie zunehmend mehr Essen an ihre Gäste aus und beherbergten sogar einige. Bereits 1742 erinnerte der Orden auf Klage der Schildwirte hin an das Verbot.[28] Die Ermahnung nützte wenig, denn 1749 klagten die Gastwirte mehrere Heckenwirte erneut an: Heinrich Merckle, Friedrich Thoma, Michael Herold, Joseph Merckle, Antoni Engelhardt, Michel Ehehalt und Peter Heinrich Merckle, Vorfahr des berühmten Löwenwirts.

Für die vierziger Jahre sind aber auch Nachrichten über die Qualität der Neckarsulmer Gastronomie auf uns gekommen, die den Schildwirten kein gutes Zeugnis ausstellten. Tatsächlich hätten die vier Gasthöfe ausreichen können, „wan es nur theils selben nicht an der Erforderlichen Vorlag, theils an Conduiten und besonders auch darinne fehlete, daß sie denen Gästen öfters unleidentliche Zechen machen und selbe durch gebrauchende willkürliche Übermaß von den Straßen und fernerer Einkehr abtreiben".[29] Es mangelte in den Neckarsulmer Wirtsstuben also sowohl an Angeboten für Speise und Trank als auch an der nötigen Höflichkeit und gepflegten Umgangsformen. Da schlechte Qualität auch nicht durch hohe und willkürlich festgelegte Preise verbessert wird, machten Reisende und Fuhrleute entweder gleich einen Umweg um Neckarsulm, oder aber sie fuhren weiter nach Heilbronn. Die Wirtschaften waren seit geraumer Zeit schlecht geführt, und zwar galt dies ausnahmslos für den „Löwen" unter Augustin Soller, für Johann Adam Rückerts „Lamm" und die „Sonne", die von Johann Martin Streble geleitet wurde. Die einzige rühmliche Ausnahme war der „Engel", den der Küfer und Bierbrauer Georg Martin Warmuth führte. Gerade aus dem Bereich der Besenwirte stieg daher das Interesse an einer Schildgerechtigkeit. Friedrich Joseph Thoma bewarb sich 1743 bereits um ein Schild, doch Hoch- und Deutschmeister Clemens August von Bayern lehnte sein Gesuch ab. Er empfahl, eine vorhandene Schildgerechtigkeit käuflich vom derzeitigen Besitzer zu erwerben. Die Schildwirte hingegen wurden zu besseren Leistungen ermahnt.[30]

Thoma kam dem Vorschlag, ein vorhandenes Schild zu kaufen, nicht nach, aber Peter Heinrich Merckle, der als Heckenwirt bereits unangenehm aufgefallen war, gelang der Einstieg in die Gastronomie. 1757 kaufte er das Haus „Zur Sonne" und wollte die Wirtschaft auch betreiben.[31] Ihm bewilligte Clemens August im Oktober desselben Jahres die Gerechtigkeit. Die Konzession kostete den neuen Schildwirt 100 fl. Er versuchte, das völlig heruntergekommene und abgegangene Gasthaus wiederaufzurichten. Amtmann Ulsamer setzte durchaus Hoffnung in das Unternehmen, denn die „Sonne" hatte in der Hauptstraße nicht nur die beste Lage, es war auch zu erwarten, daß die Wirtschaft dem „Publico wo nicht höchst notwendig, doch sicher recht anständig und nützlich sei". Außerdem hatte Merckle auch „durch seine gute qualitaten gegen sonsten schon sehr viele passage und einkehr ins orth gezogen".[32] Merckle betrieb die „Sonne" so erfolgreich, daß er auch die Löwenwirtschaft erwerben konnte. 1775 überschrieb er sie auf seinen Sohn Franz Michael und ließ die Schildgerechtigkeit an ihn abtreten. Zugleich wurde der „Goldene Löwe" verlegt, denn der Sohn besaß ein Haus mit Hof, Scheuer, Stall und zwei Kellern „in der allerbesten Lage"[33] in der Hauptstraße, das eine weit bessere Wirtschaft abgab als das bisherige Gebäude. So kam der „Löwe" Ende des 18. Jahrhunderts in die Marktstraße und ging dann von Franz Michael Merckle, dem der Orden den Titel eines Kommerzienrats zuerkannte, auf Peter Heinrich Merckle, *den Neckarsulmer Löwenwirt*, über. So wie der „Löwe" im Zentrum Neckarsulms lag, so trat auch diese Familie, allerdings nur für sehr kurze Zeit, in den Mittelpunkt des Neckarsulmer Wirtschaftslebens, denn über den Gastronomiebetrieb hinaus entwickelte Merckle weitreichende Aktivitäten.

Dennoch darf man nicht übersehen, daß die Gaststättenlandschaft Neckarsulms Ende des 18. Jahrhunderts vergleichsweise ärmlich blieb, zumal 1797 die „Sonne" bereits wieder eingegangen war. Während der Verkehr in Neckarsulm nach Fertigstellung der 1796 vollendeten Straße von Neckarsulm über Neuenstadt nach Öhringen, aber auch durch die Entwicklung der militärisch-politischen Lage zunahm, gab es wieder nur drei Wirtshäuser. „Offenbar reichen solche wenn ihre Besitzer auch noch so emsig sind künftig nicht hin alle gäste und reisende zu ihrer zufriedenheit mit Logis, Stallungen und anderen Bedürfnissen zu bedienen, und in diesem Fall würde der Vortheil der so lange und so sehnlich gewünschten Strasse für Neckarsulm sehr klein ausfallen, weil die fremde von hier abgeschrickt würden und ihr Geld anderwärts verzührten."[34] Dies war 1797 die Meinung von

Joseph Ludwig Brunner, der sich als Werkmeister stark im Chausseebau nach Neuenstadt engagiert hatte und nun in seinem geplanten Haus vor dem Unteren Tor eine weitere Wirtschaft eröffnen wollte. Man braucht nicht viel Phantasie, um sich die Reaktion der etablierten Wirte vorzustellen. 1798 erfolgte eine erste Beschwerde, die im Jahr 1800 erneuert wurde, denn so lange gab es keinen Entscheid über eine neue Gasthauskonzession für Brunner. Die Beschwerde, die von Löwenwirt Peter Heinrich Merckle, Lammwirt Joseph Michael Denzer und Engelwirt Caspar Bronner unterzeichnet war, malte die Lage der Gastronomen in finsteren Farben. Wieder erhob man Klage gegen die Heckenwirte, deren Eingriffe in das Gewerbe fortdauerten, die Kriegslasten wurden erwähnt, und eindringlich wurde darauf hingewiesen, daß die Geschäfte erst rentabel gingen, seit die Chaussee nach Öhringen bestehe. Nun wolle Brunner ihren mühsamen Verdienst schmälern. Dieser Mann aber "von jeher gewohnt – alles aufs höchste zu treiben, und jede seiner schon so vielfältig unternommenen außer den Gränzen seiner erlaubten Profession liegenden Speculationen beinahe immer nur auf den Nachtheil eines oder mehrerer seiner Mitbürger zu gründen, würde auch bei diesem neuen Attentat gewis nicht... auf halbem wege stehen bleiben". Mit der Eröffnung eines neuen Wirtshauses, dazu noch vor den Toren der Stadt gelegen und damit jeder Aufsicht entzogen, wäre „der Ruin von einer oder der anderen der gegenwärtigen schon bestehenden ohnfehlbar verbunden". Da der Amtmann eine weitere Steigerung des Verkehrs erwartete, sah er keinen Grund für den Niedergang der anderen Wirte. Er vertrat sogar die Ansicht, daß auch fünf Wirtshäuser bestehen könnten, falls die „Sonne" wieder geöffnet würde. Amtmann Lindners Argumentation ist geradezu geprägt von neuem wirtschaftspolitischem Denken.

Gastgeber könne jeder werden, entgegnete er auf den Vorwurf der Wirte, Brunner entferne sich zunehmend von seiner „erlaubten" Profession.

Nichts erschien dem Amtmann schädlicher als ein Wirtschaftsmonopol. Allein der Erfolg zeige, wer sein Metier am besten verstehe. Seinen Vorteil aber teile Brunner mit anderen, denn der vermehrte Verkehr habe auch direkten Einfluß auf andere Handwerke. Die vorhandenen Wirtschaften hätten sich bei Vieh- und Fruchtmärkten „so traurig und verhältnismäßig" gezeigt, daß Konkurrenz nicht schaden könne. Denn „Wetteifer erweckt die Industrie, macht den Mann geschäftiger, vervollkommnet Künste und Handwerk und macht die Preise fallen". In der Tat glaubte Lindner bereits positive Auswirkungen der stärkeren Konkurrenz auch in der Gastronomie zu spüren. Noch im selben Jahr erhielt Joseph Ludwig Brunner die Konzession für seinen Gasthof, die mit einer Zahlung von 300 fl. verbunden war. Genau im ersten Jahr des neuen Jahrhunderts liegt die Geburtsstunde des Neckarsulmer Gasthofes „Prinz Carl", der im 19. Jahrhundert zum führenden Lokal der städtischen Gastronomie avancierte. Daß es gleichzeitig nicht zum erwarteten wirtschaftlichen Aufschwung kam, lag nicht an der vermehrten Konkurrenz als vielmehr an den bedrückenden Auswirkungen der Napoleonischen Kriege, denen der leichte Aufschwung im Handel, der sich Ende des 18. Jahrhunderts vage abzuzeichnen begann, jäh zum Opfer fiel.

Marktwesen

Neckarsulm hatte im Bereich des Handels von vornherein eine sehr schlechte Ausgangsposition, was bereits in viel früheren Jahrhunderten greifbar wird. Zwar war das Städtchen

Marktwesen

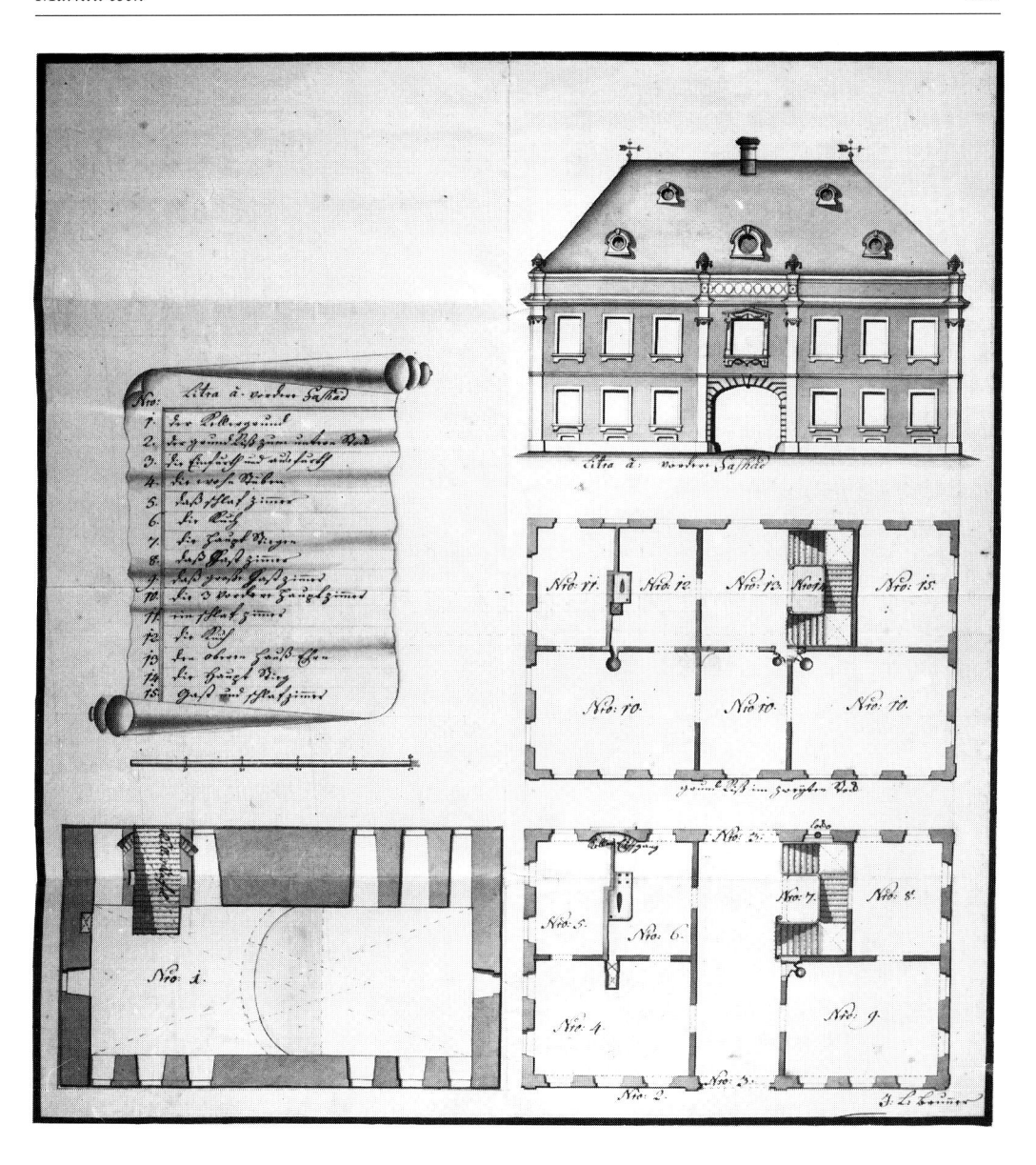

39 Im ausgehenden 18. Jahrhundert sollte Neckarsulm einen neuen, repräsentativen Gasthof erhalten. Der Plan für den „Prinz Carl" stammt aus der Feder des Werkmeisters und Bauherrn Joseph Ludwig Brunner, des künftigen Gastwirts selbst.

von Natur aus so gelegen, daß es „Ampts Insassen und verwanten auch andern anstossern zu besuchen nit unbequem"[35], doch die Nähe zu den Reichsstädten Wimpfen und Heilbronn ließen den Handelsplatz an der Mündung der Sulm in den Neckar nie recht gedeihen, wobei die Nachbarschaft zum reichen Heilbronn verhängnisvoller wirkte als die geringe Entfernung zu Wimpfen.

In den Jahrzehnten nach den Erschütterungen des Bauernkriegs sind uns erste Nachrichten darüber überliefert, daß der erste Hoch- und Deutschmeister Walter von Cronberg auch Sorge auf die wirtschaftliche Förderung der daniederliegenden Stadt verwendete.[36] Auf die Bitte des Stadtmagistrats hin unterstützte er 1531 „zu uffnemung des Fleckens" die Aufrichtung von zwei Jahrmärkten im Mai an Zwölfboten Jacobi und Philippi und im August am Tag des Märtyrers Lorenz sowie eines Wochenmarktes, der immer dienstags stattfinden sollte. Überlegungen zur Verbesserung des Marktwesens zu Neckarsulm hatten anscheinend sogar eine recht lange Tradition. Der Bericht der Stadtväter, so geht aus einem Cronbergschen Briefkonzept hervor, vergaß nicht zu erwähnen, daß solches bereits „weiland keyser Maximilian allerhochlöblicher gedechtnus mehrmals alda für gereyset und übernachtet und ganz keyserlich allergnedigst gegen Inen erboten, aber aus Irem unverstand und Liederlichkeyt solch keyserlich erbieten nachgeblieben". Was in der Regierungszeit Kaiser Maximilians, in dessen Händen das Regal (Königsrecht) der Marktverleihung lag, augenscheinlich wegen der Trägheit der Stadtführung nicht verwirklicht wurde, ging unter Kaiser Karl V. in Erfüllung. Am 29. April 1541 versicherte der Kaiser für beide Jahrmärkte und für den Wochenmarkt, daß „jede Person so die mit irem gewerb / kremerey und kauffmanschaft / Haab und güter / oder jnn andere weg besuchen / darzu und darvon ziehen / alle und jede gnad / Freyheyt / sicherheyt / gleitt / Schirm / recht / gerechtigkeyt und gut gewohnheiten haben / sich der Frewen gebrauchen und geniessen sollen und mögen". Niemand sollte das Recht haben, die Märkte in irgendeiner Weise zu stören, bei einer Strafe von 40 Mark löttigen Goldes, wie auch kein anderer bereits etablierter Markt von den neuen Neckarsulmer Märkten gestört werden durfte. Karl V. bewilligte die Jahrmärkte nicht nur, er dehnte auch ihre Dauer aus. Der Maimarkt sollte drei Tage vor und nach Zwölfboten währen, und ebenso konnte man es mit dem Lorenzmarkt im August halten. Jeder Jahrmarkt dauerte also genau eine Woche.

Es scheint, als hätten die Märkte durchaus ihre Kunden gefunden und Händler angezogen, denn 1592 heißt es, daß die Neckarsulmer Märkte aufgrund der Gunst der Lage wie der Termine sogar „vor der benachparten weit in grosseren ansehen"[37] gestanden hätten. Als jedoch Ende des 16. Jahrhunderts der neue Kalender eingeführt wurde, erwuchs den Märkten daraus ein großer „abgang der Standt und weggeln". Was war geschehen? Die Umstellung auf den Gregorianischen Kalender brachte eine Verschiebung der Gedenktage der Heiligen mit sich, die negative Folgen für die Märkte hatte. Die neuen Feiertage wurden nämlich von den Nachbarn nicht gefeiert, sie sorgten, was noch schlimmer war, dafür, daß die Neckarsulmer Märkte mit Markttagen in Öhringen, Neuenstadt und Wimpfen fast zusammenfielen. Die Märkte, so fürchtete man in Neckarsulm, würden sich damit gegenseitig verderben. Außerdem fiel der Walburgismarkt, der identisch ist mit dem Markt an Jacobi und Philippi, in die Zeit des „Hacket" (Bereitung der Weinberge), der Lorenzmarkt aber in die Erntezeit. Hatte der gemeine Mann beim Markt früher „etwas verdient und ist mit einem bahren pfenning mehr gefaßt dann sonsten" gewesen, so mußte der Landmann nun den Märkten fernbleiben. Zumindest am neuen Walburgistermin machten auch die Wege noch große Probleme. Sie waren noch nicht abgetrocknet, und es stand zu befürchten, daß die Wagen der Händler steckenblieben und die Kaufleute ihre Waren lieber auf anderen Märkten feilboten.

Aber auch mit dem Lorenzmarkt verknüpften sich Bedenken, denn nach dem neuen Kalender war zu diesem Zeitpunkt die Frucht reif und die Ernte in vollem Gang. Da aber Märkte auch „allerhand verdechtig gesind" anzogen, mußte man Vorkehrungen treffen, damit die Ernte nicht durch Brandstiftung, „welches der Liebe Gott gnedig abwenden wölle", oder durch Diebstahl, „inmassen dan neulich beschehen und nöchtlich ausgetroschen", dezimiert wurde.

Wie das Problem gelöst wurde und ob die Märkte, bei den alten Terminen belassen, weiterhin gut besucht wurden, ist nicht überliefert. Dagegen findet sich erwartungsgemäß der Beleg dafür, daß im Dreißigjährigen Krieg auch das Neckarsulmer Marktwesen großen Schaden litt. Bereits 1627 mußten die Gundelsheimer und Neckarsulmer Wochenmärkte wieder in Schwung gebracht werden. Aufgrund der Kriegshandlungen hatten Deutschordensuntertanen begonnen, ihre Viktualien und Feilschaften auf ausländischen Märkten anzubieten, was ihnen der Hochmeister Johann Eustach von Westernach nun bei 20 fl. Strafe untersagte. Dabei wurde den Untertanen auch noch einmal das Vorkaufsrecht von Marktbeginn bis zum Mittag ausdrücklich eingeräumt, was besagte, daß innerhalb dieser Zeitspanne nur an Ordensuntertanen verkauft wurde, für deren Versorgung die Märkte in erster Linie eingerichtet waren. Durch solche Maßnahmen ließen sich die verheerenden Kriegsauswirkungen auf die Märkte zweifellos nicht beheben, und bei den wachsenden Versorgungsproblemen nimmt es nicht wunder, daß die Wochenmärkte nach Kriegsende völlig ins Stocken gerieten und erneuert werden mußten. 1660 bat die Stadt Neckarsulm aus diesem Grund auch wieder um die Bestrafung der Händler, die ihre Waren anderweitig anboten. Ausgenommen von diesem Verbot waren lediglich die Jahrmärkte in der nächsten Umgebung in Heilbronn, Wimpfen, Neuenstadt und Weinsberg. Im selben Jahr wurde auch die Einrichtung von zwei weiteren Jahrmärkten gefordert, die der Stadt ja nicht nur Stand- und Wegegelder einbrachten, sondern der Herrschaft auch eine Mehreinnahme beim Umgeld. Bereits fünf Tage später gewährte Hoch- und Deutschmeister Leopold Wilhelm von Habsburg an Lichtmeß (2. Februar) und Martini (11. November) zwei neue Jahrmärkte, nicht zuletzt weil sich an dem für „Commercien bequemen Ort" der Zugang mehr und mehr erzeige, „in der Hoffnung, daß dies der Stadt insoweit nutzbar ist, sich der ausgestandenen langwierigen Kriegs Verderblichkeiten in etwa damit zu ergetzen und Ihren Nachkömblingen gedeyliche Verzehrung zu machen"[38]. Die Dauer der neuen Märkte wurde wiederum auf eine Woche festgelegt.

Vieh- und Fruchtmärkte

Daß die Heilbronner Konkurrenz Neckarsulm Sorge bereitete, läßt sich beispielhaft an den Viehmärkten aufzeigen. Ende des 18. Jahrhunderts errichtete die Reichsstadt neben den vier gewöhnlichen Messen auch noch vier Viehmärkte. Das Ergebnis war, daß die Neckarsulmer Jahrmärkte „in solchen Abgang gekommen waren, daß nicht nur die darauf habende Unkosten nicht mehr erlöhnet, sondern auch hiesige gemeine Stadt von ihren Mitteln zu ersetzen sich genöthiget siehet"[39].

Um diesen Mißstand zu beheben, wollten die Neckarsulmer Stadtväter die eigenen Märkte an Lichtmeß und Walburgis ebenfalls mit Viehmärkten verbinden, um Händler und Kunden wieder nach Neckarsulm zu ziehen. Der Magistrat schätzte die Ausgangssituation dabei gar nicht schlecht ein, zumal ein günstiger Marktort auf der Bleichwiese in viel direkterer Stadtnähe als in Heilbronn vorhanden war. Ferner wurde im gesamten Ordensgebiet kein Zoll und keine Guldenakzise erhoben, und außer dem städtischen Wegegeld hätten die Verkäufer keine Auslagen, während man in Heilbronn „Anlagen zu machen" begann und damit die Unkosten der Händler stiegen. Diesen Optimismus teilte die Ordensregierung dagegen nicht uneingeschränkt. Sie fürchtete, daß die Nachbarschaft auf neue Märkte ablehnend reagieren könnte. Vor allem vom württembergischen Herzog erwartete man in Mergentheim nichts Gutes. Er hatte nämlich seinen Untertanen auch den Besuch der Heilbronner Viehmärkte verboten. Die Aufhebung dieses Verbots hatte Heilbronn große Mühen und Kosten bereitet. Erst als aus Neuenstadt verlautete, daß Württemberg keinen Anstand nehmen werde, erging am 27. April 1784 die Genehmigung für zwei Viehmärkte, die am letzten Aprildienstag und am Dienstag nach Martini beginnen und im Zusammenhang mit dem Walburgis- und dem Martinimarkt stattfinden sollten.

Die Marktordnung, die der von Mergentheim entsprach, gibt einen guten Einblick in den Ablauf des Viehhandels. Der Sammelplatz für Pferde war bei der Neckarfähre, das Rind- und Klauenvieh wurde im sog. Schornstein, einer Trasse nahe dem Oberen Tor, zusammengetrieben. Zu Marktbeginn fand vormittags um 10 Uhr der Umritt der Pferde statt, zu dem der Trommler um 9 Uhr alle Händler zusammenrief. Alle Pferde, die in Neckarsulm angeboten wurden, mußten die Verkäufer dem Publikum bei dieser Gelegenheit präsentieren. Niemand durfte sich zuvor vom Sammelplatz entfernen, wollte er nicht riskieren, daß seine Tiere konfisziert wurden. Der Umritt war jedoch lediglich eine Besichtigungsmöglichkeit für alle Interessierten. Sie hatten Gelegenheit, sich umfassend über das Neckarsulmer Marktangebot zu informieren und damit auch einen Eindruck von der Qualität des Marktes zu bekommen. Der Viehhandel selbst vollzog sich nach Heilbronner Herkommen. Perfekt war Kauf oder Tausch mit dem Handschlag. Fehlte der Handschlag, oder konnte er nicht nachgewiesen werden, war der Kontrakt ungültig. Als Grundlage für etwaige folgende Rechtsstreitigkeiten wurden die Verträge jedoch über den Handschlag hinaus auch von der Stadt protokolliert.

Tatsächlich fiel der erste Markt Ende April trotz der extrem knappen Ankündigungszeit so gut aus, „daß durch 152 zu Protokoll angezeigte Käuffe / die Geld Ausgabe bei 15 Tauschcontracten nicht miteingerechnet / würcklich 13459 fl. circuliert seyen und die Losung der Bürgerschaft für Victualien beynahe auf tausend Gulden angeschlagen werden mag".

Um die neuen Märkte richtig in Schwung zu bringen, waren Juden und Christen drei Jahre lang von Wegegeld und Leibzoll befreit. Wegegeld war eine Abgabe, die für die Benutzung von Straßen und Wegen von einer Kommune erhoben wurde, Leibzoll dagegen war eine Pro-Kopf-Abgabe, die von jedem Juden als Schutzgeld an die Herrschaft bezahlt wurde. Die Befreiung von diesen Lasten galt jedoch nur für Personen, die des Marktes wegen in die Stadt gekommen waren. Führten einen andere Geschäfte nach Neckarsulm, dann waren Wegegeld und auch Leibzoll fällig. Auch Stand- und Brettergeld wurde drei Jahre lang von den Händlern nicht erhoben. So war man auch noch vier Jahre nach Einführung der Viehmärkte mit dem Erfolg zufrieden. Auch die Jahrmärkte erlangten wieder mehr Zulauf. 1788 wurden immerhin 10 000 fl. beim Kram- und Viehmarkt umgesetzt. Der Einzugsbereich des Viehmarktes war sogar recht groß, „die Kaufliebhabere waren von weit entfernten Ortschaften und so gar von Landau her zahlreich versamlet gewessen". Unzufrieden indes war die Stadt 1788 mit dem Zustrom der Ordensuntertanen. Auf dem Marktplatz waren „aus dem hohen Orden keine 20 paar Ochsen verhanden... wo ansonsten der Verkauff doppelt so starck gewesen seye". Die Stadtverwaltung wünschte daher, daß die Regierung in Mergentheim ein Verbot für die Untertanen ausspreche und den Zulauf zu den Märkten in Heilbronn und Neuenstadt unterbinde. Doch wie in dem Fall, als die Wirte die Einschränkung der Konkurrenz forderten, entschied Hoch- und Deutschmeister Maximilian Franz von Habsburg, modernen Überlegungen folgend, anders. Er gab dem Gesuch nicht statt, „da das Begehren der Stadt Neckarsulm die natürliche Freyheit der dortigen Bürger verletzed, nach welchem sie befüget sind, ihre Feilschaften wann und wo sie wollen, zu Markt zu bringen". Mehrung und Stärkung des Handels konnte nicht durch Verbote und Einschränkung von Freiheit und Wettbewerb erreicht werden, sondern nur durch die Steigerung der Attraktivität eines Handelsplatzes und durch die „Eröffnung mehrerer Nahrungsquellen". In diesem Zusammenhang ist der Vorschlag des Hornecker Oberamtmanns, Freiherr von Rabenau, zu sehen, 1799 einen Fruchtmarkt in Neckarsulm zu etablieren und ein Fruchthaus, d.h. einen Speicher, anlegen zu lassen. Dieser Plan zur Förderung der bereits unter den Revolutionskriegen leidenden Stadt fand in Neckarsulm wohlwollende Aufnahme. Der Rat sah in einem neuen Fruchtmarkt „eine der ersten und vorzüglichsten Nahrungsquellen"[40].

Die Ratsherren erwarteten, daß die Landleute aus der Krummen Ebene, Kochertürn, Brettach, Gochsen, Bürg und Kochersteinsfeld, die jährlich durch Neckarsulm nach Heilbronn fuhren, um ihr Getreide auf dem dortigen Markt zu verkaufen, künftig im näher gelegenen Neckarsulm zum Markt kämen. Außerdem hoffte man auf das Interesse und den Zustrom der Bürger aus dem Weinsberger Tal, die bekanntermaßen den Großteil ihrer Früchte im Ausland einkaufen mußten. Um den Markt gegen die Heilbronner Konkurrenz zu stärken, empfahl die Stadt – wie nicht anders zu erwarten – ein Verbot des Heilbronner Fruchtmarkts für Ordensuntertanen und die Aufhebung des Vorkaufsrechts der Ordensbürger gegenüber Fremden, das Heilbronn seinen Bürgern gewährte. Die Stadt versuchte also, die Heilbronner Konkurrenz auf direktem Wege auszuhebeln. Ob ein Neckarsulmer Fruchtmarkt Erfolg haben werde und ob „die nahe Reichsstadt Heilbronn hierüber eifersüchtig diesen neuen Fruchtmarkt werde aufkommen lassen, ein solches hat von Glück- oder unglücklichen Zufällen abzuhängen, welche abzuwarten sind".

Mergentheim lehnte die vorgeschlagenen Maßnahmen zur Förderung des Fruchtmarktes ab. Es beharrte auf dem Vorkaufsrecht der Ordensbürger, da dem Markt in erster Linie die Versorgung der örtlichen Bürgerschaft zukäme. Die Sanktionen gegen Heilbronn wurden ebenfalls abgeschmettert, da man einerseits reichsstädtische Gegenmaßnahmen fürchtete, andererseits jeder Zwang mehr schädlich sei. Am 2. Juni 1799 wurde die Einführung des Neckarsulmer Fruchtmarkts beschlossen. Zu diesem Zweck sollte vor dem Unteren Tor gegenüber dem Brunnerschen Neubau ein Fruchthaus mitsamt Kran errichtet werden. Die Gesamtkosten waren auf über 3300 fl. veranschlagt. Da sich Ludwig Brunner und Nähermüller Schindler anboten, den

Bau auf eigene Kosten zu übernehmen, kam es wieder zu Eifersüchteleien der Bewohner der Oberstadt. Die dort ansässigen Bäcker, Metzger und Wirte befürchteten, die Gewinne des Fruchtmarkts würden vor allem am Unteren Tor von Brunner abgesahnt werden. Doch so weit sollte es gar nicht kommen. Die Hoffnung, Neckarsulm allmählich zu einem attraktiveren Marktort auszubauen, fiel den Napoleonischen Kriegen zum Opfer. Das Projekt Fruchtmarkt wurde nicht mehr realisiert.

Händler, Juden und Ausländer

Zweifellos ist im Rahmen einer Stadtgeschichte auch die Frage von Interesse, welche Familien im Handel tätig waren. Auskunft darüber gibt wiederum das Schatzungsbuch von 1681, das eine Zusammenstellung des damaligen Handelsstandes ermöglicht. Zwölf Personen ernährten sich von Handelsgeschäften, wobei der Großteil von ihnen, nämlich neun Personen, nicht über die niedere Ebene des Krams hinauskamen. Als Krämer werden bezeichnet: Andreas Englert, der für Bürgerrecht und Kram immerhin 400 fl. Schatzung zahlte und damit bei weitem die Spitzenposition einnahm. Ihm folgte mit 300 fl. Schatzungssumme Hans George de Laschenal, besser bekannt in der Schreibung Laschinal. Die weiteren Krämer bezahlten eine wesentlich geringere Schatzung, nämlich zwischen 50 und maximal 200 fl. Außer ihnen betrieben Hans Balthes Englerth, Andreas Neer, Claudi Weiß, Marx Nemer, Michell Forheimer, ein „armer kranckher Mann"[41], und Peter Herold einen Kramladen. Als Handelsleute waren ferner Hans Leonhard Cordon, Johann Rovillio und Wilhelm Cherbon ausgewiesen, deren Schatzungseinlagen sich zwischen 100 und 300 fl. bewegten. Außerdem waren auch die Neckarsulmer Juden im Handel tätig.[42]

Im Schatzungsbuch sind mit Hinweisen auf Handelsgeschäfte drei von sieben Juden dezidiert ausgewiesen, wobei Benjamins Handel wegen hohen Alters wohl bereits eingeschränkt war. Hirsch Jud trieb Pferdehandel, und auch Joseph gehörte der Handelsschaft an. Genauere Auskunft über die Geschäfte der Juden in Neckarsulm gibt es aus einer früheren Zeit, aus dem Jahr 1639.[43] Alle acht jüdischen Familien sind namentlich genannt. Außer Aaron, Männlins Sohn, einem einfältigen Rabbiner ohne Vermögen, der seine und seiner Familie Nahrung außerhalb mit Betteln suchte, und abgesehen von Schmut, dessen Handel aus nichts „dann ligen und betriegen" bestand, ernährten sich alle sechs Familien vom Handel. Meyer handelte mit Pferden, Vieh, Früchten und allerhand Waren, Wolf trieb einen „Wechsel mit Silber und Gold auf allerhand Sachen". Aaron der Junge war ebenfalls in Fruchthandel und Wechselgeschäften tätig, und auch die Witwen Josephs und Lemblins handelten mit Hausrat und anderem. So blieb es auch. Ende des 17. Jahrhunderts waren die Juden weiterhin mit allerlei Handel, vor allem mit Pferdehandel, beschäftigt und verfügten fast alle über Hausbesitz.

Neben dem Pferdehandel hatten die Neckarsulmer Juden auch einigen Einfluß im Weinhandel. Raphael aus Neckarsulm hatte deshalb um 1720 zwei der größten Keller der Stadt gepachtet. Da er anscheinend auch Wein pantschte und den Neckarsulmer Wein damit in Verruf brachte, war sein Treiben in der Stadt höchst ungern gesehen. Die Bandbreite des jüdischen Handels erstreckte sich also von Geschäften auf der Ebene von Kramläden bis zum Wein- und Pferdehandel. Um die Mitte des 18. Jahrhunderts hatten dabei die beiden Brüder und Hoffaktoren Nathan Marum Levi und Abraham Marum Levi die Spitzenposition in der Judengemeinde Neckarsulms, die damals 13 Familien umfaßte, von denen vier in

Tafel 7   Der Scheuerberg nach der Rebflurbereinigung 1979.

Tafel 8 Das Gasthaus „Sonne" und die untere Marktstraße mit dem „Prinz Carl".
Das Gasthaus Hitzfelder (unten).
Aquarelle von Philibert von Graimberg, 1875 und 1876.

schlechten Vermögensverhältnissen lebten. Die beiden Brüder besaßen insgesamt bereits zweieinhalb „schön tapezierte" Häuser in der Stadt und erwarben 1750 ein weiteres Haus in der Nähe des Neckarsulmer Schlosses.

Wie es um diese jüdischen Geschäfte Anfang des 18. Jahrhunderts stand, in dem Regierungsmaßnahmen die schlechte Lage der Handwerker und Händler verbessern sollten, ist unbekannt. Die Juden sind in den Unterlagen zur Handwerker-Reduzierung nicht erwähnt, wohl aber die christlichen Krämer und Handelsleute. Demnach gab es in Neckarsulm noch elf Kramläden, keiner davon beschäftigte irgendeinen Gehilfen oder Ladendiener. Peter Herolts Witwe und Johann Balthes Englerth, dessen Namensverwandter den Handel bereits eingestellt hatte, führten Tuch, Zeug und Spezereien. Auch von den beiden Laschinal ist nur noch Hans Adam Laschinals Fettwaren- und Eisenhandel bekannt. Während Wilhelm Cherbon ebenfalls aufgegeben hatte, führten Matthes Foeminis Tuch, Zeug und Fett, Hans Georg Cordon und Andreas Vemino Spezerei, Wachs und Fettware. Bernhard Domino handelte mit Spezerei, Fett und Strümpfen, Magdalena Frohmeyerin mit Leinwand, Spitzen und „vermischter War". Dazu gesellte sich noch Franz Michel Boß mit seinem Leder-, Salz- und Fetthandel sowie Jeremias Guidons „schlechter Kromb". Bei dieser hohen Anzahl von Krämern nimmt es nicht wunder, daß dieser Gewerbezweig für übersetzt gehalten wurde. Der Amtmann hoffte jedoch, „daß mit dem lieben Frieden wieder Manches aufliegen und wie die Exempla noch vorligen, verderben würdt".[44] Er war der Ansicht, der Stadt würden sechs Krämer bei weitem genügen, zumal sich die Ratsverwandten noch erinnern konnten, daß „über 3 bis 4 niemahlen gewesen".

Vermutlich hatte die große Zahl der Händler direkt damit zu tun, daß Neckarsulm in den wiederholten Kriegen des 17. und 18. Jahrhunderts als Lager- und Truppensammelplatz immer wieder im Zentrum stand und nicht nur Soldaten, sondern mit ihnen auch Handeltreibende anzog. Einige von den Händlern, die zu Beginn des 18. Jahrhunderts in Neckarsulm weilten, suchten nach dem Urteil der Ratsherren nämlich ohnehin „Ihre Nahrung auff em Landt bey denen fürstlich- oder adelischen Höffen auch Soldaten".

Geht man die Namensliste der Krämer und Handelsleute durch, ist der hohe Anteil ausländischer Familiennamen auffallend. Bereits Maucher hat sich in seiner Stadtgeschichte eingehend mit der Fremdenkolonie in Neckarsulm beschäftigt und dafür die wichtigste Quelle, die Kirchenbücher, ausgewertet.[45] Dabei fällt auf, daß die ersten ausländischen Namen zu Beginn des Dreißigjährigen Krieges auftreten. Bis 1797 werden in den Kirchenbüchern 58 Familiennamen genannt, wobei die meisten Nennungen bis zur Mitte des 18. Jahrhunderts erfolgt sind. Bei vielen, nicht bei allen, wurde noch der Herkunftsort oder wenigstens das Herkunftsland genannt, wobei der Schwerpunkt auf Italien und Frankreich, speziell im Gebiet Savoyen und den norditalienischen Alpen zwischen Como und Mailand liegt. Daß gerade in den Alpengebieten im 17. Jahrhundert zahlreiche Familien aus Armut auswanderten und dabei bevorzugt dem Weg alter Handelsstraßen folgten, ist bekannt. Daß manche von ihnen im Zuge der Kriegsführung mit Truppenverbänden auch in den Neckarsulmer Raum kamen, ist möglich. Auffallend ist, daß viele der Ausländer in den Kirchenbüchern als Kaufleute – mercatores –, Krämer oder Großhändler bezeichnet wurden. Bürgerlisten oder entsprechende Beilagen zu Bürgermeisterrechnungen liegen nicht vor, auch die Ratsprotokolle sind nicht durchgängig erhalten und geben nicht genügend zusätzliche Auskünfte.

Über 50 Prozent der in den Kirchenbüchern genannten Familien verschwanden vermutlich schnell wieder[46], als sich die Verhältnisse geändert hatten, und sind nur im Laufe einer Generation in den Kirchenbüchern erwähnt, während manche Familie in Neckarsulm ansässig blieb, sich aber einer anderen Nahrungsquelle zuwandte. So gehörte der Nachfahre Sigmund des Kaufmanns Antonius Dintroi aus Salonis in Savoyen 1681 bereits dem Weingärtnerstand an. Sigmund Dintroi war bereits der Letzte seines Namens. Denselben Weg beschritt die Familie Cordon. Auch die Kaufmannsfamilie Donant, 1670 erstmals erwähnt, blieb in Neckarsulm, wechselte aber ins Handwerk. Welche Größe und Bedeutung nun die Handlungen der 1708 erwähnten Laschinal, Foeminis, Cordon, Vemino, Domino, Guidon und Cherbon hatten, läßt sich nicht feststellen. Sicher ist nur, daß sie alle Kramläden besaßen und Handel in nicht ganz großem Stil betrieben.

Über den wohl bedeutendsten ausländischen Kaufmann, der in Neckarsulm ansässig war, gibt es kaum Unterlagen. Es war Clement Hieronymus Grammatica, „berühmter Kauff- undt Handelsmann zu Neckarsulm"[47]. Bei seiner Trauung 1714 in Neckarsulm wird er erstmals aktenkundig. Er darf als Beispiel dafür gelten, daß die ausländischen Einwanderer keineswegs alle aus armen und unteren Gesellschaftsschichten stammten. Es zeigt sich weiter exemplarisch an der Familie Grammatica, daß zwischen den Ausländern enge familiäre Beziehungen geknüpft wurden, möglicherweise sogar schon in der angestammten Heimat bestanden. Die Ehefrau Grammaticas war nämlich eine Tochter von Matthes Foeminis. Als sie jung und kinderlos starb, holte sich Hieronymus seine Nichte Annunciata ins Haus, deren Familie noch im mailändischen Arcellasco lebte. Als Taufpatin tritt sie ab 1737 immer wieder in Erscheinung. Sie führte, wie aus dem Testament Grammaticas hervorgeht, den Haushalt des Handelsmannes. Seinen Neffen Franz, Annunciatas Bruder, beschäftigte der Kaufmann seit den vierziger Jahren als Famulus, als Assistenten in seiner Handlung. Wie groß diese Grammaticasche Handlung war, geht aus dem Testament nicht genau hervor. Der kinderlose Hieronymus vererbte dem Neffen Franz indes „alles und Jedes, was ich in Teütschland, wo es seyn mag, an Unbeweglichem und beweglichem Vermögen besitze, sambt Meiner gantzen Handlung active et passive"[48]. Den beiden Brüdern Franz', die weiterhin in Italien lebten, hinterließ der Onkel sein „annoch in Italien habendes Vermögen ohne Ausnahme". Man darf davon ausgehen, daß die Erbmasse sicher einen beträchtlichen Umfang hatte. Entsprechend hatte die Familie Grammatica auch Zutritt zu den höheren Kreisen. Der Neffe Franz Grammatica heiratete 1746 in Frankfurt Franziska Hauck, Tochter des Hofrats und Oberamtmanns zu Heuchlingen. Annunciata Maria hatte sich in Neckarsulm bereits 1745 mit Karl Anton Pecoroni vermählt, geschrieben damals „Begerone", aus Limonta beim Comer See, nicht weit von Mailand entfernt. Die Pecoroni zählten dort zu den ersten Familien und waren Kaufleute. Trauzeugen waren Senator Jacob Kremer und der Kaufmann Francesco Lanzano. Die Handlung des Franz Lanzano, 1722 erstmals im Kirchenbuch erwähnt, hatte nach Aussagen aus dem Jahre 1788 ehemals ein gutes Renommee.[49] Es ist gut möglich, daß auch die Lanzano aus der Gegend von Mailand stammten, denn 1746 verheiratete sich Catharina Lanzano in Neckarsulm mit Paul Andreas Mallagrida, Doktor beider Rechte und Generalsyndikus von Como. Es braucht wenig Phantasie, um sich vorzustellen, daß sich die Familien in Norditalien bereits kannten.[50]

40 Die Familie Pecoroni wechselte vom Handel ins Handwerk. Ein späterer Familienzweig betrieb in der Marktstraße eine Bäckerei und Weinwirtschaft.

Taufpate des ersten Kindes von Annunciata und Karl Anton Pecoroni, das 1748 den Namen Joseph Anton Bartholomäus erhielt, war der savoyische Kaufmann Blanc, der über Dinkelsbühl nach Neckarsulm gekommen war. Daß es nicht nur zahlreiche familiäre Verbindungen zwischen den italienischstämmigen Familien gab, sondern daß durch bereits in Neckarsulm wohnende Ausländer weitere angezogen wurden, zeigt die Geschichte von Louis Gougein[51]. Er beantragte als Gehilfe der Handlung Plan das Bürgerrecht in Neckarsulm. Doch der Magistrat lehnte ab.

Grund für die Verweigerung des Bürgerrechts war auch die Tatsache, daß immer mehr ausländische Familien sich in der Stadt niederlassen wollten, von der sie erst durch bereits ansässige Landsleute Kenntnis bekamen.

Salzlager Neckarsulm

Während die Handelsgeschäfte der Neckarsulmer Kaufleute weitgehend im Dunkel bleiben, ist bekannt, daß im 17. Jahrhundert Handelsbeziehungen zu Schwäbisch Hall bestanden, von denen sich die Neckarsulmer große Vorteile versprachen. Dem Wunsch der Reichsstadt, 1663 als Salzniederlassung eine „geringe Hütte"[52] zu erbauen, wurde entsprochen, da man sich eine Gewerbeförderung durch das Salzgeschäft versprach. Die Stadt bat deshalb die Regierung, nicht mehr als 4 bis 5 fl. als Lagergebühr anzusetzen, da sich die Haller sonst einen anderen Handelsplatz suchen würden. Die Niederlassung war zunächst nichts anderes als eine Lagerhütte, die das Salz, das in Neckarsulm zum Weitertransport auf Schiffe verladen wurde, vor Regen und Nässe schützte. Sie stand in der Nähe der Fähranlegestelle und wurde 1669 durch Hochwasser ruiniert. In sicherem Abstand vom Fluß wurde nun ein neues Lager gebaut.
Wenig später – 1674 – erwog die Stadt, den Salzhandel selbst zu führen, wie es auch in Wimpfen, Heilbronn, Mosbach, Sinsheim und Öhringen Usus war, während in Neckarsulm bislang das Geschäft in den Händen von drei bis vier Krämern lag. Ein Jahrhundert später oblag der Salzhandel nun einem Salzfaktor, der Ordensuntertan und Bürger der Stadt war. Sein Name, Peter Franz Merckle, ist uns 1770 überliefert.
Bereits zwölf Jahre zuvor hatte der Orden verlangt, zur „Faveur der Offenauer Salinen Societät" den Haller Salzhandel einzustellen.

41   Das Haller Salzlager am Neckar vor den Toren der Stadt. Zeichnung aus dem Jahr 1688.

Doch die Stadt wehrte sich. Zur Erhaltung und Verbesserung des Salzhandels hatte sie Kosten nicht gescheut und in die Reparatur von Salzhütte und Lager 500 fl. investiert. Mit dem Ende des Salzhandels fürchtete man auch das Ende manch paralleler Entwicklung. Denn die Bürgerschaft zog aus dem Salzhandel vielfältige Vorteile. Nicht nur Pferdebauern verdienten durch die Salzfuhren gut, das gesamte Handwerk hatte sich durch die Mehrung des Verkehrs „um ein merckliches gehoben"[53]. Dabei ging es vor allem um den Wein-, Pfahl- und Bretterhandel, der durch die Verbindungen im Salzhandel wohl zunahm. Zusammen mit dem Salz wurden Weinbergpfähle und Bretter nach Neckarsulm expediert, während die leeren Wagen auf dem Rückweg den Neckarsulmer Wein und andere Güter nach Hall brachten. Da die Stadt auch deutlich darauf hinwies, daß eine Schließung der Niederlassung lediglich eine Verlagerung des Haller Handels nach Kochendorf bewirken würde und die Offenauer Saline dadurch keinen Vorteil hätte, Neckarsulm jedoch nur Schaden davontrüge, ließ der Orden von seinem Plan ab.

Über den bereits erwähnten Handel mit Kaufmannsgütern gegen Ende des 18. Jahrhunderts ist nur wenig Genaueres an anderer Stelle zu erfahren. Vorausgeschickt sei, daß das Handelsvolumen in dieser Zeit nicht überwältigend gewesen sein kann, denn sonst hätte sich der Hoch- und Deutschmeister kaum die Frage gestellt, „wie ein betriebsames gewerb hieselbst in bewegung gesezt und sonderlich ein Handelskommerz auflebend gemacht werden könte"[54].

Dieses ehrgeizige Ziel setzte sich in den achtziger Jahren des Jahrhunderts der Handelsmann Anton Lanzano. Skepsis von Stadt und Amt schlug ihm entgegen. Die maßgebenden Kreise Neckarsulms hielten es für sehr fraglich, „ob er ein stärckeres Commercium alhier werde bey dem so nahen Heilbronn blüend machen", zumal „das ehemalige gute renommée eines alten Lanzano so weit herabgefallen und seine Handlung in einer Lage ist, die ihn hinter die übrigen hiesigen Handelsleute zurücksezet". Tatsächlich unterhielt Lanzano seinen Haushalt größtenteils vom Weinhandel und trieb kaum Speditionshandel. Bei der Versteigerung der städtischen Lagerhauspacht, die Lanzano seinem Rivalen und bisherigen Pächter, Sonnenwirt Franz Michael Merckle, um 99 fl. abrang, zeigte sich denn auch, daß Lanzano hart an die Grenzen seiner Möglichkeiten gegangen war. Im nachhinein bat er die Stadt um Pachtermäßigung, weil die Pachtsumme in der Versteigerung zu hoch gegangen sei. Sein Gesuch wurde abgelehnt mit dem Hinweis, daß das Lager, gemessen an seinen großen Ideen vom Speditionshandel, billig sei, es sei denn, es schwindle ihn selbst angesichts seiner überzogenen Vorstellungen. Offenkundig hätte man in Neckarsulm die Lagerhauspacht lieber weiter in Merckles Händen gesehen, „welcher ehender der Mann sey, ein Commercium in die Stadt zu bringen", denn er war zu dieser Zeit auch Salzfaktor. Sechs Jahre später bewarb sich Lanzano um die weitere pachtweise Führung des Lagerhauses und bot dafür 70 fl. jährlich an. Da er jedoch von Domino, Pecoroni und Merckle, der nun 125 fl. Pacht pro Jahr zu zahlen bereit war, überboten wurde, führte der Handelsmann aus, wie unerläßlich Kontinuität für die weitere gute Entwicklung des Speditionshandels sei und wie sehr es den Handelsbeziehungen schade, wenn das Lagerhaus und damit die Speditionsgeschäfte aus den seinen in „nicht hinlänglich erfahrene und nachlässige Hände geriethe". Er kündigte sogar den Abzug der Handelspartner nach Heilbronn an, wenn sich die Dinge nicht entsprechend entwickelten. Da er sogar Gutachten einiger Klienten beilegte, sind wir in diesem einzigen Fall über die Handelspartner informiert. Diensteifer, Akkuratesse, Billigkeit und gute Besorgung der Speditionsgeschäfte bestätigten Lanzano die Handelspartner Hochstetter aus Neuenstadt, Baumayer und Vogelsang aus Neuenstein, Chur und von Olnhausen aus Hall sowie der Karlsruher Hoffaktor Keyum Levi. Amtmann Lindner zweifelte jedoch die Bedeutung dieser Geschäfte an. Er war sich 1793 noch nicht einmal ganz sicher, ob „das Commercium dahier würcklich um etwas zugenohmen" hatte. Davon war der Stadtrat aber überzeugt. Für die Stadtväter beruhte die Handelserweiterung aber weniger auf Lanzanos Geschäftssinn. Man verzeichnete einen gewissen Aufschwung, „weilen man von denen Haller Salz Stübig (Salzfässer) weniger allhier nehme als sie zu Heilbronn zu geben schuldig seyen, daher diese alle hierher und mit den Rückfuhren die Hällische Kaufmannsgüter zurückgenommen wurden, welches die Spedition deren Kaufmanns Güter über Neckarsulm veranlasset habe, sobald man aber den Tax jener Salzstubig würde erhöhen, sie sich nacher Heilbronn oder Jagstfeld wenden würden!"[55] Wie abhängig der Speditionshandel Neckarsulms davon war, billiger als Heilbronn zu sein, unterstreicht auch die Auflage Hornecks, die Lagerhausgebühr auf alle Fälle geringer als die Heilbronner Tax zu halten.

Wenn auch die Unterlagen zur Lagerhausverpachtung wenig Aufschluß über den geringen Speditionshandel in Neckarsulm geben, bringen sie doch einen weiteren Beleg für den engen Zusammenhang mit dem Salzhandel. Nicht von ungefähr liegen die Handelshäuser von Lanzanos Geschäftspartnern an der Straße Neuenstadt – Öhringen – Hall, die den Salztransporten diente und deshalb 1796 zur Chaussee ausgebaut wurde. Aus diesem Grund sah Lindner auch nicht ein, warum „unter so vielen Handelsbürgern dahier der

Franz Anton Lanzano der einzige dem geringen Speditionsgeschäft gewachsene Mann sey und das wohl oder wehe der Stadt hinsichtlich des Commerces von ihm allein abhange, wiewohl Er vielleicht derjenige sein mag, dem seine unbedeutende Handlung die meiste Zeit dazu übrig lasse". Wenn denn der Handel zugenommen hatte, so lag das auch für Lindner an der günstigen Lage der Stadt, an der „Vorlage vor Heilbronn" und am „mit geringeren Kosten verknüpften waaren-abstoß". Wenn schon persönliche Bemühungen dem Speditionsgeschäft nützten, dann waren es die des Sonnenwirts Merckle, der sich für die in Neckarsulm angelegte Salzfaktorei verwendet hatte.

An der endgültigen Versteigerung der Lagerhauspacht nahmen 1793 fünf Neckarsulmer Handelshäuser teil: Franz Lanzano, Anton Pecoroni, Ludwig und Ignatz Lilier, Bernhard Domino und Franz Michael Merckle. Der Zuschlag ging schließlich für 240 fl. an Merckle, der Lanzano und Domino um 17 fl. 30 Kr. bzw. um 17 fl. überboten hatte.[56] Eine gewisse Rangfolge der einzelnen Häuser läßt sich daran wohl ablesen. Der Speditionshandel selbst hatte in Neckarsulm in dieser letzten Dekade des 18. Jahrhunderts „nur einige – noch keine großen Fortschritte gemacht"[57] und sollte auch später keine große Bedeutung haben.

Gipskommerz und bürgerliche Karriere

Größeres Gewicht kam zur selben Zeit dem Gipshandel zu. Bereits 1779 begannen die drei Weingärtner Berthold, Bauer und Schwarz am Scheuerberg Gips abzugraben. Amtmann Lindner war sehr skeptisch, weil der Herrschaft der Weinzehnt durch das Gipsgraben entging. Er neigte dazu, das Abgraben des Gipses zu verbieten, so wie es in Heilbronn bereits gang und gäbe war. Anderer Meinung war hingegen der Stadtrat, der darin nur eine Verbesserung des Bodens sah. Die drei Weingärtner wollten nämlich angeblich durch das Abtragen der dem Weinwachstum schädlichen Gipsschichten eine Wendung des Bodens erreichen, so daß die Weingärten, die „vorhero von der Sonne sich abgewendet nunmehro ein sonniche Laag"[58] hätten. Die beiden Gipsschichten, um die es ging, waren teilweise über 100 Schuh dick. Während man in Mergentheim noch überlegte, ob man das Gipsgeschäft unterbinden sollte, wurden in Neckarsulm fünf Schiffe mit Gips beladen. Gleichzeitig baten die drei Wengerter, das Geschäft fortführen zu dürfen, zumal die Bevölkerung unter dem Weinmißwuchs leide. Durch den Gipshandel werde nämlich zum einen „von auswärtigen Landen einiges Geld beigezogen", zum anderen mache „eines manchen sonst nahrungslosen Tagelöhners dadurch zugeflossener Verdienst einen artigen Nahrungs Articel" aus. Deshalb wollten die Neckarsulmer weiter Gips brechen, bis die weinschädlichen Gips- und Rießschichten abgebaut waren. Der bisherige Gipsverkauf belief sich bereits im August 1779 auf 50000 Zentner. Angesichts dieser enormen Mengen erlaubte die Ordensregierung den Gipsabbau und verlangte als herrschaftliche Abgabe dafür jeden fünften Zentner. Dieser Gipszehnt wurde so umgerechnet, daß auf jeden Zentner Gips ein Aufschlag von zwei Pfennig kam. Aber schon im Oktober äußerte Amtmann Lindner neue Bedenken gegen das Geschäft. Es sei „schon wieder verdorben und wird nicht viel daraus hervorkommen. Es haben nehmlich die Heilbronner seit 14 Tagen wieder angefangen zu graben". Noch mehr als die Heilbronner Konkurrenz bedrückte ihn, daß der Sonnenwirt Merckle den Heilbronner Gips nach Neckarsulm bringen ließ und "das Commercium mit dene Schiffleuthen allein an sich" zog. Der billigere Gips aus Heilbronn, auf dem kein Gipszehnt lag, kostete 2 ½ – 3 Kr. pro Zentner. Der teurere Neckarsulmer Gips blieb dagegen liegen. Um diese neue Erwerbsquelle der Neckarsulmer nicht wieder zum Versiegen zu bringen, verbot der Orden den An- und Verkauf von Heilbronner Gips bei einer Strafe von 15 Kr. pro Zentner. Nur noch im Lande gegrabener Gips durfte weiterverkauft werden. Es dauerte zwei Jahre, dann hatte die Familie Merckle den Gipshandel fast vollständig in ihre Hand gebracht, und 1782 schließlich trieben Franz Michael und sein Vater Peter Heinrich den Handel allein. Zusammen mit Nikolaus Bender hatten sie sich zu einer Sozietät zusammengeschlossen. Wieviel Gips, der in erster Linie im Odenwald abgesetzt wurde, diese Gesellschaft ausführte, ließ sich „ohnmöglich genau bestimmen... gewis ist aber, daß die Abführung ungemein stark gegangen und die Zentnerzal sich in die tausende hinbelaufen müsse". Bereits 1782 kam es aber zu einem Geschäftseinbruch. Während 1779 1000 Zentner Gips 60 fl. und mehr einbrachten, fiel nun der Preis. In Nekkarsulm lagen 5000 Zentner im Lager.

Die „Yps-Raserei", wie Lindner sich ausdrückte, schien zu Ende. Franz Michael Merckle hatte bereits Verluste von 500 fl. zu verschmerzen, der Bürger Joseph Schwarz verlor sogar 800 fl. Doch der Gipsabbau ging dennoch weiter. Eingestellt war nun aber das Gipsgraben am Scheuerberg. Die Neckarsulmer Gipsgrube, in der weiterhin gearbeitet wurde, lag im Gewann Wilfensee. Nach dieser Flaute sollten aber, gemessen an den ordischen Gipszehnteinnahmen, die ertragreichsten Jahre des Gipshandels erst kommen. Im Zeitraum zwischen 1784 und 1803 kennen wir die jährlichen Gipszehnteinnahmen der Ordensregierung in Mergentheim. Sie belaufen sich innerhalb dieser 20 Jahre auf 899 fl. 50 Kr. Damit beträgt das durchschnittliche Gipszehnteinkommen aus Neckarsulm pro Jahr etwa 45 fl. Vor diesem Durchschnittswert lassen sich die Jahre 1793 und 1796, in denen 73 fl. bzw. 86 fl. an Gipszehntgeldern in die Ordenskasse flossen, und 1801 sowie 1803, die dem Orden 71 fl. bzw. 86 fl. einbrachten, als Spitzenjahre des Neckarsulmer Gipshandels erkennen.

In Neckarsulm ließ man sich von den schlechten Einnahmen der achtziger Jahre denn auch nicht beirren. Bereits 1791 nämlich bekam Franz Michael Merckle die Erlaubnis, eine Gipsmühle einzurichten. Den Akten gemäß scheint er bislang den Gips in einer Weinsberger Mühle gemahlen zu haben. Berechnet man pro Zentner Gips zwei Pfennig Gipszehnt, so haben die Neckarsulmer zwischen 1784 und 1803 106 482 Zentner Gips gegraben und verkauft. Die Hauptträger des Gipsgeschäfts, denen auch die Gipsmühlen auf Neckarsulmer Markung gehörten, waren zugleich die Familien, die am Ende der Deutschordensherrschaft eine führende Rolle im Wirtschaftsleben der Stadt spielten: die Familie von Ludwig Brunner und der Merckle-Clan.

Der Familie Merckle entsprangen zwei der bemerkenswertesten Bürger der Ordensstadt des 18. Jahrhunderts: der Sonnenwirt und Kommerzienrat Franz Michael Merckle und der Löwenwirt und spätere württembergische Landtagsabgeordnete Peter Heinrich Merckle. Im Hinblick auf die wirtschaftliche Karriere der beiden scheint die Verbindung der Familie mit den "Auslands-Neckarsulmern" nicht ganz zufällig. Stammutter dieser beiden Familienzweige war Anna Jakobina Donant, die 1734 den Sonnenwirt Peter Heinrich Merckle geheiratet hatte. Er war auch im Holz- und Salzhandel tätig. Dieser Ehe entstammte sowohl der spätere Kommerzienrat als auch Peter Franz Merckle, der Vater des bekannten Neckarsulmer Löwenwirts, und die Tochter Maria Josepha Franziska, die den Doktor des Rechts und Konsul Mallagrida ehelichte, Sproß einer wohlhabenden Kaufmannsfamilie aus Como.

Wirtschaftlicher Ausgangspunkt für Franz Michael wie für seinen Neffen Peter Heinrich war die Gastronomie. Doch blieb sie in beiden Fällen nur eines der zahlreichen Aktionsfelder der Merckles. Der Sonnenwirt, der sich wie sein Vater, der erste namentlich bekannte Salzfaktor zu Neckarsulm, um die Salzfaktorei an der Sulm verdient gemacht hatte, lernen wir ebenso als Pächter des städtischen Lagerhauses und damit als Handelsmann kennen wie als Gipskommerziant und Bauunternehmer. Zusammen mit Martin Kober trat er als „Chausséentrepreneur" 1788 beim Bau der Kirchhäuser Chaussee auf.[59] Außerdem gibt es auch Hinweise auf die Tätigkeit Merckles im Weinhandel. Als einzigem Neckarsulmer verlieh ihm der Orden für seine vielfältigen wirtschaftlichen Unternehmungen den Titel eines Kommerzienrats. Für seine weitreichenden Verbindungen spricht vor allem seine zweite Eheschließung 1787 mit Clara Walburga Lindt, einer Kaufmannstochter aus Frankfurt. Doch Franz Michael konnte Reichtum und Ansehen nicht halten. Er machte Bankrott. Die Ursachen für seinen wirtschaftlichen Zusammenbruch sind nicht bekannt. Um das Erbe mütterlicherseits für seine Enkel zu retten, ließ Johann Jacob Lindt in seinem Testament aus dem Jahr 1800 festlegen, daß deren Erbteil in Frankfurt angelegt und verwaltet werden sollte. Sein Entschluß basierte auf der Erkenntnis, "daß das Haus und Guth und ganze Vermögen des Ehegatten meiner Tochter seinen Creditoren anheim gefallen und weggenommen, und sie selbst auch noch andere Schulden ihres Ehemanns anerkennen und mitunterschreiben müssen"[60].

Eine günstigere wirtschaftliche Karriere war seinem Neffen Peter Heinrich beschert, der als Löwenwirt ebenfalls vielfältige Handelsgeschäfte betrieb. Er hatte sich auch am Gipshandel beteiligt, wobei ihm der Besitz der Reisachmühle mit ihren Gipsmahlgängen zum Vorteil gereichte. Aber seine Aktivitäten beschränkten sich keineswegs nur auf den Gipshandel. Einen Großteil des Vermögens, das sich beim Tod seiner Witwe 1826 auf 164 669 fl.[61] belief, dürfte aus Salinengeschäften stammen. So kaufte er 1812 als Mitglied eines Konsortiums, in dem außer seinem Bruder auch Oberregierungsrat Kleiner aus Neckarsulm, Kaufleute und Beamte aus Heilbronn, Frankfurt und Mannheim vertreten waren, die Saline Niedernhall zu einem Preis von 28 000 fl.[62] Sein Nachlaß erwähnt sogar Investitionen in Salzbohrungen in der Schweiz. Im Vergleich zu dieser bereits seit mehreren Generationen etablierten Familie erleben wir im Aufstieg des Werkmeisters Joseph Ludwig Brunner den Beginn einer großbürgerlichen Familientradition in Neckarsulm.

Der Zimmermann schuf sich durch sein Engagement als Werkmeister und Unternehmer beim Bau der Neuenstädter Chaussee im Jahr 1796 sowie als Bierbrauer, Gastwirt und Gipshändler eine breite Basis für den Wohlstand der Familie. Sein Selbstverständnis als vornehmer Bürger der Stadt schlug sich auch in der Gestaltung seines Neubaus nieder, der 1798 als eines der ersten Häuser vor den Toren der Stadt entstand.[63] Brunner führte den von vornherein als Gasthaus mit weitläufigen Stallungen geplanten Bau vollständig in Stein aus und verzierte ihn mit Empire-Ornamenten. Der „Prinz Carl" wurde einer der schönsten und größten Privatbauten des deutschordischen Neckarsulm. Während das Vermögen Brunners im Gegensatz zu den schon fast aus Neckarsulm herausgewachsenen Merckles noch stark im Grundbesitz gebunden blieb, überstieg sein Lebensstil bereits deutlich den des gehobenen Neckarsulmer Bürgertums. Auch das Inventar Brunners war höchst gediegen. Hier fand man Eiche, Birnbaum, Nußbaum und Kirschbaum verarbeitet. Die Inventur differenziert zwischen Sessel und Lehnsessel, führt Kommoden, Sekretäre und sogar Vitrinen auf, d.h. die Familie besaß auch das entsprechende vorzeigbare Porzellan. Man leistete sich gar die Extravaganz eines Singvogels. Im Schrank der Dame des Hauses hingen Kleider aus Musselin, Kattun, Merino in zahlreichen Varianten und Farben. Der Hausherr wählte zwischen goldener und silberner Taschenuhr, trug Schnallen an den Schuhen und hatte im Gegensatz zu vielen Neckarsulmern bares Geld im Haus.[64]

Der Neckarsulmer Durchschnittsbürger, der sich von Handwerk und Weinbau ernährte, fand seinen typischen Vertreter im Weingärtner und Bäcker Anton Bender. Sein erst kurz vor dem „Prinz Carl" neu erbautes Haus blieb dem althergebrachten billigeren Fachwerk treu. Nur das Erdgeschoß war gemauert. In der Küche stand der Backofen des Bäckers, der Keller war zum Weinkeller gewölbt. Beim Tod der Witwe lagerten dort als Nahrungsvorräte des einfachen Bürgers Mehlvorräte in der Truhe zum Verbacken, Krautfaß und Most. Auch die Einrichtung war bäuerlich-ländlich. Zwar schlief man auch in der Lammgasse in gehimmelten Bettladen, doch das Mobiliar war eher spärlich: Truhen, Schrannen, Tisch, Stühle, meist aus Tannenholz, vielleicht traditionell bemalt. Wenige Stücke waren aus kostspieliger Eiche. Als Komfortmöbel leistete sich die Weingärtnersfamilie nur zwei Sessel.[65]

In dieser oder ähnlicher Szenerie spielte sich das Alltagsleben im Weingärtnerstädtchen der ausgehenden Ordenszeit ab, dessen Arbeitsalltag neben dem Handwerk und dem wenigen Handel noch lange, bis ins 19. Jahrhundert hinein, vom Weinbau geprägt blieb.

Altneckarsulm: Ein Gang durch die Deutschordensstadt

VON AUGUST VOGT

Von Mauern und Toren

Die Altstadt Neckarsulms ist auch heute noch, trotz der Kriegszerstörungen von 1945, gut einzusehen. Es genügt ein Blick vom Turm der Stadtkirche, besser noch ein Rundgang um die Reste der alten Stadtmauer. Vom ehemaligen Centturm führt die Mauer entlang der Klostergasse bis zur Marktstraße. Hier endete der Mauerzug am Oberen (Heilbronner) Tor, das 1816 mit dem Mauerteil, der bis zum Schloß beim Bandhaus reichte, niedergelegt worden war. An seiner Stelle verläuft heute die Schindlerstraße. Das Stadtschloß am Westrand der Stadt hatte seinen eigenen Mauerzug. Er ist entlang der Bahnlinie zusammen mit dem Turm der ehemaligen Festung als Haupt- und Zwingermauer erhalten. Entlang der Straßenfront der Häuser an der Urbanstraße zog die ehemalige Schloßmauer gegen Norden und trennte die Stadt von der Schloßanlage. Die westliche Stadtmauer schloß an die Burgmauer an. Ab der Einmündung der Frühmeßgasse in die Grabenstraße ist sie noch erhalten. Den Abschluß bildete ein teilweise erhaltener Rundturm, der die nordwestliche Ecke der Stadtbefestigung bezeichnet. Der nördliche Mauerzug gegen das ehemalige Sulmtal ist hinter den Gebäuden der Felix-Wankel-Straße, eingebaut in Häuser der Frühmeßgasse, weitgehend erhalten. Die Mauer führte zum Unteren Tor, das dort stand, wo die Frühmeßgasse in die Untere Marktstraße einmündet. 1846 wurde das Untere Tor abgetragen. Danach ist die Mauer hinter den Neubauten der Volksbank und des Astron-Hotels wieder vollständig erhalten, abschließend bei einem Rundturm, der die nordöstliche Ecke der Befestigung anzeigt. Der östliche Mauerzug, die Verbindung zum Centturm, ist im Verlauf des Durchbruchs der Rathausstraße nach Osten und der damit verbundenen Erweiterung des Stadtbereichs gänzlich abgegangen. Die Altstadt bildete mit ihrer Ummauerung ein beinahe regelmäßiges Rechteck mit einer längeren ostwestlichen Ausdehnung von rund 350 m und einer kürzeren nordsüdlichen von rund 250 m. Die Gesamtlänge der Altstadtmauern betrug etwa 1200 m.

Die Stadt war mit zehn Türmen bewehrt, wie es aus dem „Neckarsulmer Meßbuch und Güterbeschreibung" des Ignaz Keller aus dem Jahre 1779[1] und der Zeichnung des „Schloßgebäu zu Neckarsulm, sambt den dabey liegenden Gärtten und Gräben" von Peter Elias Berdold vom Jahr 1722[2] hervorgeht. Die meisten Türme – fünf an der Zahl – lagen Heilbronn zu auf der Südseite der Stadt. Auf dem „Grund Riss der Stadt Neckersulm, mit selbiger Gegend und dem Fränkischen Lager 1746"[3] ist die Stadtbefestigung mit 14 Mauer- und zwei Tortürmen eingezeichnet, auf der Heilbronner Seite mit acht Türmen und dem Oberen Tor. Die Heilbronner Seite bot nicht den gleichen natürlichen Schutz wie die Nordseite mit dem Steilabfall zum Sulmtal. Die Stadttore waren von einfacher Bauart. Nach dem Inventar der Stadt Neckarsulm von 1726 waren beide Tore mit einem Turm versehen, in den eine Wächterwohnung eingebaut war.[4] An beiden Toren standen je zwei Wachhäuschen. Vor dem Heilbronner Tor bildeten die Klostermauern auf der einen Seite und die Gartenmauern des Schlosses auf der anderen Seite ein Vorwerk, hier führte eine Brücke über den Stadtgraben. Keller vermerkte 1779 eigens, daß auf der Ostseite ein Stadtgraben vom Unteren zum Oberen Tor führte, der westliche Teil des Grabens aber zum Bereich der „Gnädigen Herrschaft" zählte.[5] Beim Unteren Tor führte ein befestigter Weg zu zwei Brücken über die Sulm.

Im Bericht eines Angehörigen des pfalzgräflichen Heeres, dem sich Neckarsulm im Bauernkrieg am 29. Mai 1525 ergab, steht: „Herr Jörg Truchseß und Schenk Eberhard, Herr zu Erpach, ritten mit etlichen vielen Reisigen gerüstet in Flecken hinein, handeln mit ihnen der Straf halb, unter Anderem, daß sie alle Wehr alsbald überantworten und geloben mußten, keine hinfür ohne der Herrschaft Erlaubnis zu tragen, die Mauern und Thürn abzubrechen, wie sie denn gleich andern Tags zu tun anfiengen..."[6] Der geforderte Abbruch der Mauern und Türme wurde rasch eingestellt: Er lag sicher nicht im Interesse des Deutschen Ritterordens, denn in dem Strafrevers vom 11. August des gleichen Jahres wurde durch den Deutschmeister Dietrich von Cleen unter anderem angeordnet, daß die Neckarsulmer die Schlüssel zu den Stadttoren nicht mehr behalten durften und sie dem herrschaftlichen Amtmann auszuliefern hätten.[7] Diese Anordnung hat nur einen Sinn, wenn die Stadtbefestigung erhalten geblieben ist. Man kann also annehmen, daß die Stadtmauern, wie sie in ihrer Anlage heute noch erkennbar sind, mit den Mauern von 1525 und dann auch mit den Mauern, die 1484 beim Übergang der Stadt an den Deutschorden bestanden, identisch sind. Die

42   „Necker-Ulm" von Nordwesten gesehen. Stich von Matthäus Merian aus „Topographia Franconiae", 1648. Im Hintergrund der Scheuerberg mit dem Turm der Burgruine.

Das Stadtbild, Straßen und Plätze

Stadterhebung und in deren Folge die Errichtung von Mauern und Toren wird allgemein in die Weinsberger Zeit, um die Wende vom 13. ins 14. Jahrhundert, gelegt.

Das Stadtbild, Straßen und Plätze

Es ist nicht schwierig, sich ein Bild von der Befestigung Neckarsulms zu machen, anders verhält es sich mit dem frühen Stadtbild. In Archiven werden alte Zeichnungen und Stiche aufbewahrt, die ein Stadtbild vorstellen wollen. Die älteste bekannte Abbildung der Stadt, von Süden gesehen, ist in eine Karte von 1578 für das Reichskammergericht[8] in Regensburg eingezeichnet. Auf dieser Karte sind einige Punkte der Stadtansicht besonders hervorgehoben: das Stadtschloß mit Bandhaus, Amtshaus und dem Bergfried, an den ein Torhaus angebaut ist; das Obere Tor und der Centturm als östlicher Abschluß der Mauer. Herausgehoben ist auch die Stadtkirche, deren Chor nach Osten zeigt. Ihr quadratischer Turm steht an der Südseite der Kirche. Ein Stich aus Merians „Topographia Franconiae" von 1648, von dem drei Versionen zu verschiedenen Anlässen bekannt sind, zeigt die Stadt von Nordwesten.[9] Auf der rechten Bildseite ist das Schloß mit dem Schloßturm zu erkennen. Der Turm hat hier einen achteckigen Grundriß, was der Wirklichkeit nicht entspricht. Er zeigt aber den Abschluß mit einer Laterne, wie dies auch auf zwei Zeichnungen von 1683 und 1699 zu Prozessen wegen Veränderungen des Neckarlaufs zwischen der Reichsstadt Heilbronn und dem Deutschen Orden schematisch wiedergegeben ist.[10] St. Dionysius beherrscht die Mitte des Stiches, ein großer spätgotischer Bau mit einem achteckigen Turm, den eine hohe Spitze abschließt. Der Turm ist an der Nordostseite der Kirche eingezeichnet. Damit erweist sich der

43 Bis 1945 prägten verwinkelte kleine Gassen das Bild der Altstadt – hier die Greckengasse.

Merianstich als ein Produkt künstlerischer Phantasie, er besitzt kaum Realitätsnähe. Wesentlich informativer sind das Kartenwerk des Ignaz Keller von 1779 und der Plan der württembergischen Landesvermessung von 1834, die sich kaum voneinander unterscheiden.[11] Die Stadt wurde durch die „Haubt Straßen" (Keller), später die Marktstraße, die vom Unteren zum Oberen Tor führte (es gab nur diese beiden Tore), in zwei annähernd gleiche Teile aufgegliedert. Die westliche Hälfte wurde im Südwesten vom Stadtschloß und im Norden von der Stadtkirche beherrscht, in der östlichen Hälfte lag am Marktplatz das Rathaus, dahinter die Kleine und Große Kelter. Die Kleine Kelter stand am Platz der ehemaligen Mainzer Münzstätte in der Rathausgasse. Dort befanden sich auch die großen Hofanlagen wie in der Langen Gasse (heute Kolpingstraße) der Amorbacher Hof und in der Greckengasse der Greckenhof. Hoch über dem Unteren Tor stand hier auch das Benefizhaus.

Im Kartenwerk von Ignaz Keller sind die Straßennamen von 1779 eingetragen. Vom Unteren Tor ab war die Hauptstraße eng und steil, sie führte zum Marktplatz, hier erweiterte sie sich zum langgestreckten Markt und führte danach breiter und mit mäßiger Steigung zum Oberen Tor. Der Marktplatz hatte auf seiner ganzen Länge ein deutliches Gefälle zur Straße. Beim Unteren Tor zweigte die Frühmeßgasse nach Westen ab, sie mündete in einem weiten Bogen in die heutige Engelgasse. Zwischen Frühmeßgasse und nördlicher Stadtmauer lag auf etwa zwei Dritteln ihrer Länge eine Häuserzeile; hier befand sich zur Mauer hin das Haus des Frühmessers, seine Hofstatt und Scheune, gegen den Kirchplatz zu lag die „Schul". Im letzten Drittel folgte die Gasse der westlichen Stadtmauer. Beim Unteren Tor führte ostwärts eine Staffel zwischen zwei Häusern empor zu „des löblichen Beneficiat Haus und Scheuer". Auf der gleichen Seite folgte zwei Häuser weiter die „Amorbacher Hoff Gasse" (später Lange Gasse, heute Kolpingstraße). Von ihr gingen nach Norden der Benefizhof und die Benefizgasse sowie der Greckenhof und die Greckengasse ab. Das Geschlecht der Kochendorfer Grecken hatte hier Hof- und Besitzrechte.[12] In südlicher Richtung verlief winklig das Keltergäßchen zur Rathausgasse, beim Amorbacher Hof zweigte das Amorbacherhofgäßchen ab. Die „Amorbacher Hoff Gasse" bildete bei der Einmündung in die Hauptstraße einen kleinen Platz, der tief unter dem Kirchplatz und der gegenüber verlaufenden Judengasse lag, sie endete bei der heutigen Neutorgasse.[13] Zwischen der Neutorgasse und der östlichen Stadtmauer lag eine Häuserzeile mit sechs Anwesen.

Kurz bevor die Hauptstraße den Marktplatz erreichte, ging nach Westen die Engelwirtsgasse ab. Interessant ist, daß einige Seitengassen nach den an ihnen liegenden Gaststätten bezeichnet wurden, wie Engelwirtsgasse, Lammwirtsgasse, Löwenwirtsgasse. An der „Engel Würtschaft", die an der Ecke zur Hauptstraße lag, war eine Säule mit einem Figurenkapitell angebracht, auf die Jahre später eine Madonnenfigur gestellt wurde. Das Kapitell der Säule trägt auf der Vorderseite ein Medaillon mit einem bärtigen Männerkopf, auf der rechten Seite zwei einander zugewandte Gesichter und auf der linken das Bild eines jungen Mannes, der ein Instrument bläst. Die Deckplatte trägt die Inschrift: "15 Verbum Domini manet in eternum 44" (1544, Gottes Wort besteht in Ewigkeit). Im Medaillonbild kann Kaiser Karl V. gesehen werden, nicht aber Herzog Ulrich von Württemberg, wie es schon geschehen ist[14], denn es ist kaum anzunehmen, daß innerhalb der Welt des Deutschen Ordens beim Kirchenaufgang das Bildnis eines rücksichtslosen Reformators und eines ausgesprochenen Gegners des Ordens geduldet worden wäre. Der Orden stand im Dienst und im Schutz des Kaisers, dem es nach den Auseinandersetzungen mit Franz I. von Frankreich, abgeschlossen durch den Frieden von Crépy 1544[15], gelang, den Schmalkaldischen Bund zu besiegen und damit einen Erfolg der Gegenreformation einzuleiten. Wenn sich dann auch auf dem folgenden Reichstag zu Augsburg 1555 eine andere Entwicklung im Augsburger Religionsfrieden abzeichnete, dürfte das Jahr 1544 eines Denkmals würdig gewesen sein. Dazu kam noch, daß Karl V. 1541 auf dem Regensburger Reichstag dem Hoch- und Deutschmeister Walter von Cronberg für Neckarsulm einen wöchentlichen Markt am Dienstag und die

Das Stadtschloß

Verlängerung der beiden Jahrmärkte am 1. Mai und 10. August genehmigte, eine wichtige Entscheidung für die wirtschaftliche Entwicklung der Stadt.[16] Die Säule steht heute an der Stützmauer des Kirchplatzes in der Frühmeßgasse. Noch 1834 endete die Engelwirtsgasse vor der westlichen Stadtmauer, zwischen ihr und dem Schloßbereich standen mehrere bürgerliche Anwesen. Vom Gasthaus zum Engel ging auch der Kirchenweg ab, der steil zum Westeingang von St. Dionysius und zum Friedhof bei der Kirche führte. Westlich des Friedhofs lag der „Pfarrey und Caplaney Hoffstatt und Garten", ein weiträumiges Areal, auf dem auch das Pfarrhaus stand.

An der nördlichen Schmalseite des Marktplatzes begann die Judengasse, die auf dem Kellerschen Plan ohne Namen eingetragen ist und wohl erst ab 1834 so genannt wurde.[17] Die Gasse verlief zuerst nördlich parallel zur Hauptstraße, bog dann rechtwinklig nach Osten ab und stieß etwa in Höhe der Großen Kelter auf die Lange Gasse. Bei der Umbiegung gegenüber dem Kirchplatz lag sie hoch über der engen Schlucht der Hauptstraße. In dieser Gasse sollen Juden gewohnt haben, aber im Kellerschen Vermessungsbuch sind nur für das Gebäude 189 jüdische Bewohner genannt, andere jüdische Familien wohnten damals in der Lammgasse und hinter dem Pfarrgarten. Die Judengasse war sehr eng und mit bäuerlichen Höfen durchsetzt. Der bedeutendste, der Schiffmannshof, lag am Anfang der Gasse, im Anschluß an den Marktplatz.

Beim Rathaus zweigte die Rathausgasse nach Osten ab, sie endete bei der Centgasse vor der Stadtmauer. Hier lag die Kleine Kelter. Auf gleicher Höhe wie die Rathausgasse führte die Schloßgasse nach Westen. Sie endete vor einer Toranlage des Schlosses. Die heutige Urbanstraße, zuerst Schloßstraße genannt, kam erst nach der Niederlegung der Wirtschaftsgebäude des Schlosses nach 1845 als Verbindung zum Bahnhofsbereich zustande. Die heutige Löwengasse, 1779 Obere Schloßgasse genannt, endete bei der Kurzen Gasse und der Quergasse. Zwischen diesen Gassen und dem Schloßbereich lagen einige bürgerliche Anwesen. Von der Kurzen Gasse führte an der südlichen Stadtmauer entlang ein schmaler Weg zum Heilbronner Tor. Hier lag in Tornähe die „Sonn Würtschaft", die wohl als die älteste Herberge und Gaststätte der Stadt bezeichnet werden kann. Jäcklein Rohrbach, der Bauernführer, sei in dieser Wirtschaft nach (unbestätigter) Neckarsulmer Überlieferung 1525 gefangengenommen worden.[18] In gleicher Höhe ging nach Osten die Lammwirtsgasse ab, die im Plan von 1774 als „Löwen Würthsgasse" bezeichnet ist. Die „Lamm Würthschaft" lag ursprünglich an der linken Straßenseite, gegenüber war 1834, an der Stelle des heutigen „Lamms", das württembergische Oberamtsgericht. Die Lammgasse führte, wie auch heute noch, in einem flachen Bogen zur Rathausgasse. Östlich des Heilbronner Tores waren die Häuser direkt an die Stadtmauer gebaut. Das Kloster lag außerhalb der Mauer.

Das Stadtschloß

Im Bereich des Stadtschlosses (heute Zweiradmuseum und Sitz der Weingärtnergenossenschaft) liegen die ältesten erhaltenen Mauern der Stadt. Rudolf Stich hat in seiner Arbeit „Das Stadtschloß von Neckarsulm"[19] die Geschichte von Burg und Schloß anhand erhaltener Baulichkeiten und Quellen dargestellt. Die erste Burganlage bildete ein Rechteck von etwa 35 auf 25 m, auf der Stadtseite liegt die Burgmauer unter der Westmauer des Bandhauses, das Amtshaus stützt sich auf die Südmauer, dann folgt der Bergfried, die Westmauer entspricht der Außenmauer der dorti-

44 Das Neckarsulmer Stadtschloß.

gen Gebäude, die Nordmauer liegt unter dem heutigen Schloßplatz in Höhe der Giebelseite des Bandhauses. Eine zweite Mauer, die Zwingermauer, verstärkte die gesamte Anlage. Sie ist auf der Westseite zwischen Bergfried und Rundturm vollständig erhalten. Einen weiteren Schutz bot der Burggraben, der die ganze Anlage umgab. Das Burgtor befand sich auf der Südseite neben dem Bergfried, es besaß einen Turmaufbau mit der Wächterwohnung. Reste dieser Toranlage sind erhalten.

Der Bergfried steht übereck gestellt an der südwestlichen Seite der Burgmauer und reichte bis zum heute vorletzten Stockwerk, in dem die Wachstube untergebracht war. Die dort noch sichtbaren Knaggen trugen einen Umgang aus Holz, ein Zeltdach schloß den Turm ab. Im 16. Jahrhundert wurde der Bergfried um ein Stockwerk erhöht, wie es aus der ältesten erhaltenen Darstellung der Stadt von 1578 zu ersehen ist. Diese Erhöhung erhielt schließlich noch eine achteckige Laterne mit einem zwiebelförmigen Abschluß, dargestellt auf Zeichnungen aus dem 17. Jahrhundert. Aus der ersten Umbauzeit stammt das Wappen des Hoch- und Deutschmeisters Wolfgang Schutzbar, genannt Milchling, am Turm, das die Jahreszahl 1551 zeigt. Eine weitere Veränderung fällt in das Jahr 1720: Der Turm erhielt das barocke Zwiebeldach, das bis zur Zerstörung von 1945 bestand.[20]

Es gab nur ein Gebäude innerhalb der Burgmauern, das Steinhaus. Aus ihm entwickelte sich im Laufe der Zeit das Amtshaus. Das Stadtschloß wurde im Bauernkrieg 1525 stark in Mitleidenschaft gezogen. Im Urbar von 1554 wird festgehalten, daß „alle Bryeff, register, instrumenta, salbucher und rondell, sampt allem, so des ordens maisterthumbs schlesser, stet, dörffer und höff jerlich einkommens haben... so dem ritterlichen Teutschen Orden von villen hundert jahren zugestanden und noch zusteet"[21] von den Bauern zerrissen und verbrannt worden waren. Dabei wurde auch großer Schaden an den Schloßgebäuden angerichtet. Das Stadtschloß wurde nach der Unterwerfung der Bauern rasch wiederhergestellt und erhielt neben Ställen und Scheunen einen geräumigen Fruchtspeicher, das sog. Bandhaus, das in den Jahren 1539 und 1540 neben dem Amtshaus gebaut wurde.[22]

Zwei Pläne von 1722 und 1795 geben guten Aufschluß über die neue Anlage des Schlosses, ein dritter Plan von 1869 zeigt die Veränderung, die beim Bau der Schloßstraße, später Urbanstraße, vorgenommen worden sind.[23]

Der Plan von 1722 wurde von „Peter Elias

Berdold der Zeit Herrschaftlicher Zimmermeister allhier" gezeichnet und ausführlich beschriftet. Das Schloß bestand nun aus zwei Teilen, dem alten Kernbereich mit dem Bandhaus und einem vorgelagerten großen Wirtschaftshof. Das Bandhaus von 1539/40 ist eine Wiederholung des alten Steinhauses, breiter und länger, aber etwas niedriger, seine Süd- und Westmauer basiert auf der Wallmauer der Burg, der ehemalige Burggraben wurde als Keller mitbenützt. Im Extractus des Rentmeisters Tantfaust von 1722 heißt es unter anderem: „Der anstehende Bandhausbau hat einen schönen großen so benambsten Lindenkeller, halben Teils ist der Bau sowohl in den Giebel, als Seiten von einer guten Mauer aufgeführet..., in dem oberen Gebäu ist eine 4-fach Speicherung eingeteilt..."[24] Dieser Speicher war ein mächtiger Holzbau, „eine gediegene Zimmermannsleistung, wie sie alle großen Profanbauten jener Zeit aufweisen"[25]. Die oberen Stockwerke erreichte man über eine Wendeltreppe, die in einem Turm am Außenbau auf der Westseite hochführte. Über den Innenausbau des Steinhauses (Amtshaus) informiert ein Plan von 1776. Im Erdgeschoß befanden sich die Amts- und Schreibstube und das Archiv, im ersten Stock die Wohnräume des Amtmannes, im zweiten Stock neben weiteren Wohnräumen ein Saal, der in alter Zeit als Fruchtboden diente. Der Hauseingang und das Treppenhaus lagen an der westlichen Seitenfront. Zwischen Saalbau und Bergfried stand auf Pfeilern der Neue Bau, der als Gästehaus bezeichnet wird. An ihn schloß sich nach Süden das Tor der alten Burganlage an, das nun den Zugang zu den Schloßgärten und der städtischen Bleichwiese bildete.[26]

Der innere Schloßhof wurde durch eine Mauer abgeschlossen, die vom Bandhaus zum Küchenbau, neben der Kapelle, führte. Der Zugang zum inneren Hof lag beim Küchenbau. Der große Wirtschaftshof war zweigeteilt. Entlang der Mauer zum inneren Schloßhof lagen die Schreibstube und ein Obstgarten, später wurde die Schreibstube zwischen dem Küchenbau und der westlichen Zwingermauer untergebracht. An der Westmauer lagen der Küchenbau, ein Vorratshaus und die Kapelle, es folgte das Keltergebäude mit seinem tiefen Keller. Gegenüber, an der Mauer zur Stadt, befanden sich ein Spargelgarten, das Waschhaus, der Hühnerstall und ein alter Stall.[27] Der Hof war mit Bäumen bepflanzt und von einem Blumengarten gegen Norden begrenzt. Ein Zufahrtsweg führte von einem Torhaus[28] an der Schloßgasse schräg über den Hof zum Küchenhaus. Im nördlichen Hofteil, der eine große Dungstatt besaß, lagen die Scheunen, verschiedene Stallungen und das sog. Reiterhaus.

Der Plan von 1795 ist bis auf kleine Änderungen mit dem beschriebenen Plan identisch. Auf dem Stadtplan von 1834 fehlen die Gebäude entlang der Mauer zur Stadt, ebenso das Tor zur Schloßgasse. Erst 1869 wird die neue Schloßstraße, zwischen Bandhaus und Schloßmauer, erwähnt, die heutige Urbanstraße. Der Staffelgiebel am Bandhaus erscheint erstmals auf einer Zeichnung von 1805, die das Oberamtsgebäude darstellt.[29] Jetzt führte eine Steintreppe zum Eingang auf der Giebelseite. Die letzten Verbesserungen am Amtshaus fallen in das Jahr 1845: Damals erhielt der alte Steinbau die Gestaltung, die er bis zur Zerstörung am 1. März 1945 beibehielt.

Aus dem Jahr 1628 existiert eine Beschreibung der Schloßkapelle, die damals von dem Weihbischof Jodocus aus Würzburg neu geweiht wurde, da sie zuvor profaniert worden war.[30] In der Raitenauischen „Description" des Hauses Mergentheim von 1604 ist zu lesen: „Solch Schloß hat erstlich eine kleine Capell, welches nur eine Hauscapell, ohn all Ornat und Stiftung; wird darin niemals celebriret, dieweil es profaniert."[31] Der Hochaltar der erneuerten Kapelle war der hl. Barbara und den Vierzehn Nothelfern geweiht, ein zweiter Altar der Gottesmutter und den hll. Anna, Maria Magdalena, Apollonia und Elisabeth, ein dritter den hll. Wolfgang, Sebastian, Wendelin und Leonhard. Zwei Bildtafeln mit einer Darstellung der Madonna mit Kind und der Mutter Anna sind erhalten; sie gehörten vermutlich zum Marienaltar. Aus der Entstehungszeit der Kapelle existieren auch noch vier Rundscheiben der Chorfenster[32]: ein Wappenschild des Deutschmeisters Reinhard von Neipperg, unter dem 1484 die Stadt zum Deutschorden kam, sowie zwei weitere aus der Neipperger Familie. Das vierte Fenster stellt das Jüngste Gericht dar. Die Wappenscheiben tragen die Jahreszahlen 1486 und 1488. Diese Scheiben wurden 1840 an das Königliche Kunst- und Altertumskabinett verkauft und befinden sich heute im Württembergischen Landesmuseum Stuttgart. Am Bau ist die Jahreszahl 1487 angebracht, dieses Datum und die Jahreszahlen auf den Scheiben lassen den Schluß zu, daß die Kapelle nach der Übernahme der Stadt durch den Deutschorden gebaut wurde.

Das größte Gebäude des Wirtschaftshofes ist die Kelter mit einem mächtigen Keller. Der Kellereingang liegt an der Giebelseite des Gebäudes, gegenüber der Kapelle. Im Keller befand sich seit 1672 ein großes Faß, das 101 Eimer (5550 Liter) faßte. In guten Jahren wurde es mit weißem Gewächs gefüllt. 1823 kam die Schloßkelter in Stadtbesitz und ist jetzt Sitz der Neckarsulmer Weingärtnergenossenschaft.

Die Pfarrkirche

Auf einer Bauzeichnung von 1706, dem Jahr des Baubeginns der barocken Stadtkirche, ist der Grundriß eines Vorgängerbaus eingetragen.[33] Danach war die alte Kirche eine Turmchorkirche: An der Ostseite des Kirchenschiffs stand ein Turm mit quadratischem Grundriß, der über dem eingezogenen Chor errichtet war. Das Gotteshaus hatte drei Altäre. Auf der Nord- und Südseite des Kirchenschiffes sind je zwei Fenster und ein Zugang eingezeichnet, auf der westlichen Seite befand sich ein weiterer Eingang, der etwas aus der Mitte nach links gesetzt war. Dieser Bauzeichnung muß Realitätsnähe zugeschrieben werden. Außer dieser Grundrißzeichnung besitzen wir kein gültiges Bild der alten Neckarsulmer Pfarrkirche. Alle erhaltenen Stiche und Zeichnungen enthalten mehr oder weniger phantasievolle Erfindungen, lediglich die besondere und ausgeprägte Lage der Kirche auf einem Sporn über dem Sulmtal und dem Unteren Stadttor wird immer wieder betont. Die Kirche war, wie in dieser Zeit üblich, vom Friedhof umgeben.

Über diese Kirche wird in der Raitenauischen „Description" (1604) gesagt: „So befindet sich in derselbigen Stadt eine Pfarrkirchen, welche gelegen bey dem Unteren Tor... Die Kirch ist ziemlich klein, anderst in ziemlichen Bau (gut erhalten) und mit Ornaten nachgestalt wohl versehen..."[34] In einer Eingabe des Amtmanns Christoph Stipplin an den Hoch- und Deutschmeister Franz Ludwig von Pfalz-Neuburg hundert Jahre später (1705) wurde vorgeschlagen „anstelle der ruinös und eng gewordenen Pfarrkirche ein neues Gotteshaus zu errichten, für dessen Bau Steine vom alten Turm der Scheuerbergruine entnommen werden sollten"[35]. In diesem Zusammenhang sei auch auf die Burg auf dem Scheuerberg verwiesen, die im Bauernkrieg zerstört, danach aber nicht mehr aufgebaut, sondern als Steinbruch benützt wurde. Die Burg ist auf alten Stichen mehr oder weniger wirklichkeitsnah dargestellt, so um 1578, 1597, 1865, wobei das letzte Bild, ein Lichtdruck von C. Ebner,

Stuttgart, eine phantasievolle Erfindung ist, aber eine genaue Darstellung der barocken Pfarrkirche zeigt.[36] Steine von der Burg auf dem Scheuerberg wurden bei der Errichtung verschiedener Stadtbauten verwendet, so beim Klosterbau und beim Neubau des Kirchturms.

Am 18. Juni 1706 erlaubte der Hoch- und Deutschmeister den Abbruch der baufälligen alten Kirche.[37] Der neue Kirchenbau entstand zwischen 1706 und 1710 in einem Stil, der zum Teil Elemente der vorausgehenden Renaissance mit barocken Elementen verbindet: Die Kirche wird repräsentiert durch eine mächtige gut gegliederte Fassade, das Innere ist ein hoher tonnenüberwölbter Saal, der durch Lisenen, die zu einem mächtig ausladenden Gesims emporführen, und durch entsprechende Gurtbögen gegliedert wird. Als Baumeister der Kirche wird Johann Wolfgang Fichtmeyer, Mergentheimer Ordensbaumeister, durch Abrechnungsunterlagen ausgewiesen. In einer anderen Quelle wird der Italiener Caraschi aus Heidelberg genannt.[38] Daß die Kirche Elemente des frühen italienischen Barock vom Ende des 16. Jahrhunderts in vereinfachter Form aufweist, läßt sich an der Fassadengestaltung mit einigem Recht nachweisen. Da in der Zeit nach 1710 in den meisten Deutschordensgemeinden unseres Raums Kirchenbauten in ähnlicher Art errichtet wurden, als Beispiele seien die Dahenfelder, Erlenbacher und Binswanger Kirche genannt, kann mit einiger Berechtigung vom Unterländer Deutschordensbarock gesprochen werden, an dessen Spitze die Neckarsulmer Kirche steht.[39] Die neue Kirche wurde nicht mehr in Ost-West-Richtung gebaut, sie folgt der Süd-Nord-Richtung. Ursprünglich lag der alte Turm, der nicht sofort abgerissen wurde, an der Ostseite der Kirche. Erst 1757 erhielt der Neckarsulmer Kirchenbauer Häfele von der Stadtgemeinde den Auftrag, einen

45 *Die Fassade der Stadtpfarrkirche St. Dionysius.*

neuen Turm über dem Fundament des alten zu bauen.[40] Dieser Turm war bis zum Anfang des 20. Jahrhunderts Sitz des städtischen Feuerwächters.

Über die ursprüngliche Ausstattung der Kirche liegen keine genauen Angaben vor, den Hochaltar der Kirche mit vielen barocken Putten hat mit einiger Sicherheit der Neckarsulmer Hollbusch geschaffen. Unter Stadtpfarrer Maucher wurden 1877 einschneidende Veränderungen der Kirchenausstattung vorgenommen, der alte Hochaltar wurde entfernt (seine Säulen wurden als Stützen des Schutzdaches über dem Kalvarienberg neben der

46 Blick in den Chor der 1946–1949 wieder aufgebauten Stadtpfarrkirche. Die Seitenaltäre sind der Muttergottes und dem hl. Joseph geweiht.

Kirche verwendet), da „vieles den Anforderungen der neuerwachten christlichen Kunst und dem veränderten Kunstgeschmack nicht mehr entsprach"[41]. Der alte Altar wurde durch einen neugotischen (neuromanischen) Altar ersetzt, die Seitenaltäre in ähnlicher Weise erneuert, bunte Glasfenster im Geschmack der Zeit eingefügt und die Tonne des Schiffes mit Apostel- und Prophetenbildern ausgemalt. Dieser Zustand blieb zum Teil bis in die Jahre 1926/1939 erhalten, in dieser Zeit wurde die Kirche innen und außen gründlich erneuert. Stadtpfarrer Sandel wollte dem Bau seinen ursprünglichen barocken Charakter zurückgeben. Im Sommer 1937 wurde der neue barocke Hochaltar aufgestellt, die Seitenaltäre folgten 1939.[42] Es gelang, für den Marienaltar ein Original des Italieners Giovanni Battista Crespi, genannt Il Cerano, zu erwerben: eine Madonna vom Sieg. Gemeint ist der Sieg der christlichen Flotte über die türkische 1571 bei Lepanto. Die beiden Begleiter der Madonna auf dem Gemälde sind der Franziskaner Johannes Capistrano, Prediger des „Türkenkreuzzugs", der 1456 zur Befreiung Belgrads führte, und Carl Borromäus, Mailänder Kardinal, der gut hundert Jahre später ein leidenschaftlicher Kämpfer gegen das neuerliche Vordringen der Türken war. Crespi starb 1633 in Mailand als Mitglied der Akademie des Kardinals Borromäus. Das Bild des Josephsaltars, das um 1650 entstand, ist eine Stiftung der Anna Maria von der Feltz, der Mutter eines Deutschordensritters.[43] Es stammt demnach aus der abgebrochenen Vorgängerkirche. Das wertvollste Kunstwerk der Kirche ist eine spätgotische Pieta von etwa 1500, die in dem oben genannten Kalvarienberg stand. Die neuen, von Professor Koch, Stuttgart, entworfenen Altäre wurden in der Werkstatt Geiselhart in Ellwangen ausgeführt, die großen Figuren des Hochaltars schnitzte der Bildhauer J. Wolfsteiner aus Hüttlingen bei Aalen.

Spital und Frauenkirche

Vor dem Unteren Tor stand in der Nähe der Frauenkirche das Spital, ein unauffälliger Bau aus dem Jahre 1702. Dieser Bau war der Ausgangspunkt des Neckarsulmer Krankenhauses, das 1907 gebaut und 1933 und 1939 erweitert wurde. Über das alte Neckarsulmer Spital in der Bettelgasse (Frühmeßgasse) berichtet Raitenau 1604: „So hat auch diese Statt allhier ein Armenhauß, welches ist gestifft von gemeiner Statt und welches vor dieser Zeit ein gemein Badstuben gewesen und bey 25 Jahren zu einem Hospital gemacht worden, darin werden etlicher arm und alter Burgersleut sowohl mit Wohnungen als mit notwendigem Unterhalt gepflogen..."[44] Diese Badstube wurde 1575 von der Stadt zurückerworben, nachdem sie der Deutschorden 1532 an einen Bürger verkauft hatte.

Die Frauenkirche lag etwa 350 m vor dem Unteren Tor. Auch diese Kirche wird in der Raitenauischen „Description" erwähnt, und Stadtpfarrer Maucher sagt von ihr: „...ein alter Bau, aus verschiedenen Zeiten stammend."[45] Ein schmales Fenster auf der Seite zum Friedhof zeigt einfache gotische Formen. Das heutige Erscheinungsbild ist geprägt von baulichen Veränderungen um 1667 und 1668. Ursprünglich stand im Steinach eine größere Kapelle, eine gut besuchte Wallfahrt zur Schmerzhaften Muttergottes, die etwa dem heutigen Kirchenschiff in der Größe entsprochen hat. Dieser Bau geht vermutlich auf die Sickingen zurück, kurz vor der Übernahme der Stadt durch den Deutschen Ritterorden. 1667, im gleichen Jahr, in dem der Orden das Patronat über die Stadtkirche von Würzburg erwarb, wurde mit Zustimmung des Hochmeisters Johann Kaspar von Ampringen ein Chor mit einem kleinen Turm angebaut. Der Anbau war 1668, 20 Jahre nach Beendigung des Dreißigjährigen Krieges, abgeschlossen, wie es die Jahreszahl über dem seitlichen Choreingang bestätigt.

Der Deutsche Orden pflegte in besonderer Weise die Marienverehrung. In den neuen Chor kam 1682 der noch vorhandene gute Barockaltar, der über dem Tabernakel das alte Wallfahrtsbild aufnahm. Neben der kleinen Pieta stehen links der hl. Georg und rechts die hl. Elisabeth, die beiden Patrone des Ritterordens. Dieser Altar ist ein Rest aus der Zeit, als der barocke Stil die Innenausstattung der Neckarsulmer Kirchen bestimmte. Am Außenbau stehen zwei bemerkenswerte Bildwerke: ein hl. Nepomuk, Rokoko des 18. Jahrhunderts, von Joseph Kilian Holbusch, wie es die verwendeten Puttenköpfe anzeigen, das andere Bildwerk, etwas jünger als der Nepomuk, stellt den hl. Wendelin dar. Über dem seitlichen Kircheneingang befindet sich in der Nische des gebrochenen Giebelbogens eine Figur der Pieta mit der Umschrift

„O vos omnes qui transitis per viam attendite et videte, si est dolor sicut dolor meus" (Ihr alle, die ihr hier vorbeizieht, sagt, ob ein Schmerz dem meinen gleicht). Dieser Eingang stammt aufgrund der Steinbearbeitung, Stäbe an den Türrahmen, ebenfalls aus der Zeit um 1668.

Das Kapuzinerkloster

Das Kapuzinerkloster im Süden der Stadt, vor dem Heilbronner Tor, entstand während und nach den Wirren des Dreißigjährigen Krieges.[46] Die ersten Kapuziner kamen im Pestjahr 1635 nach Neckasulm, um in der Pfarrei auszuhelfen. 1638 predigte Pater Theodor Camermeier von Mergentheim mit solchem Erfolg, daß einflußreiche Männer der Stadt beim Hochmeister Johann Caspar von Stadion vorstellig wurden, die Kapuziner nach Neckarsulm zu berufen und ihnen eine Niederlassung anzubieten. Diesem Wunsch wurde entsprochen, im gleichen Jahr kam ein Pater Kreitmeier mit einem Bruder hierher, später waren bis zu vier Patres in der Stadt. Gegen den Plan eines Klosterbaus gab es aber auch Widerspruch, der heftigste ging vom Kapuzinerkloster in Wimpfen aus, das auf die katholischen Gebiete um Neckarsulm angewiesen war, um als Bettelorden den notwendigen Lebensunterhalt zusammenzubringen. Das Wimpfener Kloster gehörte zur Rheinischen Provinz. Der Ritterorden und das Bistum Würzburg wollten nur die Patres der Tiroler Provinz, die in Mergentheim ansässig waren, zulassen. In den Kriegszeiten bis 1648 war an einen Klosterbau nicht zu denken. So wurden die Kapuziner zuerst im feuchten alten Frühmesserhaus untergebracht. Als sie dort erkrankten, räumte man ihnen 1640 im Schloß und 1650 im Schulhaus bei der Stadtkirche Räume ein. Fünf Jahre später erinnerte der Superior Pater Maurus, unterstützt von seinem Provinzialoberen, den Neckarsulmer Schultheißen daran, endlich an den versprochenen Klosterbau zu gehen. Die Stadt erhielt um 1660 die entsprechende Bauerlaubnis durch den Hoch- und Deutschmeister Leopold Wilhelm von Österreich. Durch Stiftungen und verschiedene Schenkungen wurde die materielle Grundlage für den Bau geschaffen. Unter anderem gab der Hochmeister die Erlaubnis zum Fällen des erforderlichen Holzes und zur Entnahme von Steinen aus der Burgruine auf dem Scheuerberg, wie dies durch erhaltene Steinmetzzeichen nachweisbar ist. Zum Bauplatz wählten die Mönche eine Stelle außerhalb der Stadtmauer vor dem Oberen Tor. Als Baumeister des Klosters wird ein Pater Nikolaus Trost aus München genannt. Am 2. Juli 1661 war die feierliche Grundsteinlegung.

Es war ein kleines Kloster, das in Anlehnung an größere Vorbilder um einen fast quadratischen Innenhof angelegt wurde, der Kreuzgang war eine offene Halle aus einer Balkenkonstruktion.[47] Er wurde nach 1945 wiedererrichtet und bildet heute den Innenhof des Polizeireviers. Zuerst wurden die Klosterflügel gebaut. Im Südteil des Osttraktes befand sich im Erdgeschoß das Refektorium, der Speisesaal. Im Südtrakt lag die Küche, dann kamen die Zelle des Pförtners und ein Sprechzimmer. Im Westflügel befanden sich ein Vorratsraum, die Waschküche und eine Stockfischwäscherei. Im ersten Stock lagen die Zellen der Mönche und Laienbrüder, nach Süden waren die Bibliothek und ein Gastzimmer, nach Westen ein saalartiger Gemeinschaftsraum untergebracht. Die Kirche bildete den Nordtrakt, ihr Chor war nach Osten gerichtet. An der Südseite der Kirche verlief ein Gang, der von der Pforte zum Kreuzgang und weiter in den Klostergarten führte. Die Kirche war nach den strengen Regeln der Ordensvorschrift gebaut, ohne Turm und ohne besonderen Schmuck. Der Fassadengiebel blickte auf den Stadteingang, geschmückt nur mit einem Medaillon, in dem das Lamm Gottes dargestellt war. Das rechteckige Schiff war tonnenüberwölbt, ein Triumphbogen leitete zum eingezogenen Chor über. Der Choraltar mit einem Bild der Himmelfahrt Mariens von dem Wiener Maler de Hoy, gestiftet vom Deutschmeister, stand ursprünglich auf der Grenze zwischen Chor und Schiff. Der Mönchschor war durch eine lettnerartige Abschrankung vom Kirchenschiff getrennt. Der gerade geschlossene Chor wurde durch ein Fenster erhellt. Zwei Türen, jetzt vermauert, führten vom Kreuzgang in die Kirche. Ursprünglich saß über dem Chor ein Dachreiter mit einer kleinen Glocke. Er wurde 1894 durch ein Türmchen über der Westfassade ersetzt. Das Kloster und die Kirche wurden am 31. August 1664 durch den Würzburger Weihbischof Johann Melchior Söllner in Gegenwart des Hochmeisters Johann Kaspar von Ampringen geweiht.

Die Kapuziner waren bis 1811 in Neckarsulm, dann mußten sie aufgrund der Säkularisation das Kloster aufgeben. Der Hochaltar und weiteres Inventar kam nach Kochertürn, das Kloster wurde Amtsgefängnis, die Kirche ein städtisches Magazin. Unter Stadtpfarrer Maucher erwarb die katholische Kirchengemeinde das Gotteshaus zurück, das nach einer gründlichen Renovierung 1894 neu geweiht wurde.[48] Erwähnenswert in der Klosterkirche ist eine frühgotische Marienstatue, die vermutlich früher in der Burgkapelle auf dem Scheuerberg stand. Das in unserer Zeit erneuerte Chorfenster zeigt die Vogelpredigt des Franz von Assisi.

Das Rathaus

Im Stadtbild kam dem Rathaus besondere Bedeutung zu, es lag an der Ecke der Marktstraße und der Rathausgasse, am Übergang zum Marktplatz. Dieser Platz war für die wirtschaftliche Entwicklung der Stadt von großer Bedeutung, hier fanden die regelmäßigen Wochenmärkte und die periodischen Jahrmärkte statt, die auf eine kaiserliche Genehmigung zurückgingen. Auf dem Marktplatz stand auch ein Brunnen, auf dessen Säule ein Löwe das Stadtwappen mit dem Datum 1538 trug. 1968 schrieb Joseph Muth in einem Artikel der Unterländer Volkszeitung[49], das erste Rathaus sei früher hinter der Kirche gestanden, denn 1701 hätten sich einige Ratsherren daran erinnert, von den Alten gehört zu haben, daß das Armenhaus zuerst das Rathaus gewesen sei. In der Raitenauischen „Description" der Stadt wird von einem Badhaus berichtet, das zum Armenhaus und zum Spital gemacht wurde.[50] Die Badstube hatte der Deutschorden 1532 an einen Neckarsulmer Bürger veräußert, sie wurde von der Stadt 1577 zurückgekauft, um hier das Armenhaus einzurichten. Das Armenhaus kann also keinesfalls das erste Rathaus der Stadt gewesen sein. Dagegen ist ein Rathausbau für das Jahr 1544 an der Stelle des heutigen Rathauses gesichert, wie ein Gesuch der Neckarsulmer Stadtvertreter um einen Zuschuß der Ordensverwaltung im selben Jahr ausdrückt: „... für den schon mit Keller, Steingebäude und erstem Stockwerk versehenen Rathausneubau."[51] In den Regesten der Oberamtsbeschreibung wird die Baubeschwerde des Kellers Jörg Ziegler von 1544 angeführt: „... wegen dem bawen eines neuen Rathauses, seiner Einfahrt wegen." Das alte

47 (Umseitig) Einen guten Überblick über den Kern der Altstadt vermitteln Luftaufnahmen aus der Vorkriegszeit.

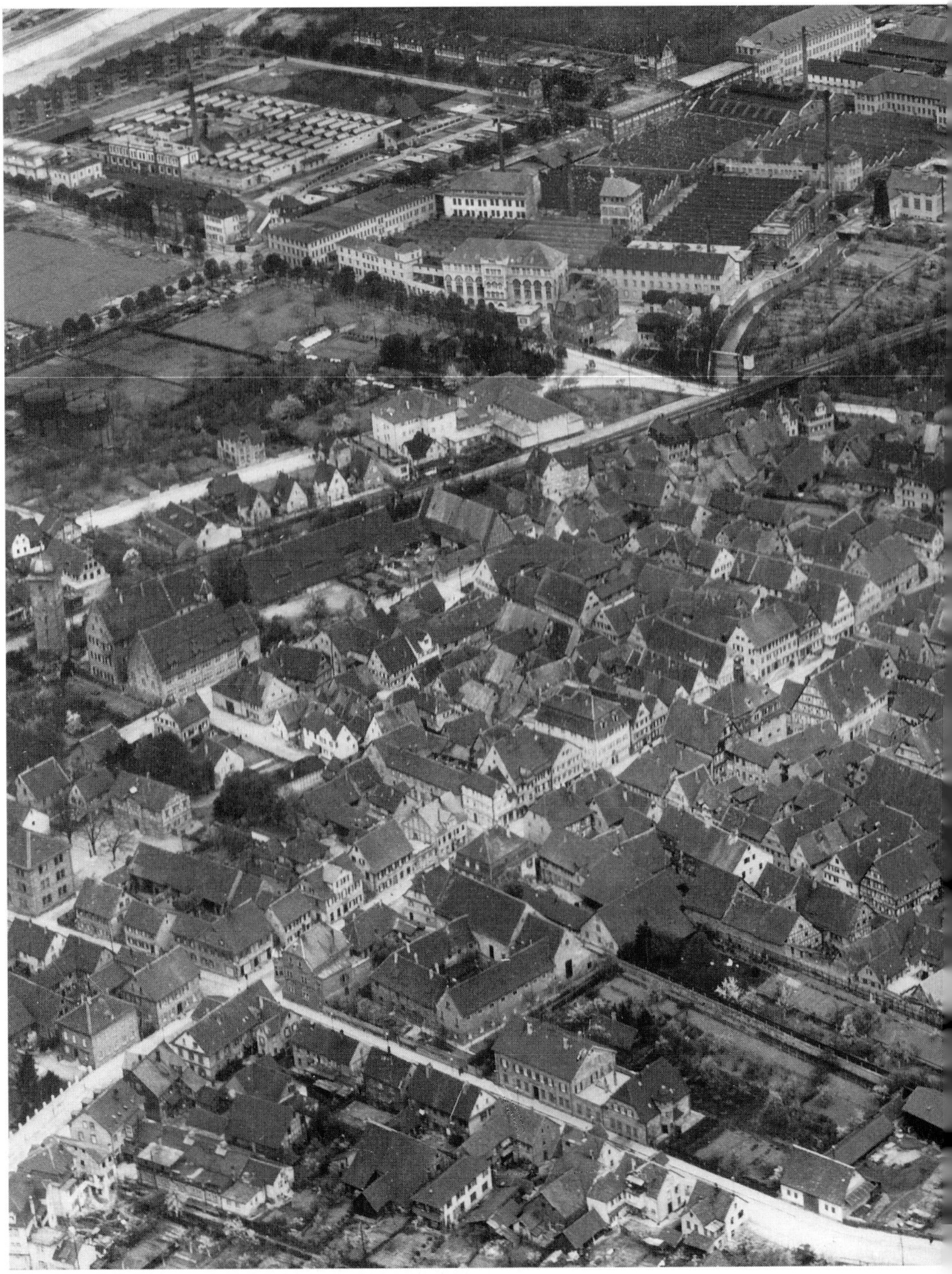

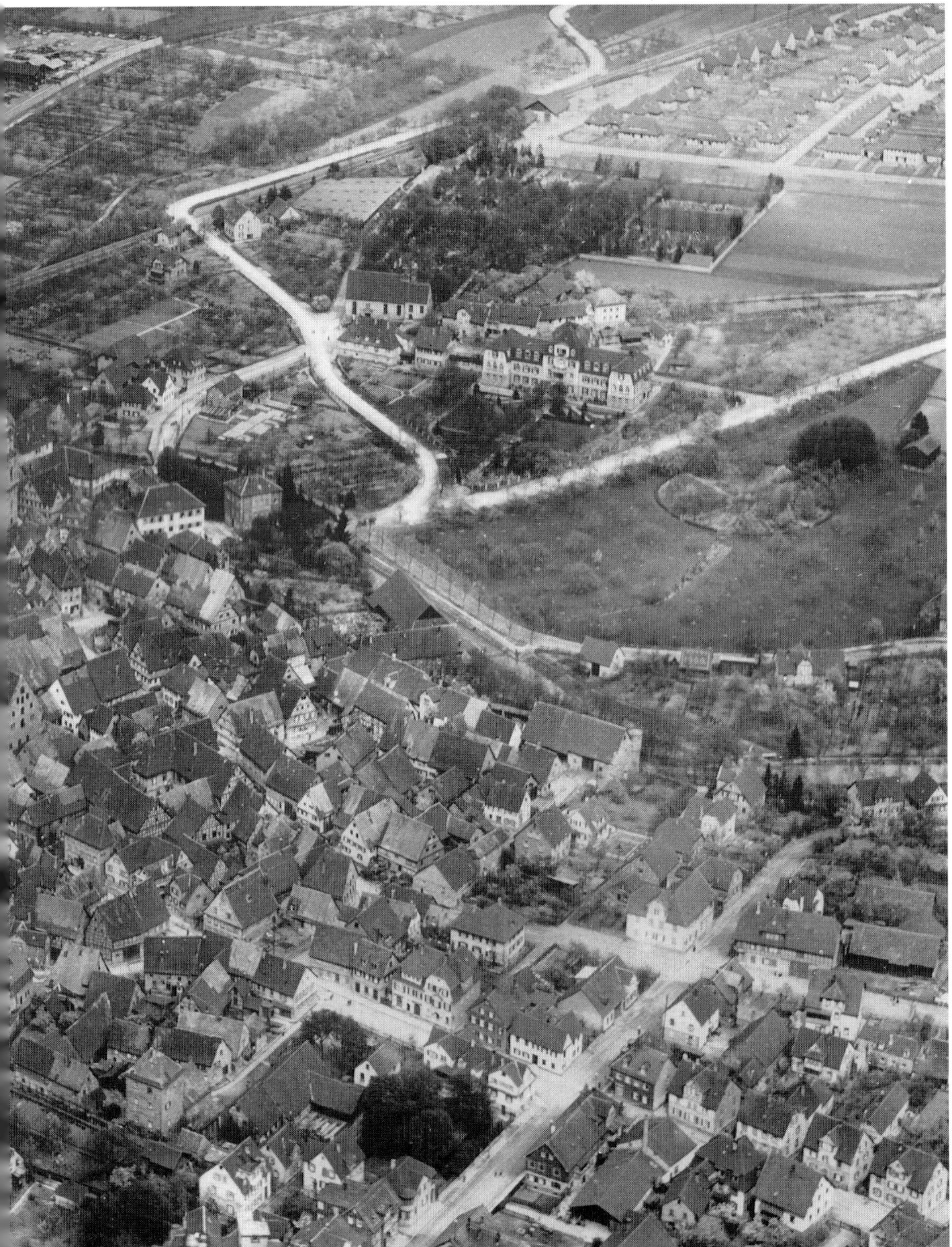

Rathaus bestand damals schon aus Keller, Erdgeschoß und zwei Stockwerken. An den Ecken des Gebäudes waren zwei Erker angebracht, zwei „turmlein" zierten das Dach. Zum Eingang führte eine überdachte Freitreppe. Im Erdgeschoß befanden sich Verkaufsplätze, hier stand auch die „Waag". Eine Uhr, die 1660 angeschafft worden war, wurde bei Reparaturarbeiten 1730 ausgebaut, weil sie allzu groß und schwer war und dem Bau schadete. Dafür erhielt das Rathausdach ein Türmchen mit quadratischem Grundriß, „umb die Uhrtafel vornen und hinden daran richten oder hängen zu können". Das Türmchen hatte einen achteckigen Abschluß und war mit einer „welschen Kappen" gedeckt. Im Rathaus hingen drei Bilder von Deutschmeistern sowie ein Bild des Prinzen Eugen von Savoyen. Im Ratssaal standen ein achteckiger Tisch, Schrannen (wohl truhenähnliche Sitzbänke) und zwölf eichene Lehnstühle für die Ratsherren. Hier wurde auch die Marktfahne mit dem Hoch- und Deutschmeisterlichen Wappen aufbewahrt. Zur weiteren Einrichtung gehörten gesicherte Akten- und Bücherschränke, eine große offene Truhe und eine kleine rundum mit Eisen beschlagene Truhe. Im Lager befanden sich 100 lederne Feuereimer und „22 große Helleparden, so in vorgewesenen Kriegszeiten der Statt eingestellt und nit wieder begehrt worden"[52]. Nach einer Reihe umfänglicher Reparaturen zwischen 1730 und 1780 wurde ein Neubau beschlossen, den Franz Häfele, der 1745 von Untergruppenbach nach Neckarsulm kam, ein hochgeschätzter Kirchenbaumeister, der auch im Kloster Amorbach tätig war, entwarf und 1781/82 ausführte. Maucher beschreibt 1901 in seiner Geschichte Neckarsulms den Zustand des Rathauses schon zur württembergischen Zeit wie folgt: „Es ist ein hochragendes allerdings nur zweistöckiges Gebäude mit Mansarden, zu dessen Eingang eine zweiar-

48 Das 1781/82 von Baumeister Franz Häfele errichtete Rathaus.

mige große steinerne Freitreppe mit steinernem Geländer emporführt. Als Präfectur oder Stadthaus wird es gekennzeichnet durch sein Türmchen mit Glocke und Uhrwerk, durch das über der Tür angebrachte Medaillon der Justitia und das württembergische Königswappen..., an der Freitreppe durch das städtische Wappen, Deutschordenskreuz mit drei Ringen. Das Innere enthält neben den Kanzleylocalen einen größeren und kleineren Ratssaal, einen großen Hausflur, den sogenannten Verkündboden, und eine Küche, noch aus der Zeit stammend, wo größere Gastmäler und Hochzeiten auf dem Rathaus gehalten wurden."[53] Im Ratssaal seien die Bilder von den württembergischen Königen und vier Deutschmeistern gehangen. Die Beschrei-

Die Keltern – Der Amorbacher Hof

bung des Innern zeigt manche Ähnlichkeiten mit dem Vorgängerbau. Das Rathaus wurde am 1. März 1945 ebenfalls stark beschädigt und bis 1956 in seinem alten Zustand restauriert.

Die Keltern

Neckarsulm war von alters her eine Weinstadt, geschätzt und begehrt von geistlichen und weltlichen Herren, und so war das Stadtbild auch von einer Reihe von Kelterbauten mitbestimmt. Ein Urbar von 1554 sagt: „Lt. alter Lagerbücher sind zu N. 2 Häuser gestanden, die Muntzhäuser (wo zur Mainzer Zeit ein Neckarsulmer Pfennig geprägt wurde), die vor Jahren abgebrochen worden sind, um für die Herrschaft eine neue Kelter (zur Schloßkelter) mit 3 Bütten und ein Bandhaus mit einer Fruchtschütte und einem Keller darunter zu errichten."[54] Dies war die Kleine Kelter in der Rathausgasse, die 1945 zerstört wurde. 1567 kam dann die Große Kelter in der Keltergasse dazu. Sie wurde unter dem Deutschmeister Georg Hund von Wenkheim gebaut, dessen Wappen sich über dem großen Eingangstor befindet. Die Große Kelter ist ein stattlicher Steinbau mit einem hohen steilen Dach. Sie gab dem Stadtbild einen besonderen Akzent, da sie die umliegenden Häuser überragte. Die Kelter wurde bis 1930 benutzt und danach als Büttenlager verwendet, auch nach 1945 wurde hier zeitweise noch gekeltert. Das Gebäude, nach den Kriegszerstörungen notdürftig gesichert, ist seit 1984 in den Neubau der Kreissparkasse integriert. Früher war die Kelter durch eine Häuserzeile vom Marktplatz getrennt, heute bildet sie die nordwestliche Ecke des neuen Marktes, als Gegenstück zu den Rathausanlagen. Amtliche Keltern haben das Stadtbild geprägt, weitere Keltern waren im Besitz anderer Herrschaften, darunter war die Kelter des Amorbacher Hofes die bedeutendste. In der Oberamtsbeschreibung von 1881 werden vier Keltern genannt mit zusammen elf Bäumen und vier Radpressen.

Der Amorbacher Hof

Neckarsulm war von Anfang an eine „geistliche Stadt", an Bischöfe, den Deutschorden und andere Ordensgemeinschaften gebunden. Eine wichtige Verbindung ging zum Kloster Amorbach im Odenwald, das in der früheren Amorbacher Gasse, später Lange Gasse, eine eigene Hofanlage, den Amorbacher Hof, besaß. Im Urbar von 1554 werden sieben Höfe des Abtes von Amorbach aufgeführt.[55] Der Stadtteil Neckarsulm-Amorbach steht auf ehemals klösterlichem Grund, der nach 1805 in den Besitz des Landes Württemberg gekommen war. Die Gebäude des Amorbacher Hofes, zuletzt in privater Hand, bestanden bis zur Zerstörung 1945.

Nach einer Zeichnung, einem perspektivischen Aufriß von 1681, bestand das Anwesen aus einem großen Hofraum, der nach hinten von einer Scheune abgeschlossen wurde.[56] Rechter Hand lag das Wohnhaus mit einer Kapelle, zur Straßenseite öffnete sich das hohe Kellertor. Linker Hand lag der Kelterbau mit zwei Toren zum Hof und einem dritten Tor zur Straße. Eine Mauer zwischen Kelter und Wohnhaus, die ein Tor und eine kleine Tür hatte, schloß das Anwesen zur Straßenseite ab. Da die oben genannte Zeichnung von 1681 wegen der Beschwerde der Nachbarn gegen die Erhöhung des Kelterbaus gefertigt wurde, muß das Anwesen schon früher bestanden haben. Hinweise auf den Erwerb von Gebäuden finden sich in verschiedenen Urkunden: 1343 erwirbt das Kloster die Lindachkelter, 1364 geht es bei einer Auseinandersetzung um ein Haus, darauf „der Rebelin sitzt". 1425 hat

Amorbach die Lindachkelter an einen bequemeren Platz gebaut. 1652 bestätigt das Kloster, daß es von seinem Hof, Keller und Scheune eine Abgabe an die Stadt bezahlen wird.

Die Verwalter waren seit dem Ende des 17. Jahrhunderts zumeist Mönche, einige davon, tüchtige Männer, wurden Äbte, wie Pater Placidus 1645, Pater Coelestin um 1700, Pater Sanderadus ab 1713. Abt Coelestin ließ 1705 die Baulichkeiten erneuern, wie es Wappen und Inschrift über der Toreinfahrt auswiesen: „RVR dns Coelestin O.S. Benedict. Abbas Amorbac me posuit 1705" (Der ehrwürdige Abt Coelestin von Amorbach hat mich im Jahr 1705 errichtet). Rechts und links des Prunkwappens standen eine Marien- und Benediktusstatue. Bei diesem Umbau wurde das Wohnhaus verbreitet und weiter zur Straße vorgezogen. Auf der Kelterseite wurden eine Küche und das Backhaus eingebaut. Die Kelter nahm nun einen Teil der Scheune in Anspruch, auf der Wohnseite wurden die Pferde- und Kuhställe untergebracht.[57] Nach der Säkularisation kam der Hof in den Besitz des württembergischen Staates, ab 1848 war er in Privatbesitz.

Häuser und Wohnungen

Als nach dem Bauernkrieg von 1525 der Hoch- und Deutschmeister Walter von Cronberg die Orte des Unterlandes wegen der Teilnahme an dem bäuerlichen Aufruhr bestrafte, legte er bei der Erbhuldigung im Februar 1527 eine Buße von zehn Gulden je Haus fest. 1880 Gulden war die Gesamtsumme für die Stadt. Daraus läßt sich entnehmen, daß die Stadt etwa 200 Häuser umfaßte.[58] Von der Bestrafung waren einige Bürger und sicher auch die Besitzungen der Orden ausgenommen. Im Urbar von 1554, „von unserm underthonen und lieben getrewen Joachim Eßlinger, offen notari und burger zu Neckersulm" geschrieben, nachdem die alten Unterlagen „der mehrer theil anno etc zwaintzig fünfe in der beuwerischen uffrur verprent, zerrissen und verloren worden", werden 206 Häuser aufgeführt.[59] Der Amtmann Gassenfaydt berichtet 1692 von 209 gebauten und acht ungebauten (unbewohnbaren) Häusern. In einem Bericht von 1802 werden 240 Häuser aufgeführt und 1824 schließlich 242.[60] Aus diesen Zahlen wird deutlich, daß sich die Größe der Stadt mit der Anzahl der Wohnhäuser in rund 300 Jahren seit 1500 nur wenig verändert hat. Die Stadt war in den Mauerring eingeschlossen und konnte sich erst erweitern, als die Mauern und Tore fielen.

In der Zeit vor 1800 waren Häuser und Anwesen der Stadt von der Landwirtschaft, vor allem vom Weinbau, geprägt. Vielfach wurde in der Art fränkischer Hofanlagen gebaut. Als besonderes Beispiel dafür kann der Amorbacher Hof gelten, auf den oben schon eingegangen worden ist. Eines der eindrucksvollsten Bauernhäuser der Stadt war das Anwesen Bender (zuletzt Benz) in der Lammgasse. Auf dem Kellergeschoß aus Sandsteinen erhob sich das Fachwerkhaus traufseitig zweistöckig zum Hof, die Giebelseite hatte zur Lammgasse bis zum Dachfirst fünf Stockwerke. Das Fachwerk war mit fränkischen und alemannischen Elementen durchsetzt, strenge Träger und Schrägstützen wechselten mit geschwungenen Andreaskreuzen und gitterartigen Balkenfeldern. Die Eckträger und Balkenköpfe waren größtenteils geschnitzt. Eine sechsstufige Treppe führte von der Hofseite zur Haustür und in den Wohnbereich, nach hinten folgten, rechtwinklig den Hof einschließend, Stallungen und Scheune. Die gegenüberliegenden Häuser der Lammgasse hatten zumeist hohe Toreinfahrten und Hallen, durch die man in einen kleinen offenen Innenhof ge-

Häuser und Wohnungen

49 Eines der eindrucksvollsten Neckarsulmer Fachwerkhäuser war das Anwesen Benz, das im Krieg zerstört wurde.

langte, an dem Scheune und Stallungen lagen. Im offenen Innenhof waren Dungstatt und Güllengrube untergebracht. Der Kellereingang befand sich zumeist in der Durchgangshalle, die Kellertüren glichen hohen rundgebauten Toren. Die besonderen Merkmale eines Neckarsulmer Hauses zeigte auch das sog. Judenhaus in der Judengasse, ein Doppelhaus mit zwei hohen Giebeln. Zwischen beiden Hausteilen lag eine Durchgangshalle, die in einen kleinen offenen Innenhof mündete. In der Halle führte auf der linken Seite ein breites Treppenhaus in die Wohnungen des ersten Stocks. Neben der Treppe befand sich der Zugang zum Vorratskeller, der durch eine Falltür verschlossen war. Auf der rechten Hallenseite befand sich eine Wohnung. Beim Übergang der Halle zum Innenhof lag rechts der Zugang zum hoch gewölbten, aus Sandsteinen gebauten Weinkeller. Den ersten Stock nahm in beiden Hausteilen je eine weiträumige Wohnung ein, die Wohnungen darüber wurden erst nachträglich eingebaut, hier scheinen ursprünglich Fruchtböden gewesen zu sein. Der Ständerbau war verputzt, ob in früherer Zeit das Fachwerk sichtbar war, ist nicht bekannt. An den offenen Innenhof war nach hinten eine weitere kleine Halle vor die Stallungen gebaut, von der aus eine Holztreppe auf den Heuboden über den Ställen führte. In der hinteren Halle waren auch die Dungstätte und die Güllengrube untergebracht. Beim Schiffmannshof, der am Anfang der Judengasse lag, waren die Wohngebäude und die landwirtschaftlichen Anlagen um einen weiträumigen Hof angelegt, in den man ebenfalls durch eine große Halle eintrat. Ähnlich wie die beschriebenen Häuser waren auch die anderen Bauern- und Bürgerhäuser in erster Linie den landwirtschaftlichen Erfordernissen angepaßt. Dies gilt auch für die Häuser, in denen Handwerker ansässig waren. In der Stadt gab es keine ausgesprochenen Handwerkerviertel, wie dies in mittelalterlichen Städten zumeist zu beobachten ist. Im alten Neckarsulm ordnete sich alles der landwirtschaftlichen Struktur, dem Weinbau, unter. Leider wurde der Großteil der alten Gebäude beim Bombenangriff 1945 zerstört. Doch haben sich in der Schloßgasse und in der Quergasse einige Gebäude in der alten Form, erneuert und heutigen Erfordernissen angepaßt, erhalten.

Früher hatte das Fachwerk das Stadtbild geprägt: Einige solcher Bauten sind in der Marktstraße, am Anfang der Lammgasse und hinter dem Rathaus den Kriegszerstörungen nicht zum Opfer gefallen. Schon zuvor wurden durch schwere Brandkatastrophen wie anno 1796 alte Häuser zerstört. Im alten Neckarsulm gab es neben Schloß, Kirche, Rathaus und Keltern nur wenige Steingebäude, dazu gehörten nach 1700 auch einige Wirtschaften wie das „Lamm" in der Lammgasse, die „Rose" und der „Löwen" in der Marktstraße, der „Engel", der vor allem auch die Herberge der Deutschordensgäste war. Die Marienkaplanei (ehemaliges Wachtersches Haus) in der Marktstraße besaß eine repräsentative Freitreppe. Über ein Bauvorhaben des Werkmeisters Joseph Ludwig Brunner vor dem Unteren Stadttor liegen Gesuche und Baupläne aus dem Jahr 1798 vor.[61] Außerhalb der Mauer zu bauen war selbst in dieser späten Zeit mit Schwierigkeiten verknüpft. Dieses Steingebäude wurde zum Gasthaus „Erzherzog Carl", danach „Prinz Carl", dessen späterer Besitzer Anton Victor Brunner als Vater des Neckarsulmer Weingärtnervereins bezeichnet werden kann.

Mühlen an der Sulm

Ein bäuerlicher Ort wie Neckarsulm besaß auch eine Reihe von Mühlen. Sie lagen an der Sulm und in einiger Entfernung zur Stadt. Eine Ausnahme bildete die Nähermühle, die direkt vor der nördlichen Stadtmauer lag und das Stadtbild mitbestimmte. Sie war die älteste Mühle der Stadt, erstmals 1295 und 1335 urkundlich erwähnt: „Friedrich von Neuenheim und seine Gemahlin Elsbeth von Lindach verpfänden dem Kloster Schöntal 16 Malter Roggen jährliche Korngilt Heilbronner Meß und 4 Pfund jährliche Hellergilt auf ihre Mühle allernächst an der Stadt Sulm gelegen."[62] 1344 ging die Mühle ganz an das Kloster Schöntal, 1691 wurde sie als Erblehen der Abtei aufgeführt. 1805 kam sie an das Königreich Württemberg, von 1808 bis 1898 war sie in Privatbesitz, danach richtete die Stadtverwaltung hier das Pumpstationsgebäude für die Neckarsulmer Wasserversorgung ein. 1988 wurden die gesamten Anlagen abgetragen, um anderen Gebäuden Platz zu schaffen. In der Nähermühle wurde außer Getreide später auch Gips vom Scheuerberg gemahlen. Die Reisachmühle, erstmals 1503 urkundlich genannt, war im Besitz des Deutschordens, der sie als Lehen an Bürger der Stadt gab. 1818 kaufte sie schließlich der Löwenwirt Peter Heinrich Merckle, der einen Gipsmahlgang einrichten ließ. Die Mühle war bis 1956 in Betrieb. Sie liegt sulmaufwärts, aber nicht mehr im engen mauergeschützten Stadtbereich. Die Brunnersche Säge- und Gipsmühle sulmabwärts, die 1880 zur Keimzelle der Neckarsulmer Autoindustrie wurde, wie auch die Hängelbachmühle an der Markungsgrenze zu Kochendorf sind mit der Entwicklung des Gipsmühlengeschäfts erst um 1800 entstanden. Vor dem Unteren Tor in der Nähe der Frauenkirche stand eine Ziegelhütte, die schon im Kellerschen Plan eingetragen ist: „Ludwig

50 Der in deutschordischer Zeit angelegte Marktplatz mit dem 1680 renovierten Brunnen.

Böhringer des Rathß mit dem Ziegelhüttengebau und gartten."[63] Die Ziegelhütte stellte eine frühe Erwerbsmöglichkeit dar, die nicht vollständig dem landwirtschaftlichen Charakter des alten Neckarsulm untergeordnet war.
Die alte Kleinstadt war in den engen Raum zwischen ihren Mauern eingezwängt, wie alle anderen städtischen Orte im Mittelalter auch. Geöffnet wurde die Stadt erst, als der Deutsche Orden durch das Königreich Württemberg abgelöst worden war und die Industrialisierung in der zweiten Hälfte des 19. Jahrhunderts ihre besonderen stadtbildenden Kräfte entfaltete.

Das Schulwesen in Neckarsulm unter dem Deutschen Orden

von Dorothea Bader

Das Interesse des Deutschen Ordens an der Förderung seines priesterlichen Nachwuchses und die Sorge um die musikalische Erziehung der für den Gottesdienst benötigten Chor- und Singschüler waren die hauptsächlichen Motive für die Gründung zahlreicher Ordensschulen im Mittelalter.
Die Ordensschule in der Reichsstadt Mühlhausen (Ballei Thüringen) – vermutlich die erste Ordensschule überhaupt – wurde bereits im Jahre 1232 von König Heinrich (VII.) gegründet. Eine weitere Schulgründung ist für das Jahr 1272 in Altenburg, gleichfalls in der Ballei Thüringen, nachgewiesen.[1] Hier allerdings verknüpfte der Stadtrat von Altenburg die Bereitstellung eines Grundstücks zur Errichtung des Schulgebäudes bereits mit der Bedingung, daß nicht nur eine Pfarr- oder Chorschule mit vorwiegendem Unterricht in Gesang, sondern eine allgemeine Lateinschule gehalten werden sollte. Eine Schule also, die auch den Bürgerkindern offenstand.
Seit dem 12. Jahrhundert hatte die Zahl der städtischen Lateinschulen ständig zugenommen. Auch hier unterrichteten zunächst nur Geistliche. Aus diesem Grund waren auch die Lehrinhalte dieselben wie in den älteren Kloster- und Stiftsschulen. Der Wissensstoff der Schulen im Mittelalter bestand aus den *septem artes liberales,* den Sieben Freien Künsten. Man unterschied eine Unterstufe, das *Trivium* (Grammatik, Rhetorik, Dialektik), und das *Quadrivium* (Arithmetik, Geometrie, Musik und Astronomie). Für die niederen Lateinschulen in den Städten kam dabei nur das *Trivium* in Betracht, daher auch die Bezeichnung als Trivialschulen.
Frühe Lateinschulen in unserem Raum gab es z.B. in Schwäbisch Gmünd (1189), Esslingen (1279), Schwäbisch Hall (1318) und Heilbronn (1431).[2] In der Deutschordensstadt Mergentheim hatten zunächst die Johanniter als die Inhaber der Pfarrei, ab 1554 die Deutschherren für den Unterhalt des Schulmeisters zu sorgen.[3]
Die erste Erwähnung eines lateinischen Schulmeisters und damit einer Lateinschule in Neckarsulm gehört noch dem ausgehenden Mittelalter an. Am 2. Oktober 1511 besiegelt ein Dionysius Lorlin (Lörlein), „Schulmeister zu Sulme", eine Urkunde über die Stiftung eines Meßgewandes durch eine Heilbronner Bürgerin für die Kapelle zu Unserer Lieben Frau auf dem Steinach.[4] Dieser Dionysius Lörlein, 1513 wird er wiederum erwähnt[5], wurde in Neckarsulm geboren und am 21. November 1499 an der Universität Heidelberg immatrikuliert. Auch alle weiteren lateinischen Schulmeister, Ludimagister oder Präzeptoren in Neckarsulm konnten ein Studium vorweisen.
Das Schulwesen des 16. und 17. Jahrhunderts war vom Humanismus, der Reformation und der Gegenreformation entscheidend geprägt. 1524 erließ Luther seine Schrift an die deutschen Städte, daß sie christliche Schulen auf-

richten und halten sollten. Darin betont er die Notwendigkeit eines gelehrten Unterrichts und der Pflege der drei Sprachen Latein, Griechisch und Hebräisch, denn ohne die beiden letzteren könne das Wort Gottes nicht richtig verstanden werden. Auch die am klassischen Altertum geschulten Humanisten legten auf die Pflege dieser drei Sprachen, vor allem des klassischen Lateins, besonderen Wert. Die Erfindung des Buchdrucks begünstigte die Verbreitung moderner Grammatiken und anderer Lehrbücher.

Auf katholischer Seite nahmen sich dann besonders die Jesuiten des höheren Schulwesens an. Wie bei den evangelischen Schulen galten die Bildungsziele: Frömmigkeit, Gelehrsamkeit und eine sichere, elegante Fähigkeit des lateinischen Ausdrucks *(sapiens et eloquens pietas)*. Die Jesuiten ergänzten den theoretischen Unterricht durch Leibesübungen und Theateraufführungen.

So verwundert es auch nicht, daß im Jahre 1586 in Neckarsulm „dem Schulmeister und Schülern wegen gehaltener Comedi" auf Befehl des Hornecker Komturs Johann Kuno von Hoheneck ein Gulden als Anerkennung verehrt wurde.[6] Die Neckarsulmer Schüler hatten damals sicherlich kein weltliches oder gar heiteres Stück aufgeführt. Die Themen der Dramen stammten aus dem religiösen Bereich: der Bibel und den Heiligen-, bes. Märtyrerlegenden.[7]

Sieht man von einzelnen Nennungen ab, wozu auch die erste Erwähnung des Schulgebäudes im Jahre 1529 gehört, ist die Geschichte der Schule in Neckarsulm bis zum Ausgang des 16. Jahrhunderts nicht belegbar. Ein erstes, recht anschauliches Bild über die Schulverhältnisse in Neckarsulm zu Beginn des 17. Jahrhunderts vermittelt ein Bittschreiben des Magisters Laurentius Joha, des lateinischen Schulmeisters zu Neckarsulm, an Marquard Freiherr von Eck und Hungersbach, den Statthalter des Hoch- und Deutschmeisters in Mergentheim, Erzherzog Maximilians von Österreich.

Joha beklagt darin, daß er zur Zeit (1601) 80 „Knaben und Mägdlein" je nach Begabung in Schreiben, Lesen und Rechnen, in Musik, Hebräisch, Lateinisch, Griechisch und in deutscher Sprache unterrichten müsse. Dazu kämen die zahlreichen „gedruckten Alphabetarien" und die Mädchenschule.[8] Die lateinischen „Tyrones" (Kurzschrift) müsse er dabei ganz vernachlässigen. Durch die „Viele der Personen" werde so manches Talent verhindert, komme erst sehr spät zu Kräften und müsse gar völlig „versumpfen und vergehen". Aus seinem „angeborenen hochadeligen Verstand" könne er gnädig selbst erkennen, daß ein treuer und fleißiger Schulmeister mit 20 oder 30 in den genannten Lektionen „gleichförmigen" Schülern genügend und die Hände voll zu tun habe. Er bitte deshalb, zum Nutzen der armen Jugend, ihm einen „Gehilfen zur Schul" zu geben.[9] Dieser Gehilfe wurde ihm auch bewilligt. Und zwar sollte aus dem Überschuß der Katharinenpfründe in Neckarsulm „eine taugliche Person" bestellt werden, „die das (Orgel-)Positiv in der Kirchen der Gebühr nach versehen und alle Fest-, Sonn- und Feiertag schlagen, daneben auch dem Schulmeister täglich in der Schul Assistenz und Hilfe leisten kann"[10].

Bis zur Mitte des 17. Jahrhunderts gab es in Neckarsulm keine klare Trennung von lateinischer und deutscher Schule. Der meist als Kantor bezeichnete Schulgehilfe unterstützte den lateinischen Schulmeister vor allem beim Musikunterricht, im Kirchendienst sowie im Lese-, Schreib- und Rechenunterricht, also auch in den Fächern der späteren deutschen Schule.[11] Diese Kantoren – meist hatten sie zugleich das Mesneramt inne – waren im Gegensatz zu den deutschen Schulmeistern recht gut ausgebildet, einige hatten sogar Theologie studiert. Vor allem mußten sie über gute musikalische Kenntnisse verfügen. Es kam auch nicht selten vor, daß ein Kantor die Stelle eines lateinischen Schulmeisters übernahm.

Der in Neckarsulm als sehr tüchtig eingeschätzte Magister Joha konnte mit seinen geringen Einkünften – sie bestanden ausschließlich aus Naturalien – seine Familie kaum ernähren. Regelmäßige Beschwerdebriefe an die Regierung in Mergentheim, ihm sein Gehalt doch „in fixo" zu geben, blieben wirkungslos. Endlich, im Oktober 1612, nützte er die Gelegenheit, dem neuen Statthalter in Mergentheim, Johann Eustach von Westernach, bei dessen Aufenthalt im Neckarsulmer Schloß seine Bitte um ein „beständiges Salarium oder eine andere Condition" persönlich vorzutragen.[12] Vermutlich war es eine Folge dieses Gesprächs, daß Joha ein halbes Jahr später Neckarsulm verließ und als lateinischer Schulmeister in Mergentheim einen ersten halben Jahressold über 45 Gulden erhielt. Dazu kamen jährlich acht Malter Korn, ein Fuder Wein, vier Klafter Holz für sich und zehn Klafter vom Spital für die Schulkinder zum Beheizen der Schulstube.[13] Von der Besoldung einmal abgesehen, waren die Präzeptoratsstellen in Mergentheim und Neckarsulm durchaus vergleichbar. Im Jahre 1624 nämlich beschritt ein Magister Johann Schnaberich, vorher lateinischer Stadtkantor in Mergentheim, den umgekehrten Weg und übernahm die Schulmeisterstelle in Neckarsulm. Schnaberich erhielt später auch das Amt eines öffentlichen Notars und Stadtschreibers.[14] Nach „Abzug und Veränderung" Johas blieb die Präzeptoratsstelle etwa drei Jahre lang unbesetzt. In dieser Zeit wurden die Schüler von dem Stadtorganisten Heinrich Ludwig Opilio sowie zwei „deutschen Schulmeistern" unterrichtet.[15] Erst 1616 wird ein Philipp Augustin von Nichten ausdrücklich als Nachfolger Johas genannt.[16]

Über von Nichten wußte der Pfarrer von Neckarsulm, Hans Leonhard Schad, der die Schule regelmäßig zu visitieren hatte, allerdings nichts Gutes zu berichten: Bei dem jetzigen Schulmeister werde „die arme Jugend wegen desselben großen Unfleißes und Unverantwortlichkeit ganz und gar nichts lernen". Was ihnen der vorherige Schulmeister beigebracht, hätten sie bei diesem wieder völlig vergessen. Viele Eltern wollten ihre Kinder schon auf andere Schulen „hinausschicken". Während seiner langwierigen Reisen – auch jetzt sei er schon wieder die vierte Woche weg – lasse er die Schüler „wie die Schaf ohne Hüter" zurück. Er sei auch „Gewissens halber" gezwungen zu berichten, daß er bei seinen Schulbesuchen – etwa zwei- bis dreimal wöchentlich – den Lehrer wegen seines „unmäßigen Trinkens" am Vortage noch spät im Bett vorfinde, nachmittags beim Wein sitzend, spazierend oder spielend. Er gebe auch nichts auf seine gutherzigen Ermahnungen, sondern treibe es dann noch ärger als zuvor. Die Mergentheimer Regierung befahl daraufhin dem Hauskomtur von Horneck, Wilhelm Schliderer von Lachen, am 4./7. Oktober 1617: er solle den Schulmeister vor die Regierung fordern, „ihn ernstlich verweisen und solch unnützen Schulmeister, wenn er sich nicht bessere, alsbald abschaffen".

Da Philipp von Nichten Besserung gelobte, durfte er seine Stelle behalten. Man hatte „die Linde der Scherpffe" vorgezogen.[17] In der Zeit des Dreißigjährigen Krieges, unter dessen Auswirkungen die Bewohner Neckarsulms schwer zu leiden hatten, versah Magister Erhard Haas von 1628 bis zu seinem Tode 1654 das Schulmeisteramt.[18]

Die Besetzung der Stadt durch schwedische Truppen (1631 – 1634), ständig wechselnde Einquartierungen und schlimme Verwüstungen vor allem durch Truppen der Weimarischen Armee in Kirche, Pfarrei- und Kapuzinerhaus im Jahre 1645[19], dazu erhebliche Kontributionsleistungen, hatten Neckarsulm und seine Amtsorte völlig ruiniert.[20] Daß in dieser Zeit – allein 1635 starb ein Drittel der Bevölkerung an den Folgen der Pest – kein normaler Schulbetrieb stattfinden konnte, ist selbstverständlich. Hinzu kam, daß Magister Haas mit seinen Nebenämtern als Amorbachischer Verwalter und Gerichtsschreiber völlig überlastet war. Der Amtmann von Neckarsulm, Karl Friedrich von Furttenbach, berichtete im Juli 1643 an die Regierung, daß der Schuldienst in Neckarsulm immer noch schlecht bestellt sei. Von den Kapuzinerpatres, die immer wieder gutwillig ausgeholfen hätten, seien derzeit nur zwei vorhanden.[21]

Die Kapuziner hatten 1638 in Neckarsulm ein provisorisches Ordenshospiz errichtet.[22] Zunächst bewohnten sie das Frühmeßhaus, in dessen „ungesunder Feuchte" beide Patres jedoch sehr bald erkrankten. Deshalb wies man ihnen 1640 im steinernen Stock des Ordensschlosses die mittlere Stube und zwei „Nebenstüblein" zu, bis „das zu ihrem Hospiz ausgesehene Schulhaus zu ihrer künftigen Habitation im Stande sein werde"[23]. Bereits 1640/41 waren die Reparaturen am Schulhaus „zur künftigen bequemen Bewohnung der Herren Patres Kapuziner" abgeschlossen.[24]

Die Schule in Neckarsulm – 1529 wird sie als zweistöckiges Gebäude beschrieben[25] – war so nahe am Pfarrhof, daß der Pfarrer bei einer Visitation 1709 behauptete, er könne alles hören, was darin geschehe. Außerdem sei die Schule „in sehr baufälligem Zustand"[26].

Die Stadt sah sich allerdings erst 1741/42 finanziell in der Lage, ein neues Schulgebäude zu errichten. Georg Philipp Wenger, ein Baumeister aus Neckarsulm, errichtete den Bau und berechnete hierfür insgesamt 650 Gulden.[27] Im Erdgeschoß dieses neuen Schulhauses, etwas oberhalb des Pfarrhofs gelegen, befand sich die Wohnung für den Knaben- bzw. Lateinlehrer, im ersten Stock wurden die Knaben unterrichtet.[28] Nach der Trennung von Knaben- und Mädchenschule – spätestens 1673 – befand sich die Schulstube der Mädchen vermutlich im alten Schulhaus. So klagt der Mädchenlehrer 1676, „daß er im Winter die Kinder in seinem Häusle haben muß, weil die Schulstub an Fenstern und anderem gar ungeheb"[29].

Wie bereits erwähnt, waren bis zur Mitte des 17. Jahrhunderts die lateinische und deutsche Schule nicht getrennt. Der lateinische Schulmeister Andreas Bingel schrieb es 1673 der Nachlässigkeit seines Vorvorgängers zu – weil dieser sich keinen qualifizierten Kantor gehalten habe –, daß es 1658 zur Separation der Schulen kam und ein „Teutscher Schulmeister" seinen Dienst aufnehmen konnte.[30]

In den kleineren Gemeinden des Landkapitels Neckarsulm gab es Anfang des 17. Jahrhunderts schon einige dieser Schreib- und Leseschulen. So wird bei einer Visitation von 1612 von einem Schulmeister in Dahenfeld berichtet, 1619 werden Schulmeister auch in Oedheim, Erlenbach und Binswangen erwähnt.[31] Diese deutschen Schulmeister entstammten zumeist den praktischen Berufen. So war der Lehrer in Obergriesheim „seines Handwerks ein Metzger"[32]. In Dahenfeld sollte der Schulmeister Eisinger – ein Schuhmacherlehrling, der als Fälscher von versiegelten Briefen schon einige Zeit im Gefängnis verbracht hatte – erst nach elf Jahren (1706) durch den Schneider Sebastian Scherer abgelöst werden. Die Schulstelle war der Gemeinde wohl auch nicht so wichtig, denn der Pfarrer schrieb selbstbewußt: „Wir Dahenfelder brauchen keinen Doktor zu unserem Schulmeister!"[33]

Auch in Neckarsulm stand der deutsche Schulmeister Johannes Schön nicht gerade in hohem Ansehen. Magister Bingel behauptete von ihm sogar, er sei ein „lauterer Idiot", der nicht einmal richtig buchstabieren könne. So

ganz objektiv war das Urteil Bingels sicherlich nicht. Immerhin hatte man ihm zehn Gulden von seiner Besoldung „abgestrickt" und dem deutschen Schulmeister gegeben.
Im Januar 1673 schrieb Bingel an die Regierung in Mergentheim, daß er sämtliche Knaben wieder in seiner Schule – der ersten und rechtmäßig fundierten – unterrichten wolle. Zur Zeit herrsche bei der Jugend und auch vielen Alten des Ortes eine schlechte Zucht, Furcht und Ehrbarkeit. Eine Hauptursache sei der eingeschlichene Brauch, daß die Eltern aus der deutschen und lateinischen Schule gleichsam eine „Fückmühle" machten und wenn sie der eine Lehrer bestrafe, sie ihre Kinder zu dem anderen in die Schule schickten. So würden die Kinder halsstarrig und hätten vor dem Zuchtmeister keinen Respekt. Amtmann, Schultheiß und Gemeinderat von Neckarsulm waren ebenfalls dieser Meinung, wollten den deutschen Schulmeister aber nicht ganz verstoßen und beließen ihm wenigstens den Mädchenunterricht.[34] Dennoch war diese Einbuße an Schulgeld für Schulmeister Schön nur schwer zu verkraften. Und daß er von seinem ohnehin geringen Einkommen – er erhielt zehn Gulden vom Bürgermeisteramt, fünf Gulden von der Almosenpflege und vierteljährlich fünf Kreuzer pro Kind an Schulgeld – auch noch ein Drittel Steuern an die Stadt zu zahlen hatte, schien ihm völlig unmöglich: „Wo ist das tägliche Brot, Kost und Speis, Lichter, Salz, Schmalz und sonders wo die notwendige Kleidung zu höchster Notdurft, nicht zum Überfluß oder Hoffart?"[35] Schön unterrichtete jetzt (1679) zwischen 16 und 40 Mädchen. 1658 hatten noch etwa 100 Knaben und Mädchen die deutsche Schule besucht.
Dem lateinischen Schulmeister Johann Nikolaus Bingel – Amtsnachfolger seines Bruders Andreas, der 1680 Stadtschreiber geworden war – ging es da schon besser. Er erhielt 20 Gulden vom Bürgermeisteramt, 25 Gulden von der Almosenpflege, 16 Gulden 52 Kreuzer von der Präsenz und 18 Gulden 46 Kreuzer von der Heiligenpflege für gestiftete Jahrtage. Dazu vier Malter Getreide, drei Batzen Schulgeld pro Kind und den Weinzehnten aus einer schlechten Lage am Kreuzberg.[36]
Johann Nikolaus Bingel, der sechs Jahre Kantor bei seinem Bruder gewesen war, erhielt als erster Schulmeister Neckarsulms eine Dienstanweisung. Aufgrund eines Beschlusses der Preßburger Ordenskonferenz mit dem Hoch- und Deutschmeister vom 26. Juli 1677[37], daß alle Schul- und Kirchendiener des Deutschen Ordens Instruktionen erhalten sollten, hatte die Regierung Mergentheim am 27. Oktober 1677 dem Komtur von Horneck die entsprechende Anweisung für Neckarsulm, Oedheim und andere Neckarorte erteilt.[38]
Diese Instruktionen – ab 1680 wurden sie jedem Schulmeister ausgehändigt – waren inhaltlich fast immer identisch:
1. Vor allem soll er betrachten, was es für eine hochwichtige Sache sei, die christliche Jugend zu unterweisen, weil daran das zeitliche und ewige Heil, ja der ganzen Gemeinde Wohlfahrt hänge.
2. Solle er seine Schüler zu Andacht und Gottesfurcht, zu allen guten Sitten und Tugenden anweisen und sie einmal in der Woche, freitags oder samstags, aus dem Katechismus darüber prüfen.
3. Er soll sich eines nüchternen, ehrbaren Lebenswandels befleißigen und verdächtige Gesellschaft meiden.
4. Im Dozieren soll er sich einer leichten, ordentlichen und den Kindern ersprießlichen Manier bedienen und die studierfähigen Knaben mindestens „ad majorem Syntaxin" bringen.[39]
5. Er soll Zeugnislisten führen mit den Fächern A = Andacht, S = Sitten, L = Lehre. Die Notengebung erfolgte nach dem Schema:

O = optime (sehr gut), B = bene (gut), M = mediocriter (mittelmäßig), N = nihil (ungenügend). Diese Listen waren auf Verlangen dem Pfarrer oder anderen Amtspersonen vorzulegen.
6. Öffentliche Zensoren sollten die Schulkinder überwachen und die Untugenden anzeigen.
7. An Sonn- und Feiertagen sollen die Schüler aus der Schule in Zucht und Ehrbarkeit in den Gottesdienst und wieder zurückgeführt werden. Im Winter dürfen die schlecht gekleideten Kinder aber nicht dazu gezwungen werden, damit keine „Catharre und Blödigkeiten" entstehen.
8. Jeden Nachmittag soll er eine Stunde vor Schulbeginn Gesang unterrichten.
9. Ist neben dem Ludimagister auch ein Kantor vorhanden, ist er diesem vorgesetzt, beide sind jedoch dem Stadtpfarrer verpflichtet.
10. Sollten sich Eltern beklagen, daß ihre Kinder zu hart behandelt würden, soll er sie an den Amtmann verweisen.
11. Er hat freie Wohnung und Personalfreiheit.[40]

Die Schüler hatten den ganzen Tag über Unterricht. Dazwischen bekamen sie ein Mittagessen. Nur der Donnerstagnachmittag war schulfrei. Täglich um 7 Uhr mußten die Schulknaben bei der Messe erscheinen und nach der Wandlung die Lauretanische Litanei singen.[41] Bei den regelmäßigen Visitationen des Pfarrers – meistens in Begleitung von Amtmann, Bürgermeister und Rat – wurden die Schulregeln vorgelesen und Lehrern wie Schülern erneut eingeschärft.[42] Da der Schulbesuch freiwillig war, kam es immer wieder zu Klagen des Pfarrers, daß die Eltern sich nicht um den Schulbesuch ihrer Kinder kümmerten. „Sie geben die verschiedensten Hinderungsgründe an, vor allem die Arbeit im Sommerjahr und die unzureichende Kleidung im Winter. Viele scheinen sie aus Bösartigkeit oder Nachlässigkeit nicht in die Schule zu schicken." Magister Bingel war da schon nach- und einsichtiger. Die Einwohner Neckarsulms seien Bauern, Häcker und bedürftige Handwerksleute, die ihre Kinder mit wenigen Ausnahmen „auf ihre Art und Nahrung" ziehen wollten. Während der Kriegszeiten gehe es deshalb so schläfrig zu, weil die Ärmsten auch die meisten Kinder hätten und die zwölf Kreuzer Quartalgelder scheuten. Bei vielen anderen gäbe es aber keinen Grund, denn die gingen ja auch nicht zur Kirche, wo es keinen Heller koste.[43]

Im Februar 1727 – Magister Bingel stand in seinem 70. Lebensjahr und versah seit 47 Jahren die Lateinschule in Neckarsulm – machte sich seine jüngste Tochter Maria Jakobina allmählich Gedanken um ihre Zukunft. Sie bat die Mergentheimer Regierung um die Erlaubnis, sich nach einem „tauglichen Subjekt" umsehen zu dürfen, der ihren Vater beim Knabenunterricht[44] unterstützen und später den Schuldienst als ihr Ehemann übernehmen könne. Da die Supplikantin nach Meinung des Komturs, der nach Mergentheim berichten mußte, ein „tugendsames und frommes Mensch" von 20 Jahren war und ihr Vater besonders in Kriegszeiten nie um eine Gehaltszulage gebeten hatte – „was man an ihm besondere rühmte" –, erteilte der Hoch- und Deutschmeister Franz Ludwig von Pfalz-Neuburg im Mai 1727 seine Zustimmung.[45]

Ein Recht auf eine Alters- oder Hinterbliebenenversorgung gab es zu dieser Zeit noch nicht. Vielmehr war es üblich, daß ein Lehrer seine Stelle bis zu seinem Tode behielt. Konnte er aus gesundheitlichen Gründen seinen Dienst nicht mehr versehen, nahm er sich einen Gehilfen und Nachfolger, der ihm Teile seiner Besoldung abtreten und manchmal auch die Wohnung mit ihm teilen mußte.[46] Zur Versorgung der Lehrersfamilie

war es am vorteilhaftesten, wenn dieser Nachfolger der eigene Sohn oder ein Schwiegersohn war.
Der erste Gehilfe, der den Präzeptor unterstützte, übernahm nach einem Vierteljahr eine Vikarstelle beim Stift Comburg. Mit dem zweiten war Bingel nicht einverstanden: Sein jetziger Helfer, Kaspar König, habe sich ihm nur aufgedrängt und warte auf sein Ableben. Auch sei er bereits heimlich verheiratet. Er wolle verhindern, daß König, der nicht mal die Orgel schlagen könne, „mit seiner schönen Aufführung und betrüglichen Hinterlisten" sein Nachfolger werde.
Schließlich entschied man sich im Mai 1731 für den 24jährigen Johannes Immert, der um Dienst und Heirat nachgesucht hatte. Immert verstarb bereits nach drei Jahren. Seine Witwe, die mit ihm „mehr krank als gesund" gelebt hatte, war nun gezwungen, für sich und ihr Kind innerhalb von 14 Tagen einen geeigneten Mann zu suchen. Johann Kaspar König hatte seine erneute Bewerbung zurückgezogen: In Neckarsulm sei ja jetzt die „leidige Seuch" eingerissen, die schon viele Menschen hinweggerafft habe. Der neue Heiratskandidat, Georg Franz Benninger – er war „noch im Stimmbruch und deshalb im Singen nicht besonders gut" –, erhielt im Juni 1736 seine Instruktion. Kein Jahr später, im April 1737, meldete Maria Jakobina Benninger den Tod ihres Gatten. Sie hatte nun zwei Waisen zu versorgen und mußte erneut nach einem geeigneten Bewerber sehen. Allerdings war die Regierung in Mergentheim diesmal recht skeptisch. Da die Witwe jetzt schon zum drittenmal auf diese Weise einen Nachfolger suche, schrecke dies etwaige Bewerber sicherlich ab. Hoch- und Deutschmeister Clemens August traf am 25. April 1737 eine endgültige Entscheidung: Wenn das Amt erblich wäre, würde man der Witwe tatsächlich erlauben, nochmals auf diese Stelle zu heiraten. Das Präzeptorat erhielt Kantor Seltzam. „Aus Gnaden" lasse man es aber geschehen, daß die Benningerin nun ein taugliches Subjekt für den Kantordienst suche.[47]

Im Zuge der Aufklärung kam es im Laufe des 18. Jahrhunderts fast überall in Deutschland zu einer Reform des Elementarschulwesens. An der Spitze der Schulreform in Franken stand der Bischof von Bamberg und Würzburg, Franz Ludwig von Erthal. Er bediente sich dabei einer Methode, die der Augustinerabt Ignaz von Felbiger in Schlesien und Österreich eingeführt hatte, der sog. Normallehrart. Der Hoch- und Deutschmeister Maximilian Franz von Österreich, der Felbigers Wiener Normalschule 1777 und 1780 persönlich besucht hatte, führte die Normallehre am 2. April 1784 zunächst in seiner Residenzstadt Mergentheim ein.[48]
Es gab nun eine allgemeine Schulpflicht für alle Kinder von sechs bis zwölf Jahren. Der Unterricht dauerte im Winter täglich sechs, im Sommer zwei Stunden. Je nach Fähigkeit und Alter wurden die Kinder in verschiedene Klassen eingeteilt. Der Unterricht sollte zu „gänzlicher Aufklärung ihres Verstandes und sittlicher Bildung ihres empfänglichen Herzens" führen. Das allzu mechanische Auswendiglernen entfiel. In Mergentheim wurde eine Mädchenschule gegründet, in der die Mädchen vor allem zu „guten Frauen und Müttern" erzogen werden sollten. Die Aufsicht über diese Lehranstalten führte eine neu gebildete Schulkommission, die auch die Fortschritte in der Normallehre zu überprüfen hatte.[49] Bei einer Visitationsreise des Bischofs von Würzburg durch das Neckaroberamt, ab dem 27. Mai 1785[50], lobte der Bischof die Knabenschule des Präzeptors Johannes Michael Molitor in Neckarsulm als die beste seiner ganzen Visitation.[51] Molitor erhielt einen Dukaten mit dem fürstlichen Brustbild, und sein Sohn durfte kostenlos das Würzbur-

ger Schulseminar besuchen. Molitor hatte die Normallehre zu diesem Zeitpunkt schon mit gutem Erfolg in seiner Schule eingeführt. Nur mit dem Mädchenunterricht ging es noch „auf dem alten Fuß", teils aus Eigensinn oder Eigennutz des Kantors, weil die Bürgerschaft noch ganz irrige Begriffe davon habe und er ihr gefällig sein wolle.[52]

Kantor Streble wies in einem Schreiben an die Regierung Mergentheim vom 26. März 1791 darauf hin, daß es doch schon längst die Absicht der Regierung sei, in Neckarsulm eine öffentliche „Lehranstalt für die weiblichen Fähigkeiten" zu errichten. Außerdem habe man ihm schon 1785 erlaubt, daß er seine Tochter auf seinen Schuldienst verheiraten dürfe. Er stehe der Schule nun 42 Jahre vor und könne einen männlichen Gehilfen gebrauchen. Seine Tochter habe nicht nur mit Erfolg Lesestunden erteilt, sondern sich die für das häusliche Leben unentbehrlichen weiblichen Fertigkeiten wie Nähen, Stricken, Spinnen und Haubenmachen angeeignet. Er bittet, seine Tochter als Lehrerin an einer „Mädchenschule für weibliche Künste" anzustellen.

Die Schulkommission forderte daraufhin (1793) die Tochter Strebles auf, sich in der Normallehre unterweisen zu lassen. Dann könne sie später den Dienst ihres Vaters übernehmen. Auf diese Entschließung reagierte Streble zwar mit Dank, aber auch mit einigem Entsetzen und Unverständnis. Er bitte um Belehrung über den Punkt, was unter der Normallehre, zu deren Unterweisung sich seine Tochter qualifizieren solle, eigentlich bei ihr verstanden werde. Nach der Lage von Mädchen im bürgerlichen Leben könne dies doch nur heißen, daß sie einen tüchtigen jungen Schulmann heirate, der das Wissenschaftliche des Lehramts in der Schule und das Kantorat besorge und dem seine Tochter als Lehrerin im Nähen, Stricken und dergleichen assistiere: „Denn es möchte wohl schwer halten, eine Person weiblichen Geschlechts zu dem Grade auszubilden, daß sie Kindern die nötigen Grundlehren des Christentums, das Schreiben, Lesen und Rechnen mit Erfolg so deutlich und ordnungsgemäß wie ein Mann vortragen kann."

Obwohl sich die Tochter in der Normallehre ausbilden ließ, wollte ihr Vater seinen Schuldienst nicht an sie abtreten. Im Juli 1797 schlug Kantor Streble der Regierung einen kurmainzischen Kandidaten aus Eichenberg – Johann Weigand Stenger – als seinen Nachfolger vor, der auch seine „nun schon bejahrte Tochter", sie war 38 Jahre alt, heiraten würde. Gegen die Anstellung dieses auswärtigen und von der Schulkommission nicht geprüften „Subjektes" erhob der für das Neckargebiet bestellte Schulkommissar und geistliche Rat Ernst Simon aus Kochertürn erhebliche Einwände: Man kenne diese „Ausländer" zu wenig. Sie hätten immer gute Zeugnisse. „Sie schmiegen sich, bis sie im Neste sitzen und dann erst legen sie die Maske ab!" Kantor Stenger aber versah seinen Dienst in den folgenden Jahren zur großen Zufriedenheit der Bevölkerung.

Die geplante Einrichtung einer „Industrieschule" für Mädchen (mit Handarbeit und Hauswirtschaft) scheiterte an den Räumlichkeiten der Schulstube. Für 128 Mädchen (1797) war die Schule zu eng, und eine Erweiterung kam wegen der Kriegszeiten für die Stadt nicht in Frage. Stadtpfarrer Urig kommentierte hierzu: „Inter arma silent artes et scientia." Man müsse diese gute Sache eben auf bessere Zeiten verschieben.[53]

In den folgenden Jahren bemühte sich die Deutschordensregierung um die Einrichtung eines Schullehrerverbesserungsfonds für gering besoldete Lehrer. Doch bei der Verwendung der hierfür vorgesehenen milden Stiftungen stieß sie auf den Widerstand der Gemeinden, die über ihr Kirchenvermögen selbst bestimmen wollten. Man würde fragen, ob denn der reiche Rentner in Neckarsulm schuldig wäre, den armen Schuhflicker in Tiefenbach zu ernähren. Nach Ansicht der Mergentheimer Regierung war der Landesherr aber sehr wohl befugt, Stiftungen, die nicht mehr in den Geist der Zeit paßten, zu besseren Zwecken zu verwenden. Es sollten ja auch nur solche Lehrer unterstützt werden, die zu der Zahl der wirklichen oder werdenden Bettler gehörten.[54]

Bereits ein Jahr später wurde das Neckaroberamt des Deutschen Ordens durch ein Patent vom 19. November 1805 dem Kurfürsten Friedrich II. von Württemberg zugeschlagen.[55] Der 76jährige Präzeptor Molitor ließ sich vom württembergischen geistlichen Rat auf eigenen Wunsch am 9. Mai 1809 in den Ruhestand versetzen.[56]

Als ob es nie zuvor eine ähnliche Einrichtung gegeben hätte, faßte der Stadtrat von Neckarsulm im März 1821 den Entschluß, zugunsten einer neuen Lateinschule auf die nächtliche Straßenbeleuchtung zu verzichten. Stadtpfleger Meyer meinte hierzu: „Wenn das hiesige Publikum darauf bedacht ist, eher die Köpfe ihrer Kinder als ihre Straßen zu beleuchten, so bin ich mit Leib und Seele dafür."[57]

Vom Weingärtnerstädtchen zur modernen Industriestadt

Entstehung und Entwicklung des Oberamts Neckarsulm

VON BARBARA GRIESINGER

Die Eingliederung in das Königreich Württemberg

Noch an Silvester 1805, also noch nach dem Abschluß des Preßburger Friedens, hoffte Hoch- und Deutschmeister Anton Victor von Habsburg, daß Herzog Friedrich von Württemberg aus eigenem Rechtsgefühl bei einem endgültigen Friedensschluß zwischen dem Reich und Frankreich die Inbesitznahme der Ordenslande, der „keine anderen Motive als Convenienz und Gewalt"[1] zugrunde lagen, zurücknehmen würde, zumal Napoleon noch im September den Besitzstand eines jeden Reichsstandes garantiert hatte.

51 Das Besitzergreifungspatent Herzog Friedrichs II. vom 19. November 1805.

Auf Tagesbefehl des französischen Kaisers hin hatte Friedrich bereits am 19. November ein Besitzergreifungspatent für alle Besitzungen der Reichsritterschaft, des Deutschen wie des Johanniterordens und aller katholischen Korporationen in und an den Grenzen Württembergs verbreiten lassen. Demgemäß war am 27. November von Heilbronn aus Landvogteigerichtsassessor Schaumenkessel mit drei leichten Reitern nach Neckarsulm aufgebrochen, um die Übernahme der Stadt wie des Amtes Neckarsulm zu vollziehen. Die Proklamation des Herzogs wurde angeschlagen, die Ordenskreuze gegen das herzoglich-württembergische Wappen ausgetauscht, die Kasse des Ordens im Schloß beschlagnahmt und Hofrat Kleiner, der es angesichts der württembergischen Übermacht bei einer Verbalprotestation bewenden ließ, in Pflicht genommen.

In Stuttgart ließ man sich mit der Antwort an den Hoch- und Deutschmeister Zeit. König Friedrich antwortete dem Habsburger erst Ende Januar lapidar: Es „werden Euer Hoheit und Liebden sich selbst überzeugt haben, wie der Inhalt jenes Schreibens dadurch erledigt ist"[2].

Inzwischen begann bereits die Neuorganisation des Königreichs Württemberg anzulaufen. Im April wurden Alt- und Neuwürttemberg in zwölf Kreise eingeteilt. Das Amt Neckarsulm wurde dem Kreis „Unterer Neckar" mit Verwaltungssitz Heilbronn eingegliedert. Er umfaßte unter anderem die Oberämter Schöntal, Möckmühl, Neuenstadt, Weinsberg und Gundelsheim. Der Gundelsheimer Verwaltung blieben zunächst die Ämter Neckarsulm und Heuchlingen inkorporiert.[3] Das Neckarsulmer Amt umfaßte damals 3244 Einwohner, von denen allein 1504 in der Stadt Neckarsulm lebten. Für die damaligen sehr unterschiedlich großen 140 Oberämter behielt sich König Friedrich eine zweckmäßigere und einheitlichere Einteilung vor. Durch die Verordnungen vom 20. Dezember 1806, vom 25. April 1807 und vom 26. April 1808 entstanden nun nach französischem Vorbild in Flächengehalt und Bevölkerungszahl vergleichbare 65 Oberämter, wobei auf traditionelle oder altrechtliche Zusammenhänge zwischen den Gebieten keine Rücksicht genommen wurde.[4] Im April 1807 schuf man das Oberamt Neckarsulm, nachdem noch im Jahr zuvor kurze Zeit große Unsicherheit über Rechtsverhältnisse und staatliche Zugehörigkeit geherrscht hatte. Zur selben Zeit, als Peter Heinrich Merckle verhaftet wurde, riß französisches Militär die württembergischen Wappen im Amt ab und heftete die alten Ordenskreuze wieder an die Mauern. Doch massive Proteste Stuttgarts gegen solche Verletzungen vertraglicher Abkommen und die Geringschätzung verbündeter Souveräne regelten die Verwirrung und stellten die Besitzverhältnisse klar. Frankreich entschuldigte das gewaltsame Vorgehen als Mißverständnis.[5]

Das neue Oberamt umfaßte die Ordensämter Neckarsulm, Gundelsheim und Heuchlingen samt fünf reichsritterschaftlichen Patrimonialämtern sowie das altwürttembergische Amt Neuenstadt.[6] Zum Oberamtmann avancierte der in Neckarsulm bereits zur Ordenszeit amtierende Hofrat Kleiner, und so kam im kleinen doch etwas Kontinuität in die verwirrenden Ereignisse der Zeitläufte. Auswahlkriterien für den Oberamtssitz waren grundsätzlich die Lage an einer Handels- oder belebten Vizinalstraße und das Vorhandensein einer Postexpedition. Letzteres gab es im ganzen Oberamt Neckarsulm nicht. Die Postexpedition war an Heilbronn angeschlossen, mit dem Neckarsulm durch Botenwesen verbunden war. So dürften im Fall Neckarsulms die Nähe zur Poststation Heilbronn und die Lage an der Kreuzung zweier Handelswege – der Straße von Heilbronn neckarabwärts und

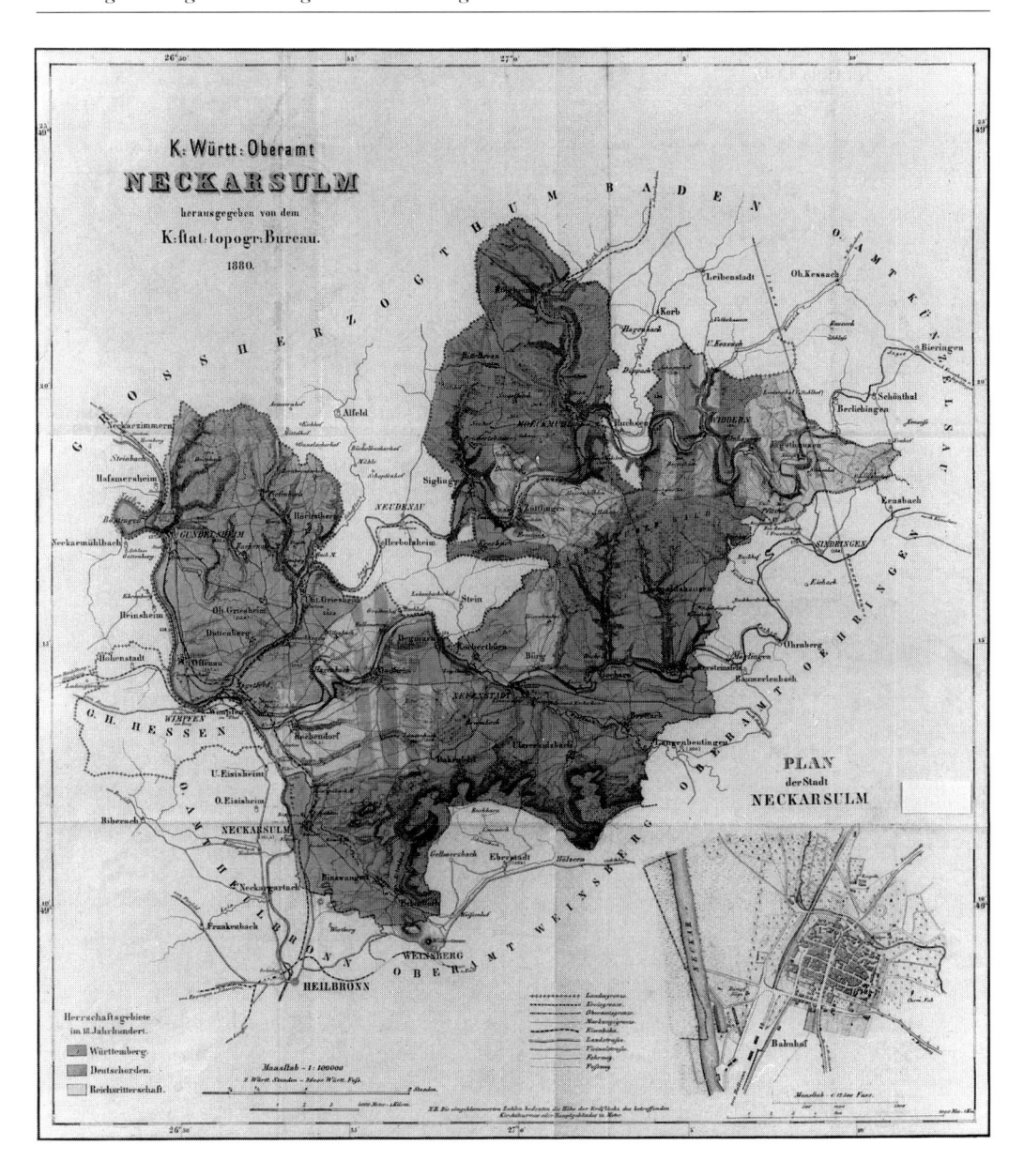

Die Eingliederung in das Königreich Württemberg 175

52 Karte des Königlich-Württembergischen Oberamts Neckarsulm von 1880.

der Chaussee über Neuenstadt und Hohenlohe nach Osten – ausschlaggebend gewesen sein. Darüber hinaus war Neckarsulm mit 1945 Einwohnern die größte Stadt des zunächst 24 Ortschaften und 13 332 Seelen zählenden neuen Oberamts.[7]

Eine drastische Vergrößerung erfuhr das Oberamt durch die Auflösung des Oberamts Schöntal 1810, dem wenig zuvor bereits das Amt Möckmühl einverleibt worden war.[8] Zahlreiche dieser Orte schloß man nun Neckarsulm an, so daß bis 1815 vier Unterämter – Gundelsheim, Möckmühl, Neuenstadt und Brettach – der Aufsicht des Neckarsulmer Oberamtmanns unterstanden. Er zeichnete als höchster staatlicher Beamter im Bezirk für alle Bereiche des öffentlichen Lebens verantwortlich, die nicht ins Ressort des Oberamtsgerichts und der Kameralämter gehörten. Sein Aufgabenfeld blieb enorm, selbst nachdem 1817 wenigstens die Vorstandschaft in der Verwaltung der Oberamtsstadt und die Rechtspflege aus seiner Zuständigkeit herausgelöst worden waren.

Sie umfaßte die Handhabung der Polizeigewalt und die Aufsicht über die Gefängnisse ebenso wie die Strafgewalt bei Polizei-, Regiminal- und Finanzgesetzen, vor allem aber die Aufsicht über die Gemeindeverwaltungen in den Ruggerichten sowie das Revisorat über das Kommun- und Stiftungsrechnungswesen. Gemeinsam mit dem zuständigen Dekanat zeichnete er auch für Schul- und Stiftungssachen verantwortlich. Neben seiner Stellung als erstem Staatsbeamten im Oberamtsbezirk war er aber auch Leiter der Amtskorporation. Sie war mit der Planung und Durchführung sämtlicher öffentlicher Aufgaben im Oberamt – vom Straßenbau über die Verbesserung der Gemeindeverwaltungen bis zur Bezirksarmenfürsorge – betraut und sorgte auch für die Finanzierung der Projekte durch Aufstellung und Umlegung des Amtsschadens.[9]

53 Das Oberamtsgericht war zunächst in diesem Haus in der Lammgasse untergebracht, bis 1846 das neue Oberamtsgerichtsgebäude in der Binswanger Straße fertiggestellt war.

Dem Oberamtmann zur Seite standen die Amtsschreibereien – in Neckarsulm zunächst mit der Stadtschreiberei vereinigt –, die 1826 in die Gerichts- bzw. Amtsnotariate Neckarsulm, Bürg, Gundelsheim, Möckmühl und Neuenstadt umgewandelt wurden, sowie die für das Steuerwesen zuständigen Kameralämter. Im Amtsbereich Neckarsulm ließ sich an der Verteilung der Kameralämter in Möckmühl, Gundelsheim, Kochendorf, das später nach Neuenstadt verlegt und mit Gundelsheim vereinigt wurde, noch die ursprüngliche Zugehörigkeit der Oberamtsteile zu den ehemaligen Herrschaftsbereichen Deutschorden, Reichsritterschaft und Altwürttemberg erkennen.[10]

Durch die mehrfache Ämterkombination erreichte das Oberamt Neckarsulm, das weit ins Kocher- und ins Jagsttal ausgriff, eine ansehnliche Ausdehnung. Der sieben Stunden lange und drei Stunden breite Bezirk umfaßte eine Fläche von 6 4/10 Quadratmeilen.[11] Aus den 24 Ortschaften, die anfänglich das Oberamt Neckarsulm bildeten, waren 1823 37 Orte mit eigenem Schultheiß geworden. Zu ihnen gesellte sich auch noch das Kondominat Widdern, an dem sowohl Baden als auch Württemberg Rechte geltend machten, weshalb die Verwaltung der Stadt zwischen beiden Staaten alternierte. Neben diesen 37, später 36, Orten mit selbständiger Verwaltung standen mehrere Weiler, Höfe und Dörfer ohne Eigenverwaltung, so daß das Oberamt insgesamt 54 Siedlungen zählte. Entsprechend hoch waren die Einwohnerzahlen. Rund 24000 Einwohner zählte das Oberamt 1824, davon lebten rund 45 Prozent in ehemaligen Ordensbesitzungen, in altwürttembergischen Anteilen 37 Prozent, die restlichen 18 Prozent waren ehemals reichsritterschaftliche Untertanen. 1827 war die Bevölkerungszahl im Oberamt Neckarsulm bereits auf 25800 Personen gestiegen. Um die Jahrhundertmitte zählte man 28815 Einwohner. Wenn auch einige kleine Orte im Jagsttal wie beispielsweise Roßach wieder ausgegliedert wurden und zu benachbarten Oberämtern kamen, so gehörte das Neckarsulmer Oberamt – 1858 das größte Oberamt im Neckarkreis – nach der Seelenzahl doch „zu den größten des Landes"[12].

Das Zusammenwachsen des neuen Oberamts

Über anfängliche Unverträglichkeiten und Eifersucht zwischen den so unterschiedlichen Herrschaftsbereichen, aus denen die württembergische Regierung das Oberamt Neckarsulm gezimmert hatte, liegen keine direkten Hinweise mehr vor. Daß aber Rivalitäten vor allem zwischen den altwürttembergischen und den deutschordischen Teilen zumindest unterschwellig vorhanden waren, läßt die Ablehnung des letzten Gesuchs zur Verlegung des Oberamtssitzes nach Neuenstadt vermuten. Jede Veränderung, so argumentierte das Innenministerium, würde nur „einen größeren Übelstand hervorrufen und längst vernarbte Wunden von neuem öffnen"[13].

Tatsächlich war die Verlegung des Oberamts nach Neuenstadt bzw. die Wiedereinrichtung des alten Amtes Neuenstadt mehrfach im Gespräch. Bereits 1811 wurde über das Landvogteiamt Heilbronn ein erster Antrag gestellt. In der Folge wiederholten der Magistrat der Stadt Neuenstadt und eine große Anzahl von Oberamtsorten aus dem Jagst- und Kochertal diese Bitte noch fünfmal, letztmals im Jahre 1837. Die Argumentation führte vor allem die Lage der Oberamtsstadt an der westlichen Peripherie des Oberamts ins Feld, die lokale Häufung der Oberämter im Dreieck Heilbronn – Weinsberg – Neckarsulm und vor allem die enorme Entfernung vieler Amtsorte im östlichen Teil des Oberamtes vom Amtssitz. Um Geschäfte auf dem Oberamt zu erledigen, mußten zahlreiche Einwohner des Oberamtes Neckarsulm bis zu sechs- oder siebenstündige Reisen auf sich nehmen. All diesen erschien die zentrale Lage Neuenstadts im Mittelpunkt des Bezirks als großer Vorteil. Neuenstadt selbst, einst altwürttembergischer Amtssitz, hoffte die alte Stellung wiederzuerlangen, zumal sich die Zentrumsfunktion natürlich auch belebend auf die Wirtschaft auswirkte. Diese Vorteile sah die vorgesetzte Stelle zwar auch, schätzte jedoch die Kosten, die mit der Verlegung verbunden gewesen wären, und die Verödung des immerhin auf etwa 15000 fl. geschätzten Neckarsulmer Schlosses höher ein als die damit verbundenen

Vorteile. Ferner befürchtete man, daß eine Verlegung des Amtssitzes von Neckarsulm nach Neuenstadt „auch eine Menge von Reclamationen gewesener Oberamtsstädte herbeiführen würde"[14]. Einen solchen Präzedenzfall zu schaffen, das wollten weder Kreisregierung noch Innenministerium riskieren. Als man den Kocher- und Jagsttalorten 1837 indes eine Angliederung in die näher gelegenen Oberamtsstädte Künzelsau und Öhringen anbot, lehnten die Ortsvorsteher ab, da dies „durchaus kein Vorteil"[15] sei. Die große Entfernung zwischen Neckarsulm und Orten wie Brettach, Gochsen, Kochersteinsfeld, Unterkessach, Jagsthausen, Olnhausen und Cleversulzbach war zwar hinderlich, da aber der Handel mit den Haupterzeugnissen des Oberamtsbezirks, mit Holz und Früchten, fast ausschließlich über Neckarsulm nach Heilbronn ging, ließen sich damit die Geschäfte am Oberamt oder Oberamtsgericht oft verknüpfen. Über die wirtschaftliche Ausrichtung des Oberamtes nach Heilbronn wuchs der Bezirk allmählich doch zusammen und konsolidierte sich die Position Neckarsulms als Oberamtsstadt.

Gerade in wirtschaftlicher Hinsicht hatte das neuwürttembergische Oberamt alles andere als einen guten Start. Die jahrelange finanzielle Belastung durch die napoleonische Kriegsführung, die Württemberg zu einer Reihe außerordentlicher Steuern veranlaßte, die darauffolgenden Hungerjahre, Mißernten im Weinbau seit 1812, niedrige Fruchtpreise und hohe Tagelöhne, Stagnation des Handels durch Zollgrenzen und die Akzise, vor allem aber ein hoher, zu hoher Steuerfuß brachten das Oberamt Neckarsulm an den Rand des Ruins. Bis 1819 war Neckarsulm, das ein Steuerkapital von nahezu 5 Mio. fl. aufwies, das höchstbesteuerte der 64 württembergischen Oberämter. Dann wurde zwar ein jährlicher Steuernachlaß von 4000 fl. gewährt, danach stand der Bezirk immer noch auf Rang 5. Da zudem

54   Neckarsulm um 1835 auf dem Kopf eines Meisterbriefs.

im Bezirk die Ansicht, Weinberge und Äcker seien viel zu hoch eingeschätzt, in weiten Kreisen Zustimmung fand, machte sich durchaus Unmut über die Steuermodalitäten bemerkbar. Die enormen Steuerrückstände, die sich im Oberamt bis 1820 angehäuft hatten, gingen in allererster Linie auf die mehrheitlich schlechte wirtschaftliche Lage der Bewohner zurück. Bei der Oberamtsvisitation im Jahr 1820 bot das Oberamt ein erschreckendes Bild finanzieller Zerrüttung.

Die Amtspflege war mit 114 477 fl. an die Staatskasse im Rückstand und hatte insgesamt über 200 000 fl. Schulden. Aus den Gemeinden hätten ihr theoretisch 227 549 fl. aus Steuer- und Amtsvergleichungsrückständen zugestanden. Doch die Gemeinden selbst waren ebenfalls hoch verschuldet. Nahezu 433 000 fl. betrug das Defizit in den Gemeindekassen. Grund dieses Finanzloches war die Unfähigkeit weiter Bevölkerungsteile, ihre Steuern und Steuerrückstände zu begleichen – eine weitreichende Folge der Napoleonischen Kriege. Die Gesamtsumme der Steuerausstände betrug im ganzen Oberamt 432 856 fl. Darin lag auch der Grund für das Zusammenschmelzen der Gemeindevermögen, die nur noch 37 444 fl. umfaßten.

Als Paradebeispiel für den finanziellen Ruin des Oberamtes kann die Oberamtsstadt selbst dienen. Dort beliefen sich die Ausstände an Steuern und verliehenem Aktivkapital auf 87 588 fl. Auf der Sollseite der Stadtpflegerechnungen hatten sich dagegen fast 113 000 fl. angesammelt, die durch die Liegenschaftswerte der Stadt in Höhe von etwa 25 000 fl. nicht gedeckt werden konnten.[16]

Das Innenministerium war über das Visitationsergebnis entsetzt und fürchtete, daß ein derart zerrüttetes Finanzwesen früher oder später „von wichtigem, ja sehr wichtigem Einfluß auf den allgemeinen Stand des Staats werden müsse"[17].

Die Maßnahmen, die Stuttgart zur Eintreibung der Rückstände und zur Konsolidierung der Gemeindehaushalte vorschlug – pünktlichere, zeitigere Mahnung der Steuerpflichtigen, Zwangsmaßnahmen, größere Sparsamkeit der Gemeinden, bessere Anlage der Kapitalien, Beteiligung der Steuereinnehmer an den eingetriebenen Steuern, genauere Rechnungsführung –, schienen den Ortsvorstehern wie dem Oberamtmann gleich zweifelhaft, da die finanzielle Lage den Einwohnern im besten Fall die Zahlung der laufenden Steuern ermögliche. Ohne gravierende Verbesserung des Wirtschaftslebens aber erschien die Beitreibung von Rückständen illusorisch. In der Stadt Neckarsulm war die Lage der Weingärtner durch jahrelangen Mißwuchs so verhängnisvoll geworden, daß die Stadt darauf verzichtet hatte, neben den Staatssteuern auch noch einen gesonderten Stadtschaden für die direkten Belange der Stadt zu erheben. Aus diesem Grund wandte sich Stadtschultheiß Becker direkt an König Wilhelm mit der Bitte um Unterstützung. Im April 1821 gewährte der Monarch Neckarsulm den völligen Nachlaß von 3494 fl. Steuerrückständen aus dem Jahr 1805, in dem Neckarsulm zweimal zur Kriegssteuer herangezogen wurde. Ganz erlassen wurden dem ärmeren Teil der Bevölkerung die Weinmostabgaben, und von den knapp 18 000 fl. umfassenden Steuerrückständen der Jahre 1811–1820 durfte das „Uneinbringliche" abgeschieden und für den einbringlichen Rest die „Borgfristen so gelinde wie möglich festgesetzt" werden.[18]

Schließlich gewährte Wilhelm gar noch eine Unterstützung der Stadt zur Aufrechterhaltung der üblichen Holzgaben an die Bürger. Der Bitte des Stadtschultheißen, Neckarsulm mit dem in Deutschordenszeiten gewährten Regal der Nachsteuer, das die Krone Württemberg an sich gezogen hatte, eine wichtige Einnahmequelle zurückzugeben, entsprach der König indes nicht. Ebenfalls abschlägig wurde die Bitte des gesamten Oberamts beantwortet, das sich für den Verbleib von Oberamtmann Schliz in Neckarsulm einsetzte. König Wilhelm wie das Innenministerium wiesen dem Oberamtmann wegen seiner „Schläfrigkeit"[19] ein nicht geringes Mitverschulden am finanziellen Desaster des Oberamtes zu und versetzten ihn auf eine geringe, seinen Fähigkeiten angemessenere Stelle nach Herrenberg.

Die Bestellung von Carl Ferdinand Sandberger 1824 zum neuen Oberamtmann war ein Glücksfall für den gesamten Bezirk. Auf ihn, den versierten und gewandten Verwaltungsfachmann, der das Städtchen Bönnigheim binnen weniger Jahre von einer Schuldenlast in Höhe von 15 000 fl. befreit hatte, setzte König Wilhelm große Hoffnungen beim Wiederaufbau der desolaten Finanzen im Neckarsulmer Oberamt. Als der Oberamtmann 1838 das Oberamt verließ, machte ihm die Amtsversammlung ein großzügiges Geschenk im Wert von 300 fl. als Dank dafür, daß er es geschafft hatte, den ökonomischen Zustand der Gemeinden von Grund auf zu verbessern. So hatte er nicht nur die Steuerangleichung für die Jahre 1808–1823 mit Umsicht und Eifer zustande gebracht, die die Kosten gleichmäßiger auf die Gemeinden verteilte, und einen Steuernachlaß von 45 287 fl. bewirkt, sondern er hatte sich auch große Verdienste bei der Hebung der Gemeindevermögen erworben. In seiner Amtszeit gelang es zahlreichen Gemeinden, auf günstigste Weise Keltern und Keltermaterial vom Staat zu erwerben. Noch 1823 hatte die Gemeinde die Kelter in Neckarsulm für 500 fl. gekauft. Der Gewinn, den die Stadt aus dem Kelterkauf zog, belief sich bis 1836 bereits auf 12 306 fl.

In ähnlicher Weise profitierten Möckmühl, Kochersteinsfeld, Roigheim, Brettach und Oedheim von Kelterkäufen. Anderen Gemeinden gelang durch Sandbergers Vermittlung der Kauf von Zehnten und Mühlgebäuden, die großen Gewinn abwarfen, wodurch sich der Schuldenstand der Gemeinden deutlich verringerte. Im Jahr 1835, also 15 Jahre nach der katastrophalen letzten Oberamtsvisitation, verzeichnete die Amtspflege keinen Steuerrückstand mehr. Ihr Aktivstand belief sich auf 14 334 fl., während die Passivseite nur noch 59 736 fl. zeigte. Auch die Überprüfung des wirtschaftlichen Standes der Gemeinden brachte ein zufriedenstellendes Resultat: Er war „im Allgemeinen sehr gut beschaffen und geordnet"[20]. Insgesamt beliefen sich die Passiva der Oberamtsorte auf 231 018 fl., denen auf der Habenseite 151 582 fl. gegenüberstanden. Nur bei zwei Gemeinden fand sich noch ein geringes Vermögensdefizit, die höchste Verschuldung im Jahr 1835 wies Möckmühl

55 Oberamtmann Carl Ferdinand Sandberger brachte Ordnung in die Finanzen des Oberamts.

Das Zusammenwachsen des neuen Oberamts

56 *Neckarsulm in der zweiten Hälfte des 19. Jahrhunderts. Neben Kirche, Schloß und Rathaus sind am Südrand der Stadt der Zentturm, das neue Oberamtsgericht und das ehemalige Kapuzinerkloster zu erkennen. Am nördlichen Stadtrand liegen der langgestreckte Gebäudekomplex der Nähermühle, der „Prinz Carl" mit den Mansardenfenstern und das Haus des erst 1852 zugezogenen Alexander Fischel.*

mit 23600 fl. auf. Am besten war der Gemeindehaushalt inzwischen neben sechs weiteren Ortschaften in der Oberamtsstadt Neckarsulm selbst geordnet. Im Jahr 1834/35 standen in der Stadtrechnung 24735 fl. auf der Habenseite nur 20553 fl. auf der Sollseite gegenüber.[21]
Aber nicht nur der angespannten Finanzlage wegen, auch durch die Größe, die verschiedenen Konfessionen, die zahlreichen Patrimonialämter im Bezirk, vor allem durch den Grenzverkehr mit den badischen Bezirksämtern Adelsheim und Mosbach und dem hessischen Wimpfen als auch der beiden Salinen wegen zählte Neckarsulm von Beginn an zu den schwierig zu verwaltenden Oberämtern.

Dennoch war es als Oberamt 2. Ordnung klassifiziert, wenn auch die Kreisregierung Ludwigsburg überzeugt war, daß der Bezirk einem Oberamt 1. Klasse in nichts nachstand. Das hatte besonders bei der Besoldung des Oberamtmanns nachteilige Folgen. Als 1831 Oberamtmann Sandberger den Antrag stellte, den Bezirk umzuklassifizieren, antwortete die Regierung wie bei den beiden Gesuchen aus den Jahren 1824 und 1826 abschlägig. Inzwischen hatten aber die Adligen des Bezirks auf ihre Patrimonialrechte verzichtet, wodurch dem Oberamtmann ein weiterer vergrößerter Wirkungskreis zugewiesen war, und auch durch die Einführung der württembergischen Gesetzgebung im Kondominatsort Widdern hatten sich die Geschäfte Sandbergers abermals vermehrt. Im Laufe des Amtsjahres 1832/33 umfaßten die Geschäfte des Oberamtmanns 857 einzelne Untersuchungen, nämlich 223 gegen das Zollgesetz, 43 gegen das Akzisegesetz, 39 gegen das wirtschaftliche Abgabengesetz und 13 gegen das Abgabengesetz für Hunde.

Viermal ging es um Salzeinschwärzung, 43mal um Diebstahl, 17mal um Betrug, 33mal um Beleidigungen. Gegen Landstreicher und Bettler ermittelte der Amtmann in 72, gegen Heimatlose in 32 Fällen. Dazu kamen 288 Polizeiverfahren und 50 Bürgerrechtsrekurse. Die Amtsgeschäfte waren nicht zuletzt deshalb so mühevoll, weil Neckarsulm in den Zuständigkeitsbereich von zwei Dekanatämtern, vier Kamerlämtern, vier Umgeldvisitatoren, 37 Akzisern, zwei Hauptzollämtern, zwei Nebenzollämtern mit 39 Legitimations- und Kontrollstellen, zwei Grenzkontrolleuren mit drei reitenden und 33 Grenzaufsehern zu Fuß sowie acht Landjägern gehörte und sechs gutsherrliche Rentämter sowie sechs Judengemeinden aufwies. Auch der letzte Antrag Sandbergers auf eine Höhergruppierung des Oberamts im Jahr 1836 war von einer gleichlautenden Petition der Gemeindevorsteher begleitet. Obwohl sie deutlich die Zusammenhänge zwischen der inadäquaten Bezahlung der Amtmänner und dem häufigen Wechsel der Amtsleitung unterstrich und die damit verbundenen Nachteile für die kontinuierliche Entwicklung des Oberamts hervorhob, lehnte die Regierung ab.[22] Zwei Jahre später verließ der erfolgreiche Oberamtmann Neckarsulm. Auch der Wechsel bei den Amtmännern blieb relativ stark. Dadurch wurde der Konsolidierungsprozeß des Oberamts zwar nicht gebrochen, doch es gehörte noch bis zur Jahrhundertmitte zu den schwierigsten und mühevollsten im Neckarkreis.[23] Erst in den siebziger Jahren hatte sich das Oberamt zu einem einheitlichen, durchaus ländlich geprägten Bezirk mit Feld-, Wein- und Obstbau sowie Viehzucht entwickelt, der „wenn es auch ein Gränzbezirk ist, indem er an Baden und Hessen stößt, für die Verwaltung keine besonderen Schwierigkeiten" bot.[24]

Der Weg zur Auflösung

Während die Wünsche nach Veränderung des Oberamtsbezirks aus der Mitte des Amtsgebiets in der zweiten Jahrhunderthälfte verstummt waren, begann man in Württemberg auf Staatsseite über Bezirksneueinteilungen nachzudenken, vor allem um die wachsenden Verwaltungskosten zu reduzieren. Bis diese Gedankenspiele sich konkretisierten, brach das neue Jahrhundert an. Konkrete Entscheidungen fielen erst nach dem Ersten Weltkrieg.[25]

Im Inflationsjahr 1923 schlug die Staatsvereinfachungskommission vor, bis zu 23 Oberämter aufzulösen, darunter auch Weinsberg und Neckarsulm, da es weder die Verkehrsverhältnisse noch die wirtschaftlichen Beziehungen erforderten, diese nahe Heilbronn gelegenen Oberamtsstädte beizubehalten. Doch auch diesmal blieb es beim Plan, der an den massiven Widerständen aus der Bevölkerung scheiterte. Neckarsulm wurde bereits sehr früh wieder aus dem Kreis der aufzulösenden Ämter herausgenommen. Wesentlich konkreter gestaltete sich die Planung durch das Gutachten des Reichssparkommissars im Jahr 1930. Im Zuge der Landesneueinteilung sollte der Kreis Heilbronn um Weinsberg, Brackenheim, Neckarsulm und Teile von Öhringen erweitert und zu einem einheitlichen Wirtschaftsraum zusammengeschlossen werden. Der Protest der Oberamtsstädte war groß. Sie fürchteten, mit dem Verlust des Oberamts auch massive Einbußen im Gewerbebereich zu erleiden. Bezeichnenderweise erhoben gerade die Gemeinderäte des kaufmännischen Mittelstands in Neckarsulm den massivsten Einspruch gegen die Auflösung des Oberamts.[26] Doch da Neckarsulms Wirtschaftspotential inzwischen eindeutig von den Industriebetrieben und nicht von der Beamtenschaft im Oberamt abhängig war, blieb der Protest im Vergleich zu den industriell wesentlich geringer entwickelten Oberamtsstädten Weinsberg und Brackenheim eher leise. Wenn eine Notwendigkeit zur Auflösung des Amtes bestünde, dann ließe sich gegen diese wirtschaftlichen Überlegungen, die dazu den Hintergrund bildeten, ohnehin nichts unternehmen.[27] Klar war indes im ganzen Oberamt Neckarsulm, daß der Amtsschaden und die Sozialkosten bei einer Einweisung ins Oberamt Heilbronn drastisch steigen würden – eine Rechnung, die das anfängliche Interesse mancher kleinen Amtsgemeinde rasch schwinden ließ. Die Amtsstadt selbst lehnte schon aufgrund der nachteiligen Folgen „für den sehr um seine Existenz ringenden gewerblichen Mittelstand und die hiesige Geschäftswelt"[28] ab. Nachdem die Versammlung der bedrohten Oberamtsstädte sich scharf gegen die Regierungspläne ausgesprochen hatte, die zum Politikum erhoben wurden, ließ die Regierung das Projekt fallen. Erst unterm Hakenkreuz gelang die Auflösung der Oberämter und führte 1938 zur Bildung des Kreises Heilbronn, dem auch Neckarsulm inkorporiert war. Daß trotz der einhellig positiven Propaganda unterschwellig Ablehnung gegen den Großkreis Heilbronn existierte, zeigte sich nicht zuletzt am Versuch Neckarsulms, in der Nachkriegszeit eine Auskreisung zu erreichen und das alte Amt Neckarsulm wiedererstehen zu lassen. Der Vorstoß von Bürgermeister Häußler 1947, der auf eine Initiative des Neckarsulmer mittelständischen Gewerbes zurückging, fand die Unterstützung von elf ehemaligen Amtsorten wie auch weiterer Orte des Landkreises Heilbronn, die diesen mit seinen 98 Gemeinden und 133000 Einwohnern für zu groß hielten.[29] Der Antrag im Kreistag zur Ausgliederung Neckarsulms wurde indes im August 1947 mehrheitlich mit der Meinung abgetan, daß im Augenblick wichtigere Aufgaben zu lösen seien.[30] Damit war der Versuch, das Oberamt Neckarsulm wieder aufleben zu lassen, endgültig gescheitert. Eine deutlichere Hervorhebung der Stellung Neckarsulms als führende Stadt des Landkreises ergab sich erst im Jahr 1971 mit der Erhebung zur Großen Kreisstadt und der damit verbundenen Erhöhung der Verwaltungskompetenzen.

Untertanen und Obrigkeit: Die politische Entwicklung in der ersten Hälfte des 19. Jahrhunderts

VON BARBARA GRIESINGER

Not und Elend:
Die ersten Jahre als Neuwürttemberger

Als zu Beginn des 19. Jahrhunderts die über 300jährige Herrschaft des Deutschen Ordens in Neckarsulm ein gewaltsames, abruptes Ende fand, hatte dies nicht nur eine grundlegende Neuordnung der Verwaltung zur Folge, sondern auch eine tiefe Erschütterung der Gemüter in Neckarsulm. Zwei Ereignisse in Neckarsulm gestatten gewisse Rückschlüsse: die Feierlichkeiten beim Einzug des letzten Hoch- und Deutschmeisters Anton Victor von Österreich in die Stadt im Mai 1805 und der Vollzug der Huldigung für König Friedrich durch die Neckarsulmer Bürgerschaft im Oktober 1806.
Trotz der bereits erheblichen Lasten durch den Krieg des Reiches mit Frankreich im Zuge der Französischen Revolution bereitete die Bevölkerung ihrem Hochmeister einen begeisterten Empfang. Noch ahnte niemand, daß am 5. Mai zum letztenmal ein Hoch- und Deutschmeister in die Stadt einzog. Die liebevollen und aufwendigen Vorbereitungen sprechen eine beredte Sprache über die Sympathien, die man dem Landesherrn entgegenbrachte. Bürger und Bürgersöhne aus Stadt und Amt Neckarsulm wie aus den Nachbarämtern erwarteten Anton Victor in farbenprächtigen Uniformen zu Fuß und zu Pferde vor der Stadt. Auch die Schulkinder des gesamten Amtsbereichs nebst Zünften standen Spalier.

Mit Musik zog der Souverän durch die Ehrenpforte am Oberen Tor in die Stadt, wo der Wagen angehalten wurde. Während Hofrat Kleiner die Stadtschlüssel überreichte und Pfarrer Urig seine Pfarrkinder empfahl, umkränzten Jungen und Mädchen die Kutsche mit Girlanden. Rosen- und Vergißmeinnichtgebinde, auch Gedichte wurden von zwei griechisch gewandeten Mädchen überreicht. Über Blumen, die Kinder vor der Kutsche streuten, und unter dem Jubel der Bevölkerung zog Anton Victor im Stadtschloß ein. „All dies gefiel sehr wohl und rührte den gutherzigen Fürsten bis zu Thränen."[1]
Gut ein halbes Jahr später ging das Ordensgebiet mit dem Frieden von Preßburg an Württemberg über, woraufhin übers Jahr – am 13. Oktober 1806 – die Neckarsulmer zur Huldigung des neuen Souveräns, König Friedrichs I. von Württemberg, aufgerufen wurden. Nach dem Bericht des gleichen Stadtpfarrers leisteten die Untertanen zwar den Eid, allerdings widerwillig und traurig. Alles ging nach der Prozedur sofort wieder nach Hause und setzte die alltägliche Arbeit fort. Die Jugendlichen erschienen nicht wie üblich nach der Erbhuldigung zum Gottesdienst. Einige von ihnen versammelten sich vor der Stadt, nahe dem Schloß, „und brachten Vivatrufe auf Hochmeister Anton Victor aus"[2]. Soviel Begeisterung und Sympathie aus der ersten Szene entgegenschlägt, so deutlich wird vor diesem Hintergrund die ablehnende,

distanziert-resignative Haltung der Neckarsulmer bei der Huldigung. Die Empörung, gleichzeitig aber auch die Ohnmacht gegenüber dem napoleonischen Länderschacher konnte sich nur in einer provokativen, zugleich aber auch hilflosen Demonstration der Jugend Luft machen, während sie auf den älteren Einwohnern geradezu bleischwer zu lasten scheint. Bei der Suche nach einer Antwort auf die Frage, warum der Herrschaftswechsel so tief empfunden wurde, muß man sich mit der Stellung Neckarsulms im Ordensterritorium wie auch mit der lokalpolitischen Situation um 1800 vertraut machen.

Die Beliebtheit der Ordenssouveräne kam nicht von ungefähr. Das milde Regiment der Hoch- und Deutschmeister unterschied sich sehr vom verschwenderischen, despotischen Machtgebaren absolutistischer Fürsten mit ihren unzähligen die Bevölkerung belastenden Jagden, Festen und Feldzügen. Gerade am Ende des 18. Jahrhunderts unternahm Hochmeister Maximilian Franz von Habsburg, ein Bruder des österreichischen Aufklärungskaisers Joseph II., die letzte umfassende Umgestaltung des Meistertums, in der Vorteile von Regierung und Ordensoberhaupt eine enge Verbindung mit denen der Untertanen eingingen. Es entstand ein „dem Orden Glanz und Ansehen verschaffendes und selbständiges Deutsches Fürstentum"[3], das als ein Musterbeispiel des aufgeklärten Absolutismus gelten darf. Gerade in Neckarsulm sollten diese Entwicklungen äußerst positive Auswirkungen zeitigen. Bereits 1788 war es „mit Abstand der größte Posten in der instruktiven Bilanz"[4] des Meistertums.

In den Belastungen der Reichskriege gegen Frankreich fand dieser Aufschwung um die Jahrhundertwende ein jähes Ende. In diesen Kriegszeiten konnte der Hoch- und Deutschmeister großenteils nur noch versuchen, die schlimmsten Bedrückungen seiner Untertanen zu erleichtern. Als Napoleon 1800 dem Orden Kriegskontributionen in der unerhörten Höhe von 550 000 fl. abforderte, wollte Maximilian Franz „zur Unterstützung und Hilfe Höchst dero treuen Unterthanen"[5] beitragen und schoß zur Deckung der ersten Rate, die innerhalb weniger Wochen bereitliegen mußte, ein Drittel der 183 333 fl. betragenden Gesamtsumme vor.

Über die engen verwandtschaftlichen Bezie-

57 Für die Neckarsulmer zunächst kein Anlaß zur Freude: das württembergische Wappen am Rathaus.

hungen zwischen Kaiser und Hochmeister wuchs auch die Kaisertreue der Ordensuntertanen. Für die Verfasser eines in Mergentheim kursierenden, undatierten, aber wohl um das Jahr 1793 festzulegenden Aufrufs waren der Habsburger Kaiser Franz und der verbündete preußische König Friedrich Wilhelm keineswegs Despoten, wie die französische Propaganda die Bürger gerne glauben machen wollte. Sie standen vielmehr als Garanten einer Verfassung, die „bey allen ihren Gebrechen – denn Gebrechen werden seyn, solange es Menschen giebt – eine der glücklichsten"[6] war.

Aus Neckarsulm ist ein patriotischer Aufruf nicht bekannt. Doch ein kleiner Hinweis auf eine ähnlich patriotische, reichs- und ordenstreue Gesinnung in der Bürgerschaft kommt aus einem ganz anderen Bereich. Joseph Ludwig Brunner, Mitglied einer vermögenden, angesehenen Neckarsulmer Bürgersfamilie und Ratsverwandter, erbaute um die Jahrhundertwende sein neues Gasthaus vor dem Unteren Tor der Stadt. Nach dem „Retter Germaniens", dem kaiserlichen Generalfeldmarschall im Kampf gegen Frankreich und seit 1801 als Hoch- und Deutschmeister auch Landesherr der Neckarsulmer, nannte er seine Wirtschaft „Erzherzog Carl".[7] Sein bereits unter württembergischer Landeshoheit 1806 geborener Sohn trug den Namen des letzten über die Stadt herrschenden Ordensoberhaupts, in dem die Bevölkerung „den besten und liebevollsten Fürsten"[8] erblickt hatte – Anton Victor. Durch den Herrschaftswechsel sahen sich die Neckarsulmer plötzlich im Lager der ehemaligen Feinde.[9] Im Hinblick auf die Kriegskosten brachte dies keine Vorteile. Im Gegenteil, ob Freund, ob Feind, die Franzosen erwiesen sich nach wie vor als drückende Last für die Einwohner der Stadt.

Bereits in den ersten Jahren des Reichskriegs mit Frankreich mußte Neckarsulm Einquartierungen und Fouragelieferungen, allerdings zunächst nur für kaiserliche Truppen, leisten. 1795 sah die Bevölkerung die ersten Franzosen. Es waren kranke Gefangene, unter ihnen 45 Offiziere. Bis zum Jahr 1796 hielten sich die Kriegskosten der Stadt in Grenzen, um dann allerdings sprunghaft zu steigen. 21501 fl. fielen allein in den Jahren 1796/97 an und wurden in erster Linie für Einquartierung und Pflege von 800 verletzten Soldaten im Kapuzinerkloster, in der Frauenkirche und im Spital ausgegeben.[10]

Erst im Zweiten Koalitionskrieg 1799–1801 begannen die Franzosen selbst Neckarsulms Wirtschaftskraft auszusaugen. Nachdem Neckarsulmer Bürger in Mannheim und Philippsburg Schanzarbeiten unterstützt und immense Fruchtvorräte an das kaiserliche Magazin Göppingen abgeliefert hatten, mußten sie 1799 gegen die Franzosen Sturm laufen. Doch der bis Gundelsheim, Diedesheim und Neckarelz vorrückende Landsturm aus dem Amt Neckarsulm traf nicht auf den Feind und hätte ihn wohl auch nicht aufhalten können. Wohl schon im August, ein zweites Mal im September kamen französische Soldaten durch Neckarsulm. Dort „hat man die Sturm-Glocken angezogen und ist alles mit verbesierter Hand der Straße zugeilt, die Franzhosen haben das Thor eingehauen da sie aber so viele Leute gesehen nichts verlangt sondern tapfer durch die Stadt hinweg maschirt"[11]. So glimpflich kam man nicht immer davon. Über 17000 fl. errechnete der Stadtrechner allein für das Jahr 1799 an Kriegskosten.[12] Der gesamte Zweite Koalitionskrieg verursachte in Neckarsulm Lasten in Höhe von 41068 fl. und 35 Kr.[13], damit trug die Stadt allein 55 Prozent der Kosten, die im ganzen Neckarsulmer Amt anfielen. Die Zusammensetzung dieser Summe ist bekannt. 7000 fl. lieferte die Stadt direkt an den Feind ab, da sie sich sonst der Gefahr der Brandschatzung ausgesetzt hätte und Bürger als Geiseln[14] genommen worden wären. Von der bereits erwähnten französischen Kontribution, die den Deutschritterorden 1800 getroffen hatte, entfielen auf die Stadt 11 254 fl. Zur Bezahlung an die Regierung konnten indes nur 1337 fl. abgeführt werden. 549 fl. verursachten Schmiergelder für Erleichterungen bei Einquartierungen oder zum Freikauf von Geiseln. Sowohl Heilbronn als auch Neckarsulm hatten den Rang von Magazinorten, in denen Fruchtvorräte – Hafer, Stroh, Korn, Heu, Weizen und auch Wein – gelagert wurden. Im Wert von 5761 fl. lieferte die Neckarsulmer Bevölkerung dort Naturalien ab, darunter auch über 17 Eimer Wein. Diese Summe durfte wenigstens vom Kontributionsanteil der Stadt abgezogen werden. Auch Kleidungsstücke, geschätzt auf 490 fl., hatte die Stadt abzuliefern. Vorspann- und Schänzerkosten in Höhe von 2444 bzw. 1106 fl. waren im Vergleich zu den immensen Einquartierungslasten noch gering. Die Stadt hatte insgesamt 18 631 Verpflegungsrationen an einquartierte gemeine Soldaten und Unteroffiziere ausgegeben.[15] Offiziere, die höhere Ansprüche geltend machen konnten, wurden 1254mal verpflegt. Schließlich hatte man 8366 Futterrationen für Pferde ausgeschüttet. Die Ausgaben dafür beliefen sich auf die ungeheure Summe von 18 111 fl. 12 Kr. Daß dies alles nicht immer ruhig und geordnet ablief, bestätigen die 70 fl. Kriegsschäden, die die Stadt veranschlagte, sowie die 150 fl., die sich Amtsbürgermeister Emerich im Jahr 1800 „für die viele und nur allzu bekannte Mühe, Last, Sorgen, Bekümmerniß und öftere Lebensgefahren"[16] bei den Einquartierungen als Entschädigung genehmigte. Bereits damals war die Stadt zu Schuldaufnahmen gezwungen, und die Bevölkerung geriet schon zur Jahrhundertwende in arge wirtschaftliche Bedrängnis.

Um so schlimmer wirkte sich der neue Krieg gegen Österreich im Jahr 1805 aus, zumal die kleine Weingärtnerstadt direkt an der französischen Militärstraße lag. Kritisch war die Lage Neckarsulms bereits zu Beginn des neuen Krieges. Schon am 11. Oktober warnte Hofrat Kleiner den französischen Kommandanten in Heilbronn, nicht „zu verlangen, daß die armen Einwohner der Stadt in kurzer Zeit vollends in den Abgrund stürzen"[17]. Verschärft wurde die Situation durch einen Fehlherbst. So hatten die Bürger Neckarsulms, die ohnehin mehr Wein- denn Feldbau trieben, kaum noch Fruchtvorräte, aber auch keinen Weinverkauf und folglich weder Geld noch Kredit. Dennoch ging man davon aus, daß Neckarsulm mit seinen 348 Bürgern, bestehend aus 240 Häusern und 78 Scheunen, gleichzeitig 300 Mann und 150 Pferde im Quartier aufnehmen konnte. Am Heiligen Abend 1805 jedoch lagen in der verarmten Stadt nicht nur eine Infanteriekompanie, sondern auch eine ganze Abteilung eines Artillerietrains mitsamt 160 Pferden im Lager. Der tägliche Bedarf allein zur Versorgung der Pferde betrug zehn Malter Hafer, 40 Zentner Heu und 250 Bund Stroh. Die Kosten wurden unerschwinglich, und Hilfsgüter aus den umliegenden Ordensämtern waren bereits an Silvester aufgebraucht. Genauso schlimm, wie das Jahr 1805 geendet hatte, begann das Jahr 1806. Zwischen dem 28. Januar und dem 22. Februar lagen 197 Offiziere, 5544 Mann und 464 Pferde in Neckarsulm.[18] „Den höchsten Grad der Unerträglichkeit erreicht" hatten die Einquartierungen in der Stadt am 17. Mai 1806. In seinem Schreiben an Regierungsrat Pistorius verglich der Neckarsulmer Hofrat Kleiner die Franzosen mit Schwärmen verzehrender Heuschrecken, die sich über das schuldlose Deutschland verbreiteten. Die Bürger in Neckarsulm standen vor dem Ruin. Nach Kleiners Worten schauderte der durchschnittliche Neckarsulmer „vor dem Abgrunde des schrecklichsten Elends zurück, denn er muß wirklich das Salz betteln, welches er auf die wenigen zu seiner Nahrung übrig gebliebenen Kartoffeln streuen will – er muß Bettungen und Kleidungsstücke verkaufen, um aus diesen ihm selbst unentbehrlichen Bedürfnissen, dem französischen Krieger die vorgeschriebene Verpflegung geben zu können – er muß mit seiner Familie sich glücklich schätzen, wenn die fremden Gäste... ihm Wasser und Brod übrig lassen".

Die Endabrechnung der Kriegskosten für 1805/06 für das Amt Neckarsulm, d.h. für die Stadt mit den fünf Dörfern Erlenbach, Binswangen, Dahenfeld, Kochertürn und Degmarn sowie dem Lautenbacher und Brambacher Hof, ist erschreckend hoch. Vom Ausbruch des Krieges im September 1805 bis zum Herrschaftswechsel nach Württemberg entfielen auf das Amt 17397 fl. 16 Kr. an Kriegskosten, die durch Frankreich verursacht waren. Bis zum endgültigen Abzug der Truppen im Dezember 1806 verbrauchte das Heer weitere 83716 fl., obwohl zu diesem Zeitpunkt bereits seit Monaten Frieden herrschte und das nunmehr württembergische Neckarsulm zu den Verbündeten Napoleons zählte. Insgesamt beliefen sich die Kriegskosten in Amt und Stadt auf 101113 fl. 16 Kr.[19] Selbst die württembergische Landesherrschaft konnte nicht umhin, einzugestehen, daß die französische Armee die Bevölkerung auch im Frieden bis an die Grenze der Zumutbarkeit belastete.[20] Abhilfe zu schaffen war sie als Verbündete Napoleons jedoch nicht in der Lage.

Aber nicht nur die mitleidlose Erpressung wirtschaftlicher Mittel belastete die Bevölkerung. Mit dem Übergang an das Königreich Württemberg lernten die Neckarsulmer eine bislang unbekannte Geißel kennen: den Militärdienst. So zogen Neckarsulmer an der Seite der verhaßten Franzosen mit der Grande Armée Napoleons 1812 auch nach Rußland.

Mit Sicherheit überlebten 16 Ausmarschierte aus der Weingärtnerstadt diesen Feldzug nicht. Laut Familienregistern blieben sie in den Weiten Rußlands zurück – gefallen, verhungert, erfroren.[21]

Die ersten Einberufungen erfolgten 1806, wenige Wochen vor der bereits erwähnten Huldigung für König Friedrich im Oktober. Aber auch noch ein anderes Ereignis bedrückte wohl die zum Eid auf den König versammelten Neckarsulmer. Es war die Verschleppung und Verhaftung von Löwenwirt Peter Heinrich Merckle. Er war nicht irgendein Neckarsulmer, sondern „einer der vorzüglichsten Bürger hiesiger Stadt"[22] und der beste Wirt. Bei ihm stiegen die französischen Offiziere ab, er hatte einen guten Leumund bei Kaufleuten, denn neben dem Gasthaus „Zum Löwen" betrieb er auch Handelsgeschäfte. Schließlich war er aber auch bei der Bevölke-

58 Der Löwenwirt Peter Heinrich Merckle wurde im August 1806 wegen Majestätsbeleidigung von den Franzosen verhaftet.

rung beliebt, denn nach eigenen Aussagen hat er zahlreiche „Bürger in der Stadt und auf dem Land mit Früchten und Geld unterstützt und sie in den Stand gesetzt, daß sie ihre Einquartierung tragen konnten".

Am 17. August 1806 verhaftete französisches Militär diesen Mann. Im Neckarsulmer Rathaus wurde er zunächst ohne Angabe von Gründen gefangengesetzt. Trotz unablässiger Bemühungen und Proteste von seiten Hofrat Kleiners aus Neckarsulm und dessen Vorgesetzten, des Heilbronner Kreishauptmanns von Bouwinghausen, erlaubten die Franzosen weder, daß württembergische Beamte bei den Verhören zugegen waren, noch entsprachen sie der Bitte, den Württemberger seiner angestammten Gerichtsbarkeit zu überstellen. Unterdessen erfuhr man wenigstens, daß dem Löwenwirt die Abschrift einer „in herabwürdigender Satyre verfaßten Genealogie des französischen Kaisers" zur Last gelegt wurde. Peter Heinrich Merckle hatte die Schrift vom Heilbronner Geschäftspartner Link erhalten, den das Militär nun ebenfalls arretierte, und schließlich hatte er die Abhandlung kopiert und seinem Donauwörther Geschäftsfreund Schoderer gesandt. Dort war die Flugschrift „Deutschland in seiner tiefen Erniedrigung", um die es sich handelte, in französische Hände geraten. Weder Merckle noch Link leugneten diesen Tatbestand.

Am 21. August verschleppte man sie nach Braunau. Während Merckle zuerst vom vorübergehenden Charakter seiner Verhaftung überzeugt schien, kamen ihm in Braunau nun ernstliche Zweifel. Angstvoll schrieb er am 29. August an Hofrat Kleiner um Hilfe und Unterstützung. Er sei „an einen Ort gebracht, der für einen ehrbaren Mann unerträglich ist" und benötige dringend einen Rechtsbeistand. Zu diesem Zeitpunkt hatten die Franzosen den Verleger der Flugschrift, den Nürnberger Buchhändler Palm, in Braunau bereits erschossen. Seinen französischen Anklägern gegenüber bekannte sich Merckle zwar zur Abschrift, leugnete indes beharrlich eine damit verbundene Schuld. Damit eine Majestätsbeleidigung zu begehen, sei ihm nicht bewußt gewesen, denn jeder wisse, daß solche Schriften meist Unwahrheiten verbreiteten. Ja, geradezu zum Amusement seines Freundes habe er die Schrift verschickt. Daß es sich dabei wohl um eine Schutzbehauptung Merckles handelte, beweist ein Blick in die Flugschrift. Der anonyme Verfasser prangerte Zustände an, die den Neckarsulmern nur zu bekannt waren. Er strich die unrechtmäßige Belastung der Bevölkerung durch die Kriegsvölker Napoleons heraus. Menschen, die in gewöhnlichen Zeiten ihren Lebensunterhalt mit zwei bis drei Groschen täglich bestritten, erpreßten als Soldaten des französischen Kaisers drei bis vier Gulden für ihre tägliche Verpflegung von den Deutschen. Besonders empörend war für den Autor gerade die ungebührliche Bedrückung durch Verbündete, denn höchstens „kann in Feindes Landen diese Last auf die Einwohner fallen. Grausamkeit aber und die bösartigsten Absichten verrathen sich, wenn der Unterthan eines verbündeten Fürsten, …wenn, sage ich, dieser friedliche Unterthan, dem der Vorrath an Getraide, Stroh, Fütterung durch unzählige Lieferungen abgepreßt werden, sich zu einem Winter- und Kantonirungsquartier verdammt sieht, davon man seit dem dreißigjährigen Krieg kein Beispiel hat"[23]. Gerade für Neckarsulm traf diese Beschreibung exakt zu. Auch hier waren die Kriegskosten drastisch gestiegen, seit die Weingärtner in den französischen Soldaten ihre Verbündeten zu sehen hatten. Merckle wußte also nur zu genau, daß die Situationsschilderungen der Flugschrift nichts als die nackte Wahrheit darstellten.

Unterdessen geriet die Affäre um den Neckarsulmer Löwenwirt mehr und mehr zum Politikum. Von Anbeginn der Verhaftung an hatten Kleiner und von Bouwinghausen die Stuttgarter Regierung – den König selbst sowie Kabinetts- und Staatsministerium – über die Geschehnisse informiert. König Friedrich war stets über den Stand der Dinge in Kenntnis gesetzt und nahm die Ereignisse durchaus ernst. Man war sich darüber einig, daß selbst im Falle eines Vergehens nur württembergische Gerichte befugt waren, über Merckle und Konsorten zu richten. Bereits drei Tage nach seiner Verhaftung erging ein erstes Protestschreiben vom Staatsministerium an Kriegsminister Berthier in München. In den folgenden Wochen entwickelte sich eine ausgedehnte Korrespondenz zwischen Stuttgart, dem Kriegsminister und Marschall Louis Berthier in München und Paris. Nicht nur, daß mit der Verhaftung und Verschleppung württembergischer Untertanen ein massiver Eingriff in die königlichen Hoheitsrechte vorlag, die württembergische Regierung, die immer wieder die besondere Freundschaft zwischen Napoleon und König Friedrich betonte, mußte von französischer Seite einen äußerst rüden Ton vernehmen. So erklärte Saunier, der mit der Untersuchung der Affäre Merckle betraut war, dem Heilbronner Kreishauptmann unverblümt: „Wir sind die Stärkeren, und wo unsere Armee steht, haben wir auch die Rechtsprechung."[24] Dennoch gab er unumwunden zu, daß sich Frankreich eine derartige Einmischung einer ausländischen Macht in die Justiz energisch verbitten würde. Aufgrund dieser Gegebenheiten und gleichzeitig auftretender Mißverständnisse über die Zugehörigkeit der ehemaligen Ordensgebiete am Neckar zum Königreich Württemberg kam der Verhaftung Merckles für König Friedrich eine tiefere Bedeutung zu. Einen Tag nach der Arretierung des Löwenwirts waren nämlich in der Umgebung von Neckarsulm die württembergischen Wappen von französischem Militär abgenommen und die Ordenskreuze wieder angeschlagen worden, obwohl der Friede von Preßburg die Besitznahme des einstigen Ordensterritoriums durch Württemberg absicherte und auf eine rechtliche Basis stellte. Die Franzosen hatten sich in den beiden Vorgehensweisen „Gewalttätigkeiten und völkerrechtliche Verletzungen erlaubt, welche bisher beispiellos waren"[25], so die württembergische Beurteilung der Vorkommnisse. Der Einsatz der Regierung rettete Merckle und Link das Leben. Doch das energische Engagement der württembergischen Ministerien, denen Friedrich starkes und ernstes Auftreten befahl, lag keineswegs in der landesväterlichen Fürsorge und Liebe des Königs für seine Untertanen begründet, sondern in der eifersüchtigen Verteidigung seiner Souveränitätsrechte.

Dies wird um so deutlicher, betrachtet man die weitere Haltung des Monarchen Peter Heinrich Merckle gegenüber. Im September entließen ihn die Franzosen aus dem Gewahrsam in Braunau und geleiteten ihn zurück nach Stuttgart. Die Freude in Neckarsulm darüber war grenzenlos, zumal der Nachricht von seiner Befreiung die Publikation seines Todesurteils unmittelbar vorausgegangen war.[26] An Friedrich, der die Veröffentlichung des Urteils unverzüglich hatte verbieten lassen, sandte Hofrat Kleiner einen Brief, um ihm „das lebhafteste Dankgefühl ehrfurchtsvoll" auszudrücken, das nicht nur er und Merckles schwangere Frau, sondern auch die gesamte Bürgerschaft „für die allergnädigste Verwendung Eurer königlichen Majestät in dieser kritischen Sache" empfand. Der König verscherzte sich indes die Sympathien, die ihm aus diesem Ereignis in Neckarsulm hätten erwachsen können. Er ließ Merckle, der gleichsam im Triumph gen Stuttgart gezogen war, wie auch Kaufmann Link mit Festungshaft auf dem Asperg belegen.

59 Creszentia Merckle, die Frau des Löwenwirts.

Während der bayerische Geschäftsfreund des Löwenwirtes eine kurze Haft unter sehr leichten Bedingungen erdulden mußte, womit sein Landesherr König Maximilian von Bayern mehr den Schein wahren denn bestrafen wollte, zeigte Friedrich I., daß er auch nur im Ansatz aufrührerisches Verhalten seiner Untertanen in keinem Fall duldete und daß die württembergische Rechtsprechung durchaus streng und unnachgiebig vorging. Peter Heinrich Merckle, der nach Ansicht Kleiners und wohl auch der Neckarsulmer Bevölkerung durch die Unbilden der französischen Arretierung und den damit zusammenhängenden geschäftlichen Verlust, durch Angst, Sorge, Trennung von Frau und Familie schon hart genug bestraft war, saß noch im Kerker, als Schaumenkessel im Oktober für König Friedrich die Huldigung der Neckarsulmer entgegennahm. Erst am 29. Oktober genehmigte der Monarch auf ein Bittgesuch der Ehefrau Merckles hin die Entlassung des Löwenwirts und seiner Mitgefangenen mit der Auflage, „sich nach ihrer Rückkehr in ihre Heimwesen still und ruhig zu verhalten".

Spät, erst am Vorabend der Völkerschlacht von Leipzig, am 14. Oktober 1813, löste König Friedrich sich aus dem Bündnis mit dem Kaiser der Franzosen, wenngleich er schon nach dem katastrophalen Rußlandfeldzug deutlich auf Distanz gegangen war. Auf der Seite der antinapoleonischen Allianz marschierten die Württemberger in Frankreich ein. Wie viele Neckarsulmer aktiv an den Napoleonischen Kriegen beteiligt waren, läßt sich aus den erhaltenen Akten nicht mehr ersehen. Nur die noch lebenden 28 Veteranen, denen König Wilhelm 1840 die Kriegsmedaille verlieh, sind in der Bürgerliste Neckarsulms von 1828 verzeichnet.[27]

An der Bevölkerungsentwicklung – an Geburten- und Sterberate – lassen sich die Auswirkungen der Kriege fassen. In dem Zeitraum, in dem sich die Kriege in Neckarsulm durch französische Besatzung und Einquartierung fühlbar machten, sind je drei Höhe- bzw. Tiefpunkte in der Entwicklung der Sterblichkeits- bzw. Geburtenkurve auszumachen. Den absoluten Höchststand erreichte die Sterblichkeit bereits 1799, zur Zeit der ersten französischen Einquartierungen.

Etwas phasenverschoben, wie zu erwarten, sank die Geburtenrate im Jahr 1801 auf einen ersten Tiefstand im 19. Jahrhundert. Sieben Jahre später erreichte diese Kurve ihren absoluten Tiefpunkt infolge des wirtschaftlichen Ruins, den die ständige französische Besatzung der Neckarsulmer Bürgerschaft bescherte. Auch die Sterbeziffern erreichen 1806 mit 80 Toten einen neuen Höhepunkt, der jedoch weit hinter den 156 Sterbefällen von 1799 zurückbleibt. Gerade am Ende des Krieges zeigt sich die Erschöpfung der Bevölkerung

60 Die Befreiung von der napoleonischen Herrschaft wird zum verbindenden Moment zwischen Herrscherhaus und Bevölkerung. An seinem Geburtstagsfest 1840 verleiht König Wilhelm I. den Neckarsulmer Veteranen die Kriegsmedaille.

besonders. Mit nur 68 Geburten erreichte die Geburtenquote einen neuen Tiefstand.[28] Aufgrund der jahrelangen Kriegslasten stürzte Württemberg am Ende der napoleonischen Ära in eine tiefe Wirtschaftskrise. Bereits 1814 war Neckarsulm derart ausgeblutet, daß die Stadt beim Einzug der Steuern, die im Laufe des Krieges auch ständig gestiegen waren, 16 Monate im Rückstand war. Selbst der Neckarsulmer Mittelstand war so entkräftet, „daß es eine platte Unmöglichkeit seye, von der Bürgerschaft etwas heraus zu pressen"[29]. Neben den enormen Kriegskosten machten seit 1813 auch Fehlherbste den Weingärtnern zu schaffen. Verhängnisvoll wirkte sich in diesen Krisenzeiten die Witterung vor allem im Jahr 1816 aus. Lang anhaltende Regenfälle verursachten sowohl im März als auch im Mai Überschwemmungen, zwischen Heilbronn und Wimpfen trat der Neckar über die Ufer. Bereits im Juni wurde der Magistrat der Stadt über die mehr als mangelhafte Nahrungsversorgung der Bürger informiert: „Die Noth der hiesigen Bürgerschaft seye über alle Beschreibung viele der allhiesigen armen Bürgere hätten schon seit 10 bis 14 Tagen weder Brod noch Kartoffeln und hauptsächlich leiden diejenige Familien am meisten welche vor den

Häusern zu betteln sich schämen..."³⁰ Im Juli errechnete die Stadtführung des benötigte Quantum Getreide auf 216 Scheffel Dinkel und 20 Scheffel Roggen. Über die Kameralämter ließ der König Getreide aus den Krondomänen verteilen. Das Oberamt Neckarsulm bekam 120 Scheffel zugewiesen, 44 davon gingen in den Neckarsulmer Speicher. Anfang August vermehrte sich dieser Vorrat um weitere 33 Scheffel Dinkel, die die Stadt zum „Gnadenpreis" von sechs Gulden von der Herrschaft bezog. Letzte Hoffnungen auf die Ernte schwanden spätestens nach dem verheerenden Gewittersturm Anfang August. Um der Not der Untertanen etwas zu steuern, erließ König Wilhelm im November die Generalverordnung, mit der der Getreideausfuhrzoll erhöht, Fruchtverkaufsakzise und Einfuhrzoll für Getreide aufgehoben wurde.³¹

Daß die Hungersnot 1817 ihren Höhepunkt erreichte, konnte indes nicht verhindert werden. Bereits am 7. Januar fand eine außerordentliche Beratung des Magistrats im Beisein von Oberamtmann Schliz und Pfarrer Urig statt, in der es in erster Linie um die Versorgung der Armen Neckarsulms ging. Eine in vier Klassen unterteilte Armenliste wurde aufgestellt, nach der die ersten beiden Klassen allein schon 281 Einwohner zählten. Da die Versorgung der armen Familien durch reiche Neckarsulmer scheiterte, entschloß man sich zur Bildung eines Armenvereins, der sich durch Beiträge aus der Bürgerschaft und durch städtisches Kapital finanzierte. In ihm waren Amtsbürgermeister Emerich und zahlreiche Senatoren tätig. Sie eröffneten eine Suppenanstalt für die Armen im Kapuzinerkloster. Dort erhielt jeder der 281 armen Bewohner pro Tag die Rumfordsche Suppe und ein Pfund Brot.³² Die 1500 fl., die die Heiligenpflege zur Suppenanstalt beisteuerte, mußte die Ortskirche bereits aufnehmen,

denn auch ihre Kasse war leer. Bis in den November des Jahres 1818 hinein wurde die Rumfordsche Suppe, die aus Mehl, Erbsen, Gerste, Kartoffeln und Brot bestand, ausgegeben. Die Anzahl der Empfänger war allerdings im Februar 1818 auf 78 Personen gesunken.³³

Sehr strenge Maßnahmen gegen Felddiebstähle erließ die Stadt im Laufe des Hungerjahres 1817. An beiden Stadttoren mußte „jeder ohne Unterschied des Rangs und Stands, wer etwas tragt visitirt werden"³⁴. Trotz drakonischer Geld- und sogar Gefängnisstrafen häuften sich die Felddiebstähle. Zeigte jemand einen Felddieb an, erhielt er 5 fl. Prämie und die Zusicherung, daß die Anonymität seiner Person gewahrt blieb. Vor allem zur Zeit der Getreidereife patrouillierten jede Nacht sechs zuverlässige Neckarsulmer durch die Felder.

Große Ernten waren jedoch auch 1817 nicht zu erwarten, wieder ließ die Witterung zu wünschen übrig. So stieg im Laufe des Jahres der Bettel in den Straßen der Stadt stetig an. Darüber ärgerten sich vor allem die wohlhabenden Bürger, die die Armenanstalt unterstützen mußten, und klagten, „daß es nicht auszuhalten seye"³⁵. Im Juni scheint die Krise ihren Höhepunkt erreicht zu haben.³⁶ In Neckarsulm liefen die Leute „mit dem Geld in der Hand von einem Haus in das andere, um Früchte oder Brod zu kaufen und werden damit abgewißen, die Becker Läden werden biß auf wenige leer und öd, die Becken durchstreifen das ganze OberAmt und erhalten beynahe von jedem Besizer entbehrlicher Früchte die Antwort, wir brauchen unsere Frucht selbst. Die Arbeitende können daher nicht so viel Brod auftreiben, daß sie nur einen Theil ihres Hunger stillen können, mit jedem Tag nehmen ihre Kräfte ab, und bey fortdauerndem Mangel und Versagen schleuniger Hülfe sind theils verheerende Krankheiten, theils unruhige Auftritte zu befürchten, mit einem Wort die Noth hat einen so hohen Grad erreicht, daß, wann den Wucherern die entbehrlichen Früchte nicht hinweg genommen werden viele brave Bürger vor Hunger sterben müssen."[37]

Bereits im Januar hatte die Stadt 200 Scheffel Getreide gekauft, um die Versorgung der Bevölkerung für etwa fünf Monate zu sichern. Unter Aufsicht wurde dieses Getreide gemahlen und Bäckern übergeben, die daraus vertraglich festgelegte Mengen Brot backen mußten, welches an Bedürftige, die sog. Hausarmen aus der dritten und vierten Klasse der Armenliste, ausgegeben wurde. Im Mai hatte sich die Situation dermaßen zugespitzt, daß Getreidekäufe die finanziellen Möglichkeiten der Bäcker überstiegen. Sie konnten die Stadt nicht mehr versorgen, denn selbst für qualitativ minderwertige Frucht mußten 17 fl. 50 Kr. pro Scheffel bezahlt werden. Von da an übernahm die Stadt den Einkauf von Getreide und gab es zum Einkaufspreis an die Bäcker weiter.[38] Das aus diesem Getreide gebackene Brot konnte zum Preis von 8–10 Kr. an Bedürftige abgegeben werden. Da dabei nichts zu verdienen war, konnten die Bäcker im Juli nur dadurch bewegt werden, das vorrätige Getreide zu fassen und zu verbacken, indem der Rat drohte, daß „Ihnen samt und sonder das Baken niedergelegt und die Backöfen zugemauert würden"[39], und zwar bis auf ein Vierteljahr nach der nächsten Getreideernte. Im selben Monat hatten Wucher und Teuerung derart überhandgenommen, daß auf königliche Verordnung hin das entbehrliche Getreide bei den Bauern beschlagnahmt wurde.[40] Angesichts dieser Situation kann man sich die Freude über die erste Gersteernte gut vorstellen. Sie fand in Neckarsulm am 7. Juli statt und wurde förmlich zelebriert. Das Ereignis war für die Zeitgenossen dermaßen bewegend, daß es im Ratsprotokoll genau beschrieben wurde, zur Erinnerung nachfolgender Generationen an die schlimmen Hungers- und Teuerungszeiten wie auch zur Mahnung, „daß aller Segen von Gott kommt, daß in seiner Hand stehe, die Menschen zu erhalten oder zu verderben und möge sich jeder ernstlich vornehmen sich zu bessern, und die göttlichen Befehle zu befolgen, damit die Vorsehung uns oder unsere Nachkommen mit keinem solchen Strafgericht mehr heimsuche"[41].

Die gesamte Bürgerschaft war im Festzug – voran die Schuljungen mit den Lehrern, gefolgt von Oberamtmann Schliz und dem gesamten Magistrat, den Gemeindedeputierten und am Schluß von Bürgern, Frauen und Mädchen – zu Seifensieder Johann Joseph Benders Wintergerstenfeld am Stiftsberger Weg hinausgezogen. Der Oberamtmann hielt dort eine Rede, sprach ein Dankgebet und legte zuerst die Sichel an, um die reife Gerste zu schneiden. Diesem Vorbild folgte die ganze Versammlung, bevor sie unter Singen und Beten zu Messe und Hochamt in die Kirche zog.

In dieser schlimmen Zeit entstand allmählich eine engere Bindung zwischen den neuwürttembergischen Neckarsulmern und der Landesherrschaft, eine Bindung, die gezwungenermaßen zustande gekommen war, nun jedoch gefühlsmäßig positiv besetzt war. Den Durchbruch der Sympathien brachte zweifelsohne das Engagement des jungen Königspaars Wilhelm und Katharina eben in den Notzeiten 1817.[42] Ihren Einsatz hebt das Erinnerungsprotokoll vom 7. Juli an erster Stelle hervor: „Die göttliche Vorsehung leitete das vortreffliche milde Herz unseres allerverehrtesten Königs, daß eine Menge Früchten im Norden erkauft wurden und eben so regierte die Vorsehung unsere erhabene Königin, daß sie im ganzen Land einen Wohltätigkeitsverein bildete, dessen Thätigkeit die Unterstützung der Armen zur Pflicht gemacht wurde."[43] Daß nach zwölf Jahren unter württembergischem Regiment die anfänglichen Ressentiments, Verstocktheit und Groll geschwunden waren, findet ein abschließendes Indiz wiederum in einem Empfang. Am 29. April 1818 unternahm das Monarchenpaar eine Reise zur Saline in Jagstfeld, die durch Neckarsulm führte. Die Vorbereitungen, die man in der Stadt traf, sind rührend zu lesen. In „anständiger Kleidung" stand die Schuljugend vom Oberen Tor bis zum Rathaus an der Straße Spalier, auf der einen Seite die Mädchen, auf der anderen die Jungen. Vor dem Rathaus erwarteten der Magistrat, die Gemeindedeputierten, die vier Zünfte und die übrige Bürgerschaft den König und seine Gemahlin, während sich auf der Rathaustreppe die Musik „mit Pauken und Trompeten hören läßt"[44].

Sämtliche Glocken der Stadt sollten läuten, bis das Paar die Markung wieder verließ. Zuvor aber durften ein Mädchen und ein Junge Königin und König Blumensträuße überreichen, und schließlich übergaben die drei ältesten Männer wohl als Erinnerung an die Hilfe während des vergangenen Hungerjahres „einer einige Korn Ähren, ein anderer einen Trauben, und ein Dritter eine abgeblühte Obst Gattung"[45]. In einem symbolischen Akt gab die Bürgerschaft dem Königspaar zurück, was sie in Notzeiten von ihm erhalten hatte – Korn. Als Dank für diese Hilfe schenkte sie ihm darüber hinaus von dem, was das Oberamt am besten zu bieten hatte: Wein und Obst.

Das Verhältnis zum Landesherrn ist indes nur eine Äußerungsform der politischen Haltung. Bereits in den Anfangstagen der württembergischen Herrschaft gab es Strukturen, die den Kontinuitätsbruch, der mit dem abrupten Herrschaftswechsel verbunden war, milderten. Zu ihnen gehörten die Aufwertung Neckarsulms als Oberamtssitz und die Beibehaltung des bekannten und beliebten Hofrats Kleiner in der Interimszeit vor der endgültigen Organisation der neuwürttembergischen Gebiete. Der vielleicht wesentlichste Punkt mag wohl in der Organisation des neuen Stadtrats gelegen haben, bei der die neue Herrschaft örtliche Verhältnisse und Empfehlungen berücksichtigte und unbeliebte wie altersschwache Senatoren verabschiedete.[46]

Hervorgehoben hatte Amtmann Kleiner vor allem die Qualitäten von Dionys Berthold, Domino, Maier und Emerich, da sie sowohl brauchbar waren als auch das Vertrauen und die Wertschätzung der Bevölkerung besaßen. Bausch, Berner, Lang und Joseph Ludwig Brunner schieden nicht zuletzt aus Altersgründen aus. Das Durchschnittsalter der vier Räte lag bei 78,5 Jahren. Zudem stand Brunner in dem Ruf, ein roher Geselle zu sein, Bausch war verschuldet, und Martin Amon, der ebenfalls nicht mehr ernannt wurde, stand „im Rufe der Eigennützigkeit"[47].

Kaufmann Domino konnte nicht – wie von Kleiner vorgeschlagen – das Bürgermeisteramt antreten, weil württembergische Gesetze diese Berufsgruppe wie auch Wirte generell von dieser Position ausschlossen, um jede Art von Beeinflussung, Bevorzugung und Vorteilnahme unmöglich zu machen. Da mit dem Posten die Amtspflege verbunden werden sollte, fiel die Wahl auf den bisherigen Stadt- und Amtsschreiber Franz Josef Becker. Auch Bürgermeister Emerich war bereits in der Ordenszeit in der Stadtverwaltung tätig gewesen und behielt seine Stelle. Der Magistrat setzte sich entsprechend der Größe der Stadt aus sechs Räten zusammen. Die Benennungen zeigen, daß sich die württembergische Obrigkeit weitgehend an Kleiners Vorgaben orientierte und Personen in den Rat einbrachte, durch die sich die Bevölkerung repräsentiert sehen konnte. Neben Domino, Maier und Berthold, die bereits in der Ordenszeit die Stadtgeschicke gelenkt hatten, waren dies Augustin Volk, Adam Anton Susset und der

politisch engagierte und bereits über die Stadt- und Amtsgrenzen hinaus wohlbekannte Peter Heinrich Merckle.⁴⁸
Damit blieb in der Gemeinde im personellen Bereich nicht nur eine gewisse Kontinuität erhalten, das Ausscheiden unbeliebter Räte und deren Ersetzung durch volkstümliche Vertreter brachten zweifelsohne eine Verbesserung.

Parlamentarier und Revolution:
Vom politischen Klima um 1848

Ein deutlicher und direkter Ausdruck politischer Haltung liegt natürlich in der politischen Aktivität selbst. In diesem Bereich macht sich bei den Bürgern Neckarsulms eher Zurückhaltung bemerkbar. Einen Eindruck davon bekommt man bereits bei Durchsicht der Reihe der Landtagsabgeordneten.⁴⁹ Von 1815 bis 1901 wurden 16 Vertreter nach Stuttgart gesandt, einer davon – der protestantische Holzhändler Lang aus Jagstfeld – nahm an zwei Legislaturperioden teil. Das Zentrum des neuen Oberamtes stellte nur zwei Landtagsabgeordnete, darunter den allerersten. Es war dies 1815 wiederum Peter Heinrich Merckle, den eine steile Karriere in der württembergischen Politik von der Kerkerzelle auf dem Asperg zum Abgeordnetensitz im Stuttgarter Landtag führte. Als zweiter Abgeordneter aus Neckarsulm zog der Ratsschreiber Speidel von 1830 bis 1833 ins Parlament. Er war allerdings kein gebürtiger Neckarsulmer, sondern stammte aus dem altwürttembergischen Besigheim.⁵⁰ Erst 1831 zog er in die Oberamtsstadt, heiratete dort eine Tochter des verstorbenen Löwenwirts und avancierte als politisch aktiver Mann bis zum Stadtrat. Betrachtet man die Herkunft der 16 Abgeordneten, stellt man fest, daß zwar elf im Oberamtsbereich ansässig waren, die Oberamtsstadt selbst jedoch, abgesehen von Merckle, keinen Abgeordneten hervorbrachte und somit, zumindest was das politische Leben anbelangt, ihrer Zentrumsfunktion nicht gerecht wurde. Die meisten politischen Vertreter des Oberamts waren gebürtige Altwürttemberger (sechs Personen) und Protestanten (acht Personen). Es scheint also, als hätten sich gerade in der Ständevertretung die altwürttembergischen protestantischen Kräfte des Oberamts durchgesetzt. Das katholische Element des Oberamts, repräsentiert durch die Oberamtsstadt selbst, war mit sechs katholischen Abgeordneten gegenüber der Gesamtzahl von 16 deutlich unterrepräsentiert. Typisch scheint die starke Repräsentanz der Verwaltungsbeamten im Landtag. Alle fünf auswärtigen Abgeordneten und sechs Repräsentanten aus dem Oberamt selbst entstammten der teils sehr hohen Administration. Handel und Landwirtschaft stellten dagegen nur zwei bzw. drei Vertreter, während aus dem für die Oberamtsstadt typischen Weinbau überhaupt kein Abgeordneter hervorging.

Einen etwas tieferen Einblick in die politischen Strukturen der Oberamtsstadt bietet sich in der Zeit der 48er Revolution. Den Aufstand der Pariser Kommune im Februar 1848 und das schnelle Übergreifen der revolutionären Aktivitäten auf Deutschland erregte auch in Neckarsulm von Anbeginn an Aufmerksamkeit. Doch während sich Heilbronn schnell zum Zentrum politischer Agitation entwickelte, in der ländlichen Umgebung – speziell im Mainhardter Wald und im Jagsttal, das zum Oberamtsbereich Neckarsulms gehörte – Unruhen gegen die lästigen, aus dem Mittelalter tradierten grundherrlichen Rechte losbrachen, war in Neckarsulm selbst „alles ruhig und sieht mit gespannter Erwartung der Zukunft entgegen"⁵¹. Man hoffte auch in Neckarsulm, so der Autor der Schwäbischen Kronik, daß der Bürger dem Beamten gegenüber wieder mehr gelte. In der Tat kam die württembergische Regierung schnell den Revolutionsforderungen nach. Die Pressefreiheit wurde am 1. März zugestanden. Nachdem bereits im März ehemalige Oppositionelle der Regierung eingegliedert worden waren, folgten Gesetze über die Errichtung von Bürgerwehren, über Versammlungsfreiheit und über weitere geforderte Belange. Auch in Neckarsulm läßt sich der Zeitgeist indes deutlicher greifen. Am 14. März traten „in Rücksicht auf die gegenwärtigen Zeitverhältnisse"[52] die Stadträte Speidel, ehemals Abgeordneter des Oberamts Neckarsulm, und Joseph Anton Fischer zurück. Wenig später folgte der gesamte übrige Rat, nachdem es wohl auch in Neckarsulm Katzenmusiken für unbeliebte Ratsmitglieder gegeben hatte. Denn bei der Verabschiedung der Gemeinderäte sprach der Bürgerausschuß „sein Bedauern über den am letzten Sontag vor den Häusern mehrerer Stadtratesmitglieder stattgehabten Unfug aus"[53]. Solche Zwischenfälle galten damals durchaus als normal, und so beschrieb die Schwäbische Kronik die Neckarsulmer Stimmung weiterhin als „größte Ruhe"[54].

Zügig ging auch die Organisation der Bürgerwehr vor sich. Sie zählte am 2. Mai 260 Mann, die jedoch nur sehr unzureichend bewaffnet waren, da sich die armen Weingärtner keine eigenen Gewehre anschaffen konnten. Die Leitung der Bürgerwehr übernahm Prinz-Carl-Wirt Anton Victor Brunner zunächst zusammen mit den sieben weiteren Mitgliedern der Organisationskommission, Gerichtsaktuar Kleinmann, Ratsschreiber Joseph Pecoroni, Oberamtsgerichtsdiener Johann Georg Glatz, Schullehrer Doma, Kaufmann und Stadtrat Pecoroni, Karl Keicher, Landwirt und Stadtrat, sowie Karl Speidel.[55] In ihnen treten uns Neckarsulmer Honoratioren und gemäßigte Vertreter der nationalen Bewegung entgegen, die in der Oberamtsstadt bestimmend wirkte. Während in Heilbronn auch radikalere Stimmen Gehör fanden, im angrenzenden Baden gar die Revolution mit Vehemenz ausbrach, schloß man sich in Neckarsulm bereits am 16. April einstimmig der Erklärung der Versammlung im Stuttgarter Bürgerhaus an. Demgemäß erhoffte man Freiheit und Einheit der deutschen Nation, insbesondere auch den Schutz der ärmeren arbeitenden Klassen, nicht durch die gewaltsame Einführung der Republik, sondern durch eine konstitutionelle Monarchie. Nur auf dem Boden von Gesetz und Ordnung könne Freiheit erlangt werden.

Dahingegen verband man die Republik mit noch größerer Kredit- und Arbeitslosigkeit, mit Eigentums- und Rechtsverletzungen, die unzweifelhaft zu „Anarchie, Bürgerkrieg und zur Unfreiheit führen"[56] würden. In Phasen gesellschaftlichen Umbruchs, wie ihn die Zeit um 1848 aufgrund der allmählichen Industrialisierung und der Bildung eines Arbeiterstandes mit sich brachte, und in der wirtschaftlichen Krise – im Handwerk durch die Übersetzung der Berufszweige, in der Landwirtschaft durch Mißernten hervorgerufen – setzte gerade das Kleinbürgertum, das auch die Mehrzahl der Neckarsulmer Einwohnerschaft stellte, auf altbekannte traditionelle Staatsformen, die sich in der Vergangenheit bewährt hatten. Mit den Vorstellungen der Republik verbanden sich eher als bedrohlich empfundene Entwicklungen wie Industrialisierung, Absinken kleiner selbständiger Handwerker ins Industriearbeiterproletariat und Verlust des bescheidenen Besitztums.[57] Entsprechend erhoffte man sich von nationaler Einheit nicht zuletzt eine Konsolidierung der Wirtschaft. Bezeichnenderweise stammen die einzigen bekannten Petitionen aus Neckarsulm an die Nationalversammlung aus dem Gewerbe- und Weingärtnerstand. Letzterer warnte vor dem „sogenannten Freihandel"[58] und bat um

Schutz für die deutsche Landwirtschaft durch eine entsprechende Handels- und Zollgesetzgebung. Entsprechend reagierten die Neckarsulmer bereits bei einer Rede Adolf Majers im April 1848. Majer war verantwortlicher Redakteur der in Heilbronn erscheinenden linken Zeitung „Neckardampfschiff" und gehörte zu den radikaleren Demokraten und Republikanern, die von sozialistischem Gedankengut beeinflußt waren.[59]
Während seiner eher vorsichtigen, zurückhaltenden Rede über das Zeitgeschehen, in der Majer den Zusammenhang zwischen „Geldaristokratie und der verdummten Masse einerseits, der materiellen Verbesserung und der geistigen Erhebung andererseits"[60] erläuterte, kam es in der Versammlung zu „Communismus"-Zwischenrufen und Störungen, die beinahe zu Tätlichkeiten geführt hätten. Von der Stadtpfarrei beeinflußt, sollen einige Bürger „sogar mit einem Prügel auf ihn gefahndet haben"[61]. Es gab also republikanische Kräfte in Neckarsulm, die große bürgerliche Masse indes war zwar durchaus national, unter verfassungsrechtlichem Aspekt jedoch gemäßigt und konservativ gesinnt, eine Haltung, die von der Kirche als bewahrendem Element zweifellos stark unterstützt wurde. Als im Juli die Wahl von Erzherzog Johann von Österreich als Reichsverweser bekannt wurde, feierte man dieses Ereignis im „Prinz Carl" zu Neckarsulm mit Böllerschüssen, und in der wenige Tage später stattfindenden Amtsversammlung wurde ein feierlicher Toast mit dreifachem Lebehoch auf den Reichsverweser ausgebracht. Hieraus – so kommentiert das Heilbronner Tagblatt vom 4. Juli 1848 – und „aus den neuesten Wahrnehmungen wird geschlossen, daß die hier und da aufgetauchten republikanischen Ansichten im hiesigen Bereich wieder verschwunden"[62] sind. Gut einen Monat jünger ist das erste direkte Zeugnis nationalen Bekenntnisses aus Neckarsulm. Im August wurde eine Fahne des Scharfschützenkorps, einer Unterabteilung der Bürgerwehr Neckarsulms, mit folgendem Gedicht geweiht:

„Nehmt hin die schwarz-roth-goldene
                        Fahne,
Die Euch geweiht der Liebe Hand,
Sie ruft und will zum Kampf Euch mahnen
Für Freiheit, Recht und Vaterland.

Um sie geschaart, ihr deutschen Brüder!
Laßt nimmer dieses heil'ge Gut!
Sinkt ihr im Kampf auch sterbend nieder,
Schön ist ein Tod voll Heldenmuth."[63]

Doch war man in Neckarsulm keineswegs bereit, in jedem Falle für die nationale Einheit, die schwarz-rot-goldene Fahne, Freiheit und Vaterland zu kämpfen. Abhängig blieb der Kampf für Einheit von der Haltung der Obrigkeit, d. h. nicht von der Nationalversammlung, sondern von Regierung und Souverän in Stuttgart. Die Neckarsulmer Bürgerschaft setzte im Juni 1849 dafür ein klares Beispiel. Zur Jahreswende hatte die revolutionäre Bewegung bereits ihren Höhepunkt überschritten. In Heilbronn begannen sich die demokratischen Kräfte erneut zu sammeln. Unter diesem Einfluß bildeten sich in den meisten umliegenden Orten, sehr wahrscheinlich auch in Neckarsulm, demokratische oder Volksvereine. Dennoch konnte Oberamtmann Majer im Februar seiner Regierung versichern, daß sich „bis jetzt nicht die entfernteste Spur eines sicher ausgedachten Planes republikanischer Erhebung"[64] gezeigt habe. Die Ablehnung der deutschen Kaiserwürde durch den preußischen König Friedrich Wilhelm IV. Ende März 1849, die Auflösung der Nationalversammlung, die im Mai als geschrumpftes Rumpfparlament nach Stuttgart übersiedelte, läutete dann die letzte Phase des

Kampfes demokratisch-republikanisch Gesinnter für die Durchführung der Reichsverfassung und Verwirklichung eines deutschen Nationalstaates ein. Am Pfingstmontag trafen sich Abgesandte der demokratischen Vereine Württembergs in Reutlingen, wo ein Papier mit sechs Forderungen an die württembergische Regierung ausgearbeitet wurde, in dem u.a. die Durchführung der reichsgesetzlichen Bündnisse mit allen Reichsländern, die Vereidigung von Heer und Beamtenschaft auf die Reichsverfassung und die Einberufung einer verfassunggebenden Landesversammlung nach Reichswahlgesetz verlangt wurden. Gleichzeitig liefen geheime Verhandlungen über eine gewaltsame Durchsetzung der Punkte, falls sich die Regierung ablehnend verhalten sollte.[65] An den beiden Versammlungen war auch Carl Viktor Majer aus Neckarsulm beteiligt. Der Sechsunddreißigjährige stammte aus Steinenbronn im Oberamt Schorndorf, wohnte erst seit 1843 in Neckarsulm und führte die dortige Apotheke.[66]

Die Lage der Demokraten spitzte sich im Juni weiter zu, nachdem die Stuttgarter Regierung das Rumpfparlament, als es erste Forderungen an den württembergischen Souverän zur Herstellung der deutschen Einheit gestellt hatte, sprengte. Kurz zuvor hatte die Heilbronner Bürgerwehr den Abgeordneten dieses Parlaments Schutz „gegenüber von rebellischen Fürsten und verräterischen Regierungen"[67] geschworen. Dieser Treueeid veranlaßte die württembergische Regierung, die Bürgerwehr Heilbronns von Militär entwaffnen zu lassen, ein Entschluß, der im Land zu erheblichen Unruhen führte. Auf einen Hilferuf der Heilbronner rückten zahlreiche Bürgerwehren der benachbarten Ortschaften – von Gundelsheim bis tief ins Hohenlohische hinein – aus. Auch in Neckarsulm planten demokratische Kräfte, die Heilbronner mit der Neckarsulmer Wehr zu unterstützen. Im Zentrum der Aktionen standen Apotheker Majer und Stadtrat Fischer: Sie beriefen eine Versammlung der Wehroffiziere bei Rosenwirt Joseph Ehehalt ein, die sich zu einer Bürgerversammlung ausweitete. Bis tief in die Nacht wurde schließlich im Rathaus über die Unterstützung der Heilbronner und die politische Entwicklung im allgemeinen debattiert. Sämtliche Bürgerwehroffiziere wollten ausmarschieren, die Führer der Bewegung, Fischer und Majer, ließen sich zu forschen Parolen hinreißen. „Wer nicht mitgeht, wird erschossen"[68], hieß es. Es handle sich um Volkssouveränität, Reichsverfassung und Volksversammlung. Verräterrufe wurden laut. Sie waren indes nicht dazu angetan, die Neckarsulmer zu beflügeln, vielmehr riefen sie eine retardierende Reaktion hervor. Anton Victor Brunner, der die Versammelten ohnehin größtenteils für „Gesindel" hielt, legte das Kommando der Bürgerwehr nieder, weil er nur auf Befehl aus Stuttgart aktiv zu werden gedachte.

Als neuer Kommandant holte Gemeinderat Fischer, dessen nationale Begeisterung mehr auf übermäßigen Alkoholgenuß denn auf politische Überzeugung zurückzuführen war, zusammen mit Ehehalt, Ihle und Morr beim Stadtpfleger scharfe Munition für die Bürgerwehr. Dennoch gelang es der bürgerlich-konservativen Fraktion, namentlich Stadtschultheiß Becker, dem Oberamtmann, Oberamtsrichter Zickler, Stadtrat Speidel und weiteren angesehenen Bürgern, den Ausmarsch der Bürgerwehr zu verhindern und zur Patrouille zum Schutz der Stadt umzufunktionieren, zumal Apotheker Majer gemeldet hatte, aus Mosbach rückten bewaffnete badische Freischaren nach Württemberg ein. Die Neckarsulmer Wehr wurde zwar herausgeläutet, doch zum Ausmarsch, zur Unterstützung der Heilbronner kam es nicht. Am nächsten Tag stand bereits württembergisches Militär in Neckarsulm, um den letzten Gedanken an Insubordination niederzuhalten. Fischer und Majer, der zunächst nach Wimpfen geflohen war, kamen in Untersuchungshaft. Das Verfahren gegen den Stadtrat wurde schnell eingestellt. Apotheker Majer hingegen saß mit kurzer Unterbrechung bis 1852 in den Gefängnissen Neckarsulms und Heilbronns, schließlich mehrfach im Zuchthaus Hohenasperg ein. Er wurde 1851 des Hochverrats angeklagt, vom Schwurgericht Ludwigsburg allerdings freigesprochen. Er habe zwar von hochverräterischen Planungen Kenntnis gehabt, habe aber „von selbst die Ausführung der hierauf bezüglichen Abreden ohne Rücksprache mit anderen über etwaige weitere Schritte aufgegeben"[69]. Am 4. Februar 1852 erhielt Carl Viktor Majer seine Freiheit wieder. Ein weiteres Bleiben in Neckarsulm jedoch schien nicht möglich, noch im selben Jahr verkaufte er seine Apotheke.[70]

Die Beteiligung der Bürgerschaft Neckarsulms an der nationalen Erhebung der Jahre 1848/49 darf als sehr zurückhaltend bezeichnet werden. Neben den erwähnten Ereignissen am 12./13. Juni 1849 bestätigen dies auch die Amnestierungen, die Listen der Beteiligten an der 48er Bewegung zusammenstellten.[71] Neben Fischer und Apotheker Majer als Hauptpersonen waren nur noch zehn weitere Neckarsulmer an den „Ruhestörungen" in Heilbronn und Umgebung beteiligt, nämlich Ludwig Gwinner, Justizreferendar, der die Bürgerwehr auf die Beine brachte und eine Rede an sie hielt und deshalb seiner Dienste enthoben wurde, des weiteren Franz Bütter, Joseph Ehehalt, Wirt, Metzger und Stadtrat, Ratsschreiber Joseph Pecoroni, der Bauer Franz Lilier, der schließlich auswanderte, wie auch J. G. Schindler, Tagelöhner Carl Mess, Weingärtner Joseph Ihlein, Schuhmacher Dionys Nieser und der Bäcker Carl Schreiber.

Ihnen gegenüber stehen 223 Beteiligte aus dem gesamten Oberamt Neckarsulm, davon weit über 100 aus Möckmühl. Unter den 273 Teilnehmern am badischen Aufstand, „ohne indicierte hochverräterische Pläne gegen Württemberg" findet sich sogar nur ein einziger Neckarsulmer, der Gipser Johann Schädel, der 1852 seine Heimatstadt verließ und nach Amerika auswanderte.[72]

Die Bemerkung der Weingärtnerchronik zur 48er Revolution darf durchaus als charakteristisch für die politische Sicht der bürgerlichen Mehrheit Neckarsulms gelten. „Das Frühjahr 1848 brachte von Frankreich herüber ganz Deutschland eine starke politische Gährung, von der man sich große Verbesserungen versprochen hat. Allein das nach Frankfurt zusammenberufene deutsche Parlament hatte viele Mitglieder mit republikanischen Grundsätzen, die entschiedenen Widerspruch fanden, dennoch aber verfolgt und sogar mit Gewalt eingeführt werden wollten. Die Pläne wegen eines deutschen Reiches wurden zunichte, denn das Parlament mußte in Folge seiner Beschlüsse wegen der badischen Erhebung im Juni 1849 aufgehoben werden."[73]

Eindeutig hatten die Neckarsulmer die Sichtweise der Staatsmacht uneingeschränkt übernommen und die Schuld am Scheitern der nationalen Einheit dem angeblich gewaltsamen, anarchistischen Vorgehen der Republikaner zugeschrieben. Eine Mitschuld der Obrigkeiten am Scheitern des nationalen Gedankens wird nicht einmal erwogen. Diese obrigkeitstreue konservative Haltung bleibt in Neckarsulm bis zum Ende des 19. Jahrhunderts nahezu unangefochten. Erst mit der späten Industrialisierung und der Heranbildung eines Arbeiterstandes bekommt diese politische Ausrichtung ein leichtes Gegengewicht.

Der Untertan wird Staatsbürger:
Von der Reichsgründung bis zur Bundesrepublik

von Dieter Herlan

„Neckarsulm ist im ganzen loyal, treu zu König und Vaterland haltend", heißt es in einem Oberamtsvisitationsbericht des Jahres 1911. „Politisch steht der katholische Bevölkerungsteil wohl geschlossen zum Zentrum, der evangelische ist mehrheitlich dem Bauernbund zugeneigt. Die Volkspartei ist nur mäßig vertreten." Einzig die Sozialdemokratie erscheint als ein Problem, in mancher Hinsicht gefährlich sogar. Im selben Bericht wird ihr zunehmender Einfluß bedauert, besonders auf die schulentlassene Jugend, „soweit sie in Fabriken oder Werkstätten mit Anhängern derselben zusammenkommt. Ihr Einfluß äußert sich im Fernbleiben der Jugendlichen von christlichen Jugendvereinen, in religiöser Verflachung, ausgesprochener Religionslosigkeit und besonders in Widersetzlichkeit gegen Vorgesetzte. Augenscheinlich wird auf die jungen Leute ein starker Terrorismus ausgeübt in manchen Fabriken."[1]

Nein – Illoyalität konnte der württembergische König Wilhelm II. seinen Neckarsulmern gewiß nicht vorwerfen. Die Bevölkerung galt als „gutartig, hilfreich, zuvorkommend, strebsam, in geistiger Hinsicht als lebhaft und aufgeweckt"[2]. Moralisch war sie vorbildlich, lag doch die Zahl der unehelichen Geburten zwischen 1908 und 1910 weit unter dem Landesdurchschnitt. Die kritische Anmerkung über die Sozialdemokraten entspricht daher vielleicht mehr den Befürchtungen des katholischen Dekanats Neckarsulm als der untersuchenden Behörde. Denn diese die Sozialdemokratie betreffende Stellungnahme ist die fast wörtliche Äußerung des Dekans, der für die Erstellung des Oberamtsberichtes um seine Meinung befragt worden war.[3]

Im übrigen begleiteten die Neckarsulmer wie andernorts auch die Handlungen der politischen Führung mit Sympathie. Die deutsche Einheit nach dem Krieg 1870/71 wurde zum Jubelfest mit einer Freudenfeier auf dem Scheuerberg, Straßenillumination in der Stadt und einem Festzug aller Vereine. Pathetisch heißt es am 26. Dezember in der Chronik der Weingärtnergenossenschaft, es ist, „als sei der ewige Friede angekommen und stehe das Himmelreich offen"[4].

Das Leben der Königsfamilie, Geburtstage, Hochzeiten und Trauerfälle im Herrscherhaus hatten ihr Gewicht im Lebensrhythmus der Neckarsulmer Bevölkerung, besonders die Geburtstage. Der hiesige Veteranenverein, gegründet im Jahre 1872 für die Kriegsteilnehmer zur Pflege der siegreichen Vergangenheit – in der sog. Champignyfeier – und im Bedarfsfall zur finanziellen Unterstützung von Kriegsteilnehmern, nahm sie regelmäßig zum Anlaß für ein gesellschaftliches Ereignis mit Kirchgang, meist auch mit Abendessen und Abendunterhaltung. Ebenso verband der Karlsverein, der im Jahre 1839 zur Förderung und Modernisierung von Handel, Gewerbe und Landwirtschaft entstanden war, sein 40-jähriges Jubiläum mit dem Königsfest.

Anläßlich der Hochzeit Seiner Königlichen Majestät des Prinzen Wilhelm mit Charlotte von Schaumburg-Lippe im Jahre 1886 stiftete die Genossenschaft dem Paar zwei Fässer Wein als Huldigungsgeschenk.[5] Drei Jahre später beging der König von Württemberg in feierlichem Rahmen seinen 25jährigen Regierungsantritt. Die meisten deutschen, aber auch zahlreiche ausländische Fürsten nahmen an den Jubiläumsfeierlichkeiten in Stuttgart teil. Die Gemeinden und Städte Württembergs feierten ebenfalls mit. Ein Festbankett auf der Viktorshöhe zu Ehren Seiner Königlichen Majestät[6] setzte hier den angemessenen Akzent.

Überhaupt waren Jubiläen, nationale Gedenktage oder festliche Ereignisse innerhalb der königlichen Familie willkommene Anlässe für Feierlichkeiten. Der 25jährigen Wiederkehr des Sieges über Frankreich wurde am 10. November 1895 mit einem stattlichen Festzug vom Rathaus zur Stadtpfarrkirche gedacht. Die Kirche identifizierte sich mit diesen Heldengedenktagen durch die Gestaltung eines feierlichen Hochamts. Anschließend gab es ein Festessen im „Löwen". Die hiesigen Veteranen wurden durch ein „reichliches Festmahl", wie es in der Chronik heißt, „besonders geehrt"[7]. In diesen Rahmen gehört auch die silberne Hochzeit des deutschen Kaiserpaars am 1. März 1906, die „im deutschen Volke herzliche und begeisterte Teilnahme fand"[8], ebenso der 25jährige Hochzeitstag des württembergischen Königspaars im Jahre 1911.

Dieses Ehejubiläum sollte im Rahmen eines „Blumentages" begangen werden. Geradezu

61   Der Militärverein bei der Fahnenweihe am 8. Juli 1906.

generalstabsmäßig bereits im Jahre 1910 geplant, ergingen die diesbezüglichen Weisungen bis in die entferntesten Gemeinden des Königreiches. Sinn und Zweck des „Blumentages" war es nach Aussage des Ausschußvorsitzenden, des Dr. G. v. Doertenbach, „Ihren Majestäten den Erlös zu Wohltätigkeitszwecken zur Verfügung zu stellen". Jedenfalls orderte die Stadt Neckarsulm für diesen Zweck 5000 Nelken und 2000 Künstlerpostkarten mit den neuesten Bildnissen Ihrer Majestäten für den Verkauf. In der Weingärtnerchronik lesen wir dazu: „Auch unsere gute Stadt wollte in der Bekundung treuer Anhänglichkeit an das geliebte Königspaar nicht zurücktreten, um unserem erhabenen Herrscherhause echt schwäbische Liebe und Treue in voller Offenheit zum Ausdruck zu bringen. Aus diesem Anlaß war der Sonntag, der 26. März, als Festtag auserlesen. Jung und alt, hoch und nieder, arm und reich, alle Stände und Bevölkerungsschichten beteiligten sich am Feste. Vormittags um 1/2 11 Uhr wurden auf dem Marktplatze und an verschiedenen Stellen der Stadt Konzerte abgehalten. Nachmittags 5 Uhr fand eine kleine Bewirtung der 40 Blumenfräulein im hiesigen Ratssaale statt. Abends um 7 Uhr war Familienabend im Hirschsaale, bei welchem sich die hiesigen beiden Kirchenchöre und 3 Gesangvereine beteiligten. Die Einnahmen aus Karten und Nelken beliefen sich auf 1302 Mark. Das Erträgnis im ganzen Lande beträgt rund 584 000 Mark."[9]

Es war wohl das Fest des Bürgertums. Bei Durchsicht des Programms zur Gestaltung des Familienabends fällt auf, daß neben den Gesangvereinen „Liederkranz", „Frohsinn" und „Condordia" der vierte Gesangverein, die 1907 gegründete „Lassallia", an den Feierlichkeiten nicht beteiligt war. Zufall oder Absicht?

Wohl und Wehe des württembergischen Königshauses – aber auch des deutschen Kaiserhauses – rührte die Neckarsulmer Bevölkerung. Der Tod Kaiser Wilhelms I. am 9. März 1888 schmerzte besonders, denn er war der „Wiederbegründer unseres hochangesehenen deutschen Reiches"[10]. Trauer löste der Tod seines Nachfolgers, Kaiser Friedrichs III., aus – wenig mehr als drei Monate später. In Erinnerung an den Liebling des deutschen Volkes und ruhmreichen Siegers bei Wörth, Weißenburg und Sedan im Feldzug von 1870/71 stiftete Herr Fischel „hier an unserem silbernen Butten ein 10-Markstück mit dem Bildnis dieses populären Kaisers"[11]. Betroffen machte ein Attentatsversuch am 20. Oktober 1889 auf Seine Königliche Hoheit, den Prinzen Wilhelm. In einem Antwortschreiben des Kgl. Kabinetts an Bürgermeister Rettenmaier bedankte sich Wilhelm für die erwiesene Anteilnahme und die „Versicherungen unwandelbarer Treue und Anhänglichkeit an das Königliche Haus"[12]. Ein Schreiben ähnlichen Inhalts ging an den Neckarsulmer Gemeinderat. Tiefe Trauer löste der Tod König Karls am 6. Oktober 1891 und ein Jahr später, am 30. Oktober 1892, der seiner Gemahlin, Königin Olga, aus.

Selbst wenn Kondolenzschreiben formelhaft sind und gängigen Konventionen entsprechen, so macht die Sprache doch das Verhältnis zwischen der Obrigkeit und den Untertanen deutlich. König Wilhelm ist der „allergnädigste König und Herr!", an den sich „in tiefster Ehrfurcht Eurer Königlichen Majestät die alleruntertänigste Gemeindevertretung der Stadt Neckarsulm wendet", und sie bittet, „Eure Königliche Majestät in tiefster Ehrfurcht, unsere innigste Teilnahme an dem schweren Leide, welches Eure Königliche Majestät und das ganze Land betroffen haben, gnädigst und huldvoll entgegennehmen zu wollen"[13].

An diesen Formulierungen wird deutlich, wie groß im damaligen Obrigkeitsstaat die Kluft zwischen Regierenden und Regierten war. Umgekehrt – königlicher Besuch galt als Auszeichnung, als Ehre, der die Bevölkerung durch entsprechende Aufmerksamkeiten gerecht zu werden versuchte. Als am 3. September 1874 Ihre Durchlaucht, der Kgl.-Kaiserliche Kronprinz des Deutschen Reiches, Friedrich Wilhelm, auf der Durchreise zu Manövern auch in Neckarsulm Station machte, begrüßte ihn eine Delegation angesehener Weingärtner am Bahnhof und reichte ihm verschiedene Weine im silbernen Butten. Es wird in den Annalen der Weingärtnerchronik berichtet, daß der Kronprinz zweimal den Butten „auf's Wohl des hiesigen Weingärtnervereins und die übrigen hohen Herren leerte"[14].

Beim Besuch des württembergischen Königs Karl vier Jahre später – anläßlich der Besichtigung des Schiffsbauplatzes – erwies sich die Stadt dieser Ehre durchaus würdig. Nicht ohne Stolz vermerkt die Weingärtnerchronik: „Der schöne Empfang, der Jubelruf der langen Reihen von kleinen Kindern und die altersgrauen Veteranen erfreuten sichtlich den gütigen Monarchen."[15]

In einer derart obrigkeitsgläubigen Atmosphäre durfte man nachdenklichere Töne, geschweige denn Kritik nicht erwarten. Verstärkt wurde dies nach der Reichsgründung noch durch den Reichskanzler Otto von Bismarck, der autoritär vermeintliche und tatsächliche Opponenten abzuschrecken versuchte. Der Artikel in der „Sulm-Zeitung" – „Der Zank zwischen Säbel und Kutte, alias Kulturkampf" – vom 5. Juni 1875 dürfte daher für die nicht allzu zahlreiche Leserschaft doch sensationell gewesen sein. Für die Behörden war er dies allemal und ungehörig obendrein. Daher wurde bereits kurz nach Erscheinen dieses Artikels von der Oberstaatsanwaltschaft in Heilbronn über das Oberamtsgericht in Neckarsulm eine entsprechende gerichtliche Untersuchung über diese Zeitung und die Verantwortlichen angeordnet.

Der Artikel ist im Zusammenhang mit der gegen die katholische Kirche gerichteten Politik Bismarcks zu sehen. Schon 1871 kam es mit dem sog. „Kanzelparagraphen", der den politischen Mißbrauch der geistlichen Ämter verhindern sollte, zu Spannungen mit der katholischen Kirche. Sie verstärkten sich weiter durch das Verbot der Jesuiten im Jahre 1872, durch staatliche Eingriffe in die Ausbildung von Geistlichen und das kirchliche Disziplinarrecht sowie durch die Einführung der Zivilehe (1874/75). Die in Preußen schließlich erfolgte Aufhebung der Klöster und der Einzug ihres Vermögens waren der konkrete Anlaß für den von den Justizbehörden als anstößig empfundenen Artikel. Bissig kommentiert die „Sulm-Zeitung", daß den unzählbaren Millionen des Staates, die unter den verschiedensten Namen bekannt seien, einfach ein neuer Fonds – vielleicht als Kulturkampffonds – hinzugefügt werde. Ein „Bestechungs- und Corrumpierungssystem über Presse, Wissenschaft, Literatur, kurz über das gesamte öffentliche Leben Deutschlands, ja Europas"[16], wird ausgemacht, das über derartige Fonds finanziert werde. Mit diesen Fonds könne „eine europäische Börsen-Baisse-Partei" ganz nach Belieben ihr Spiel treiben und das Publikum scheren.[17] Und wörtlich: „Die riesigen Börsenspekulationen Bonapartes und seiner Getreuen sind in den letzten Monaten in den Schatten gestellt worden."[18]

Wer ist der Verantwortliche, der mit solch schriller Kritik die sonst so loyale Neckarsulmer Bevölkerung schrecken mußte? Anton Stettner, Herausgeber, Redakteur und Drucker der „Sulm-Zeitung" in einem, war früher schon, zu Beginn des Jahres 1875, den Behörden wegen eines Bagatellverstoßes gegen das Pressegesetz aufgefallen. Im

62 Immerhin drei Zeitungen erschienen in der Oberamtsstadt: außer der „Neckarsulmer Zeitung" die „Sulm-Zeitung" und die „Unterländer Volkszeitung".

Impressum hatte er den Wohnort des Verlegers versehentlich, wie er versicherte, nicht angegeben. Anton Stettner wurde zu einem Taler Geldbuße und zur Übernahme der Verfahrenskosten verurteilt.

Es kann daher nicht verwundern, daß bereits fünf Tage nach der Veröffentlichung des umstrittenen Artikels die Oberstaatsanwaltschaft in Heilbronn das Neckarsulmer Oberamtsgericht anwies, Ermittlungen über die Auflage und die ungefähre Verbreitung der "Sulm-Zeitung" einzuleiten.[19] Wie gut die Überwachung der Presse in Deutschland funktioniert haben muß, geht daraus hervor, daß Reichskanzler Bismarck selbst im fernen Varzin (Ostpommern) Kenntnis von diesem Artikel eines kleinen Provinzblattes erhalten hatte, eines Blattes übrigens mit einer Auflage von kaum mehr als 400 Exemplaren und fast nur katholischer Leserschaft.

Am 6. Juli 1875 stellte Bismarck Strafantrag wegen verleumderischer Beleidigung gegen die für den Artikel verantwortlichen Personen. Zugleich verlangte er im Falle einer Verurteilung „die Bekanntmachung des verfügenden Teiles des Urteils durch die öffentlichen Blätter"[20]. Unterzeichnet: „Der Reichskanzler". Damit hatte Neckarsulm seine Affäre. Die juristische Maschinerie wurde in Gang gesetzt: Stadtverwaltung, Oberamtsgericht sowie die Heilbronner Staatsanwaltschaft waren in die Ermittlungen eingeschaltet. Selbst das königliche Justizministerium erwartete einen Bericht über den vom preußischen Gesandten eingereichten Bismarckschen Strafantrag.[21]

Dieser Vorgang wirft ein bezeichnendes Licht auf die Politik und die Führung in Deutschland mit ihren Einschüchterungsmethoden. Die „Sulm-Zeitung" schrieb jedenfalls am 30. Oktober 1875 in deutlicher Anspielung auf die Bismarcks Kirchenpolitik unterstützenden Liberalen: „Gegenwärtig nicht liberaler Redakteur zu sein, ist ein gewagtes Ding."[22] Aber zurück zu dem Strafantrag: Stettner wird um Stellungnahme gebeten. Er habe den strittigen Artikel nicht selbst geschrieben, sondern von der „Süddeutschen Volkszeitung" übernommen. So könne keine strafbare Handlung vorliegen. Im übrigen habe er den Reichskanzler nicht beleidigen wollen und bedaure, den Artikel nach nur oberflächlicher Lektüre überhaupt in sein Blatt aufgenommen zu haben, so Stettner. Die Ereignisse nahmen den erwarteten Gang: Hausdurchsuchung, Beschlagnahme von „Hetzblättern", Hauptverhandlung, Verurteilung.

Zwei Monate Gefängnis für Anton Stettner, lautete der Spruch des Heilbronner Gerichtes, wegen „Beleidigung durch die Presse", und Übernahme der Prozeßkosten sowie des Strafvollzugs.[23] Einzig der Anklagepunkt „verleumderisch" wurde im Urteil nicht bestätigt. Eine Umwandlung der Gefängnisstrafe in eine Geldbuße wurde von der zuständigen Instanz abgelehnt. Dem Gnadengesuch Stettners zuzustimmen sah sich der württembergische König außerstande.[24] Die Bitte um einen dreimonatigen Strafaufschub wegen der ungeklärten Leitung seines Betriebs wurde ebenfalls verworfen. Am 23. November 1875 meldete das Landesgefängnis in Rottenburg, daß Stettner zur Verbüßung seiner Strafe eingetroffen sei.[25]

Die Zeit bis zu seiner Inhaftierung nutzte Stettner, um mit seinen Gegnern abzurechnen: mit Bismarck, den er mit beißender Ironie attackierte, sein, Stettners, Verbrechen bestehe in „Bismarckbeleidigung"[26] – die Nähe zu dem strafrechtlichen Begriff „Majestätsbeleidigung" ist unübersehbar –, mit den „Sedanswütigen", die er in Neckarsulm ausmachte, und den Denunzianten. Sie seien die „geborenen Bedienstetenseelen", die von jeher gewohnt seien, „auf dem Bauche zu kriechen und den Mantel nach dem Winde zu hängen, wie er blies"[27]. Wenig später konnte man lesen: „Denuntiation ist eine Handlung, die in einem großen schwarzen Buche, das für alle gilt, mit furchtbaren Lettern aufgezeichnet ist."[28]

Bismarcks Kirchenpolitik blieb weiter im Visier. Stettner berichtete von Geld- und Gefängnisstrafen für Bischöfe und Priester, Amtsenthebungen von Priestern, gerichtlicher Verfolgung katholischer Zeitungen und Vereine sowie von dem sog. Brotkorbgesetz, durch welches der Kirche treu ergebenen Geistlichen Gelder des Staates gesperrt würden. Über das Klostergesetz schrieb er wörtlich: „Eben jetzt sehen wir mit tiefem Schmerz, wie die Ordensleute den deutschen Boden verlassen und in benachbarten Ländern oder über dem Ozean ein neues Feld ihrer Wirksamkeit suchen, die man in diesem Reich nicht mehr duldet."[29] Bismarcks Kulturkampf sei ein Kampf des „überall wühlenden Freimaurertums und des ungläubigen, alle übernatürliche Ordnung leugnenden Liberalismus" gegen die katholische Kirche, der aber – davon war Stettner überzeugt – für die Kirche siegreich ausgehen werde.[30]

Vielleicht weniger spektakulär – für die Weingärtner allerdings von großer Bedeutung – war der Protest gegen die Reichsweinsteuer des Jahres 1893. Nicht weniger als 12 000 Mark an Steuergeldern hätte dieses Gesetz für die Neckarsulmer Weingärtner bedeutet. Daher erhob man auch massiven Einspruch – der erste übrigens – bei der Landesregierung und beim württembergischen Landtag gegen diesen „einseitigen Steuerplan"[31]. Eine entsprechende Resolution ging auch an den Reichstag.

„Ruhe ist die erste Bürgerpflicht."[32] Diese Gesinnung meint man zu spüren, wenn man ein Ortsbaustatut mit ortspolizeilichen Vorschriften aus kgl.-württembergischer Zeit mit Ergänzungen bis zum Jahre 1926 liest. Über die Sozialdemokratie heißt es darin: "Versammlungen, in welchen sozialdemokratische, sozialistische und kommunistische auf den Umsturz der bestehenden Staats- und Gesellschaftsordnung gerichtete Bestrebungen zu Tage treten, sind von der Ortsbehörde aufzulösen."[33]

Die Anzeige am 4. November 1906 gegen den hiesigen „Sozialen Arbeiterverein", gegründet bereits im Jahre 1898, wegen des illegalen Verteilens von Flugblättern ist vor diesem Hintergrund nur konsequent. Es handelt sich bei diesem Flugblatt um den Rechenschaftsbericht der sozialdemokratischen Landtagsfraktion – keiner illegalen Vereinigung also – auf dem Parteitag der Sozialdemokraten, dort vorgetragen von dem Abgeordneten Wilhelm Keil.[34] Der Inhalt allerdings ist für eine monarchisch gesinnte Öffentlichkeit ein Ärgernis. Angegriffen werden die maßlosen Rüstungsausgaben, die wahnwitzige Kolonialpolitik und die Justiz, die eine Klassenjustiz sei. Unverantwortlich sei die Sozialpolitik, die den Arbeiter zum Aschenbrödel degradiere. Sein Einfluß auf Gesetzgebung und Gemeindeverwaltung werde durch Wahleinschränkungen behindert.[35] Ob eine Bestrafung erfolgte, ist nicht mehr festzustellen. Das Flugblatt wurde jedoch von der Polizei beschlagnahmt.

Gespalten war das Loyalitätsverhältnis zur politischen Führung während des Ersten Weltkriegs. Nicht am Anfang. Da gab es kein Wort der Kritik an Kaiser oder König. Im Gegenteil. Auf der ersten Sitzung des Gemeinderates nach Kriegsausbruch konnte der Bürgermeister im Einklang mit der offiziellen Sprachregelung erklären, daß „wir mit einem empörenden Bruch des Völkerrechts den Krieg beginnen mußten. Die Ehre des Reichs und das Schicksal des Vaterlandes stehen auf dem Spiel und haben uns das Schwert in die

63 Angehörige der „3. Landsturmkompagnie" Neckarsulm 1914.

Hand gedrückt"³⁶. Im weiteren Verlauf ist von Opferbereitschaft die Rede, von der unbeugsamen Entschlossenheit der Bürger, „für Herd und Heimat, für Weib und Kind ihr Blut zu vergießen und einen Frieden zu erkämpfen, einen Frieden, der Deutschlands nationale Existenz und Europas Kultur – so Gott will – für alle Zeiten sichert"³⁷. Wenige Monate später, zu Beginn des Jahres 1915, sprach Bürgermeister Häußler in seinem Rechenschaftsbericht über das abgelaufene Jahr von „gewissenlosen Staatenlenkern, ehrgeizigen Strebern, die unser Vaterland niedertreten wollten"³⁸. Mehr noch: Krieg sei ein Lehrmeister angesichts der Mattigkeit, die in die Volksseele eingedrungen sei, und der mangelnden Opferbereitschaft, angesichts des kläglichen Jammerns bei Steuererklärungen. Selbstsucht, Genußsucht, Eigennutz und Habsucht seien die Kennzeichen der Zeit gewesen. Jetzt im Krieg habe man gelernt, „Großes und Kleines richtig zu werten"³⁹. Ein Patriotismus der Tat sei gefordert, nicht einer der „patriotischen Festessen, nicht einer, der nur Worte hat", eine Vaterlandsliebe, „welche sich mit süßen Schauern mutig in den Tod stürzt für die Sicherheit und Selbständigkeit und Freiheit des teuren Heimatlandes". Gefordert seien aber auch „Humanität, Nächstenliebe, werktätige Menschenliebe, welche das Leid der Mitmenschen tief und innig empfindet".⁴⁰

Eine ähnlich patriotische Stimmung spricht aus den Gedichten des Schulrektors J. Anton Katz, die – in den ersten Kriegsjahren wenigstens – den Weihnachtsgeschenken der Stadt an die ausgerückten Soldaten beigelegt waren. Es ist geradezu beklemmend, wie hier versucht wird, die Idylle eines Weihnachtsfestes mit dem Heldischen zu verbinden:

64 Das Städtische Krankenhaus diente von Kriegsbeginn an als Lazarett.

"Doch unsre Liebe weilt bei Euch im Felde,
Sie will durch Spenden Euer Herz erfreun
Und Euch für Eure vielen großen Opfer
Des Dankes Zoll aus tiefstem Herzen
                                   weih'n.

Gott sei mit Euch, Ihr ritterlichen Helden,
Getreu und furchtlos haltet tapfer aus,
Daß Kind und Enkel allzeit dankbar feiern
Das schöne Fest im teuren Vaterhaus."

Ein Jahr später, wieder an Weihnachten, wird nochmals die Idylle beschworen:

„Wie könnten wir Euch jetzt vergessen,
Wo sich noch fester schlägt der Liebe Band,
Wo hoch beglückt mit Festesgaben
Der Heiland jede, auch die ärmste Hand."[41]

Gott und Vaterland, Opfersinn gepaart mit Heldentum und Pflichterfüllung, Siegeszuversicht und Friedenshoffnung bilden ein merkwürdiges, uns heute kaum mehr verständliches Gemisch der Gefühle. Die zehn Neckarsulmer, die bis Ende 1914 gefallen waren, ließen die Barbarei und Unmenschlichkeit des Krieges und die neue Dimension der Vernichtung noch nicht in das Bewußtsein der Bevölkerung dringen. Daher konnte noch im Jahre 1915 Bürgermeister Häußler in seinem Rechenschaftsbericht seinen „heißen Dank" an die Feldherren richten und an den „tapferen braven Soldaten". Wörtlich: „es ist uns ein Bedürfnis, ihnen allen unseren innigsten Dank in das Heldengrab nachzurufen."[42] Die Schlacht von Verdun änderte alles und offenbarte die sinnlose Grausamkeit des

65 (Umseitig) Gefallene des Ersten Weltkriegs: 111 Neckarsulmer kehrten nicht mehr heim.

1914

K.Erhardt · Fr.Emmerich · Paul Profis · E.Jakobson · J.Oberhardt · Otto Luz · Fr.Krapp

L.Vogt · Karl Jung · Fr.Oberhardt · E.Flinsbach · K.Reisser · K.Ehrenfried · Otto Jacobser

W.Bauer · H.Merkle · G.Bauer · Fr.Bauer · W.Bauer · L.Litier

W.Zartmat · J.Rüdel · A.Stoll · J.Stegmeyer · Ant.Regau · O.Lindenberger · A.Vogt

W.Beckert · K.Pfisterer · A.Ehrenfried · J.v.Pfeffer · Joh.Steier · W.Schädel

Karl Maier · Fr.Steinbrenner · H.Seitz · G.Bauer · Albert Bühl · K.Bauer · H.Heigis

H.Fischer · M.E.Krämer · R.Pecoronio · J.Pfisterer · L.Reckwied · Fr.Scholl

Chr.Ebert · Jos.Schmitt · Theodor Kohler · Fried.v.Ey · G.Faustmann · K.Holzapfel

1918

Krieges. Die Zahl der Gefallenen stieg auch in Neckarsulm unaufhörlich. Die Bevölkerung litt – nicht allein wegen der Betroffenheit über den Tod von Angehörigen, sondern auch wegen der knappen Lebensmittel. Besonders besorgniserregend war die Milchversorgung. Kundenlisten bei den einzelnen Geschäften und Kontrollkarten sollten nach dem Willen des Bürgermeisteramtes den allgemeinen Mangel wenigstens gleichmäßig verteilen – nicht immer mit dem gewünschten Erfolg, wie man dem Protokollbuch der hiesigen Sozialdemokraten entnehmen kann.[43]

In dieser allgemeinen Not schwand die frohe Zuversicht auf einen schnellen Sieg und wich der bangen Ahnung, daß der Krieg verloren werden könnte. Geradezu beschwörend heißt es daher in dem den Weihnachtsgeschenken an die Soldaten beigefügten Gedicht aus dem Jahre 1916:

„Mög' Gott uns weiter Helfer sein,
Dann werden wir nicht untergehen!"[44]

In merkwürdigem Gegensatz dazu steht die Kaiserfeier anläßlich des Geburtstags von Kaiser Wilhelm II. im Januar 1917, deren Kosten die Stadt übernahm. Enttäuschung und das Gefühl, hintergangen worden zu sein, spricht aus dem Bericht der „Unterländer Volkszeitung" vom 11. Oktober 1917 über eine Arbeiterdemonstration. Rund 1500 Arbeiter gingen auf die Straße – nicht um Gottes Beistand für den Sieg zu beschwören, sondern um ihre Unzufriedenheit massiv zum Ausdruck zu bringen. Die ortsansässigen Behörden seien nicht in der Lage, die Not zu lindern und Lebensmittel gerecht zu verteilen. Entsprechend kompromißlos sind denn auch die Forderungen der Arbeiter formuliert:
1. Einreihung in die Klasse der Lebensmittelzuweisung, in der andere gleichartige Industrien sich schon lange befinden.
2. Energische Erfassung der vom Bezirk aufzubringenden Lebensmittel wie Fett, Butter, Milch.
3. Abnahme der betreffenden Lebensmittel durch eigens dazu aufgestellte, besonders vertrauenswürdige Personen, welche der Ortschaft zu entnehmen sind, für die die betreffenden Lebensmittel bestimmt sind, unter Ausschaltung der sich als wenig zuverlässig zeigenden Schultheißenämter.
4. Ersatz für das jetzt ausfallende Fett in Grieß und Weißmehl.
5. Besondere Zuweisung von Lebensmitteln an die Kriegsküche der NSU-Fahrzeugwerke.
6. Sofortige Zuweisung von Brennmaterialien an die Familien, die bis jetzt nichts erhielten.

Ohne die Erfüllung dieser Forderungen könnten die Versammelten ihren Pflichten gegenüber dem Vaterland nicht mehr nachkommen.[45] Dem Oberamtsleiter, Regierungsrat Ritter, blieb angesichts dieser unverhüllten Drohung nichts anderes übrig, als Abhilfe zuzusichern. In einem Schreiben an den Stadtschultheißen Häußler unterstrich er allerdings die Ungehörigkeit eines derartigen Vorgehens der Arbeiterschaft und die Gesetzwidrigkeit. Sanktionen gegen die Urheber seien daher nicht auszuschließen.

Die Situation war neu für das Oberamt. Daher auch die Unsicherheit im weiteren Vorgehen. Sosehr Regierungsrat Ritter die Berechtigung der Forderungen der Arbeiter versteht und erklärt, „daß er jederzeit bereit sei, die Wünsche und Anträge der Arbeiter entgegenzunehmen"[46], so ist er doch mehr Funktionär, der in dem Verhalten der Arbeiter offenen Aufruhr sieht. Unverhüllt droht er, daß er derartige Aufmärsche mit einer großen Anzahl von jugendlichen Arbeitern und Arbeiterinnen, die den Ernst der Lage des bedrängten Vaterlandes nicht sehen, nicht dulde.[47]

Ähnlich ist auch die Haltung des Bürgermei-

Von der Reichsgründung bis zur Bundesrepublik 215

66 *November 1918: geschlagene österreichische Truppen auf dem Rückzug durch Neckarsulm.*

sters. Schwankend zwischen Verständnis und Loyalität, entscheidet er sich doch für die Loyalität und betont die „Unzulässigkeit und Ungehörigkeit des Straßenumzugs"[48]. Notwendig sei jedenfalls eine Verwarnung für derartige öffentliche Versammlungen. Es wird allenfalls anerkannt, daß die Führer der Arbeiterschaft, Jakob Geiger und Hermann Greiner, den ruhigen und geordneten Ablauf der Demonstration sicherstellten.

Als am 29. Oktober 1918 die Kieler Matrosen das Auslaufen der deutschen Flotte gegen die englische verweigerten, war dies ein Signal für ganz Deutschland. Unruhen entstanden in Großstädten, Arbeiter- und Soldatenräte bildeten sich, der Kaiser trat zurück. In Berlin drohte eine Revolution. In dieser gespannten Lage, deren weitere Entwicklung nicht abzusehen war, rief der Sozialdemokrat Philipp Scheidemann am Nachmittag des 9. November die Republik aus, um einer Räterepublik nach sowjetischem Vorbild zuvorzukommen. Bereits einen Tag später bildete Reichskanzler Friedrich Ebert eine Regierung.

Die endgültige Entscheidung über die künftige Staatsform des Deutschen Reiches war dies indes noch nicht, denn Unruhen gab es in weiten Teilen Deutschlands – auch in Neckarsulm. An eben jenem 9. November bewegte sich ein Demonstrationszug sämtlicher Arbeiterinnen und Arbeiter, so berichtet die „Unterländer Volkszeitung", mit 1500 Teilnehmern vor das Neckarsulmer Rathaus und von dort nach Heilbronn. Dort kam es zu einer Großkundgebung, auf der die Arbeiter die Forderung nach einer Republik und nach dem allgemeinen, gleichen, geheimen und direkten Wahlrecht erhoben. Sie verlangten ebenfalls die Beseitigung aller auf Besitz und Geburt beruhenden Vorrechte.

In diesen Schwebezustand zwischen abgelöster Monarchie und noch nicht durch Wahlen legitimierter demokratischer Regierungsform fällt die Bildung der Arbeiter- und Soldatenbzw. Bauernräte. In Neckarsulm bestand dieses Gremium seit dem 10. November aus 21 Mitgliedern. Im Staatsanzeiger vom 14. Dezember 1918 heißt es über diese Räte, daß sie „die revolutionäre Grundlage des neuen Regierungssystems seien". Ausgestattet mit gewissen Kompetenzen für Maßnahmen des öffentlichen Wohls wie Lebensmittelbesorgung, Beschaffung von Brennstoffen und Beleuchtungsmitteln, Versorgung mit Bekleidung und Schuhzeug oder Lösung von Wohnungsproblemen und soziale Fürsorge – selbst Preisregelungen und Preiskontrollen gehörten zu ihren Aufgaben –, dienten diese Räte doch wohl hauptsächlich dazu, in einer von Not, Resignation und Enttäuschung angespannten Atmosphäre revolutionäre Strömungen zu binden und den Übergang in eine neue Ordnung nach Möglichkeit zu erleichtern. Bei diesem Nebeneinander von aus der Monarchie stammenden Bürgerkollegien und revolutionären Räten mußte es notwendigerweise zu Kompetenzstreitigkeiten kommen. In Neckarsulm führte es zu Auseinandersetzungen zwischen dem noch amtierenden Gemeinderat und dem Arbeiter- und Bauernrat, der zur Wahrnehmung seiner Aufgaben städtische Gelder verlangte. Auf der Gemeinderatssitzung vom 30. Januar 1919 wurden dann auch von seiten des Gemeinderates 2000 Mark gebilligt, weitere 1000 Mark aber verweigert. Erst unter dem Druck einer Straßendemonstration am 26. Februar 1919 wurde dann der Restbetrag in Höhe von 1000 Mark ausgezahlt.

Zu groß dürfte allerdings der Einfluß dieser Räte nicht gewesen sein, trotz eines gewissen finanziellen Spielraums. Die Beschlagnahme und Verteilung von Lebens- und Futtermitteln hat jedenfalls vielerorts zu Verärgerungen geführt. Und letztlich wird die Zusammenarbeit der Räte mit den Behörden, besonders mit dem Oberamt, als ergebnislos bezeichnet, obwohl sich aus den Gemeinden Neckarsulm, Kochendorf und Jagstfeld ein Bezirks-Arbeiterrat unter dem Vorsitz von Albert Unterrainer gebildet hatte. Am 1. August 1919 endete dieses Kapitel revolutionärer Kommunalgeschichte.[49]

In der Zwischenzeit hatte der neue Staat seine Legitimation aus Wahlen auf Reichs,- Landes- und Kommunalebene erhalten. Stärkste politische Kraft wurde auf Reichs- und Landesebene die SPD. Ihre Ergebnisse reichten allerdings nicht aus für eine alleinige Regierung – auch nicht in einer eventuellen Koalition mit der USPD. Bürgerliche Parteien mußten als Partner gewonnen werden.

In Neckarsulm war bei all diesen Wahlen[50] das Zentrum stärkste politische Kraft, wenngleich der Stimmenzuwachs der Sozialdemokraten unverkennbar war. Bei den Kommunalwahlen errang das Zentrum acht Sitze, das „Kartell der vereinigten Gewerkschaften" – so nannte sich das Bündnis der SPD und der USPD – fünf Sitze. Die Demokraten erhielten ebenfalls fünf Sitze.

Der demokratische Neuanfang war damit auf allen Ebenen des Reiches vollzogen. Ungeklärt blieb allerdings zunächst die Vorgehensweise in der teilweise radikal geführten politischen Auseinandersetzung. Jedenfalls kam es am 10. November 1919 im Neckarsulmer Gemeinderat zu einer scharfen Kontroverse zwischen den Vertretern der Arbeiterschaft und der Rathausmehrheit über die Berechtigung der Bürgerwehr, die seit April aufgestellt und wegen befürchteter kommunistischer Ausschreitungen in Alarmbereitschaft versetzt worden war.[51] Von einer Gefährdung der Zusammenarbeit, von Vertrauensbruch gar, sprachen die Vertreter der Arbeiter an die Adresse der Verwaltung gewandt. „Nur wenn die Bewaffnung der Bürger gegen die Arbeiter aufgehoben wird", könne das Vertrauen in die Führung wiederhergestellt werden. „Von Störenfrieden und Elementen, die ihre wahnwitzigen Pläne versuchen und das Recht auf Gewalt sich aneignen möchten", sprach dagegen der Vorsitzende, Bürgermeister Häußler. Die Bürgerwehr diene lediglich zur Aufrechterhaltung der Ruhe und Ordnung. An die „Niederdrückung politischer Sachen" sei nicht gedacht.[52] Was für die Arbeitnehmer normale politische Demonstrationen waren, die der Bevölkerung keinen Anlaß zur Beunruhigung gäben, war für die Rathausmehrheit – Zentrum und Demokraten – bereits Gefährdung der Sicherheit. Die Einberufung der Bürgerwehr sei als Präventivmaßnahme daher gerechtfertigt.

Bei dieser Kontroverse ging es wohl nur vordergründig um eine Handvoll Störenfriede. Die Vertreter der Arbeitnehmer sahen in den Maßnahmen der Verwaltung eine Überreaktion und eine Beeinträchtigung des Rechts auf freie Meinungsäußerung. Letztlich ging es aber um das Verständnis von Staat und Staatsgewalt. Dabei kann umgekehrt die Reaktion der bürgerlich-konservativen Kräfte nicht überraschen, da ihre Ordnungsvorstellungen noch aus der Monarchie stammten. Doch verdeutlicht diese Episode, daß mit den Wahlen der Übergang von der Monarchie in die Demokratie zwar vollzogen war, es aber vielen Bürgern schwerfiel, sich mit dem neuen Staat zu identifizieren.

Die Schwierigkeit der Identifizierung mit dem neuen Staat beleuchtet ein anderes Ereignis: Am 5. Juli 1922 richtete ein Gemeinderat an den Bürgermeister die Anfrage, „wer angeordnet habe, daß die Monarchenbilder im Sitzungssaal abgenommen werden sollen" – wohlgemerkt im Jahre 1922. Die Antwort des Bürgermeisters verblüfft vielleicht noch mehr als die Anfrage. Er sagte nicht, daß man bereits seit drei Jahren in einer parlamentarischen Demokratie lebe, einen Reichspräsidenten habe und die Monarchen nicht mehr die Staatsoberhäupter seien. Er brachte vielmehr die Maßnahme in Verbindung mit einer Demonstration „gegen Reaktion und für die Demokratie" und mit der Erregung der Masse, die wohl gewaltsam – so sei zu befürchten gewesen – die Bilder abgehängt hätte. Die Bilder in den Kanzleien seien nach der Ermordung des Reichsfinanzministers a. D. Erzberger bereits abgenommen worden. Ihr Zustand habe an sich schon die Abnahme gerechtfertigt.[53]

Offensichtlich hätte eine andere Antwort nicht nur bei manchen Gemeinderäten, sondern auch in der Neckarsulmer Bevölkerung gewisse Empfindlichkeiten ausgelöst. Vermutlich ist auch dies der Grund dafür, daß am 20. September 1924 das Gesuch des Gewerkschaftskartells, eine öffentliche Antikriegsdemonstration abhalten zu dürfen, abgelehnt wurde. Die abendliche Kundgebung sollte mit Chören der „Lassallia" umrahmt werden. In der Stellungnahme des Stadtschultheißenamtes heißt es dazu lapidar: „Die Veranstaltung ist verboten."[54]

Die schwierige Identifizierung der Bürger mit ihrem Staat war für die staatlichen Organe und die nachgeordneten Behörden gewiß ein Problem. Problematischer für die Bürger waren indes die Wohnungsnot und die kritische wirtschaftliche Lage. Daher dürfte der Erlaß des Staatsministeriums über die Einrichtung eines Verfassungstages, der am 31. Juli 1923 im Gemeinderat behandelt wurde, keine rechte Freude ausgelöst haben. In dem Erlaß heißt es, daß der Verfassungstag feierlich begangen werden solle. „Er soll zu öffentlichem Bekenntnis zum Reichsgedanken, zu dem von der Weimarer Verfassung geschaffenen Staat und der Liebe von Heimat und Vaterland Anlaß geben."[55]

Angesichts in schwindelerregende Höhe steigender Preise – so zahlte der Privatmann im August 1923 für das Pressen und Mahlen von einem Butten Wein (40 Liter) 250000 Mark und die Stadt Neckarsulm kaum zwei Monate später für den Ankauf von 4000 Zentnern Kartoffeln 3800 Milliarden Mark[56] – bedrängten die Bürger andere Fragen, als ein überzeugtes und überzeugendes Bekenntnis zur Verfassung abzugeben. Es blieb ein von oben verordnetes Fest. In einem Erlaß des Innenministeriums vom 9. Juli 1925 heißt es über die Gestaltung des Festes: „Es erscheint erwünscht, daß nicht nur in den Landeshauptstädten, sondern möglichst in allen Städten und Ortschaften von den Behörden gemeinsam amtliche Feiern veranstaltet werden. Hierzu dürften zweckmäßig Vertreter der Bevölkerung, insbesondere die Organisationen der Arbeitgeber und Arbeitnehmer, die Handels- und Handwerkskammern, die Innungen sowie die Beamten- und Angestelltenverbände einzuladen sein." Beamten, staatlichen und städtischen Angestellten wurde zur Teilnahme an den Feierlichkeiten Dienstbefreiung gewährt, soweit es die Dienstverhältnisse zuließen.

Ein Nationalfeiertag wurde der Verfassungstag nicht. Ob der Festtag Millionen Frauen und Männer begeisterte, wie das sozialdemokratische „Neckar Echo" am 11. August 1928 berichtete, weil ein „einziger großer Gedanke das ganze Volk umschlingt", muß doch mit Skepsis aufgenommen werden. In Neckarsulm hatte sich ein bestimmtes Ritual für die Veranstaltung entwickelt. Die offizielle Feier fand teils im Wohlfahrtsgebäude der NSU-Werke, teils auf dem Marktplatz statt. Den Vortrag eines Festredners umrahmten musikalisch die Stadtkapelle und Neckarsulmer Chöre – 1923 auch der katholische Kirchenchor. Öffentliche Gebäude waren beflaggt, die Beflaggung privater Gebäude wurde empfohlen. Eine wohl besonders feierliche Note gab der Fackelzug, den das Reichsbanner

67 Feier des Verfassungstags am 1. August 1926, an dem die Fahnenweihe des Reichsbanners „Schwarz-Rot-Gold" vollzogen wurde.

„Schwarz-Rot-Gold" zum Abschluß des Verfassungstags 1929 durchführte. Wie aber dem Bekenntnis zum Reichsgedanken und zur Weimarer Verfassung im Rahmenprogramm am besten Ausdruck verliehen werden könne, darüber bestanden offensichtliche Interpretationsschwierigkeiten. Jedenfalls schrieb das „Neckar Echo" über den gemeinsamen Liedvortrag des Sängerbundes „Liederkranz-Frohsinn", des Gesangvereins „Concordia" und der Stadtkapelle am 13. August 1928: „ ,Wieland der Schmied' paßt aber des Textes wegen eher für eine Kaisergeburtstagsfeier."[57] Auch wurde die symbolische Bedeutung dieses Tages für den demokratischen Staat mehr und mehr verkannt.
Am 5. August 1930 teilte der Vorstand des Gesangvereins „Concordia" dem Bürgermeister mit, daß die Sänger in geheimer Abstimmung sich gegen die Teilnahme an der Verfassungsfeier ausgesprochen hätten. Auch der Sängerbund „Liederkranz-Frohsinn" erschien nicht mehr auf dem Programm. Für das Jahr 1931 teilten diese beiden Vereine dem Bürgermeister ebenfalls ihr Fernbleiben mit.[58]
Nein, das Fest des bürgerlichen Neckarsulm war der Verfassungstag nicht, eher das der Arbeiterschaft. Ab 1929 jedenfalls bestritten der Gesangverein „Lassallia" zusammen mit der Stadtkapelle bis 1931 allein die musikalische Umrahmung dieses Festes. Dazu noch das Reichsbanner „Schwarz-Rot-Gold", das im Jahre 1924 von Magdeburger Demokraten, insbesondere den Sozialdemokraten O. Hörsing und K. Höltermann, zum Schutz der Demokratie gegen die gewalttätigen und anti-

68 Die Bewältigung des Ersten Weltkriegs blieb eine schwere Last der Republik: die Einweihung des Krieger-Ehrenmals am 26. Juni 1927.

demokratischen Kräfte der extremen Rechten und Linken gegründet worden war. In Neckarsulm bestand ein Ortsverein seit 1925.
In dieser Zeit des Rückzugs der bürgerlichen Vereine vom Verfassungstag – zu einer Zeit, in der die Republik auch die Unterstützung der bürgerlichen Kräfte benötigt hätte – wurden die Auflösungserscheinungen der Republik immer deutlicher. Die Weltwirtschaftskrise erfaßte nach und nach sämtliche Volkswirtschaften. In Deutschland gab es schließlich über sechs Millionen Arbeitslose. Die Arbeitslosenbilanz in Neckarsulm entwickelte sich wie folgt: Dezember 1930: 321 Arbeitslose, Dezember 1931: 737 Arbeitslose, Dezember 1932: über 900 Arbeitslose und 747 mit zu unterstützende Familienangehörige. Bei 1743 betroffenen Haushaltungen, ausgewiesen am 10. Oktober 1932, können wir uns vorstellen, wie bedrückend diese Situation für die Familien sein mußte.

Parallel dazu verlief, spätestens seit 1930, der Autoritätsverlust der sich ablösenden Regierungen. Selbst Notverordnungen konnten ihn nicht bremsen. Die politischen Auseinandersetzungen wurden schärfer, oft gewalttätig – auch in Neckarsulm. Die Parteiversammlung der NSDAP am 12. Januar 1931 mit dem „Hakenkreuzabgeordneten Kasche aus Sorau"[59] hatte ein gerichtliches Nachspiel, da es im Anschluß an die Veranstaltung zu einer Schlägerei gekommen war. Für eine weitere Veranstaltung der NSDAP am 6. März verlangte der hiesige Polizeikommissar zur Wahrung der öffentlichen Sicherheit vorsorglich den Einsatz des Landjägercorps Neckarsulm und des

Überfallkommandos der Bereitschaftspolizei Heilbronn[60], außerdem die Untersuchung der Versammlungsteilnehmer einschließlich des Saalschutzes der NSDAP nach Waffen. Auch hierbei kam es zu Übergriffen, da die Veranstaltungen der NSDAP mit ihren staatsfeindlichen Angriffen gegen die Republik notwendigerweise Gegenveranstaltungen provozierten, besonders von seiten des Reichsbanners „Schwarz-Rot-Gold".

Dies alles ist der beklagenswerte Hintergrund für den allmählichen, aber unaufhaltsamen Aufstieg der NSDAP. Aufmärsche der SA mit mehreren Hundertschaften – so am 31. Mai 1931 – verfehlten nicht ihren Eindruck in bestimmten Bevölkerungskreisen. Jedenfalls fand die NSDAP auch hier einen entsprechenden Nährboden. Dies zeigen die Ergebnisse der Reichstagswahlen. Erhielt die NSDAP bei den Reichstagswahlen von 1924 und 1928 jeweils nur 17 Stimmen, so waren es im Jahre 1930 bereits 96, und am 31. Juli 1932 betrug der NSDAP-Anteil 671 Stimmen. Die NSDAP war damit in Neckarsulm zur drittstärksten politischen Kraft geworden. Auf wessen Kosten? In erster Linie auf Kosten des liberalen Wählerpotentials, das praktisch nicht mehr existierte, aber auch auf Kosten der Sozialdemokratie, die zwar nach wie vor die zweite politische Kraft war, aber doch nicht die Ergebnisse früherer Wahlen erreichen konnte.

Der Verfassungstag des Jahres 1932, am 11. August, erscheint dann auch wie ein Abgesang auf einen Todkranken, der sich bereits selbst aufgegeben hat. In der Niederschrift der Verwaltungsabteilung des Gemeinderats vom 27. Juli 1932 heißt es unter § 716: „Der Reichsminister des Inneren hat die Feier des Verfassungstags wieder angeordnet. Von der Verwaltungsabteilung wird beschlossen, die dienstlichen Gebäude am Verfassungstag zu beflaggen, im übrigen aber von einer allgemeinen Verfassungsfeier abzusehen." Buchstäblich sang- und klanglos wurde die Weimarer Republik zu Grabe getragen.

Der Rest vollzog sich geradezu zwangsläufig. Trotz eines kurzen Stimmentiefs der NSDAP bei den Reichstagswahlen vom 6. November 1932 – auch hier liegt Neckarsulm mit einem Rückgang der NSDAP-Stimmen auf 601 im Reichstrend – wurde Adolf Hitler am 30. Januar 1933 zum Reichskanzler ernannt und gewann aus dieser Position heraus, nachdem bereits wichtige Grundrechte beseitigt worden waren, am 5. März die Reichstagswahl mit 44 Prozent. In Neckarsulm waren es 966 Stimmen, die sich jetzt auch aus der traditionellen Zentrumsanhängerschaft rekrutierten. Und der Einspruch von Bürgermeister Häußler gegen die Ankündigung des NSDAP-Stadtrats Anderssen, daß am 9. März die SA mit einem Trommlerkorps vor dem Rathaus aufmarschieren und auf dem Dach des Rathauses die Hakenkreuzfahne gehißt werde, entsprach dem Denken einer inzwischen vergangenen Zeit. Die neue Zeit zeigte Flagge. Die Eliminierung demokratischer Kräfte in unserem Land begann und nicht selten die Inhaftierung der politisch Andersdenkenden in Gefängnissen und Konzentrationslagern – in Neckarsulm und Umgebung bereits wenige Wochen nach jenem fatalen 5. März.

Der Geschichte des „Dritten Reichs" in unserer Stadt ist ein eigenes Kapitel gewidmet. Im Rahmen dieser Untersuchung soll zum Abschluß der Weg in die neue Republik und in die neue demokratische Ordnung skizziert werden. Doch was hieß 1945 noch Obrigkeit angesichts des Trümmerhaufens, den das „Dritte Reich" hinterlassen hatte? Zerstörte Städte, bitterste Not, Leid in den Familien über den Tod naher Angehöriger – das war das Erbe eines Staates, der zwölf Jahre zuvor noch vollmundig eine bessere Zukunft versprochen

69 Der politische Neuanfang: die Bürgermeister Hermann Greiner und Johannes Häußler im Kreis von „Ordnungshütern" 1946.

hatte. Die seitherigen Obrigkeiten hatten sich kompromittiert und waren durch die Schrecknisse, die sie zu verantworten hatten, für weitere Aufgaben ungeeignet. Über die staatliche Zukunft Deutschlands hatten die Siegermächte noch nicht entschieden. Nach dem Potsdamer Abkommen sollte in Deutschland bis auf weiteres keine zentrale Regierung errichtet werden. Verwaltungsabteilungen mit Staatssekretären an der Spitze würden Verwaltungsaufgaben wahrnehmen.
Nach dem Zusammenbruch jeglicher staatlichen Macht und angesichts der chaotischen Verhältnisse – auch zunehmender ungesetzlicher Handlungen – mußte das politische und administrative Leben irgendwie wieder in Gang gesetzt werden. Das Ziel der Amerikaner war es, einerseits die Personen, die durch ihre politische Vergangenheit belastet waren, aus den Ämtern zu entfernen und – ohne dabei an politische Parteien zu denken – Personen, die nicht durch ihre Vergangenheit belastet waren, in die provisorischen Verwaltungen einzusetzen, um so wenigstens eine „antinazistische" Verwaltung zu ermöglichen. Die Situation war unübersichtlich, der Prozeß der Entnazifizierung schwierig, die Überprüfung der Personen äußerst mühselig. „Damals gab es Prachtexemplare von Verwandlungskünstlern", schreibt Reinhold Mühleck in den Historischen Blättern des Heimatvereins.[61]
Ende April 1945 wurde Hermann Greiner mit den Aufgaben eines Stellvertretenden Bürgermeisters betraut. Der im Jahre 1942 von den Nationalsozialisten eingesetzte Bürgermeister Volk blieb allerdings vorläufig noch im Amt

und wurde erst am 19. Juni seines Amtes enthoben. Bürgermeister Häußler konnte sein Amt endgültig am 4. Juni 1946, vollkommen rehabilitiert – nicht zuletzt durch den Einsatz Hermann Greiners –, wieder übernehmen. Zuvor hatte er sein Amt zwischen dem 19. Juni und dem 5. Oktober 1945 mit Billigung der amerikanischen Militärregierung ausgeübt, es aber wegen weiterer Untersuchungen vorübergehend aufgeben müssen.

Der Spielraum von Hermann Greiner als Stellvertretendem Bürgermeister war gegenüber den Militärbehörden gering. Aus kleinstem Anlaß mußte um Genehmigung nachgesucht werden. Seine wichtigste Aufgabe in der unmittelbaren Nachkriegszeit war es, angesichts der Plünderungen Recht und Ordnung wiederherzustellen. Daher war die Aufstellung einer Ordnungspolizei vordringlich. Allmählich gestatteten die Amerikaner auch wieder politisches Leben. Beiräte wurden als beratende Organe des Bürgermeisters angeordnet. Diese Beiräte sollten aus den verschiedensten Berufsständen und Konfessionen rekrutiert werden, wobei natürlich Personen mit NS-Vergangenheit keine Berücksichtigung finden durften.[62]

Nach der Zulassung von politischen Parteien durch die Siegermächte fanden erste demokratische Wahlen auf kommunaler Ebene am 27. Januar 1946 statt. Die hohe Wahlbeteiligung in Neckarsulm von 93,65 Prozent zeigt, daß die Bevölkerung gewillt war, den Weg eines demokratischen Neuanfangs zu beschreiten. Sieger dieser Wahl wurde die Christlich Soziale Volkspartei (CSV), die Vorgängerin der CDU. Sie errang zehn Gemeinderatsmandate. Als eine bürgerliche, dem unternehmerischen Mittelstand verpflichtete und religiös gebundene Partei erfaßte sie das traditionelle Wählerpotential des für Neckarsulm so bestimmenden Zentrums. Die SPD erhielt acht Mandate. Die Kommunisten gingen leer aus. Das Landtagswahlergebnis vom 24. November 1946 ergab für Neckarsulm wiederum eine Stimmenmehrheit der christlichen Partei – jetzt CDU.

Zu diesem Neuaufbau einer demokratischen Ordnung gehört auch, daß Neckarsulmer Bürger in überörtlichen Gremien Verantwortung übernahmen. Christian Rieker war vom 16. Januar 1946 bis 30. Juni 1946 in die vorläufige Landesversammlung berufen worden. Hermann Greiner erreichte bei der bereits zitierten Landtagswahl ein Mandat, das er bis 1950 innehatte.

Mit der Gründung der Bundesrepublik Deutschland war der endgültige Übergang in die demokratische Staatsordnung auf allen Ebenen vollzogen worden. Auch in Neckarsulm war die Demokratie die neue Normalität. Dabei ist festzustellen, daß extreme oder gar staatsgefährdende Parteien in der Vergangenheit keine Chancen erhalten haben. Die Vergangenheit zeigte eine Wählerschaft mit einer deutlichen Tendenz zur CDU und damit zu dem in Neckarsulm historisch Traditionellen. Dies ist besonders ausgeprägt bei den Gemeinderatswahlen, bei denen andere – sozialdemokratische – Mehrheiten äußerst selten waren. Andere Kriterien gelten allerdings, so scheint es, bei Bürgermeisterwahlen. Hier zeigten die Wahlsiege von Dr. Hoffmann und Dr. Klotz, daß eine gewiße Parteipräferenz der Bevölkerung nicht notwendigerweise dem CDU-Kandidaten zugute kommt. Gelegentlich war das für die Stadt Neckarsulm auch bei Land- und Bundestagswahlen zu beobachten.

„Neckarsulm und die Obrigkeit", das ist die lange Geschichte obrigkeitsstaatlicher Ordnung und oft genug die Geschichte der kritiklosen Anerkennung dieser Ordnung, ja der Identifikation mit ihr – besonders zur Zeit der württembergischen Monarchie. Kritik an der übergeordneten Autorität war die Ausnahme und dann mit persönlichen Risiken verbunden. Selbst der Erste Weltkrieg vermochte – zumindest im Bürgertum – lange Zeit nicht das Vertrauen in die „Weitsicht" der politisch Verantwortlichen zu mindern. Erst die Not der Kriegsjahre öffnete allmählich die Augen. Die Weimarer Republik zerbrach nicht zuletzt an diesem auch in Neckarsulm spürbaren Widerspruch zwischen rückwärtsgerichteter Autoritätsgläubigkeit und demokratischer Verantwortung. Erst die Katastrophe des „Dritten Reiches" hat gezeigt, wohin in letzter Konsequenz diese Autoritätsgläubigkeit führen kann. Jetzt besteht seit mehr als 40 Jahren die Möglichkeit, das Gemeinwesen in demokratischer Verantwortung zu gestalten. Diese Untersuchung hat auch zum Ziel, aus der Kenntnis der Vergangenheit heraus die Chancen einer demokratisch strukturierten Gesellschaft aufzuzeigen.

Weinbau in Neckarsulm im 19. und 20. Jahrhundert

VON WOLFRAM ANGERBAUER

Im Zuge der politischen Veränderungen im Zeitalter Napoleons fiel Neckarsulm 1805/06 an Württemberg, ebenso die damaligen vier Keltern: die Schloßkelter mit zwei Bäumen, die große Kelter mit sechs Bäumen, die kleine Kelter mit drei Bäumen und die Amorbacher Hofkelter mit ebenfalls drei Bäumen. 1823 gingen die ersten drei an die Stadt Neckarsulm über, von der großen Kelter jedoch nur das laufende Kelterwerk mit dem Raum, in dem das Kelterwerk stand, samt Nebenbau. Die Amorbacher Hofgebäude wurden mit der Kelter 1826 an den Oberakziser Merckle verkauft.

Wollte man in einer Geschichte des Weinbaus in Neckarsulm das 19. Jahrhundert durch eine Zwischenüberschrift hervorheben, so wäre die Formulierung „Neckarsulm setzt Akzente" zweifellos angemessen. Einer dieser Akzente wurde 1834 gesetzt, in einem gesegneten Weinjahr, das in Neckarsulm 4000 Eimer, also 12 000 Hektoliter und etwa 70 hl/ha brachte. Nach einem Dankgottesdienst, einer Gabe an die Kirche, Speisung der Armen und einem fröhlichen Mahl wurde ein Weingärtnerverein gegründet, der nicht nur eine für die Stadtgeschichte bemerkenswerte Chronik zur Nachricht und Belehrung für die gegenwärtigen Zeitgenossen und für die Nachkommen anlegte, sondern nach seinen Statuten seine Mitglieder in Versammlungen über die jeweils neuesten Erkenntnisse und Erfahrungen im Weinbau unterrichten wollte. Der Verein

70 *Silberner Butten des Weingärtnervereins mit dem Porträt des Vereinsgründers Anton Victor Brunner aus dem Gründungsjahr 1834.*

erklärte sich auch zur Austeilung von Reben bereit, welche die 1825 gegründete „Gesellschaft für die Weinverbesserung in Württemberg" unentgeltlich abgeben wollte, solange solche Reben in Neckarsulm noch nicht gewonnen werden konnten. Damit wurden 1834 in Neckarsulm die Bemühungen um eine Erhöhung der Weinqualität aufgenommen, die sich seit dem 19. Jahrhundert durch die Geschichte des württembergischen Weinbaus ziehen und die dem großen Förderer der württembergischen Landwirtschaft, König Wilhelm I., in der ersten Hälfte des 19. Jahrhunderts ein so großes Anliegen war.

Daß die Bemühungen um Erhöhung der Weinqualität 1834 in Neckarsulm bereits begonnen hatten, zeigt der in der Weingärtnerchronik vermerkte Hinweis, daß die 1825 gegründete „Gesellschaft für die Weinverbesserung in Württemberg" bereits edlere Traubensorten aus dem Ausland bezogen und seit 1827 ein „bedeutendes Quantum" dem Oberamt Neckarsulm zugeteilt hatte. Mit diesen edleren Sorten hatte der 1828 als Ableger der Weinverbesserungsgesellschaft ins Leben gerufene „Weinbauaktienverein" (beide sind Vorläufer des heutigen Weinbauverbandes Württemberg) auf der Ebene des Scheuerbergs einen Musterweinberg angelegt, ebenso Oberamtmann Sandberger auf einem zwei Morgen großen Weinberg auf der „Stirne" des Scheuerbergs unter dem Kreuz. 1834 konnte Oberamtmann Sandberger seinen ersten Ertrag – 908 Pfund Assmannshäuser schwarze Clevner, Ruländer oder graue Clevner sowie Traminer – zu einem günstigen Preis von fünf Kreuzern pro Pfund an die Champagnerfabrikanten Zeller und Rauch in Heilbronn verkaufen. Dieser Erfolg förderte die Tätigkeit des Neckarsulmer Weingärtnervereins, denn man sah, daß die Anpflanzung edlerer Traubensorten vorteilhaft war, auch wenn sie keinen so reichlichen Ertrag brachten wie der Schwarzwelsche oder Trollinger, Elbling und Silvaner. 1834 wurden daher weitere 50000 Assmannshäuser Clevner, 20000 Traminer, 15000 Riesling und 5000 Krachmostgutedel-Reben bestellt, ferner sollten zwei junge Weingärtner ermuntert werden, sich zwei Jahre auf die Wanderschaft, insbesondere in die Rheinlande, zu begeben, um den Weinbau, die Traubensorten, die Behandlung im Herbst in der Kelter und auch die Veredelung der Rebstöcke durch Pfropfen kennenzulernen. Eine Unterstützung von 30 bis 35 Gulden wurde jedem der beiden jungen Weingärtner in Aussicht gestellt.

1836 empfahl der Weingärtnerverein einen „reinen Satz", d.h. jede Sorte sollte unvermischt angepflanzt und die Hauptfehler des bisherigen Weinanbaus, daß man nämlich die Weinberge aus Gründen der Risikoverteilung mit einer großen Zahl von Rebsorten bestockte, die verschiedensten Trauben untereinander mischte und sie in einem Faß und einem Getränk „vermählte", abgestellt werden. Hingewiesen wurde 1836 auch erstmals auf passende Standorte für die edleren Traubensorten: So eigne sich der schwarze große Clevner (Burgunder) von Assmannshausen und der Ruländer, der auch grauer Clevner genannt wurde, für ebene Weingärten und Böden, deren Lage nicht „mittäglich" sei. Beide Sorten wurden daher vor allem für arme Weingärtner empfohlen. Wer „sommerige Lagen" mit Steigungen besaß, sollte in der Mitte Traminer sowie oben und unten Clevner und Ruländer pflanzen. Der weiße Riesling wurde nur für beste Lagen empfohlen. Vom Krachmost- oder Krachgutedel, der seinen Namen dem harten Fleisch verdankte, welches beim Zerbeißen ordentlich unter den Zähnen krachte, wurden als weiterer edler Rebsorte haltbare Tafeltrauben erwartet. Bis dahin weitverbreitete Sorten wie Silvaner, Weißelbling und Rotelbling wurden nicht

71 Die Lange Gasse 1910: immer noch ländliches Altstadtidyll des 19. Jahrhunderts.

mehr empfohlen. In jener Zeit wurde auch viel Schiller-Wein bereitet, vor allem von Weinbergen, „wo gleich viel weiße und schwarze Trauben gepflanzt werden, wie es hier in den meisten Weinbergen der Fall ist".
In den ersten Jahren nach Gründung des Weingärtnervereins gab es nur selten einen so „gesegneten und außerordentlich reichhaltigen Herbstsegen" wie 1834. 1835 klagten die Weingärtner über zu wenig Regen im Sommer, 1836 nahmen die Trauben wegen Trockenheit vor dem Herbst mehr ab als zu, 1837 bis 1839 war die Qualität „gering". 1840 gab es bei einem hälftigen Herbst einen mittelleichten Wein, 1841 wollte der Wein „nicht hell werden", und vieles wurde „faulig". Der Jahrgang 1842 brachte bei reichlichem Ertrag in niederen Lagen einen „ganz guten", 1843 bei mittlerem Ertrag einen „brauchbaren", 1844 und 1845 bei besserem Ertrag in niederen als in höheren Lagen einen wiederum mittelleichten Wein. „Vorzüglich gut" geriet dann der zu den seltenen Jahrgängen des 19. Jahrhunderts zählende Jahrgang 1846, der auch herausragende Preise – bis 1850 stieg der Preis pro Eimer auf bis zu 105 Gulden – erzielte. Besonders der Trollinger zeichnete sich aus, so daß diese Traubensorte nicht vergessen werden sollte, „wo dieselbe hinsichtlich des Bodens und der Lage paßt".
Die Jahre nach 1846 brachten mehrere Fehl-, Not- und Hungerjahre. Nach einem kalten

72 Ein Weingärtnerhaus in der Frühmeßgasse.

Winter mit großen Schneemassen waren die Weinberge nach prachtvollen Wochen im Mai und Juni und folgendem „schädlichen Nebel" im August 1847 „so verbrannt, daß kein gutes Laub zu sehen war" und viele Trauben vor der Reife abfielen. Von 1848 bis 1854 war die Qualität nur mittelmäßig oder gering, und immer wieder wurde über eine für den Weinstock ungünstige Witterung geklagt. So gab es 1849 nach einem „entsetzlichen Hagelwetter" am 7. Mai einen Ertrag von nur einem Eimer pro Morgen bei Hagelschäden. 1850 waren Frühling und Sommer mehr naß als trocken, 1851 der ganze Sommer naß und kalt, und häufig zeigte sich der „schwarze und rote Brenner". Auch 1853 und 1854 befiel diese Traubenkrankheit die Weinstöcke „in höchstem Grade", so daß das Jahr 1854 angesichts starker Frostschäden Ende April mit sechs Imi (ca. 100 Liter) pro Morgen den geringsten Weinertrag seit 33 Jahren erbrachte. Es war zugleich eine Zeit, in der dem Weinbau „durch die gesteigerte Consumption des Bieres ein namhafter Schaden zugewachsen" war und in der auch Weinverfälschungen beklagt wurden. So tadelte die Weingärtnerchronik, daß ein Chemiker Gall in der Rheingegend ein Verfahren aufgestellt habe, wobei mit Zusatz von Wasser und Zucker geringe Weine verbessert wurden, und daß in Italien ein Verfahren aufgekommen sei, wonach durch Wasser, Honig und Weingeist ein dem Wein angeblich ziemlich gleichkommendes Getränk erzielt werde, wozu der Chronist in Neckarsulm mit Recht vermerkte: „Mag sich der menschliche Geist mit Nachahmungen und Erfindungen noch so sehr abquälen, nur aus dem edlen Rebstock wird ein Wein entquillen, der den Mann begeistert und des Menschen Herz erfreut."

Erst das Jahr 1855 brachte angesichts eines äußerst günstigen Nachsommers wieder ein „reifes, gesundes und gutes Erzeugnis", ein Jahr, in dem in Neckarsulm ein zweiter Akzent in der Geschichte des Weinbaus im 19. Jahrhundert gesetzt wurde. In jenem Jahr vereinigten sich erstmals 130 Neckarsulmer Weingärtner zu einer Weingärtnergesellschaft, womit die erste württembergische und auch die älteste heute noch bestehende deutsche Weingärtnergenossenschaft ins Leben gerufen wurde. Große wirtschaftliche Not und akute Absatzschwierigkeiten standen Pate. Aus der Chronik erfahren wir: „Ein in öffentlichen Blättern erwähnter Vorgang von dem Weinorte Asperg hat Veranlassung gegeben, die hiesigen Weingärtner, namentlich solche, welche ein kleines Erzeugnis zu erwarten haben, aufzumuntern, daß sie sich behufs der Bereitung und des Verkaufs ihres Weinmostes zu einer Gesellschaft vereinen." Ziel dieser Gesellschaft von Weingärtnern, deren Mitgliederzahl anfangs nicht festgesetzt war und die sich jeweils im Herbst zusammenfan-

73 *Der Aufsichtsrat der Weingärtnergesellschaft im Jubiläumsjahr 1934 mit Bürgermeister Johannes Häußler (2. Reihe Mitte).*

den, war die gemeinschaftliche Kelterung und der gemeinschaftliche Verkauf des Traubenerzeugnisses, was in Neckarsulm gut gelang, da sich schon 1855 vor allem im Vertrauen auf die öffentliche Aufsicht und Kontrolle viele auswärtige Käufer einfanden.

Nach einem geringen Ertrag und mittelmäßiger Güte 1856 gab es 1857 wieder einen „erfreulich starken Wein", so daß zwei Schoppen ausreichten, um „auch dem besten Weintrinker gehörig warm zu machen und ihn in freudiger Stimmung nach Haus zu schicken". Mit Unterstützung des Karlsvereins für Landwirtschaft wurde eine Rebpflanzschule im Hungerberg angelegt und „edle Rebschnittlinge", hauptsächlich weiße Riesling-Reben, aus königlich-württembergischen Weinbergen in Untertürkheim und Sturmfeder'schen Weinbergen in Schozach bestellt.

Auch der Jahrgang 1858 fiel sehr gut aus, und bei den öffentlichen Weinversteigerungen waren bedeutende Weinhändler aus dem württembergischen Oberland in Neckarsulm zugegen. Der Wohlstand hatte sich wieder gehoben, nachdem zwischen 1846 und 1854 der Wert der Weinberge auf die Hälfte abgesunken war. Als erfreulich und ergiebig galten auch die Jahre 1859, 1861 mit einem bis dahin noch nicht erreichten Preis von 130 Gulden für einen Eimer dunkelroten Clevner, 1865 mit besonders saftreichen Trauben und Trollinger von seltener Vollkommenheit, 1868 mit einem außerordentlich reichen Ertrag von zehn Eimern pro Morgen und auch 1874, als

74 Lebenselixier Scheuerberger Trollinger: Heinrich Brecht, Weingärtner und Neckarsulmer Original, beim Schoppen.

an zwei Versteigerungstagen Käufer aus ganz Württemberg, Baden, Bayern und Hessen nach Neckarsulm kamen. Um den Ruf der Weinbereitung zu befördern, wurden 1868 feinere Traubensorten – namentlich Assmannshäuser Clevner und weißer Riesling – von der Weinverbesserungsgesellschaft bezogen. Um 1870 hatte sich unter den damals angepriesenen Gewächsen der schwarze Bodensee-Burgunder am besten bewährt. Der „Rothgipfler", eine ergiebige Traube, paßte nur auf gute Lagen. Portugieser wurde, da die farbige und süße Traube keinen kräftigen Wein lieferte, nicht empfohlen. Lemberger dagegen eher, und der Erfahrung wegen sollte auch mit rotem Riesling ein Versuch gemacht werden. 1871 hatte der Weingärtnerverein auch den Entschluß gefaßt, entsprechend der Hauptaufgabe des Vereins eine Rebschule für die einheimischen edleren Traubensorten anzulegen. Hierzu zählten damals Trollinger, Clevner, Lemberger, Portugieser, blauer und weißer Silvaner, Lorenz-Traube, weißer Riesling, Burgunder, Elbling, Gutedel, roter und weißer Muskateller und Ruländer.

Die energischen Bemühungen um höchstmögliche Qualität, die auch deshalb notwendig waren, weil Weinaufkäufer nach dem Eisenbahnbau am gleichen Tag mehrere Orte aufsuchen und Vergleiche anstellen konnten, wurden im Laufe der zweiten Hälfte des 19. Jahrhunderts auf vielen nationalen und internationalen Ausstellungen durch hohe Auszeichnungen der ausgestellten Weine gewürdigt. 1857 fanden Neckarsulmer Trauben auf der Trauben- und Obstausstellung des Cannstatter Volksfestes Anerkennung, und Prinz-Carl-Wirt Brunner erhielt für seine Verdienste um die Verbesserung des Weinbaus die silberne landwirtschaftliche Medaille. Schon 1858 fanden Neckarsulmer Weine den Weg nach Nordamerika, darunter auch feine Flaschenweine. 1866 wurde Neckarsulm in einem in Klosterneuburg bei Wien herausgegebenen Volkskalender als Vorbild gerühmt. Den vorbildlichen Stand des Neckarsulmer Weinbaus bestätigte 1875 auch eine Abordnung aus Ungarn, die erklärte, „daß sie die Cultur der hiesigen Weingärten noch nirgend so hoch gefunden habe". 1886 kam sogar ein Abgesandter aus Tiflis, um die Organisation der Neckarsulmer Weingärtnergesellschaft zu studieren. 1896 wurde bei der Deutschen Landwirtschaftsausstellung in Cannstatt der Neckarsulmer Clevner als der „Beste" unter 34 ausgestellten württembergischen Weinsorten bezeichnet. Den Weltruf von Neckarsulm haben, so stellte Otto Linsenmaier in seinem Festvortrag zum 150jährigen Jubiläum des Neckarsulmer Weinbauvereins 1984 fest, nicht Räder und Motoren, sondern Neckarsulmer Weine begründet.

Weinbau in Neckarsulm im 19. und 20. Jahrhundert

Das 19. Jahrhundert schließt mit zwei traurigen Ereignissen für den Weinbau: 1896 wurde im Gewann „Galgen und Hang" erstmals ein Reblausherd entdeckt, so daß 40 Morgen Rebgelände ausgehauen werden mußten. 1897 brachte ein Unwetter in der Nacht vom 30. Juni auf 1. Juli in Verbindung mit einem „grausamen Hagelschlag" ertraglose Gärten, Felder und Weinberge, so daß auch 1898 der Ertrag noch „gleich null" war.

Die folgenden anhand der Weingärtnerchronik und der Angaben bei Anton Heyler verfaßten Zusammenstellungen über Weinerträge, Qualität, Preise und Anbaufläche vermitteln einen Überblick über den Weinbau in Neckarsulm in den Jahren 1834 bis 1950.

Überblick über Weinerträge, Qualität und Preise 1834 – 1911[1]

Jahr	Weinertrag[2] 1 Eimer = 2,9 hl	Qualität	Preis von – bis oder Durchschnittspreis[3]
1834	mit 4000 Eimern der größte Ertrag „seit Mannsgedenken"	gesegneter und außerordentlich reichhaltiger Herbstsegen	30 Gulden
1835	3500 Eimer aus ca. 500 Morgen tragbaren Weinbergen	nicht vorzüglich	13 – 22 Gulden
1836	1200 Eimer	Trauben nahmen wegen Trockenheit vor dem Herbst mehr ab als zu	18 – 30 Gulden
1837	reichlich	gering und sauer	10 – 15 Gulden
1838	wenig	gering	18 – 24 Gulden
1839	1/4 eines normalen Herbstes	gering und mit etwas Sauerstoff vermengt	20 – 25 Gulden
1840	hälftiger Herbst	mittelleichter Wein	10 – 18 Gulden
1841	1/4 eines normalen Herbstes	„Wein wollte nicht hell werden", doch etwas besser als 1839	18 – 25 Gulden
1842	hälftiger Herbst (in niederen Lagen reichlich, in der Höhe weniger)	ganz gut	25 – 38 Gulden

---

1 Zusammengestellt nach der im Stadtarchiv Neckarsulm verwahrten Weingärtnerchronik.
2 Bei den Angaben der Erträge pro Morgen handelt es sich um Durchschnittserträge.
3 Bei den Preisen erfolgt bis 1878 die Angabe pro Eimer, ab 1879 pro Hektoliter. Beim Durchschnittspreis wird nach 1855 in der Regel auf den von der Weingärtnergenossenschaft erzielten Preis verwiesen, der zwei bis drei Gulden höher als bei privaten Verkäufern lag.

Jahr	Weinertrag 1 Eimer = 2,9 hl	Qualität	Preis von – bis oder Durchschnittspreis
1843	mittlerer Ertrag	brauchbar	15 – 25 Gulden
1844	etwas reichlicher als 1843, besonders in niederen Lagen	beinahe wie 1840	25 – 44 Gulden
1845	wie 1844	etwas geringer als 1844	34 – 44 Gulden
1846	2200 Eimer	seltener Jahrgang, vorzüglich gut	42 – 66 Gulden (stieg bis 1850 auf 105 Gulden)
1847	2 Eimer pro 1/4 Morgen; die meisten Weinberge waren im August „so verbrannt, daß kein gutes Laub zu sehen war"	gering	18 – 30 Gulden
1848	wie 1847	mittelmäßig	18 Gulden
1849	bei Hagelschäden 1 Eimer pro Morgen, sonst 6 Eimer	für den Weinstock ungünstige Witterung	15 Gulden
1850	4 Eimer pro Morgen	gering; Frühling und Sommer mehr naß als trocken, mehr kalt als warm	8 – 15 Gulden
1851	wenig, 1 ½ Eimer pro Morgen	gering; der ganze Sommer naß und kalt	14 Gulden
1852	3 Eimer pro Morgen	mittelmäßig, bei Clevner-Trauben schöner Reifegrad	20 – 30 Gulden
1853	wenig, 1 ½ Eimer pro Morgen	nicht gut	20 Gulden
1854	6 Imi (ca. 100 Liter) pro Morgen, geringste Menge seit 33 Jahren	mittelmäßig	50 Gulden (Clevner-Most 60 – 70 Gulden)
1855	1 ½ Eimer pro Morgen	reifes, gesundes und gutes Erzeugnis	10 – 67 Gulden, Durchschnitt 51 Gulden
1856	ganz gering, 13 Imi pro Morgen	mittelmäßig	57 Gulden

Jahr	Weinertrag 1 Eimer = 2,9 hl	Qualität	Preis von – bis oder Durchschnittspreis
1857	6 Eimer pro Morgen	erfreulich, starker Wein wie 1846	40 – 100 Gulden, Durchschnitt 55 Gulden
1858	reichlich	wie 1842	25 – 74 Gulden, Durchschnitt 39 Gulden
1859	530 Eimer bei der Weingärtnergesellschaft	fast wie 1857, sehr ergiebiges und fruchtbares Jahr	48 Gulden
1860	2 ½ Eimer pro Morgen	ungünstig	22 – 42 Gulden
1861	klein, im ganzen 1000 Eimer	sehr gut	50 – 130 Gulden (ein bis jetzt noch nicht erreichter Preis von 130 Gulden für 1 Eimer dunkelroten Clevner)
1862	gering, Gesamtertrag 1428 Eimer	erwünscht	50 – 93 Gulden, Durchschnitt 56 Gulden
1863	Gesamtertrag 1171 Eimer	ziemlich gut, ähnlich wie 1858	35 – 90 Gulden, Durchschnitt 46 Gulden
1864	1 Eimer pro Morgen	nicht gut (viele Fröste)	38 – 83 Gulden, Durchschnitt 45 Gulden
1865	2 Eimer pro Morgen	gutes Weinjahr mit sehr saftreichen Trauben, namentlich Trollinger von seltener Vollkommenheit	70 – 199 Gulden, Durchschnitt 86 Gulden
1866	klein, von manchem Morgen nur 1 Imi	mittelmäßig	56 – 80 Gulden
1867	keine Angaben		
1868	außerordentlich reicher Herbstsegen mit 10 Eimer pro Morgen	gut, aber nicht vorzüglich, einer der gesegnetsten Jahrgänge des Jahrhunderts	35 - 105 Gulden, Durchschnitt 54 Gulden

Jahr	Weinertrag 1 Eimer = 2,9 hl	Qualität	Preis von – bis oder Durchschnittspreis
1869	2 Eimer 1 Imi pro Morgen	gehört nicht zu den besseren, minder günstig	35 – 84 Gulden
1870	Ertrag im ganzen 2100 Eimer	von besseren Lagen wie 1869	22 – 61 Gulden, Durchschnitt 38 Gulden
1871	1 ½ Eimer pro Morgen	steht gegenüber früheren Jahrgängen sehr zurück	51 Gulden
1872	von ca. 500 Morgen tragbaren Weinbergen 942 Eimer	etwa wie 1868	87 Gulden
1873	Ertrag im ganzen 3000 Hektoliter (hl)	reicher Segen	111 Gulden
1874	bei der Weingärtnergesellschaft 977 Eimer	ganz günstig	104 Gulden
1875	39,8 hl pro Morgen, der bis dahin höchste Ertrag des Jahrhunderts	nicht ganz so günstig wie 1874	107 M
1876	bei der Weingärtnergesellschaft 625 Eimer	besser als 1875	150 M
1877	bei der Weingärtnergesellschaft etwa 200 Eimer	gering	117 M
1878	1/5 des normalen Herbstes	durchschnittlich eine gute	161 M
1879	außergewöhnlich klein, nur 1/10 Herbst	mittelmäßig	36,70 M
1880	sehr klein, nur 1/12 Herbst	mittlere, stand in keinem Verhältnis zu den enormen Preisen	72,17 M (höchster Ertrag 207 M pro Eimer)
1881	etwa 1/3 Herbst	gut	66,58 M
1882	gering, bei Weingärtnergesellschaft 1730 hl	keine Angabe	31,60 M
1883	bei Weingärtnergesellschaft 2426 hl	gut	53,55 M
1884	bei Weingärtnergesellschaft 3117 hl, in der gesamten Stadt ca. 9000 hl	sehr gut	56,63 M

Jahr	Weinertrag 1 Eimer = 2,9 hl	Qualität	Preis von – bis oder Durchschnittspreis
1885	etwa 1/4 Herbst	ziemlich gut	33,16 M
1886	von 1 Morgen häufig nur 3 bis 4 Butten Trauben gestupfelt	der schlechteste Herbst seit Bestehen der Weingärtner- gesellschaft	44 – 56 M
1887	klein, 1/4 Herbst	gut	70 M (für 1 Eimer Clevner bis zu 462 M)
1888	bei Weingärtnergesellschaft 1563 hl	befriedigend	54 – 108 M
1889	bei Weingärtnergesellschaft 1362 hl	gut bis sehr gut	ca. 56 M
1890	bei Weingärtnergesellschaft 1793 hl	ganz befriedigend	ca. 46 M
1891	sehr schlechter Ertrag, bei Weingärtnergesellschaft 529 hl		ca. 56 M
1892	bei Weingärtnergesellschaft 745 hl	recht gut	guter Preis mit ca. 77 M
1893	bei Weingärtnergesellschaft 2039 hl	recht gut	ca. 63 M
1894	bei Weingärtnergesellschaft 1975 hl	gering	21,67 M (Preise gedrückt)
1895	bei Weingärtnergesellschaft 2650 hl	recht gut, doch trotz vorzüglicher Güte keine ausreichenden Abnehmer	58,10 M
1896	bei Weingärtnergesellschaft 1352 hl	mittelmäßig	33,20 M
1897	Unglücksjahr mit grau- samem Hagelschlag, ertrags- lose Weingärten		
1898	Ertrag gleich null		
1899	ganz wenig, bei Weingärtner- gesellschaft 322 hl	mittlere	ca. 76 M
1900	reichlich, bei Weingärtner- gesellschaft 1944 hl	gut, ein gesegnetes Jahr	56,76 M

Jahr	Weinertrag 1 Eimer = 2,9 hl	Qualität	Preis von – bis oder Durchschnittspreis
1901	Mittelherbst	Weinkäufer kamen nicht, da Wein landauf, landab als gering und minderwertig verschrien war	31,98 M
1902	nur 1/4 Herbst	gering; Wein vor Verkauf erstmals mit Reinhefe behandelt, um Wein rasch in Gährung zu bringen	39,60 M
1903	bei Weingärtnergesellschaft 1802 hl	besser als im Vorjahr	39,90 M
1904	3/4 Herbst, bei Weingärtnergesellschaft 2795 hl	recht guter Mittelherbst	50,23 M
1905	bei Weingärtnergesellschaft 1861 hl	ließ zu wünschen übrig	32,25 M
1906	Ertrag gleich null, große Enttäuschung		
1907	sehr gering, bei Weingärtnergesellschaft 301 hl	vorzüglich	79,77 M
1908	bei Weingärtnergesellschaft 670 hl	brauchbar	53,95 M
1909	verdoppelt gegenüber Vorjahr	mittlere	43,95 M
1910	Gesamterzeugnis auf Markung Neckarsulm nur 300 hl	im allgemeinen gering, gehört zu den allerschlechtesten Weinjahren	61,34 M
1911	bei Weingärtnergesellschaft 589 hl	gut, aber nicht hervorragend (wenig Säure)	94,24 M (gute Preise)

Überblick über die Weinerträge der Gemarkung Neckarsulm 1912 – 1950[1]

Jahr	Fläche im Ertrag ha	Weinertrag hl	Güte	Durchschnittlicher Preis je hl
1912		ein schlechter Jahrgang		
1913		Fehlherbst, mengenmäßig noch unter den Jahrgängen 1906, 1910 und 1912		
1914	126	200	mittel	73 M
1915	140	2300	gut	80 M
1916	150	210	gut	158 M
1917	170	3400	sehr gut „besondere Güte"	290 M
1918	177	1870	mittel	369 M
1919	186	1460	mittel	459 M
1920	185	1260	mittel	1025 M
1921	200	1440	sehr gut	1669 M
1922	202	4200 (mittlerer Herbst)	mittel	9384 M (Inflation)
1923	204	1200	mittel bis gut	82 Rentenmark
1924	205	460	mittel	86 Reichsmark
1925	200	2170 (schwacher Mittelherbst)	mittel	77 RM
1926	200	91 (Fehlherbst nach Frost vom 8./9. Mai)	mittel	128 RM
1927	176	545	gut	148 RM

---

1 Zusammengestellt nach Anton Heyler: Neckarsulm im Auf und Ab eines halben Jahrhunderts, 1950/1955, S. 131-132.

75   Die Weinpatenschaft mit der Stadt Hechingen sollte in den dreißiger Jahren den Neckarsulmer Weinverkauf steigern.

Jahr	Fläche im Ertrag ha	Weinertrag hl	Güte	Durchschnittlicher Preis je hl
1928	173	1590 (Drittelherbst)	gut	133 RM
1929	174	2360	gut bis sehr gut	91 RM
1930	174	2340	mittel bis gut	55 RM
1931	175	3640 (guter Mittelherbst)	mittel	40 RM
1932	170	1240 (Drittelherbst)	gut	60 RM
1933	173	575	gut bis sehr gut	89 RM
1934	160	2500	gut	56 RM

76 Der Weingärtnerverein beim hundertjährigen Jubiläum 1934 vor dem Amorbacher Hof.

Jahr	Fläche im Ertrag ha	Weinertrag hl	Güte	Durchschnittlicher Preis je hl
1935	160	2200	gut	120 RM
1936	145	2400 (1/2 Herbst)	gut	46 RM
1937	150	2500	sehr gut	60 RM
1938	153	2385	mittel bis gut	70 RM
1939	150	2280	gering	60 RM
1940	100	350 (Winterfrost)	gut	70 RM
1941	100	2185	mittel bis gut	73 RM
1942	101	1700	gut	84 RM
1943	125	2000	gut	90 RM
1944	115	400	mittel bis gut	120 RM

Jahr	Fläche im Ertrag ha	Weinertrag hl	Güte	Durchschnittlicher Preis je hl
1945	135	470 (Kriegseinwirkung)	gut bis sehr gut	130 RM
1946	98	1180	sehr gut	170 RM
1947	94	1035	sehr gut	164 RM (bei der Weingärtnergenossenschaft 280 DM, da Verkauf erst nach der Währungsreform)
1948	91	2820	gut	220 DM
1949	91	180 (Fehlherbst nach Totalfrost, Kelter nicht geöffnet)	gut	200 DM
1950	77	4300	mittel	100 DM

Zur Zeit des 125jährigen Jubiläums der Weingärtnergenossenschaft im Jahre 1980 bewirtschafteten die im Voll- und Nebenerwerb im Weinbau stehenden Mitglieder der Genossenschaft aus Neckarsulm und Gundelsheim – 1965 waren die Gundelsheimer Weingärtner zum größten Teil der Neckarsulmer Genossenschaft beigetreten – 45 ha Ertragsrebfläche. Die Hälfte dieser Fläche umfaßte Rotgewächse der Sorten Trollinger, Lemberger, Schwarzriesling und Heroldrebe, weitere 50 Prozent die Sorten Weißriesling, Kerner, Müller-Thurgau, Silvaner und Traminer. Von den abgesetzten Weinen der Genossenschaft gingen 1980 36 Prozent an Weingroßhandlungen und Filialisten, 28 Prozent an Gaststätten, 26 Prozent an Verbraucher und 10 Prozent an sonstige Wiederverkäufer.

Neckarsulm vor der Industrialisierung

VON BARBARA GRIESINGER

Die Napoleonischen Kriege wirkten sich nachhaltig auf die württembergische Wirtschaft aus. Jahrelange Quartier- und Verpflegungskosten hatten die Landwirtschaft völlig ausgesogen und sämtliche Vorräte aufgezehrt, so daß Mißernten in den Jahren 1816/17 schwere Hungersnöte auslösten und die Bevölkerung in weiten Teilen vollends in den Ruin stürzten. Im Bereich des Handels hatten gewinnefressende Steuern vor allem im Bereich des Kolonialwarenhandels bereits während der Kriege durch die Edikte von Trianon und Fontainebleau zu schweren Einbrüchen geführt.[1]
Trotz erster Industrialisierungsansätze im wirtschaftlichen Freiraum der Kontinentalsperre blieb Württemberg bis in die zweite Hälfte des 19. Jahrhunderts hinein ein Agrarland mit hauptsächlich kleinbäuerlichen Betrieben. Ihnen entsprach auf gewerblichem Sektor das kleinbürgerliche Zunfthandwerk, von dem sich, eng verzahnt mit der Landwirtschaft, die Masse der Bürger ernährte. Krisen im Agrarbereich mußten notgedrungen aufgrund der geringeren Kaufkraft der Bevölkerung auch Einbrüche im Gewerbe bedingen. Während in der nachnapoleonischen Zeit die ersten wenigen Fabriken durch die wieder fließenden englischen Importe, der Handel in den größeren Städten nicht zuletzt durch die engen Zollgrenzen in Bedrängnis kamen[2], bemühte sich die Regierung in erster Linie um die Förderung der Landwirtschaft. Zu Beginn des 19. Jahrhunderts hielt sich in den politisch bestimmenden Kreisen der Glaube, daß die Landwirtschaft die Hauptquelle staatlichen Reichtums sei, und führte demgemäß zu einer landwirtschaftlich orientierten Wirtschaftspolitik.[3]
Vor allem durch die Einrichtung der Zentralstelle für Landwirtschaft hoffte man, den Agrarbereich zu reformieren und auf ein höheres Leistungsniveau zu heben. Dazu sollten sowohl der Einsatz neuer Methoden, verbesserter Geräte und Arten führen, als auch die systematische Verbreitung eines modernen Wissens um die Landwirtschaft durch Korrespondenzblätter, örtliche Vereine, landwirtschaftliche Fortbildungsschulen wie auch die Prämierung besonders guter Erfolge im Rahmen von landwirtschaftlichen Festen und die Einrichtung landwirtschaftlicher Versuchsanstalten in Hohenheim. Typisch für die Schwerpunktsetzung der Zeit ist, daß diese rein landwirtschaftlich ausgerichtete Zentralstelle auch für die Gewerbeförderung zuständig war und nicht etwa die halbstaatliche, auf private Unternehmerinitiative zurückzuführende Gesellschaft zur Beförderung der Gewerbe.[4]
Dennoch gelang eine wirtschaftliche Konsolidierung allein durch Hebung der Landwirtschaft nicht. Vielmehr machte dieser weiterhin krisenanfällige Sektor eine stärkere Förderung von Alternativen notwendig. Dies um so mehr, als die Bevölkerung Württembergs

77 *Neckarsulm um 1800. Zeichnung von F. Mayer.*

rapide zunahm und mangels Erwerbsquellen Tausende zur Auswanderung getrieben wurden. Wirtschaftlichen Neuansätzen stand man allerdings speziell in Regierungskreisen weiterhin skeptisch gegenüber, da man einerseits am Erfolg von Industrialisierungsbemühungen in einem rohstoffarmen Land wie Württemberg zweifelte, andererseits die Vorstellungen von sozialen Umschichtungen und vom Enststehen eines Proletariats ängstigten. Gleichzeitig ließen Krisen – vom Preisverfall für landwirtschaftliche Produkte bis hin zur Agrar- und Handelskrise in den vierziger und fünfziger Jahren – den Anteil der Bevölkerung im Bereich der Gewerbetreibenden auf 35 Prozent anwachsen. Ein weiteres knappes Drittel der Württemberger setzte sich aus Tagelöhnern und Bediensteten zusammen. Um diesem Potential an Arbeitskräften eine sichere Existenzgrundlage zu geben, wurde eine stärkere Förderung der Gewerbe, besonders der Industrialisierung notwendig.

Ihren Einsatz fand diese veränderte Wirtschaftspolitik 1828 durch die neue Gewerbeordnung, die den Zunftzwang zumindest einschränkte. Für Fabrikgründungen war nunmehr nur noch eine Konzession vonnöten. Es folgte die allmähliche Öffnung der Zollschranken für den Handel durch die Zollvereinigung mit Bayern 1829 und den Deutschen Zollverein 1834. Der Durchbruch in der staatlichen Förderung des Gewerbelebens ist vor dem Hintergrund der wirtschaftlichen Krisen in der Jahrhundertmitte zu sehen, in der die Einrichtung der Zentralstelle für Handel und Gewerbe (1848) erfolgte. Sie begünstigte die Industrialisierung des Landes durch die Vermittlung von technischem Know-how bis zu Finanzierungshilfen bei Firmengründungen. Ihren ersten Endpunkt fand diese nun liberalem Gedankengut verpflichtete Wirtschaftspolitik 1862 in der völligen Auflösung der Zünfte und der Einführung der Gewerbefreiheit.[5]

Vor diesem Hintergrund kam es zu einer deutlichen Veränderung in Württembergs Wirtschaftsgefüge. Bei der ersten Gewerbeaufnahme von 1832 konnten 257 Firmen registriert werden, von denen 21 Prozent erst ab 1828 entstanden waren. In besonderem Maße war Heilbronn an dieser Entwicklung beteiligt, das sogar „verhältnismäßig die meisten, nämlich 17 Fabriken"[6] beherbergte und sich im Laufe des 19. Jahrhunderts zum Industrie- und Wirtschaftszentrum der Region entwickelte.

Neckarsulm indes kann während der ersten drei Jahrzehnte des Jahrhunderts als typisches Anschauungsmodell der württembergischen Wirtschaftssituation gelten. Bereits 1806 kündigte Oberamtmann Kleiner den Bankrott der Neckarsulmer Landwirtschaft an[7], die unter den Lasten des Krieges zusammenbrach. Dem Handel ging es nicht besser. Durch die hohen Einfuhrsteuern verlor nicht nur der Weinhandel seine traditionellen Absatzmärkte in Baden und Bayern, denen er kein einziges württembergisches Absatzgebiet entgegenstellen konnte und deren irreversiblen Verlust Neckarsulm bereits 1808 fürchtete. Auch der Gipshandel, neben dem Geschäft mit dem Wein die wichtigste Einkommensquelle, stagnierte. Aufgrund immenser Steuererhöhungen verschlossen sich die Märkte am Rhein und in Frankreich. Besonders hart traf dies nicht zuletzt die ärmeren Schichten Neckarsulms, die sich durch das Graben und Führen von Gips eine letzte Verdienstquelle erhalten hatten. Betroffen war ferner der Viehhandel mit Baden, wo Mastvieh aus Neckarsulm verkauft und mageres Vieh zur Aufzucht eingekauft wurde, wie auch der Kommerz mit Masseleisen. Während Baden seinen Bedarf aus anderen Quellen decken konnte, fehlte im Amtsbereich bereits dringend das aus Baden importierte Holz, das die königlichen Salinen, der wirtschaftliche Schwerpunkt des Oberamts, in großen Mengen brauchten. Nicht zu Unrecht fürchtete man in Neckarsulm deshalb den allzu radikalen Schlag in eigenen Wäldern.[8]

Die katastrophale finanzielle Lage des Oberamts in den zwanziger Jahren war das Ergebnis dieses wirtschaftlichen Niedergangs, der es den Bürgern unmöglich machte, ihre steigenden Steuerschulden zu begleichen. Nicht nur in den Mißjahren im Weinbau, sondern auch in den unzähligen Steuern und Abgaben sah Stadtschultheiß Becker die Gründe für den Niedergang der Wirtschaft und demzufolge auch der städtischen Finanzen: „Handel und Gewerbe wurden allenthalben verschlossen, der Wohlstand sank mit schnellen Schritten und an dessen Stelle traten Armuth und Elend."[9] Konkreter ausgedrückt hieß das, daß zuvor noch bemittelte Bürger aufgrund kolossaler Verschuldungen ihren Besitz verloren und auf das soziale Niveau lohnabhängiger Tagelöhner absanken. In der Tat setzte sich die Bevölkerung Neckarsulms 1820 aus 252 Bauern und Weingärtnern, 140 Handwerkern und 170 Tagelöhnern zusammen, d.h. auf der Stufe des Tagelohns standen bereits 28 Prozent der Berufstätigen in Neckarsulm. Unter den Handwerkern befanden sich acht Handelsleute, vier Schild- und zwei Judenwirte. Aber nur „sehr wenige können sich vom Handwerk allein ernähren, sondern müssen sich auch dem Feldbau widmen und der größte theil der Bauern und Weingärtner ist im strengen Sinne mehr Tagelöhner für andere als für sich selbst bestehender Oeconom zu betrachten"[10]. Vergleicht man die Belegungsdichte im Handwerkerstand der Oberämter, erscheint Neckarsulm noch nicht einmal in der Spitzengruppe. Sogar bei den höchstbesetzten Handwerkern – den Leinenwebern, Metzgern, Schneidern, Schuhmachern und Maurern – rangiert das Oberamt Neckarsulm im unteren Drittel.[11] In Gang gekommen war der Gipshandel wieder, und mit dem Transport des fleißig gegrabenen Gipses vom Bruch zu den Mühlen bzw. zum Neckar konnten wenigstens die Pferdebauern

„einen ansehnlichen Verdienst gewinnen"[12]. Aber auch im Handelsstand sind Geschäftsaufgaben greifbar. Nicht anders läßt es sich erklären, daß das Zunftprotokoll Ende 1818 namentlich noch zehn Kaufleute in Neckarsulm aufzählt, zwei Jahre später jedoch nur noch von acht Händlern die Rede ist. Die zehn Genannten sind Anton Susset, Ludwig Domino, Bernhard Kraft, Anton Lang, Joseph Anton Pecoroni, Ignaz Maier, Max Domino, Bernhard Dominos Witwe, Franz Sambeth und Franz Lanzano.[13]

Noch im Jahre 1824 bestätigte der katholische Seelsorger in seinem Pfarrbericht, daß der größte Teil der Bevölkerung arm sei.[14] Plastischen Eindruck von den Nöten der Neckarsulmer Handwerker gewähren die Bitten um Konzession zur Herstellung eines Salzgemisches aus der Muttersalzlauge der nahen Friedrichshaller Saline, das bei der Seifensiederei Verwendung finden sollte. Der Bittsteller Franz Fiala, ein Schmied, war 1824 dringend auf der Suche nach einer weiteren Einnahmequelle, denn seine Profession betrieb er zwar „so gut als möglich, jedoch der gegenwärtig drückende allgemeine Geldmangel sezt mich bei dem bekannten verarmten Zustand des größten Theils der Fuhrleute und Bauren nicht selten in große Verlegenheit. Arbeit habe ich genug, aber die Bezahlung meines Verdienstes fehlt."[15] Er hoffte, das Salzgemisch bei den Seifensiedern schnell abzusetzen und den Rest als Dung auf seinen Feldern zu benutzen. Ähnlich erging es dem Metzger David Schädel, der ebenfalls eine Sodasiederei mit Handel eröffnen wollte. Auch er sah sich außerstande, seine große Familie von seinem erlernten Handwerk zu ernähren, weil er bei der großen Anzahl der Metzgermeister in Neckarsulm sein „Gewerbe nur mit Schaden treiben" konnte. Mangelnde Liquidität der Kunden und zu stark besetzte Handwerksberufe brachten die Meister in Not. Um

78 *Mehr Geschäftsglück als die Neckarsulmer Salzgemischfabrikanten hatte der gebürtige Haßmersheimer Friedrich Heck als Kaufmann, Spediteur, Schiffer und Vertreter der Königlich-Württembergischen Saline von Friedrichshall gegen Ende des 19. Jahrhunderts. Davon kündet die Büste mit den Symbolen für Schiffahrt und Bergbau am ehem. Heckschen (später Burckhardschen) Haus Marktstraße 4.*

seinem Schwiegersohn wenigstens eine Arbeitsmöglichkeit zu verschaffen, hatte Franz Fiala ihm beispielsweise bereits die Hälfte seiner Schmiede versprochen. Zweifellos war dies für keinen von beiden eine ausreichende Existenzgrundlage. So war Fiala auch nicht mehr in der Lage, das für die Herstellung des Salzgemischs notwendige Gebäude zu errichten. Die Produktion wurde ins Haus seines Schwagers Berthold verlegt. Für die Gründung eines auch noch so kleinen Gewerbes war dies eine denkbar ungünstige Ausgangslage. Neben Fiala erhielten im Oberamt insgesamt acht Handwerker die Genehmigung, Salzgemisch herzustellen. Es durfte auf keinen Fall unter dem Namen Soda und schon gar nicht als Koch- oder Viehsalz verkauft werden, um dem staatlichen Salzmonopol nicht zu schaden. Indes drängte sich den Behörden bereits 1825 der Verdacht auf, daß genau dies geschah. Nach chemischen Untersuchungen der Produkte, mit denen nicht nur in Fialas Salzgemisch um die 90 Prozent Kochsalz nachgewiesen wurden, mußten alle Mittelsalzfabrikanten ihre Tätigkeit einstellen. Die Familie des Schmieds sank nach einem knappen Jahr der Hoffnung, in dem man einen nicht unbedeutenden Absatz hatte verzeichnen können, wirtschaftlich wieder ab. Nach einem Jahr Mittelsalzproduktion waren noch nicht einmal die Betriebskosten gedeckt.

Die Oberamtsvisitation von 1835 bestätigte, daß sich an der grundlegenden Problematik lange nichts änderte. Es wurden im Oberamt Neckarsulm „alle gewöhnlichen Gewerbe für die ordentlichen Bedürfnisse betrieben"[16], und es gab auch durchaus „ausgezeichnete Meister", aber der Umfang der Gewerbebetriebe war eben immer noch „nicht im Zunehmen, weil der Verdienst unter zu viele Meister sich theilt". Allein in der Amtsstadt arbeiteten in verschiedenen Gewerben immer noch 134 Meister, d.h. nicht unerheblich weniger als um 1820. Der Visitationsbericht zählt sie detailliert auf:

5 Metzger	2 Dreher
11 Bäcker	2 Seifensieder
2 Müller	3 Seiler
1 Zuckerbäcker	4 Schmiede
5 Steinhauer, Maurer und Tüncher	2 Nagelschmiede
	3 Wagner
3 Zimmerleute	4 Schlosser
21 Schuhmacher	3 Bierbrauer
8 Schneider	1 Schneidemühle
8 Schreiner	1 Lackierer
8 Weber	1 Uhrmacher
12 Küfer	1 Tuchmacher
6 Schildwirte	1 Buchdrucker
2 Glaser	1 Kammacher
2 Flaschner	2 Pflästerer
2 Sattler	1 Gerber
1 Hafner	6 Kaufleute
1 Kaminfeger	4 Gipsmühlen[17]
2 Wachszieher	

79/80   Die Bäckerei Glück 1912 in der Frühmeßgasse und 1913 in der Sulmstraße.

Einen Überblick über die Gewerbeentwicklung bis in die zweite Jahrhunderthälfte hinein geben die Übersichten über Gewerbe- und Handelsbetriebe.[18] Sie bestätigen für einen größeren Zeitraum die starke Besetzung des Handwerks, gewähren aber auch Einblick in die Handelssphäre, in den Mühlensektor, in Gastronomie und Getränkefabrikation. Im Handelsbereich sind Fabriken und Manufakturen inbegriffen. Ab 1847 werden sie mit zwei, ab 1867 mit drei Vertretern genannt. Ungeklärt bleibt bislang, welche sicherlich kleinen Einrichtungen gemeint sein könnten:

	1823	1829	1841	1844	1847	1853	1856	1860	1863	1867
Handwerk/	142	158	232	230	223	199	189	184	194	194
davon Kleinhandel			30	26	21	14	12	10	12	12
Handlungen	9	12	15	16	19	23	21	13	15	29
Manufakturen/ Fabriken	–	–	–	–	2	2	2	2	2	3
Mühlen/ Werke	10	9	6	6	6	6	6	8	8	4
Wirte	42	37	41	40	32	31	28	27	28	31
Schildwirte			6			8	8	8	8	7
Getränke- fabrikation/ Brauereien	17	14	22 4 B/E	20	20	22 4 B/E	19 4 B	19 4 B	20 4 B	19 4 B

B = Bier E = Essig

Nicht nur das Handwerk, auch der Kaufmannsstand war relativ klein und unbedeutend, wies kein größeres Etablissement auf und befriedigte nur lokale Bedürfnisse. Probleme mit Hausierern und kleiner Konkurrenz wie dem 1839 Baumwollstoff verkaufenden Weber Lebtig, der, um seinen Lebensunterhalt zu verdienen, überdies noch in der Schaeuffelenschen Papierfabrik in Heilbronn arbeiten mußte, bilden die wichtigsten Punkte im Protokollband der Innung.[19] Es gab laut Protokoll 1852 sieben Kaufleute in der Stadt, allesamt mit Geschäften kleineren Stils. Sambeth und Becker handelten mit Spezereien und Ellenware, d.h. mit Stoffen. Weitere fünf Kaufleute trieben einen Handel mit Lebens-

81 Der letzte Rotgerber Franz Bender in der Marktstraße 50.

82 Prosperierendes Handwerk in der Rathausstraße: Die Flaschnerei Carl Schädel.

83 Die Marktstraße: Hauptgeschäftsstraße von Altneckarsulm im frühen 20. Jahrhundert. Links: der „Goldene Löwe", Buchdruckerei Grosskinsky, Bäckerei Pecoroni (Josef Fischer), Metzgerei Ohrnberger, Haus Gebrüder Susset, Kaufhaus Diemer, Kaplaneihaus, Sattlerei Berthold (das letzte Haus, am Giebel erkennbar); hinten: Colonialwaren und Wachs Carl Pecoroni, Victor Ihlein (Glaserei?), Eingang zur Judengasse; rechts: die „Rose", das Rathaus, Drogerie Bender.

Neckarsulm vor der Industrialisierung

mitteln, einer davon hatte aber auch ein Eisenwarenlager. Schließlich verkaufte Tuchmacher Lindenmaier „selbstgefertigte ordinaire Tuche". Außer diesen Genannten gab es noch zwei Krämer am Ort. Einer davon war Kammacher Schindler, der mit Kinderspielzeug handelte. Der andere – Donant – verkaufte Geschirr, Schafwolle, Garn, gebleichte und ungebleichte Feinware und Viktualien. Da Sambeth in dieser Zeit den Stoffhandel aufgab, genehmigte die sehr restriktiv mit Konzessionen umgehende Innung Hermann Rheinganum den Handel mit Stoffen und Anzügen, den er bisher nur als Hausierer betreiben durfte.[20]

Ähnlich skizzierten die Kaufleute 1856 die Situation des Handels im gesamten Oberamtsbezirk. Ihr Bericht ist deshalb so interessant, weil hier die gesamte wirtschaftliche Lage des Oberamtes zusammenfassend dargestellt ist. Neben fünf großen Handelsmühlen, die allesamt nicht in der Oberamtsstadt lagen, in Öl und Getreide arbeiteten und ins Ausland verkauften, ging Getreide auch über die Heilbronner Schranne ins Oberland. Ferner baute man Zichorie, Zuckerrüben und Tabak an. Dieser Anbau war „in schnellem Zunehmen begriffen"[21], was auf die Firmen der Nahrungs- und Genußmittelbranche in der Umgebung – die Zuckerfabriken in Heilbronn und Züttlingen, Knorr und verschiedene Tabak verarbeitende Betriebe – zurückzuführen war, die die Nachfrage steigerten. Raps, Kleesamen und Hopfenanbau waren unbedeutend, dafür wurde gedörrtes Obst bis nach Amerika ausgeführt. Durch die Einführung des Branntweingesetzes hatten viele Brennereien das Geschäft aufgegeben, und

84 Das letzte Neckarfloß auf der Fahrt flußabwärts mit Oberflößer Ferdinand Dollmann 1935.

durch die Eisenbahn hatte der Weinhandel Einbußen erlitten, „da die Käufer des Oberlandes sich nach Baden wendeten"[22]. Essig wurde im ganzen Bezirk nicht hergestellt, und das ziemlich viel gebraute Bier nicht ausgeführt, sondern vor Ort verbraucht. Metallverarbeitung fand nur in der Glockengießerei zu Kochendorf in großem Maßstab statt. Mäßig dagegen war die Pottaschesiederei in Gundelsheim und Kochendorf zu nennen. Auch Wollindustrie, Leinen- und Baumwollspinnerei, Weberei oder verwandte Zweige bestanden im Bezirk nicht, der Verkehr in Leder war „sehr unbedeutend". Die Viehzucht dagegen blühte. Wichtig in diesem Zusammenhang ist vor allem der Hinweis auf den Holzhandel. Hauptsächlich Eichen wurden nach Holland geflößt. Holzschneidemühlen gab es in Offenau, Möckmühl und Neckarsulm selbst, „von denen übrigens soweit bekannt ist nichts ins Ausland geht"[23]. Über die Flößerei findet sich noch genauere Auskunft: Sie „wird nur in Eichenholz und etwas Tannenholz und die Schiffahrt nur in Gyps in beiderley Beziehung jedoch nur in unbedeutendem Umfang getrieben"[24]. Dennoch erhielt gerade der Neckarsulmer Holzhandel um die Jahrhundertmitte durch den Zuzug Alexander Fischels aus Bacharach am Rhein[25] einen wichtigen Impuls. Der junge Holzhändler heiratete in die Familie Brunner ein, eine der ersten Familien der Stadt. Er selbst brachte ein Vermögen von 10 000 fl. mit und baute eine Holzhandlung auf, die bereits 1858 ein Siebtel des hohenlohischen Gesamtholzertrags, nämlich 107 381 Kubikfuß Langholz, aufkaufte.[26] In diesem Zusammenhang erweiterte sich vermutlich auch das Neckarsulmer Flößerwesen, das im ersten erhaltenen Gewerbesteuerkataster der Stadt von 1877 einen Personalstand von 22 Mann aufweist.[27]

Bei den Aufzeichnungen des Vorstandes der Kaufmannsinnung präsentiert sich der Bezirk Neckarsulm 1856 insgesamt vorwiegend landwirtschaftlich orientiert. Der Handel beschränkt sich fast ausschließlich auf Produkte der Feld- und Waldwirtschaft. Weite Passagen gelten in erster Linie der landwirtschaftlichen Produktion. Dieser Eindruck verstärkt sich noch, wenn man einen Blick auf die Gründung wirtschaftlich orientierter Vereine wirft. Als erster Verein, der sich mit wirtschaftlichen Verbesserungen befaßte, konstituierte sich im Rahmen der erwähnten württembergischen Wirtschaftspolitik im Jahr 1834 der Weinbauverein in Neckarsulm. Es überrascht nicht, daß sich gerade die Weingärtner, deren Metier das Fundament der städtischen Wirtschaft bildete, als erste organisierten. Als zweiter Verein bildete sich fünf Jahre später der landwirtschaftliche Bezirksverein, der sich Karlsverein nennen durfte, weil er am Geburtstag des Kronprinzen Karl zum erstenmal zusammentrat. Hier war entsprechend der realen landwirtschaftlichen Situation im gesamten Oberamt die Sonderstellung des Weinbaus zugunsten einer umfassenden landwirtschaftlichen Förderung aufgegeben worden.[28] Ihm gliederte sich auch eine Abteilung für Handel und Gewerbe an, die allerdings entweder nur theoretisch in den Statuten festgeschrieben oder nicht sonderlich aktiv war. Der Innungsvorstand der Kaufleute weiß nämlich 1856 zu berichten: „Gewerbe Vereine oder sonstige Anstalten für Förderung von Gewerbe und Handel bestehen im Bezirke nicht."[29] Erst 1864 – also deutlich später, was die sekundäre Bedeutung von Handel und Gewerbe nochmals unterstreicht – entstand in Neckarsulm ein Gewerbeverein. Es ist anzunehmen, daß die Vereinsgründung letztlich sogar im Zusammenhang mit der endgültigen Auflösung der Zünfte steht. Denn bereits 1862 findet man die Kaufleute auf der Suche nach einer neuen lokalen oder wenigstens regionalen Interessenvertretung. Sie schlugen zu-

85 Fahnenweihe des Weingärtnervereins zum 40jährigen Jubiläum 1874.

nächst vor, für jedes Oberamt eine eigene Handelskammer einzurichten. Auf diese Weise „würde die Handelskammer dem Gewerbetreibenden des speziellen Bezirks näher stehen und daher dessen Interesse sowie das Gewerbe überhaupt mehr fördern können"[30]. Eine solche lokale Interessenvertretung riefen die Gewerbetreibenden 1864 mit dem Gewerbeverein ins Leben.

Dennoch blieb die Bevölkerung auch in der Oberamtsstadt vornehmlich landwirtschaftlich orientiert. Die Oberamtsbeschreibung weiß, daß sich noch 1880 drei Viertel der Bevölkerung vom Weinbau ernährten.[31] Diese Zahl sank zwar, aber 1895 waren immer noch 1050 Personen, ein Drittel der Einwohnerschaft, hauptberuflich in der Landwirtschaft, vor allem im Weinbau, tätig.[32] Handwerk und Handel beschränkten sich „im allgemeinen auf die Befriedigung der Bedürfnisse der Einwohner"[33]. In dieser Aussage decken sich Oberamtsbeschreibung und das Gewerbevereinsprotokoll. Dennoch sind in bestimmten Bereichen natürlich Entwicklungen zu verzeichnen. Hervorzuheben ist in diesem Zusammenhang die Neckarsulmer Bierbrauerei. Zu Beginn des Jahrhunderts teilten sich zwei Bierbrauer den Markt in der Oberamtsstadt: die Brauerei der Familie Brunner im „Prinz Carl" und die Josef Maiersche Brauerei. Beide wurden sie nicht von gelernten Bierbrauern geleitet, die ebensowenig wie ihre Kollegen im Oberamt in der Lage waren, „Bier das dem in Bierländern fabricierten nichts nachsteht zu brauen, das die gehörigen Bestandteile von Hopfen und Gerstenmalz hat und dem Ausschankpreis angemessen ist"[34]. Es fehlte an Konkurrenz und Wetteifer ebenso wie an der Ausbildung. So befand die Bierbeschau das Brunnersche Bier „ganz schlecht, schwach säuerlich, ohne Hopfen und jung"[35]. Dem jungen, hopfenlosen und süßen Maierschen Gebräu konnte aber auch kein besseres Zeugnis ausgestellt werden. Bis in die zweite Jahrhunderthälfte hinein, möglicherweise im Zusammenhang mit einer Weinbaukrise, verdoppelte sich die Anzahl der Brauereien. Drei waren in Gasthöfen eingerichtet, nämlich im „Prinz Carl" und in der „Rose", den ältesten Etablissements, ferner auch im „Löwen", während Bierbrauer Weinig nur eine Schenke betrieb. Die größte Brauerei, in der Oberamtsbeschreibung als Dampfbrauerei hervorgehoben, befand sich im „Prinz Carl" und war kurz nach dem Tod von Louis Brunner an Anton Blümel übergegangen. Während noch 1856 Bier nur für den lokalen Bedarf hergestellt worden war, bildete es nun den einzigen „namhaften Ausfuhrartikel"[36].

Namentliche Erwähnung fand in der Oberamtsbeschreibung nur der Bildhauer Zartmann, dessen Kundenstamm sich bis Baden und Bayern erstreckte. Alle anderen Handwerkerfamilien, deren traditionsreiche Geschäfte teils noch heute zum Gewerbeleben der Stadt zählen, blieben ungenannt. Besonderes Gewicht legte die Oberamtsbeschreibung nur noch auf die Kunstweberei Diemer, die sie mit acht Arbeiterinnen zu den bedeutenderen Gewerbeanstalten rechnete.[37] Diese Weberei hatte 1866 der im württembergischen Zentrum für Textilindustrie zum Kunstweber ausgebildete Simon Diemer von seinem Vater übernommen und ausgebaut. Neben handgewebten Tuchen stellte Diemer auch maschinell gefertigte Strickwaren her und soll nach Familienüberlieferung periodisch bis zu 50

86 *Auf der Landesgewerbeausstellung 1881 in Stuttgart erhielt der Karlsverein die Bronzemedaille.*

Mädchen an den Strickmaschinen beschäftigt haben. Möglicherweise datiert die teurere Ausstattung des Betriebs in die 80er Jahre, als sich in Neckarsulm Christian Schmidts Strickmaschinenfabrik niederließ, denn in dieser Zeit klettert Diemers Gewerbesteueranschlag von 1882 auf 2395 Mark[38], was mit der Modernisierung der Werkstätte zusammenhängen könnte. Zugleich wurde der Produktion eine Warenhandlung angegliedert, die dann zunehmend ausgebaut wurde, da das Strickerei-Hausgewerbe einerseits zusehends unrentabler wurde, andererseits 1892 Diemers Lieferant Schmidt die Strickmaschinenproduktion einstellte. Im selben Jahr ging auch das Diemersche Steuerkapital auf 675 Mark zurück, und der Ausbau der Handlung von

Kurz-, Weiß- und Wollenwaren wurde systematisch betrieben.[39]

Gerade die Entwicklung von Handel und Marktwesen bewegte sich Ende des 19. Jahrhunderts in Neckarsulm rückläufig, was die Oberamtsbeschreibung als Wirkung der Eisenbahnverbindung nach Heilbronn darstellte, die eine Verödung der Straßen nach sich gezogen habe. Auch wenn der Umsatz der beiden Neckarsulmer Krämermärkte unbekannt ist, die wenigen überlieferten Daten aus dem Jahr 1881 unterstreichen ihre geringe Bedeutung. Die Krämermärkte, die am Ostermontag und an Martini stattfanden, besuchten nur 17 Verkäufer. Jeder Jahrmarkt war auch mit einem Schweine- und Rindermarkt verbunden. Dabei verkauften 1881 ca. elf Schweinehändler sieben Stück, und 12-15 Händler brachten acht bis zehn Rinder an den Mann.[40] Als Vergleichswerte sollen die Händler- und Verkaufszahlen der Heilbronner Krämer-, Rinder- und Schweinemärkte dienen. Zur selben Zeit besuchten 2448 Verkäufer die acht Krammärkte der Stadt, auf sechs Rindermärkten machten 3800 Händler einen Umsatz von 1,6 Mio. Mark mit dem Verkauf von 7500 Stück Vieh. Zu den sechs Schweinemärkten kamen 1600 Schweinehändler nach Heilbronn.[41] Zweifellos kann die Wirtschaftskapazität der ehemaligen Reichsstadt nicht direkt mit der des kleinen Landstädtchens Neckarsulm verglichen werden. Da das Zentrum Heilbronn aber natürlich weiteres Wirtschaftspotential anzog, gereichte die große Nähe zu diesem Mittelpunkt unterländischen Wirtschaftslebens Neckarsulm zum deutlichen Nachteil. Dies mußten wohl auch die Räte der Stadt zugeben, die erklärten, daß „die Gewerbe- und Verkehrsverhältnisse hier durch die Nähe der Stadt Heilbronn beschränkt" seien.[42]

Es nimmt deshalb auch nicht wunder, daß sich der bereits erwähnte Alexander Fischel von einem Umzug nach Heilbronn ebenfalls Vorteile für seinen Holzhandel ausrechnete und 1885 Neckarsulm verließ. Der in Neckarsulm verbliebene kleine Filialbetrieb fand 1891 sein Ende.[43] Gewisse Nachteile sollte die Nähe zu Heilbronn auch im Hinblick auf die Industrialisierung Neckarsulms bringen. Allein die Ansätze blieben in Oberamt und Stadt Neckarsulm lange recht vage. Das 1834 entstandene Verzeichnis der im Königreich Württemberg befindlichen Fabriken und Manufakturen nennt im ganzen Oberamt neben den Salinen nur drei Betriebe: die Schnupf- und Rauchtabakfabrik Müller in Kochendorf, die Roigheimer Papiermühle und schließlich eine in Neckarsulm entstehende Tuchfabrik.[44]

Es ist bekannt, daß das 19. Jahrhundert die Begriffe „Fabrik" und „Fabrikant" nicht im heutigen Wortsinne verwendete. Eine saubere begriffliche Trennung zwischen den Produktionsformen des Handwerks, der Manufaktur und der Fabrik, die heute als Produktionsstätte definiert wird, „in der eine größere Anzahl von Menschen in arbeitsteiliger Organisation mit Hilfe von Antriebs- und Arbeitsmaschinen oder chemischen Prozessen in regelmäßigem Ablauf Güter produziert"[45], gab es nicht. Daß es sich bei den genannten Betrieben um Fabriken im engeren Sinne handelte, ist sehr unwahrscheinlich, zumal die Oberamtsvisitation 1835 die Existenz solcher fabrikmäßigen Gewerbeanlagen negiert.[46] Selbst um die Jahrhundertmitte lassen sich noch keine Ansätze zu fabrikmäßiger Produktion in Neckarsulm ausmachen. Bei näherem Hinsehen erkennt man in dem Neckarsulmer „Tuchfabrikanten" den Tuchmacher Lindenmaier, der zweifellos auf handwerklicher Basis[47] arbeitete. Auch die Bierhefefabrik, die die Oberamtsbeschreibung noch 1880 zu den bedeutenderen Gewerbeanstalten zählte, läßt sich nach heutigen Maßstäben ebensowenig als Fabrik bezeichnen. Der 1867 von Küfer Christoph Geiger gegründete Betrieb, der sicher im Zusammenhang mit dem Erstarken der Neckarsulmer Brauereien steht, hat möglicherweise sogar niemals selbst Hefe hergestellt. Sowohl Geiger, der 1880 starb, als auch seine Witwe werden in Neckarsulmer Nachlaßakten durchgängig als Hefehändler bezeichnet. Es gibt keinen Anhaltspunkt für eine eigene Produktion, dafür aber Rechnungen von Hefekäufen bei einer bayerischen Hefefabrik.[48]

Dagegen präsentiert sich Heilbronn bereits 1832 als bedeutender Industriestandort mit der größten Betriebsdichte in Württemberg. Die Firmen hatten zwar mit durchschnittlich 17 bis 32,5 Arbeitern eine relativ geringe Betriebsstärke, entsprachen jedoch klar den Anforderungen einer tatsächlichen Fabrik laut Definition.[49]

Während sich bis zur Jahrhundertmitte im Oberamtsbezirk langsam kleine Ansätze zur industriellen Produktion herausbildeten, blieb Neckarsulm selbst von fabrikmäßigen Betrieben unberührt. Der Schwerpunkt lag im Oberamt – abgesehen von kleineren Produktionsstätten in Kochendorf, Gundelsheim und Roigheim – einerseits auf den staatlichen Salinen Friedrichshall, später auch Offenau, andererseits auf der 1839 gegründeten Zuckerfabrik in Züttlingen.

Welche in bezug auf Neckarsulm spezifischen Gründe für den fehlenden Industrialisierungsimpuls ausschlaggebend waren, zeigt ein Blick auf den Mühlensektor der Stadt, denn der Übergang zur industriellen Produktion lief häufig über „die Zwischenstufe der Mühlenbetriebe"[50]. Gerade im Fall Heilbronns wurden Mühlen, oft in der Hand des städtischen Kolonialhandels, zu Keimzellen von Industriebetrieben, sei es nun in der Chemie-, Papier- oder einer anderen Branche. Die reichlich vorhandene Wasserkraft des Neckars, die zum Maschinenantrieb benötigt wurde, bildete dabei eine grundlegende Voraussetzung.

Noch wichtiger aber war in der Frühphase der Industrialisierung die Verfügbarkeit von Kapital, da es kaum Möglichkeiten zur Fremdfinanzierung unternehmerischer Initiativen gab.[51] Hilfreich war auch der Zugang zum technischen Know-how bereits stärker industrialisierter Länder. Über beides verfügten Heilbronner Großhandelsfamilien mit ihren weitreichenden Beziehungen zum höher technisierten Ausland, vor allem zu England. Dies bildete eine tragfähige und günstige Grundlage für die bereits in der ersten Jahrhunderthälfte weit fortgeschrittene Heilbronner Industrialisierung.[52]

In Neckarsulm indes waren schon die natürlichen Voraussetzungen im Mühlensektor ungleich ungünstiger. Während die Neckarmühlen die Möglichkeit zum Ausbau bereits aufgrund des hohen Energiepotentials des Neckars boten, war und blieb die verfügbare Wasserkraft der Neckarsulmer Mühlen gering, die durchweg an der kleinen Sulm lagen, deren Wasserkraft im Jahresablauf größeren Schwankungen unterworfen war. So nutzten die Neckarsulmer Mühlen – die Reisach-, Näher- und Brunnermühle – um 1862 Wasserkräfte, die insgesamt lediglich zwischen 33 und 39 PS lagen. Mit 14–15 PS verfügte die Reisachmühle über die höchste, die Brunnermühle mit 9–12 PS über die geringste Antriebskraft.[53] Zwanzig Jahre später war das Energiepotential der Sulm völlig ausgeschöpft, nachdem die Reisachmühle die Antriebskräfte auf 30 PS erhöht hatte und Näher- und Brunnermühle, in der bereits Christian Schmidt arbeitete, ihr Potential auf 26 bzw. 22 PS gesteigert hatten.[54] „Am Neckarfluß wäre noch eine Wasserkraft auszunützen und könnten etwa 70 bis 80 Pferdekräfte angenommen werden", faßte die Zentralstelle für Handel und Gewerbe ihre Erhebungen zusammen.[55] Diese Wasserkraft war und blieb jedoch ungenützt, einerseits weil Fabriken inzwischen zunehmend auf Dampfkraft zurückgriffen, die sie von natürlichen Bedingungen und Standorten am Wasser unabhängiger machten, andererseits aber war das Neckarufer Neckarsulms von alters her durch Überschwemmungen gefährdet und somit als Standort nicht vorteilhaft. Noch 1895 zog deshalb Martin Hespeler zur Errichtung seines Holzwerks vom Neckarufer entfernt gelegene Grundstücke vor.[56] In den natürlichen Gegebenheiten lag zwar keine besondere Begünstigung, keineswegs jedoch der ausschlaggebende Grund für mangelnde unternehmerische Initiative in Neckarsulm. Wesentlich hemmender wirkte sich der Kapitalmangel aus.

Die einzige Neckarsulmer Familie mit einem entsprechenden finanziellen Hintergrund wäre Anfang des Jahrhunderts die Familie Peter Heinrich Merckles gewesen. Er besaß nicht nur das Gasthaus „Löwen", sondern auch die größte der Sulmmühlen, die Reisachmühle, die 1826 auf über 15 000 fl. geschätzt wurde, und trieb einen lukrativen Gipshandel. Auf 164 669 fl. belief sich das Vermögen im Jahr 1826, von denen nur 32 614 fl. in Grundstücken festlagen. Das Geld erscheint größtenteils in das Salinenwesen investiert, etwa vier Fünftel des Vermögens bestanden in Salinenaktien. Auch Salzbohrversuche in der Schweiz hatte man unterstützt, dabei allerdings etwa 21 000 fl. verloren. Doch Peter Heinrich Merckle war schon 1821 verstorben. Als ihm fünf Jahre später seine Frau in den Tod folgte, wurde das Vermögen unter die drei teils noch unmündigen Erbinnen verteilt, die Reisachmühle verpachtet und war damit für unternehmerische Aktivitäten nicht mehr verfügbar.[57]

Als typisches Beispiel für Neckarsulmer Verhältnisse kann die Familie Brunner, Besitzer der Brunnerschen Mühle, der späteren Keimzelle des wichtigsten Neckarsulmer Betriebes, gelten. Joseph Ludwig Brunner war Werkmeister, Bierbrauer und Besitzer des Gasthauses „Prinz Carl" sowie zweier Mühlen an der Sulm und am Hängelbach. Seine Familie gehörte zu den ersten und wohlhabendsten Neckarsulms. Die Brunnermühle bestand als Gips-, Öl- und Schneidemühle nebst Scheune und Gipsremise im Wert von 5000 fl. Auch in der kleinen Mühle am Hängelbach, der späteren Boppschen Mühle, wurde Gips gemahlen. Mit einem Gesamtwert von 7000 fl. lag der wirtschaftliche Schwerpunkt Brunners indes nicht auf dem Mühlenbereich, sondern in der Gastronomie, deren Gebäude auf 11 000 fl. geschätzt wurde. Als er 1814 starb, hinterließ er ein Vermögen von 35 393 fl. 49 Kr. Davon steckten 27 060 fl. in Gebäuden und Grundbesitz, vor allem Äckern und Weinbergen. An Bargeld waren lediglich 170 fl. vorhanden, zu denen sich noch knapp 800 fl. an Aktiva addierten. Frei einsetzbare größere Kapitalmengen, wie sie zur Entwicklung eines fabrikmäßigen Unternehmens aus den Mühlen nötig gewesen wären, waren in einer Hand in Neckarsulm eben nicht vorhanden.[58]

Das Neckarsulmer Kapital blieb in Grund und Boden und Landwirtschaft gebunden. Dies um so mehr, als der Bezirk durch Weinbau und den zunehmend auf die Heilbronner Industrie zugeschnittenen Feldbau „zu den gesegneten gerechnet werden kann, woher es kommen dürfte, daß die Industrie hier weniger anziehend erscheint"[59]. Die landwirtschaftliche Prägung blieb in Stadt und Amt also erhalten. Es bedurfte speziell im Industrialisierungsprozeß der Stadt des Impulses von außen. Eine Vorbedingung war dazu unerläßlich: der Anschluß an das Eisenbahnnetz. Nachdem die Haupttrassen des württembergischen Eisenbahnnetzes fertiggestellt waren, faßte die Regierung 1856 den Entschluß, das Liniensystem auszubauen, nicht zuletzt wegen der enormen volkswirtschaftlichen Vorteile, die aus der Entwicklung der Staatsbahn sowohl für den

Staat als auch für wirtschaftliche Entwicklung der angeschlossenen Städte und Regionen resultierten.[60] Als 1857 die Zukunftskarte über die württembergische Eisenbahn vorgelegt wurde, hatte man bei den Projekten das besondere Augenmerk auf die Nutzung und Verbindung der Strecken für den Transitverkehr gelegt wie auch auf den Anschluß bereits industriell entwickelterer Gegenden.[61] Großes Gewicht kam dabei dem Hohenloher Bahnanschluß zu. Der Plan ging dahin, über Crailsheim die Verbindung zur Bayerischen Staatseisenbahn herzustellen. So sollte Nürnberg und damit der ganze Osthandel mit dem Nekkarraum verknüpft und zugleich an die Nordtrasse Stuttgart – Heilbronn, die seit 1848 in Betrieb war, angebunden werden.[62] In diesem Zusammenhang eröffnete sich auch für Neckarsulm eine erste Möglichkeit zum Anschluß an das Eisenbahnnetz. Die Auseinandersetzung um die Trassenführung der Oststrecke jedoch kann beispielhaft für die Nachteile stehen, die Neckarsulm aus der großen Nähe zum Wirtschaftszentrum Heilbronn entstanden.

Nachdem der Bau der Oststrecke schon jahrelang diskutiert worden war, legte das Finanzministerium Anfang Mai 1857 einen entsprechenden Gesetzesentwurf vor. Nicht nur einer möglichst kurzen Streckenführung, sondern auch deren möglichst einfacher technischer Realisierung hatte die Aufmerksamkeit gegolten. Als zweckmäßigste Lösung wurde die Strecke über Neckarsulm, Neuenstadt, Öhringen, Neuenstein zunächst bis Schwäbisch Hall vorgeschlagen. Es bot sich an, in Neckarsulm durch eine Hafenanlage eine Verbindung zum Neckar zu schaffen. Daraufhin begann in Heilbronn eine fieberhafte Aktivität gegen diesen Vorschlag, der Neckarsulm zur „Rivalin im Handel", vor allem im Fracht- und Holzhandel, avancieren lassen konnte.[63] Die Heilbronner Handelswelt befürchtete nämlich, durch eine partielle Verlagerung des Warenumschlags nach Neckarsulm einen Teil seiner Zentrumsfunktion und darüber hinaus gar Punkte im Konkurrenzkampf mit Mannheim zu verlieren.[64] Um diesen Plan zu konterkarieren, ging Heilbronn eine Interessengemeinschaft mit dem wirtschaftlich bedeutungslosen Weinsberg ein.

Am 14. Mai legte das alte Handelszentrum in Stuttgart eine Eingabe vor, die die Trassenführung über Weinsberg vorschlug mit der Begründung, diese Strecke sei kürzer und damit gegenüber den Eisenbahnlinien der benachbarten Staaten im Transitverkehr konkurrenzfähiger. Auch erhalte Neckarsulm ohnehin wegen seiner Nachbarschaft zur Saline Friedrichshall einen Bahnanschluß. Durch die Streckenführung über Weinsberg aber könnten letztlich sogar alle drei Oberamtsstädte der Region an das Eisenbahnnetz angeschlossen werden[65], während Weinsberg sonst leer ausginge.

Der Landtagsabgeordnete des Bezirks Neckarsulm Emerich bemerkte durchaus dahinter die Angst Heilbronns vor einer Verlagerung des Umschlagplatzes nach Neckarsulm, empfahl auch eine entsprechende Petition aus Neckarsulm, schätzte aber die Chancen der Heilbronner äußerst gering ein. Außerdem unterstützte Finanzminister Varnbüler, der „sich Neckarsulm und Neuenstadt auf eine Art angenommen (hat, d. Vf.), daß es wirklich dankenswerth ist"[66], ihn sehr. Dennoch war seine Zuversicht ein folgenschwerer Fehler, wie sich noch zeigen sollte. Man wußte in Neckarsulm, daß eine Trassenänderung „ein kaum berechenbarer Nachtheil"[67] wäre, und bereitete die Petition mit Sorgfalt, aber ohne jede Eile vor. Die Eingabe sollte Heilbronns Aktivitäten gegen den Anschluß in Neckarsulm als egoistische Sonderinteressen der Handelswelt entlarven, deren einzige Befürchtung es sei, daß ihr nicht jeder Vorteil zufließe. Die kaum günstigere Trassenführung um den Wartberg herum – der Gedanke an einen Tunnel war nicht einmal erwogen worden – kontrastierten die Verfasser mit den günstigen Terrainverhältnissen des Oberamts, der Nähe zum Neckar, die eine Verbindung mit der Neckarschleppschiffahrt ermögliche, und mit dem vielfachen volkswirtschaftlichen Nutzen, den die stark bevölkerte, wohlhabende und produktive Gegend aus dem Anschluß an die Bahn ziehen werde. Vor allem gegenüber dem Konkurrenten Weinsberg unterstrich man das höhere wirtschaftliche Potential des Oberamtes: die Salinen, die bereits 100 000 Zentner Kochsalz exportierten und deren Steinsalzproduktion sich durch die Eröffnung eines weiteren Schachtes in Millionenhöhe steigern sollte, die Zuckerfabrik Züttlingen mit ihren vielfältigen „belangreichen Fabrikaten"[68] und ihrem hohen Kohlebedarf, den Holzhandel, die gewerbereiche Gegend mit großen landwirtschaftlichen Gütern und Staatsdomänen. Ein Rekurs auf die Steuerleistung des Oberamts Neckarsulm, das mit 58 052 fl. die Weinsberger Einnahmen um über 11 000 fl. übertraf, unterstrich nochmals explizit den volkswirtschaftlichen Wert des Oberamts. Auch hier läßt sich die zeitgenössische Vorstellung erkennen, daß ein Eisenbahnanschluß um so sinnvoller und berechtigter war, je florierender sich das Gewerbeleben der betreffenden Region zeigte.[69] In Neckarsulm feilte man an der Eingabe, in Stuttgart spitzten sich die Diskussionen indessen zu. Vor allem Moritz Mohl sprach sich für die Heilbronn-Weinsberger Variante aus. In einer hitzigen Debatte in der volkswirtschaftlichen Kommission der Ständeversammlung, in der auch Emerich saß, wurde schließlich sogar ausgesprochen, „man lasse sich endlich eine Eisenbahn über Neckarsulm gefallen, allein *ohne* Bahnhof, in diesem Falle also hätte Neckarsulm das Vergnügen, die Eisenbahn vorbeiziehen zu sehen und sich mit dem Rauch zu begnügen". So berichtete und kommentierte der Abgeordnete in einem Brief an Stadtschultheiß Becker. Emerich hatte ohne die Petition einen zunehmend schweren Stand in Stuttgart. „Ein großer – großer – zu sehr großer Fehler ist, daß die versprochene Petition nicht einläuft, alles hat in der Kommission danach gefragt... Auch andere Kammermitglieder... sagen mir, daß es auffallend seie, daß von Neckarsulm nichts einlaufe und den Neckarsulmern weniger um eine Eisenbahn zu thun seie, als ihrem Abgeordneten"[70], drängte er.

Als die Petition am 26. Mai endlich in Stuttgart ankam, war es zu spät. Am Vortag hatte sich die Abgeordnetenkammer für die Prüfung der Linie Weinsberg ausgesprochen. Am 10. Juli sprach eine erste Delegation aus Heilbronn mit dem König. Im September half die reiche Handelsstadt mit einem „günstigen Angebot" nach: Grundstücke und Bausteine sollten kostenlos geliefert werden, falls die Linie ohne Neckarsulmer Anschluß über Weinsberg lief. Am 16. November gewährte König Wilhelm eine weitere Audienz, und am Tag darauf unterzeichnete der Monarch das betreffende Eisenbahngesetz. Trotz der Petition, trotz einer Neckarsulmer Delegation beim König, trotz der Fürsprache Emerichs bei Varnbüler hatte sich Heilbronn durchgesetzt. Gegen das immense Wirtschafts- und damit auch Machtpotential der Nachbarschaft kam die kleine Oberamtsstadt nicht an.

Das Eisenbahngesetz vom 17. November 1858, das den Bau der Strecke Heilbronn – Hall verfügte, nahm auch zur Planung des Eisenbahnanschlusses von Neckarsulm Stellung. Im Anschluß an die Haller Bahn sollte „falls im Großherzogtum Baden eine Bahn durch den Odenwald über Mosbach gebaut würde, über Neckarsulm eine Bahn bis an die badische Grenze gegen Neckarelz hergestellt werden"⁷¹. Gerade die Abhängigkeit von Baden stellte sich als großer Hemmschuh für das Projekt heraus. Da die Nachbarn Konkurrenten im Transitverkehr waren und jeder möglichst viel Frachtgut auf die eigene Staatseisenbahn konzentrieren wollte, wachte Baden mit Argwohn darüber, daß aus der Vernetzung beider Bahnen dem eigenen Eisenbahnnetz kein Nachteil erwuchs. Es ist verständlich, daß bei der großen Abhängigkeit von Anschlüssen an Baden die württembergische Regierung natürlich nicht bereit war, sich auf bestimmte Trassenführungen und Vorarbeiten einzulassen, bevor der entsprechende Staatsvertrag mit Baden unter Dach und Fach war.⁷² Zunächst sah die Situation aber gar nicht schlecht aus, da Baden tatsächlich die Odenwaldbahn in Angriff nahm, über diese Strecke ihr Bahnsystem mit Bayern verbinden wollte und sich durchaus auch am Anschluß an die württembergische Nordtrasse bei Neckarelz interessiert zeigte.⁷³

Diese günstige Entwicklung wurde in der Region selbst genutzt, um den Vorteil und die Bedeutung des Neckarelzer Anschlusses zu unterstreichen. Für Neckarsulm wirkte es sich vorteilhaft aus, daß auch Heilbronn an der Weiterführung der Strecke interessiert war. Denn zweifellos hatten die Heilbronner Argumente ein höheres Gewicht bei den Entscheidungen. Mit zwei gemeinsamen Eingaben an Finanzministerium und Ständeversammlung im Jahre 1861 sollte erreicht werden, daß wenigstens die Vorarbeiten noch in der Finanzperiode 1861–1864 begonnen würden, wobei nicht nur die günstigen Arbeitslöhne und Eisenpreise sowie die vom Haller Bahnbau in Heilbronn bereits bestehenden technischen Einrichtungen ins Feld geführt wurden. Als wichtigsten Gesichtspunkt hob die Petition hervor, daß der Neckarelzer Anschluß im Augenblick die einzige Möglichkeit biete, eine Vernetzung mit den Strecken des internationalen Verkehrs für Württemberg zu erreichen und damit sowohl für den Staat als auch für die Region weitreichende wirtschaftliche Vorteile zu sichern. Selbst die Haller Bahn sei erst dann wirklich sinnvoll, wenn eine Weiterführung der Strecke zum Rhein gewährleistet werde. Die Strecke werde also nicht nur baulich sehr günstig sein, da das Terrain keine besonderen Schwierigkeiten bereite, sondern sich zweifellos auch in höchstem Maße als rentabel erweisen. Bereits im Vorjahr hatte sich der Frachtverkehr Heilbronns auf 3,8 Mio. Zentner belaufen, von denen 25 Prozent auf der Schiene befördert wurden. Schließlich hoffte die Handelsstadt auch, durch die direkte Linie über Neckarelz nach Mannheim noch mehr Verkehr anzuziehen, weil damit endlich der Nachteil der Linie Bietigheim–Bruchsal ausgeglichen werden könne, durch den Heilbronn seit 1853 ins Abseits gestellt war. Aber auch das bevölkerungsreiche, fruchtbare und strebsame Oberamt Neckarsulm konnte nur von den Vorteilen der Eisenbahn profitieren. Ganz abgesehen davon, daß entlang der künftigen Bahnlinie ausgezeichnete, großenteils noch ungenützte Wasserkräfte vorhanden waren und die Produktivität der Salinen weiter stieg, hatte auch das Frachtvolumen des Oberamts Neckarsulm die Millionengrenze überschritten. „Der Verkehr Neckarsulms mit Berücksichtigung derjenigen nach den rückliegenden Thälern des Kochers und der Jagst und von denselben, vorzüglich in Landesprodukten, als Holz, Wein, Getreide, Gyps, Rindvieh, Wolle, Rinden, Tuffkalk, Salz, Kohlen und in Colonialwaren, Eisen und sonstigen Metallen bestehend, wurde im Ganzen schon vor drei Jahren zu 1 100 000 Ctr. berechnet."⁷⁴ Diesen Argumenten verschloß sich das Finanzministerium nicht, zumal die Kosten für die Strecke sich tatsächlich nur auf ein Drittel der Ausgaben für die Bahn nach Hall berechneten. 1862 begannen, wie im Eisenbahngesetz vom 10. Januar desselben Jahres festgeschrieben, unter der Leitung von Abel die Terrainuntersuchungen und erste Vorarbeiten für den Bahnbau bis zur badischen Grenze.[75] In Stadt und Amt Neckarsulm blickte man gespannt nach Stuttgart und wollte den zügigen Fortgang des Bauprojekts weiter durch Delegationen beim Finanzministerium wie beim Souverän fördern.[76] Dort wurde dieser Eifer allerdings nicht so gerne gesehen, da man Baden gegenüber nicht den Eindruck erwecken wollte, als sei Württemberg auf den Neckarelzer Anschluß angewiesen. Um so mehr Gewicht lag auf möglichst günstigen Verhandlungspositionen, als die württembergische Regierung in den Unterhandlungen das Bahnprojekt am unteren Neckar auch mit dem Anschluß Mergentheims an die Odenwaldbahn und sogar mit dem Bau der Oberneckarbahn verbinden wollte.[77]

Der große Umschwung in den Anschlußverhandlungen vollzog sich indes im Frühjahr 1863 im Zusammenhang mit der von Hessen geplanten Mümlingbahn. Beim Anschluß Württembergs an das badische Eisenbahnnetz bei Neckarelz hätte sich über die Mümlingbahn eine Direktlinie von Frankfurt in den Süden ergeben, die die badische Rhein–Kinzig-Linie konkurrenzunfähig gemacht hätte. Damit war der Anschluß Neckarelz für Baden indiskutabel geworden. Als Alternative bot es eine Gabelbahn an. Sie sollte Mannheim über Meckesheim, Jagstfeld und Neckarsulm mit Heilbronn verbinden und dem Heilbronner Verkehr über Osterburken den Weg nach Württemberg eröffnen. Der Nachteil dieser Variante traf vor allem das Oberamt Neckarsulm, dessen gesamter nördlicher Teil ohne Eisenbahnanschluß bleiben sollte. Speziell Gundelsheim und Offenau liefen Sturm gegen diese Trassenänderung, und auch der Neckarsulmer Gemeinderat beschloß im August 1863, weiterhin „fortreichend Schritte für die Ausführung der Neckarelzer Linie"[78] zu unternehmen. In Heilbronn hingegen hatte man sofort die Vorteile dieser Variante begriffen, die nicht nur die Strecke nach Mannheim, sondern auch nach Würzburg nochmals deutlich verkürzte.[79] Gemäß den 1864 geschlossenen Staatsverträgen, an denen auch Hessen beteiligt war, das die Berücksichtigung Wimpfens bei diesem Bahnprojekt wünschte, baute Baden die Bahn zwischen Jagstfeld und Meckesheim, die 1868 eröffnet wurde. Württemberg dagegen unternahm den Bahnbau von Jagstfeld nach Osterburken, der 1869 die Verbindung nach Würzburg brachte.[80] Jagstfeld sollte damit Eisenbahnknotenpunkt werden und Neckarsulm endlich zumindest den Anschluß an die Bahn erhalten.

Die Neckarsulmer Bürgerschaft hatte durchaus erkannt, welche bedeutenden Impulse das Wirtschaftsleben aus einem Eisenbahnanschluß erhalten konnte. Deshalb waren die Neckarsulmer bereits 1861 der festen „Überzeugung, daß die Einrichtung der Eisenbahn in nächster Umgebung eine Lebensfrage für Neckarsulm ist"[81]. Gleichzeitig hatte man aber auch begriffen, daß der Anschluß an die Nordtrasse diejenigen „Vortheile uns nicht bringen wird, welche uns durch die zuerst zugedachte Bahnlinie zu Theil geworden wäre, doch kann uns dieselbe immer noch Segen bringend werden, wenn bei Bestimmung des Bahnhofs einige Rücksicht auf das Interesse der Stadt genommen wird"[82]. Dabei kam es darauf an, daß auch bei dieser Streckenführung „der ursprüngliche Plan Königlicher Staats-Regierung die Bahn mit der Wasserstraße in möglichste Verbindung zu bringen verwirklicht werde"[83]. Dies war machbar, wenn der Bahnhof vor der oberen Stadt in Neckarnähe gebaut werden würde. Um diesen Plan zu realisieren, der vor allem dem Fischelschen Holzhandel als wichtigstem Handelsgeschäft Nutzen brachte, stellte die

87 Bahnhof und Postamt 1905.

88 Ein Eisenbahnbautrupp im Jahr 1893.

Stadt Ende 1863 3 ⅔ Morgen Gemeindegüter und 2 ⅜ Morgen Feld- und Vizinalwege kostenlos zum Eisenbahnbau zur Verfügung. Es handelte sich dabei um Wiesen vor der Südstadt, die als Bleich- und Festplatz dienten. Auf diesem Areal wurde nun der Bahnhof gebaut. Dies riß ein ziemliches Loch in den Stadtsäckel, denn die Wiesen, die pro Morgen auf einen Preis von 1400 – 2000 fl. geschätzt worden waren, bildeten einen wichtigen Bestandteil des städtischen Grundstocks. Als Ausgleich erschien der Stadtverwaltung, daß die Nachkommenschaft „die Wohltaten einer Eisenbahn mit einem ausgedehnten Bahnhof in unmittelbarer Nähe der Stadt"[84] erhielt. Zielstrebig versuchte die Stadt, mit dem Bahnanschluß zugleich eine Schienenverbindung zwischen Bahnhof und Neckar zu bekommen. Deshalb bemängelte der Gemeinderat 1865, daß ein solcher Schienenstrang von der Eisenbahnbauverwaltung noch nicht projektiert sei, da eine „solche Schienenanlage für die hiesige Stadt und namentlich für den Holzhandel und sonstigen Verkehr von großem Interesse ist"[85]. So unternahm Neckarsulm im Zuge des Eisenbahnanschlusses seine erste bedeutende Infrastrukturmaßnahme zugunsten von Handel und Gewerbe im 19. Jahrhundert. Unterstützung fand die Stadt 1869 beim Finanzminister persönlich, der bei einem Besuch der Bahnanlage ebenfalls die Verbindung von Bahn und Neckar vermißt hatte. Nachdem 1868 wenigstens ein Gleis vom Bahnhof zu Fischels benachbartem Holzlagerplatz geschaffen worden war, mußte noch ein Bassin als Floßeinbindehafen angelegt werden. Das Neckarufer war günstig genug für eine solche Anlage, die so gebaut werden sollte, daß „auch Schiffe in dieses Bassin einlaufen und sich dort aufhalten können und damit auch zugleich allgemein das Interesse der Schiffahrt befördert werden würde"[86].

Das Terrain wollte Neckarsulm gern kostenlos abtreten, wie es die Stadt auch schon bei den zum Eisenbahnbau nötigen Grundstücken getan hatte. Sie war jedoch nicht finanzkräftig genug, einen Floßhafen auf eigene Kosten anzulegen. Schon aufgrund ihrer schwachen wirtschaftlichen Lage war zu hoffen, daß „unserer Stadt, welche ohnedies durch die Nähe Heilbronns in Handel und Handwerk sehr beeinträchtigt ist – wohl ein kleiner Aufschwung durch Hebung des Gewerbes im Holzhandel zu gönnen ist – und der Ausführung unseres bescheidenen Wunsches höheren Orts kein Hindernis im Wege liegen"[87] würde. Die Eisenbahnverwaltung baute in der Tat den Floßeinbindehafen. Er bildete ein Zubehör zum Bahnhof und gehörte zum uneingeschränkten Eigentum und ins Verfügungsrecht der Bahnverwaltung, die die Einrichtung mitsamt dem schon angelegten Holzplatz unterhielt. In den Bau des Hafens mußte die Stadtgemeinde außer dem kostenlosen Areal noch 4500 fl. investieren. Darüber hinaus verpflichtete sie sich, den Feldweg Nr. 3 zum Floßeinbindehafen hin ausbauen zu lassen – er bekam später den Namen Werftstraße.

Damit war die Grundlage für die Ansiedlung zunächst kleinerer Industrien geschaffen und der Boden für das erste Neckarsulmer Industriegebiet bereitet. Daß Neckarsulm die richtigen Maßnahmen getroffen hatte, zeigte kurz darauf die einsetzende erste Phase der Industrieansiedlung. Die Entwicklung des Weingärtnerstädtchens zur Industriestadt brauchte indes noch einige Zeit. Erst kurz vor der Jahrhundertwende kann man von der Dominanz der Industrie im Neckarsulmer Gewerbeleben sprechen, was sich am Anstieg des Gewerbesteuerkapitals aus der Industrie ablesen läßt. Daß Neckarsulm gerade am Ende des 19. Jahrhunderts den entscheidenden Schub hin zur Industriestadt bekam, läßt sich auch anhand der Bevölkerungsentwicklung nachvollziehen, denn „Industrialisierung und Bevölke-

Neckarsulm vor der Industrialisierung261

89 Die Floßeinbindestelle 1908.

rungszunahme stehen in engem Kausalzusammenhang"[88].
Die Bevölkerungsentwicklung Neckarsulms stellt sich nahezu durch das ganze Jahrhundert hindurch als sehr langsam ansteigende, relativ kontinuierliche Kurve dar.[89] Die einzigen markanten Punkte liegen in der Mitte des Jahrhunderts und kurz vor der Jahrhundertwende.

Zu Beginn des Jahrhunderts wurde Neckarsulms Bevölkerungskurve durch Wanderungsgewinn positiv beeinflußt. Zwar liegen aus dieser Zeit keine Aus- bzw. Einwanderungsakten vor, doch genügte der natürliche Geburtenüberschuß zwischen 1805 und 1820 nicht, um eine Einwohnerzahl von 2247 Personen zu erreichen. Verständlich wird der Zu-

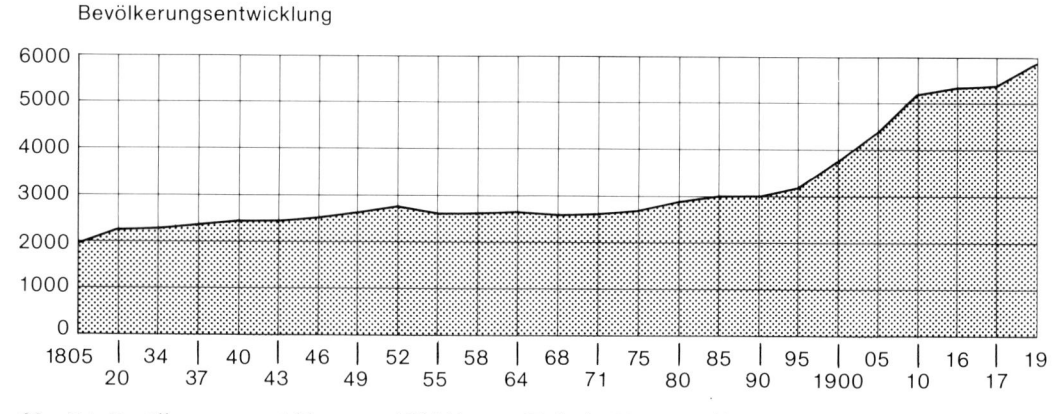

Bevölkerungsentwicklung

90 Die Bevölkerungsentwicklung von 1805 bis zum Ende des Ersten Weltkriegs.

91   Neckarsulm: Stadtplan von 1834.

gewinn zum einen durch die Lage Neckarsulms an der französischen Militärstraße, die zweifellos das Wachstum positiv beeinflußte, dann aber auch durch die Einrichtung des Oberamtssitzes in der Stadt.⁹⁰ Bis auf die wenigen Einschnitte um die Jahrhundertmitte ist das allmähliche Ansteigen der Bevölkerung durchgehend auf den Geburtenüberschuß zurückzuführen.⁹¹ Die Entwicklung würde jedoch einen steileren Verlauf nehmen, wäre nicht nahezu durchgehend zugleich ein Wanderungsverlust zu verzeichnen. Bereits in den wirtschaftlich elenden zwanziger Jahren bis 1834 scheinen mindestens 135 Neckarsulmer abgewandert zu sein. Doch während die Auswanderungsakte aus dem Oberamt bereits 280

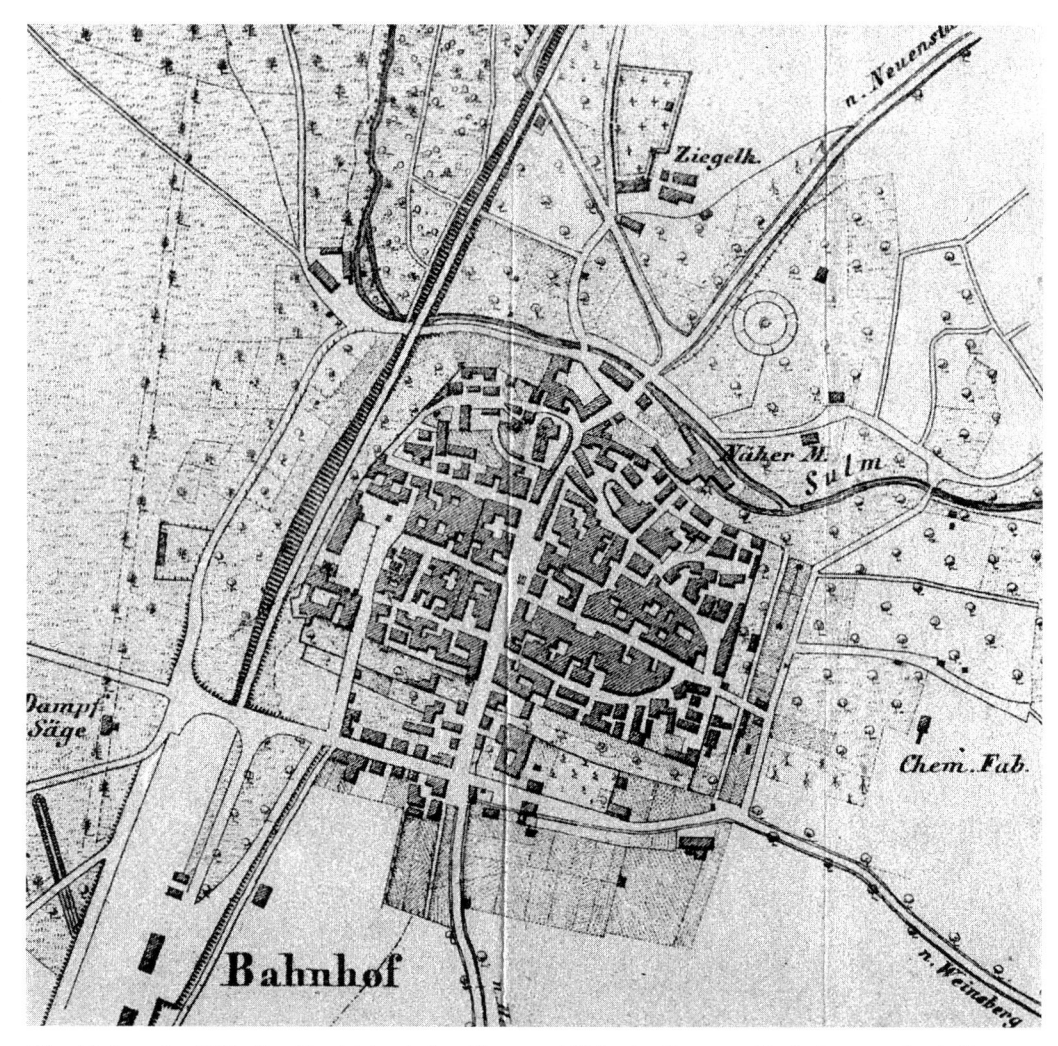

92 Neckarsulm 1880. Ein Vergleich mit dem Plan von 1834 zeigt die ersten Veränderungen durch die Industrialisierung.

Auswanderer verzeichnet, die sich hauptsächlich nach Bessarabien wandten, finden sich unter ihnen kaum Neckarsulmer. 1833 schließlich lernen wir in dem Maurer Franz Anton Vogt den ersten Auswanderer der Stadt nach Nordamerika kennen.[92] Ihm folgten in den späteren dreißiger Jahren weitere Mitglieder der Sippe Vogt: Severin, Franz Anton, Franz Michel, Josef Dionis mit ihren Familien nach.[93]

Die Schwerpunkte der Neckarsulmer Auswanderung decken sich nicht ganz mit den Kulminationspunkten der württembergischen Migration in den späten vierziger und frühen fünfziger Jahren.[94] So ist in den vierziger Jahren keine Bevölkerungsabnahme zu verzeichnen, sondern eine Zunahme um 170 Personen aufgrund von Geburtenüberschuß und spärlicher Zuwanderung.[95] Während im Oberamt zwischen 1845 und 1847 432 Auswanderer namhaft werden, sind nur elf Neckarsulmer namentlich bekannt, die überwiegend ins benachbarte Ausland zogen. Nur in vier Fällen hieß das Ziel Texas, nämlich für Georg Anton Domino, Caspar Schindler, Josef Maier und Adam Zetterer.[96]

Auch im Revolutionsjahr entschlossen sich 19 Neckarsulmer zur Auswanderung, darunter waren fünf Kinder, die ihren Eltern nach Amerika folgten. Amerika war inzwischen zum bevorzugten Auswanderungsziel geworden. In sechs von zehn Fällen fanden Neckarsulmer dort eine neue Heimat. Die Migration kam nun zwar nicht mehr zum Stillstand, doch die Bevölkerungskurve entwickelte sich trotzdem nach oben. Vor allem der Geburtenüberschuß wog die Migration auf, obwohl zwischen 1851 und 1852 noch 27 Neckarsulmer Bürgerinnen und Bürger die Stadt verließen.[97]

In der ersten Hälfte der fünfziger Jahre (bis 1855) setzte ein weiterer, zuweilen bedeutender Migrationsschub ein, bei dem die Stadt mindestens fünf Prozent (131) ihrer Einwohner verlor. Im Jahr 1853 begann dieser Auswanderungsboom mit 51 Personen aus Neckarsulm, deren Hauptziel noch die USA waren.[98] 1854 stieg die Zahl auf 111 Auswanderer. Sie wählten nun in 24 von 38 Fällen als Ziel ihrer Hoffnungen Australien. Diesmal stellte die Oberamtsstadt, die sonst weit unter dem Auswanderungsanteil des Oberamtes blieb, immerhin 18 Prozent der Reisenden.[99]

In der Folgezeit lassen sich weiterhin Auswanderer aus Neckarsulm in den Akten nachweisen, doch die Bewegung hatte ihren Höhepunkt hinter sich. Als höchstes Kontingent werden 1861/62 nochmals 18 Auswanderer aktenkundig. Ansonsten bleiben die Auswanderungszahlen stets unter zehn Personen pro Jahr.[100]

Nach dem Anschluß an die Eisenbahnlinie läßt sich bei Wachstumsraten zwischen drei und acht Prozent jeweils innerhalb von fünf Jahren zunächst noch kein deutlich verändertes Bevölkerungswachstum feststellen. Wie in der ersten Jahrhunderthälfte steigt die Kurve nur langsam an. Ab 1895 jedoch, in der Zeit, in der die Industrialisierung in Neckarsulm ihre erste Blüte erreichte, kann man nun ein drastisches Wachstum konstatieren, das im 20. Jahrhundert ungebrochen anhält und auch im Ersten Weltkrieg nicht zum Erliegen kommt. Die Wachstumsraten liegen nun bei 18 – 20 Prozent im gleichbleibenden Fünfjahresrhythmus. Der Bevölkerungsschub läßt sich nicht mehr allein durch den Geburtenüberschuß erklären. Mit 59,8 Prozent trägt im Zeitraum 1895 – 1900 der Wanderungsgewinn den Löwenanteil zum Bevölkerungsanstieg Neckarsulms bei. Diese Gewichtung bleibt für Neckarsulm auch in den ersten Jahrzehnten unseres Jahrhunderts die Regel. Es kamen durchgängig über 50 Prozent des Einwohnergewinns aus der Zuwanderung. In den Jahren 1916 – 1919, in denen der Krieg einen natürlichen Geburtenüberschuß verhinderte, basierte die steigende Einwohnerzahl zu 100 Prozent auf dem Wanderungsgewinn, der in diesen drei Jahren bei 534 Personen lag und eine schwache negative Bevölkerungsentwicklung ausglich. Es zeigen sich daraus zwei Fakten sehr deutlich: Einerseits wird am Fall Neckarsulms augenfällig, daß „die Umformung und das Wachstum der Städte von den Fabriken ausging"[101]; zum anderen läßt sich beweisen, daß sich die Umgestaltung des Weingärtnerstädtchens durch die Industrialisierung in der Tat erst sehr spät, an der Schwelle zum 20. Jahrhundert, vollzog.

Von der Weinstadt zur Industriestadt

VON WILLI A. BOELCKE

Ausgangssituation

Im Verlauf eines Jahrhunderts hat sich das Gesicht der einstigen Oberamtsstadt Neckarsulm grundlegend gewandelt, gruben sich viele neue Züge in das Stadtbild ein, während gewohntes Altes von der Bildfläche verschwand. Die Stadt Neckarsulm änderte ihre Funktionen, diente neuen Zwecken, die die Wandlungen herbeiführten. Das Stadtleben stellte sich während des 19. Jahrhunderts auf neue Existenzgrundlagen um.
Von der Agrarwirtschaft wurde die Ausgangssituation geprägt. Trotz mancher Fehljahre blieb der Weinbau „eine Quelle des Wohlstandes der Bewohner bis auf die Gegenwart", berichtete die wohlmeinende Beschreibung des Oberamtes Neckarsulm von 1881.[1] Vermögen war jedoch nie allzu viel da, Armut spürbar, wenngleich sich auch einiger Reichtum zeigte.[2] Nur der Herbst, sofern der Wein gut geraten war, stellte eigentlich für den Weingärtner eine Freudenzeit dar. „An diesen Tagen ißt und trinkt alles zur Genüge, und wer in den Weinberg kommt, dem wird gastfreundlich angeboten, was man hat: Trauben, Wein und Käse. Abends aber erklingt aus jedem Wirtshaus eine freudige Geige und Klarinette, denn es ist große Festzeit im ganzen Unterlande."[3] Diese zeitgenössische Schilderung könnte auch für das alte, verträumte Neckarsulm zutreffen. Der Weinbau ernährte dort drei Viertel der Bevölkerung, und der Taglöhner erfreute „sich einer guten Bezahlung", überlieferte die Oberamtsbeschreibung von 1881.[4] Nur im Weinbau regten sich in Neckarsulm frühzeitig innovative Kräfte, die auf eine Qualitätsverbesserung des Weins und seine Vermarktung gerichtet waren.[5] Aus einem seit 1834 in Neckarsulm bestehenden Weinbauverein ging im Herbst 1855 die „Association für Bereitung und Verwertung des Weinmostes" hervor, eine Genossenschaft, die sich zur „Weingärtnergenossenschaft Neckarsulm eG" weiterentwickelte. Sie gilt heute als die älteste bestehende Weingärtnergenossenschaft Deutschlands, wahrscheinlich sogar der Erde.[6] Das genossenschaftliche Unternehmen war beispielhaft und machte Schule.
Um Weinbau und Landwirtschaft kreisten bis zu Anfang des 20. Jahrhunderts in der Hauptsache das Leben und die Erwerbstätigkeit der Neckarsulmer. 80 Prozent der insgesamt 406 Haushaltungen in der Stadt waren nach der Gewerbezählung von 1882 Landwirtschaftsbetriebe mit einer Weinbaufläche von ca. 170 ha und noch fast 59 Prozent im Jahre 1907, obwohl sich die Zahl der Haushaltungen (1066) reichlich verdoppelt hatte und die Einwohnerzahl zwischen 1880 und 1907 um 66 Prozent gestiegen war (1880: 2845 Einwohner; 1907: 4729). Nie zuvor erlebte die Stadt ein so starkes Bevölkerungswachstum, erlebte eine Bevölkerungsexplosion mit einer durchschnittlichen jährlichen hohen Wachstumsrate von 2,5 Prozent. Trotzdem blieb infolge der herr-

schenden Erbsitte der Realteilung der landwirtschaftliche Haushalt in der Überzahl und zeigte man sich mehr der überlieferten Tradition des katholischen Milieus verhaftet[7], als man sich den Fortschritten des heraufgezogenen Industriezeitalters öffnete. Ähnlich wie bei zahlreichen anderen typischen Weinbauorten Südwestdeutschlands zu beobachten, gingen die Epoche der Frühindustrialisierung und die für Württemberg um 1860 bedeutsame industrielle Take-off-Phase fast spurlos an Neckarsulm vorüber. Ein Vorbote des Industriezeitalters zeigte sich erstmals und verhältnismäßig spät in dem 1872 von Julius Knapp in Betrieb genommenen Dampfsägewerk mit Holzhandlung.[8] Durch die Neckarlage waren Holzflößer und Holzhändler schon länger in Neckarsulm ansässig, doch unternehmerischer Wagemut zur Errichtung von Holzverarbeitungsbetrieben regte sich bis dahin nicht und drängte sich auch in der Folgezeit nicht in den Vordergrund. Die Holzflößerei auf dem Neckar zog an Neckarsulm vorüber. In Neckarsulm befand sich ein Kgl.-Württ. Zollamt mit Waaghaus, das die Eisenausfuhr der Hüttenfaktorei Westheim kontrollierte. Viel Masseleisen wurde deshalb bei Privaten gelagert[9], aber Anstöße zur Verarbeitung von Eisen gingen davon nicht aus.

Es gab sicher nicht wenige plausible Gründe dafür, daß der Industrialisierungsprozeß in Neckarsulm mit einer zeitlichen Phasenverschiebung, einer Verspätung von über einem halben Jahrhundert in Gang kam, nur ist dafür wohl nicht die Verkehrslage verantwortlich zu machen. Neckarsulm erfreute sich eigentlich durch Fluß und Straße seit jeher einer gewissen Verkehrsgunst. Wegen der Unzulänglichkeiten der damaligen Straßen nahm die Neckarschiffahrt auf dem Gebiet des Güterverkehrs zwischen Mannheim und Heilbronn eine vorrangige Stelle ein.[10] Am Standort Neckarsulm ließ sich mit Frachtkostenvorteilen kalkulieren, aber man nahm sie nicht wahr. An einer möglichen gewissen Scheu der Neckarsulmer etwa vor dem risikoreichen Schiffsverkehr lag es sicher nicht. Der Fährbetrieb auf dem Fluß zwischen Neckarsulm und Obereisesheim war ebenfalls eine althergebrachte, gewohnte Selbstverständlichkeit[11], die man gern in Anspruch nahm und sich deshalb um so verärgerter zeigte und sogleich zu vielen Beschwerden veranlaßt sah, wenn die Fährleute ihren Dienst nicht versahen, Fuhrwerke nicht beförderten, Kinder am Ufer warten ließen oder gar „Fälle rohen Fluchens" bekannt wurden, „welches auf Betrunkenheit des Fährmanns schließen läßt". Rund ein Jahrhundert lag der Betrieb der „Näche", des Wagenschiffs, in den Händen der alteingesessenen Familie Dollmann, bis er Ende 1923 eingestellt und die der Stadt gehörende Fähre für 2140 Goldmark an die Stadt Gundelsheim verkauft wurde.

An das neue revolutionierende Verkehrsmittel Eisenbahn und damit an den Weltverkehr wurde Neckarsulm 1866 mit der Eröffnung der Eisenbahnlinie Heilbronn–Jagstfeld angeschlossen, aber auch von dieser Wendemarke in der modernen Verkehrsgeschichte der Oberamtsstadt gingen nicht sogleich Impulse zur Industrialisierung aus. Viel Verkehr verlagerte sich nun von der Straße auf die Schiene, die letztlich auch den Zug vom Lande in die Stadt, die Landflucht, begünstigte. Nach Auskunft der Oberamtsbeschreibung von 1881 geriet Neckarsulm durch den Bahnverkehr offenbar in ein kommerzielles Abseits: „Die Bahnlinie nach Heilbronn verödete die Straßen, auf welchen sich namentlich an Markttagen früher ein starker Verkehr zeigte und sie verminderte den Wert vieler Kundenhäuser und kaufmännischer Geschäfte."[12] Die Wirtshäuser erlitten jedenfalls einige Einbußen. Das Neckarsulmer Verzeichnis der Wirtschaften von 1874[13] nannte elf Schildwirte, 21 Speise-

Ausgangssituation 267

93 Das Dampfsägewerk Julius Knapp auf dem Kopf eines handschriftlichen Geschäftsbriefs.

94 Die Fähre war bis 1907 die einzige Verbindung zum anderen Neckarufer.

wirte, 22 beständige Gassenwirte und sechs Branntweinschenken. Eine Gewerbezählung von 1880 hielt vier Bierbrauereien (darunter eine Großbrauerei mit Dampfbetrieb), sechs Gasthäuser und 27 Schenkwirtschaften der Erwähnung wert. Eine deutliche Schrumpfung der Betriebsstätten in Gewerbe und Handel ist auch aus den Gewerbesteuerkatastern abzulesen. Danach sank die Zahl der Betriebe von 251 im Jahre 1871 auf 234 im Jahre 1891. Betroffen von den Betriebsschließungen waren in erster Linie unterbeschäftigte, nicht mehr konkurrenzfähige Handwerksbetriebe.[14] Ein Bericht des Oberamts Neckarsulm vom Beginn des 20. Jahrhunderts bestätigte die schlechte Lage der Handwerksbetriebe, die ungenügende fachliche Heranbildung der Handwerker und machte auch auf einen anderen Mißstand aufmerksam, daß sie nämlich „sehr wenig strebsam sind, auch glauben sie durch fleißigen Besuch der Wirtschaften Kundschaft erwerben zu können".[15]

Neckarsulm bot aus diesen und anderen Ursachen offensichtlich einen wenig günstigen Boden dafür, daß – ähnlich wie in vielen anderen südwestdeutschen Städten – zahlreiche Handwerksmeister sich um den sozialen Aufstieg in das industrielle Unternehmertum bemühten. Nicht zuletzt mangelte es ihnen sicher am erforderlichen Kapital, auch wenn die Oberamtsbeschreibung von 1881 – wohl etwas schönfärberisch – „die Vermögensverhältnisse der Einwohner im allgemeinen doch als gute zu bezeichnen"[16] für gerechtfertigt hielt. Die Bilanzen der mit einigen Mühen 1847 gegründeten Oberamtssparkasse Neckarsulm verrieten eine wenig ermutigende Entwicklung, da häufig mehr Spargelder abgehoben als eingezahlt wurden.[17] Zwischen 1860 und 1870 stagnierte die Einlagenentwicklung bei einem „Aktivvermögen" von nur 36000 bis 37000 fl. Infolge der geringen Sparneigung und -fähigkeit der Neckarsulmer gehörte ihre Sparkasse damals zu den Schlußlichtern unter den württembergischen Oberamtssparkassen mit den niedrigsten ausgewiesenen Aktiva. Auf besonders festen Füßen stand auch die 1881 von 95 Bürgern gegründete genossenschaftliche Gewerbebank von Neckarsulm bis um 1900 nicht, da sie bis zu dieser Zeit nicht unter den 98 Genossenschaftsbanken in Erscheinung trat, die ihre Geschäftsergebnisse der Zentrale mitteilten. Die Kapitalschwäche der örtlichen Kapitalsammelstellen bis Ende des 19. Jahrhunderts deutet eher darauf hin, daß sich die „Weingärtnermetropole" am unteren Neckar noch nicht der Sonnenseite der Industrialisierung und der damit verbundenen Wohlstandsmehrung erfreuen durfte. In anderen Städten befanden sich vielfach in Händen der Apotheker beachtliche Vermögen. Das galt sicher nicht für den Neckarsulmer Apotheker Paul Beck, der seit 1867 in seiner Apotheke weder einen Gehilfen noch einen Lehrling benötigte, sondern sein Geschäft allein betrieb. Um 1875/76 fertigte er im Monat bis 450 auf Rezept verordnete Arzneien, nur in Zeiten verbreiteter Krankheiten waren es mehr, im Januar 1877 sogar 597. An Chirurgen und Tierärzte wurden keine Arzneimittel abgegeben. In den sehr genauen Visitationsberichten ist auch überliefert: „Die Apotheke liegt an der frequenten, an dieser Stelle nur etwas engen Hauptstraße der unteren nördlichen Stadt."[18] Damals hatte sich Neckarsulm schon lange seiner ummauerten Enge entledigt. Die Stadttore waren gefallen, die Stadtmauer durchbrochen. Der neuen Zeit war der Weg geebnet, eine neue Brücke über die eigenwillige Sulm gebaut, doch zögerte die Moderne, Fuß zu fassen.

Eine lange Zeit herrschende Kapitalarmut – auch wegen der üblichen Kapitalbindung von Grundbesitz – lieferte sicher eine plausible Erklärung dafür, daß es in Neckarsulm an der eigenen Kraft fehlte, um mit eigenen Mitteln eine moderne Industrie auf die Beine zu stellen. Aus der Schrumpfung des Gewerbesteuerkapitals von Handwerk und Handel um fast 30 Prozent zwischen 1877 und 1891 (von 91 149 M auf 64 920 M) ist zudem auf erhebliche Einkommensverluste beim Mittelstand zu schließen.[19] Vor diesem Hintergrund wird ebenfalls verständlich, daß mangels finanzieller Mittel wichtige Bauvorhaben der Stadt zur Verbesserung ihrer Infrastruktur immer wieder zurückgestellt wurden. Im Jahre 1899 wurde der Stadtgemeinde von der Aufsichtsbehörde gestattet, sich die Mittel zur Bestreitung der Kosten für den Bau des städtischen Wasserwerks und der Hochdruckwasserleitung durch Ausgabe von Inhaberschuldverschreibungen zu beschaffen, wobei die Heilbronner Privatbank J. Gumbel behilflich war.[20] Erst seit dieser Zeit überstürzten sich fast jene Schritte, die Meilensteine in der Weiterentwicklung Neckarsulms zur modernen Industriestadt darstellten. Noch im Jahre 1899 wurde das Telefon eingeführt und das Industriegleis gebaut; 1902 erfolgte der Anschluß an die Gasversorgung, 1912/13 hielt die Elektrizität Einzug und entstand ein neues Krankenhaus. Neuerungen in der Kommunikation, bei der Wasser- und Energieversorgung sowie sanitäre Fortschritte waren deutliche Verbesserungen gegenüber der Lebenssituation um die Mitte des 19. Jahrhunderts. Inzwischen aber war die Fabrik zu einem Hauptelement der Stadt und des städtischen Lebens geworden.

Standortfaktoren

Billige Wasserkräfte trieben in der Hauptsache die Maschinen der Fabriken Südwestdeutschlands auf dem Wege zur Hochindustrialisierung an.[21] Die alte Oberamtsstadt Neckarsulm, eine halbe Wegstunde von dem Zusammenfluß des Baches Sulm mit dem Neckar, nutzte seit alters her in bescheidenem Maße vorhandene Wasserkräfte in älteren Mühlenbetrieben. Darin lag auch eine Chance für die Industrialisierung. Vier Neckarsulmer Mühlen, drei davon an der Sulm gelegen, sind für das 19. Jahrhundert bekannt.[22] Die auf 15 066 fl. geschätzte Reisachmühle des Löwenwirts Merckle war mit drei Mahlgängen und einem Gerbgang ausgestattet. Zwei Mühlen besaß der Prinz-Carl-Wirt, Werkmeister und Bierbrauer Brunner, eine Gips- und Ölmühle an der Sulm und eine weitere Gipsmühle an der Kochendorfer Grenze. Letztere gehörte um die Mitte des Jahrhunderts dem Josef Bopp. Er bat 1849 beim Oberamt in einem Gesuch, unterhalb seiner Gips-, Öl- und Sägemühle einen Anbau für eine Reibmühle errichten zu dürfen, und versprach, keine Veränderungen am Wasserrad vorzunehmen.[23] Die Reisach- und die 1835 erwähnte Nähermühle wurden 1880 und späterhin als Getreidemühlen genutzt und verfügten zusammen über fünf Mahlgänge[24] und einen Gipsgang. In der Nähermühle entstand 1898/99 das städtische Wasserwerk. Nach dem Tode des Louis Brunner drohte der alten Brunnerschen Säge- und Gipsmühle der Verfall. 1880 wurde sie zum Verkauf angeboten. Darauf aufmerksam gemacht und zum Kauf ermuntert durch den Neckarsulmer Weber und Textilhändler Simon Diemer, erwarb im Jahre 1880 der Mechaniker Christian Schmidt (1845–1884) für 18 000 Mark den Mühlenbesitz und legte damit den Grundstein für die Neckarsulmer Großindustrie.[25] Er und sein Kompagnon Heinrich Stoll hatten 1873 auf der „Insel" am Donaukanal in Riedlingen eine mechanische Werkstätte zur Herstellung von Strickmaschinen gegründet. Die dort verfügbare ungenügende Wasserkraft von 4–6 PS, die ein unterschlächtiges Wasserrad lieferte, sowie zu enge Räumlichkeiten reichten dem sich vergrößernden Unternehmen nicht mehr aus, so daß in der Mühle von Neckarsulm ein besserer Betriebsstandort gefunden zu sein schien, obwohl die bald strittige Wasserkraft der Sulm nicht viel stärker war als die in Riedlingen an der Donau.

Die Strickmaschinenfabrik des Christian Schmidt blieb der einzige Industriebetrieb in Neckarsulm, bei dessen Standortwahl die Möglichkeit einer billigen Wasserkraftnutzung letztlich entscheidend war. Für die Ansiedlung bzw. Gründung aller anderen Industrieunternehmen während des 19. Jahrhunderts spielte die Wasserkraft keine Rolle, wohl aber stellten für sie der Anschluß an das Eisenbahnnetz und die unmittelbare Nähe des schiffbaren Neckars maßgebliche, unverzichtbare Standortfaktoren dar. Schon 1868 gelang es der ortsansässigen Holzhandlung Fischel, „zur Beförderung des Holzhandels" einen Gleisanschluß zu ihrem Holzlagerplatz zu erhalten.[26] Ein Jahr später begannen Planung und Bau eines Floßhafens. Die durch den Floßhafen verbilligte Holzzufuhr gab sicher den Ausschlag dafür, daß sich die 1871 in Heilbronn gegründete Holzhandlung Julius Knapp im Jahr darauf in Neckarsulm ansiedelte, dort einen Holzlagerplatz erwarb und ein Dampfsägewerk errichtete.[27] Auch für den Werkmeister und Wasserbautechniker Martin Hespeler aus Wildberg/Schwarzwald, verheiratet mit der Müllerstochter Rosa Adrion von der Reisachmühle, war Neckarsulm 1895 als Standort für die Errichtung eines Dampfsägewerks mit Holzstapelplatz durch die enge Verbindung von Schiene und Fluß attraktiv.[28] Neckarsulm wurde von der holzverarbeitenden Industrie wegen der sich dort bietenden Transportkostenvorteile entdeckt und als Standort favorisiert. An der weiteren Expansion flächenraubender Sägewerke mit ausgedehnten, keine nennenswerte Steuer abwerfenden Holzlagerplätzen war den Stadtvätern jedoch nicht mehr gelegen.[29] Statt dessen waren sie an einer Betriebsverlegung der Stuttgarter Werkzeugfabrik Baldauf nach Neckarsulm interessiert. Hervorgegangen war das Unternehmen aus der Stuttgarter Bauschreinerei Bölsterli & Co., die 1842 von Georg Michael Baldauf, geb. 1815 in Belsenberg bei Künzelsau, erworben wurde. Der Firma, die Holzwerkzeuge herstellte und 1899 ihren Betrieb in Neckarsulm aufnahm, waren in Stuttgart die Raumverhältnisse mittlerweile zu eng und die Transportkosten zu teuer geworden. Eine Festansprache informierte über die damaligen Standortüberlegungen der Firmenleitung: „Erst im Jahre 1898 konnte in Neckarsulm ein größeres Baugelände erworben werden, dasselbe hatte eine günstige Lage, befindet sich unmittelbar am schiffbaren Neckar bzw. am heutigen Neckarkanal und ist zugleich an das Industriegeleise angeschlossen.

Bei der Verlegung des Unternehmens war weniger die Arbeiterfrage von Bedeutung als vielmehr der Umstand, daß sich im württembergischen Unterland die ergiebigsten Waldungen mit den anerkannt hochwertigsten Buchenhölzern befinden. Diese sind für die Herstellung von Holzwerkzeugen von größter Wichtigkeit; es lag daher schon ein großer Weitblick darin, die Industrie der Fertigerzeugnisse in der Nähe der Rohstoffquellen aufzubauen."[30]

Auch für die renommierte Jutespinnerei der Gebr. Spohn, gegründet 1847, gab es wegen zu hoher Transportkosten am Standort Ravensburg kommerzielle Schwierigkeiten. Die überseeische Rohjute, damals der billigste Faserrohstoff, konnte „im Konkurrenzkampf Transportkosten vom Seehafen bis zum Bodensee nicht tragen und dann als Fertigfabrikat vom Bodensee in die Verbrauchsgebiete von neuem mit Fracht belastet zurückwandern. Juteverarbeitung gehört an eine Hauptwasserstraße oder zum Mindesten in ein Verbrau-

Standortfaktoren 271

95 *Die Jutespinnerei Spohn, umgeben von Arbeiterhäusern, der sog. „Kolonie", 1923.*

chergebiet des Landesinneren hinein, damit das billige Fabrikat nicht zwei lange und teuere Frachten zu tragen hat."[31] Kommerzienrat Julius Spohn fand den geeigneteren Standort einer neuzuerrichtenden Jutespinnerei 1903 in Neckarsulm, für das nicht zuletzt der erhaltene vertrauliche Hinweis über den geplanten Bau eines Neckarkanals sprach. Wahrscheinlich zeigte die Stadt auch bei der Höhe des geforderten Grundstückspreises von 90 Pf pro m² für eine Industriefläche von 2 ha 60 a Entgegenkommen. Die Firma Hespeler zahlte 1895 ca. 85 Pf je m² und die Holzwerkzeugfabrik Baldauf im Jahre 1898 etwa 1,20 M/m².[32] In der Höhe der geforderten Preise für Gewerbeland instrumentalisierte sich schon damals die jeweilige kommunale Industrieansiedlungspolitik.
Nur im Bereich der Verbrauchsgüterindustrie zeigten sich wiederholt zaghafte Ansätze zu Fabrikgründungen, die von einheimischen Familien getragen wurden und letzten Endes auf die Vorteile der Marktnähe setzten. Es waren mehr und weniger handwerklich organisierte Kleinbetriebe, die jedoch auf längere Dauer dem Konkurrenzdruck namentlich der starken Heilbronner Industrie nicht gewachsen waren. Die „Bierhefefabrik" des Murrhardter Christoph Geiger (etwa 1867 bis 1889) fungierte offenbar als zeitweiliger Zulieferer der örtlichen Brauereien.[33] Neckarsulmer Bier erfreute sich um 1880 auch außerhalb der Stadtgrenzen einigen Zuspruchs. Die mit Dampfkraft ausgerüstete größte unter den örtlichen Bierbrauereien, die Brunnersche Brauerei, bis in die Zeit des Ersten Weltkriegs existierend, war als einzige über den herkömmlichen Rahmen von Saisonbetrieben[34] hinausgewachsen. Eine kurze Gastrolle gab zwischen 1880 und 1882 die Malz- und Kaffeesurrogatfabrik des Josef Fischer (vier Gehilfen).[35] Durch bemerkenswerte Kontinuität zeichnete sich die Seifenfabrikation der Pecoronis aus, ebenso wie die Lanzano, Fiala,

96 Die Seifenfabrik Carl Pecoroni 1910 am Marktplatz.

Domino, Lilier, Duplessis u. a. Neckarsulmer ausländischer Herkunft, die bereits in der Zeit des Deutschen Ordens in Neckarsulm seßhaft geworden waren.[36] Als einziger alteingesessener Neckarsulmer Kaufmann investierte Heinrich Pecoroni 1860 in eine gewerbliche Unternehmensgründung, eine Seifensiederei mit Lichterzieherei, aus der sich nach dem Ersten Weltkrieg unter Carl Pecoroni eine weitgehend auf maschineller Produktion basierende Fabrikation von Wasch- und Reinigungsmitteln entwickelte (1928 u. 1939: drei Beschäftigte). Seine Seifenfabrik, die 1951 nach dem Wiederaufbau ihre Produktion wiederaufnahm[37], bestand bis in die 1960er Jahre.

Die damalige Bezeichnung „Fabrik" führten – nicht ganz unserem heutigen Verständnis entsprechend – arbeitsteilig organisierte gewerbliche Unternehmen, deren Vertriebsstruktur nicht unmittelbar auf den Endverbraucher ausgerichtet war.

Als Stadt am Fluß erhielt Neckarsulm vor allem die Chance, in die Geschichte des Schiffbaus und der Werftindustrie einzugehen. Da dem handwerklich und theoretisch gut ausgebildeten Heilbronner Schiffbauer Franz Bauhardt in Heilbronn Ausdehnungsmöglichkeiten für seine dortige Werftanlage fehlten und sich dort die angestrebte Umstellung vom herkömmlichen Holz- zum Eisenschiffbau nicht realisieren ließ, erwarb er 1872 am Nekkar vor Neckarsulm ein neues Werftgelände.[38] Anfang 1873 lief auf der neugegründeten Werft das von Bauhardt gebaute erste Schiff vom Stapel. Es war ein eisernes Schiff mit etwa 300 t Tragkraft, das zu seiner Taufe den Namen „Stadt Neckarsulm" erhielt, eine gute Reverenz an seinen Ursprungsort. Sich dieser Auszeichnung bewußt, bewilligten die Stadtväter von Neckarsulm einen Beitrag von 200 fl., der für die Anfertigung der Schiffsflagge und für die Schiffstaufe verwendet werden sollte. Neckarsulm wurde Werftstadt, die auf sich aufmerksam machte und noch dazu die erste württembergische Werftstadt, in der Eisenschiffbau betrieben wurde, eine Neuerung, der Erfolge beschieden waren, wenn man dabei auch an den raschen Aufschwung der Neckarsulmer Werft denkt. Wiederum war von einem auswärtigen Unternehmer die richtige Standortwahl getroffen worden. Seine Entscheidung verhalf der Kleinstadt Neckarsulm nicht nur zu ihrem ersten bedeutenden Unternehmen der Metallindustrie, sondern stellte gewissermaßen auch Weichen für die von den Investitionsgüterbranchen bestimmte industrielle Zukunft Neckarsulms.

Der Aufstieg des Schiffbaumeisters Bauhardt

zum industriellen Unternehmer ist ein typisches Beispiel für die Besonderheiten und charakteristischen Kriterien des Industrialisierungsprozesses in der Weingärtnerstadt Neckarsulm. In erster Linie und hauptsächlich bestimmten zugewanderte Unternehmergestalten und Unternehmen die frühe Industrieszene der Stadt, während sich – ähnlich wie zuvor in Feuerbach bei Stuttgart oder später in Friedrichshafen am Bodensee – das frühe Industriebürgertum kaum aus alten Familien des ortsansässigen Wirtschaftsbürgertums rekrutierte. Die Zuwanderer waren jedoch keine Fremden, die ihren Betrieb in ein völlig fremdes Milieu verlegten. Vielmehr wurden erfahrene schwäbische Unternehmerpersönlichkeiten in Neckarsulm seßhaft, die einen Namen hatten, bereits über gute Geschäftskontakte im Lande verfügten, Land und Leute kannten, mitunter auch mit dem Rückhalt verwandtschaftlicher Beziehungen am neuen Firmensitz rechnen durften und ein mehr oder weniger großes Eigenkapital mitbrachten. Für die geschäftlichen Kalküle aller galt, daß das verkehrsgünstig gelegene Neckarsulm – obwohl im Schatten Heilbronns, der ersten Gewerbestadt des Königreichs Württemberg, gelegen – ihnen Standortvorteile bot, die die Wettbewerbsfähigkeit der angesiedelten Unternehmen positiv beeinflussen konnten.

Firmenprofile: Industrielle Entwicklungen bis um die Mitte des 20. Jahrhunderts

Nachdem eine Heilbronner Kommission, der als Sachverständiger auch der Neckarsulmer Schiffbauer Franz Bauhardt angehörte, die Erfahrungen der bereits auf der Oberelbe in Sachsen seit 1869 eingeführten Kettenschiffahrt[39] studiert hatte, wurde im Juli 1877 in Heilbronn die „Aktiengesellschaft Schleppschiffahrt auf dem Neckar" gegründet. Mit ihr begann ein neuer Zeitabschnitt in der seit Jahrhunderten betriebenen Neckarschiffahrt, mit der fortan auch Aufstieg und Schicksal der Neckarsulmer Werft eng verbunden waren. Um der vom Eisenbahngüterverkehr hart bedrängten, schwerfälligen herkömmlichen Neckarschiffahrt nach Heilbronn und noch bis Ende der siebziger Jahre bis Cannstatt eine Überlebenschance zu geben[40] oder ihr einen erneuten Aufstieg zu ermöglichen, bedurfte es der Einführung neuer Schiffahrtstechniken. Die seit Jahren gehegten Wünsche nach Verbesserung der Neckarschiffahrt gingen im Mai 1878 in Erfüllung, als das Kettenschiff Nr. I zu Tal nach Mannheim fuhr und schon wenige Tage danach von dort wieder in Heilbronn mit einem Schlepp von neun Schiffen eintraf. Schon im Juli 1878 wurde Kettenschiff Nr. II, im August Nr. III und im September 1878 Nr. IV in den Dienst genommen. Die Lieferung der vier Kettenschiffe war an die Sächsische Dampfschiffahrts- und Maschinenbauanstalt in Dresden für eine Kaufsumme von 69 800 M pro Schiff vergeben worden.[41] Die Schiffskörper ließ die Gesellschaft für Schleppschiffahrt unter ihrer Leitung auf der Schiffswerft in Neckarsulm bauen. Dort herrschte verständlicherweise in den 1870er Jahren Hochkonjunktur. Im Gebäudesteuerkataster wurden die Werftanlagen 1873 mit 1125 fl. (= 1924 M) veranlagt und 1878 bereits mit 14 100 M (Steigerung um 633 %). Die Großaufträge erforderten beträchtliche Investitionen.[42] 1878 waren den ganzen Sommer über 80 – 90 Arbeiter beinahe Tag und Nacht beschäftigt. Den Triumph seiner unternehmerischen Leistungen erlebte Franz Bauhardt nicht mehr: Fünfundvierzigjährig starb er im Mai 1878. Ein Jahr danach erwarb die „Schleppschiffahrt auf dem Neckar" AG die Bauhardtsche Schiffswerft.

Der technische Betrieb der Kettenschiffahrt mutet uns heute als eine recht merkwürdige

Einrichtung an. Die Kettendampfer fuhren an einer in den Fluß gelegten schweren, 115 km langen eisernen Kette zu Berg und zu Tal. Sie war oberhalb der Heilbronner Eisenbahnbrücke im Fluß an einem starken einbetonierten einarmigen Anker befestigt und reichte bis in die Nähe der Mündung des Neckars in den Rhein unterhalb von Mannheim. Ein Neckarschleppdampfer „stellt eigentlich eine schwimmende Dampfwinde dar. In einem Schiffskörper mit hölzernem Boden und Deck, eisernem Gerippe und Flußeisenwänden befindet sich eine mittels zweier Kessel von zusammen 75 qm Heizfläche getriebene Zwillingsdampfmaschine von 110 indicierten Pferdekräften"[43]. Die Dampfmaschine setzte nun einen Windenmechanismus mit Hilfe von sich drehenden Trommeln in Bewegung, über die die aus dem Fluß gehobene Kette lief. Bei 80 Umdrehungen der Dampfmaschine bewegte sich das kettenrasselnde Schleppschiff zu Berg mit einer Geschwindigkeit (an der Kette gemessen) von 1 m und zu Tal von 2,66 m in der Sekunde. Die auf diese Weise in Bewegung gesetzte Schleppschiffahrt beförderte im Bergtransport mit maximal sieben Dampfern auf Holzkähnen unter 100 t bereits 1879 Massengüter im Gewicht von 95 590 t auf 2342 beladenen Kähnen und 1896 die Höchstleistung von 156 743 t. Auf der Bergfahrt wurde hauptsächlich Kohle transportiert. Die Talladung bestand nach der Betriebsaufnahme des Salzwerks Heilbronn überwiegend aus Salz. Durch Herabsetzung ihres Kohlentarifs auf den sog. Einpfennigtarif zwang die Württembergische Staatsbahn die Neckarschiffahrt seit 1888, ihre Tarife entsprechend zu reduzieren, um ihren Frachtverkehr nicht zu verlieren. Die von der Eisenbahn durchgesetzten Tarifermäßigungen (29 Pf/dz Kohle Mannheim – Heilbronn) drückten verständlicherweise den erzielten Reingewinn der Schleppschiffahrt, so daß gelegentlich nicht nur die bis 1897 gewährte staatliche Zinsgarantie in Anspruch genommen werden mußte, sondern auch die Rentabilität einer erörterten Ausdehnung der Kettenschleppschiffahrt auf den mittleren Neckar von Heilbronn bis Cannstatt ausschloß.[44] Bis zur Fertigstellung des Neckarausbaus bis Heilbronn in den Jahrzehnten nach dem Ersten Weltkrieg nutzte andererseits die „Schleppschiffahrt auf dem Neckar" AG ihr Schleppmonopol, das der Gesellschaft bis ins 20. Jahrhundert trotz Zunahme des Schiffsparks einen angeblich zufriedenstellenden Erfolg sicherte, die Neckarsulmer Schiffswerft mit eingeschlossen.

Der erstaunlich rasche Bau von Kettendampfern auf der Neckarsulmer Werft setzte sich 1879 fort. 1880 wurde Kettendampfer V, 1884 Nr. VI und 1886 Nr. VII in den Dienst gestellt. Bis 1882 war die Kapazität der Werft mit dem Bau des ersten Neckar-Rheinfrachtschiffs „König Karl von Württemberg" ausgelastet. Für die beiden letzten Dampfer lieferte die Maschinenfabrik J. Wolff & Co, Heilbronn, die maschinelle Einrichtung. Um 1880 gehörte zur Schiffswerft eine Kesselschmiede und diente eine 8-PS-Dampfmaschine als Antriebskraft.[45] Beschäftigt wurden damals 25 bis 30 Arbeiter (1884: 40). Die Ausdehnung der Kettenschleppschiffahrt auf den Main seit 1886 nach dem Vorbild auf Elbe und Neckar verhalf zu weiteren Bauaufträgen in Neckarsulm. Vier Schleppdampfer für die Mainschiffahrt liefen vom Stapel. Im Schiffbau am Neckar behauptete sich die Neckarsulmer Werft als Marktführer. Von den 38 zwischen 1880 und 1900 auf deutschen Werften gebauten und am Neckar beheimateten Schiffen waren 22 Neckarsulmer Produkte.[46]

Die Werft mit Schmiede war von der AG „Neckarschleppschiffahrt auf dem Neckar" an den ihr aus Dresden bekannten schwedischen Schiffsingenieur Julius Anderssen (gest. 1918) verpachtet worden.[47] Der Vertrag räumte ihm

97 Stapellauf des ersten Schiffs nach der Neckar-Kanalisierung am 26. Juni 1925.

Konditionen ein, die ihm einen eigenen unternehmerischen Spielraum ermöglichten. Mit einem Kompagnon gründete er zunächst die Betriebsgesellschaft „Schiffswerft und Kesselschmiede Scharssich und Anderssen", die mit einem Steuerkapital von 4375 M veranlagt wurde. Nach Ausscheiden des Kompagnons führte er unter eigenem Namen den Werftbetrieb weiter, brachte es bis 1892 zu einem geschätzten Vermögen von 30 000 M und war im Jahre 1900 imstande, die Werft käuflich zu erwerben. Nach 1900 beschäftigte er im Durchschnitt etwa 60 Arbeiter. Schiffe und Kähne aus Eisen und Holz wurden für Neckar, Rhein, Main, Mosel und Bodensee gebaut, insgesamt 120 Schiffskörper.[48] Gefertigt wurden u. a. auch Industrieanlagen und Dampfkessel. Im Jahre 1910 übernahm Anderssen das benachbarte Dampfsägewerk von Knapp.[49] Nach dem Tode von Firmengründer Julius Anderssen im Jahre 1918 führten seine

drei Söhne Julius, Wilhelm und Ferdinand das mehrgliedrige, aus Schiffswerft, Kesselschmiede, Hammer- und Sägewerk bestehende Unternehmen weiter, ohne es aber in den Strudeln der Nachkriegskrisenzeiten auf dem bisherigen Umsatzniveau halten zu können. Im Jahre 1928 zählte das Unternehmen 24 Mitarbeiter (1925: 54), 1930 nur 19.[50] Zwischen 1925 und 1935 folgte dem streckenweisen Ausbau des Neckars in Staustufen zwischen Mannheim und Heilbronn die allmähliche Einstellung der Kettenschleppschiffahrt. Die Kettendampfer wurden ausrangiert und im Schleppverkehr von Schraubenbooten mit Dampf- oder Dieselmotorantrieb ersetzt.[51] Schon 1925 war die Staustufe Kochendorf–Neckarsulm vollendet. Mit der Einweihung des Hafens Heilbronn im Jahre 1935 endete die 57jährige Geschichte der Kettenschleppschiffahrt auf dem Neckar. Sie und zugleich der letzte in Betrieb gewesene

Kettendampfer hatten ihren Zweck erfüllt. Wohl erfuhr der Schiffsverkehr bis Heilbronn seit der Neckar-Kanalisierung einen Auftrieb[52], nur verbesserte sich anscheinend nicht in gleichem Maße die Auftragslage der von den Zulieferern abhängigen Neckarsulmer Werft. In die Firmenliste von 1934/39 der als Wehrmachtslieferanten in Betracht kommenden Betriebe war auch J. Anderssen, Hammerwerk, Kesselschmiede, Schiffswerft aufgenommen worden.[53] Die Firma Anderssen hatte sich damals zum Zieh- und Preßwerk umstrukturiert (1.8.1939: 51 Beschäftigte) und schließlich 1939 die Werft an die Mannheimer Schiffs- und Maschinenbau AG veräußert (1.8.1939 in Neckarsulm: 34 Beschäftigte), sich vielleicht auch der Risiken des Schiffbaus entledigt.

Das andere, späterhin bedeutendste Unternehmen der metallverarbeitenden Industrie, die 1880 nach Neckarsulm übergesiedelte „Mechanische Werkstätte für Strickmaschinen" (13 Arbeiter) von Christian Schmidt, stand nach 1880 noch auf recht schwachen Füßen.[54] Bis 1884, als der rastlos wirkende Schmidt im Alter von 39 Jahren starb, verlief der Geschäftsgang mäßig. Mit seinem Tode mußte das Unternehmen neue Kräfte sammeln. Die nächsten Anverwandten, darunter seine Brüder Prof. Dr. August Schmidt und Maschinenbauingenieur Prof. Carl Schmidt, gründeten die Aktiengesellschaft „Neckarsulmer Strickmaschinenfabrik" mit einem Kapital von 50 000 M. Zum Direktor wurde der Schwager des Verstorbenen, Gottlieb Banzhaf, ein versierter Kaufmann, bestellt. Auch die folgenden Jahre standen für die neue Aktiengesellschaft unter einem ungünstigen kommerziellen Stern. Im Gegenzug zu Bismarcks Schutzzollgesetzgebung verfünffachte Österreich-Ungarn die Einfuhrzölle, durch die das Neckarsulmer Werk sein Hauptabsatzgebiet verlor. Um Fabrikfilialen im Habsburger Reich zu gründen und so die Zollmauer zu unterlaufen, fehlte ihm das Kapital. Andere, neue Absatzgebiete ließen sich nicht erschließen. Als nach mehreren Anläufen in L. Zeidler der richtige Mann für die technische Leitung gefunden war, setzte sich langsam die Erkenntnis durch, einen grundlegenden Wandel im Produktmanagement herbeizuführen. Dazu waren schwierige Umstellungen und neue Investitionen erforderlich. Enttäuschungen blieben nicht aus. Man setzte auf das neue Verkehrsmittel „Fahrrad", das in der damals vom „Velociped" begeisterten Zeit seinen Siegeszug durch die Welt anzutreten begann.[55]

Um 1885 begann man in England mit der Großproduktion von Fahrrädern, von „bicycles". 1886 stellte Bruno Naumann in Dresden seine Nähmaschinenfabrik auf die Produktion von Fahrrädern um. Im gleichen Jahr wurde die Fertigung des neuen Produkts in Neckarsulm aufgenommen. Zwei-, Drei- und Hochräder standen zur Auswahl. Das Niederrad, technisch in vieler Hinsicht gegenüber älteren Tretungetümen (1886: NSU-Hochrad „Germania") verbessert, wurde vor allem von Sportbegeisterten beifällig aufgenommen. 1888 erfand der schottische Tierarzt Dunlop die Lufttreifen für Fahrräder, die erst durch sie und die 1898 konstruierte Torpedo-Freilaufnabe den leichten Lauf lernten.

Neben den Strickmaschinen, deren Fabrikation man 1892 vollständig einstellte, wurden 1889 in Neckarsulm ca. 200 komplette Fahrräder, sog. Sicherheits-Zweiräder, gefertigt von (Tab. 1) einer inzwischen auf etwa 50 Mitarbeiter angewachsenen Belegschaft.[56] Das Neckarsulmer Werk entwickelte sich zu einem Trendsetter auf dem sich durch starke Nachfrage auszeichnenden rasch wachsenden deutschen Fahrradmarkt. Auch die einzelnen Fahrradteile, Pedale, Naben, Tretlager usw., wurden in Neckarsulm fabriziert. Der Übergang zur Massenfabrikation machte die Auf-

Firmenprofile: Industrielle Entwicklungen bis zur Mitte des 20. Jahrhunderts 277

98   Die Neckarsulmer Fahrzeugwerke AG um die Jahrhundertwende.

stellung einer Dampfmaschine nötig und führte zu fast einer Verdoppelung der Zahl der Werkzeugmaschinen in den 90er Jahren (von 150 auf 294, Anstieg bis 1913/14 auf 965 Stück). Die rasante Expansion der Firma, 1897 in „Neckarsulmer Fahrradwerke Aktiengesellschaft" umbenannt, glich bis zum Ersten Weltkrieg einem Zahlenrausch[57], obwohl die scharfe Konkurrenz aus dem In- und Ausland die Preise drückte und krisenhafte Einbrüche die Geschäftslage wiederholt verschlechterten. Mit beträchtlicher Verstärkung der Antriebskräfte – 1888: 14 PS, 1898: 208, 1914: 1 200 – und der gleichzeitigen erheblichen Vermehrung des Parks an Werkzeugmaschinen wurden Produktionssteigerungen und Kostendegressionen durchgesetzt, die selbst in Jahren der Überproduktion Dividenden von 6 bis 10 Prozent zu verteilen ermöglichten. An Kapital zur Finanzierung des permanenten Werkausbaus und für Betriebsmittel scheint es nicht gefehlt zu haben. Das Unternehmen war äußerst liquide. Erhöhungen des Aktienkapitals bereiteten keine Schwierigkeiten. Die 1897 eingezahlten 140 000 M Gesellschaftskapital wurden 1898 auf 1 Mio. M aufgestockt. Erhöhungen wurden 1905 und 1907 um je 400 000 M und 1906 in einer Obligationsanleihe von 1 Mio. M vorgenommen. Die Erweiterung der Produktpalette machte 1911/12 mit der Änderung des Firmennamens in „Neckarsulmer Fahrzeugwerke AG" eine weitere Steigerung des Aktienkapitals auf 3,6 Mio. M notwendig.[58] Hauptstütze des Kredits war die Hausbank von NSU, das Bankhaus Rümelin & Co. in Heilbronn, dessen Seniorchef Richard Rümelin Jahrzehnte dem Aufsichtsrat, seit 1905 als Vorsitzender, ange-

Tabelle 1: NSU im Zahlenbild[59]

Jahr	Produktion/Stück			Beschäftigte	Umsatz in M/RM
	Fahrräder	Motorräder	Automobile		
1889	200	–	–	45 (1888)	0,105 (1888)
1901/02	5 348	474	–	420 (1903)	3,05 (1903)
1906/07	13 858	2 228	20	700 (1908)	4,5 (1908)
1913/14	27 000	3 600	432	1 193	7,6
1917/18	1 764			1 600 (1918)	19,0 (1918)
1928	30 348	21 813	4 750	4 680	35,3
1932	10 016	3 273	–	647	5,11
1939	127 532	57 521	–	3 900	40,68

hörte. Seiner Verdienste wurde 1923 mit den Worten gedacht: „Seinem Weitblick und den hervorragenden Fähigkeiten dieses bewährten Mannes ist es mit zu verdanken, wenn sich das Unternehmen ungehemmt zu einem der größten Industriebetriebe des Landes entwickeln konnte."[60] Die NSU-Aktie war wegen der stark gestiegenen Umsätze und Gewinne des Unternehmens ein begehrtes Wertpapier besonders für kapitalstarke Industrielle der nächsten Umgebung. So wurde gewissermaßen aus den Gewinnen der älteren Textilindustrie (Ackermann, Amann u. a.) der aufstrebende Neuankömmling von einer modernen Investitionsgüterindustrie finanziert.

Um die wirtschaftliche Stockung nach der Jahrhundertwende zu überwinden, begann NSU im Jahre 1901 mit der Produktion der damals in Deutschland fast noch unbekannten Motorräder.[61] Seit 1894 bauten und erprobten die Ingenieure Hildebrand und Wolfmüller in München wenig erfolgreiche Motorräder.[62] NSU brachte das erste brauchbare, noch dem Fahrrad angepaßte, Motorrad in Deutschland heraus und wurde nicht nur Bahnbrecher des neuen Verkehrsmittels, sondern eroberte bereits heimische und auswärtige Märkte, bevor ab 1903/04 eine neue, mächtige Konkurrenz aufkam und bedeutende Nähmaschinen- bzw. Fahrradfabriken zur Motorradfertigung übergingen. Seit 1904 wurden Motorräder von Jahr zu Jahr verbessert und in einer Vielzahl von Typen herausgebracht.[63] Damals kam bereits die Forderung nach stärkeren Motoren auf. NSU trug dem Rechnung und baute in eigener Fabrikation Motoren bis 3 ½ PS-Leistung.[64] Später, im Ersten Weltkrieg, wurden in großer Zahl NSU-Motorräder vom kleinen NSU-Pony mit 1 ½ PS bis hinauf zum 8 PS starken Kettenmodell gefertigt. Nunmehr wurde der Motor nicht mehr dem Fahrrad angepaßt, sondern das Fahrrad mußte dem Motor angepaßt bzw. verstärkt werden. Sprunghaft stieg in Neckarsulm die Motorradproduktion bis 1906/07 an (Tab. 1).

Obwohl Geschwindigkeit, Zuverlässigkeit und Bequemlichkeit der Motorräder fortlaufend Verbesserungen und Steigerungen erfuhren und daher bei den Motorradfahrern rasch das Bestreben lebendig wurde, ältere, weniger leistungsfähige Modelle gegen neue, bessere auszutauschen, geriet dennoch der Motorrad-

Firmenprofile: Industrielle Entwicklungen bis zur Mitte des 20. Jahrhunderts

99   Karl Schmidt im Neckarsulmer Vierzylinder bei der Prinz-Heinrich-Fahrt 1908.

absatz zwischen 1907 und 1910 u. a. durch Markteingriffe des Gesetzgebers und nachteilige Handelsverträge in eine Krise[65], die die Motorradproduktion in Neckarsulm für einige Jahre stagnieren ließ. Nun aber wurde die geplante und immer wieder hinausgeschobene Aufnahme der Automobilproduktion verwirklicht. Man rechnete auch damit, daß immer mehr Motorradfahrer auf das drei- oder vierrädrige Automobil umsteigen würden. Die erste Eigenkonstruktion Neckarsulms bildete im Jahre 1906 das in Anlehnung an die Motorradfabrikation entstandene „Sulmobil", ein Dreirad mit schwachem 3 ½-PS-Vorderradantrieb.[66] Gleichzeitig gelang nach vielen und kostspieligen Versuchen der Bau von vierrädrigen Personenkraftwagen verschiedener Modelle. Seit 1910, als Produktion, Umsätze und Gewinne wieder eine stark steigende Tendenz zeigten, erfolgte die bevorzugte Ausrichtung auf den „leichten Wagen"

(Kleinautos) und der Beginn der Großserienfabrikation (Tab. 1). Vor Kriegsausbruch 1914 wurde der Hauptteil des Umsatzes von 8,2 Mio. M im Exportgeschäft gemacht. Errungene Sensationsrekorde in der Motorsportwelt heizten es an. Über 32 000 NSU-Motorräder liefen damals in aller Welt.

Der Erste Weltkrieg und die unmittelbaren Nachkriegsjahre bedeuteten für das NSU-Werk eine schwerwiegende Zäsur.[67] Unterbunden war der Export. Statt dessen wurden immer größere, gewinnträchtige Aufträge auf Kriegsmaterial erteilt und der Bau von Lastwagen forciert. Dazu waren erhebliche maschinelle und andere Erweiterungen und Neueinrichtungen erforderlich. Dennoch gelang nach dem Kriege trotz Rohstoffmangels, Inflation und verkürzter Arbeitszeiten die notwendige Umstellung von der Kriegswirtschaft auf die Friedensproduktion verhältnismäßig rasch. Das im Krieg gebaute zuverläs-

sige und geländetaugliche Armee-Motorrad überdauerte den Krieg und bestimmte die weitere Motorrad-Entwicklung von NSU.[68] Schon in den Jahren 1920/21 wurde die Friedensproduktion der Vorkriegsjahre deutlich überschritten und der Anteil der Motorrad-Erzeugung auf 44,5 Prozent des Gesamtumsatzes gehoben (1918/19 = 32,2 %).[69]
Im Sog der lebhaften Inflationskonjunktur expandierten bei guter Finanzlage des Unternehmens mit der rationalisierten Produktion auch die Betriebsanlagen und die Beschäftigung. In der Automobilproduktion wurde 1921 Schichtarbeit eingeführt. Primär blieb NSU eine Motorradfabrik. Schwierigkeiten bereitete seit Jahren die Versorgung der zahlenmäßig gewachsenen Belegschaft, namentlich der minder bemittelten zugewanderten Arbeiter, mit Wohnungen. Im Bezirk Neckarsulm herrschten geradezu katastrophale Wohnungsverhältnisse[70], die auch durch Millionenaufwendungen der Firma für den Wohnungsbau und den Hauserwerb durch Werksangehörige nicht wesentlich gemildert werden konnten.
Dem hektischen Inflationsboom (1924: 4650 gefertigte Automobile) folgten mit der Stabilisierung der Mark Mitte der 1920er Jahre Ernüchterungen und Enttäuschungen, obwohl sich zumindest im ersten Halbjahr 1925 hoffnungsvolle geschäftliche Perspektiven abzeichneten. Bis Juni 1925 war die Umsatzsumme von 1924 erreicht (16,2 Mio. RM). Ab September 1925 geriet das Werk in einen nicht aufzuhaltenden, folgenreichen Abwärtstrend, in eine schwere Krisenphase. Der Geschäftsbericht vermerkte: „Die Verknappung der Kredite und der flüssigen Mittel, der schleppende Eingang der Außenstände, kurz die noch in frischer Erinnerung stehende allgemeine geschäftliche Depression zwang auch uns zu nicht unerheblichen Betriebseinschränkungen."[71] In wöchentlichen Intervallen wurde aufgrund von Absatzschwierigkeiten und wachsenden Liquiditätsproblemen der Belegschaftsstand unerbittlich und unaufhaltsam gesenkt, reduzierte sich vom Höchststand 1925 bis Mai 1926 um mehr als ein Drittel (von 4520 auf 2900 Mitarbeiter). Das NSU-Werk befand sich in der unheilvollen Ära des Jakob Schapiro, eines Finanzspekulanten, der mit Hilfe seiner Autohandelsgesellschaft Schebera AG, Berlin, Einfluß auf illiquide Automobilfirmen gewann.[72] Schapiro beherrschte 1924 die Rheinische Credit, besaß bedeutende Aktienpakete von Daimler und Benz und war Mehrheitsaktionär von NSU. Die Firma Schebera in Berlin übernahm den Vertrieb der NSU-Automobile, insbesondere für Taxizwecke. Mit den Absatzeinbrüchen im Winter 1925/26 aber forderten u.a. die Deutsche Bank, Heilbronn, und die Handelsbank in Heilbronn die Ablösung kurzfristiger Bankkredite. Über eine als Grundschuld sichergestellte 4-Mio.-RM-Anleihe bekam man die Krise von NSU nicht in den Griff. Sanierungsverhandlungen mit dem Schapiro-Konsortium führten im Herbst 1926 zur Fusion mit der Schebera AG in Berlin, zu einer Erhöhung des Grundkapitals von bisher 8 Mio. auf 12,5 Mio. RM und gleichzeitig zur Änderung der Firmenbezeichnung in „NSU Vereinigte Fahrzeugwerke AG".[73] Kurz darauf sah man sich gezwungen, die Verluste der Berliner Betriebe zu verkraften. Die in die Schlagzeilen der großen Tageszeitungen geratene Gesellschaft mußte ihren Berliner Besitz für 2,4 Mio. RM an die Gruppe Jakob Schapiro verkaufen. Der weiteren Verlustdeckung diente 1929 die Zusammenlegung des Aktienkapitals von 12,5 Mio. im Verhältnis 5 : 1 auf 2,5 Mio. RM. Den Schaden trugen die zahlreichen süddeutschen Kleinaktionäre. 773 Aktionäre, die 7 961 500 RM Aktien vertraten, stimmten angesichts des drohenden Zusammenbruchs von NSU und der möglichen sozialen Folgen für

4000 NSU-Mitarbeiter Mitte Dezember 1928 den einschneidenden Sanierungsanträgen der Geschäftsführung zu. Im Zusammengehen mit den italienischen Fiat-Werken wurde die rettende Lösung gesehen. An Fiat und die beteiligte Dresdner Bank flossen aus der Wiedererhöhung des Gesellschaftskapitals Aktien im Nennwert von 5 Mio. RM. Für 1 Mio. RM übernahm Fiat ferner das NSU-Autowerk in Heilbronn (Automobilproduktion 1926: 4000 PKW; 1929: 4015; 1930: 2175) und gründete in diesem Zusammenhang die „NSU-Automobil AG" (Grundkapital: 2 Mio. RM), die zunächst den Original-NSU-Motorwagen 7 ¾ PS herstellte (Preis 5200 – 5700 RM).

Noch während der Sanierungsphase wurde die 1927 begonnene Umstellung der Motorrad-Fabrikation auf Fließarbeit, auf Fließbandfertigung, erfolgreich zu Ende geführt. Auch im Marketing wurden Verbesserungen durchgesetzt, Mitte 1929 mit den Wanderer-Werken in Chemnitz ein Abkommen über eine Verkaufsgemeinschaft im Bereich Motorräder getroffen. Die Produktionsstrategie zielte auf Einführung billiger und brauchbarer „Volksmotorräder" („Motosulm"). Auch wurde die Vertriebsgemeinschaft mit den Wanderer-Werken um eine Fabrikationsvereinbarung für Motorräder erweitert. Doch kaum begannen die Sanierungsmaßnahmen zu greifen, da machte der Ausbruch der Weltwirtschaftskrise im Jahre 1929 die geschäftlichen Hoffnungen zunichte. Je zahlreicher der traditionelle Käuferkreis von Motor- und Fahrrädern arbeitslos wurde, desto stärker sank die Absatzkurve von NSU. 1929 lag der Umsatz von 23,4 Mio. RM um ein Drittel unter dem des Vorjahres (35,3 Mio. RM). Von 1930 bis 1933 schrumpfte der Motorrad-Absatz jährlich um 30 – 40 Prozent gegenüber dem Vorjahr (1929: 16 Mio. RM; 1931: 7 Mio. RM). Der gleichzeitige scharfe Preiskampf ließ ab 1930 die Verluste ansteigen (1932 insgesamt fast 6 Mio. RM). Der Umsatz sackte 1932 auf 5,11 Mio. RM ab. Von 1929 an wurden bei NSU wöchentlich oft 50 bis 100 Lohnabhängige entlassen, abgeschoben in das Hungerdasein der Arbeitslosigkeit. Die ursprüngliche Mitarbeiterzahl von fast 5000 Köpfen schmolz auf rund 700 zusammen, die zudem nicht einmal voll beschäftigt werden konnten. Das Werk mußte Kurzarbeit von zwei bis drei Tagen pro Woche einführen[74], so daß die noch beschäftigten Arbeiter mit niedrigem Verdienst in nahezu die gleiche Notlage gerieten wie die arbeitslosen Kollegen. Ein erneuter Kapitalschnitt wurde notwendig. Nur im Fahrradabsatz hielten sich die Kriseneinbrüche in Grenzen. Statt des Motorrads bevorzugten die Käufer die im Preis außerordentlich gesenkten Fahrräder mit Hilfsmotor. In das Jahr 1932 fiel die Aufgabe der Automobilfabrikation und damit die Loslösung des Unternehmens vom Fiat-Konzern. Die Fiat-Beteiligung in Neckarsulm wurde an die Dresdner Bank abgegeben. Nach zahlreichen Mißerfolgen im Motorrennsport erregten unter dem

100 Mit dem Volksmotorrad „Motosulm" versuchte die NSU Ende der zwanziger Jahre ihr Tief zu überwinden.

aus England engagierten Chef-Konstrukteur Walter William Moore (1929–1939) die Siegesläufe von NSU-Sportmaschinen neues Aufsehen. Allein im Jahre 1935 errang NSU durch seine Fabrikfahrer 714 Auszeichnungen und Preise.

Nach Überwindung des Krisentiefs in einem veränderten politischen Umfeld war die allmähliche Belebung der Wirtschaft 1933/34 auch in Neckarsulm spürbar. Erreicht wurde die hohe Belegschaftsziffer von 1928 durch die staatlich verordnete Motorisierung erst bei Kriegsausbruch im Jahre 1939. Ab 1933 ist in den Geschäftsberichten von übertroffenen Erwartungen, von beträchtlichen Steigerungen im Motorrad- und Fahrradabsatz und bedeutenden Exporterfolgen die Rede. Schon 1934 erreichte der Marktanteil von NSU am Gesamtabsatz der deutschen Motorradindustrie rund 23 Prozent. Produktinnovationen sicherten NSU die Spitzenstellung unter den deutschen Motorrad-Herstellern. Zur Einführung des 100-ccm-Kleinstkraftrades NSU-Quick, eine Weltsensation, wurde das NSU-100-ccm-Motorfahrrad weiterentwickelt. 1938 begann die Herstellung einer Handmotorsäge. Nach Übernahme der Fahrradproduktion der Adam Opel AG 1936 wurde in Neckarsulm auch die Fahrradfertigung auf Fließband umgestellt. Der Geschäftsbericht von 1939 stellte lakonisch fest: „Obwohl unsere betrieblichen Anlagen voll ausgenutzt wurden, war es nicht möglich, der stark gestiegenen Nachfrage nach unseren Erzeugnissen zu genügen." Der Krieg warf seine Schatten voraus.

Unter den Zwängen der Kriegswirtschaft wurde ab 1939 die Neckarsulmer Produktion verhältnismäßig rasch auf kriegswichtiges Gerät umgepolt, auf immer mehr Aggregate für Heer, Luftwaffe und Kriegsmarine. Für den Heereseinsatz bauten die Neckarsulmer in Verbindung mit Tochter-Unternehmen (u.a. Weißwasser) das schwere Kettenrad mit Opel-Olympia-Motor, insgesamt an 9000 Fahrzeuge zwischen 1941 und 1945. Eine unersättliche Nachfrage nach Kriegsmaterial ließ zwischen 1939 und 1944 die Zahl der Beschäftigten (Tab. 2) um mehr als 100 Prozent ansteigen, den erzielten Umsatz aber nur um knapp 13 Prozent.[75] Nach offizieller Sprachregelung wandelte sich die „NSU-Betriebsgemeinschaft" in eine „NSU-Leistungsgemeinschaft". Immer mehr Frauen, Kriegsgefangene, Fremd- und Zwangsarbeiter mußten beschäftigt werden. Frauen, die Schichtarbeit leisteten, wurden im Werk „zwei Mal täglich warm verpflegt". Entlohnt wurden die deutschen Arbeiter während des Krieges vorwiegend auf der Grundlage der Akkord-Verrechnung. Im Durchschnitt wurde Frauen 1942 ein Stundenlohn von 70 Rpf ausgezahlt, Männern ein solcher von 91 Rpf.[76] Luftangriffe begleiteten den rapiden Leistungsabfall der NSU-Werke im Winter 1944/45. Am 31. März 1945 wurde die gesamte Produktion eingestellt. Rüstungskonjunktur und Kriegswirtschaft endeten im Zusammenbruch.

Auch der jüngste Großbetrieb der Neckarsulmer Metallindustrie, die Deutschen Ölfeuerungswerke, stellte ursprünglich eine Heil-

Tabelle 2: NSU-Produktionsdaten

	1932	1933	1934	1939	1944
Beschäftigte	811	971	1651	3900	7182
Umsatz/Mio. RM	5,11	8	15	40,68	52,3

bronner Firmengründung dar. Ins Leben gerufen wurden sie im Jahre 1910 von Karl Schmidt (1876–1954), dem Sohn des Neckarsulmer Strickmaschinenfabrikanten Christian Schmidt. Bis unmittelbar vor Gründung des eigenen Unternehmens arbeitete der mit Neckarsulm eng verbundene Karl Schmidt als Oberingenieur bei der NSU AG. Er besaß eine gute technische und kaufmännische Ausbildung, hatte industrielle Erfahrungen in England und Frankreich gesammelt, verfügte über vielfältige Beziehungen und ein gewisses Eigenkapitalpolster.[77] Der aufgenommenen Fertigung von industriellen Ölbrennern und Industrieöfen bzw. Schmelzöfen wohnte Zukunft inne.[78] Sie eröffnete sich dem Unternehmen mit dem Ankauf eines ca. 50 000 m^2 großen Industriegeländes in Neckarsulm im Jahre 1917. Dort entstand in den folgenden Jahren ein Umschmelzwerk für die Erschmelzung von Aluminiumlegierungen aus Schrotten, eine Eisengießerei und wurde der erste von Karl Schmidt entwickelte Drehtrommelofen (DRP 579469) in Betrieb genommen. Als nächster, logisch konsequenter Diversifikationsschritt folgte die Entwicklung und Verarbeitung von Aluminiumlegierungen. Unter der Regie des Chefmetallurgen Dr. Roland Sterner-Rainer (1883–1964) wurden ab 1921 Kolben und Lager gegossen, „deren Abwandlungen bis zum heutigen Tag Bedeutung besitzen".

Der Siegeszug des leichten Aluminiumkolbens nahm gegen Ende des Ersten Weltkrieges im Flugzeugmotor seinen Anfang. Die Firma Karl Schmidt reihte sich unter die Pioniere der deutschen Leichtmetallkolben-Hersteller ein, die, vor die Aufgabe gestellt, laufruhige, funktionierende Leichtkolben für Verbrennungsmotoren zu konstruieren, das Problem, kostspielige Innovationen zu finanzieren, lösen mußten.[79] Das Ziel von Oberingenieur Karl Steiner (1887–1956), seit 1923 erfindungsreicher Betriebsleiter von Kolbenschmidt, war es, den Werkstoff Aluminium für den Großeinsatz in Kraftfahrzeugen zu verwenden. Er konstruierte im gleichen Jahr den ersten Aluminium-Großkolben für einen Deutz-Dieselmotor und lieferte im folgenden Jahr den ersten Großkolben für U-Bootmotoren der schwedischen Marine. Die erfolgreich beschrittenen Wege der Innovation stießen jedoch während des Nachfragerückgangs in der Wirtschaftsdepression nach Stabilisierung der Mark an die Grenzen ihrer Finanzierbarkeit. Ende 1924 wandelte daher Karl Schmidt seine Firma in eine GmbH um und ermöglichte so eine Mehrheitsbeteiligung der Metall-Gesellschaft AG Frankfurt a. M. Ein Aufschwung stellte sich nicht ein. Statt dessen erlitt die neugegründete Karl Schmidt GmbH Verluste, die die Geschäftseinlage des Firmengründers in Höhe von RM 200 000 „vollkommen aufgezehrt" hat.[80] Die Anzahl der Mitarbeiter war wegen des notwendig gewordenen Personalabbaus bis 1927 auf 90 geschrumpft (1922/23: 570). Unter diesen Umständen sah sich Karl Schmidt „wohl oder übel gezwungen, der Gesellschaft bzw. der Metallbank Frankfurt a. M. meinen Anteil in Höhe von RM 200 000,– zu überlassen". Er schied aus der Firma aus oder wurde dazu gedrängt. Im gleichen Jahr übernahm Kolbenschmidt die Firma Schweizer & Fehrenbach, Baden-Baden, die früher als Kolbenschmidt die stärker nachgefragten Kolben aus einer Aluminium-Silizium-Legierung herstellte. 1928 befand sich Kolbenschmidt mit einer Belegschaft von 201 Mitarbeitern bereits wieder auf Expansionskurs. Sogar während der großen Weltwirtschaftskrise hielt das Unternehmen annähernd sein Beschäftigungsniveau (1930 und 1933: 190 Mitarbeiter). Erfindungen von Dr. Sterner-Rainer und Karl Steiner sowie Präzisionsarbeit, der die schon 1926 bzw. 1928 errichteten Motorenprüfstände dienten, sicherten Kol-

101   Die Karl Schmidt GmbH sechs Jahre nach ihrer Übersiedlung nach Neckarsulm. Im Vordergrund: die Holzwerkzeugfabrik Baldauf; rechts: die Holzgroßhandlung Hegner, Nachfolgerin der Firma Hespeler; im Hintergrund: die Jutespinnerei und -weberei Spohn.

benschmidt eine technische Spitzenstellung und steil steigende Umsätze. Bei Kriegsausbruch 1939 waren 98 Prozent der deutschen Automobile mit dem epochemachenden Leichtmetallkolben aus Aluminium-Kupfer- bzw. Aluminium-Silizium-Legierungen ausgerüstet und davon zu etwa 90 Prozent mit Produkten der Gebrüder Mahle, Cannstatt, und der Karl Schmidt GmbH[81], die damals 806 Mitarbeiter beschäftigte. Im gleichen Jahr erfuhr das Werkgelände in Neckarsulm eine Erweiterung um 12 000 m². 1941 wurde in einem Fabrikneubau in Hamburg die Flugmotorkolbenfertigung aufgenommen, und noch 1945 lief die Serienfertigung der Hauptlager für den Volkswagen aus Vollaluminium an. Sie wurden in der Folgezeit millionenfach im legendären „Käfer" verbaut. 60 000 Groß-

kolben für schnellaufende Dieselmotoren von U-Booten fertigte Kolbenschmidt während des Krieges, damals nach Mahle mit 3271 Mitarbeitern die größte deutsche Kolbenfabrik. Ein Luftangriff zerstörte am 1. März 1945 das Neckarsulmer Werk, vernichtete über 80 Prozent der Gebäude und zu 40 Prozent den Maschinenbestand.[82]

Nach der NSU AG, die im Gewerbesteuerkataster von 1908–1914 mit 286 000 M veranlagt worden war, nahm die Jutespinnerei von Julius Spohn (1842 – 1919), im Kataster damals mit 77 875 M ausgewiesen[83], bis in die 1930er Jahre hinsichtlich Umsatz- und Beschäftigungsvolumen den zweiten Platz unter den Neckarsulmer Großbetrieben ein (Beschäftigte 1925: 404; 1928: 535; 1930: 457; 1939: 489). Seit 1904 erstellte Spohn eine verhältnismäßig große, moderne Fabrikanlage. Damals war Neckarsulm noch „ein stilles Landstädtchen. Industrie von Bedeutung gab es nicht, vor allem keine Textilfertigung irgend welcher Art. Der Bau von Werksanlagen mußte daher von der Schaffung von Wohnraum begleitet sein, um Arbeitskräfte von außerhalb unterbringen zu können."[84] Kommerzienrat Spohn ließ im Viereck um das geplante Werk von 1904 bis 1906 einen Kranz von Werkswohnungen, 26 mehrstöckige Arbeiterhäuser mit dazugehörigen Nutzgärten, errichten. Unternehmerischer Initiative verdankte Neckarsulm die Anfänge des Arbeiterwohnungsbaus. Große Teile der Belegschaft der Jutefabrik wohnten dort, darunter viele Textilarbeiter aus Polen und Böhmen. Entsprang der Arbeiterwohnungsbau des Jutefabrikanten nur dem ökonomischen Kalkül? Die Spohns gehörten einer gläubigen Familie an, wie auch eine mahnende Inschrift auf einer Marmortafel am Gesellschaftshaus der 1906 in Betrieb genommenen Fabrik zum Ausdruck brachte: „An Gottes Segen ist alles gelegen."[85]

Das Transportkostenproblem bekamen die Spohns offenbar in den Griff. Schwere Juteballen aus Indien wurden auf kostengünstigem Wasserwege nach Neckarsulm verfrachtet, dort an der von der Stadt mit Spohnscher Finanzhilfe erbauten Schiffanlegestelle mittels eines elektrisch betriebenen Krans vom Schiff auf kleine Waggons gehievt und sodann zur Verarbeitung in die nahen Produktionsanlagen gebracht. Auch die Marktnähe für die Erzeugnisse der Juteweberei – hauptsächlich Industriebetriebe in Heilbronn sowie die Linoleum-Werke in Bietigheim – schlugen bei Spohn vorteilhaft zu Buche. Traditionell gute Geschäftsbeziehungen wurden zu Schweizer Geschäftspartnern unterhalten.

Die Rechnung ging freilich nur in Zeiten eines freien Welthandels auf. Abgeschnitten von den Juteimporten mußte die Garn- und Gewebeherstellung während des Ersten und Zweiten Weltkriegs auf heimische Faserrohstoffe und Ersatzmaterialien (Papier, Zellwolle, Zelljute aus Holz) ausweichen. Als das Geschäft mit der Jute in den 1920er Jahren wieder anlief, galten für die stark übersetzte deutsche Juteindustrie marktbereinigende Verkaufsgemeinschaften, Kartellierungen und Fusionen als unabdingbare Voraussetzungen für eine Rentabilitätssicherung. Aus Fusionen mehrerer Firmen ging 1922 das wohl größte deutsche Juteunternehmen, die Vereinigte Jute Spinnereien und Webereien AG Hamburg, hervor. Mit ihr war die Spohn GmbH über Gesellschafter verschachtelt. Gleichzeitig bemühte sich Geschäftsführer Richard Spohn wiederholt um die technische Modernisierung des Betriebes, ergriff Rationalisierungsmaßnahmen, erweiterte die Produktpalette und vergrößerte dadurch den Absatzmarkt. Im Unterschied zur Zeit des Ersten Weltkriegs war die Firma Spohn während des Zweiten Weltkriegs voll beschäftigt.

Einen angeblich „großartigen", ungeahnten Aufschwung erlebte während des Jahrzehnts vor dem Ersten Weltkrieg in Neckarsulm die Holzwerkzeugfabrik Baldauf, die älteste Fabrik ihrer Art in Deutschland. Mit zwölf Mitarbeitern, darunter drei Kaufleute, hatte sie 1899 den Betrieb aufgenommen. Wenige Jahre nach der Jahrhundertwende beschäftigte die Werkzeugfabrik etwa 80 Personen.[86] Bis 1912 war ihr Steuerkapital auf 16 925 M angestiegen. Sie wurde um ein eigenes Sägewerk erweitert. 1908 erwarb die Firma Baldauf „Firmeneinrichtung mitsamt Kundenstamm" des verstorbenen Konkurrenten Eduard Gobel in Leipzig. Auch auf dem Auslandsmarkt faßte sie Fuß, hob den Exportanteil zeitweilig auf bis zu 15 Prozent des Gesamtumsatzes. Die Nachfrage nach Hobeln, Hobelbänken und anderen Werkzeugen für Schreiner, Küfer, Wagner, Zimmerleute und Buchbinder war so lebhaft, daß im Zuge des notwendigen technischen Ausbaus des Werkes die Umstellung von der Hand- auf die Maschinenarbeit erfolgte.[87] In der unmittelbaren Nachkriegszeit, während der Inflationskonjunktur, setzte sich der Firmenausbau unter Luise Frank, der Witwe des verstorbenen Firmenchefs Emil Frank (1869 – 1919), fort. Mit einer 150-PS-Dampfmaschine als Antriebsaggregat wurden Fließbandfertigungen eingeführt. Gleichzeitig vermehrte sich die Belegschaft bis 1924 auf 200 Mitarbeiter (1925: 139; 1928: 67; 1930: 35; 1939: 142). Mit der Wirtschaftsdepression Mitte der 1920er Jahre kam das Unternehmen ins Schleudern, so daß fast das Aus drohte. „Von 1926 ab begann die schlimmste Zeit", so der Firmenchef 1942 rückblickend in einem Festvortrag, „die unser Werk mitzumachen hatte. Der Umsatzrückgang, die Unterbietungen der Konkurrenz, Insolvenzen von Kunden und hohe Bankzinsen brachten den Betrieb beinahe zum Erliegen. Um ein Absinken des Umsatzes unter das Existenzminimum zu verhindern, verfiel man auf alle möglichen Ideen." Mit wenig Erfolg wurden damals verschiedene Diversifikationsversuche unternommen. Aus Abfällen entstanden Holzspielwaren („Baldauf's Bausack"). Seit 1932 wurde die Fabrikation von Meßwerkzeugen und Wasserwaagen aufgenommen. Dennoch lebte das Unternehmen von der unaufhaltsam schrumpfenden Substanz. Nur die Wirtschaftswende seit 1933/34 bewahrte es wohl vor dem vollständigen Untergang. Heeresaufträge ließen Produktion und Beschäftigung wieder steigen.

Bis auf die holzverarbeitenden Baldauf-Werke büßte Neckarsulm spätestens mit der lähmenden Weltwirtschaftskrise von 1929 bis 1933 seine Rolle als bevorzugter Standort einer relativ bedeutenden Holzindustrie ein.[88] In Konkurrenz zur Firma Julius Knapp, Dampfsägewerk und Holzhandlung (1872–1910), die 1890 mit einem Steuerkapital von 4575 M veranlagt war[89], entstand bis 1895 auf einem 70 a großem Gelände das Sägewerk mit Holzhandlung von Martin Hespeler. 1896 wurde sein Unternehmen mit einem Gewerbesteuerkapital von 5175 M ausgewiesen.[90] Schon im folgenden Jahr aber zeigte sich Hespeler von der zu kleinen Werksanlage nicht befriedigt und bemühte sich um Gewerbefläche für ein zweites, größeres Werk, um „eine direkte Verbindung von Bahn und Schiff herzustellen, so daß die Spedition von Waren, Holz, Kohlen etc. vom Land zu Wasser und umgekehrt stattfinden könnte und auf diese Weise ein Vorbild würde zu anderen Anlagen für große Werke..." Die Stadtverwaltung erfüllte Hespelers Gesuche nicht. Dampfsägewerk und Holzhandlung wurden 1919 an Theo Emerich und von ihm sodann 1923 an A. Hegner & Co. – Holzgroßhandlung, Sperrholz, Furniere – verkauft. Die Söhne von Martin Hespeler, Max und Hugo, hatten 1919 im Gewann Altwasser ein modernes Holzwerk gegründet, die Neckarsulmer Holzwerke Gebrüder Hespeler AG (Beschäftigte 1925: 32; 1927: 49; 1930: 3). Es war eine Holz- und Kistenfabrik. Nach Ausbruch der Weltwirtschaftskrise machte sie Konkurs.

Im Vergleich zur Neckarsulmer Metallindustrie zeichnete sich die holzverarbeitende Industrie von Anbeginn durch ein geringes, schwaches Wachstum aus (Tab. 3), das zudem während der zwanziger Jahre jäh unterbrochen wurde. Es ist nicht auszuschließen, daß die überragende Dominanz der Metallindustrie, die den Industrialisierungsprozeß in Neckarsulm prägte und gewaltig vorantrieb, auch wegen ihrer Vorreiterrolle in der Lohnbewegung es der Sägeindustrie nicht leicht machte, ihre Kostenstruktur entsprechend anzupassen. Auf längere Sicht erwiesen nur Holzhandlungen ihre Überlebensfähigkeit. Völlig vergessen ist eine während der zwanzi-

Tabelle 3: Entwicklung des Gesamtsteuerkapitals der Neckarsulmer Industrie[91]

	1877		1887		1897		1909		1918	
	M	%	M	%	M	%	M	%	M	%
Industrie insg.	2 327	100	12 774	100	122 600	100	404 425	100	3 828 781	100
Metallindustrie	–	–	10 447	81,8	111 050	90,6	294 525	72,8	3 598 481	94
Holzindustrie	2 200	94,5	2 200	17,2	11 550	9,4	32 025	7,9	101 675	2,7

ger Jahre erloschene „Karmellenfabrik" (1925: 12 Mitarbeiter).

Von der trotz konjunktureller Einbrüche anhaltenden Wachstumsstärke von drei bzw. vier Großbetrieben der Metallindustrie gingen bezeichnenderweise keine unmittelbaren Impulse für die Ansiedlung und den Aufbau einer mittelständischen Zulieferindustrie aus. Die 1897 vom Mechaniker Jakob August Becker eröffnete mechanische Werkstätte stellte anfangs Beschläge für Hobelbänke und dergleichen her, einige Jahre später auch kleinere landwirtschaftliche Maschinen, nach dem Ersten Weltkrieg hydraulische Obst- und Weinpressen (Beschäftigte 1928: 7; 1939: 31). Aus dem Maschinenpressenbau entwickelte sich in den 1930er Jahren ein in Fachkreisen anerkannter Industriebetrieb für hydraulische Hebebühnen und Druckluftkompressoren. Als J. A. Becker und Söhne während des Zweiten Weltkrieges Hubzylinder für Schmelzöfen im Auftrag von Kolbenschmidt herstellte[92], zeigten sich erste zaghafte Synergieeffekte zwischen einem ortsansässigen Kleinbetrieb und der Großindustrie. Greifbarer sind die positiven Effekte der industriellen Expansion für die Entwicklung der örtlichen Betriebe der Bauwirtschaft.

Verkehrsgunst und preiswertes Gewerbegelände hatten von außen gekommene Unternehmer, die zudem fast ausschließlich der evangelischen Religion angehörten, zur Industrieansiedlung und -gründung in Neckarsulm veranlaßt. Ihre unternehmerischen und wirtschaftlichen Erfolge wandelten das Bild der Stadt, mehrten ihren Wohlstand, veränderten soziale Strukturen, setzten neue Normen, aber ihr Beispiel zündete bei der alteingesessenen Bevölkerung nicht Funken der Nachahmung und des Nacheiferns, machte nicht Schule. Technischer Fortschritt, Industrie, Fabriken und Modernität wurden in eine industriell unterentwickelte Weingärtnerstadt getragen, in sie verpflanzt und ihr dadurch eine neue, überlegene Ordnung gegeben. Der soziale Aufstieg heimischer Gewerbetreibender ins industrielle Unternehmertum blieb in Neckarsulm die ganz seltene Ausnahme.

Stationen der Stadtentwicklung

Seit Ende des 19. Jahrhunderts geriet Neckarsulm in die vom Industrialisierungsprozeß angestoßene Dynamik einer fast stürmischen Bevölkerungszunahme.[93] Bei durchschnittlichen jährlichen Wachstumsraten von mehr als 2 Prozent verdoppelte sich die Einwohnerzahl zwischen 1890 (3012 Einwohner) und 1920. Krisenzeiten verlangsamten sodann etwas das Wachstum, das jedoch mit den Flüchtlingsströmen nach dem Zweiten Weltkrieg neue Schubkraft erhielt. Das Ergebnis war eine reichliche Verdreifachung gegenüber dem

Stand von 1890 bis 1950 (9310 Einwohner). In der Folgezeit wurden zuvor erreichte Wachstumsrekorde erneut in den Schatten gestellt. In nur 21 Jahren, von 1950 bis 1971, hat sich Neckarsulms Einwohnerzahl wiederum verdoppelt (Anstieg auf 19 700) bzw. gegenüber 1890 um das 6,5fache vermehrt.

Der in der Bevölkerungszunahme und -verdichtung zum Ausdruck gekommene Wandel von der Weingärtner- und Handwerkerstadt zur Industriestadt fand auch in vielfältigen anderen Erscheinungsformen und Strukturen des städtischen Lebens seinen greifbaren Niederschlag. Im Spiegel der Entwicklung des Gewerbesteuerkatasters zeigte sich erst gegen Ende des 19. Jahrhunderts ein eindeutiges Übergewicht des Anteils der Industrie gegenüber Handel und Handwerk:[94]

Tabelle 4: Gewerbesteuerkataster 1896 – 1921

	1896		1897		1911		1921	
	M	%	M	%	M	%	M	%
Handwerk	50 958	43,6	53 479	27,7	70 604	14,1	867 826	10,1
Handel	16 413	14,1	16 904	8,8	26 521	5,3	241 314	2,8
Industrie	49 600	42,3	122 600	63,5	404 695	80,6	7 509 598	87,1
Steuerkapital insgesamt	116 971	= 100	192 983	= 100	501 820	= 100	8 618 738	= 100

Die verspätete Industrialisierung Neckarsulms korrelierte mit einer starken Übersetzung des örtlichen Handwerks, dessen Existenzmöglichkeiten sich auch nicht sogleich mit dem Heranwachsen der Industrie allgemein verbesserten. Wegen des harten Konkurrenzdrucks unter den Handwerksmeistern, die überdies höhere Lohnkosten und Rohstoffpreise verkraften mußten, zeichneten zeitgenössische Quellen auch für die Jahre unmittelbar vor dem Ersten Weltkrieg von der Lage des Neckarsulmer Handwerks ein wenig erfreuliches Bild.[95] Seit dem Ersten Weltkrieg verstärkten sich im Handwerk Konzentrationstendenzen, die gleichzeitig vom Niedergang älterer und Aufkommen neuer Handwerksbranchen überlagert wurden (Tab. 5). Bis zur Gegenwart hielt der Trend der sukzessiven Abnahme der Handwerkerdichte an (Handwerksbetriebe je 1000 Einwohner; 1880: 66,8; 1933: 26,8), ohne daß dadurch in der Bedarfsbefriedigung der Bevölkerung Versorgungslücken auftraten. Die Produkte nicht weniger Handwerksbranchen wurden durch preiswerte industrielle Erzeugnisse verdrängt. Verschwunden sind u. a. Drechsler, Wagner, Gerber und Sattler, zahlenmäßig stark geschrumpft die Schuhmachereien (1985: 4). Im Krisenjahr 1933 beschäftigten 319 Gewerbebetriebe (von insgesamt 345) nur 649 hauptberuflich Erwerbstätige. Wo Handwerksleistungen nicht substituierbar waren und stärker nachgefragt wurden, vermehrte sich die Beschäftigung in den von der Konjunktur begünstigten Handwerksbetrieben. Schon seit den 1920er Jahren ist diese sich bis in die Gegenwart verlängernde Tendenz namentlich im Bau- und Ausbaugewerbe zu beobachten. Mehr als zehn Mitarbeiter beschäftigten 1939 u. a. die Bauunternehmen Karl

Tafel 9 Die Keimzelle der NSU: die zur Strickmaschinenfabrik umgebaute Brunnersche Mühle. Zeichnung von 1880.

*Tafel 10   Die einstige Bundesmustersiedlung Amorbacher Feld 1967 mit ersten Erweiterungen.
Das letzte Großprojekt – das Freizeitbad „AQUAtoll".*

Tabelle 5: Handwerksbetriebe 1880 und 1950 in Neckarsulm

	1880	1950
Bäcker	11	14
Metzger	10	10
Schuhmacher u. Lederverarb.	18	21
Schneider/Schneiderinnen	10	31
Sonstige Textil u. Bekleidung	19	7
Schlosser u. Schmiede	11	7
Meckaniker	1	11
Uhrmacher u. Goldarbeiter	5	3
Elektriker u. Radiotechniker	–	11
Kraftfahrzeughandwerker	–	11
Sonstige metallverarb. Handwerke	–	5
Maurer u. Steinhauer	28	15
Zimmerer	9	6
Maler u. Lackierer	5	10
Sonstige Bauhandwerker	13	20
Schreiner, Drechsler, Wagner	15	5
Sonstige holzverarb. Handwerker	13	4
Druck und Papier	3	2
Körperpflege, Reinigung	4	14
Sonstige	15	9
Insgesamt:	190	218

Denz, Gipsergeschäft (1925: 15; 1939: 17), Gebrüder Keitel (1939: 15; 1961: 101), das Malergeschäft Max Rummel (12) und die Baufirmen Viktor Schädel (17) und Karl Senghaas (1939: 12; 1961: 53). Beträchtlich vermehrte die Baukonjunktur in der „Wirtschaftswunderzeit" der 1950er und 1960er Jahre die Beschäftigung in den Baubranchen. 1987 arbeiteten in 61 Betrieben 530 Beschäftigte. Die Gleis- und Tiefbaufirma Schmitt & Emmerich zählte 1961 sogar 139 Mitarbeiter, die Gustav Rank GmbH 98 und das erloschene Baugeschäft Förschner 61. Einer der ältesten Handwerksbetriebe Neckarsulms, der Pflaster- und Straßenbaubetrieb Otto Bauer, gegründet 1750, beschäftigt 1961 36 Arbeitnehmer und derzeit 23.

Der Untergang oder die Aufgabe so manchen Handwerksberufs während des letzten Jahrhunderts korrespondierte längerfristig mit einer starken Zunahme der Unternehmen des Groß- und Einzelhandels. Nach den Gewerbesteuerkatastern belief sich deren Zahl (ohne Gastwirte) im Jahre 1871 auf nur zwölf, 1911 auf 61 und 1921 auf 51.[96] Sie stieg bis 1933 auf knapp 100 Betriebe (mit Gastwirten), bis 1950 auf etwa 180, 1987: 380. Mehr als 400 von insgesamt 1320 Gewerbebetrieben sind heute in Neckarsulm dem Einzel- und Großhandel (1987 ohne Gastgewerbe: 303) zuzurechnen und unterstreichen dessen Bedeutung. Am zahlreichsten wird der Handelssektor repräsentiert durch die Gaststätten (1950: 31; 1989: 84), die Lebensmittelgeschäfte (1950: 37; 1989: 33) und durch den Textilfachhandel (1950: 12; 1989: 30). Nicht wenige Firmen des Groß- und Einzelhandels wuchsen über die örtliche Nachfrage hinaus und beteiligten sich teilweise am Im- und Export.

Aus einer kleinen 1826 gegründeten Handweberei, die in der zweiten Hälfte des 19. Jahrhunderts zur Strickerei und Wirkerei erweitert wurde, entwickelte sich seit 1901 das Textilkaufhaus Alfons Diemer in der Marktstraße.[98] Es wurde bei Kriegsende 1945 vollständig zerstört und mit viel Mühe und Fleiß sowie mit Hilfe eines Aufbaudarlehens bis in die 1950er Jahre ganz neu (mit „Diemer-Arkade"), schöner und größer aufgebaut (Umsatz 1952: 1,4 Mio. DM), was auch an der Beschäftigtenzunahme abzulesen ist (Mitarbeiter 1939: 14; 1952: 30; 1961: 40). Ebenfalls bis ins 19. Jahrhundert reichen die Wurzeln des einstigen Kaufhauses Ihlein, das 1848 als Mützenmacherei und Secklerei in der Marktstraße eröffnet wurde.[99] Es wurde 1959 unter dem in Düsseldorf geborenen Kaufmann Walter Cüppers zu einem sich sehr positiv entwickelnden Kleinkaufhaus der Firma C & W (1961: 34 Mitarbeiter; 1990: 18 Vollzeit- und 49 Teilzeitbeschäftigte) umgebaut[100], 1991 jedoch geschlossen. Ein seit 1835 bestehendes Geschäft für Eisen und Eisenwaren wurde 1910 vom Kaufmann Christian Schrade übernommen. Er verstand es, das Unternehmen zielstrebig auszudehnen und nach wenigen Jahren zu einer der führenden Eisenhandels-Firmen im württembergi-

Tabelle 6: Struktur der Erwerbstätigkeit (hauptberuflich Erwerbstätige)

	1933		1970		1987 Arbeitsstättenzählung	
		%		%		%
Landwirtschaft, Weinbau, Gärtnerei etc.	464	17,6	120	1,3	57	0,2
Produzierendes Gewerbe	1 441	54,6	6 810	72,3	18 110	72,3
Handel und Verkehr	380	14,4	995	10,5	2 755	11,0
Sonst. Wirtschaftsbereiche, Dienstleistungen	353	13,4	1 501	15,9	4 121	16,5
	2 638	–	9 426	–	25 043	–

schen Unterland zu machen. Die Christian Schrade KG bewies seit 1948 (31 Beschäftigte; 1928: 12; 1939: 23) eine bemerkenswert vielseitige Leistungsfähigkeit, die sich in entsprechendem Firmenwachstum niederschlug (Mitarbeiter 1955: 80; 1961: 95; 1989: 150).[101] Holzwerk und Holzhandlung Hegner & Co konnten nach der vollständigen Zerstörung im Jahre 1945 den zwar begonnenen schwierigen Wiederaufbau finanziell nicht mehr bewältigen.[102] Als Zulieferer der NSU-Werke machte sich 1919 die damalige Carbidgroßhandlung G. Hähnle (seit 1954 KG) in Neckarsulm seßhaft (1961: 20 Mitarbeiter; 1990: 18). Sie erweiterte sehr bald ihr Verkaufsprogramm um die moderne, vielgefragte Schweißtechnik und die verschiedensten Brennstoffe.[103] Die Firma überdauerte die schwere Heimsuchung durch das gewaltige Explosionsunglück, von dem 1962 ihr Auslieferungslager betroffen wurde.

Vor allem in den Jahrzehnten nach dem Zweiten Weltkrieg wurden auch im Zuge der Ausweisung neuer Gewerbegebiete zahlreiche moderne, leistungsstarke Handelsunternehmen in Neckarsulm seßhaft, ohne daß diese sich – wie das Beschäftigungsvolumen zeigt (Tab. 6) – zu einer typischen Handelsstadt entwickelte. Zwischen 1961 und 1989 hat sich die Gesamtzahl der gewerblichen Betriebe in der Großen Kreisstadt etwa verdoppelt, stieg von rd. 660 auf 1320 (mit Eingemeindungen). Der größte Teil des Unternehmenszuwachses entfiel auf die verschiedenartigen Betriebe des breitgefächerten Dienstleistungssektors. Unübersehbar drängte sich das Bankengewerbe mit seinen über 20 Filialen von neun Bank- und Sparkasseninstituten in den Vordergrund.

Mit den zahlreichen wirtschaftlichen Expansionsprozessen in jüngster Zeit, die die städtische Wirtschaftskraft ständig verstärkten, verdrängten neue städtebauliche Akzente die Enge und Begrenztheit einer Kleinstadt mit noch dörflichem Ambiente, wurden neue Maßstäbe der Umgestaltung gesetzt und wandelte sich Neckarsulm zu einer vieldimensionalen, lebensorientierten, funktionstüchtigen modernen Industriestadt. Freilich bedarf sie auch in Zukunft noch mancher Reform, Verbesserung und Anpassung an menschliche Lebensbedürfnisse. Vieles wird hierbei nur vor dem Hintergrund der seit 1950 ständig gestiegenen Realeinkommen verständlich. Über 1 Mrd. DM wurden im Jahre 1986 an fast 24 000 in Neckarsulm beschäftigte Arbeitnehmer an Löhnen und Gehältern ausgezahlt. Um 1900 betrug der ortsübliche Tagelohn 1,80 M. Die Neckarsulmer entwickelten sich gewissermaßen zu „Kindern" des Wohlstandes[104] mit entsprechender Konsumorientierung, gewandeltem Individualverhalten und im Vergleich zum 19. Jahrhundert veränderten Wertvorstellungen und Lebensauffassungen. Dafür nur ein Beleg. Fast 4,5 Personen lebten 1907 im Durchschnitt in einer Haushaltung in Neckarsulm (insgesamt 1066 Haushaltungen). Die Volkszählung von 1987 erfaßte in der Stadt und ihren Ortsteilen bei einer Wohnbevölkerung von 21 499 Personen 9030 Haushalte in 8660 Wohngebäuden. Demnach hat sich bis 1987 die durchschnittliche Haushaltsgröße auf knapp 2,4 Personen verkleinert bei zudem einem gegenüber 1907 deutlich verbesserten Wohnkomfort. In fast 30 Prozent der Haushalte wohnte – Resultat des allgemeinen Trends zur Singularisierung – nur eine einzige Person (in 27,2 % zwei Personen).

Aus zahllosen Industriestädten der Gegenwart ist die Landwirtschaft als Erwerbszweig verschwunden; in Neckarsulm sind Landwirtschaft, Viehzucht und Weinbau noch präsent (1983: 1339 ha landwirtschaftliche Nutzfläche und Sonderkulturen), wenngleich die Zahl der hauptberuflich in der Landwirtschaft Beschäftigten (Tab. 6) zumindest in der Kernstadt zu einer hauchdünnen Restgröße geschrumpft ist. Auch das Nutzvieh ist nicht ausgestorben. Nach den erfolgten Eingemeindungen Ende 1972 ergab die Viehzählung, daß knapp 10 000 zwei- und vierbeinige Nutztiere in den Ställen von 545 Tierbesitzern gehalten wurden und davon in der Kernstadt immerhin 223 Milchkühe, 210 Schweine, 2835 Hühner und 73 Enten.[105] Die letzten Zahlen sind das nicht. In der Hauptsache dient derzeit die Landwirschaft – 1984: 91 Betriebe ab 1 ha – dem Neben- und Zuerwerb (1987: 14 landw. Arbeitsstätten). Mit einigem Stolz vermerkt die Stadtchronik nach wie vor die Erträge der überwiegend mit Rotgewächs bepflanzten Weinberge, 1976 insgesamt 49 ha 10 a, die einen Mostertrag von zusammen 3363 hl lieferten.[106]

Neckarsulm blieb eine gastfreundliche Weinstadt, deren Hauptkräfte aber unübersehbar auf Industrie und Handwerk gerichtet sind. Etwa seit der Zeit des Ersten Weltkriegs war die große Mehrzahl der Erwerbstätigen unter den Einwohnern in den heimischen Gewerbebetrieben beschäftigt. Die Arbeiter dominierten vor Angestellten und Beamten. Im Jahre 1925 wurden 6132 gewerbliche Arbeitskräfte gezählt und kurz vor Ausbruch des Zweiten Weltkriegs, am 1. August 1939, 6102.[107] Bereits während der ersten Hälfte des 20. Jahrhunderts benötigten die ortsansässigen Großbetriebe der Industrie mehr Arbeitskräfte, als in Neckarsulm selber rekrutierbar waren. Seit der Wirtschaftswunderzeit während der zweiten Hälfte des 20. Jahrhunderts bedurfte es noch größerer Dimensionen der Mobilmachung von Arbeitskräften. Von den 1954 in Neckarsulm beschäftigten Arbeitnehmern (8982) kamen über 67 Prozent von auswärts, waren Einpendler, 1961 (11 903 Arbeitnehmer) rund 65 Prozent und im Jahre 1970 (16 966 Beschäftigte) fast 57 Prozent.[108] Durch den Zuzug in die Stadt – auch den von Ausländern – nahm zwar der relative Anteil der Einpendler am örtlichen Beschäftigungsvolumen ab, doch stieg ungeachtet dessen weiter deren absolute Zahl (1954: 6047; 1970: 9697; 1984: 12 570). Vor allem durch die Großindustrie zog Neckarsulm seit Jahrzehnten tagtäglich viele tausend Menschen an sich, wurde in eine komplexe Dynamik eingebunden, die es zu bewältigen galt und die immer neue Anforderungen an Raum und Zeit stellte.

Industrielle Wege jenseits des Dampfmaschinenzeitalters

Die Erfolge im Wieder- und Neuaufbau von Neckarsulm, das in den letzten Wochen des Zweiten Weltkriegs unter Bombenangriffen und Artilleriebeschuß schwer zu leiden hatte und dessen Altstadt in Trümmern versank, hingen wesentlich davon ab, inwieweit es gelang, die örtlichen Gewerbebetriebe zu neuem Leben zu erwecken. Wohl für alle Industriebetriebe begann um die Mitte des 20. Jahrhunderts eine neue Epoche, die nicht nur mit der Beseitigung schlimmer Kriegs- und Plünderungsschäden ihren Anfang nahm. Es fehlte für eine Ingangsetzung der seit dem Frühjahr 1945 stillstehenden Produktion, soweit dafür noch Maschinen und Gebäude vorhanden waren, an liquiden Mitteln, an Krediten sowie an Rohmaterial und Zulieferteilen. Überall herrschte materielle Not. Ende Juli 1945 wurde im NSU-Werk, das als Reparaturbetrieb für Kraftfahrzeuge der amerikanischen Streitkräfte diente, die Produktion in kleinem Umfang mit Genehmigung der amerikanischen Militärregierung wiederaufgenommen.[109] Doch erstaunlich rasch meisterten die ausgewechselten Führungskräfte die zu bewältigenden außergewöhnlichen, fast unüberwindlich erscheinenden Probleme. Bereits im Verlaufe des Jahres 1947 zeichnete sich eine

leichte, aber stetige Gesundung des Unternehmens ab. Die Beschäftigung stieg von 843 Werksangehörigen Ende 1945 auf 2460 am 31. Dezember 1947. Die Produktionsergebnisse der ersten sechs Monate des Jahres 1948 bis zur Währungsreform erhoben sich deutlich über das Vergleichsniveau der Vorjahre, obwohl die Ernährungslage der Menschen nach wie vor miserabel war. NSU-Generaldirektor Niegtsch zeichnete dennoch in seiner Ansprache zum 75jährigen Bestehen von NSU Ende Mai 1948 die Lage des Unternehmens „außerordentlich optimistisch" und verlieh seiner festen Zuversicht Ausdruck, „die großen Schwierigkeiten meistern zu können und dann eine Aufwärtsentwicklung bei NSU zu erleben, wie sie bisher nicht zu verzeichnen war".
In anderen Betrieben war weniger Zukunftsoptimismus spürbar. Über Kolbenschmidt hing seit 1945 das Damoklesschwert der drohenden Demontage und lähmte den Wiederaufbauwillen.[110] Nach und nach wurden dennoch einzelne Produktionseinrichtungen wieder aufgebaut (Ende 1946: rd. 700 Beschäftigte), obwohl das Werk bis Februar 1948 für Reparationszwecke beschlagnahmt war und bis April 1949 einer Vermögenssperre unterlag. Mit etwa zweijähriger Verzögerung startete nach NSU Kolbenschmidt in eine neue Epoche der Firmengeschichte. Die Jutespinnerei der Gebrüder Spohn blieb zwar von schweren Kriegszerstörungen verschont[111], konnte auch bereits im Juni 1945 in kleinem Rahmen die Fabrikation aufnehmen (Beschäftigte 1945: 398; 1946: 481; 1947: 511; 1948: 679), befaßte sich aber zunächst nur mit Ersatzfertigungen, bis dann 1946 amerikanische Baumwolle in etwas größerem Umfang für die Herstellung von Erntebindegarn, Geweben und Säcken zur Verfügung stand, schließlich im Spätsommer 1947 ein Lohnveredelungskontrakt für Jute mit der Schweiz anlief und die ersten Waggons mit Rohjute für den Inlandsbedarf entladen werden konnten. Bereits 1948 zeichnete sich für die Gebrüder Spohn eine glänzende Geschäftsentwicklung ab mit einem Auftrags- und Beschäftigungsvolumen, wie sie in der bisherigen Firmengeschichte nie erreicht worden waren.

Vergebens bemühte sich dagegen die Holzwerkzeugfabrik Baldauf, im Zweiten Weltkrieg fast total zerstört, zumindest ihre alte Bedeutung wiederzuerlangen.[112] Seit der Währungsreform Mitte 1948 arbeitete die wenig liquide Firma, die 34 männliche und 59 weibliche Arbeitskräfte im Sägewerk und an Spezialmaschinen beschäftigte, Jahr für Jahr mit Verlusten, die es zu finanzieren galt. Zum Wiederaufbau der Produktion half seit 1949 ein Kontokorrentkredit von 85000,– DM. Der im folgenden Jahr gewährte verlorene Staatszuschuß von 5000,– DM glich mehr einem Tropfen auf einem heißen Stein. 1951 ließ sich dringender Kreditbedarf mit einem staatsverbürgten Kredit in Höhe von 60000,– DM decken; 1953 folgte eine Kreditspritze der Industriekreditbank von 100000,– DM. Auf rund 775000,– DM belief sich der Umsatz 1951, der Verlust des gleichen Jahres auf 40376,41 DM. Es fehlte dem Unternehmen offenbar die Innovationskraft für neue Konzepte. Auf dem Markt für Holzwerkzeuge fiel es hinter der Konkurrenz, den zahlreichen, im Preisangebot billigeren Neugründungen, zurück und konnte den alten Kundenstamm nicht zurückgewinnen. Umsatzrückgänge (1957 Umsatz: 632000,– DM) und sich fortschreibende Verluste mündeten 1960 im Aus.[113]

Mit Instandsetzungsarbeiten an der durch Bombentreffer stark zerstörten Neckarwerft der Schiffs- und Maschinenbau AG sowie mit der Reparatur kriegsbeschädigter Schiffe lief die Wiederaufbauarbeit auf der Neckarsulmer Schiffswerft (1949/50: 60 Beschäftigte) in den ersten Nachkriegsjahren an.[114] 60 Mitarbeiter zählte am Tage der Währungsreform (20.6.1948) die Firma J. A. Becker & Söhne, die sich damals bereits durch die erfolgreiche Spezialisierung auf die Herstellung von Kompressoranlagen und Hebebühnen auf Expansionskurs befand.[115] Wegen der räumlichen Enge in Neckarsulm verlegte das Familienunternehmen (1950: 250 Mitarbeiter; 1972: 300; 1990: 215) im Jahre 1950 seinen Sitz ins benachbarte Binswangen. Von dort lieferte die Firma alsbald ihre Produkte in alle Welt. In die einstigen Räume von Becker & Söhne zog die aus einer Schreinerei hervorgegangene Modellbauwerkstätte Jakob Beckert (Beschäftigte 1928: 3; 1939: 8; 1961: 36; heute in Bad Friedrichshall).

Die Abwanderung eines florierenden mittelständischen Industriebetriebes aus Neckarsulm machte offenbar Bürgermeister und Gemeinderat auf mögliche Versäumnisse in der Industrieansiedlungspolitik aufmerksam. Im März 1950 verlautete das Bürgermeisteramt: „Um einer in Krisenzeit auftretenden Gefahr entgegenzuwirken, sieht sich der Gemeinderat veranlaßt, die Ansiedlung weiterer Industrie energisch und tatkräftig zu fördern", obwohl eine leistungsfähige Metallindustrie bereits vorhanden war. Aus der Sicht des Gemeinderats war die Ansiedlung größerer und kleinerer Betriebe mit Beschäftigtenzahlen von etwa 100 bis 500 Mitarbeitern erwünscht.[116] Statt der Gewerbeförderung schoben sich in der Kommunalpolitik zunächst der städtische Wiederaufbau, der Wohnungsbau und das außergewöhnliche Siedlungsvorhaben „Amorbacher Feld" in den Vordergrund.

Für die örtlichen Industriebetriebe brachte die nun angebrochene „Wirtschaftswunderzeit" einen Boom mit kräftigen jährlichen Umsatzzuwächsen (vgl. auch Tab. 7). Typisch für die Käufermarktsituation nach der Währungsreform war der explosionsartige Anstieg von Produktion und Absatz von Motorrädern, an dem NSU hervorragenden Anteil hatte.[117] Zwischen 1949 und 1953 haben sich die Umsatzerlöse (1949: 67,09 Mio. DM) mehr als verdoppelt, bis 1962 knapp vervierfacht und stiegen bis 1968 auf 566,21 Mio. DM bei einer Exportquote von ca. 53,3 Prozent. Entsprechend waren auch laufend die Belegschaft und das Kapital aufgestockt worden (Grundkapital in Mio. DM 1949: 8; 1959: 18; 1968: 87). Mit seinen Produktionszahlen (1955: 342583 Zweiräder) überflügelte NSU weltweit alle anderen Zweiradproduzenten. 1949 brachte NSU die erste Neukonstruktion nach dem Kriege, die sportliche 100-ccm-Viertaktmaschine NSU-Fox heraus. Die NSU-Max wurde das meistverkaufte Motorrad auf dem deutschen Markt. Unter den Mopeds führte die NSU-Quickly. Mit dem Rekordjahr 1955, in dem Neckarsulmer Zweiräder in 102 Länder verkauft wurden, befand sich jedoch die Zweiradepoche wegen des rapiden Nachfragerückgangs in der Phase ihres Niedergangs.

Tabelle 7: Beschäftigtenentwicklung in der Industrie

	NSU	Kolbenschmidt	Spohn	Anderssen	Schiffswerft
1950	4 895	1 100	830	–	60
1961	6 362	2 678	736	80	120
1965	10 489[118]	2 900	720	100	110

102 Der erste „Prinz" läuft vom Band. Mit der „Prinzengarde" gelang NSU nach zwanzigjähriger Pause im Automobilbau ab 1958 ein glanzvoller Wiedereinstieg in die Autoproduktion.

Umsatzverluste versuchte NSU durch Produktion und Absatz von Motorrollern abzufangen. 186 000 NSU-Lambretta (und Prima), Lizenzbau des gleichnamigen Motorrollers der Mailänder Firma Innocenti, liefen von 1950 bis 1960 in Neckarsulm vom Band, jahrelang Spitzenreiter in der Zulassungsstatistik. Doch mit wachsendem Wohlstand wanderte die Massenkaufkraft vom Zweirad- zum Automobilmarkt. Während der Umsatzeinbrüche von 1956/57 konzentrierte NSU daher seine Kräfte auf die technische Entwicklung und die Vorarbeiten für ein eigenes vierrädriges Auto zwischen 500 und 1000 ccm, auf die Geburt der „Neckarsulmer Prinzen-Garde", die dann auch von einer Schönheitskönigin aus der Taufe gehoben wurde. 1958 lief die Produktion an. Nach zwanzigjähriger Pause präsentierte sich NSU wieder als Automobilwerk. Im gleichen Jahr wurde die Motorradproduktion aufgegeben und im Frühjahr 1963 die Fertigung von Fahrrädern, seit 1886 ununterbrochen im Produktionsprogramm, endgültig eingestellt. Bis einschließlich 1965 waren 418 005 populäre Prinz-Modelle von NSU verkauft, gekrönt seit 1968 vom NSU-Spider mit Felix Wankels technisch interessantem, weltweit stark beachtetem Kreiskolbenmotor, der die Drehbewegung unmittelbar ohne Kurbelgetriebe erzeugte. Unter dem Vorstandsvorsitzenden Dr. Ing. Gerd Stieler von Heyderkampf (1953–1971) durchliefen die NSU-Werke damals eine neue Glanzzeit mit gewaltigen Umsatzsteigerungen bei reichlicher Verdreifachung der Aktiva. Es schien fast, als sei NSU die Anpassung an die interne Nachfrageverschiebung auf dem Automarkt gelungen und für den Wettbewerb mit ausländischen Kleinwagen-Herstellern gerüstet. Mit dem rasant gewachsenen Markt für Zylinder und Kolben für Fahrzeugmotoren verbündete sich die nicht weniger stürmische Expansion von Kolbenschmidt. 1951 beschäftigte das Unternehmen im Stammwerk Neckarsulm 1100 und im Werk Hamburg 500 Mitarbeiter. Die Gesamtproduktion belief sich auf 1,34 Mio. Fertigkolben und 650 000 Lager und Buchsen. Der Erfolgskurs von Kolbenschmidt während der folgenden Jahrzehnte war bestimmt durch bahnbrechende Innovationen, Neuentwicklungen, neue Maschinen und Prüfanlagen sowie durch die Übernahme von wichtigen Lizenzen für Deutschland.[119] 1960 wurde ein neues Aluminiumschmelzwerk auf dem erworbenen ehemaligen Baldauf-Gelände errichtet, 1964 die Kolbengießerei ausgebaut und modernisiert. Im gleichen Jahr entstand in Rot bei Heidelberg ein Zweigwerk. Erst die Rezession von 1966/67 mit den Rückgängen in der Automobilindustrie stoppte das Umsatzwachstum ein wenig. Doch bis 1969 hatte sich Kolbenschmidt – fünf Werke mit insgesamt 5400 Arbeitnehmern – zum größten Leichtmetall-Gußwerk Europas entwickelt und war nunmehr Marktführer unter den Kolben- und Lagerherstellern.

Auf der relativ gut ausgelasteten Neckarsulmer Werft der „Schiffs- und Maschinenbau AG Mannheim" – seit 1962 Neckarwerft Schiffs- und Maschinenbaugesellschaft mbH – liefen von 1954 bis 1965 etwa 15 Schiffsneubauten vom Stapel (ohne Reparaturen und Teilbauten). Während der 1950er Jahre war auch die Gebrüder Spohn GmbH, die „Jutesäcke für alle Zwecke" herstellte, vollbeschäftigt (1953: 850 Mitarbeiter), obwohl etwa seit 1952 Kunststoff-Verpackungsmaterialien und billigere Konkurrenzprodukte aus dem südlichen Asien auf den Markt drängten. Auch in den für die Juteindustrie schwierigen 1960er Jahren gelang es der Firma Spohn, sich durch konsequente Spezialisierung, Rationalisierung und Qualitätsarbeit an der Spitze der europäischen Juteindustrie zu halten.[120] Neben die Herstellung von Jutespezialgeweben trat seit 1961 die von Papiersäcken. Um die Produktionsbasis zu verbreitern, wurde 1965 eine neue Teppichgarnspinnerei in Betrieb genommen.

Bis Mitte der 1960er Jahre zeichnete sich das Wirtschaftsleben Neckarsulms – analog zur damaligen volkswirtschaftlichen Entwicklung – durch ein fast ungebrochenes Wachstum und eine bemerkenswerte konjunkturelle Stabilität aus. Um dieser Entwicklung mehr Rechnung zu tragen und dem Gewerbe Ausdehnungs- und Ansiedlungsmöglichkeiten anzubieten, wurde von der Gemeinde ab 1969 das 32 ha umfassende Industriegebiet „Rötel" erschlossen.[121] Die Politik der Ausweisung neuer Gewerbegebiete setzte die Stadt von 1969 bis 1989 zügig und mit bemerkenswerter Konsequenz fort. Während dieses Zeitraums wurden weitere acht Gewerbegebiete mit einer Fläche von über 73 ha erschlossen. Das Angebot fand in der Wirtschaft viel Resonanz. Etwa 110 Gewerbebetriebe, in der Hauptsache moderne Handels- und Dienstleistungsunternehmen, siedelten sich in den neuen Gewerbegebieten der Stadt und ihrer Stadtteile an. Das ist ein um so beachtlicherer Erfolg, als sich mit den Weltwirtschaftskrisen 1974/75 und 1981/82 und dem rigorosen Anstieg der Erdölpreise das Konjunktur- und Wachstumsklima in der deutschen Wirtschaft drastisch verschlechterte.[122] Diese negativen Einflüsse wurden auch am Wirtschaftsstandort Neckarsulm spürbar, führten zu Insolvenzen und machten Arbeitslosigkeit zu einem Dauerproblem. Über tausend ausländische Arbeiter kehrten in ihre Heimatländer zurück. Auf dem neuen Neckarsulmer Industriegelände im „Rötel" hatte sich 1970 die traditionsreiche, renommierte Heilbronner Silberwaren- und Besteckfabrik P. Bruckmann GmbH & Co. KG (gegr. 1807) angesiedelt, investierte

Industrielle Wege jenseits des Dampfmaschinenzeitalters 297

103 Das Industriegebiet „Rötel" 1984.

3 Mio. DM in moderne Betriebsgebäude und geriet 1973 in Konkurs.[123] Erfolgreich behaupteten sich die dort statt dessen seßhaft gewordenen Betriebe des Textilhandels und der Kunststofftechnik. Die Gebrüder Spohn, Verpackungswerk, mußten 1975 von ihren 172 Mitarbeitern weitere 55 entlassen.[124] Im Juni 1986 wurde die Firma stillgelegt. Obwohl die Neckarwerft noch in den 1970er Jahren mit bemerkenswerten Neubauten von Motorgüterschiffen und dem großen Fahrgastschiff „Neckarbummler" (1975) hervortrat, stellte sie im Oktober 1984 den Betrieb ein.

Kolbenschmidt, 1984 von einer GmbH in die Kolbenschmidt AG umgewandelt, war von Krise und Rezession während der 1970er und 1980er Jahre weniger betroffen. Schon 1972 begann für das Unternehmen das Elektronik-Zeitalter mit der Einführung von NC-Maschinen und der Errichtung eines NC-Centers für die Großkolbenbearbeitung.[125] 1976 folgte die Anwendung von CAD in der Konstruktion. Kolbenschmidts Innovationspotentiale lagen und liegen nach wie vor in dem verfügbaren umfangreichen Know-how an Leichtbau-Werkstoffen, in der firmeneigenen Grundlagenforschung bei Verbundwerkstoffen und in der Entwicklung von Gießereiverfahren. Seit 1985 helfen Gießroboter bei der Fertigung. Weltweit ist Kolbenschmidt, eingebettet in die internationalen Markt- und Wettbewerbsstrukturen der Kraftfahrzeug- und Motorenindustrie, mit sechs produktspezifischen Geschäftsbereichen vertreten: Kolben, Aluminiumguß, Gleitelemente, Lenkräder und Sicherheitssysteme, Kleinzylinder und Handel mit Ersatzteilen. Schon 1978 überstieg der Kolbenschmidt-Jahresumsatz in der Bundesrepublik Deutschland 500 Mio. DM (1988/89: 520,1 Mio. DM). Im letzten

Jahrzehnt wuchs das Unternehmen in erster Linie durch sein Auslandsengagement (sieben Auslandsgesellschaften) und durch den Anstieg des Exportumsatzes, der 1988/89 42,1 Prozent ausmachte. Der Konzernumsatz der Kolbenschmidt AG, der schon 1985/86 an die 1-Mrd.-DM-Marke stieß, erhöhte sich bis 1988/89 an der Schwelle zu tiefgreifenden Wandlungen in der internationalen Automobilindustrie auf 1 288,5 Mio. DM. Umsatzanstieg und Arbeitszeitverkürzung ließen sich nur durch eine Vermehrung der Mitarbeiterzahl bewältigen. Sie belief sich im Konzern 1988/89 auf 9756 (1985/86: 8660), von denen 6389 auf die Kolbenschmidt AG kamen und auf das Stammwerk Neckarsulm 3412 Beschäftigte (Konzernumsatz 1989/90: 1,4 Mrd. DM).

Als Schrittmacher des volkswirtschaftlichen Wachstums erwies sich seit den 1950er Jahren mehr und weniger bis heute die Automobilnachfrage.[126] Bei gestiegenem Wohlstand erfreute sich das private Kraftfahrzeug immer größerer Käufergunst. Als Industriestandort, dessen gewerbliche Arbeitsstätten ganz überwiegend auf das Automobil ausgerichtet waren und sind (einschließlich 14 Kraftfahrzeugreparaturbetriebe), gehörte Neckarsulm zu den wenigen Städten Baden-Württembergs, deren Entwicklung, Aufstieg und gegenwärtiger Wohlstandsglanz fast schicksalhaft von Entfaltung und Verlauf des Automobilabsatzes und der internationalen Wettbewerbsfähigkeit der ortsansässigen Automobilindustrie abhingen. Die Wechselbeziehungen zwischen der Stadt und ihrer expandierenden Maschinen- und Fahrzeugindustrie waren vielfältig, vollzogen sich auf verschiedenen Ebenen, betrafen, beeinflußten eigentlich alle Bereiche des städtischen Lebens und erforderten Offenheit gegenüber anstehenden Problemlösungen. Nach ihrem Haushaltsplan von 1989 erwartete die Stadt Gewerbesteuereinnahmen in Höhe von rd. 30 Mio. DM, 17,5 Mio. (= 58,3 %) von den beiden Großbetrieben der Fahrzeugindustrie, von Audi und Kolbenschmidt[127], die zu den 50 größten Industriebetrieben in Baden-Württemberg zählen. Das Gewerbesteueraufkommen aber reduzierte sich um die Ausgleichszahlungen an Nachbargemeinden, in denen die nach Neckarsulm einpendelnden Arbeitskräfte wohnten. Beispielsweise zahlte die Stadtkasse 1969 an die Stadt Weinsberg einen Gewerbesteuerausgleich für die im dortigen Lager untergebrachten türkischen Gastarbeiter. Jahrelang wurde über das heiße Thema „Gastarbeiter und wohin?" diskutiert. Wiederholt stellte sich nicht minder die Aufgabe, Spannungen zwischen Ökonomie und Ökologie abzubauen. Auch die Gefahren der Naturgewalt galt es abzuwehren. Nach den schweren Schäden vorangegangener Hochwasserkatastrophen beschloß der Gemeinderat 1970, das Neckarsulmer Industriegebiet „endlich hochwasserfrei zu machen"[128]. Die Landesregierung betonte ihr „landespolitisches Interesse", das Audi-NSU-Werk, das 1970 vom Hochwasser betroffen war, „in Neckarsulm zu halten", und erklärte sich zur Übernahme eines Drittels der Millionen-Kosten für Rückhaltebecken und Verdolung der Sulm bereit. Für beide Bauten wurden zwischen 1973 und 1977 Zuschüsse des Landes Baden-Württemberg nachweislich in Höhe von rd. 9,28 Mio. DM ausbezahlt.[129] Um die gleiche Zeit war die Politik, in Bonn wie in Stuttgart, wegen der Spekulationen um die Stillegung des Audi-NSU-Werks in Neckarsulm mehr denn je gefordert.[130] Existenzangst beherrschte 1974/75, in spannungsgeladener Zeit, die Werksangehörigen und nicht weniger die Bürger von Neckarsulm, für die ein Leben ohne das Automobilwerk undenkbar war. Es ging um die Schaffung von Ersatzarbeitsplätzen, die Bereitstellung von Rückkehrhilfen an Beschäftigte aus Nicht-EG-Ländern und andere Maßnahmen, die sich ohne eine Einschaltung und die wirksame Unterstützung seitens der staatlichen Wirtschaftspolitik nicht bewältigen ließen. Wiederum war der Einsatz von hohen Millionenbeträgen erforderlich, um drohende wirtschaftliche und soziale Ungleichgewichte in der Region Heilbronn–Neckarsulm abzuwenden. Seine Großindustrie machte Neckarsulm zu einer Schnittstelle von Staat und Wirtschaft.

Die erfolgreiche Geschäftsentwicklung von NSU während der zwei Jahrzehnte seit der Währungsreform hatte die Position der Firma auf dem immer härter umkämpften Automobilmarkt keineswegs stabiler gemacht. Jahrelang hatte das Unternehmen die aufwendige Entwicklung insbesondere im Zusammenhang mit Felix Wankels bahnbrechendem Kreiskolbenmotor finanziert.[131] Der vielbewunderte NSU Ro 80, ein avantgardistisches Automobil, verkörperte damalige High-Tech und demonstrierte die technische Kompetenz der Neckarsulmer Ingenieure. Doch für 1969 zeichnete sich bei NSU ein zu deckender Kapitalbedarf von 400 Mio. DM ab, der letztlich die Anlehnung an einen starken Partner unumgänglich machte. Mit dem Volkswagenkonzern geführte Fusionsgespräche mündeten in eine Verschmelzung mit der VW im Mehrheitsbesitz gehörenden Auto Union GmbH, die nach Billigung durch eine außerordentliche Hauptversammlung der NSU AG im August 1969 in Kraft trat. Es entstand die Audi NSU Auto Union AG, in deren Rahmen der Fortbestand der NSU-Werke, die nicht wenig in die „Firmen-Ehe" einbrachten, gewährleistet sein sollte.

Dem Start des neuen Firmenverbunds, zunächst von der Woge der Hochkonjunktur getragen, stellten sich spätestens ab 1971 wenig günstige Konstellationen in den Weg. Arbeitskämpfe, anhaltende Kostensteigerungen, erschwerte Wettbewerbsbedingungen, Absatzeinbrüche, Managementprobleme und die Schatten der „Erdölkrise" verschlechterten die Ertragslage und führten 1974 und 1975 zu einem einschneidenden Personalabbau, um Produktion und Personalstärke auszubalancieren.[132] Im Jahre 1973 waren im Neckarsulmer Stammwerk 11 255 Mitarbeiter beschäftigt, Ende 1975 noch 6088.[133] Unerwartet sprang jedoch 1976 die Automobilkonjunktur wieder an. Ein überdurchschnittlicher Nachfrageanstieg kam dem erfolgreichen Audi 100 zugute. Gebaut wurde in Neckarsulm zur besseren Auslastung der Fertigungsbänder von 1975 bis 1990 auch der Porsche 924 (1975: 56; 1976: 19 112; 1977: 21 955); dagegen lief 1977 die Fertigung des Ro 80 – ein Benzinfresser – aus. Das befürchtete Sterben des alten NSU-Werks auf Raten fand nicht statt, obwohl sich 1980/81 der Automobilmarkt erneut verfinstert hatte. Nachdem seit Jahren aber kein Auto mit dem Markenzeichen NSU – einst Symbol für Pionierleistungen der deutschen Kraftfahrzeugtechnik – in Neckarsulm (1984: 11 500 Beschäftigte; 1990: 11 413) vom Band gelaufen war, verschwand 1985 mit der kurzen und bündigen Umbenennung des Unternehmens in AUDI AG von den Werkshallen auch der Name NSU.[134] Firmensitz des Unternehmens wurde Ingolstadt. Verständnisschwierigkeiten wegen des ursprünglichen komplexen Unternehmensnamens waren nun beseitigt. Technisch hochwertige Automobile unter dem Namen AUDI verließen nunmehr die Werkshallen in Ingolstadt und in Neckarsulm (in der NSU-Straße), 1986 die umweltfreundlichen Audi 100/200 und ein neuer Audi 80. Für beide Audi-Werke entpuppte sich 1989 zum besten Geschäftsjahr in der Unternehmensgeschichte bei einem Umsatz von 12,2 Mrd. DM und einer Rendite vor Steuern von 5,2 Prozent.[135] Die nun auslaufende Lizenzfertigung der Porsche-Vierzylinder-Mo-

Tabelle 8: Beschäftigung im verarbeitenden Gewerbe[136]

Jahr	1978	1980	1982	1983	1987
Beschäftigte	12 550	13 277	13 771	14 436	17 542[137]

delle findet einen Ausgleich in der stärkeren Verlagerung der Produktion für den kritischen US-Markt in Neckarsulm. Auch laufen die ersten „Pilotwagen" des neuen Audi 100 am Neckar vom Band.
Neckarsulm blieb ein Industriestandort der Hochtechnologie, integriert in die Welt der Elektronik, worauf wohl letzten Endes die wirtschaftliche Leistungskraft der Stadt und ihre in den vergangenen anderthalb Jahrzehnten wachsende Industriebeschäftigung beruhte. Seit Ende der 1970er Jahre erlebte die Stadt fast ein kleines Wirtschaftswunder, während sich an anderen Industriestandorten die Industriebeschäftigung rückläufig entwickelte. Nach wie vor dominiert die Investitionsgüterindustrie, die durch die Ansiedlung neuer Betriebe ein mehr mittelständisches Profil erhielt. Erwähnt seien u. a. KK-Automation Klaus Th. Krämer KG mit Gießerei, Wacker-Werke GmbH u. Co KG, S-Team Elektronik GmbH, TELCOS Tele-Communications-System Erhard Strom GmbH, Franz Binder, Werkzeug- und Verrichtungsbau, aus der sich 1985 die Elektrische Bauelemente KG entwickelte (1972: 100 Mitarbeiter; 1990: 278 und 180 Heimarbeiter), Daten-Service Beck GmbH + Co, Binder-Kunststofftechnik GmbH. Durch Ansiedlung der Porkus Fleischwaren GmbH und des Lidl Fleischwerks ist Neckarsulm auch Sitz namhafter Unternehmen der Fleischwarenindustrie geworden.

Abgesehen von den relativ kurzen Zeitabschnitten vergangener Krisen- und kriegsbedingter Beschäftigungslosigkeit und Zerstörung, lebt die Stadt unter dem Gipfelkreuz des Scheuerbergs nun bereits ein gutes Jahrhundert mit der Dynamik und Hektik von Wachstum und Ausweitung. Neckarsulm erwarb sich daher mit Recht den Ruf einer fleißigen, aber – was nicht gern gehört wird – ansonsten eher langweiligen Industriestadt. Mit Stolz blicken die selbstbewußten Neckarsulmer auf die Erfolge ihrer Industrie, ihres Wirtschaftslebens, auf damit zusammenhängende sportliche Erfolge. „125 Jahre Gewerbeverein Neckarsulm" wurden „groß gefeiert".[138] Heute genügen aber nicht mehr allein die Manifestationen des Gewerbefleißes, der Massenproduktion, der Rationalisierungen, die Maßstäbe von Fabrik und Markt. Aus dem Gewebe der Industriestadt erwachsen bereits neue Gestaltungen und Bauwerke, die die Funktionen der Stadt mit dem errungenen Wohlstand in Richtung Freizeit erheblich verbreitern, sogar zur ungestörten Muße einladen. Die Industriestadt steht im Begriff, neue, ganz andere Höhen zu erklimmen, nur sollte dabei die Vergangenheit, die alte Identität, nicht ins Museum oder ins Archiv verbannt und damit unsichtbar werden. In der Geschichte hat Neckarsulm als gutes Beispiel dafür zu gelten, wie der Innovationszyklus der Industrie zum Lebenszyklus einer Stadt werden konnte.

Die Arbeiterschaft in Neckarsulm:
Vom Proletarier zum Partner

VON DIETER HERLAN

Die Monarchie – der Kampf um soziale Anerkennung

Der Ehrenbürger der Stadt Neckarsulm, Hermann Greiner, sagte anläßlich der Verleihung des Bundesverdienstkreuzes, daß es „sein größter Stolz sei, mitgeholfen zu haben, daß niemand mehr die NSU-Arbeiter als Menschen 2. Klasse behandelte"[1]. Hermann Greiner, geboren im Jahre 1886, wußte, wovon er sprach.
Die Situation des Arbeiters war schlecht. Von einem Achtstundentag – bereits 1889 vom Gründungskongreß der Zweiten Internationale in Paris gefordert – konnte keine Rede sein. Noch am 21. Mai 1912 war anläßlich eines drohenden Streiks in der Metallindustrie in der „Neckarsulmer Zeitung" zu lesen: „Die 54stündige Arbeitszeit als Normalarbeitszeit aber können wir aus guten Gründen nicht gewähren. Wir würden mit der Einführung derselben die Industrie in Deutschland, damit auch die deutsche Arbeiterschaft in ihrer Existenz gefährden."
Es ist noch die Rede vom internationalen Konkurrenzdruck, dem sich die deutsche Wirtschaft ausgesetzt sehe, „dem schweren Kampfe", der notwendig gewesen sei, um die heutige hervorragende Stellung zu erringen, der ungünstigen geographischen Lage – besonders von Süddeutschland – und von dem hohen Lohngefüge, das die Konkurrenzfähigkeit der deutschen Industrie beeinträchtige.

104 Mit der industriellen Massenproduktion änderten sich die Arbeitsbedingungen. Durch die Aufteilung der Produktion in Einzelschritte – hier in der Schleiferei der NSU – verloren die Arbeiter den Kontakt zum Endprodukt, zum Ergebnis ihrer Arbeit.

Wie gesagt – so zu lesen im Jahre 1912. Der heutige Leser wird feststellen, daß sich die Argumentation der Arbeitgeber im Konfliktfall nicht wesentlich verändert hat.
Gearbeitet wurde damals – beispielsweise im Jahre 1910 – von 6 bis 18 Uhr mit einer in der Regel einstündigen Pause. Die Arbeitszeit am Samstag begann um 6 und endete um 13 Uhr.

Ein alter NSU-Angestellter erzählt: „Ich begann im Pförtnerhaus als Laufbursche. Dort hingen numerierte Kontrollmarken für jeden Arbeiter. Meine Arbeit begann 5 Minuten nach 6 Uhr. Da mußte ich jeden Arbeiter, der noch kam und seine Kontrollmarke abnahm, aufschreiben. Dasselbe Verfahren wiederholte sich mittags nach 1 Uhr. Zwischen 10 und 11 Uhr wurden dann alle Marken, die noch am Brett hingen, notiert. Der Meister bestimmte dann diejenigen, die zu spät kamen oder unerlaubt fehlten. Das Zuspätkommen wurde meist mit 20 Pfennig oder gar einem Stundenlohn bestraft."[2]

Die damaligen Wochenlöhne lagen je nach Stundenlohn und Akkordleistung zwischen 25 und 45 Mark. Der Stundenlohn eines Schleifers betrug 35 Pfennig, der des Drehers 40 Pfennig, ein Werkzeugmacher oder Akkordarbeiter konnte es bis auf 60 Pfennig Stundenlohn bringen.

Dem gegenüber standen die Kosten für die Lebenshaltung (Angaben für 1911):

Ein Brot mit 1500 g: 50 Pf
1 Pfund Schweinefleisch: 80 Pf
1 Pfund Butter: 1,36 M
1 Zentner Kartoffeln: 6 M

Butter war in einem Arbeiterhaushalt daher nahezu unbekannt. Für ein Paar Herrenschuhe mußten zwischen 8,50 und 12,50 M bezahlt werden. Ein Paletot kostete zwischen 16 und 42 M, ein Damenmantel aus Plüsch ungefähr 50 M, ein Jackenkostüm (Kammgarn) bis zu 69 M. Ein blauer Anzug – der berühmte „blaue Anton" – war für 2,30 M zu erstehen. Berücksichtigt man noch, daß die Kosten für die Wohnung ungefähr die Hälfte eines Wochenlohns verschlangen, so kann man sich vorstellen, daß flüssiges Geld in Arbeiterfamilien rar war. Die wenigsten Belegschaftsmitglieder von NSU konnten sich ein Fahrrad leisten.

In einem hier am 4. November 1906 beschlagnahmten Flugblatt kritisiert der sozialdemokratische Landtagsabgeordnete W. Keil die Regierungspolitik im allgemeinen – besonders aber die soziale und politische Diskriminierung der Arbeiterschaft. Die Arbeiterklasse, so Keil, sei das Aschenbrödel der Nation. Die Arbeiter seien von einflußreichen öffentlichen Verwaltungsposten ausgeschlossen. Arbeiterorganisationen erhielten keine staatlichen Unterstützungen, es gebe keine öffentlich-rechtliche Vertretung der Arbeiter zur Wahrung ihrer Interessen, die von den Arbeitern aus eigener Kraft geschaffenen Organisationen würden bisweilen verfolgt, der Einfluß auf Gesetzgebung und Gemeindeverwaltung seitens der Arbeiterschaft sei durch allerhand Wahlrechtsbeschränkungen behindert. Des weiteren gebe es keinen staatlichen Schutz gegen brutale Unternehmer, die Konsumvereine würden geschädigt, kurz, der Arbeiter sei ein Mensch minderen Rechts. Eine geplante Einkommensteuer – im Prinzip richtig – benachteilige die Arbeiter, Kleinbauern und die kleinen Handwerker, da die Einkommensteuer bereits ab 500 Mark entrichtet werden müsse. Auch im Schulwesen seien die derzeitigen Strukturen, besonders die konfessionelle Schule, zum Nachteil der Arbeitnehmerschaft.[3] Die soziale Frage gewann für die Stadt Neckarsulm an Bedeutung, als sie im Begriff war, sich in eine aufstrebende Industriestadt zu wandeln.

In der Beschreibung des Oberamtes Neckarsulm aus dem Jahre 1881 ist zu lesen, daß drei Viertel der Bevölkerung Weinbau betrieben. Neckarsulm war ein landwirtschaftlich geprägtes Städtchen und als Oberamtsstadt Verwaltungsmittelpunkt. Mehr nicht. Industrielle Unternehmen spielten eine zunächst untergeordnete Rolle im Erwerbsleben der Stadt. Die Strickmaschinenfabrik von Chr. Schmidt beschäftigte nur 13 Arbeiter, die Kesselschmiede in Verbindung mit der Schiffs-

Die Monarchie – der Kampf um soziale Anerkennung

105 Vor allem die Jutespinnerei Spohn holte zahlreiche Arbeitskräfte aus Böhmen und Italien nach Neckarsulm. Für sie veranstaltete die Wirtschaft „Zum Fahrrad" sonntags abwechselnd böhmische und italienische Tanzvergnügen. Bis 1920, als das „Fahrrad" dem NSU-Kasino weichen mußte, pflegten hier Italiener mit Mandoline und Gitarre ihre Volksmusik.

werft arbeitete „mit einer Dampfmaschine und mit 35 Personen". Eine Fabrik für Malzextrakt und Kaffeesurrogate bot vier Gehilfen, eine Kunstweberei acht Arbeiterinnen Arbeit. Im Jahre 1875 betrug die Einwohnerzahl 2640.[4]

Kaum eine Generation später, nach 25 Jahren, hatte Neckarsulm schon 3707 Einwohner. Die Schiffswerft unter ihrem „vortrefflichen Direktor, dem Schweden Julius Anderssen", florierte[5], die Saline zwischen Heilbronn und Neckarsulm bot zahlreiche Arbeitsplätze, die junge Strickmaschinenfabrik – 1893 vergrößert und in eine Fahrradfabrik umgewandelt – hatte über 500 Beschäftigte. Bereits im Jahre 1900 wurden 5281 Fahrräder und erste Motorräder produziert. Geschäftsbeziehungen bestanden bis Moskau.

Diese sprunghafte Umgestaltung eines beschaulichen Landstädtchens in eine zunehmend industriell geprägte Stadt führte zum Zuzug vieler Arbeiter – nicht nur aus der näheren Umgebung oder dem schwäbisch-fränkischen Raum. Unter denen, die nach einer entsprechenden Wartezeit das Bürgerrecht beantragten, befanden sich auch Arbeiter aus anderen Regionen Deutschlands: Westfalen, Norddeutsche, Leute aus Oberschwaben und dem Bodenseeraum oder aus Baden und der Pfalz. Sie alle suchten in Neckarsulm Arbeit und eine neue Heimat.

Die Beziehungen zwischen den Neuankömmlingen und den Ortsansässigen gestalteten sich indessen nicht reibungslos. Gerade das ungeheuer schnelle Wachstum der Stadt – im Jahre 1910 zählte Neckarsulm bereits 5170 Einwohner – verstärkte das überall zu beobachtende Mißtrauen der Einheimischen gegen die Zugezogenen, die Ablehnung der Etablierten gegenüber den eine Existenz Suchenden, die oft noch den zusätzlichen Makel trugen, andere, im bürgerlichen Neckarsulm ungewohnte politische Ideen zu verbreiten. Für die Arbeiter war es daher eine Notwendigkeit, in diesem gesellschaftlichen Umfeld selbst die Initiative zu ergreifen. Sie taten es auf politischer, gewerkschaftlicher und gesellschaftlich-geselliger Ebene.

In der Regel waren bis zum Ausbruch des Ersten Weltkriegs die politisch engagierten Menschen auch die Wegbereiter in den anderen Bereichen. Es bietet sich daher an, zunächst die politische Ebene, d. h. die Entwicklung der Sozialdemokratie in Neckarsulm bis zum Ausbruch des Ersten Weltkrieges, zu verfolgen.

Eine knappe Zeitungsnotiz nur gab am 15. April 1898 einer breiteren Neckarsulmer Öffentlichkeit die Gründung einer sozialdemokratischen Organisation – der damals üblichen Bezeichnung für einen Ortsverein – bekannt. Landesvorstand Dietrich, so lesen wir in der „Neckarsulmer Zeitung" mit dem obigen Datum, habe auf der seit Jahren in Stuttgart am Ostertag stattfindenden Landesversammlung auf die Neugründung von Organisationen hingewiesen. Wörtlich: „Neue Organisationen entstanden in Wangen bei Göppingen, Metzingen, Neckarsulm, Wangen im Allgäu, Bernhausen, Neuenstein-Oehringen, Plieningen, Knittlingen, Heiningen bei Göppingen, Oethlingen." Die Sozialdemokratie war in Württemberg bereits verankert. Acht Jahre vor der Gründung des Neckarsulmer Ortsvereins stimmten bei den Reichstagswahlen 8,9 Prozent (56000 Wähler) für die Sozialdemokraten. Im Jahre 1895 zogen die ersten Sozialdemokraten in den württembergischen Landtag ein. Entlang dem Neckar in Städten wie Esslingen, Stuttgart, Heilbronn waren die Sozialdemokraten bereits ein politischer Faktor.[5a] Industrialisierung und Sozialdemokratie waren untrennbar miteinander verbunden.

Am 8. April 1898 erhielt das „wohllöbliche Stadtschultheißenamt" Neckarsulm die Mitteilung, daß in Neckarsulm ein Arbeiterverein mit dem Namen „Sozialdemokratischer Arbeiterverein Neckarsulm" gegründet worden sei. Als Vorsitzender unterzeichnete Gottlob Greiner, Lange Gasse 181 (nach Auskunft der Angehörigen des Neckarsulmer Ehrenbürgers Hermann Greiner besteht keine verwandtschaftliche Beziehung mit dieser Familie). In einer Fußnote des Bürgermeisteramtes wird ergänzt, daß das eigentliche Gründungsdatum des Vereins der 26. März war. Auf der Gemeinderatssitzung vom 21. April 1898 gab Bürgermeister Rettenmeier die Gründung des sozialdemokratischen Arbeitervereins bekannt. In diesem Gremium wurde festgestellt, daß gegen die Gründung nichts zu „erinnern" sei.[6] Vom 4. Mai 1898 liegt ein Schreiben des Königlichen Oberamtes an das Stadtschultheißenamt vor, das nähere Auskünfte anforderte. Vorgelegt werden müßten zwei Exemplare der Statuten, Angaben über die dem Vorstand angehörenden Personen, über die Mitgliederzahl des Vereins und das Versammlungslokal.

Die Gründung eines Arbeitervereins, dazu noch eines sozialdemokratischen, der nach seiner Satzung ausdrücklich für „politische und wirtschaftliche" Aufklärung wirken wollte, stieß bei vielen Bürgern der Stadt, wenn nicht

Tafel 11 Das Deutsche Zweirad-Museum 1991.
Neckarsulm mit den Stadtteilen Obereisesheim und Dahenfeld.

Tafel 12   Der Altar in der Frauenkirche.
Die Pieta in der Stadtpfarrkirche St. Dionysius,
um 1500.

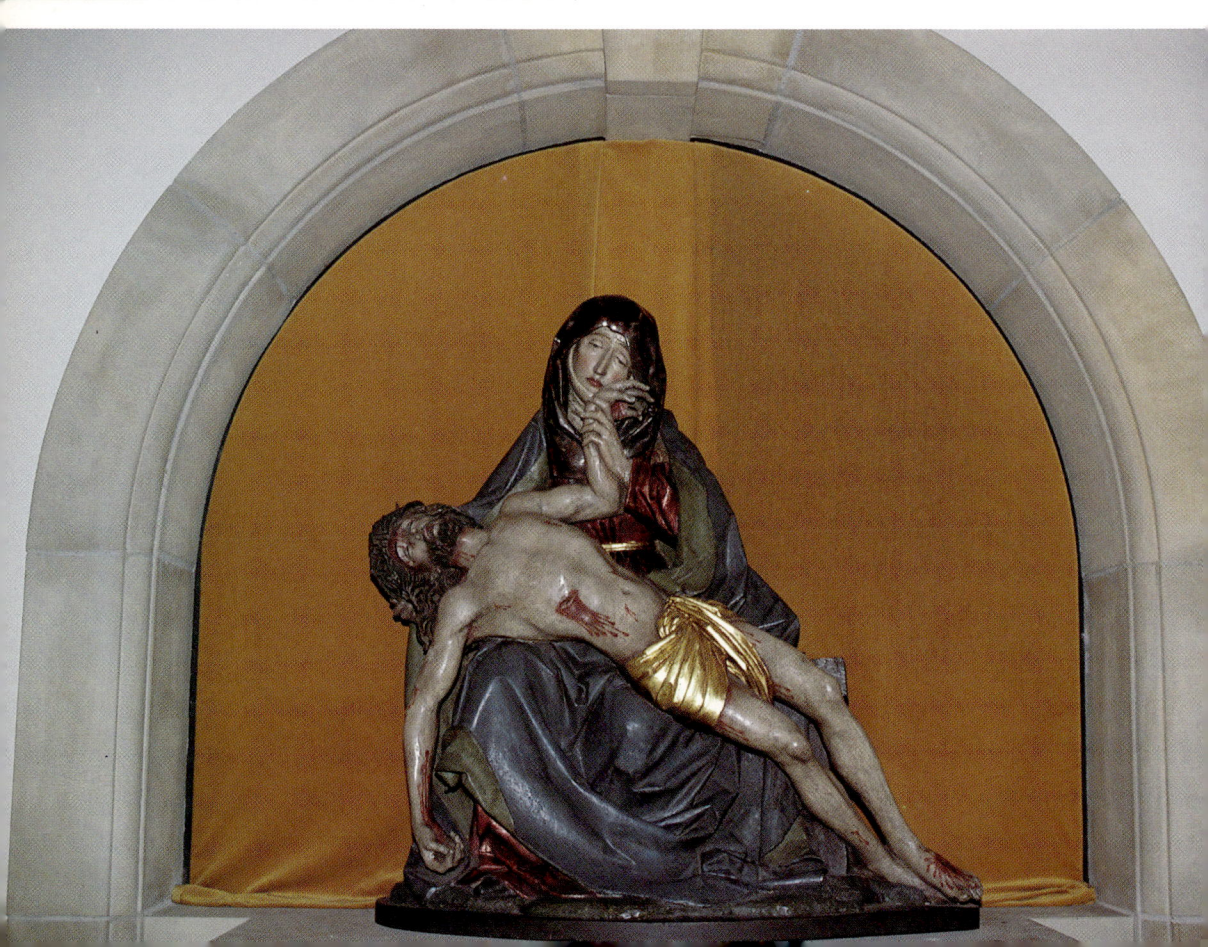

gar bei den meisten, auf Unverständnis, ja völlige Ablehnung. Da half auch wenig, daß die Sozialdemokratie in Württemberg ein polemisch-klassenkämpferisches Auftreten vermied.

In dieser Atmosphäre großen Mißtrauens gegen die Sozialdemokraten mußte sich der Weingärtner Heinrich Fischer[7] gegen den Verdacht, er sympathisiere mit den Sozialdemokraten oder unterstütze sie gar, zur Wehr setzen. In diesen Verdacht war er geraten, weil sein Weinbergknecht, eben jener Gottlob Greiner, der Vorsitzende des hiesigen Arbeitervereins war. In einem Brief vom 2. Mai 1898 an das Bürgermeisteramt ist zu lesen, daß Gottlob Greiner ein ordentlicher, zufriedener Mensch gewesen sei, der jeden Abend in seinem, Fischers, Geschäft und in seiner Familie gewesen sei und sogar 100 Mark gespart habe. In letzter Zeit aber sei Greiner unter den Einfluß eines Arbeiters der Fahrradwerke namens Schröder aus Mainz geraten. Dieser sei der Anstifter, der im Hintergrund stehende Drahtzieher der Sozialdemokratie und Greiner nur ein vorgeschobener Strohmann, damit in dieser Hochburg des Zentrums ein Arbeiterverein gegründet werden könne. Der Brief Fischers endet damit, daß er, Fischer, „gar keinen Weinbergknecht mehr habe".[8] Greiner war fristlos gekündigt worden.

Die Mitgliedschaft im Arbeiterverein war mit persönlichen Risiken verbunden. Jedenfalls erklärte der von Fischer als heimlicher Vorsitzender des Arbeitervereins bezeichnete Karl Schröder am 9. Mai vor dem Bürgermeisteramt anläßlich seiner Überprüfung, daß Gottlob Greiner nicht mehr Vorsitzender sei, da er weggezogen sei. Vorsitzender sei Tabler[9] in Heilbronn, zweiter Vorsitzender der Flaschner Karl Röhrle, ebenfalls in Heilbronn. Er selbst sei nur ein einfaches Mitglied. Wir erfahren weiter, daß der Neckarsulmer Ortsverein 17 Mitglieder umfasse und daß der regelmäßige Versammlungsraum das Nebenzimmer der Schanzenbachschen Wirtschaft sei.[10]

Spärlich sind die Nachrichten über den Ortsverein in den ersten Jahren seines Bestehens. Ein Gedächtnisprotokoll des Sozialdemokraten Unverricht aus dem Jahre 1958 nennt für das Jahr 1904 namentlich 14 Mitglieder. Aus dem Jahre 1906 liegt eine Meldung an das Stadtschultheißenamt über eine Satzungsänderung vor – unterzeichnet von J. Geiger.[11] Die neue Satzung war die seit dem 1. Januar 1906 in Württemberg verbindliche Satzung der „Sozialdemokratie Württembergs". Erst mit dem Jahr 1908 beginnen regelmäßige Aufzeichnungen über die Tätigkeit des Ortsvereins.

Wie klein der Ortsverein in den ersten Jahren auch gewesen sein mag – 17, 20, vielleicht auch 25 Mitglieder –, die Behörden hatten stets ein wachsames Auge auf die Sozialdemokratie gerichtet. In einer Sammlung ortspolizeilicher Vorschriften der Stadt Neckarsulm heißt es über die Sozialdemokratie: „Versammlungen, in welchen sozialdemokratische, sozialistische und kommunistische auf den Umsturz der bestehenden Staats- und Gesellschaftsordnung gerichtete Bestrebungen zu Tage treten, sind von der Ortsbehörde aufzulösen."

Vor diesem Hintergrund ist es verständlich, daß die Ortsbehörde das bereits erwähnte Flugblatt des sozialdemokratischen Landtagsabgeordneten W. Keil beschlagnahmte. Auch die Kirchen hatten ein distanziertes Verhältnis zur Sozialdemokratie. In dem Oberamtsbericht des Jahres 1911 verband das katholische Dekanat die Sozialdemokratie mit Verflachung des religiösen Lebens, ja ausgesprochener Religionslosigkeit und Widersetzlichkeit gegen Vorgesetzte.[12]

In etwas anderem Licht erscheint die Sozialdemokratie für den evangelischen Dekan. In der dem Oberamtsbericht beigefügten Stellungnahme heißt es: „Die Sozialdemokratie hat noch verhältnismäßig wenig Einfluß" – auch in der Industriegemeinde noch nicht so „ausschließlich, wie es sonst der Fall sein mag". Für den evangelischen Dekan steht der Gegensatz der beiden Konfessionen, der die Gemüter bewege, mehr im Vordergrund.[13]

Nach den Aufzeichnungen im Protokollbuch des Ortsvereins ging es zunächst darum, die personellen und organisatorischen Voraussetzungen für seine Tätigkeit zu schaffen. In regelmäßigen Versammlungen – meist in der „Sonne" abgehalten – sollten das Zusammengehörigkeitsgefühl und das politische Bewußtsein der Mitglieder gestärkt werden. Daher wurde auch stets auf die Bedeutung der sozialdemokratischen Presse hingewiesen: die „Schwäbische Tagwacht", die Zeitschrift „Der wahre Jakob" und das 1908 von der Sozialdemokratischen Partei in Heilbronn gegründete „Neckar Echo". Gerade diese Zeitung war bei den Neckarsulmer Gemeinderäten besonders unbeliebt. Dem Berichterstatter des „Neckar Echo" wurde am 17. Februar 1910 im Gemeinderat vorgeworfen, er schreibe entweder bewußt tendenziös oder habe eine mangelnde Auffassungsgabe. Die Vorwürfe gipfelten in dem Beschluß, „insofern Lock Rathausberichterstatter des ‚Neckar Echo' ist, öffentliche Sitzungen möglichst zu vermeiden". Lock war zum damaligen Zeitpunkt Schriftführer des Arbeitervereins Neckarsulm.

Von Anfang an hatte der Ortsverein versucht, seine Mitgliederzahl zu erhöhen. Kaum eine Sitzung endete ohne die dringende Aufforderung, neue Mitglieder zu werben. Dadurch war der Verein von den wenigen Mitgliedern des Jahres 1898 auf 50 Mitglieder im Jahr 1909 angewachsen, und 1912 zählte er bereits 82 Mitglieder. Man bedauerte lediglich, daß nur 30 Prozent der Gewerkschaftsmitglieder im Ortsverein seien. Am 15. Februar 1913 erreichte der Ortsverein die Zahl von 156 Mitgliedern – 139 Männer und 17 Frauen. Eine Jugendorganisation wurde bereits im ersten Protokoll vom Januar 1908 erwähnt.

Der Verein war jedenfalls selbstbewußt genug, um bei den Reichstagswahlen des Jahres 1912 Agitation auch in Zentrumsorten ins Auge zu fassen und bei Neugründungen von Ortsvereinen behilflich zu sein – beispielsweise in Erlenbach und Binswangen oder auch in Widdern.[14]

Bei Durchsicht der Protokolle lassen sich folgende inhaltliche Schwerpunkte des Ortsvereins feststellen:

1. Die Stellung und Aufgaben der Sozialdemokratie im monarchischen Deutschland.
2. Konkrete Initiativen zur Verbesserung der Lebenssituation der Neckarsulmer Arbeiterschaft.
3. Förderung von Gemeinschaft unter der Arbeiterschaft durch Gründung von Vereinen und Durchführung von kulturellen Veranstaltungen bis hin zu Theateraufführungen und Lichtbildvorträgen wie z. B. „Das alte Rom und seine Kunst" am 8. Oktober 1910.

Durch Aufklärungsarbeit, wohl auch in den Neckarsulmer Betrieben, Flugblattaktionen, Publikationen in der Presse, „Agitationen" – besonders vor Wahlen –, durch Maifeiern und öffentliche Versammlungen versuchte der Ortsverein, die politischen Ziele der Sozialdemokratie in Neckarsulm zu verbreiten. In welchem Maße dies über öffentliche Versammlungen gelungen ist, läßt sich schwer beurteilen, denn die 250 Personen, die am Sonntag, dem 28. Oktober 1917, nachmittags um 3 Uhr in den Löwensaal gekommen sind, um dem Referat des Reichstagsabgeordneten Franz Feuerstein beizuwohnen, waren in monarchischer Zeit wohl eine Ausnahme.

Mit namhaften Referenten – unter ihnen Wilhelm Keil, Fritz Ulrich[15] oder Franz Feuerstein – informierte der Ortsverein über die Positionen der deutschen Sozialdemokratie. Im Jahre 1910 ging es in einer zweitägigen Vortragsreihe um das Parteiprogramm der Sozialdemokraten. Fritz Ulrich referierte über mögliche Sondergesetze gegen die Sozialdemokraten. Gewerkschafts- und Arbeiterfragen wurden diskutiert. Der Ortsverein forderte bereits 1911 – entgegen der herrschenden Meinung – das Frauenwahlrecht. Frauen dürften nicht länger als „Sklavinnen" existieren. Gleichberechtigung sei anzustreben. Der so häufig zu beklagende Tod von Frauen im Wochenbett und die offensichtlich schlechte medizinische Betreuung der Wöchnerinnen gehörten ebenso zu den Themen wie die Probleme der kulturell benachteiligten Frau. Die Ursache läge in den durch den Militarismus unverhältnismäßig hohen Ausgaben des Staates. Frauen – so schon 1913 – gehörten in die Parlamente und müßten an der Gesetzgebung mitwirken, Pflicht der Männer sei es, ihre Frauen mit politischen Fragen vertraut zu machen. Schließlich sei eine besondere Gesetzgebung für Frauen, für die Wohnungsfürsorge, die Armenkinder und die Waisenpflege nötig.[16]

Es war ein zäher Kampf der Neckarsulmer Sozialdemokratie um ihre Anerkennung beim Wähler. Neben dem allgemeinen Mißtrauen gegen die Sozialdemokratie bestand auch eine offenkundige Behinderung durch das Wahlrecht. Das württembergische Kommunalwahlrecht – zugegeben, demokratischer als das anderer Bundesstaaten – benachteiligte vor allem den Industriearbeiter. Alle männlichen Gemeindebürger ab 25 Jahren hatten zwar das gleiche, geheime, direkte Wahlrecht. Das war ein Fortschritt gegenüber dem preußischen Dreiklassenwahlrecht. Wer aber an der Gemeinderats- und Bürgerausschußwahl[17] teilnehmen wollte, mußte erst drei Jahre am Ort gewohnt haben, um das Bürgerrecht zu erhalten. In einer Stadt wie Neckarsulm, in der es so viele Neubürger gab, erfüllte mancher Arbeiter diese Bedingung zum Zeitpunkt der Wahl noch nicht. Außerdem mußte man, um an der Wahl teilnehmen zu können, eine Gebühr von 5 bis 10 M. entrichten – ab 1907 nur noch 2 M. Bei einem Tageslohn von 1,85 bis 3 M. (1905) bedeuteten diese Bestimmungen ein erhebliches Opfer gerade für die Industriearbeiter, die ihr Wahlrecht ausüben wollten.

Eine eigenständige Liste für die Wahl des Gemeinderats und des Bürgerausschusses war anfänglich für den sozialdemokratischen Arbeiterverein nicht realisierbar. Er mußte sich daher einen Partner suchen und mit ihm einen Kompromiß – den gemeinsamen Wahlvorschlag – aushandeln. Der Partner der Sozialdemokraten war seit dessen Gründung am 20. März 1907 der „Liberale Verein".

Weder die Bürgerausschußwahl des Jahres 1910 noch die Gemeinderatswahl vom Dezember 1913 waren für den Ortsverein erfolgreich, obwohl der Parteiausschuß der Mitgliederversammlung eine Liste vorlegen konnte, auf der, wie es hieß, alle Stände vertreten waren. Wieder erhielt die Sozialdemokratie keinen Sitz im Gemeinderat. Voller Ironie kommentierte daher die „Unterländer Volkszeitung" am 15. Dezember 1913: „Die Geschlagene ist die Sozialdemokratie, die durch Übernahme von Zentrumsleuten auf ihren Zettel glaubte, Zentrumsstimmen fangen zu können."

Solche über Jahre hinweg frustrierenden Ergebnisse werden wohl anläßlich der Bürgerausschußwahl vom 10. Dezember 1914 zu der Meinung geführt haben, der Ortsverein solle einen Kandidaten gar nicht erst aufstellen. Als jedoch Albert Unterrainer von der Pflicht sprach, daß die Sozialdemokratie einen Kandidaten stellen müsse, änderte sich die Meinung. Wie recht er doch hatte: Bei insgesamt schwacher Wahlbeteiligung erlangte Unterrainer mit 151 Stimmen gerade noch den siebten

Rang und damit ein Mandat im Bürgerausschuß – das erste, das der Ortsverein seit seinem Bestehen erringen konnte.

Eine tiefe Zäsur im Leben des Ortsvereins bedeutete der Erste Weltkrieg. Unter den zahlreichen Einberufungen – Bürgermeister Häußler nannte in seinem Bericht über das Jahr 1916 700 bis 800 Bürger, die unter Waffen standen – litt notgedrungen auch das Vereinsleben. Nach einer zweijährigen Pause fand die erste Sitzung des Ortsvereins erst wieder am 28. Oktober 1917 statt.

Hier in der Stadt war der Ortsverein der Anwalt der „kleinen" Leute, der Minderbemittelten, der unzureichend entlohnten städtischen Tagelöhner und der Industriearbeiter. Um eine günstige Einkaufsquelle zu erhalten, war seit 1908 die Einrichtung eines Konsumvereins ein dringendes Anliegen. Am 3. November 1910 nahm der Gemeinderat die „Anzeige, daß der Spar- und Konsumverein Heilbronn und Umgebung dahier in der Marktstraße eine Verkaufsstelle eröffne, einschließlich der Erlaubnis von Flaschenbierverkauf über die Straße" entgegen und billigte die Einrichtung, da keine Tatsachen bekannt seien, „die ihn als unzuverlässig dartun würden"[18].

Bereits vor dem Ersten Weltkrieg galt die sorgfältige Beobachtung der Preise – insbesondere für Grundnahrungsmittel wie Milch – als eine wichtige Aufgabe. Gegebenenfalls seien Boykottmaßnahmen, wie noch im Juni 1914, gegen die Milch- und Fleischpreise ins Auge zu fassen. Noch wichtiger wurde gerade diese Aufgabe im Krieg, als durch die knappe Versorgungslage bei den Grundnahrungsmitteln unverhältnismäßig hohe Preissteigerungen aufgetreten waren. Rund ein Jahr nach Kriegsbeginn erhielt die Ehefrau des Ortsvereinsvorsitzenden den Auftrag, auf dem Neckarsulmer Markt Preisvergleiche anzustellen und die Arbeiterfrauen entsprechend zu informieren.[19]

Besonders katastrophal war die Versorgungslage im Jahre 1917. Städtische Ankäufe von Nahrungsmitteln konnten die Not nur geringfügig lindern. Die Arbeiterfrauen standen ab 6 Uhr in der Schlange vor dem Metzger, um dann doch nichts zu erhalten, weil die Ware „von der Kundschaft" bestellt worden sei.[20] Die Fettration pro Person und Monat betrug 62,5 Gramm. Der Konsumverein wurde bei der Warenzuteilung offensichtlich mehrmals vom Stadtschultheißenamt übergangen. Die Holz- und Kohleversorgung war schlecht, da sie nach Protokollaussage „im bestimmten Interesse der Händler lag". Und Bewohner der Spohnsiedlung mußten sich von dem Milchhändler Schick gefallen lassen, daß er „für so ein Lumpenpack keine Milch mehr zu liefern habe". Auch kursierte in bestimmten Kreisen die Meinung, daß Kinder überhaupt kein Fleisch bräuchten.[21]

Wie schlecht die Versorgungslage wirklich war, ist in einem Artikel der „Unterländer Volkszeitung" nachzulesen. Darin heißt es, daß die Lebensmittelversorgung der Neckarsulmer Arbeiterschaft seit geraumer Zeit zu wünschen übriglasse, daß deshalb in den Reihen der Arbeiter eine gereizte Stimmung und größte Erbitterung herrsche, weil sie beobachten müßten, daß die fehlenden Lebensmittel wohl vorhanden seien, aber nicht gerecht zur Verteilung bzw. Anfuhr kämen. Wiederholt habe der Arbeiterausschuß der Fahrzeugwerke mit den zuständigen Stellen verhandelt, Abhilfe sei zugesagt, aber nicht im wünschenswerten Maß geschaffen worden. Die Arbeiter griffen nun zur Selbsthilfe: Betriebsversammlung in den Fahrzeugwerken, Entgegennahme des Berichts von Jakob Geiger über die Lebensmittelversorgung, Verabschiedung einer Resolution und schließlich Demonstration vor dem Oberamt mit 1500 Teilnehmern. Die Demonstration endete mit der Drohung, daß die Arbeiterschaft sich schließlich außer-

stande sehen könne, ihren Pflichten gegenüber dem Vaterland nachzukommen. Regierungsrat Ritter hatte keine andere Wahl, als Abhilfe zuzusichern. Trotz Verständnis für die Notlage der Arbeiterschaft unterstrich er aber in einem Brief an das Stadtschultheißenamt die Unzulässigkeit „derartiger Aufzüge".[22]
Neben dem Kampf um eine bessere Lebensmittelversorgung hielt der Ortsverein – besonders seit Albert Unterrainer als Bürgerausschußmitglied besseren Zugang zur Verwaltung hatte – es für seine Pflicht, die Kriegsgeschädigten über ihre berechtigten Ansprüche aufzuklären und diese Ansprüche auch durchzusetzen. Die Frauen wurden bereits 1915 aufgefordert, sich beim Bürgermeisteramt über die lange Kriegsdauer zu beklagen und auf den schlechten Zustand ihrer Kleider und der ihrer Kinder, der durch Einkommenseinbußen wegen des Einzugs des Mannes verursacht sei, hinzuweisen.[23]
Die Freien Gewerkschaften und die Sozialdemokratie waren eng miteinander verbunden. Führende Gewerkschaftler waren auch führende Sozialdemokraten, wie nicht zuletzt die erwähnte Demonstration beweist. Eine Geschäftsstelle der Metallarbeitergewerkschaft wurde schon für das Jahr 1899 erwähnt.[24] Vier Jahre später wurden in der Verwaltungsstelle Neckarsulm 80 organisierte Gewerkschaftsmitglieder registriert, im Jahre 1909, kurz vor dem Zusammenschluß mit der Verwaltungsstelle Heilbronn, bereits 294.[25]
Das Verhältnis zwischen Arbeitgebern und Arbeitnehmern war voller Spannungen. In einem Oberamtsbericht des Jahres 1911 heißt es beispielsweise, daß die Störungen bei Spohn behoben seien, da die italienischen und tschechischen Arbeiter weg seien.[26] Gründe für die „Störungen" waren Gehaltskürzungen – im Jahre 1908 bis zu 10,7 Prozent[27] – und der Verlust von Werkswohnungen bei Kündigung eines Arbeiters. Was in dem Oberamtsbericht schlicht als „Störungen" bezeichnet wird, war in Wirklichkeit – so wie ab 23. September 1909 – ein handfester, von Ausschreitungen begleiteter Streik von ungefähr 100 Webern mit nachfolgender Aussperrung. Es folgte sogar ein gerichtliches Nachspiel. Am Ende der sechstägigen Gerichtsverhandlung lauteten die Urteile für einige der Streikenden zwischen vier Wochen und viereinhalb Monaten Gefängnis wegen Nötigung bzw. Landfriedensbruchs.

Im folgenden Jahr drohte ein erbitterter Arbeitskampf in der Metallindustrie mit Aussperrung in der metallverarbeitenden Industrie in ganz Deutschland. Von dieser Maßnahme wären 300000 Arbeiter betroffen gewesen. Über 400 Arbeiter der Fahrzeugwerke hatten bereits für den 8. Oktober ihre im Zusammenhang mit der Aussperrung stehende Kündigung erhalten. Auch von der Firma Anderssen wären 60 Prozent der Belegschaft betroffen gewesen. Glücklicherweise konnte noch rechtzeitig eine befriedigende Lösung gefunden werden.

Eine ähnliche Situation bestand im Jahre 1912 anläßlich eines Streiks in Frankfurt mit 4000 Streikenden. Dabei ging es um die Arbeitszeitverkürzung auf 54 Wochenstunden. Bei dieser Auseinandersetzung wandten sich die hessischen Arbeitgeber an die Süddeutsche Gruppe des Gesamtverbandes Deutscher Metallindustrieller mit der Bitte um Stellungnahme und Hilfe. Dies führte zum Aussperrungsbeschluß gegen 60 Prozent der Arbeiterschaft in zwei Heilbronner Betrieben. Bei den Neckarsulmer Fahrzeugwerken wären 620 Arbeiter von dieser Maßnahme betroffen gewesen. Jeder verstand das Vorgehen der Arbeitgeber als eine Kampfmaßnahme gegen den Deutschen Metallarbeiterverband. Aus Solidarität zu den von der Aussperrung bedrohten Arbeitern in Neckarsulm kündigten nach einem Beschluß der Hirsch-Dunckerschen Gewerkschaft und dem größten Teil der Christlichen Gewerkschaften 300 Arbeiter, so daß es fraglich schien, wie die „Unterländer Volkszeitung" am 28. Mai 1912 berichtete, ob der Betrieb noch aufrechterhalten werden könne. Dieser Solidaritätsaktion folgten eine Betriebsversammlung und eine Demonstration auf dem Marktplatz, auf der der Geschäftsführer des Deutschen Metallarbeiterverbandes Heilbronn, Baßler, sprach.[28]

Sonst waren der Deutsche Metallarbeiterverband und die Christlichen Gewerkschaften Konkurrenten um die Gunst der Arbeiterschaft. Der Metallarbeiterverband neigte zur Sozialdemokratie, die Christlichen Gewerkschaften zum Zentrum. Entsprechende Unterschiede zeigten sich denn auch in der Zielsetzung und der Vorgehensweise: radikaler und klassenkämpferisch die Freien Gewerkschaften, gemäßigt und den Klassenkampf als mit christlicher Ethik unvereinbar ablehnend die Christlichen Gewerkschaften – hier in Neckarsulm sehr stark vom Katholischen Arbeiterverein geprägt. Sie wuchsen erst allmählich in die Aufgaben einer Standesvertretung hinein und sahen ihre Aufgaben ganz wesentlich in der Bildung der Arbeiterschaft – auch der staatspolitischen – in Wirtschaftskunde, Gesundheitslehre und Unterrichtung in Erziehungsfragen. Ein weiterer Schwerpunkt lag in der Pflege des religiös-sittlichen Lebens.[29] Als Standesvertretung sei man nicht so „verstiegen" wie die sozialdemokratisch beeinflußten Gewerkschaften.

Es kann nicht verwundern, daß die radikalere Freie Gewerkschaft bei den Arbeitern mehr Zuspruch fand als die Christliche. Doch führte die Rivalität beider Richtungen nicht selten zu regelrechten Pressefehden zwischen dem sozialdemokratischen „Neckar Echo" und der katholischen „Unterländer Volkszeitung".

Die „Unterländer Volkszeitung" attackierte die sozialdemokratische Wühlarbeit unter den Arbeiterinnen im christlichen Lager[30], sprach vom heroischen Existenzkampf der christlichen Arbeiter, von Brutalität und Maulaufreißen der Roten. In den Fahrzeugwerken würden die sozialdemokratischen Gewerkschaften verhätschelt und die Meister sich vor ihnen ducken. Einzig in der Firma Baldauf sei die Lage besser, da hier die Christlichen Gewerkschaften stärker vertreten seien.[31]

Die Auseinandersetzungen erlebten einen Höhepunkt, als am 21. Juni 1913 in der „Neckarsulmer Zeitung" eine Einladung zu einer öffentlichen Betriebsversammlung nach Geschäftsschluß erging. In der Gaststätte „Fahrrad" bei Schröder diskutierten die Versammelten geeignete Maßnahmen gegen die „Denunzierung der Unterländer Volkszeitung und den Terrorismus der Roten"[32]. In dem Aufruf hieß es: „Kein Arbeiter, der auch nur einen Funken von Ehrgefühl hat, kann stillschweigend das Gebaren der hiesigen Zentrumspresse und der christlichen Gewerkschaften ruhig hinnehmen! Wir laden gleichzeitig an dieser Stelle den Redakteur Herrn Fehrenbach, sowie den Geschäftsführer Herrn H. Herrmann der ‚Unterländer Volkszeitung', sowie die christlich organisierten Arbeiter ein, für ihre Behauptungen Beweise zu erbringen." Wie gereizt die Stimmung gewesen sein muß, geht aus dem weiteren Text der Verlautbarung hervor. Den Herren wird Leben und Gesundheit sowie Redefreiheit im vollsten Maß zugesichert. Der Aufruf endet mit der Aufforderung: „Also auf in die Versammlung, kein Mann darf fehlen!" Unterzeichnet haben die Arbeiterausschüsse der Neckarsulmer Fahrzeugwerke und der Firma Baldauf. Ein Demonstrationszug mit gut 300 Arbeitern vor das Verlagsgebäude der „Unterländer Volkszeitung" folgte wenig später. Daran nahmen führende Sozialdemokraten sowie der Redakteur des „Neckar Echo", Fritz Ulrich, teil. Jakob Geiger, der die Demonstration bei der Polizei angemeldet hatte, erhielt keine Genehmigung, dafür eine Strafanzeige. Ein gerichtliches Verfahren folgte, über dessen Verlauf aber nichts bekannt ist.[33]

Es wurde bereits darauf hingewiesen, daß der Integrationsprozeß zwischen den Neubürgern und der ortsansässigen Bevölkerung nicht reibungslos verlief. Ohne den örtlichen Vereinen grundsätzlich die Offenheit gegenüber den Neubürgern absprechen zu wollen, müssen wir doch von einer ablehnenden Haltung gegenüber den oftmals auf ihr Bürgerrecht noch wartenden Neubürgern ausgehen. Der soziale Unterschied zwischen Bürgertum und „Proletariat" wurde im Vereinsleben besonders deutlich.

Eigene Vereine der Arbeiterschaft schienen daher eine Notwendigkeit zu sein. Teilweise bestehen diese Vereine heute noch und spielen eine wichtige Rolle. Durch den inzwischen erfolgten gesellschaftlichen Wandel ist die einstige Abgrenzung einer gewissen Öffnung gewichen, so daß manches Vereinsmitglied sich heute nicht immer bewußt ist, Mitglied eines Vereins zu sein, der aus der Arbeiterbewegung kommt.

Im Jahre 1907 erfolgte die Gründung eines Vereins mit dem bezeichnenden Namen „Arbeiter-Spar- und Geselligkeitsverein Einigkeit Neckarsulm". Zu den Gründungsmitgliedern zählte der spätere SPD-Ortsvereinsvorsitzende Albert Unterrainer. In § 1 der Satzung heißt es: „Zweck des Vereins ist es, daß die Mitglieder desselben Spareinlagen machen, die Prozente der eingelegten Gelder nebst einem Monatsbeitrag von 15 Pfennig pro Mitglied werden zu Vergnügen und Ausflügen verwendet." Und in § 5 steht zu lesen, daß alle 14 Tage ein geselliges Beisammensein stattfinde.[34] Wie nahe der Verein der Arbeiterbewegung stand, geht aus § 10 – „Auflösung des Vereins" – hervor. In diesem Falle solle das etwa vorhandene Vereinsvermögen, Utensilien usw. den Vereinten Gewerkschaften von Neckarsulm zufallen.

Kurz zuvor, im selben Jahr, war der Gesangverein „Lassallia" gegründet worden.[35] Einer Mitteilung des „Heilbronner Generalanzeigers" zufolge hatte er bereits 45 Mitglieder. Wieder waren es führende Sozialdemokraten, die auch hier die Initiative ergriffen hatten. Die „Unterländer Volkszeitung" vom 27. August 1907 kommentierte diese Vereinsgründung keineswegs als eine Bereicherung des kulturellen Lebens der Stadt, sondern sah darin vielmehr den Versuch der Sozialdemokratie, über den Umweg des Gesangvereins neue Mitglieder anzuwerben. Und wörtlich: „Es wäre nach unserer Ansicht nicht gerade absolut notwendig gewesen, dem Verein den Namen ‚Lassallia' zu geben, um ihn als sozialdemokratischen Verein zu kennzeichnen, ein aufgeklärter Arbeiter hätte dies auch so gemerkt, wenn man auch von Seiten der Arbeitergesangvereine gerne im Trüben für die sozialdemokratische Partei fischen möchte."

Die Beziehungen zu den übrigen schon bestehenden Gesangvereinen blieben wohl gespannt. Es fällt auf, daß bei Festen des monarchisch-bürgerlichen Neckarsulm, beispielsweise beim Fest der Silberhochzeit des württembergischen Königspaares (8. 4. 1911) und dem 25jährigen Regierungsjubiläum Kaiser Wilhelms II. zwei Jahre später, das kulturelle Programm der Feierlichkeiten von den Gesangvereinen „Frohsinn", „Concordia" und „Liederkranz" bestritten wurde – ohne die „Lassallia".

Auch im Bereich des Sports gründeten die Arbeiter eigene Vereine. So am 15. Juli 1905 den Freien Turnverein, obwohl es bereits seit 1892 einen bürgerlichen, den Traditionen der deutschen Turnbewegung verpflichteten Verein gab. „Zweck des Vereins ist es", heißt es in einem Schreiben an das Stadtschultheißenamt, „die Turnsache unter den Arbeitern mehr als

106   Jubilarfeier der „Lassallia" 1950. Der Gesangverein der Arbeiterschaft wurde 1907 gegründet.

bisher fördern zu helfen."³⁶ Der Verein hatte 60 Mitglieder, darunter bereits 14 über 14jährige Jungen. Vorsitzender war der schon früher erwähnte Karl Schröder, Moritz Friedauer hatte das Amt des Kassiers und Albert Unterrainer das des Schriftführers inne. Drei Jahre später gründeten Arbeiter den Fußballverein „Phönix". Im selben Jahr 1908 entstand der „1. Fußballclub Neckarsulm" – der Verein der Kaufleute und Beamten. Ein geeignetes Wiesenstück an der Ecke Hafen- und Fabrikstraße mit den Maßen 100 mal 60 m wurde den beiden Vereinen zur Verfügung gestellt mit der Auflage, daß sie sich über die jeweiligen Benutzungszeiten einigen müßten.³⁷

In diesen Zusammenhang gehört auch der Radfahrverein der Arbeiter „Solidarität". Der Vollständigkeit halber sei noch die im Jahre 1913 gegründete Volksfürsorge erwähnt, die als eine Einrichtung der öffentlichen Wohlfahrt von Arbeitern geschaffen worden war.

Der „Sozialdemokratische Arbeiterverein" pflegte die Beziehungen zu diesen Vereinen, ermunterte seine eigenen Mitglieder, deren Veranstaltungen zu besuchen, und gewann sie auch umgekehrt zu eigenen Veranstaltungen – beispielsweise für den 1. Mai.

Eine derart enge Verbindung der Sozialdemokratie mit diesen Vereinen mag manchen Neckarsulmer provoziert haben, wie es z. B. bei einem Flugblatt des Arbeiterturnerbundes der Fall war. In dem Flugblatt sprach sich der Arbeiterturnerbund gegen einen „Landesausschuß für Leibesübungen der schulentlassenen Jugend in Württemberg" aus. Es wurde der Vorwurf erhoben, daß die Jugend zu willigen Werkzeugen der Reaktion gemacht und einem Hurrapatriotismus zugeführt werden solle – auch, daß man den Eltern, „speziell den Arbeitern, das Bevormundungsrecht über ihre Kinder nehmen" wolle.³⁸ Die „Unterländer Volkszeitung" sah dagegen in ihrer Ausgabe vom 8. Juni 1911 im Freien Turnverein ein Instrument unzulässiger und daher verurteilungswürdiger politischer Beeinflussung der schulentlassenen Jugend. Vielmehr sei das Ziel des Turnsports die „körperliche Ertüchtigung und die sittliche Verwahrung". Dies werde jedoch nur erreicht durch die Pflege der Heimatliebe, deutschen Volksbewußtseins und vaterländischer Gesinnung.[39]

Die Kontroverse ist ein Beweis mehr für die spannungsreichen Beziehungen zwischen Bürgertum und Arbeiterschaft. Fest steht aber auch, daß die Arbeiterschaft durch das Wirken führender Sozialdemokraten in weniger als einer Generation ihren festen Platz im politischen, sozialen und gesellschaftlichen Gefüge von Neckarsulm errungen hatte. Es war eine neue soziologische Struktur entstanden.

Der Erste Weltkrieg und die damit verbundenen Leiden, die Toten, die der Krieg auch in Neckarsulm gefordert hatte, und die Frage nach dem Sinn dieses Todes, die 1918 eben nicht mehr so leicht zu beantworten war wie noch zu Beginn des Krieges, ließen die politischen Vorstellungen des bis dahin sich seiner so sicheren Bürgertums fragwürdig erscheinen. Das Jahr 1918 und das nahende Kriegsende kündigten daher weitreichende Umwälzungen an.

Die Weimarer Republik – der langersehnte Durchbruch?

Der Aufstand der Kieler Matrosen am 29. Oktober 1918 war ein Signal für ganz Deutschland. Es gab Unruhen in den Großstädten, Arbeiter- und Soldatenräte bildeten sich. Revolutionäre Unruhen bedrohten den Staat. Die Proklamation der Republik durch den Sozialdemokraten Philipp Scheidemann am 9. November und die Regierungsbildung durch den sozialdemokratischen Reichskanzler Friedrich Ebert einen Tag später zusammen mit der USPD[40] war eine Vorentscheidung in Richtung einer parlamentarischen Demokratie und gegen eine Räterepublik, wie sie die extreme Linke anstrebte. Der Kaiser ging nach Holland ins Exil. Der König von Württemberg dankte ab. Das Land wurde Republik.

Die allgemeinen Unruhen hatten auch Neckarsulm erfaßt. An eben jenem 9. November bewegte sich ein Demonstrationszug sämtlicher Arbeiterinnen und Arbeiter mit – wie die „Unterländer Volkszeitung" schreibt – 1500 Teilnehmern vom Neckarsulmer Rathaus nach Heilbronn. Auf der Großkundgebung verlangten die Arbeiter die Schaffung einer Republik, das allgemeine, gleiche, geheime und direkte Wahlrecht sowie die Beseitigung aller auf Besitz und Geburt bestehenden Vorrechte.

Wie in anderen Städten bildete sich auch hier ein Arbeiter- und Bauernrat mit 21 Mitgliedern. Davon waren zwölf Vertreter der Arbeiterschaft – unter ihnen Hermann Greiner, Jakob Geiger, Albert Unterrainer, Peter Häberle, Karl Hagner, Christian Rieker und Johann Roser.

Bis zu den Kommunalwahlen stieß der Arbeiter- und Bauernrat bei der Wahrnehmung seiner sozialen Aufgaben immer wieder auf den Widerstand der noch im Amt befindlichen monarchischen Bürgerkollegien. Erst nach einer Demonstration billigte der Neckarsulmer Gemeinderat am 26. Februar 1919 weitere 1000 M für die Arbeit der Räte, nicht freiwillig, sondern „unter dem Druck der Verhältnisse"[41]. Es muß allerdings bezweifelt werden, ob dieses Gremium die Wirkung erzielen konnte, wie sie von der Landesregierung erhofft worden war. Kompetenzgerangel mit den Behörden bis hin zu förmlicher Mißachtung der Räte veranlaßten jedenfalls Albert Unterrainer in seiner Eigenschaft als Vorsitzender eines Bezirksarbeiterrats – ausschließlich aus Mitgliedern der Fahrzeugwerke bestehend – zu der skeptischen Feststellung, daß die Zusammenarbeit mit den Behörden, „insbesondere mit dem Oberamt ergebnislos ist"[42]. Am 1. August 1919 endete dieses Kapitel revolutionärer Kommunalgeschichte.

In diesem so widersprüchlichen Schwebezustand zwischen Erneuerung auf demokratischer Grundlage und dem Beharren auf alten Strukturen mußte es das größte Anliegen der Regierung Ebert sein, durch Wahlen klare Verhältnisse zu schaffen und damit der Republik die Legitimation durch das Volk zu geben. Das Jahr 1919 war daher das Jahr der Wahlen: Am 12. Januar fand die Wahl zur Württembergischen Landesversammlung statt, eine Woche später, am 19. Januar, die zur Deutschen Nationalversammlung, und am 18. Mai gab es Kommunalwahlen, die in Neckarsulm wegen einiger Einsprüche wiederholt werden mußten.

War das der langerhoffte politische Durchbruch der Arbeiterschaft? Auf Reichs- und Landesebene sind die Erfolge der Sozialdemokratie unverkennbar. Doch darf man bei diesen Wahlen drei Aspekte nicht übersehen:

1. Der Wahlsieg der SPD war nicht so eindeutig, daß sie die politische Verantwortung allein hätte übernehmen können. Sie brauchte Koalitionspartner.
2. Die Sozialdemokratie war keine Einheit, sondern gespalten in die Mehrheits-SPD und die radikalere USPD.
3. Es bestand eine große Rivalität zwischen beiden sozialdemokratischen Parteien. Daher war in der sogenannten Weimarer Koalition – SPD, DDP und Zentrum – für die USPD kein Platz.

In Neckarsulm lag das Zentrum bei all diesen Wahlen deutlich vor der Mehrheits-SPD. Der Bruch in der Sozialdemokratie war aber auch hier sichtbar. Auf dem Wahlvorschlag der USPD zur Württembergischen Landesversammlung standen zwei Kandidaten aus Neckarsulm: Jakob Geiger und Peter Häberle. Dennoch scheint auf kommunaler Ebene diese Spaltung der Sozialdemokratie weniger gravierend gewesen zu sein. Bei den Gemeinderatswahlen traten die beiden sozialdemokratischen Parteien als „Kartell der Vereinigten Gewerkschaften" gemeinsam auf und erhielten am 18. Mai 1919 weit über 10 000 Stimmen. Nach über 20 Jahren vergeblicher Versuche errang die Neckarsulmer Sozialdemokratie fünf Gemeinderatsmandate – ebenso viele wie die Demokratische Partei. Wahlsieger war – wie in der Vergangenheit schon und eigentlich nicht anders zu erwarten – das Zentrum mit acht Sitzen. Auf sechs Jahre wurden von den Arbeitervertretern gewählt: Jakob Geiger, Hermann Greiner und Christian Rieker; auf drei Jahre: Paul Vogt und Albert Unterrainer.

Mit diesen Wahlen war der neue Staat auf allen Ebenen durch das Volk legitimiert. Doch blieben die Probleme die alten: die Wohnungsnot, die vielerorts, so auch in Neckarsulm, bedrückend war, die Schwäche der Wirtschaft nach dem verlorenen Krieg, ungenügende Versorgung mit Lebensmitteln und Überteuerung von Grundnahrungsmitteln. Dazu kamen Krawalle radikaler Parteien. Kurz: der Erste Weltkrieg hatte Not und Elend hinterlassen. Der Friedensvertrag von Versailles war ebenfalls nicht geeignet, Zukunftsperspektiven zu eröffnen.

Die politischen Umwälzungen in Deutschland hatten auch die Haltung der Arbeiter verändert. Nicht länger Aschenbrödel wollten sie sein, sondern den ihnen zustehenden Anteil einfordern und ihre politischen Ansichten im neuen Staat durchsetzen. Dafür gingen sie auch auf die Straße. Die „Unterländer Volkszeitung" kommentierte den Sympathiestreik der Neckarsulmer Arbeiterschaft und den anschließenden Demonstrationszug nach Heilbronn aus Anlaß der Ermordung des bayerischen sozialdemokratischen Ministerpräsidenten Kurt Eisner mit den Worten, es gehe der Arbeiterschaft darum, „die durch die Revolution entfachte Macht des Proletariats zu stärken und gleichzeitig gegen Maßnahmen der württembergischen Regierung zu protestieren, die jede Demonstration unter freiem Himmel verboten hatte"[43]. Das gestärkte Selbstbewußtsein der Arbeiterschaft zeigte sich auch darin, daß eine Vertretung des Arbeiterrates an eben jenem 26. Februar 1919 das Erscheinen der in ihren Augen arbeiterfeindlichen „Unterländer Volkszeitung" verhinderte. Politisch gemeint war auch ein Streik mit anschließender Demonstration in Heilbronn am 21. Juli gegen den Gewaltfrieden von Versailles.

Das Hauptanliegen der Arbeiterschaft mußte es angesichts der allgemeinen Not sein, wenigstens vor Ort im Rahmen der Möglichkeiten auf eine Besserung der Lebensverhältnisse hinzuwirken. Daher gingen die Forderungen der bereits erwähnten Demonstration vom 26. Februar unter Führung von Jakob Geiger genau in diese Richtung:

1. 1000 M an den Arbeiterrat auszubezahlen;
2. Notstandslöhne nicht zu senken;
3. die Höhe der in Heilbronn gewährten Arbeitslosengelder anzuerkennen;
4. die Stadtverwaltung solle für den Abbau der Lebensmittelpreise eintreten;
5. Erhöhung der Löhne der städtischen Arbeiter;
6. auswärtige Personen dürfen kein Wohnungseigentum in Neckarsulm erwerben und Anforderung aller über das jeweilige Bedürfnis hinausgehenden Wohnräume.[44]

Andere Forderungen bezogen sich auf eine Verbesserung der Beschäftigungssituation und die Verringerung der Arbeitslosigkeit. Dazu gehörte auch die Forderung nach der Einführung des Achtstundentags für die Neckarsulmer Gasarbeiter.

Das Hauptproblem bestand jedoch in der kritischen Lebensmittelversorgung und den hohen Lebensmittelpreisen. Der sozialdemokratische Ortsverein nahm es daher mit Begeisterung auf, als Frau Schulze bekanntgab, daß der sozialdemokratische Frauenverein ab 23. August einen eigenen Stand auf dem Neckarsulmer Wochenmarkt errichten werde, um zu erreichen, „daß eine billigere Versorgung mit Gemüse, Kartoffeln, Obst usw. für die Arbeiterschaft herbeigeführt" werde.[45] Und wieder ein Jahr später, 1920, setzte sich die Sozialdemokratie dafür ein, daß die gemeindeeigenen Obstbäume verlost und nicht versteigert werden sollten[46], um Preistreiberei zu vermeiden. Auf einer öffentlichen Versammlung, organisiert von den „Vereinigten Gewerkschaften", mit Vertretern des Oberamtes, wurde die schlechte Versorgung mit Lebensmitteln verurteilt. Verantwortlich sei einerseits die Regierung – andererseits aber auch das kapitalistische Profitsystem. Deshalb verlangte man, daß der „Oberamtsbezirk Neckarsulm so lange für Obst- und Gemüsehändler gesperrt bleiben solle, bis sich die arbeitende Bevölkerung mit Obst und Kartoffeln eingedeckt hat"[47].

Vor dem Hintergrund allgemeiner Teuerungen ist es verständlich, daß die Arbeiterschaft für Einkommensverbesserungen kämpfte. Mit dem Streik vom 5. bis 9. Mai 1919 bei den Fahrzeugwerken und Karl Schmidt sollten eine Teuerungszulage und eine Lohnerhöhung erkämpft werden. Schließlich wurde eine entsprechende Teuerungszulage sowie eine Lohnerhöhung von 15 Prozent für die Arbeiter durchgesetzt, deren Stundenlohn unter 2,30 M lag.[48]

Tragisch verlief in Neckarsulm der Generalstreik des Jahres 1920. Anlaß dafür war der nach dem neuen Einkommenssteuergesetz erstmals erfolgte Abzug von 10 Prozent als Lohnsteuer. Da sich die Arbeiter dieser Maß-

107 Mehrere tausend Menschen folgten dem Sarg Josef Erleweins, der während des Generalstreiks in der Nacht vom 2. zum 3. September 1920 von einem Mitglied der Neckarsulmer Einwohnerwehr erschossen worden war.

nahme gegenüber „renitent und nicht verfassungsgemäß"⁴⁹ verhielten, sah sich die Landesregierung gezwungen, die Hauptbetriebe in Stuttgart selbst zu schließen und militärisch zu besetzen. Diese Maßnahme war für die Arbeiterschaft willkürlich und undemokratisch. Die Antwort war der Generalstreik ab 28. August 1920.

„Das erste Opfer des Generalstreiks in Neckarsulm", so lautete die Überschrift des „Neckar Echo" vom 4. September 1920. Berichtet wurde über den Tod des Arbeiters Josef Erlewein, eines Vaters von elf Kindern. In der gespannten Atmosphäre – beispielsweise verhinderten Streikposten auch das Erscheinen der „Unterländer Volkszeitung" – zwischen Streikenden und der Einwohnerwehr war es in der Nacht des 2. September zu einem Wortwechsel zwischen eben jenem Josef Erlewein und einem Angehörigen der Einwohnerwehr gekommen. Im Verlauf dieser Auseinandersetzung zückte dieser eine Pistole und streckte Josef Erlewein mit drei Schüssen nieder. Die Verletzungen erwiesen sich trotz ärztlicher Versorgung im Krankenhaus als tödlich. Wie explosiv die Lage war, geht auch daraus hervor, daß acht Lastkraftwagen mit feldmarschmäßig ausgerüsteten Polizeiwehrsoldaten auffuhren. Der Artikel endete mit der Feststellung: „Nur der Besonnenheit der Arbeiterschaft und ihrer Führer ist es zu verdanken, daß es zu weiteren Ausschreitungen und zu weiterem Blutvergießen nicht gekommen ist."[50] Dennoch – das Ereignis war ein Schock. Mehrere tausend Menschen nahmen an der Beerdigung Josef Erleweins teil, um auf diese Weise ihrer Betroffenheit Ausdruck zu verleihen.

Selbstbewußt war das Auftreten der sozialdemokratischen Vertreter im Gemeinderat. In der Debatte vom 28. Oktober 1919 ging es u.a. um die Wohnungsnot, die Beschaffung von Wohnraum und das finanzielle Engagement der Stadt. In der Diskussion verwahrte sich Hermann Greiner gegen die Einstellung, Baukostenzuschüsse der Stadt für Arbeiterwohnungen seien gewissermaßen ein Geschenk. Im Gegenteil, sie seien kein Almosen für die Arbeiter. Die Wohnungen würden schließlich auch im Interesse der Industrie gebaut. Er fügte hinzu: „Die Baukostenzuschüsse würden ja überdies zum größten Prozentsatz von der Industrie und aus Überschüssen bezahlt, zu denen die Arbeiter wesentlich beigetragen hätten."[51]

Schon ihr erstes Auftreten im Gemeinderat und die Forderung nach einer Sitzordnung in Fraktionen verdeutlichte, daß die fünf sozialdemokratischen Gemeinderäte dieses Gremium als ein politisches Instrument ansahen, um die Vorstellungen der Arbeiterschaft in die kommunalen Entscheidungsgremien einzubringen und dort durchzusetzen. Ganz anders dachte die bürgerliche Mehrheit. Sie meinte: „Für parteipolitische Gegensätze sollte in einer Gemeindeverwaltung kein Raum sein." Sachliche Gesichtspunkte hätten oberste Priorität.[52] Letztlich akzeptierte sie die neue Sitzordnung aber doch.

Substantiell ging es den fünf sozialdemokratischen Gemeinderäten um die Sicherstellung der elementaren Lebensverhältnisse: Erhöhung der Gehälter für städtische Beamte, Linderung der Wohnungsnot durch Baumaßnahmen der Heimstätte. Kontroversen mit den Neckarsulmer Handwerkern blieben dabei unvermeidlich. Diese nämlich sperrten sich aus verständlichem Eigeninteresse gegen die Ausführung von Baumaßnahmen in Eigenregie der Heimstätte. Ihr Einfluß reichte jedenfalls so weit, daß die Gemeinderatsmehrheit entschlossen war, in diesem Falle städtische Bauzuschüsse zu stoppen.[53]

Gegen die soziale Benachteiligung der Arbeiter richtete sich der Antrag von Hermann Greiner, die Real- und Lateinschule solle Freiplätze für Arbeiterkinder einrichten.[54] Eine weitere Initiative, die Erteilung von Werkstattunterricht an der Gewerbeschule, stieß zunächst auf erhebliche Bedenken des Gewerbevereins, der wohl befürchtete, daß Lehrlinge nicht mehr im bisherigen Umfang zur Verfügung stehen würden.[55]

Darüber hinaus ging es den Arbeitervertretern im Gemeinderat um eine Verbesserung demokratischer Strukturen und erweiterte Mitbestimmungsmöglichkeiten beispielsweise für die städtischen Angestellten und Arbeiter. Der Schulvorstand der Latein- und Realschule sollte unter Hinzuziehung der übrigen Schulvorstände Rechenschaft ablegen. Elternabende wurden verlangt, damit Eltern die Gelegenheit hätten, „Fragen aller Art, welche geeignet sind, das leibliche und geistige Wohl der Schüler zu fördern, zu beraten, darüber Beschlüsse zu fassen, sowie Anträge und Anregungen den Oberschulräten zu unterbreiten"[56].

Angesichts dieses Demokratieverständnisses mußte die Alarmierung der Einwohnerwehr im November 1919 wegen befürchteter kommunistischer Demonstrationen zu scharfer Ablehnung durch die sozialdemokratischen Gemeinderäte führen. Sie sahen darin eine ungerechtfertigte Disziplinierungs- und Einschüchterungsmaßnahme. Von einer Gefährdung der Ruhe und Ordnung dagegen sprach die Rathausmehrheit. Die Alarmierung der Einwohnerwehr als Präventivmaßnahme sei daher gerechtfertigt.[57]

Die Weimarer Republik war ein Start voller Risiken. Kaum daß die ersten Wahlen abgeschlossen waren und sich die Bevölkerung allmählich mit der demokratischen Staatsform anzufreunden begonnen hatte – wenngleich viele, allzu viele auf ihr Scheitern hinarbeiteten –, wurde sie von Krisen heimgesucht. Entsprechend negativ verliefen die Wahlen des Jahres 1920 für die Weimarer Koalition – besonders für die Sozialdemokratie, deren staatstragende Position zutiefst erschüttert war. Unvorstellbare Not verursachte die Inflation des Jahres 1923. Nur die Älteren haben eine Vorstellung davon, was es für das Leben der Menschen bedeutete, wenn man schließlich für einen Dollar 4,2 Billionen Mark zahlen mußte. Einige Zahlen aus dem Neckarsulmer Haushalt sollen das ganze Ausmaß der Tragödie illustrieren.

Damals, am 21. August 1923, verabschiedete die Stadt Neckarsulm einen Haushalt mit 31 481 100 000 M Gesamtvolumen. Kaum zwei Monate später bezog sie 4000 Zentner Kartoffeln aus Norddeutschland zur Verbesserung der städtischen Lebensmittelversorgung für sage und schreibe 3,6195 Billionen M. Teuerungszuschläge für städtische Beamte beliefen sich in der ersten Septemberhälfte auf 12 655 Prozent.[58]

Wer bei diesem galoppierenden Geldverfall nichts als sein Sparkonto besaß, verlor nicht nur sein gesamtes Erspartes, sondern auch – was vielleicht noch schlimmer wog – jedes Vertrauen in die junge Demokratie. Und für manchen Neckarsulmer mag es wie Hohn geklungen haben, daß nach einem Erlaß des Württembergischen Staatsministeriums am 11. August 1923 der Verfassungstag feierlich begangen werden sollte. Er sollte „zu einem Bekenntnis zum Reichsgedanken, zu dem von der Weimarer Republik geschaffenen Staat und der Liebe zur Heimat Anlaß geben"[59]. Doch zum Feiern war niemandem zumute. Die allgemeine Not und die Arbeitslosigkeit waren zu drückend. Daher stellte Jakob Geiger im Gemeinderat den Antrag, die Stadt möge Notstandsarbeiten durchführen lassen, damit die Familienväter einen Nebenverdienst hätten.[60]

Die Einführung der Rentenmark konnte keine rasche Verbesserung der allgemeinen wirtschaftlichen Lage bewirken. Nur allmählich erholte sich die Wirtschaft. Aber als sich eben eine fühlbare Entspannung in der Wirtschaft angekündigt hatte, leitete der Börsenkrach von New York im Jahre 1929 eine Wirtschaftskrise ein, die gleich einem Strudel die nationalen Volkswirtschaften in die Tiefe reißen sollte. Die Demonstranten, die 1926 in Neckarsulm für „Arbeit und Brot" auf die Straße gingen, werden jedenfalls die Zeit zwischen 1925 und 1929, die man gemeinhin als die „goldenen zwanziger Jahre" bezeichnet, so nicht erlebt haben.

Vor diesem Hintergrund allgemeiner Not wurde zu Beginn des Jahres 1925 die Diskussion um die Arbeiterwohlfahrtspflege in Neckarsulm aufgenommen. Die Arbeiterwohlfahrt – im Jahre 1919 unter dem Eindruck der sozialen Mißstände aus der Frauen- und Kommunalarbeit hervorgegangen – entwickelte sich wenige Jahre danach zu einer wichtigen Einrichtung der freien Wohlfahrtspflege. Ohne parteipolitische oder konfessionelle Bindungen, aber doch zum größten Teil in sozialdemokratischer Trägerschaft, beteiligte sie sich seit der Revolutionszeit von 1919 auf allen Gebieten der Sozialfürsorge: Beratung, Gesundheit, Erziehung und Ernährung.[61]

Konkrete Formen nahm der Wohlfahrtsausschuß in Neckarsulm am 23. Mai 1925 innerhalb der SPD an. Ihm gehörten folgende Per-

Die Weimarer Republik – der langersehnte Durchbruch? 319

108 Die Ortsgruppe des Reichsbanners „Schwarz-Rot-Gold" bei einer Propagandafahrt zum Volksentscheid über die Enteignung von Fürstenvermögen am 20. Juni 1926. Die zur Durchführung der Enteignung notwendige Mehrheit wurde nicht erreicht.

sonen an: die Genossen Burkhart, Greiner und Josef Bauer. Die finanziellen Mittel waren knapp. Mit Phantasie suchten die Vorstandsmitglieder Geldquellen zu erschließen. Eine Sammlung bei Neckarsulmer Geschäftsleuten brachte offenbar wenig. Erfolgreicher waren da schon die Erlöse beim sog. Blumentag oder Einnahmen aus einer Lotterie. Mit diesen Geldern wurden Kinderfreizeiten, Wanderungen und Theaterbesuche für bedürftige Kinder oder auch Weihnachtsgeschenke finanziert. Jedenfalls konnte die AWO-Mitverantwortliche Rieker im Janaur 1929 von einer umfangreichen Tätigkeit berichten.[62] Im Zusammenhang mit den Freizeiten soll die enge Verbindung mit den „Naturfreunden" wenigstens erwähnt werden.
Die Weltwirtschaftskrise des Jahres 1929 löste

das Ende der Weimarer Republik aus. In Deutschland gab es schließlich über 6 Millionen Arbeitslose. In Neckarsulm wurden gegen Ende des Jahres 1932 bei 1743 Haushaltungen über 900 Arbeitslose und 747 mit unterstützte Familienangehörige ausgewiesen. Es gehört wenig Phantasie dazu, sich das bedrückende Leben in den Familien vorzustellen. Entsprechend deprimiert begann Bürgermeister Häußler seinen Jahresbericht für dieses Jahr. Es sei für ihn schwerer als je zuvor, zur Feder zu greifen und der Gemeinde und der Bürgerschaft das rechte Wort zu sagen und die Bilanz eines Jahres abzuschließen, von der man im voraus wisse, daß Soll und Haben nicht übereinstimmten. Die Reichsregierung müsse Wege finden, um die Arbeitslosenfürsorge, soweit nicht neue Beschäftigungsmöglichkeiten gefunden würden, mit dem Ziel einer wesentlichen finanziellen Entlastung der Gemeinden, auf eine neue Grundlage zu stellen.[63]

Die politischen Verhältnisse auf Reichsebene vermochten jedoch kein Vertrauen in die Stärke der demokratischen Staatsform und ihrer Regierungen auszulösen. Im Gegenteil: Allein zwischen 1930 und dem 5. März 1933, jenem fatalen Tag, der Hitlers Macht endgültig sichern sollte, gab es vier Wahlen. Wechselnde Kanzler regierten nur kurz und hofften – auf das Vertrauen des Reichspräsidenten gestützt –, die Krise über Notverordnungen meistern zu können.

Der enttäuschte Bürger dagegen suchte Zuflucht bei radikalen Parteien. Die einst staatstragenden Parteien der sog. Weimarer Koalition – SPD, Zentrum und die liberale DDP – erlitten deprimierende Verluste. Schlimmer noch: Die Liberalen wurden zur bedeutungslosen Splitterpartei. Nutznießer dieses Erosionsprozesses der demokratischen Parteien war die NSDAP Adolf Hitlers, die binnen weniger Jahre zur stärksten Fraktion im Reichstag aufgestiegen war. Der Stimmenrückgang bei den Novemberwahlen des Jahres 1932 war nur vorübergehend und konnte die Machtergreifung Hitlers nicht verhindern.

Nicht als ob sich die Arbeiterschaft nicht gegen diese Entwicklung gewehrt hätte – zumindest die politisch engagierte. Hier in Neckarsulm stand sie noch zum Verfassungstag, als er für andere längst keine Bedeutung mehr hatte.[64] Den oft provozierenden Parteiveranstaltungen und Machtdemonstrationen der NSDAP und ihrer Kampfverbände widersetzte sich die politisch organisierte Arbeiterschaft – einschließlich des Reichsbanners „Schwarz-Rot-Gold", das seit 1925 hier einen Ortsverein hatte. Dabei kam es auch zu Handgreiflichkeiten.[65] Die Polizei war bei allen NSDAP-Veranstaltungen in Alarmzustand versetzt und untersuchte die Teilnehmer nach Waffen.[66] Dennoch überdeckte eine aus Propaganda und Demonstration von Stärke ausgehende Faszination die Tatsache, daß die Nationalsozialisten angetreten waren, die Demokratie zu beseitigen. Für viele wurde die NSDAP zum Hoffnungsträger. In diesen Sog gerieten außer dem Bürgertum auch Arbeiter. Dabei verdient das Neckarsulmer Wahlergebnis zu den Reichstagswahlen am 6. November 1932 besondere Beachtung. In dieser durch die Arbeitslosigkeit so hoffnungslosen Lage wählten überdurchschnittlich viele Arbeiter die Kommunistische Partei – mit 511 Stimmen nahezu doppelt so viele wie sonst. Der Rückgang der NSDAP auf 601 Stimmen bedeutete in Neckarsulm keine nennenswerte Schwächung der inzwischen so stark gewordenen Rechtsextremisten. Bei den Wahlen am 5. März 1933 errang Hitler – am 30. Januar 1933 von Reichspräsident Hindenburg zum Reichskanzler ernannt – mit 44 Prozent einen überwältigenden Sieg. Auch in Neckarsulm erzielten die Nationalsozialisten einen bedeutenden Erfolg. Mit nur zwölf Stimmen hinter der SPD war die NSDAP in Neckarsulm zur drittstärksten Partei aufgestiegen. Bei diesem Wahlergebnis fällt auf, daß es in Neckarsulm so gut wie gar keine liberalen Wähler mehr gab, die Sozialdemokratie an die guten Ergebnisse früherer Jahre nicht anknüpfen konnte und die Kommunisten innerhalb von vier Monaten auf ihre Stammwählerschaft zurückfielen. Auch das Zentrum hat am 5. März 1933 Stimmen eingebüßt. Diese Wählerwanderung kam der NSDAP zugute.[67] Die Reichstagswahlen vom 5. März 1933 bedeuteten das Ende der Weimarer Republik und den Weg in die Diktatur. Für viele Menschen – auch aus der Neckarsulmer Arbeiterschaft – sollte dies ein Weg der Demütigung und Verfolgung sein.

Die Heimstätte – eine Stadt verändert sich

Die Industrialisierung führte in Neckarsulm schon früh zu großer Wohnungsnot. Werkswohnungen der Firma Spohn oder der Fahrzeugwerke AG[68] lösten dieses Problem allenfalls für einen kleinen Teil von Werksangehörigen – und das auch nur bei Wohlverhalten. Jedenfalls schufen Werkswohnungen zusätzliche Abhängigkeiten für die Arbeiterschaft. Folgerichtig behandelte Bürgermeister Häußler in seinem Rechenschaftsbericht des Jahres 1916 dieses Thema. Von „Mut und Kraft" ist die Rede, die man brauche, und von der Not einer kinderreichen Familie, „die es jetzt schon doppelt schwer hat, das zu finden, was sie braucht". Pflicht der Stadtverwaltung sei es, die notwendigen Schritte einzuleiten, um den nach Kriegsende sich abzeichnenden Bedarf an Kleinwohnungen decken zu können. „Die Gründung einer gemeinnützigen Baugenossenschaft wäre sehr zu begrüßen."[69]

Am 28. August 1917 war es dann soweit. Die künftigen Genossenschafter trafen sich im Hirschsaal, um die Heimstättengenossenschaft m.b.H. Neckarsulm zu gründen. Der Vorstand setzte sich aus Bürgermeister Häußler, dem Stadtpfleger Merckle und dem Fabrikdirektor der Fahrzeugwerke Gehr zusammen. Hermann Greiner betonte während der Gründungsversammlung den Anspruch der Arbeiterschaft, wenigstens im Aufsichtsrat angemessen vertreten zu sein. Die paritätische Besetzung dieses zwölf Personen umfassenden Gremiums gelang nicht, doch konnte die Arbeiterschaft wenigstens fünf Vertreter – unter ihnen Hermann Greiner und Jakob Geiger – entsenden.[70]

Bemerkenswert war die Diskussion über den Anzahlungsbetrag der künftigen Bauherren. Einen Betrag in Höhe von 20 Prozent der Baukosten – ungefähr 1500 M –, wie es ein Musterstatut der Versicherungsanstalt vorsah, hielten sowohl Direktor Gehr als auch Bürgermeister Häußler für zu hoch. Diese Summe könne von dem betreffenden Personenkreis, in der Mehrzahl Arbeiter, nicht aufgebracht werden. Zusammen mit den Arbeitervertretern plädierten sie für einen Anzahlungsbetrag von 15 Prozent der Bausumme und eine Bürgschaftsübernahme durch die Stadt von 85 Prozent.

Die Stadt hatte mehrere Gründe, den Gedanken einer Heimstättengenossenschaft zu unterstützen. Da war natürlich die große Wohnungsnot. „Aber", so Häußler, nicht ohne an einen zusätzlichen Vorteil für die Stadt zu denken, „eine Arbeiterfamilie, die ein teilweise abbezahltes Haus besitzt, bietet eine viel grö-

109 Die ersten Arbeiterwohnungen entstanden im Zusammenhang mit der Ansiedlung der Jutespinnerei Spohn auf Initiative des Unternehmens. Die Wohnsiedlung im Industriegebiet wurde 1987 weitgehend abgerissen.

110 Die Arbeitersiedlung auf der Viktorshöhe, im Volksmund „Schuldenbuckel" genannt. Die Aufnahme entstand 1926 und zeigt im Zentrum das mehrstöckige Genossenschaftsheim sowie das Ledigenheim der NSU am Siedlungsrand.

ßere Garantie gegen Belastung der Gemeinde oder Armenpflege."[71] Außerdem wirke sich die künftige Bautätigkeit günstig auf das Nekkarsulmer Baugewerbe aus. Aber auch die Industrie, besonders die Fahrzeugwerke, profitierte von einer derartigen Genossenschaft. Schließlich sollte eine hochqualifizierte Arbeiterschaft hier angesiedelt werden. Entsprechend war denn auch das Engagement der Fahrzeugwerke. Außer drei Häusern gaben sie noch rund 2000 m² Baugelände im Gesamtwert von 50000 M an die Genossenschaft. Werksangehörige erhielten weitere Sondervergünstigungen.[72] Zunächst sollten 100 Arbeiterwohnungen geplant werden. Es verwundert bei solch günstigen Bedingungen nicht, daß die ursprüngliche Zahl von 76 Gründungsmitgliedern binnen zwei Monaten auf 90 angewachsen war.

Der Krieg verhinderte einen sofortigen Baubeginn. Erst im Februar 1919 konnten die ersten Baumaßnahmen eingeleitet werden. Zehn Doppelhaushälften mit 20 Wohnungen entstanden auf der Viktorshöhe, in der Hezenbergstraße, der Viktor-Brunner-Straße und im Frauenweg. In den folgenden Jahren kamen außer in den genannten Straßen noch Neubauten in der Steinachstraße, der Neuenstädter Straße, dem Amselweg, dem Eulenweg und dem Finkenweg hinzu. Die Heimstätte baute vorrangig Eigenheime, weniger Mietwohnungen. Im Gebäude Frauenweg 20 – heute Christian-Rieker-Straße – wurden das Genossenschaftsheim und ein Geschäftsraum für den Konsumverein eingerichtet. Die Einweihung des Festsaals fand im Jahre 1928 statt.[73] Durch die Tätigkeit der Heimstätte war damit auf der Viktorshöhe ein neues Wohnviertel für Arbeiter entstanden – von der Stadtbevölkerung oftmals als „Schuldenbukkel" bespöttelt. Die einfachen, aber funktionalen Neubauten mit mehr als 200 Wohnungen bis zum Jahre 1933 verliehen der Viktorshöhe ihr eigenes charakteristisches Gesicht.[74]

Was sich wie eine kontinuierliche Erfolgsbilanz liest, war mit unendlichen Schwierigkeiten verbunden. Alle wirtschaftlichen Schwankungen der Weimarer Zeit spiegeln sich auch in der Tätigkeit der Heimstätte wider. Die schlechte Konjunktur führte in den Jahren 1925 und 1926 zu einem gänzlichen Erliegen der Bautätigkeit.[75] Besonders kritisch war die Situation während der Weltwirtschaftskrise für die Genossenschaftler.

Die Stadt und der Gemeinderat unterstützten die Tätigkeit der Heimstätte durch die Beschaffung und Überlassung von Baugelände. Auch durch Bürgschaftsübernahmen und Gewährung von Darlehen kamen sie bei finanziellen Engpässen entgegen. Ebenso die Industrie – besonders aber die Fahrzeugwerke.[76] Dabei verbanden die Fahrzeugwerke mit ihren finanziellen Hilfen – so beispielsweise im Jahre 1921, als sie 1,5 Mio. M zur Verfügung stellten – nicht selten die Erwartung, daß die Stadt den Zuzug weiterer Arbeitskräfte genehmige.[77]

Besondere Verdienste um die Heimstätte erwarb sich der Solzialdemokrat Hermann Greiner. Im Gemeinderat setzte er sich für die Belange der Heimstätte ein. Mit Verhandlungsgeschick und Hartnäckigkeit vertrat er ihre Interessen bei den zuständigen Stellen. Als Mann der Praxis griff er aber auch tatkräftig zu. Um Kosten für die Arbeiter zu sparen, setzte er auf Eigenarbeit der Genossenschaftler und gegenseitige Hilfe – nicht unbedingt zur Freude des ortsansässigen Baugewerbes. Hermann Greiners Engagement für die Heimstätte wurde immer weniger vereinbar mit seiner Tätigkeit bei den Fahrzeugwerken. Daher übernahm er im Jahre 1925 die Metzgerei und den Gaststättenbetrieb des Genossenschaftsheims.[78] Seit dem 1. Mai 1926 führte er hauptamtlich die Geschäfte der Heimstättengenossenschaft. Diese Funktion blieb, abgesehen von der nationalsozialistischen Zeit, von Sozialdemokraten besetzt.

Einen tiefen Einschnitt für die Heimstätte und Hermann Greiner bedeutete die Machtübernahme durch die Nationalsozialisten. Hermann Greiner wurde unmittelbar nach der Machtübernahme unter demütigenden und entwürdigenden Umständen von den neuen Machthabern der Geschäftsführung enthoben und ein Jahr später, 1934, sogar von der Genossenschaft ausgeschlossen. Die Heimstätte selbst wurde im Jahre 1935 in die Kreisheimstättengenossenschaft e.G.m.b.H. umgewandelt und 1940 mit der Kreissiedlung Heilbronn verschmolzen. Bis Kriegsbeginn entstanden die Georg-Schwarz- und die Steppach-Siedlung.[79]

Nach Kriegsende mißlang die Entflechtung der ursprünglich getrennten Genossenschaften. Daher erfolgte am 26. Juni 1947 die Neugründung der Neckarsulmer Heimstättengenossenschaft. Die Vermögensabwicklungen mit Heilbronn verliefen reibungslos. Nach der Währungsreform wieder von den Behörden als gemeinnützig anerkannt, wurde die Heimstätte im Frühjahr 1949 rechts- und geschäftsfähig. Mit Baumaßnahmen im Johann-Strauß-Weg und in der Beethovenstraße hatte sie im Herbst 1948 – wieder unter Hermann Greiner – ihre Bautätigkeit aufgenommen. Zwischen 1949 und 1951 entstanden 41 Eigenheime und 120 Wohnungen.[80] Die Selbsthilfe der Genossenschaftler war angesichts der so schwierigen Nachkriegsverhältnisse dringender denn je.

Der Neuanfang – der Arbeiter als Partner

Der Zweite Weltkrieg hatte unendliches Leid zurückgelassen. Neckarsulm war zerstört, das wirtschaftliche und politische Leben zusammengebrochen. Die Amerikaner versuchten, in diesem Chaos durch die Einsetzung von geeigneten und nicht durch eine nationalsozialistische Vergangenheit belasteten Personen wenigstens die Anfänge einer Verwaltung zu schaffen. Eine dieser Personen war Hermann Greiner. Er wurde zum Stellvertretenden Bürgermeister bestellt[82] und führte die Geschäfte eines Bürgermeisters bis zur endgültigen Wiedereinsetzung von Bürgermeister Häußler. In einem ersten, dem Bürgermeister zugeordneten Beirat war die Arbeiterschaft stark vertreten.[82] Nach einer späteren Weisung des Landrats wurde dieses Gremium im Sinne größerer Pluralität umgebildet.[83]

Die Hauptaufgabe in der unmittelbaren Nachkriegszeit bestand in der Linderung der Not. Es ging darum, „das tägliche Brot, Kleidung, Wohnung und Heizung zu beschaffen, die zerstörten Wohn- und Arbeitsräume wieder instand zu setzen, Trümmerhaufen wegzuräumen, Baustoffe zu bergen, gesprengte Brücken aufzurichten, Straßen auszubessern und Fahrzeuge zu beschaffen"[84]. Es ging aber auch darum, wieder geordnete Verhältnisse herzustellen.

Das politische Leben kam unter der alliierten Kontrolle erst allmählich wieder in Gang. Doch als am 30. September 1945 der Kreisverband der SPD wieder gegründet wurde, war die Neckarsulmer SPD unter ihrem Vorsitzenden Christian Rieker bereits vertreten. Die ersten Kommunalwahlen fanden am 27. Januar 1946 statt. Sie führten zu einer Stärkung der Arbeitervertreter im Gemeinderat – nicht aber zu ihrer Mehrheit. Wahlsieger war die CSV (Christlich-Soziale Volkspartei), die sich, nach der Kandidatenliste zu urteilen, als eine bürgerliche, dem unternehmerischen Mittelstand verpflichtete, religiös gebundene Partei auswies. Eine CDU-Mehrheit brachten die zwei Jahre später abgehaltenen Gemeinderatswahlen. So sollte es auch in der Zukunft bleiben. Jedenfalls war eine sozialdemokratische Mehrheit im Gemeinderat die Ausnahme. Das hieß aber nicht, daß bei Bürgermeister-, Landtags- oder Bundestagswahlen die eher konservative Wählerschaft grundsätzlich nie über ihre Parteibarriere zu springen bereit war.

Trotz aller Not entwickelte sich auch das kulturelle Leben in der Stadt wieder. Im „Dritten Reich" gleichgeschaltete oder verbotene Vereine entstanden neu. So auch der Arbeitergesangverein „Lassallia". Aus den einstigen vier Sportvereinen – Deutscher Turnverein, Sportverein, Deutsche Jugendkraft und Freier Turnverein – mit sehr unterschiedlichen Traditionen und weltanschaulichen Hintergründen schufen verantwortungsvolle, dem Sport verpflichtete Männer im September 1945 die „Sportvereinigung Neckarsulm".[85] Zum Ersten Vorsitzenden dieses Großvereins wählten sie Christian Rieker. Dabei fällt auf, daß mit dieser Vereinsgründung die einstige Polarisierung zwischen bürgerlich und proletarisch wenn auch nicht gänzlich beseitigt, so doch gemildert wurde.

Mit der Währungsreform und der Einführung der Marktwirtschaft begann der wirtschaftliche Aufstieg. Die Anfangsjahre der Bundesrepublik waren gekennzeichnet von einem Aufschwung, den man gemeinhin als das Wirtschaftswunder bezeichnet. Positiv entwickelte sich die Beschäftigungslage. Die führenden Neckarsulmer Industrieunternehmen übertrafen binnen weniger Jahre den Beschäftigungsstand der Vorkriegszeit.[86] Bei anhaltend guter Konjunktur sahen sich die Unternehmen veranlaßt, ab den sechziger Jahren ausländische Arbeitskräfte einzustellen. „Verantwortliche der Personalabteilungen fuhren mit Bussen bis in die Türkei, um Arbeitsuchende anzuwerben. 1973 schien der Bedarf noch unendlich und jeder körperlich Leistungsfähige war der Unternehmungsleitung recht."[87] Damit wurde hier eine Arbeiterschaft ansässig, die ihres andersartigen kulturellen Hintergrundes wegen neue Probleme aufwarf und vielfach Integrationsschwierigkeiten hatte.

Die anhaltend gute Konjunkturlage führte in der Bundesrepublik zu einer spürbaren Verbesserung der Lebensverhältnisse – auch für Arbeiter. Dazu trug nicht zuletzt die vermehrte Berufstätigkeit der Frau bei. Damit verbunden war ein gesellschaftlicher Wandel. Die starre Abgrenzung von Schichten und Klassen wie noch zur Weimarer Zeit wich einer gewissen Durchlässigkeit. Die zunehmend mobile Gesellschaft bot und bietet Aufstiegschancen auch für Arbeiter. Verbesserte Bildungs- und Ausbildungsmöglichkeiten eröffneten Arbeiterkindern Berufschancen, die ihre Eltern nicht hatten. Auch in unserer Stadt ist dieser Wandlungsprozeß sichtbar. Daher ist die einstige Polarität zwischen Bürgertum und Arbeiterschaft in manchen Bereichen – nicht allen, weitgehend aber im Sport – sogar einem gewissen Miteinander gewichen. Der einstige Proletarier wurde zum Mitbürger.

Diese Entwicklung bedeutet keineswegs, daß alle Probleme gelöst seien. Im Gegenteil! Trotz verbesserter wirtschaftlicher Situation für den Arbeiter, trotz Betriebsverfassungsgesetz und der Festigung der Rechte der Arbeiter bleiben Konflikte und Spannungen im Arbeitsprozeß. Dies ist das grundsätzliche Spannungsverhältnis in einer kapitalistischen Wirtschaftsordnung zwischen Unternehmern und Lohnabhängigen. Es führt aber nicht mehr zu den einstigen Konflikten der Bürger untereinander.

Auch in Neckarsulm führte dieses Spannungsverhältnis zwischen Kapital und Lohnabhängigkeit zu Arbeitskonflikten. Es waren in den ersten Jahren des Bestehens der Bundesrepublik Verteilungskämpfe. Das konnte nicht anders sein. Denn der NSU-Arbeiter beispielsweise, der nach dem Krieg den Schutt aus dem zerstörten Werksgelände geräumt und die drohende Demontage abgewehrt hatte[88], konnte in der wirtschaftlichen Aufbauleistung nicht das alleinige Verdienst der Arbeitgeber erkennen. Daher waren die Arbeitskonflikte zunächst Auseinandersetzungen um den Lohntarif, später erst um Arbeitszeitverkürzung und verbesserte Urlaubsregelungen. In diesem Zusammenhang zählte der Arbeitskampf zwischen dem 1. und 8. Mai 1963 zu den schärfsten seit den zwanziger Jahren. Nach Streik und Aussperrung gab es schließlich über die ganze Laufzeit des Tarifvertrags gesehen eine Lohnverbesserung von mehr als fünf Prozent und eine Arbeitszeitverkürzung von 1¼ Stunden. Nicht minder heftig war der Arbeitskampf zwischen dem 22. November und dem 10. Dezember 1971, als 20 000 Arbeiter von Aussperrungsmaßnahmen betroffen waren, nachdem zunächst das Audi NSU-Werk bestreikt worden war.[89]

In Neckarsulm stand, wie bereits erwähnt, schon früh eine starke Gewerkschaft hinter den Arbeitern, aber auch eine stark organisierte Arbeiterschaft hinter den Gewerkschaften. Nach dem Zweiten Weltkrieg wurde in Neckarsulm wieder eine eigenständige Verwaltungsstelle der IG Metall geschaffen – aus politischen Gründen, denn in Heilbronn waren unmittelbar nach Kriegsende Kommunisten tonangebend. Im Jahre 1972 kam es dann zur Zusammenlegung mit der Verwaltungsstelle Heilbronn. Der hiesigen Metallarbeitergewerkschaft war im Tarifbezirk Nordwürttemberg/Nordbaden eine Vorreiterrolle zugedacht. Dies wurde besonders deutlich, als die erste Großkundgebung zur Verbesserung der Arbeitsbedingungen in Neckarsulm durchgeführt wurde.[90]

Eine neue Dimension der Auseinandersetzung, die den Rahmen eines üblichen Arbeitskampfes sprengte, erreichte der Kampf um die Erhaltung, des Audi NSU-Werks. Eine Meldung des „Spiegel" war es wohl, die Mitte August 1974 die Neckarsulmer Öffentlichkeit zutiefst schockierte. Der Volkswagenkonzern,

111 Dienstag, 8. April 1975, 9 Uhr: 6000 Arbeiter der Audi-NSU demonstrieren vor dem Neckarsulmer Rathaus. Der IG-Metall-Bevollmächtigte Zwickel und Oberbürgermeister Dr. Klotz appellieren an die Konzernleitung, das Werk zu erhalten.

zu dem das einstige NSU-Werk seit seiner Fusion mit Audi im Jahre 1969 gehörte, war durch die allgemeine Rezession in der Automobilbranche, aber auch durch seine Modellpolitik in wirtschaftliche Tubulenzen geraten. Als „letzte Manövriermasse" und „Notopfer für die Wolfsburger Muttergesellschaft" sei eine Schließung des Neckarsulmer Werkes, so der „Spiegel" damals, in den Planungen der Konzernführung vorgesehen.[91] Dementis und wilde Spekulationen, Phasen von Kurzarbeit und sich daran anschließende Gerüchte setzten die Belegschaft einem wahren Wechselbad der Gefühle aus.

Unter Führung der IG Metall gingen die Arbeiter Ende Februar 1975 an die Öffentlichkeit. Eine Aktionswoche zur Rettung des Werks und eine Unterschriftenaktion wurden durchgeführt. An einer Großdemonstration am 3. März vor dem Werk nahmen 15 000 Menschen teil. Mit Warnstreiks (5. April) und Protestmärschen – am 18. April nach Heilbronn – kämpften die Arbeiter für die Erhaltung des Werks und gegen drohende Massenentlassungen. Das ist nicht in vollem Umfang gelungen. Gelungen aber ist ein beispielloses Zusammenwirken von Gewerkschaften und Arbeitern, Politik und Parteien, Bürgermeister und Gemeinderat, Land und Bund, Bevölkerung und Kirchen. Diese allgemein bekundete Solidarität mit den Arbeitern veranlaßte die Konzernführung, die für die Erhaltung des Werks sprechenden Gründe zu überdenken und von einer Schließung abzusehen. Dennoch – der Schnitt war hart, wurde doch der Personalstand (inklusive der Schließung der Werke Heilbronn und Neuenstein) von 10526 im Jahre 1974 binnen eines Jahres auf 6466 Arbeiter reduziert.[92]

Dieser Kampf um die Erhaltung des Werks zeigt einmal mehr, daß die Geschichte der Neckarsulmer Arbeiter eine Geschichte voller Kämpfe war. Es bedurfte des Mutes vieler Männer und Frauen über die Generationen hinweg, damit der Arbeiter ein höheres Maß an sozialer Anerkennung erfahren konnte. Heute gibt es in Neckarsulm einen Anna-Bekkert-Weg, eine Christian-Rieker-Straße und eine Hermann-Greiner-Realschule. Hermann Greiner wurde auch die Ehrenbürgerwürde der Stadt Neckarsulm verliehen. Mit diesen Zeichen drückte sie ihre Anerkennung aus für die mit den Benachteiligten praktizierte Solidarität und ihren Kampf gegen die soziale Zweitklassigkeit. Diese Untersuchung sollte aber auch verdeutlichen, daß jede Arbeitergeneration ihre eigenen Probleme anpacken muß, will sie nicht zur bloßen Manövriermasse werden.

Unter dem Hakenkreuz

von Uwe Jacobi

„Machtergreifung" und NS-Alltag

„Dank dem soliden Geist eines Großteils der Stadt, besonders der gläubigen Christen", sei die Bevölkerung „im Kern gesund geblieben und hat der größten, verderblichsten Irrlehre aller Zeiten nach seinem Vorbild tapferen Widerstand geleistet". So sieht Stadtpfarrer Joseph Sandel 1949 am Grab von Bürgermeister Johannes Häußler im Rückblick die NS-Zeit in der „von faustischem Arbeitsdrang beseelten und dionysischer Lebensfreude erfüllten" Stadt Neckarsulm.

Anfang 1933 hat die Oberamtsstadt rund 7000 Einwohner; nach einer Zählung vom 16. Juni überwiegen in der ehemaligen Deutschordensstadt 4708 Katholiken gegenüber 2143 Protestanten, 17 Einwohner sind jüdischen Glaubens. Stärkste Fraktion im 18köpfigen Gemeinderat ist das katholische Zentrum (8 Sitze) vor SPD (5), Deutscher Demokratischer Partei (4) und NSDAP (1).

Geprägt wird die Stadt von Industrie, einem regen Kirchen- und Vereinsleben und vom Weinbau. Trotz bedeutender Unternehmen wie NSU, Karl Schmidt und Spohn ist die Arbeitslosigkeit das größte Problem; Deutschland steckt wie alle Industrieländer in einer Wirtschaftskrise, bei der NSU ist die Zahl der Beschäftigten von 5000 im Jahr 1927 auf 800 gesunken. Rund 1200 Menschen in Neckarsulm leben von der Fürsorge.

Der seit 1913 amtierende Bürgermeister Johannes Häußler (1879–1949) sagt am 5. Januar 1933 vor dem Gemeinderat: „Durch die Steigerung der Ausgaben für die Hilfsbedürftigen und durch den katastrophalen Rückgang des Gewerbesteuerkatasters werden die Finanzen der Gemeinde ruiniert. Kaum eine Gemeinde ist vom Strudel der Krise so erfaßt worden wie Neckarsulm."

Die „Machtergreifung" am 30. Januar 1933 erlebt die Bevölkerung von Neckarsulm vor den Radios: „Reichspräsident von Hindenburg hat Hitler zum Reichskanzler ernannt." Die Formationen der politischen Gegner marschieren. Hitler nutzt den Reichstagsbrand am 27. Februar, für den er die Kommunisten mit Wissen der SPD verantwortlich macht, zu einer „Verordnung zum Schutz von Volk und Staat"; damit setzt er Grundrechte wie Meinungs- und Versammlungsfreiheit außer Kraft und ebnet den Weg für die NS-Diktatur und den SA-Terror.

Bei der Reichstagswahl am 5. März 1933 bleiben Zentrum (40,38%) und SPD (23,3) die stärkste Kraft in Neckarsulm vor NSDAP (23,01) und KPD (6,81). Anteil der Stimmen bei der letzten freien Wahl für die Württembergisch-Hohenzollerische Zentrumspartei: 1695 (Reichstagswahl 1932: 1600), SPD: 978 (897), NSDAP: 966 (601), KPD: 286 (511), Kampffront Schwarz-Weiß-Rot: 111 (90), Deutsche Volkspartei: 13 (30), Christlich Sozialer Volksdienst: 88 (112), Deutsche Demokratische Partei: 52 (87). Auf Reichsebene ge-

winnt die NSDAP (44%) mit der Kampffront Schwarz-Weiß-Rot (8%) die Mehrheit.
Zur Demonstration ihrer Macht hißt die Neckarsulmer NSDAP am 8. März auf dem Oberamt eine Hakenkreuzfahne und Schwarz-Weiß-Rot. Als NS-Stadtrat Ferdinand Anderssen (1893–1956) am folgenden Tag die gleichen Fahnen am Rathaus wehen lassen will, lehnt der Gemeinderat ab. SPD-Stadtrat Christian Rieker (1887–1960) erklärt, das Rathaus sei nicht der Ort für Parteifahnen. Die Flaggen werden trotz des Verbots aufgehängt; am 12. März bestimmt Hindenburg die Hakenkreuzfahne zur Nationalflagge und Schwarz-Weiß-Rot zu den Reichsfarben.
Der Terror geht um. Politische Gegner aus den Reihen der Sozialdemokraten, Kommunisten, Gewerkschaftler und des Zentrums werden in „Schutzhaft" genommen. 89 dieser Opfer aus Neckarsulm und Umgebung, von denen mindestens 28 in das KZ Heuberg eingeliefert werden, stehen auf einer Liste, die Dieter Herlan (1940) bei den Recherchen zur SPD-Geschichte entdeckt hat. Nach den handschriftlichen Angaben auf der Liste dauern die KZ- und Gefängnisaufenthalte zwischen einem Tag und zwei Monaten wie beispielsweise bei Hans Banzhaf (SPD), der zweimal eingesperrt wird.
Die NSDAP prügelt. Der Dreher Willi Röhrle (SPD) wird am 23. März festgenommen, von einem NS-Tribunal verhört und „in Einzelhaft solange geschlagen, bis ich zusammenbrach". Nach einem Sammeltransport mehrerer Schutzhäftlinge ins Heilbronner Gefängnis stellt der untersuchende Arzt Schertl fest: „Auch aus Kreisen der Schwerverbrecher wurden mir noch nie Leute zugeführt, die derart zugerichtet waren." Die nächsten Opfer sind die jüdischen Mitbürger, deren Geschäfte am 1. April boykottiert werden, die am 2. Mai aufgelösten und durch die Deutsche Arbeitsfront ersetzten Gewerkschaften und die katholischen Vereine, die am 3. Juli erstmals verboten werden.
Mit dem Ermächtigungsgesetz vom 23. März, gegen das nur die SPD stimmt, hat sich Hitler zum Diktator gemacht; seine Regierung kann Gesetze erlassen ohne Mitwirkung des Reichstags. Zuerst werden Landtage und Gemeinderäte aufgelöst und entsprechend dem Ergebnis der März-Wahl neu formiert; dabei dürfen die Stimmen von NSDAP, Schwarz-Weiß-Rot, Christlichem Volksdienst und DDP zusammengezählt werden, die KPD wird verboten. Im neuen 14köpfigen Gemeinderat in Neckarsulm bekommt das Zentrum sechs, die NSDAP-Koalition fünf und die SPD drei Sitze; die Parteien machen Vorschläge, über die ein Wahlvorstand entscheidet. Bei ihrer Nominierungsversammlung am 24. April wird die SPD von der Polizei überwacht. Trotzdem wählt sie als Listenführer den erst kurz vorher aus dem KZ Heuberg heimgekehrten Hermann Greiner und nominiert auch Hans Banzhaf, der noch immer eingesperrt ist. Wenige Stunden vor der Vereidigung des neuen Gemeinderats erklärt Architekt Wilhelm Chardon als Kandidat des Zentrums aus beruflichen Gründen seinen Rücktritt. Mitglieder des Gemeinderats für das Zentrum: Josef Benz, Weingärtner, Wilhelm Böhringer, Malermeister, Otto Welker, Kaufmann, Ludwig Bender, Landwirt, Franz Schopf, Schreinermeister, Anton Beil, Küfermeister. NSDAP-Koalition: Clemens Funder, Dentist, Walter Drück, Direktions-Assistent, Ferdinand Anderssen, Ingenieur, Josef Halter, Weingärtner, Ludwig Bauer sen., Pflasterermeister. SPD: Hermann Greiner, Geschäftsführer, Christian Rieker, Heinrich Bauer, beide Werkmeister.
Für Clemens Funder (1898–1945), NSDAP-Mitglied Nr. 371747, Dentist und Ortsgruppenführer, wird die Vereidigung am 5. Mai 1933 zur großen Stunde: „Der neue Gemein-

derat steht unter dem Zeichen des Hakenkreuzes, das im Kampf gegen die Mißstände der letzten Jahre gesiegt hat." Als Bekenntnis zur Mitarbeit bittet er darum, die Friedrichstraße in Adolf-Hitler-Straße und die Friedrich-Ebert-Straße zu Ehren des Gauleiters in Wilhelm-Murr-Straße umzubenennen. Niemand widerspricht. Bürgermeister Johannes Häußler und Zentrum-Sprecher Otto Welker betonen ihre Bereitschaft zur Unterstützung der nationalen Regierung. SPD-Sprecher Christian Rieker: „Wir werden auch in Zukunft im Interesse der Allgemeinheit arbeiten." Stadtrat Ludwig Bauer: „Wir wollen die Zweifler davon überzeugen, daß auch für das Rathaus eine neue Zeit angebrochen ist."

Zum „Bürgermeister auf Lebenszeit" ernannt wird Johannes Häußler, Mitglied des Zentrums und ein ausgezeichneter Verwaltungsfachmann. Wie gespannt das Verhältnis des praktizierenden Katholiken zu den neuen Machthabern ist, zeigt die spätere Beurteilung durch Hermann Greiner: „Die Partei würdigte ihn öffentlich in einer Weise herab, die sich schlechthin nicht überbieten ließ." Seine Amtszeit unter dem NS-Regime sei für Häußler „eine wahre Marter" gewesen. Einmal habe Funder den Bürgermeister wegen einer Äußerung in einem Lokal geohrfeigt und die Gestapo alarmiert; nur durch Freunde Funders sei eine Verhaftung verhindert worden. Stadtarchivarin Barbara Griesinger (1957) in ihrer Häußler-Biographie: „Für Neckarsulm hat er bis zuletzt seine ganze Kraft gegeben."

Warum Häußler trotz der Konflikte von der NSDAP nicht abgesetzt wird, formuliert NS-Stadtrat Walter Drück bei der Brief-Affäre im Oktober 1933 so: Häußler sei nur deshalb akzeptiert worden, weil er Mitverantwortung trage für die schlechte Finanzlage der Stadt und dafür sorgen sollte, daß man aus den Schwierigkeiten herauskomme. Intimfeind Funder meint 1941, ihm sei vorgeworfen worden, daß er 1933 nicht jemand anders berufen habe: „Wir haben es nicht gemacht, denn die Verwaltung der Stadt lag in guten Händen."

Als NS-Kreisleiter übernimmt der Abgeordnete Speidel, Neuenstadt, die politische Regie im Oberamt Neckarsulm, zu dem 30 Gemeinden gehören. Die Position des Neckarsulmer Ortsgruppenführers Funder wird später auf die Ortsgruppenleitung von Neckarsulm-Nord beschränkt; für die Südstadt ist dann Heinz Endreß (1900–1946) zuständig, kaufmännischer Angestellter, NSU-Betriebsrat, Stellvertretender Bürgermeister und NS-Mitglied Nr. 3578983. Neuer Landrat als Nachfolger von Dr. Münz (1872–1933) wird Dr. Ernst Heubach (1897–1978).

Zu den ersten Anträgen der NSDAP-Fraktion in Neckarsulm gehören im Mai 1933 eine Kürzung der Gehälter städtischer Mitarbeiter nebst Streichung ihrer Nebeneinkünfte, das Verbot städtischer Einkäufe in jüdischen Geschäften und ein Appell an die Industrie, weibliche Arbeitskräfte zu entlassen, um das Doppelverdienertum zu beseitigen. Häußlers Gehalt sinkt bis Jahresende von monatlich 678,30 auf 581,94 RM, die Tantiemen von 2000 RM als Mitglied des NSU-Aufsichtsrats liefert er an die Stadtkasse ab.

Der Gemeinderat wird zum NSDAP-Gremium. Nach dem Verbot der SPD am 22. Juni und der Selbstauflösung des Zentrums, das auf Reichsebene Hitlers Ein-Parteien-Gesetz zuvorkommt, beharrt die Zentrums-Fraktion in Neckarsulm bis zum Ausschluß auf ihren Sitzen im Gemeinderat. Am 16. Juli widerspricht sie dem NS-Antrag, die bisher der „Unterländer Volkszeitung" vorbehaltenen Amtlichen Bekanntmachungen der Stadt nur noch in der NS-Zeitung „Heilbronner Tagblatt" zu veröffentlichen. Vergeblich protestieren die Zentrums-Stadträte Welker und Benz am 24. August gegen den Ausschluß ihrer Fraktion aus dem Gemeinderat. Prompt

112 Fahnenschmuck für das Erntedankfest 1935 auf dem Marktplatz, der 1938 zum „Platz der SA" wurde.

wird die „Volkszeitung" des widerspenstigen Verlegers Welker ab 28. August bis 3. September verboten. Die Amtlichen Bekanntmachungen wandern in die „Neue Unterländer Zeitung", die seit 1. September als Unterausgabe des „Heilbronner Tagblatts" erscheint. „Heil Hitler" statt „Grüß Gott", die NSDAP und ihre zur „nationalen Bewegung" vereinfachte Ideologie werden Alltag; der Hitlergruß ist ab Juli in den Behörden vorgeschrieben, für die Schulen wird durch Erlaß minuziös vorgeschrieben, wie der Hitlergruß durch „Aufstehen und Erheben des rechten Armes" am Beginn und Ende des Unterrichts zu entbieten ist. Gepflanzt werden eine Adolf-Hitler-Eiche vom Sängerbund „Liederkranz-Frohsinn" im Gewann Wilfensee und vom Sportverein eine Linde gleichen Namens bei der Einfahrbahn, NS-Ministerpräsident Mergenthaler wird Ehrenbürger. Höhepunkte des öffentlichen Lebens sind die von der Partei diktierten Festtage, die künftig alljährlich mit großen Demonstrationen gefeiert werden: Tag der Machtübernahme (30. Januar), Hitlers Geburtstag (20. April), Tag der Arbeit (1. Mai), Fest der Jugend, Tag der Bauern, Tag des Handwerks und dazu die Sammelaktionen wie das Winterhilfswerk.

Ihren Gegnern läßt die NSDAP keine Ruhe. Hermann Greiner (1886–1976) wird nach KZ-Haft und Aberkennung des Stadtrat-Mandats am 31. Juli 1933 als Geschäftsführer der Heimstättengenossenschaft abgesetzt und zum 31. August gekündigt. Ein Betrugsverfahren gegen ihn muß eingestellt werden, weil ihm nichts nachgewiesen werden kann, seine Klage beim Arbeitsgericht gegen die Kündigung endet 1935 mit 200 RM Abfindung. Gleichzei-

113 Ein Höhepunkt des Jahres 1936: Rudolf Hess, der Stellvertreter Adolf Hitlers, auf der Fahrt durch Neckarsulm.

tig muß er im März 1935 eine Geldstrafe von 30 RM bezahlen, weil er in der Besenwirtschaft Sommer gesagt haben soll: „Die SA ist die größte Gefahr des Staates." Im August 1944 wird er noch einmal für sieben Wochen in Schutzhaft eingesperrt.

Zum Angriff gegen Bürgermeister Häußler bläst NS-Stadtrat Walter Drück am 22. August 1933 mit einem „Brief aus Neckarsulm" im „Heilbronner Tagblatt". Der zunächst anonyme Schreiber mit dem Kürzel „D." wirft Johannes Häußler vor, daß wegen seines „zentrümlich-marxistischen Kommunal-Größenwahns" und zahlreicher Fehlentscheidungen die Stadt vor einem Trümmerhaufen stehe und einen „riesenhaften Abmangel" aufweise. Außerdem zählt er Häußler zu jenen, die „uns freundlich begegnen, uns aber trotz allsonntäglichem Kirchgang Gift geben könnten", und ruft zum „Kampf jener süßlichen Falschheit, die immer noch in den früheren Zentrumsburgen zutage tritt". Die Attacke wird zum Rohrkrepierer. In einer Sechs-Seiten-Erklärung vor dem Gemeinderat kann Häußler am 12. September die Vorwürfe entkräften. Angesichts eines Rückgangs der Gewerbesteuer von 4,6 Mio. (1919) auf 0,4 Mio. RM (1932) und bei einem Anstieg der Fürsorgelasten um das 45fache gegenüber der Zeit vor 1914 habe die Stadt geleistet, was notwendig, möglich und zweckmäßig gewesen sei; weder von „Größenwahn" noch von „Trümmerhaufen" könne die Rede sein. Die Zweifel an seiner Loyalität gegenüber „unserem großen Führer" Hitler weist er zurück: „Wir wollen in unerschütterlichem Pflichtbewußtsein und verantwortungsbewußtem Handeln dem neuen Staate dienen."

Als Briefautor bekennt sich Drück am 3. Oktober vor dem Gemeinderat: „Ich habe viele hinter mir." Gleichzeitig räumt er ein, daß während Häußlers Amtszeit „auch viel Gutes geschaffen wurde" und „gegen seine Arbeitsleistung nicht zu sagen" sei. Als Fehler kreidet er die Vorfinanzierung der NSU-Einfahrbahn durch die Stadt an. Dagegen erklärt Häußler, die NSU habe inzwischen die Hälfte ihrer Schulden zurückbezahlt. Was seinen Posten betreffe, so sei er gegen eine gleichwertige Stelle zum Abtreten bereit. Mit dem Wunsch Drücks, die Erklärungen Häußlers nicht an die NSU weiterzuleiten, endet der Sturm im Wasserglas.

Wie künftig im Zeichen des Hakenkreuzes gewählt wird, zeigt sich am 12. November 1933. Auf dem NS-Programm stehen eine Reichstagswahl und die Volksabstimmung zur Frage, ob das deutsche Volk den von Hitler am 14. Oktober vollzogenen Austritt des Deutschen Reiches aus dem Völkerbund billige. Während der Stimmzettel zur Volksabstimmung immerhin zwei Kreise für „Ja" und „Nein" aufweist, steht auf dem Wahlzettel für den Reichstag nur die NSDAP-Liste mit einem Kreis dahinter; geradezu höhnisch heißt es daneben, man solle „in den Kreis neben dem Wahlvorschlag, dem Du Deine Stimme geben willst, ein Kreuz" machen. Beim Ergebnis ist nur interessant, daß es trotzdem in Neckarsulm 314 ungültige Stimmen (NSDAP: 4315) und 109 Nein-Stimmen (Ja: 4488) gibt.

Der Fall Fürst offenbart, unter welchem Druck die Menschen stehen. Stadtrat Anderssen empört sich am 17. November im Gemeinderat, er habe gehört, daß Kaplan Georg Fürst (1919–1950) bei der Volksabstimmung mit „Nein" gestimmt habe; wenn dies zutreffe, müsse Fürst die Erlaubnis zum Religionsunterricht an den Schulen entzogen werden, andernfalls erwarte man eine ehrenwörtliche Erklärung. Dazu heißt es in der nächsten

114 Für die Neckarsulmer Nationalsozialisten „entartete Kunst": das Kriegerdenkmal von 1927.

Sitzung, Fürst habe im NSDAP-Büro ehrenwörtlich versichert, er habe „nicht mit ‚Nein', sondern freudig mit ‚Ja' gestimmt".

Mit dem Streit um das Neckarsulmer Kriegerdenkmal beginnt Ende 1933 eine Tragikomödie in Sachen Kunst, die bis 1938 immer wieder die Gemüter erhitzt. Den Prolog spricht Stadtrat Drück am 29. November 1933 im Gemeinderat: „Die niggerhaften, verzerrten Figuren, welche als Symbol der Kunstverirrung der letzten Jahre allgemein Mißfallen erregen und anstatt einer würdigen Ehrung eine direkte Beleidigung unserer Gefallenen darstellen, sind sofort zu entfernen." Nach der Vertagung des Falles gibt's Schützenhilfe von der NS-Ortsgruppe, die in einer Versammlung das Denkmal einstimmig ablehnt.

Das umstrittene Kunstwerk ist 1927 beim Neckarsulmer Friedhof zum Gedenken an die Gefallenen des Weltkrieges 1914–1918 eingeweiht worden. In dem Kriegerdenkmal vereinigten sich mehrere Elemente zu einer Komposition; hinter einem Rasenplatz thront ein Altar, über den ein Kreuz in die Höhe ragt, rechts und links stehen jeweils drei Vierkantsäulen mit Reliefs, die drei Soldaten und drei Mütter darstellen. Alles sind Symbole; die von dem Bildhauer Fridolin Baur geschaffenen Reliefs für das Leid der sterbenden Männer und der trauernden Frauen, der Altar für die Opferung des Lebens, der Rasen für ein Massengrab, das Kreuz für die Überwindung des irdischen und die Erwartung des ewigen Lebens.

1. Akt. Das Ärgernis. Die Anhänger der nationalen Bewegung kritisieren in der Sitzung am 29. Dezember die Figuren und Säulen, weil sie den Soldatentod nicht in germanischer Heldenpose als großartiges Opfer für das Vaterland verherrlichen, sondern als ein grausames Geschehen darstellen. Stadtbaurat Gotthilf Schmid (1889–1956), der selbst an der Gestaltung des Denkmals beteiligt war, wirbt vergeblich um Verständnis: „Die Seelenlast der am Krieg beteiligten Menschen findet ihren Ausdruck in den symbolisch auf die einfachste Form gebrachten Gestalten." Schließlich einigt man sich, ein Gutachten einzuholen. Stadtrat Drück vorsorglich: „Schließt sich der Gutachter nicht unserer Meinung an, so hat er die Kunstrichtung im heutigen Sinn noch nicht verstanden."

2. Akt. Die Presse. „Weg mit den Reliefs!" fordert Dr. Zirn am 13. Januar 1934 in der „Neuen Unterländer Zeitung" und vergleicht die Figuren „mit den Schmierereien der Expressionisten wie Picasso und Kandinsky". Lokalchef Willi Beringer am 6. März: „Diese verzerrten Figuren, diese kraftlosen, matten, unlebendigen Gestalten mit ihren mongolischen Gesichtszügen stellen eine ungeheuerliche Verhöhnung des Frontsoldatentums dar, das bewußt entheroisiert und in den Staub menschlicher Erbärmlichkeit gezogen wird." Sein Appell: Beseitigung dieser „Verewigung eines Geistes, der ausgerottet werden muß mit Stumpf und Stiel" und ein neues Denkmal in der Stadtmitte.

3. Akt. Die Experten. „Großzügig und von feierlicher Würde" sei die Anlage, urteilen Professor Wilhelm Tiedje und Bildhauer Fritz von Graevenitz in ihrem Gutachten, das dem Gemeinderat am 12. Juni 1934 vorgetragen wird. Über die Qualität der Reliefs lasse sich erst nach zeitlicher Distanz zu den künstlerischen Wirren dieser Periode ein endgültiges Urteil fällen: „Es unterliegt aber keinem Zweifel, daß diese Reliefdarstellungen groß gedacht und ehrlich gemeint sind." Der Sachverständigen Vorschlag zur Güte: Aufstellung eines zweiten Denkmals in der Stadt entsprechend „dem heroischen Erlebnis des Krieges". Mehr oder weniger kleinlaut verläßt der Gemeinderat die Bühne.

4. Akt. Die Überraschung. Hitler gibt 1937 bei der Eröffnung des Hauses der Kunst in München ein neues Stichwort für die Neckarsulmer Denkmalgegner: „Entartete Kunst". In diesem Sinn schreibt die NS-Ortsgruppe an Bürgermeister Häußler: „. . . muß nun die endgültige Entfernung der Bildwerke auf den Säulen als ‚entartete Kunst' verlangt werden." Auf die vorsichtige Anfrage Häußlers beim Landesamt für Denkmalpflege, ob das Denkmal „unter ‚entartete Kunst' fällt", bekommt er als Antwort das Gutachten von 1934 zugesandt. Gleichzeitig teilt Kulturreferent Georg

Schmückle namens des Reichsstatthalters dem überraschten Gemeinderat mit: „Neckarsulm hat eines der schönsten Kriegerdenkmale im ganzen Reich, das nicht entfernt werden darf." Wegen der Reliefs solle der Bildhauer Baur befragt werden, ob und wie sie ersetzt werden könnten.

5. Akt. Die Zwickmühle. Daß ausgerechnet der Schöpfer dieses „Machwerks" als Schiedsrichter gerufen werden soll, empfindet die NS-Garde als Blamage. Als der Bildhauer am 9. Dezember 1937 zustimmt, „das Vorhandene zu verbessern, ohne die inhaltlichen und formalen Werte zu zerstören", und die Kosten mit 10000 RM beziffert werden, scheint sich die Zwickmühle zu schließen. Mit einem Machtwort sammelt Ortsgruppenführer Funder am 15. März 1938 die Kritiker zur Flucht durch das letzte Schlupfloch: „Bei der Heldengedenkfeier hat sich gezeigt, daß das Gelände beim Kriegerdenkmal für Aufmärsche zu klein ist." Um weitere Kosten zu sparen, solle man das Denkmal unverändert lassen und auf dem Karlsplatz ein neues Denkmal aufstellen. Freund und Feind sind's zufrieden.

Bei der „Arbeitsschlacht" hat das NS-Regime bereits 1933 mehr Erfolg. In Neckarsulm sinkt die Zahl der Arbeitslosen von 734 (1932) bis Anfang des Jahres 1934 auf 195. Als besonderen „Triumph" feiert die „Neue Unterländer Zeitung" am 27. Februar 1934, daß „alle alten Kämpfer" der NSDAP wieder in den Arbeitsprozeß eingegliedert worden sind. Gleichzeitig halbiert sich die Zahl der Empfänger von Unterstützung auf 600, der Aufwand für sie geht von 178000 auf 123000 RM zurück. 1936 verteilt die Stadt noch 882 Reichsmark an 19 Wohlfahrtsempfänger, 1937 werden fünf Arbeitslose gezählt.

Für Beschäftigung sorgen Notstandsarbeiten im Straßen- und Wohnungsbau, der Verzicht auf entbehrlichen Maschineneinsatz, die Arbeiten am Neckarkanal Mannheim–Heilbronn (Einweihung 1935), der Bau der Autobahn Neckarsulm – Heilbronn – Stuttgart (1935–1940) und ab 1935 die halbjährige Verpflichtung zum Reichsarbeitsdienst für die 18- bis 25jährigen Männer und Frauen. Außerdem löst 1935 die Einführung der allgemeinen Wehrpflicht von einem Jahr immer mehr Rüstungsaufträge aus. Die Zahl der Beschäftigten in der Neckarsulmer Industrie klettert von 1469 (1932) über 2700 (1934) und 4025 (1936) auf 5604 (1938). Beschäftigte 1936 bei NSU: 2764, Karl Schmidt: 527, Gebrüder Spohn: 502. Beschäftigte 1938 bei NSU: 3400, Spohn: 562, Karl Schmidt: 532.

Mit neuem Schwung fährt die Kraftfahrzeugbranche und damit der größte Neckarsulmer Betrieb durch die NS-Zeit; der Erlaß der Kfz-Steuer für ab 1. März 1933 zugelassene Neuwagen und Motorräder begünstigt auch die „NSU-D-Rad Vereinigte Fahrzeugwerke AG", wie das Unternehmen durch die Bildung einer Fabrikations- und Verkaufsgemeinschaft mit der Deutschen Industrie-Werke AG in Berlin 1932 bis 1937 heißt. Trotzdem gibt's zunächst Ärger; wegen des Protestes der Arbeiter gegen die Einstellung weiblicher Hilfskräfte muß die NSU-Generalversammlung am 30. Juni 1933 abgebrochen werden. Der Aufsichtsratsvorsitzende Schmidt-Branden, Berlin, wird von der SA in Schutzhaft genommen, in Stuttgart in den Zug nach Berlin gesetzt und legt Ende Juli sein Mandat nieder. Fritz Gehr ist schon vorher aus Altersgründen aus dem Vorstand ausgeschieden, neue Vorstandsmitglieder werden Richard Danner und Fritz von Falkenhayn, der zugleich Betriebsleiter ist, und dann 1937 Vorstandsvorsitzender wird.

Mit der 1936 erstmals vorgestellten NSU Quick, einem Motorrad mit 100 Kubikzentimeter, drei PS und Tretkurbel für 290 RM, braust NSU an die Spitze der deutschen Hersteller von Zweirad-Kraftfahrzeugen. Schon

1933/34 entwickelt Ferdinand Porsche in Neckarsulm unter der Bezeichnung Porsche Typ 32 drei Volkswagen-Versuchsmodelle, 1935 wird das betriebliche Vorschlagswesen „Meister Tüftele" mit bis zu 10 000 RM Prämie eingeführt, 1936 übernimmt NSU die Fahrrad-Produktion der Adam Opel AG. Im Rennsport rasen die NSU-Werksfahrer mit den von Walter William Moore konstruierten Maschinen von einer Meisterschaft zum nächsten Rekord, die Rennfahrer Tom Bullus, Heiner Fleischmann und ab 1939 Wilhelm Herz werden Volkshelden.

Im grauen NS-Alltag kämpfen andere Helden einen verzweifelten Kampf. Kaplan Hermann Schmid (1893–1975) steht als Präses der katholischen Jugendvereine in Neckarsulm ständig im Konflikt mit dem Regime; die Funktionäre ärgern sich über seine erfolgreiche Jugendarbeit in Konkurrenz zur Hitlerjugend. Das erste Verbot der katholischen Vereine vom 3. Juli 1933 wird aufgehoben durch das Reichskonkordat vom 20. Juli zwischen Hitler und dem Vatikan, das die Rechte der Kirche gegenüber dem Staat sichert, sie aber politisch entmachtet; danach entfaltet vor allem die Deutsche Jugendkraft (DJK) eine lebhafte Tätigkeit.

Die Attacken der NS-Ortsgruppe steigern sich 1934. Das Haus von Schmid wird mit „Christus Pfui!" beschmiert, Hitlerjungen spucken vor dem im Ersten Weltkrieg als Frontkämpfer mit dem Eisernen Kreuz II. Klasse und der Silbernen Verdienstmedaille ausgezeichneten Pfarrer auf die Straße. Als ein Mitglied des Jungvolks sonntags beim Abreißen eines Anschlags an der Kirchentür ertappt wird, gesteht er der Geistlichkeit: Der Fähnleinführer habe sie aufgefordert, die Anschläge abzureißen, die katholischen Jungschärler zu verhauen und vor Kaplan Schmid auszuspucken. Ein 16jähriger Hitlerjunge erklärt dem 40jährigen Schmid bei dessen Vortrag im Gemeindehaus St. Paulus: „Ich muß Sie überwachen."

Zum Bekenntnis gehört Mut. Die Jugendgruppen werden mehrfach von der HJ überfallen. Ortsgruppenleiter Funder droht einem Verwaltungskandidaten mit Kündigung, wenn er nicht aus der DJK austrete. Das „Heilbronner Tagblatt" beschimpft die DJK in Neckarsulm als „reaktionären Brandherd"; sie habe die Kundgebung am „Tag der Machtergreifung" sabotiert und über einen Strohmann zum Tanz gebeten, obwohl alle Vereine zugunsten des Winterhilfswerks auf Fasching verzichtet hätten. Schmid kann die Vorwürfe widerlegen; aber seine Gegendarstellung wird von dem NS-Blatt abgelehnt.

„. . . entgegen einer mit Lockrufen und Druck arbeitenden Propaganda für eine neue Lebensauffassung, die von Christus weg ins Heidentum zurückführt, habt ihr dem Heiland und der Kirche den Schwur der Liebe und der Treue gehalten." Als dieser Ostergruß des Papstes an seine „Geliebten Söhne!" in Deutschland 1934 im DJK-Schaukasten hängt, fordert die HJ die Entfernung des „revolutionären" Textes, der sie diskriminiere: „. . . sonst zwingen Sie uns, andere Schritte zu ergreifen." Die Polizei verbietet den Papstgruß „wegen Gefährdung der öffentlichen Sicherheit". Mit dem Sprechchor „Zerschlagt die schwarze Front!" marschiert die HJ zum Marktplatz. Der Papst wolle mit diesem „Fetzen Papier" die deutsche Einigkeit zerschlagen, das Hakenkreuz sei älter als das Christenkreuz, die NSDAP werde die Kirchen überwinden, erklärt ein Redner.

Das HJ-Hetzlied „Wir sind die fröhliche Hitlerjugend", das die katholische Kirche schmäht, wird Kaplan Schmid zum Verhängnis. Bischof Sproll hat es ihm bei dessen Besuch in Neckarsulm 1934 übergeben, damit er es verbreite, wenn die Kampagne gegen die DJK zunehme. Als die lokale HJ- und NS-

Prominenz das von Schmid vervielfältigte Pamphlet liest, bezeichnet sie das Lied als Fälschung, mit der Schmid die HJ verächtlich machen wolle. Schmid sieht keine Zweifel an der Echtheit; mit der Verbreitung habe er nicht beleidigen, sondern dokumentieren wollen, daß es religiös-sittliche und nicht politische Gründe seien, weshalb die Bischöfe eine Überführung der katholischen Jugend in die HJ ablehnten.

Wegen der Lied-Affäre wird Schmid im Januar 1935 die Befugnis zum Religionsunterricht an einer öffentlichen Schule entzogen. Die katholischen Vereine werden im August 1935 zum zweitenmal verboten, der von Schmid aus Privatmitteln als Exerzitienhaus gepachtete Grollenhof bei Oedheim muß schließen. Als der „schulfreie" Schmid in der Presse anonym diffamiert wird, stellt sich Stadtpfarrer Joseph Sandel (1884–1965) vor den „mit Hingabe in der Jugendseelsorge tätigen" Kaplan. 1938 geht Schmid als Stadtpfarrer nach Stuttgart-Bad Cannstatt.

Der Auftritt von Bischof Joannes Baptista Sproll (1870–1949) beim Christkönigfest 1936 in Neckarsulm wird zu einer machtvollen Demonstration der katholischen Kirche. Was der mutige Geistliche vor 2000 Gläubigen zum Unwillen der NSDAP sagt, ist der erste Anklagepunkt in dem Ermittlungsverfahren, das 1938 zu der Ausweisung des „Volksverräters" aus der Diözese Rottenburg führt. Die Gegner der Kirche tarnten sich, sie tröpfelten Gift in die Seelen der katholischen Jugend, hat Bischof Sproll in Neckarsulm geklagt. Es werde sogar behauptet, Christus sei der größte Antisemit und der erste Nationalsozialist gewesen. Das sei genauso großmaulig wie die Aussage, auf dem Felsen Hitler stünde die gesamte deutsche Jungmannschaft und auf dem Felsen Petri nur ein paar alte Weiber.

Im Zeichen der „Gleichschaltung" kommt es zu mehreren Auflösungen und Fusionen von Vereinen und Organisationen. Der Arbeiter-Turn- und Sportverein muß 1933 von der Bildfläche verschwinden, die „freien Turner" schließen sich dem Turnverein und dem Sportverein an; den gleichen Weg beschreitet später die Deutsche Jugendkraft. Die meisten Mitglieder des aus der Arbeiterbewegung hervorgegangenen Gesangvereins „Lassallia" wandern im Februar 1934 zur „Concordia" der Weingärtner, um der Eingliederung in den Deutschen Sängerbund zuvorzukommen. Eine Zusammenlegung des Weingärtnervereins, der sein 100jähriges Bestehen feiert, mit der Weingärtnergenossenschaft scheitert. Zur Rechtsnachfolgerin des aufgelösten Siedlungsvereins wird die Stadtgemeinde. Die Aufgaben des Gewerbevereins übernimmt die NS-Hago (Handwerks-, Handels- und Gewerbeorganisation). Als neuer Klub schickt der Brieftaubenzüchterverein seine Vögel auf die Reise.

Sportlich gibt es in der NS-Zeit mehrere Höhepunkte. Am 1. Juli 1934 findet in Neckarsulm das Turnfest des Kreises Neckarland mit 1400 Teilnehmern und 55 Vereinen statt. Für einen Höhenflug der Leichtathleten sorgen Mitte der dreißiger Jahre der 10,8-Sprinter Albert Bousonville, der vom Saarland an die Sulm kommt, und der Sieben-Meter-Weitspringer Eugen Matzger; mit Anderssen, Matzger, Laukemann und Bousonville gewinnt die Neckarsulmer Sprintstaffel die Württembergische Meisterschaft gegen die Stuttgarter Kickers mit dem Deutschen Meister Borchmeyer. Den Boxsport beleben Männer wie Helmut Müller, Heinz Rau, Georg Berg mit dem „Hammer" und Walter Ihlein; begeistert liest Neckarsulm 1935, daß der nach Amerika ausgewanderte Paul Pross die „Golden Gloves" gewonnen hat und Sparringspartner des Weltmeisters Baer ist.

Vor einer schweren Entscheidung stehen die Schwerathleten des Sportvereins gleich nach

"Machtergreifung" und NS-Alltag 339

115 Auch im Weinbauverein prangt 1937 über dem Weinheiligen St. Urbanus das Hakenkreuz.

der „Machtübernahme", als sie zum Eintritt in die SA aufgefordert werden. Erst unter einem „gewissen Druck" und nach der Zusicherung, daß sie als Abteilung vereinigt bleiben und weiterhin ihren Sport ausüben dürfen, geben sie sich geschlagen. Aber dann werden sie in vier Formationen aufgeteilt, müssen wöchentlich drei- bis viermal zum Dienst antreten und haben keine Zeit mehr für den Ringsport. Als sie dagegen protestieren, wird ihnen die Sportausübung zugestanden, wenn sie die Männer der NS-Sturmabteilung im Ringen ausbilden. Dreimal finden Trainingsabende im NSU-Kasino statt. Dann kommen die SA-Männer nicht mehr; das Ringen nach sportlichen Regeln ist ihnen zu hart.
Neue Kräfte regen sich. Die NS-Gemeinschaft „Kraft durch Freude" trifft sich am 7. April 1934 im Paulus-Saal zur ersten Feierabend-Veranstaltung; das Angebot der staatlichen Freizeitbewegung reicht von Tanzabenden bis zu Urlaubsreisen. Die Hitlerjugend, die alle Jugendlichen zwischen 10 und 18 Jahren vereinigen will, hat bereits am 5. Mai 1933 das SPD-Jugendheim besetzt und nach dem Freikorpskämpfer Schlageter benannt. 1936 werden erstmals Pläne bekannt, für die auf das frühere Gaswerk, den Centturm und die Bleichschule verteilte HJ ein großes Heim zu bauen. Am Hungerberg wird 1938 ein Gelände erworben, auf dem für rund 200000 RM ein Heim mit 15 Schar-Räumen für jeweils 40 bis 60 Jungen und ein Festsaal entstehen soll; der Plan bleibt unausgeführt.
Luftschutz heißt ein bisher unbekanntes Stichwort, mit dem die Bevölkerung allmählich

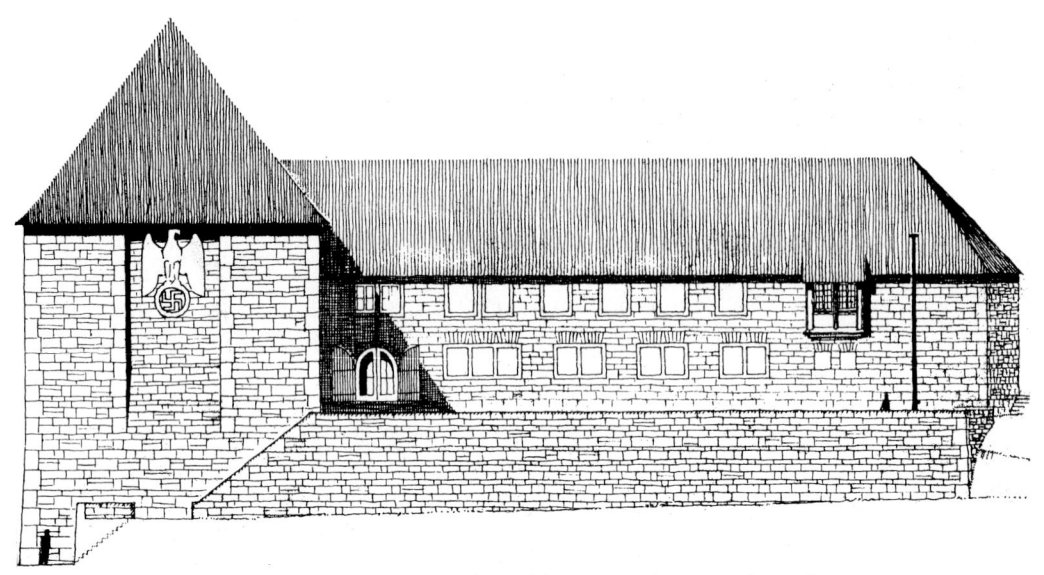

116 Beim Plan ist es geblieben: das HJ-Heim, das auf dem Hungerberg entstehen sollte.

vertraut gemacht wird. Schon ab Oktober 1934 kann sich die Bürgerschaft in einer Luftschutzschule über das richtige Verhalten bei Luftgefahr aufklären und unterrichten lassen. Der erste Luftschutzkurs für 150 LS-Warte findet 1935 im NSU-Ledigenheim statt. Ab 1937 muß bei jedem Neu- und Umbau eines Gebäudes ein Luftschutzraum geschaffen werden.

Eine oppositionelle Presse gibt es nicht mehr. Die „Unterländer Volkszeitung", wegen ihrer katholischen Tendenz „schwarze Kathrin" genannt, hat sich nach ihrem ersten Verbot Ende 1933 zunächst erholt. Trotz der Gefahren bleibt sie im Wettbewerb mit dem NS-Blatt „Neue Unterländer Zeitung" ihren Prinzipien treu. „Was sollen wir machen?" fragt Redakteur Schlang, als der jüdische Bekleidungshaus-Inhaber Hermann Rheinganum 1934 gestorben ist. „Wenn jemand einen Nachruf verdient, dann er!" sagt Otto Welker (1899 bis 1990), kaufmännischer Leiter der Zeitungs-GmbH. Als die Reichspressestelle die „Unterländer Volkszeitung" zum Ende 1934 endgültig verbietet, wird neben „politischer Unzuverlässigkeit" auch der Nachruf für Rheinganum als Begründung angeführt.

Die 16klassige katholische Karlsschule und die sechsklassige evangelische Neckarschule mit insgesamt 878 Buben und Mädchen werden im Rahmen eines Festaktes am 3. Juni 1936 zur Deutschen Volksschule vereinigt; eine weiterhin bestehende einklassige katholische Konfessionsschule wird zum Jahresende aufgelöst. Vor der Vereinigung sind die Eltern befragt worden; von den 412 katholischen Erziehungsberechtigten haben sich 385 (93,4%) und von den 185 evangelischen Eltern alle für die gemeinsame Volksschule ausgesprochen. Anfang 1937 werden die Latein- und Realschule zur Oberschule mit 175 Schülern vereinigt. Die Gewerbeschule besuchen 472 und die Fortbildungsschule 30 Schüler.

Vorgänge am Rande kennzeichnen Konflikte.

Am 8. Januar 1934 gibt der NS-Gegner Professor Dr. Ernst Bauer, Ludwigsburg, das Neckarsulmer Ehrenbürgerrecht zurück, das ihm 1930 für das Heimatspiel „Der Löwenwirt von Neckarsulm" verliehen worden ist. Bürgermeister Häußler sieht sich am 15. Oktober 1935 auf NS-Weisung verpflichtet, die „ehrwürdige Schwester Oberin Malwina" in einem Brief zu bitten, „die ehrwürdigen Schwestern anzuweisen, daß sie den deutschen Gruß ‚Heil Hitler!' abzugeben, insbesondere denselben auch zu erwidern haben". In seinem Bericht über „5 Jahre des Aufstiegs" meint das Stadtoberhaupt 1937: „Auch die Neckarsulmer haben sich umgestellt, wenn auch bei ihnen der Umstellungsprozeß etwas länger als wie irgendwo anders gedauert hat."
Zu den wichtigsten Aufgaben der Stadt gehört der öffentliche und private Wohnungsbau, der mit neuem Bauland und staatlichen Zuschüssen gefördert wird; trotzdem kann die Wohnungsnot nicht beseitigt werden. Weitere städtische Vorgänge 1933: Anschluß des Telefon-Ortsnetzes an Heilbronn; Gasliefervertrag mit Heilbronn und Stillegung des Neckarsulmer Gaswerks; Forderung eines Turnhallen-Baus, der 1938 „mangels Baumaterials verschoben" werden muß. 1935: Einweihung des Erweiterungsbaus für das Krankenhaus, das damit 115 Betten hat; 1936: Wasser-Hochbehälter am Hungerberg; Benutzung der städtischen Müllabfuhr wird zur Pflicht. 1937: Einweihung der Georg-Schwarz-Siedlung; Sammelkläranlage im Gewann Kies; Nachfolger des Beigeordneten Thoma wird Dr. Frey; 1938: Umbenennung des Marktplatzes in „Platz der SA"; Einstellung der Grabarbeiten für das Freibad im Pichterich, weil sich die Wehrmacht nicht an der Finanzierung beteiligen will.
Um „die erbtüchtige deutsche Familie zu ehren und damit den auf Fortbestand unseres Volkes gerichteten Willen zum Kinderreichtum öffentlich anzuerkennen", übernimmt die Stadt Neckarsulm ab April 1938 die Ehrenpatenschaft für das vierte oder ein weiteres Kind einer Familie. Als Voraussetzung für die Patenschaft schlägt der Kreisabschnitt Neckarsulm des Reichsbundes Deutsche Familie vor, der Wille zum Kind müsse dadurch erwiesen sein, daß der Antrag mindestens zehn Monate vor der Geburt von beiden Eltern beim Bürgermeister gestellt werden müsse; außerdem müßten Eltern und Geschwister „erbbiologisch wertvoll und geistig und körperlich gesund sein, so daß an einer weiteren Fortpflanzung ein öffentliches Interesse besteht". Diese erschreckenden Auswüchse eines Rassenwahns werden jedoch nicht in den Verleihungskatalog aufgenommen.
Vor dem Hintergrund privaten Leids und dienstlichen Ärgers bittet Bürgermeister Häußler im November 1938 wegen eines Herzleidens erstmals um die Versetzung in den Ruhestand. Im April ist seine Ehefrau Antonie gestorben, zum 25jährigen Dienstjubiläum im November 1938 wird auf Anordnung der Kreisleitung eine öffentliche Ehrung Häußlers verboten, der Stellvertretende Bürgermeister Endreß lehnt eine Gratulation ab, eine Delegation besucht ihn trotzdem in der Kur. Aber eine Pensionierung wird 1938 ebenso abgelehnt wie beim zweiten Antrag 1939.
Für das Oberamt Neckarsulm schlägt 1938 die letzte Stunde. Aus 97 Gemeinden der bisherigen Oberämter Heilbronn, Neckarsulm, Brackenheim, Besigheim und Marbach wird der neue Landkreis Heilbronn gebildet; Heilbronn wird ein selbständiger Stadtkreis. Der alte und neue Heilbronner Landrat Dr. Walther Fuchs (1891–1982) erklärt bei der letzten Sitzung des Neckarsulmer Kreistags am 19. September 1938, durch das Ausscheiden von Heilbronn habe sich die Schwierigkeit ergeben, daß der Landkreis entsprechend gestärkt

117   Musterung 1935.

*119   Begrüßung und Festakt ▷
bei der Einweihung der Schlieffen-Kaserne am 25. Oktober
1935. Im Vordergrund Bürgermeister Johannes Häußler.*

*120   „Für Führer, Volk und ▷
Vaterland" – Fahnenweihe im
Hof der Schlieffen-Kaserne am
25. Oktober 1936.*

*118   Einzug der 14. Panzer-Abwehr-Kompanie des Infanterie-Regiments 119 am 6. Oktober 1936 in
Neckarsulm.*

"Machtergreifung" und NS-Alltag 343

werden müsse, wolle er nicht ein bloßes Anhängsel an die Stadt sein. Neckarsulm habe den Vorteil, infolge seiner Größe und Industrie noch vor Lauffen und Weinsberg der wirtschaftliche und finanzielle Schwerpunkt des neuen Kreises zu sein.

Neckarsulm ist seit 1936 neben Heilbronn die zweite Garnisonsstadt im Unterland. Nach der Einführung der Wehrpflicht werden am 22. Juli 1935 erstmals die Jahrgänge 1914 und 1915 im Rathaus und in der Karlsschule gemustert. Mit dem Bau der Kaserne an der Binswanger Straße soll bereits 1934 begonnen worden sein. Tatsächlich schließt Bürgermeister Häußler am 17. Oktober 1935 einen Vertrag mit dem Deutschen Reich über die Verlegung eines Truppenteils nach Neckarsulm; für das rund neun Hektar große Gelände werden 99253 RM an 34 Grundstücksbesitzer sowie 5200 RM Entschädigung für 97 Bäume bezahlt. Richtfest ist am 18. Dezember 1935. Als erste Einheit marschiert am 6. Oktober 1936 die 14. Panzerabwehr-Kompanie des Infanterie-Regiments 119 unter Hauptmann Hayd vom Bahnhof zur Schlieffen-Kaserne.

Mit Festreden und großem Aufmarsch wird am 15. November 1937 die Vereidigung der 4. und 5. Batterie der II. motorisierten Abteilung des Artillerie-Regiments 71 im Hof der Schlieffen-Kaserne gefeiert. Auszüge aus den Reden nach dem Bericht der „Neuen Unterländer Zeitung" vom 16. November 1937:

Bürgermeister Häußler: „Ein bedeutungsvoller Tag in der Geschichte des rebenumkränzten alten Deutschordensstädtchens. Die Ehre der Armee, der Nation und der Freiheit ist uns wieder heilig geworden. Der stärkste Schutz der Nation ist ein Wall von Männern, die an ihr Volk glauben."

Der evangelische Standortpfarrer Bauerle mahnt die Rekruten, „daß Soldatendienst nur im Gedenken an den Allmächtigen getan werden kann".

Der katholische Stadtpfarrer Sandel appelliert an die jungen Soldaten, „Gottesfurcht, Glauben und reine Sitten hochzuhalten".

Major Elster im Rahmen der Verteidigung: „Wir haben das große Glück, als leuchtendes Vorbild unseren Führer zu haben. Nur für sein Vaterland lebt, denkt und arbeitet er, nur seinem Volk opfert er sein ganzes Leben. Ihm wollen wir nacheifern in Treue, Gehorsam und Einsatzbereitschaft."

Unter strengster Bewachung werden 1937 am Damm des Neckarkanals und der Eisenbahn, im Heilbronner Feld und im Plattenwäldchen, im Garten des Oberamts und beim Friedhof 15 Betonbunker gebaut. Außerdem wird im alten Neckarbett an der Markungsgrenze Neckarsulm/Obereisesheim ein Drahtverhau in den Boden gerammt; wer darüber spricht, muß mit einem Verfahren wegen Landesverrats rechnen. Gegenstand der Geheimen Kommandosache ist eine zweite Befestigungslinie im Neckartal; die erste Linie ist der Westwall, der unter Beteiligung von Neckarsulmer Betrieben und Arbeitern auf dem Ostufer des Rheins entsteht. Neckarsulm selbst wird ausgebaut als Teil eines Sperrwalls, der auf dem rechten Neckar- und Enz-Ufer von Eberbach über Heilbronn bis Enzweihingen führt; mit der Wetterau-Main-Tauber-Stellung soll er einen französischen Vorstoß nach Osten und damit eine Trennung Nord- und Süddeutschlands verhindern. Außerdem gibt es 1937 Pläne für den Bau einer zweiten Kaserne zwischen Binswanger Straße und Ganzhornstraße, in der eine Beobachtungs-Abteilung der Wehrmacht stationiert werden soll. Die Vorbereitungen für den Erwerb der Grundstücke von 34 Besitzern für 99 253 RM sind bereits eingeleitet; aber statt der Kaserne wird nur noch ein Pionierpark im Anwesen Hespeler gebaut.

Anton Heyler (1913) in der Neckarsulmer Chronik 1900–1950 zur Stimmung 1937: „Die totale Macht, die Adolf Hitler und seine Helfer bis ins kleinste Dorf ausüben, ist scheinbar grenzenlos. Nach außen sind die meisten Deutschen in Partei- und Berufsorganisationen, Arbeits- und Hausgemeinschaften, Sport- und Amateurgemeinschaften zusammengefaßt. Gleichzeitig schließen sich aber viele in ihrem Privatleben mehr und mehr ab und leben in isolierten kleinsten Familien- und Freundeskreisen ohne besondere Anteilnahme am Schicksal der anderen oder des Staates. Eine meisterhafte Propaganda sorgt dafür, das Volk bei guter Laune zu halten und es von den Segnungen des Regimes zu überzeugen. Der Entzug von Butter, Kaffee und anderen Genußmitteln verursacht keine dauernde Unzufriedenheit. Die Autobahnen, der legendäre VW, KdF-Reisen und -Bäder, Parteitage und Volksfeste hypnotisieren die Massen. Mit allen Mitteln wird die sorgenvolle Frage erstickt, wohin die Fahrt wohl gehe."

Der Zweite Weltkrieg und der Holocaust stehen bevor. Die letzten amtlichen Spuren jüdischer Mitbürger stammen aus dem Jahr 1937, als fünf von ihnen im Krankenhaus behandelt werden. Bekannte Juden um 1933 sind Hermann Rheinganum (Textilgeschäft), David Stern (Kaufhaus), David Strauß (Viehhandlung) und die als Ostjüdin 1933 ausgewiesene Rebekka Nadelreich, geborene Bleicher (Schuhgeschäft). Die meisten wandern bis 1938 aus. Von vier jüdischen Mitbürgern ist bekannt, daß sie in Konzentrationslagern ermordet wurden; Amalie Bodenheimer wird von Neckarsulm, Sophie Jacob von Stuttgart und David Strauß von Holland aus deportiert, Werner Römmele stirbt 1942 im Konzentrationslager Dachau:

Der Zweite Weltkrieg

„Seit 4.45 Uhr wird zurückgeschossen", erklärt Hitler am 1. September 1939 vor dem Reichstag zum deutschen Angriff gegen Polen. Der Zweite Weltkrieg hat begonnen. Die

121 Die Flakstellung auf dem Heilbronner Feld im September 1939.

Gestellungsbefehle für die wehrpflichtigen deutschen Männer aller Altersklassen und Waffengattungen sind bereits in der Nacht zum 26. August verteilt worden. In Neckarsulm werden dazu neben der Polizei besondere Hilfskräfte eingesetzt. Anton Heyler in der Chronik: „Bei den vielen betroffenen Männern und deren Angehörigen ruft diese nächtliche Überraschung größte Bestürzung hervor. Der Ernst der Lage ist unverkennbar." Die ausgebildeten Soldaten müssen sich bei ihren Einheiten melden, die Nichtausgebildeten treffen sich in Gaildorf, in der Neckarsulmer Schlieffen-Kaserne sammeln sich das Artillerie-Regiment 71 und später das Infanterie-Regiment 119.
Die Kanoniere an den vier als „Wunderwaffe" gepriesenen 8,8-cm-Geschützen, die im Heilbronner Feld stationiert sind, werden am 1. September bereits um 4.30 Uhr, also 15 Minuten von dem Angriff gegen Polen, zur Verteidigung von Neckarsulm in erhöhte Feuerbereitschaft versetzt; die Batterie gehört zu der Heilbronner Reserveflak-Abteilung 251, deren Gefechtsstelle unter Major Dr. Seffert auf dem Wartberg residiert. Leichte 2,2-cm-Geschütze, die mit 60 Schüssen pro Minute die Tiefflieger abwehren sollen, sind bei den NSU-Werken, auf der Kanal-Wehrbrücke und am Hungerberg postiert. Auf dem Scheuerberg steht ein Richtungsscheinwerfer für den Oedheimer Flugplatz der Luftwaffe.
Die Bevölkerung von Neckarsulm ist 1939 gegenüber 1933 um 2000 auf 9152 Einwohner gewachsen. Gleich in den ersten Kriegstagen werden die bereitliegenden Lebensmittelkarten verteilt, die jeweils für eine sog. Zuteilungsperiode von vier Wochen gelten. Außerdem muß jeder vorbereitet sein, daß er sein Haus im Falle eines Luftangriffs so verdunkeln kann, daß kein Lichtschein nach draußen dringt. Das Städtische Krankenhaus muß mit Kriegsbeginn 50 Betten für ein Reservelazarett zur Verfügung stellen. Bis zum 25. Oktober

1939 werden 56 kranke und verwundete Soldaten des Jagdgeschwaders Oedheim und von Flakeinheiten behandelt; danach wird bis 1941 auf das Lazarett verzichtet.

Zum Weihnachtsfest schickt die Stadt als Gruß und Dank ein Päckchen an jeden Soldaten aus Neckarsulm, der irgendwo im Einsatz steht. Dazu schreibt Bürgermeister Häußler 1939: „Wie wünschten wir doch, Ihr könntet das Weihnachtsfest im Kreise der Angehörigen fröhlich feiern am Heimatherd. Doch der Vernichtungswille Großbritanniens ist noch nicht gebrochen . . . Eisern und pflichtbewußt, furchtlos und treu, wollen wir dem Ruf des Führers folgen und tapfer aushalten, daß Kind und Enkel allzeit dankbar dies schöne Fest feiern können im teuren Vaterhaus." 1940 heißt es im städtischen Weihnachtsbrief an die Front: „Den Glauben an den sicheren Sieg in allen Herzen zu pflanzen, damit allen Völkern Friede werde, ist das Bemühen der Kriegsweihnacht 1940."

Auszüge aus den Dankschreiben der Neckarsulmer Soldaten 1939/40: „Unser Dank an den Führer und an euch daheim soll der sein, daß wir unsere Pflicht tun werden bis zum letzten Atemzug . . ." (A. R.). „Bei der hier herrschenden Kälte kann man den Schnaps gut gebrauchen . . ." (Schütze H.). „So wollen wir weiterhin mit dem alten Schwabenruf ‚furchtlos und treu' unsere Pflicht erfüllen . . ." (Unteroffizier B.). „Wir wissen, daß es um Sein oder Nichtsein unseres Volkes geht . . ." (K. O.). „In der Hoffnung, daß unser gerechter Kampf zum baldigen Siege führt . . ." (E. Z.). 1940/41: „Für mich als bald 50jährigen ist es nicht immer leicht, Soldat zu sein. Im März habe ich insgesamt sieben Jahre Militärdienstzeit, habe dann also ein Siebtel meines Lebens die Uniform getragen. Wenn meine Gesundheit in Ordnung bleibt, halte ich aus bis zum siegreichen Ende, zusammen mit meinem Sohn, der irgendwo im Südosten beim Feldheer steht . . ." (Hauptmann F.). „Voll Zuversicht und Vertrauen stehen wir Polarsoldaten an Deutschlands nördlichster Front am Rande der Arktis. Wir wissen, daß der Wille des Führers uns ans Nordkap rief zur Erringung der Freiheit und Sicherstellung des Lebensraumes unseres Vaterlandes . . ." (K. D.).

Vom Empfang des 1940 als „Sieger" aus Frankreich heimkehrenden Artillerie-Regiments 71 bis zur Zerstörung der Stadt 1945 erlebt Neckarsulm den Zweiten Weltkrieg total. Weil immer mehr junge und ältere Männer an die Front geholt werden, um die Verluste an Soldaten auszugleichen, müssen verstärkt Frauen für die Produktion von Rüstung eingesetzt werden. Das Städtische Krankenhaus dient ab Juli 1941 zur Hälfte als Reservelazarett. Um die Stadt bei Luftangriffen zu verschleiern, wird eine Nebelanlage eingerichtet. Erschütternde Berichte von hungernden und frierenden und sterbenden Soldaten treffen 1942 aus Rußland ein. Um neue Kanonen zu gießen, werden fünf Glocken von den Türmen der katholischen und evangelischen Stadtpfarrkirchen heruntergeholt.

Die beiden größten Unternehmen, NSU und Karl Schmidt, werden ab 1940 als Rüstungsbetriebe ausgebaut. NSU produziert beispielsweise Aggregate für Flugzeuge, Teile für U-Boote, Gebirgsgeschütze und das berühmte Kettenkraftrad Typ HK 101, das sowohl an der Ostfront als auch in Afrika eingesetzt wird. Immer mehr Fremdarbeiter und Kriegsgefangene arbeiten für die Industrie, in der Landwirtschaft und in Handwerksbetrieben; als Unterkunft werden zahlreiche Barakkenlager gebaut, für Umsiedler wird das Gemeindehaus St. Paulus beschlagnahmt. In der Kochendorfer Nachbarschaft wird 1943 bei der Hasenmühle mit dem Bau eines Tunnels zum Salzbergwerk begonnen; in den unterirdischen Stollen will die Firma Heinkel „bombensicher" Flugzeuge produzieren.

In Neckarsulm steigt die Zahl der Einwohner 1943 auf 10779; zu den 2059 Ausländern gehören 1170 Russen, 263 Franzosen, 115 Belgier, 85 Italiener, 77 Spanier, 55 Polen und 23 Elsässer. 1944 hat Neckarsulm 12145 Einwohner; mehr als die Hälfte der 3089 Ausländer sind Russen (1658).

An der Spitze des Rathauses hat sich 1941/42 ein Wechsel vollzogen. Aber bevor die Partei zum 15. April 1941 den dritten Antrag von Bürgermeister Häußler auf Pensionierung akzeptiert, hat das bisherige Stadtoberhaupt noch Ärger mit der NSU. Im Januar 1941 kritisiert die Werksleitung, daß in Neckarsulm „in den Jahren 1924–1929 und vor allem 1935–1939 sehr viel mehr für allgemeine, soziale und hygienische Einrichtungen hätte getan werden können und müssen". Der 62jährige Häußler weist vom Krankenbett aus die Vorwürfe mit dem Hinweis auf die Entwicklung der städtischen Finanzen als „grundfalsch" zurück. Wie die Stadtarchivarin Griesinger berichtet, habe sich die NSU-Werksleitung danach entschuldigt.

Als neuer Bürgermeister von Neckarsulm wird Oskar Volk (1901–1978), der in gleicher Eigenschaft bisher in Güglingen, Eibensbach und Frauenzimmern gewirkt hat, am 4. Februar 1942 eingesetzt. Erst bei diesem Festakt kann sich Häußler verabschieden, nachdem sein Dankesbrief vom März 1941 an die Mitarbeiter von dem Stellvertretenden Bürgermeister Endreß zurückgehalten worden ist und die Partei eine offizielle Verabschiedung abgelehnt hat. Häußler: „Gesiegt hat, der alles ertrug. Ich habe in diesen 27 Jahren (als Bürgermeister von Neckarsulm) auch vieles, manchmal auch alles ertragen, viel mehr als ich mag sagen."

Alles habe dem Krieg untergeordnet werden müssen, sagt Volk später über seine Amtszeit 1942–1945 in Neckarsulm. Zu den Aufgaben gehört beispielsweise eine Feierstunde am 10. Februar 1943 für „die 106 gefallenen und sieben vermißten Söhne der Stadt und unsere Soldaten, die in harten Kämpfen unsere deutsche Heimat vor den Horden der bolschewistischen Weltpest schützen".

Die Heimat wird zur Front. Die ersten Bomben auf Neckarsulm fallen am 29. August 1943; noch landen sie am Rand der Stadt im Heilbronner Feld. Der Luftschutz wird verbessert: Notausstiege aus Kellern und Deckungsgräben entlang den Straßen werden angelegt, Wassereimer werden verteilt, man hortet Löschsand, die Gebäude werden zum Feuerschutz mit Kalk abgespritzt. Lebensmittel und Wohnungen werden immer knapper. Beim ersten tödlichen Luftangriff am 24. April 1944 kommen zwei Arbeiter ums Leben. Die Firmen NSU und Karl Schmidt bauen zwei riesige unterirdische Stollen im Hungerberg für 3000 Menschen und beim Güterbahnhof (1500). Beim bisher schwersten Luftangriff am 8. Dezember 1944 kommen 23 Menschen ums Leben. Beim größten Luftangriff gegen die Nachbarstadt Heilbronn sind vier Tage vorher fast 7000 Menschen getötet worden.

Für die Stadt Neckarsulm schlägt die schwerste Stunde ihrer Geschichte wenige Wochen vor dem Kriegsende. „Es war ein grausiges Schauspiel. Die Häuser stürzten in sich zusammen, dann flogen die Fetzen. An allen Ecken und Enden hat es geblitzt, gedonnert und gekracht." Der NSU-Lehrling und Luftschutz-Melder Walter Brandt (1930) erlebt am 1. März 1945 die Zerstörung von Neckarsulm hoch droben auf dem Turm der katholischen Stadtpfarrkirche St. Dionysius.

Zu den zwölf Zielen, die an diesem Tag von der 8. US-Luftflotte in Süddeutschland angegriffen werden, gehört „GL-2651". Der Code steht für Neckarsulm; „G" heißt Germany, „L" bedeutet Fahrzeugfertigung, 2651 ist die laufende Nummer von Neckarsulm in den

US-Einsatzplänen. Die amerikanischen Bomber haben diesmal hauptsächlich Produktions- und Transportstätten in Neckarsulm, Heilbronn, Bruchsal, Ulm, Reutlingen, Göppingen, Neuburg, Naumenheim und Schwabmünchen anvisiert, wie Hubert Bläsi (1928) später ermittelt.

Mehr als 1000 Bomber vom Typ Boeing B-17 G „Flying Fortress" sind zwischen 9.30 und 11 Uhr in England gestartet. Der Bomberstrom schwillt zu einer Länge von 250 bis 300 Kilometer an, fliegt zunächst in Richtung Straßburg, schwenkt nach Osten ab und teilt sich entsprechend den Zielen. Auf „GL-2651" sind 108 Bomber der 306., 381. und 398. Gruppe der 1. Air Division angesetzt. Jede „Group" besteht aus drei Staffeln mit jeweils zwölf „fliegenden Festungen". Laut Einsatzberichten sollen hauptsächlich NSU und Karl Schmidt zerstört werden.

„Ein Verband aus Richtung Weinsberg im Anflug", melden Walter Brandt und sein Freund Reinhold Wagner von ihrem Ausguck in der Kuppel des Kirchturms über das Feldtelefon der Befehlszentrale im Rathauskeller. Zunächst glauben die 15jährigen Turmwächter, es handle sich um den Rückflug nach einem Angriff. Aber Rauchzeichen künden: „Diesmal ist Neckarsulm dran." Über die Leiter hasten sie nach unten in die Glockenstube. Im Kirchenschiff explodiert die erste Bombe. Brandt stürzt über die letzten Sprossen hinunter. Durch die Jalousien sehen sie, wie Neckarsulm „zusammengebombt" wird: „Was sich da abspielte, stellt jeden Horrorfilm in den Schatten."

Um 14.31 Uhr klinkt die erste Bomber-Gruppe ihre Spreng- und Brandbomben aus. Luftwaffenhelfer Werner Thunert (1928 bis 1989), Mannschaftsführer in einer Flakstellung auf dem Hungerberg, sieht durch ein Fernrohr, wie sich die Bombenschächte öffnen. „Dann war's klar. Die Bomben fielen heraus, ein schriller Heulton, die ersten Einschläge." Thunert gehört zur leichten Heimatflak-Batterie 7/VII, die unter Oberleutnant Dr. Hellmuth Flammer (1911–1980) Neckarsulm verteidigen soll. Aber die Bomber fliegen außerhalb der Reichweite ihrer 2,2-cm-Flakgeschütze. Zum Glück endet der Bombenteppich etwa 100 Meter vor der Stellung. Wegen der Splitter müssen sie trotzdem in Deckung gehen. Einige Flak-V-Soldaten flüchten in den NSU-Stollen. Die zweite Bomber-Welle folgt um 14.34 und 14.35 Uhr. Von der dritten „Bomber-Group" wirft nur eine Staffel um 14.37 Uhr ihre Ladung auf Neckarsulm. Die beiden anderen Staffeln greifen als Zweitziel den Böckinger Rangierbahnhof an, wo 26 Menschen getötet werden.

In Neckarsulm verwüsten rund 3300 Stabbrandbomben und 650 Sprengbomben die Altstadt zum Trümmerhaufen. Dazwischen schießen Jagdbomber mit ihren Bordwaffen in die brennende Stadt. Hilde Schell (1932) hat den Angriff im Keller in der Linkentalstraße erlebt: „Plötzlich zitterte nach furchtbaren Schlägen das ganze Haus. Wir schrien und weinten, beteten und hielten uns an den Händen." Die Stadt brennt bis in die Nacht hinein. Ein orkanartiger Feuersturm entfacht ab 17 Uhr immer neue Brände. Das Wasserwerk ist zerstört, die öffentliche Wasserversorgung fällt aus. Löschwasser wird aus der Sulm, dem Neckarkanal und dem künstlichen Teich beim Lerchenplatz gepumpt. Viele Feuerwehren aus Nachbarorten eilen herbei. Aber weil die meisten Straßen durch Trümmer verschüttet sind, kommen die Helfer nur mühsam vorwärts.

Aus dem Ruinenfeld der Altstadt ragen am folgenden Tag nur noch die hohlen Wände der Großen Kelter, der ausgebrannte Turm und der Südgiebel von St. Dionysius und einige Kamine empor. Nach den Ermittlungen von Anton Heyler erstreckt sich die Zerstörung

Der Zweite Weltkrieg

122 Der Marktplatz nach dem Luftangriff vom 1. März 1945.

123 Die zerstörte Stadt.

hauptsächlich auf das Gebiet zwischen Sulmtal, Rathausstraße, Lamm- und Schloßgasse, Marien- und Grabenstraße sowie die Bahnlinie. Das Rathaus muß wegen Einsturzgefahr geräumt werden. Beschädigt sind außerdem der Amorbachhof sowie Hallen und Gebäude der Firmen NSU, Karl Schmidt, Gebrüder Spohn, Hegner und Baldauf.

Das Tagebuch des Heimatforschers und NSU-Schleifers Gustav Scholl (1895–1980), dessen vergilbte Schrift Werner Thierbach (1913) entziffert hat, ist ein erschütterndes Dokument des Luftangriffs: „. . . bricht die Hölle über die unglückliche Stadt herein. Überall schlagen die Feuerzungen durch die Dächer hoch zum Himmel. Donnernd stürzen die brennenden Häuser zusammen. Das Knattern und Krachen übertönt ohrenbetäubend das Heulen des Sturmes. Verzweifelt suchen Menschen nach Angehörigen. Waren sie im Haus, im Keller, in den Ställen?" Auch das Leid der folgenden Tage schildert Scholl: „Schwarz verrußt, die Lungen voll und zu Tode erschöpft, quälen sich die Menschen zwischen den Trümmern herum. Nirgendwo gibt es eine Straße festzustellen. Man weiß nicht mehr, wo man ist, selbst die Bewohner müssen nach Merkmalen suchen, um die Plätze ihrer ehemaligen Heimstätten festzustellen. In den Kellern wird zwischen glühenden Schuttbergen, Rauch und Qualm nach verschütteten Menschen gesucht."

Viele Tage und Nächte graben die Neckarsulmer nach ihren Toten. Zuletzt vermutet man noch zehn Tote unter einem Trümmerberg. „Die genaue Stelle weiß man nicht, beim Suchen ist man auf den Geruch angewiesen", berichtet Scholl. „Was man findet, sind einzelne Glieder, Köpfe, verbrannte und verhutzelte Brocken von Körperteilen, die nichts mehr mit menschlicher Ähnlichkeit zu tun haben. Was zusammenkommt, wird in einem alten Kessel gesammelt."

Bei dem Luftangriff sind 128 Menschen ums Leben gekommen, darunter 80 Bewohner und 30 Soldaten in der Altstadt und 17 Wehrmachtsangehörige in einem Betonbunker des Pionierparks. Sieben Jahre später wird die 128. Leiche geborgen. Nach dem Angriff ist die 17jährige Mathilde Spohn aus der Greckengasse spurlos verschwunden. Beim Abräumen eines Trümmerberges in der Bleichstraße wird ihre Leiche am 6. August 1952 gefunden. „Die Verluste an Menschenleben sind im Verhältnis zum Umfang der Zerstörung gering", heißt es in der Stadtchronik. Die Begründung lautet: „Weil die Bevölkerung nach den Erfahrungen des Angriffs auf Heilbronn am 4. Dezember 1944 nicht in den Kellern blieb, sondern in die Luftschutzstollen und ins Freie geflüchtet ist."

Zur Geschichte der NS-Verbrechen gehört die Ermordung amerikanischer Kriegsgefangener am 21. März 1945 drei Wochen vor Kriegsende in Neckarsulm. Wegen einer gleichzeitig stattfindenden Hochzeitsfeier im Hotel „Post", vor dem sich die Tat abspielt, wird der Vorfall als „Bluthochzeit" bezeichnet.

Wegen Fliegeralarms hält an diesem Tag gegen 13.30 Uhr ein Wehrmachtsbus vor dem Hotelgebäude. Aus dem Fahrzeug klettern ein Oberfeldwebel, zwei oder drei Landser und sechs bis acht amerikanische Kriegsgefangene, darunter ein US-Offizier; mutmaßlich handelt es sich um die Besatzung eines abgeschossenen Jagdbombers. Die Bewacher treiben ihre Gefangenen in Deckung unter einen Kastanienbaum auf dem Karlsplatz gegenüber dem Hoteleingang. Die Landser tragen Uniform, Stahlhelm und Karabiner, die Amerikaner Fliegeruniformen, statt Gürteln haben sie Stricke um ihre Hüften geschlungen.

Die beiden Ortsgruppenleiter Heinz Endreß und Clemens Funder gehören zu den Gästen der Hochzeit in der „Post", sind aber inzwischen in das „Braune Haus" an der Salinenstraße zurückgekehrt. Die Ehefrau von Endreß, der als „die deutsche Eiche" gefürchetet wird, ist bei dem Luftangriff am 1. März ums Leben gekommen. Auf ungeklärte Weise haben Endreß und Funder von den Kriegsgefangenen auf dem Karlsplatz gehört.

Auszug aus dem Bericht des damals 15jährigen Augenzeugen Walter Brandt: „Plötzlich kamen die beiden Braunberockten die Kellertreppe mit hochrotem Kopf heraufgestürmt und rannten über die Kreuzung auf die Gruppe unter dem Baum zu. Die Hochzeitsgesellschaft hatte sich inzwischen auf der Treppe zum Eingang wie zu einem Gruppenbild postiert. Endreß und Funder drängten sich mit gezogenen Pistolen durch die Absperrung der Wachmannschaft und fuchtelten, laut schreiend und schimpfend, den Gefangenen mit den Kugelspritzen unter der Nase herum."

An der „Post"-Ecke steht der beinamputierte Sanitäts-Oberfeldwebel Reinhold Schneider (1913) aus der Neckarsulmer Kaserne. Nach Dienstschluß ist er mit dem Fahrrad auf dem Heimweg, wegen der geschlossenen Bahnschranke unterhalb des Platzes muß er warten. Nach seiner Aussage kommen Funder und Endreß im Laufschritt vom „Braunen Haus" herbei; er glaube, daß auch NS-Kreisleiter Richard Drauz dabeigewesen sei, könne es aber nicht beschwören. Endreß habe einen der Gefangenen an dessen um die Hüfte geschnürtem Strick gepackt und ihn angeherrscht: „Du Hund! Du hasch mei' Frau ermordet!" Dann habe es geknallt: „Und der Mann fiel auf den Boden." Unter den Hochzeitsgästen ist ein Neffe des Bräutigams, der anderntags seinem Freund Karlheinz Weeß über den Beginn der Schießerei berichtet. Weeß: „Als die Schüsse fielen, ging er hinaus und wollte sehen, was los sei. Da kam ein Gefangener und stellte sich hinter ihn. Pistolenschwingend kam Endreß auf ihn zu und sagte: ‚Wenn Du nicht weggehst, erschieße ich Dich auch noch!' Mein Freund mußte sich von dem Gefangenen richtig losreißen. Als der Gefangene lossprang, wurde er erschossen."

Die anderen Gefangenen geraten in Panik. Auszug aus dem Brandt-Bericht: „. . . rannten um ihr Leben in Richtung Bahndamm. Vergebens waren die Schreie ihres Offiziers, der stehengeblieben war. Mit den gnadenlos feuernden Jägern im Nacken gab es für sie kein ‚Halt' mehr. Einer nach dem andern landete auf dem Gesicht. Wieviel die beiden in ihrem Blutrausch von hinten abschossen, ließ sich in dem Durcheinander nicht feststellen. Denn als die ersten Gefangenen den Bahndamm fast erreicht hatten, mußten auch die Wachen schießen." Brandt: „Ob auch Funder geschossen hat, kann ich nicht mit Sicherheit sagen."

„Wollt ihr net schieße'! Wollt ihr die laufe' lasse'!" schreit jemand, als die Gefangenen zur Bahnlinie springen, erinnert sich Schneider. Ein Bewacher beginnt zu schießen. „Menschenskind! So a' Schweinerei", sagt der Oberfeldwebel der Wachmannschaft zu Schneider. „Jetzt knalle' die da mir die Leut' ab. Ich sollte die Gefangenen zum Verhör nach Frankfurt bringen." Schneider nickt: „Mein lieber Mann. Dös isch a' schöne Sauerei kurz vor dem Ende." In der Umgebung steht ein Offizier der Wehrmacht. „Wir sollten verduften!" sagt er. Schneider sieht keine Möglichkeiten zum Eingreifen und folgt dem Rat.

„Mit Tränen in den Augen" blickt der unter dem Baum stehengebliebene US-Offizier auf seine toten Kameraden, wie Brandt berichtet. Außer der Nachbarschaft und der Hochzeitsgesellschaft haben weitere Bürger und Fremdarbeiter von jenseits der Bahnlinie die Vorgänge beobachtet. Die Karl-Schmidt-Mitarbeiterin Rosa Brenner (1917) sieht zwei der Kriegsgefangenen am Boden liegen: „Sie waren noch nicht tot. Ich sah, wie sich noch die Beine bewegten. Da kam einer, aber der war in Zivil, und hat allen zwei noch einen Genickschuß gegeben." Die Frau schreit vor Schreck auf und hält ihre Hände vors Gesicht. Jemand stößt sie an: „Reißen Sie sich zusammen. Sonst kommen Sie auch noch dran."

Die Toten werden von zwei Männern eingesammelt, auf einem Lieferwagen abtransportiert, im Leichenhaus auf den Betonboden gelegt und im Staatswald beerdigt. Weeß: „Am ganzen Körper sah man Einschußlöcher." Der unverletzte US-Offizier flieht in der folgenden Nacht, wobei er einen Landser entwaffnet. Tage später wird im Zabergäu ein US-Offizier aufgespürt. Ellinor van der Linden (1930): „Später hieß es, Kreisleiter Drauz habe ihn bei Dürrenzimmern erschossen." Ob es sich um den aus Neckarsulm entflohenen Offizier handelt, ist unklar.

Einer der bei der „Bluthochzeit" niedergeschossenen Kriegsgefangenen hat den Vorfall mit Verletzungen überlebt; mutmaßlich wird er in das Neckarsulmer Krankenhaus gebracht, erinnert sich Maria Reis-Edel (1928), die ein Pflichtjahr in der Klinik absolviert. Chefarzt Dr. Max Geldmacher (1892–1950) will operieren: „Für mich ist jeder Mensch ein Mensch." Aber er kann sich nicht durchsetzen. Ohne ärztliche Versorgung wird der Verletzte in der Kaserne eingesperrt.

Als der Sanitäter Reinhold Schneider bei Dienstantritt am 22. März den an eine Dampfheizung gefesselten Verwundeten entdeckt, veranlaßt er trotz Verbots die Unterbringung im Luftschutzkeller und will seine Einweisung ins Krankenhaus durchsetzen. Aber die Vorgesetzten weisen ihn ab: „Das ist Sache der Partei." Kreisleiter Drauz taucht auf und schreit ihn an: „Falls Sie es noch nicht wissen: Die Wehrmacht untersteht uns!" Chefarzt Dr. Fritz Kasche aus dem Heilbronner Lazarett will helfen, hat aber keinen Erfolg. Die Leiche des Amerikaners wird später im Straßengraben bei Binswangen gefunden.

Nach Kriegsende wird Drauz im Kloster Dernbach bei Montabaur und Endreß in Waldenburg aufgespürt. Funder, bei dem unklar bleibt, ob und mit welchem Ergebnis er sich an der Schießerei beteiligt hat, begeht Selbstmord in einem Steinbruch bei Willsbach. Endreß wird zunächst im Park Schliebner „zur Besichtigung" an ein Auto gebunden; einige Neckarsulmer sollen ihn mit Steinen beworfen haben. Drauz und Endreß werden von einem US-Militärgericht zum Tod verurteilt und am 4. Dezember 1946 in Landsberg aufgehängt. „In this case, which led to the condemnation of Ortsgruppenleiter Endress and Kreisleiter Drauz to be hung by the American Military Government Authorities for murder . . ." heißt es zu dem Verfahren wegen der „Bluthochzeit". Demnach wird nicht nur Endreß, sondern auch Drauz wegen der Vorgänge in Neckarsulm verurteilt.

Die 100. Infanterie-Division der US-Armee unter General Withers A. Burress (1894–1958) ist am 1. April 1945 bis zum Westufer des Neckars vorgerückt. Am Ostermontag, 2. April, wird die Evakuierung von Neckarsulm befohlen, da die Stadt verteidigt werden soll; im Scheuerbergwald sowie zwischen Wilfensee und Wartberg stehen noch deutsche Geschütze, in der Karlsschule ist eine Befehlsstelle. Aber nur wenige Nackarsulmer verlassen die Stadt; die meisten suchen Zuflucht in den Luftschutzstollen der NSU am Hungerberg und von KS beim Bahnhof.

Rund 4000 Menschen erwarten das Kriegsende im NSU-Stollen. Die unterirdische Stadt erstreckt sich hinter dem Steppacher Weg auf eine Breite von 120 Meter, ist 40 Meter tief und hat vier Eingänge, wie Anton Heyler und Theobald Ehehalt (1926) später die Maße des NSU-Bunkers rekonstruieren. In dem noch nicht fertiggestellten und total überfüllten Stollen-Labyrinth herrschen katastrophale Luftverhältnisse. Die Tagebuchnotizen des NSU-Sprechers Arthur Westrup (1913), der als Schriftführer das Kriegsende im Stollen erlebt, sind ein erschütterndes Dokument. „Der Stollen füllt sich von Stunde zu Stunde", notiert Westrup am 2. April. Die Menschen hoffen „zuversichtlich", daß Neckarsulm am folgenden Tag von der US-Armee besetzt wird. Tatsächlich beginnt ein letzter Kampf um die Stadt. NSU-Direktor August Böhringer übernimmt am 4. April die Leitung der Stollen-Stadt. Über die Rundfunk-Sprechanlage meint NSU-Betriebsführer von Falkenhayn: „Das Schlimmste ist für Neckarsulm zweifellos vorbei." Enttäuscht hören die Menschen abends, NS-Kreisleiter Drauz habe den 2. Volkssturm in die Kaserne befohlen. „Wer nicht geht, wird erschossen", heißt es dazu. Als ein Volkssturm-Trupp den Stollen durchsucht, setzt „Bürgermeister" Böhringer durch, daß 20 NSU-Werker als Helfer bleiben dürfen.

Weil der Sauerstoff knapp wird, erlöschen in den hinteren Quergängen die Kerzen. Nach Rücksprache mit Dr. Bisais richtet Architekt Wilhelm Chardon (1887–1954) einen Isolierraum für die Kranken ein und organisiert einen Ordnungsdienst für die Entleerung der Notaborte; wer hilft, bekommt eine Essensmarke für ein warmes Mittagessen. Nahrung stellen die Lebensmittelhändler Fritz von Ey, Felix Ihle und Peter Pfeiffer zur Verfügung. Wasser wird aus der 800 m entfernten Steppach-Quelle geholt. Freiwillige besorgen unter Lebensgefahr Frischmilch aus Dahenfeld für die Babys. Ein Kind stirbt an Lungenentzündung. „Ich kann nicht helfen", bedauert Bürgermeister Volk bei einer Besichtigung des Stollens.

Aus ihren unsicheren Weinberghäuschen, die mitten im Granatfeuer liegen, fliehen immer mehr Menschen in den Untergrund. Über das Verhalten der SS in Privathäusern berichten Augenzeugen: „Die hausen schlimmer als in Feindesland." Am „Weißen Sonntag", 8. April, spricht Pater Dr. Lauer (1907) bei mehreren Gottesdiensten tröstende Worte. Mit zackigem „Heil Hitler!" und Stab erscheint Ortsgruppenleiter Endreß am 9. April und beordert den Volkssturm nach Erlenbach; dagegen rebellieren vor allem die Frauen. „Schneidet ihm den Hals ab!" schreit jemand, einige zerren Endreß am Arm, eine Frau schlägt auf ihn ein, der sich nur durch Flucht aus dem Stollen retten kann.

Die Verhältnisse werden immer katastrophaler. Vom Himmel flattern Flugblätter, die das Stadtoberhaupt auffordern, Neckarsulm zu übergeben. Mehrere Männer eilen am 11. April zu Bürgermeister Volk in den Löwenkeller. „Denken Sie an die Hungersnot und an die Seuchengefahr!" mahnen sie ihn. Wie es heißt, gehen dann Volk und Polizeileutnant Anton Müller (1897) zur Kaserne, um die Wehrmacht zur Übergabe zu veranlassen. Über den Eingängen des NSU-Stollens werden Schilder angebracht: „Nur Zivilisten – Only Civilians." Leben und Tod sind im Stollen dicht beieinander. Am 12. April werden zwei Kinder geboren. Gleichzeitig muß ein Feuerwehrmann seinen dreijährigen Sohn begraben, der am Vorabend gestorben ist. Scharlach und Diphtherie breiten sich aus.

Josef Belz (1891–1974), Hauptportier der NSU-Motorenwerke, hat die letzten Kriegstage auf dem Werksgelände verbracht. Kanonendonner aus der Ferne, Abwürfe von Bomben, Brände und Soldaten, die an den Werkstoren um Fahrräder und Zivilkleidung betteln, gehören zum Alltag der letzten NSU-Wächter. „Schlechte Nacht am Tor 1", notiert Belz am 7. April in seinem Tagebuch. „Mußte viel in den 1-Mann-Bunker gehen. Licht konnte keines gebrannt werden. Dagegen brannten viele Häuser in Heilbronn und Umgebung, und die gaben hell genug." Die Wehrmacht verlangt Kettenkrafträder, aber es gibt nicht einmal Sprit. Obereisesheim brennt, alle Brücken in der Umgebung werden gesprengt.

Als es am 10. April in der Lammgasse brennt und Rauch aus dem Oberamt aufsteigt, will Belz beim Löschen helfen, kann aber nur bis zur Neckarschule vordringen. Auch im NSU-Werk schlagen Brandgeschosse ein. Betriebsleiter von Falkenhayn und Belz alarmieren im Luftschutzraum die Wachmannschaft im Flüsterton, um die Frauen und Kinder nicht zu ängstigen. Bei den Löscharbeiten werden sie mehrfach von Jagdbombern mit MGs beschossen. Erst am 12. April kann sich Belz um seine Brandwunden an Händen und Füßen kümmern.

„Ich würde gern mein Leben geben, wenn ich die Stadt retten und das Leid der Bevölkerung beenden könnte", sagt am 12. April mittags Bürgermeister Volk zu Belz. Am 13. April ist der Krieg für Neckarsulm vorbei. Als Belz am nächsten Tag mit einem Kollegen zum Fabriktor I geht, kommen ihnen plötzlich GIs entgegen, die sie festnehmen. Als Belz versichert, daß sich keine Soldaten im Werk aufhalten, droht ein Offizier: „Wenn ein Schuß fällt, bist du eine Leiche!" Es fällt kein Schuß mehr. Die NSU-Wächter werden freigelassen und dürfen ab 14. April die Tore II und III besetzen, während die Amerikaner das Haupttor übernehmen.

„Sind SS oder andere Soldaten im Bunker?" haben zwei GIs gefragt, die am 13. April gegen 10 Uhr nach Explosionen, MG-Salven und Gewehrschüssen vor dem NSU-Stollen erschienen sind. „Nein", heißt es. Nachdem sich die GIs bei einem Rundgang überzeugt haben, gehen sie wieder. Nach und nach verlassen die Menschen ihre unterirdische Stadt. Als letzte gehen am Samstag, 14. April, 15 Uhr, die Einsatzkräfte, „von Herzen froh", schreibt Arthur Westrup am Schluß seines Tagebuchs, „nach 14tägigem Dunkel wieder herrlichen Sonnenschein genießen zu dürfen".

Wiederaufbau

VON ANTON HEYLER

Trümmerräumung – Gebot der ersten Stunde

Bei Kriegsende waren in Neckarsulm 650 Wohnungen total zerstört, 324 schwer beschädigt und unbewohnbar, 1015 beschädigt, aber noch bewohnbar, und lediglich 150 Wohnungen waren ohne Schäden geblieben. Bei Kriegsausbruch hatten rund 8000 Neckarsulmer Bürger in 2105 Wohnungen gelebt. Die durchschnittliche Raumbelegung betrug damals 0,9 Personen. Nun standen noch 1165 bewohnbare Wohnungen zur Verfügung. Für die Bevölkerung hatte sich damit der verfügbare Wohnraum halbiert. Das Wohnraumangebot war unter Vorkriegsstand gesunken. Die Bevölkerungszahlen stiegen. Zur Stammbevölkerung Neckarsulms kamen Evakuierte und Flüchtlinge. Der Zuzug war in den ersten Nachkriegsjahren so stark, daß die Verwaltung um eine Zuzugsbeschränkung nachfragte. Sie wurde erst 1948 und dann auch nur für ein Jahr gewährt. Dadurch ließ sich der Zuzug nach Neckarsulm auch nicht bremsen, denn die wiederbelebten Industriebetriebe brauchten dringend Arbeitskräfte für den Wiederaufbau.[1]

Am 13. April 1945 hatten die Amerikaner die Stadt besetzt. In dieser ersten Notzeit war die Stadt ganz auf sich selbst gestellt. Vor allem für Nahrung und Kleidung, Wohnung und Heizung mußte sie sorgen, soweit dies bei der fortdauernden Zwangswirtschaft überhaupt möglich war.

Die Stadtverwaltung war an die Befehle des amerikanischen Stadtkommandanten gebunden, der zunächst für seine Einheiten 268 Zimmer beschlagnahmen ließ. Die Wohnungsnot wurde dadurch noch mehr verschärft. Aber auch Hilfsbereitschaft der Besatzung bekam die Stadt zu spüren. Die Amerikaner stellten zwei Lastwagen zur Verfügung, um in den Landgemeinden eingekaufte Lebensmittel in die Stadt zu transportieren. Pioniere schlugen nicht nur eine Notbrücke über die Sulm, sondern schoben auch mit einem riesigen Raupenschlepper die Trümmer in der Marktstraße zur Seite, um eine genügend breite und freie Straßendurchfahrt zu gewinnen. So hatte mit amerikanischer Hilfe die Schutt- und Trümmerräumung einen ersten Anfang gefunden. Einem Aufruf zufolge waren alsbald 200 bis 300 Frauen und Männer bereit, jeden Samstag und Sonntag allgemeine Aufräumarbeiten zu leisten. Rund ein Jahr lang waren diese freiwilligen Helfer im Einsatz, bis der sog. „Ehrendienst für den Wiederaufbau" eingerichtet wurde. Männer im Alter zwischen 16 und 55 Jahren aus dem ganzen Landkreis, von Landratsamt und Arbeitsamt aufgerufen, leisteten diesen Dienst. Die Zahl der Dienstpflichtigen in Neckarsulm betrug nahezu 2000 Mann. Davon haben rund 45 Prozent tatsächlich ihren Dienst geleistet, 25 Prozent waren befreit, und 30 Prozent leisteten Ersatzzahlungen. Zwei Jahre lang haben diese aktiven Männer bei der Trümmerbeseitigung mitgewirkt.[2] Schutt

124 Trümmerräumung im Amorbacher Hof.

und Trümmer wurden zunächst mit Pferde-, Ochsen- und Kuhfuhrwerken, später mit Lastwagen und Zugmaschinen zu den Auffüllplätzen befördert. Der Schutt diente zur Auffüllung der Bombentrichter in der Stadt und der nahen Umgebung.

Die Schuttmassen enthielten für diese baustoffarme Zeit noch manch Brauchbares. Deshalb hatte man in der Binswanger Straße eine kleine Trümmerverwertungsanlage eingerichtet. Sie störte mit ihrem Lärm den Schulunterricht und erwies sich als nicht sehr rentabel. Gleich nach der Währungsreform wurde sie wieder aufgegeben, zumal nun in der freien Marktwirtschaft Baustoffe günstiger und einfacher beschafft werden konnten.

Schätzungsweise 50 000 m^3 Trümmer waren in der zerstörten Stadt vorhanden. Noch von Juni 1948 bis Dezember 1949 wurden 16 000 m^3 mit einem Kostenaufwand von 50 840 DM beseitigt, obwohl die große Masse bereits geräumt war.[3]

Ein neuer Stadtbauplan

„Wir wollen unser Neckarsulm, unser schönes Stadtbild, wieder herstellen. Dies ist nur möglich, wenn wir alle miteinander festen und guten Willens sind, wenn wir es besser machen als die, welche vor uns waren und die Deutschland in den Abgrund gestürzt haben."[4] Das waren die Worte von Bürgermeister Johannes Häußler bei seiner Wiedereinsetzung ins Amt des Stadtoberhaupts am 19. Juni 1945. Dem Wiederaufbau galt die erste Sorge der Zeit. Unverzüglich befaßte sich die Stadtverwaltung mit der Herstellung eines neuen Stadtbauplans für die zerstörte Altstadt. Eile war geboten, denn zahlreiche Neckarsulmer brauchten ein neues Zuhause. Ein Jahr später lag der von Stadtbaurat Gotthilf Schmid gefertigte Entwurf des Aufbauplans vor, den der Gemeinderat im Juni 1946 guthieß.

Das eigentlich Neue an diesem Plan war dreierlei: die Auflockerung der Bebauung gegenüber der untergegangenen dichten Bauweise der ehemals ummauerten Stadt; die Erweiterung der sehr schmalen unteren Marktstraße bis zur Sulmbrücke durch den Wegfall der Judengasse; und die Bildung eines neuen größeren Marktplatzes. Im übrigen waren Rathaus und Stadtpfarrkirche, Große Kelter und die Schloßanlage mit ihrem Turm und der Schloßkelter von vornherein klare Festpunkte jeder Planung.[5]

Für eine großzügige Straßenanlage, die dem zu erwartenden größeren Verkehrsaufkommen Rechnung trug, mußten Teile von Privatgrundstücken in Anspruch genommen werden. Das führte zu Einwänden gegen die Planung. 37 von 271 beteiligten Grundstückseignern legten Einspruch gegen den Entwurf ein. Schließlich konnte der Gemeinderat im Juni 1948 den dritten Planentwurf feststellen[6], in dem auf Anregung der Beteiligten nochmals einige Änderungen vorgenommen worden waren. Die Auflockerung der Bebauung fand ihre Grenzen in den Möglichkeiten und Bedürfnissen der Grundeigentümer wie auch der Stadtgemeinde selbst. Doch hatte man versucht, auch die Interessen der kommenden Generation so weit zu berücksichtigen, daß zukünftigen Entwicklungen keine allzu großen Beschränkungen auferlegt wurden. Sicher hätten die Nachfahren nie verstanden, wenn man beim Wiederaufbau der schwer zerstörten Stadt nicht ernsthaft versucht hätte, die vorgesehenen Verbesserungen der Bebauungsverhältnisse zu erreichen. Die hierdurch naturgemäß entstehenden Härten sollten durch eine Baulandumlegung im Altstadtbereich beseitigt oder zumindest gemildert werden. Am 3. November 1948 genehmigte das Innenministerium den Bebauungsplan, der im ganzen den Anforderungen der Städteplaner entsprach.[7] Allgemein wäre jedoch dem Ministerium eine noch stärkere Auflockerung wünschenswert erschienen.

Die Umlegungsfläche betrug 8 ha 26 a 77 m^2, davon waren 2 ha 24 a 88 m^2 Verkehrsflächen (Straßen und Gassen), so daß für künftige Bauplätze 6 ha 01 a 89 m^2 verblieben.[8]

Nachdem fast alle Grundeigentümer sich für die Umlegung ausgesprochen hatten – nur fünf waren dagegen –, beschloß der Gemeinderat am 24. April 1946 die Baulandumlegung VI, die Umlegung in der Altstadt, einzuleiten und durchzuführen.[9]

Der Umlegungsausschuß stellte dann aufgrund sachverständiger Beratung den Umlegungsplan auf. Während dieser Zeit hatten die Beteiligten – eingeteilt in 16 Blockgemeinschaften – Gelegenheit, ihre Wünsche hinsichtlich Größe und Lage der Bauplätze vorzubringen, um so die Neuzuteilung der Grundstücke mit dem Bebauungsplan in Übereinstimmung zu bringen. Dabei ließ sich von vornherein nicht vermeiden, da und dort in das Besitzrecht einzelner einzugreifen oder einschränkende Forderungen hinsichtlich Abgrenzung und Aufbau des Besitzes zu erheben. Kleinstücke, die nicht mehr bebaut werden konnten, wurden ausgeschieden und deren Eigentümer mit Grundstücken außerhalb des Umlegungsgebiets oder mit Geld entschädigt. 78 Grundbesitzer waren davon betroffen.

Es dauerte schießlich über 20 Jahre, bis diese Baulandumlegung rechtsgültig abgeschlossen war und die neuen Besitzverhältnisse im Grundbuch ihre Festschreibung fanden.

Um die Planung von Bauvorhaben mit dem Bebauungs- und Umlegungsplan in Einklang bringen zu können, mußte im Juli 1946 über das ganze Schadensgebiet eine Bausperre verhängt werden.[10] Das heißt aber nicht, daß nicht gebaut werden konnte, denn sobald ein Baugesuch mit dem Bebauungs- und Umlegungsplan im wesentlichen übereinstimmte, erteilte man die Baugenehmigung.

Besondere Schwierigkeiten bereitete die Beschaffung von Baumaterial jeder Art. Alles wurde erfaßt und zugeteilt, es herrschte Zwangswirtschaft. Sinn und Zweck der Bewirtschaftung war, die erfaßbare Menge gerecht zu verteilen, wobei es selten gelang, das gesamte Material zu erfassen. Andererseits versuchte der einzelne immer wieder, die Bewirtschaftungsmaßnahmen zu umgehen. Das fiel demjenigen leichter, der etwas zu bieten hatte. Kompensationsgeschäfte (Ware gegen Ware) waren durchaus üblich. Der Landwirt und Weingärtner, der Handwerker und Kaufmann bauten problemloser als der Arbeiter, Lohn- und Gehaltsempfänger. Den Weingärtnern kam zugute, daß sie drei Jahre nacheinander jeweils einen nach Menge und Güte sehr guten Herbst einbringen konnten. Es blühte der Schwarze Markt, der Schwarzhandel, auf

125 Ruinen, Baracken, Neubauten: Diese Mischung prägte das Stadtbild bis in die fünfziger Jahre.

allen Gebieten des täglichen Lebens, auch in der Bauwirtschaft. Deshalb sollten die Einführung der Baukarte als Grundlage für die Materialzuweisung und die Ausgabe von Baustoffbezugscheinen bzw. -marken durch das Staatliche Aufbauamt dem Schwarzhandel und dem wilden Bauen entgegenwirken. Trotz aller Hemmnisse und Schwierigkeiten in baurechtlicher, bauwirtschaftlicher und finanzieller Hinsicht wurde, so gut und so schnell es ging, gebaut und repariert.

Mit der Währungsreform 1948 kam auch die freie Marktwirtschaft. Was vorher meist nur auf dem Schwarzen Markt mühsam aufzutreiben war, prangte nun in den Schaufenstern und Lagerräumen, aber das neue Geld, die Deutsche Mark, war rar. Deshalb stockte vorübergehend der Wohnungsbau. Zur Finanzierung steckengebliebener Bauvorhaben gewährte die Stadt manches Darlehen oder übernahm die Bürgschaft für andere Baudarlehen. Nur langsam nahmen die allgemeine Bautätigkeit und der Wohnungsbau wieder zu. Bis 1953, als die Siedlung auf dem Amorbacher Feld begonnen wurde, waren 873 Wohnungen neu geschaffen worden, wovon auf die Altstadt (Stadtmitte) 195 und auf die Außengebiete 678 entfielen. Dieses offenbare Mißverhältnis beruhte einesteils auf der Kapitalnot der Grundstückseigentümer in der Altstadt, andernteils auf den Schwierigkeiten der Baulandumlegung VI. Mit Hilfe der Heimstättengenossenschaft Neckarsulm erstellte die „Aufbaugemeinschaft Frühmeßgasse" neun Gebäude mit 26 Wohnungen. An der Nordseite des ganz provisorisch angelegten Marktplatzes entstanden drei dreistöckige Wohn- und Geschäftshäuser in geschlossener Bauweise.

Ein neuer Stadtbauplan

Eine Zusammenstellung anhand der Wohnungsamtberichte veranschaulicht den Aufbauwillen der Zeit. Zugleich werden aber auch die Schwierigkeiten deutlich, die es machte, einer wachsenden Bevölkerung menschenwürdigen Wohnraum zu schaffen[11]:

	1945	1946	1947	1948	1949	1950	1951
Reparierte Wohnungen	150	362	425	565	—	—	—
Reparaturbedürftige Wohnungen	1015	833	828	746	—	—	—
Wohnungen insgesamt	1165	1195	1253	1311	1448	1683	1994
Pers./Raum	1,89	ca. 1,7	1,71	1,86	1,78	1,69	1,58
Wohnungssuchende	—	—	401 Fam.	325 Fam.	312 Fam.	334 Fam.	254 Fam.
Bedarf an Wohnungen		700	1600		1600		

126   Blick in die wiedererstandene Marktstraße 1956.

1946 mußten in 234 Fällen zwei Familien eine Wohnung miteinander teilen. Viele lebten in Kellern, Weinberghäuschen und Baracken. 410 Neckarsulmer, aber auch Flüchtlingsfamilien fanden in Baracken Unterkunft. Die Wohnverhältnisse waren so schlecht, daß sich Krankheitsfälle häuften. Im Jahr 1953 hausten noch immer 68 Familien, insgesamt 226 Personen, in diesen Notquartieren.[12] Wollte man allen Wohnungssuchenden eine angemessene Wohnung zur Verfügung stellen, reichte der Wiederaufbau nicht aus. Ihren Grund hatte diese Entwicklung in dem enormen Bevölkerungswachstum der Stadt Neckarsulm wie des gesamten Landkreises Heilbronn.

Bundesmustersiedlung auf dem Amorbacher Feld

Nach der Volkszählung von 1950 hatte der Landkreis Heilbronn 139 332 Einwohner, darunter 20 840 Heimatvertriebene, die Stadt Neckarsulm 8593 Einwohner, darunter 749 Heimatvertriebene. Zunächst waren fast alle Vertriebenen in den kleineren Gemeinden des Landkreises untergebracht worden, wo sie zwar ein Obdach, aber kaum einen Arbeitsplatz finden konnten. So kamen im September 1950 täglich fast 14 800 Arbeitnehmer, Alt- und Neubürger, zu ihren Arbeitsplätzen in Heilbronn und Neckarsulm; allein nach Neckarsulm pendelten täglich 5960 Männer und Frauen ein, und zwar aus dem Landkreis Heilbronn 4970, aus den Kreisen Sinsheim 277, Mosbach 666 und Buchen 47.

Ab Mai 1949 befaßte sich deshalb das Landratsamt Heilbronn mit dem Plan, eine größere Wohnsiedlung in zentraler Lage zu den Städten Heilbronn und Neckarsulm zu bauen, um wenigstens einem Teil der vielen Pendler eine Wohnung in der Nähe ihrer Arbeitsplätze zu schaffen, aber auch um die allgemein große Wohnungsnot zu mildern.[13]

Die große Frage der Zeit lautete, wo und auf welchem Gelände eine solche Pendlersiedlung erstellt werden konnte und wer als Bauträger dieses Siedlungsvorhabens fungieren sollte. Am 8. Mai 1951 fand im Gemeinderat der Stadt Neckarsulm die erste Beratung über die mögliche Bebauung des „Amorbacher Felds" statt. Dieses Gelände mit über 27 ha (ehemaliges Gut des Benediktinerklosters Amorbach im Odenwald) gehörte dem Land Württemberg-Baden und lag auf den Gemarkungen Oedheim und Bad Friedrichshall-Kochendorf. Die Stadt Neckarsulm hatte die Möglichkeit, 15 bis 20 ha Ackerland günstig zu erwerben, um dort eine Wohnsiedlung mit zunächst 200 Gebäuden und 400 Wohnungen zu bauen.

Ein Jahr lang war nun der Siedlungsbau das Thema Nummer eins bei der Stadtverwaltung und dem Gemeinderat wie auch in der Bevölkerung. Immer wieder wurde befürchtet, daß erhebliche Aufgaben und Ausgaben auf die Stadt zukommen würden. Allein die Erschließung des zu erwerbenden Geländes schätzte man auf 1,3 Mio. DM. Da war es verständlich, daß der Bund der Fliegergeschädigten dringend ersuchte, die zerstörte Altstadt wieder aufzubauen, wo keine Erschließungen notwendig waren. Eine Koppelung von Siedlungsneubau und Wiederaufbau der Altstadt ließ sich jedoch nicht bewerkstelligen, weil die vorgesehenen Staatsmittel streng zweckgebunden waren.

Schließlich berichtete Landrat Eduard Hirsch persönlich dem Gemeinderat Neckarsulm am 29. Mai 1952[14]: Der Landkreis Heilbronn (ohne Bad Wimpfen) hatte gegenüber 1939 um rund 40 000 Einwohner zugenommen. Durch die Kriegsereignisse waren rund 4300 Wohnungen zerstört worden. Zwar war auf dem Gebiet des sozialen Wohnungsbaus im Landkreis viel geschehen, aber es fehlten immer noch 10 000 Wohnungen. Die Beseitigung der Wohnungsnot und eine Milderung des sog. Pendlerproblems erschienen unabweisbar. Nach dem Scheitern des Siedlungsprojekts Hipfelhof wurden die Verhandlungen über den Erwerb von Gelände im Amorbacher Feld eingeleitet. Man beabsichtigte, rund 20 ha zu erwerben und zunächst 12 ha davon zu erschließen. Der Entwurf des Kaufvertrags über den Grundstückserwerb durch die Stadt Neckarsulm lag schon länger vor, war aber bisher nicht unterschrieben worden, weil nicht genügend Klarheit über die künftigen finanziellen Auswirkungen des Siedlungsprojekts auf die Neckarsulmer Verhältnisse bestand. Nach Erfahrungssätzen betrugen die Erschließungskosten ca. 1 322 000 DM. Diesen Ausgaben standen voraussichtlich Einnahmen von 342 000 DM gegenüber, so daß reine Erschließungskosten von rund 980 000 DM verblieben. Zur Bestreitung dieser Kosten würden – so Hirsch – vom Staat 1 Mio. DM zur Verfügung gestellt, die als Geschenk zu betrachten seien.

Erst am 3. Juni 1952 faßte der Gemeinderat Neckarsulm unter Vorsitz von Bürgermeister Dr. Erwin Wörner den weittragenden und entscheidenden Beschluß[15], dem Kaufvertrag über den Erwerb von 19 ha 62 a 80 m² Gelände auf dem Amorbacher Feld zum Preis von 45 Pfennig je m² grundsätzlich zuzustimmen, unter der Bedingung, daß die Stadt Neckarsulm maßgeblichen Einfluß bei der Zuteilung des Baugeländes und der Zuweisung der Wohnungen erhalten sollte; mindestens 20 Prozent der Wohnungen waren für Neckarsulmer (Fliegergeschädigte) und etwa 70 Prozent für Pendler zur Verfügung zu stellen.

Bei dem folgenden Wettbewerb, der unter erfahrenen Siedlungsplanern zur Gewinnung von Entwürfen für das Amorbacher Feld ausgeschrieben wurde, errang der Stuttgarter Architekt Helmut Erdle den ersten Preis. Ihm übertrug die Stadt die Fertigung eines Entwurfs zum Bebauungsplan der künftigen Siedlung.

Allein konnte die Stadt Neckarsulm das umfangreiche Bauvorhaben nicht durchführen. Vier Baugenossenschaften wurden beteiligt. Im ersten Bauabschnitt sollten 500 Wohnungen in Einfamilienreihenhäusern, auch Laubenganghäuser und dreistöckige Mietshäuser entstehen. Die Baugenossenschaften teilten den Bauabschnitt unter sich auf: Die Heimstättengenossenschaft Neckarsulm übernahm 105 Wohnungen, das Siedlungswerk der Diözese Rottenburg-Stuttgart 124 Wohnungen, die Gemeinnützige Siedlungsgesellschaft des Hilfswerks der Evang. Kirchen Deutschlands, Stuttgart, 135 Wohnungen und die Gemeinnützige Württembergische Wohnungsgesellschaft, Stuttgart, 179 Wohnungen und 8 Ladengeschäfte.

Während der Wintermonate 1952/53 wurden im einzelnen die Finanzierung, der Bebauungsplan, die Gebietsänderungen mit Bad Friedrichshall und Oedheim, die Verkehrsprobleme und die Auswahl der Siedler geregelt. Die wichtigsten Voraussetzungen waren nun geschaffen, so daß die Stadt Neckarsulm als Grundeigentümer und Siedlungsträger, unterstützt und gefördert vom Bundeswohnungsbauministerium, vom Innenministerium des Landes Baden-Württemberg, vom Regierungspräsidium Nordwürttemberg in Stuttgart und vom Landratsamt Heilbronn sowie der Forschungsgemeinschaft Bauen und Wohnen in Stuttgart, an die Durchführung des Siedlungsvorhabens gehen konnte.

Im März 1953 begannen die Erschließungsarbeiten, d. h. der Straßenbau und die Verlegung von Wasserleitungen. Am 1. Mai war es schließlich soweit, daß Innenminister Ulrich den ersten Spatenstich für die Siedlung tun konnte. Danach setzten die Bauarbeiten in vollem Umfang ein.

Acht riesige Krane standen im weiten Gelände, um Steine und Balken, Beton und Eisen an Ort und Stelle zu bringen. Riesige Zementsilos wurden täglich gefüllt und geleert. In den Bauhütten herrschte reges Leben. Die verschiedenen Baufirmen und Handwerker taten alles, um die Termine einzuhalten, denn die Hoffnung der Siedler, bald ein neues Heim zu finden, war groß. Schon am 27. Oktober 1953 fand ein allgemeines Richtfest für 543 Wohnungen des ersten Bauabschnitts statt. Im Anschluß an die Fertigstellung dieser Rohbauten begannen die Arbeiten für den zweiten Bauabschnitt, der rund 250 Wohnungen umfassen sollte. Sowohl die Geländeerschließung für den zweiten Bauabschnitt als auch der Neubau einer Volksschule bereiteten dem Gemeinderat und der Stadtverwaltung Neckarsulm manche Sorgen. Erst als das Land und der Bund weitere Finanzierungshilfen bewilligten, beschloß der Gemeinderat am 5. November 1953 die Durchführung des zweiten Bauabschnitts und den Neubau einer Volksschule mit Turnhalle. Wiederum beteiligten sich vier Baugenossenschaften: die Gemeinnützige Genossenschaft der Eigenwohner in Stuttgart mit 119 Erwerbshäusern und 17 Mietwohnungen; die Heimstättengenossenschaft Neckarsulm mit 38 Erwerbshäusern; die „Selbsthilfe", Gemeinnützige Siedlungs- und Wohnungsbaugenossenschaft für Heimatvertriebene und Geschädigte in Stuttgart, mit 40 Mietwohnungen; die Gemeinnützige Württembergische Wohnungsgesellschaft in Stuttgart mit 30 Mietwohnungen (Hochhaus).

Am 1. Februar 1954 wohnten bereits 60 Familien in Amorbach, und laufend wurden weitere Familien in die fertiggestellten Wohnungen eingewiesen. Damit ergaben sich neue Aufgaben und Probleme. Zunächst mußte eine Schulbaracke aufgestellt werden, um den Kindern den weiten und gefährlichen Weg zu den Schulen in der Stadtmitte zu ersparen. Außerdem richtete die Stadt in Zusammenarbeit mit dem Omnibusunternehmer Zartmann neben dem Berufsverkehr für die Bauarbeiter einen Linienverkehr für die Bewohner der Siedlung zur Stadtmitte und zum Bahnhof ein.

Im Hinblick auf die nach Fertigstellung der Siedlung zu erwartende Schülerzahl mußte auch ein Volksschulgebäude mit 12–14 Klassenräumen und einer Turnhalle gebaut werden. Geplant war ursprünglich nur eine vierklassige Volksschule, doch mit der Erweiterung des Siedlungsvorhabens von 200 auf 600, dann auf 800 Wohnungen war zwangsläufig auch eine entsprechende Ausdehnung des Schulbauvorhabens verbunden. Gleichzeitig wurde ein ausreichend großer Kindergarten als einbündige Anlage mit Innenhöfen erstellt. Während die Stadtgemeinde sich um Volksschule und Kindergarten sorgte, bemühten sich die katholische und die evangelische Kirchengemeinde um die Planung und den Bau neuer Kirchen. Anfang September 1955 weihte die katholische Gemeinde die Pax-Christi-Kirche feierlich ein.

Am 24. September 1955 folgte die Einweihung der ganzen Siedlung, damit verbunden die Grundsteinlegung für die evangelische Heilig-Geist-Kirche, die Schlüsselübergabe für die Amorbachschule und die Übernahme der Kindergärten.

So stand Neckarsulms neuer Stadtteil Amorbach ziemlich vollendet da. Die geplante Siedlung hatte einen Kostenaufwand von 14 481 000 DM verursacht. Ohne die Unterstützung des Wohnungsbaus für die 803 Wohnungen und die Erleichterung der Finanzierung durch Beihilfen und günstige Darlehen der öffentlichen Hand hätte die Siedlung Amorbach nicht gebaut werden können. Insgesamt kamen 6,9 Mio. DM öffentliche Mittel zum Einsatz, davon über 1,5 Mio. DM Sondermittel des Bundeswohnungsbauministeriums. Weitere 1,2 Mio. DM flossen aus der Kasse des Lastenausgleichsamts und erhöhten das Eigenkapital. Neckarsulm-Amorbach hatte nun 2440 Einwohner, darunter 1261 Katholiken, 1074 Evangelische und 105 Angehörige anderer Glaubensrichtungen, 1660 Flüchtlinge, 1 Ausländer, 779 Altbürger (528 davon aus Neckarsulm).

Mit Neckarsulm-Amorbach war eine für die damalige Zeit mustergültige Siedlung geschaffen worden, die weitgehend zur Integration der Heimatvertriebenen im Landkreis Heilbronn beitrug. Aber auch die Interessen der Stadt Neckarsulm waren dadurch berücksichtigt und gewahrt, daß ein hoher Prozentsatz der Einwohner in der örtlichen Industrie tätig war und ein Teil der Altbürger, teils Fliegergeschädigte, der sich zwischen 22 Prozent und 32 Prozent der Bevölkerung (1955) bewegte, in der Siedlung eine neue Heimat fand. Bereits 1958 lebten im Stadtteil Amorbach fast 25 Prozent der Neckarsulmer Gesamtbevölkerung von 14800 Menschen. Das Ziel der Siedlung, das Pendlerproblem einer Lösung näher zu bringen und vom Krieg betroffene Menschen zu unterstützen, hatte damit verwirklicht werden können.

Um der Siedlung städtebaulich noch einen besonderen Akzent zu geben, wurden im Herbst 1956 am Waldweg drei siebenstöckige „Hohe Häuser" mit je 20 Wohnungen für 200 Bewohner fertiggestellt und bezogen. Zur selben Zeit konnte auch die evangelische Heilig-Geist-Kirche eingeweiht werden. Die Gaststätte „Amorbacher Hof" am Eingang zur Siedlung und das Waldheim der Arbeiterwohlfahrt, am Reichertsberg über der Siedlung gelegen, wurden im Oktober 1957 bzw. im Juli 1959 eröffnet und bereicherten das Gemeinschaftsleben.

Wünsche nach Ausdehnung der Siedlung blieben nicht aus. In Zeiten andauernder wirtschaftlicher Hochkonjunktur und Vollbeschäftigung nahm die Zahl der Arbeitnehmer, die in Neckarsulm, also in der Nähe ihres Arbeitsplatzes wohnen wollten, stetig zu. In den Jahren 1958, 1962, 1973 und 1976 gelang es, zur Abrundung und Ausdehnung des Stadtteils Amorbach weiteres Gelände zu erwerben – von Gemarkung Oedheim 1 ha 93 a, Bad Friedrichshall-Kochendorf 23 ha 66 a –, und die erforderlichen Umgemarkungen durchzuführen. Dann konnte großzügig weitergebaut werden. Es war vor allem die Heimstättengenossenschaft Neckarsulm, die wieder in bewährter Weise Wohnungsuchenden zu einem Eigenheim oder einer Mietwohnung verhalf. So wurden 1964 im Oedheimer Dreieck, zwischen der verlängerten Amorbacher Straße – Charlottenstraße und Eduard-Hirsch-Straße, weitere 17 Reihenerwerbshäuser und fünf Ein- und Zweifamilienhäuser gebaut. Ab 1965 entstanden im Baugebiet „Reichertsberg" der Heimstättengenossenschaft sieben Bungalows, fünf Doppelhäuser, sieben Einfamilienhäuser mit Einliegerwohnungen, drei Gartenhofhäuser, zehn Zweifamilienhäuser und drei hohe Häuser mit je neun Geschossen und je 25 Wohnungen an der Johannes-Häußler-Straße. Neckarsulm-Amorbach war nun bereits zu einem bevorzugten Wohngebiet geworden. So blieb es auch, als in den siebziger Jahren am Reichertsberg nochmals zehn schöne Einfamilienhäuser und am Waldweg ein Hochhaus mit 28 Wohnungen gebaut wurden. Am Südrand der eigentlichen Siedlung, an der Sonnenhalde, waren bereits in den sechziger Jahren 20 stattliche Einfamilienhäuser entstanden. Ein Sportplatz mit Sportheim, eine Tennisanlage sowie ein Freizeitpark rundeten schließlich den größer gewordenen Stadtteil Amorbach südwärts ab.

So hat sich die ehemalige Pendlersiedlung, die in erster Linie Heimatvertriebene aufgenommen hatte, zum schönst gelegenen Stadtteil Amorbach weiterentwickelt, in dem Anfang April 1990 über 2500 Neckarsulmer wohnten.[16]

Das Wohngebiet Neuberg

Weder der Wiederaufbau der Altstadt und die Erweiterung der Viktorshöhe noch der fortlaufende Ausbau Amorbachs konnten die Wohnungsprobleme der ständig wachsenden Stadt lösen. Die Nachfrage von seiten der Pendler, von Einheimischen, Familien und allein lebenden Personen, blieb groß. Hinzu kamen die Bedürfnisse der geburtenstarken Jahrgänge, die in den siebziger Jahren ihren eigenen Hausstand gründen wollten. Aber auch Übersiedler aus der DDR, Aussiedler osteuropäischer Länder und schließlich Gastarbeiter, ausländische Arbeitnehmer der Industrie, waren auf der Wohnungssuche.

Die Förderung des Wohnungsbaus blieb landesweit eine der wichtigsten Aufgaben. Die Stadt Neckarsulm hatte schon immer den Bau von Wohnungen großzügig unterstützt. Um weiteres Bauland zu schaffen, wurde 1955 eine weitere Baulandumlegung eingeleitet und durchgeführt, die das Ackerland östlich der Neuenstädter Straße und der Bundesstraße 27 bis zur Neubergstraße, das heißt die Gewanne Steinach und Steppachäcker, Neuberg, Hang und Rebland Hägelich umfaßte. Bis 1990 konnten über 80 ha Land abschnittsweise umgelegt, erschlossen und bebaut werden.[17]

Geplant und gebaut wurde in immer größeren Maßstäben. Während der erste Bauabschnitt 290 Wohneinheiten für rund 1000 Personen umfaßte, erweiterte sich die Planung beim zweiten Bauabschnitt um 368 Wohnungen für 1300 Personen, Kindergarten, Schule und katholische Kirche Sankt Johannes; beim dritten und größten Bauabschnitt um 1126 Wohneinheiten für 3450 Personen; beim vierten und letzten Bauabschnitt nochmals 890 Wohneinheiten für 2225 Personen und die Martin-Luther-Kirche. So wurden im Stadtteil Neuberg für rund 8000 Einwohner 2700 Wohneinheiten geplant und fast alle auch gebaut. Das Zusammenwachsen von Neckarsulms jüngsten Siedlungsgebieten Amorbach und Neuberg ist heute bereits absehbar.

Alte und neue Wahrzeichen der Stadt

Während Neckarsulm durch den Wohnungsbau auch im Altstadtgebiet nach der Zerstörung ein ganz neues Gesicht bekommen hatte, aus dem die einst verwinkelten engen Gäßchen, die Fachwerkfassaden und die großen Hofanlagen verschwunden waren, bemühte man sich schon 1945 die alten Wahrzeichen der Stadt – Dionysiuskirche, Schloß, Rathaus und Große Kelter – fortbestehen zu lassen und im alten Stil wieder aufzubauen.

Gerade St. Dionysius war und ist das Wahrzeichen von Alt- und Neuneckarsulm geblieben. Schon in den Notjahren nach dem Zweiten Weltkrieg zeigte sich besonders am Wiederaufbau der Stadtpfarrkirche, welch hoher Stellenwert in der erschütterten Nachkriegszeit dem Kulturgut und vor allem der Kirche in Neckarsulm zukam. So berichtet die Pfarrchronik 1945: „Ein Kriegsopfer wurde auch die altehrwürdige Kirche vom heiligen Dionysius, die nach dem Angriff (1. März 1945) bis in den Morgen hinein lichterloh brannte und nur noch als eine traurige Ruine stehen blieb. Der Turm, wenn auch ganz ausgebrannt, die Ostseite und die Fassade (Südseite) mit der Figur des hl. Dionysius hoch oben, blieben stehen, während die ganze Westwand durch eine Luftmine auf das Pfarrhaus geworfen und auch die Apsis fürchterlich zerrissen wurde. Anfang April wird die Stadt zum Frontgebiet und durch Artilleriebeschuß sowie Jagdbomberangriffe weiter beschädigt; auch Turm und Ostwand erhalten noch viele Treffer, sodaß das Bild der Zerstörung immer trauriger wurde."[18]

Noch während die Bevölkerung in Schutt und

127 St. Dionysius 1948/49.

Asche lebte, begannen die Aufräumarbeiten an der Kirche. Einem Aufruf von Stadtpfarrer Joseph Sandel folgten über 60 Frauen und Männer jeden Alters und leisteten monatelang Schwerstarbeit, um mit Schaufel und Eimer, Hammer und Pickel Schutt zu beseitigen, soweit das überhaupt möglich war. Später gelang es, ein ortsansässiges Bauunternehmen zu gewinnen, das die Räumungsarbeiten bis zum Spätsommer abschloß.
Dem mit der Planung und Leitung des Wiederaufbaus beauftragten Architekten Richard Schuhmacher aus Heilbronn gelang es dann, eine Großbaufirma mit ausreichendem Maschinen- und Gerätepark einzusetzen. Stadtpfarrer Sandel brachte es fertig, zwei Maurer aus dem Kriegsgefangenenlager Böckingen zur Mitarbeit freizubekommen, so daß Mitte Juni 1946 die eigentliche Aufbauarbeit beginnen konnte. Bis zum Jahresende war die halbe Westwand hochgemauert, und an der Ostwand hatte man die großen Löcher und Risse geschlossen. Alles Baumaterial, Holz und Eisen und Zement, mußte regelrecht zusammengebettet werden. Wiederum gelang es Anfang 1947 dem Bauherrn Stadtpfarrer Sandel, 65 fm Holz aus der Stiftung der Gemeinden Wörth und Jagstzell bei Ellwangen zu erhalten. Die Hofkammer des Hauses Württemberg in Altshausen (Oberschwaben) schenkte sogar 60 fm Stammholz, das im Wald zur Abfuhr bereit lag und erst noch zugeschnitten werden mußte, um dann nach Neckarsulm befördert zu werden. Nach einer Frostperiode konnte weitergemauert werden, wobei man Sandsteine und Ziegelsteine aus zu behauenden Trümmersteinen verwendete. Als Sandsteine – auch aus Heilbronner Ruinengrund-

stücken – vorübergehend nicht mehr zu haben waren, wurden solche im Erlenbacher Steinbruch gewonnen und in die Stadt transportiert.[19] Aus den Ruinen des Kriegs entstand St. Dionysius als wahrhaftes Symbol des Friedens und des Aufbauwillens.

Bis zur Währungsreform am 20. Juni 1948 hatte man die Ostwand ausgebessert, den Nordgiebel teilweise abgebrochen und neu aufgemauert sowie am Turm die Zwischendecken und Treppenläufe fertiggestellt. Die bisher entstandenen Baukosten betrugen 248 000 RM.[20] Nach der Währungsreform waren die Baustoffe zwar leichter zu beschaffen, aber das neue Geld, die Deutsche Mark, blieb knapp, so daß die Maurerarbeiten zwei Monate unterbrochen werden mußten, während die Zimmererarbeiten mit allem Nachdruck des Bauherrn fortgesetzt wurden. Am 1. Dezember 1948 konnte Neckarsulm das Richtfest feiern, und bis Weihnachten war das große Kirchendach eingedeckt. Die Arbeiten am Schiff und am Chor gingen zügig weiter.

Der April 1949 brachte die Fertigstellung von Glockenstuhl und Turmhaube, so daß auch die fünf neuen Glocken hochgebracht werden konnten. Am Karsamstag erklang das neue Geläut zum erstenmal über der Stadt und dem Land, gleichsam als Ostergeschenk für die Gemeinde. Das Versetzen und die Ausbesserung des ziemlich beschädigten Turmkranzgesimses zogen sich noch den ganzen Monat Mai hin; die Herstellung der Gesimse an der Ost- und Westwand, der Weißputz an allen Wänden, die Steinmetz-, Gipser- und Stukkateurarbeiten, der vorläufige Innenausbau und das Einsetzen der Bleiverglasungen an den hohen Fenstern dauerten bis zum Herbst – Bauzeiten, die man heute kaum mehr fassen kann. Bis dahin waren weitere Baukosten in Höhe von insgesamt 329 785 DM entstanden und mit Eigenmitteln der Kirchengemeinde, privaten Spenden, Zuwendungen der Stadt Neckarsulm, Zuschüssen des Landesdenkmalamts Stuttgart und des Bischöflichen Ordinariats Rottenburg und schließlich Schuldaufnahmen finanziert worden. Was heute für ein durchschnittliches Eigenheim reicht, war damals eine enorme Summe.

„Sei's Gott gelobt der Freude!" konnte dann am 21. November 1949 eine dankbare Gemeinde mit Pfarrer Joseph Sandel sprechen, als die Stadtpfarrkirche St. Dionysius aus den Trümmern zu neuer Schönheit und neuem Leben erstanden war und von Bischof Carl Joseph Leiprecht, Rottenburg, feierlich geweiht wurde.

Dreißig Jahre nach Kriegsende rang die Kirche immer noch mit Kriegsschäden, die nicht ausschließlich auf die schlechte Qualität des Baumaterials der Nachkriegszeit zurückzuführen sind. Risse zeigten sich im Schiff der Kirche, die von einer Absenkung des Untergrunds herrührten. Der Fels aus Lettenkeuper, auf dem die Kirche vor Jahrhunderten sicher erbaut worden war, senkte sich und verursachte die Bauschäden. Zurückzuführen waren diese Bewegungen des Untergrunds auf Risse, die der Fels durch die Detonationen bei der Bombardierung der Stadt 1945 bekommen hatte.

Länger ließen die Wiederherstellung des Stadtschlosses und die Anlage des neuen Marktplatzes auf sich warten.[21] Die Instandsetzung der Schloßanlage fand noch 1948/49 ihren Anfang am Bandhaus, das der Stadt gehörte. 1950 äußerte Bürgermeister Dr. Erwin Wörner anläßlich der Industrie- und Gewerbeausstellung erstmals die Überlegung, im Schloß ein neues Altertumsmuseum einzurichten, dessen Vorgänger im Krieg untergegangen war. Das ehemalige Oberamt war damals noch immer eine ausgebrannte Ruine ohne Dach. Von Anfang an zeigte sich der Gemeinderat geneigt, das Gebäude vom Staat zu erwerben. Noch im selben Jahr kaufte Neckarsulm das Schloß für 58 000 DM, ein Betrag, der „für ziemlich hoch" galt. Viel diskutiert wurde damals der Verwendungszweck. Als Wohnraum sollte nach dem Willen vieler das Gebäude genutzt werden. Im Hinblick auf die akute Wohnungsnot der fünfziger Jahre ein naheliegender Gedanke. Aber auch die Idee eines Heimatmuseums, von Theaterräumen, gar von einem Hallenschwimmbad schwebte manchem vor.

Zunächst konnte jedoch nur das Dach wiederhergestellt und eine neue Turmhaube gebaut werden. 1952 erhielt der Turm sein noch heute vorhandenes Zeltdach. Nicht nur historische Erwägungen – man versuchte, einen als ursprünglich angenommenen Zustand zu rekonstruieren –, sondern auch finanzielle Gesichtspunkte waren dabei ausschlaggebend. Eine neue Zwiebelhaube, wie man sie in Nekkarsulm noch gewohnt war, sollte nämlich gut das Doppelte kosten. Nur die Sicherung des Gebäudes vor dem Verfall konnte sich die durch den Wohnungsbau schwer belastete Stadtkasse in dieser Zeit leisten. Die Diskussion um die Verwendung des Schloßgebäudes fand erst später ihren Abschluß, während die Schloßkelter schon im Jahre 1948 der Weingärtnergenossenschaft Neckarsulm in Erbbaurecht überlassen wurde. Kulturzentrum – Museum diese Bestimmungen waren bereits früh erwogen worden. Tatsächlich zogen Feuerwehr und Turner 1954 ins Bandhaus. Die Stadtbücherei folgte 1960 ins Schloßnebengebäude. Die ehemalige Schloßkapelle diente als Ganzhornstube städtischen Repräsentationszwecken. Die endgültige Lösung als Zweirad-Museum bahnte sich 1955 an. Die Unterstützung durch die NSU-Werke, die 1955 den absoluten Höhepunkt der Motorradproduktion erlebte, war gewiß. Im Mai 1956 wurde das Deutsche Zweirad-Museum im wiederbelebten Schloß mit einer Veteranen-Rallye aus der Taufe gehoben.

Schleppender vollzog sich die Gestaltung der Stadtmitte.[22] Ein Architektenwettbewerb „Marktplatzgestaltung und Rathauserweiterung" wurde 1954 beschlossen und durchgeführt, das Rathaus aber damals nicht erweitert, was erst im Jahre 1985 geschehen sollte. Der Marktplatz, bei der Trümmerbeseitigung nur vorläufig angelegt, wurde 1960 nach einem Plan des Stadtbauamts endgültig gestaltet. Von der Marktstraße her zur Großen Kelter hin leicht ansteigend, 58 m lang, von der Rathausstraße her 26 m breit, hat der Platz eine Fläche von 1500 m². Der Höhenunterschied zwischen der unteren Hälfte (Ruheteil) und der oberen Hälfte (Parkfläche) wurde durch fünf breite Treppenstufen in einer quer verlaufenden Stützmauer überwunden. Es wurde auch eine „Brunnenanlage" geschaffen: Aus 120 Düsen, die in der Quermauer über die gesamte Breite des Platzes gleich hoch angebracht waren, sprühte das Wasser in flachen Kaskaden in die Becken links und rechts des Treppenaufgangs, einen sanften Übergang der beiden Benutzungsflächen herbeiführend. Dieser „Düsenbrunnen" erwies sich jedoch nach kurzer Zeit als derart störanfällig, daß er bald abgebaut werden mußte. Aus den Wasserbecken wurden dann Blumen- und Pflanzenbecken zur Zierde des Marktplatzes.

Kurz zuvor wurde – nach einer Änderung des Bebauungsplans, der dreistöckige geschlossene Bauweise verlangte – an der immer noch offenen Ostseite des Marktplatzes ein sechsgeschossiges Verwaltungsgebäude mit vorgelagerter Kassenhalle errichtet. Dieses über 22 m hohe Bauwerk am Marktplatz 5, zunächst Hauptzweigstelle der Kreissparkasse Heilbronn in Neckarsulm, brachte zwar einen neuartigen, eben als modern bezeichneten Akzent in das Stadtbild, wirkte aber doch etwas

128 (Umseitig) 1957: Die Stadt hat die Kriegszerstörungen überwunden.

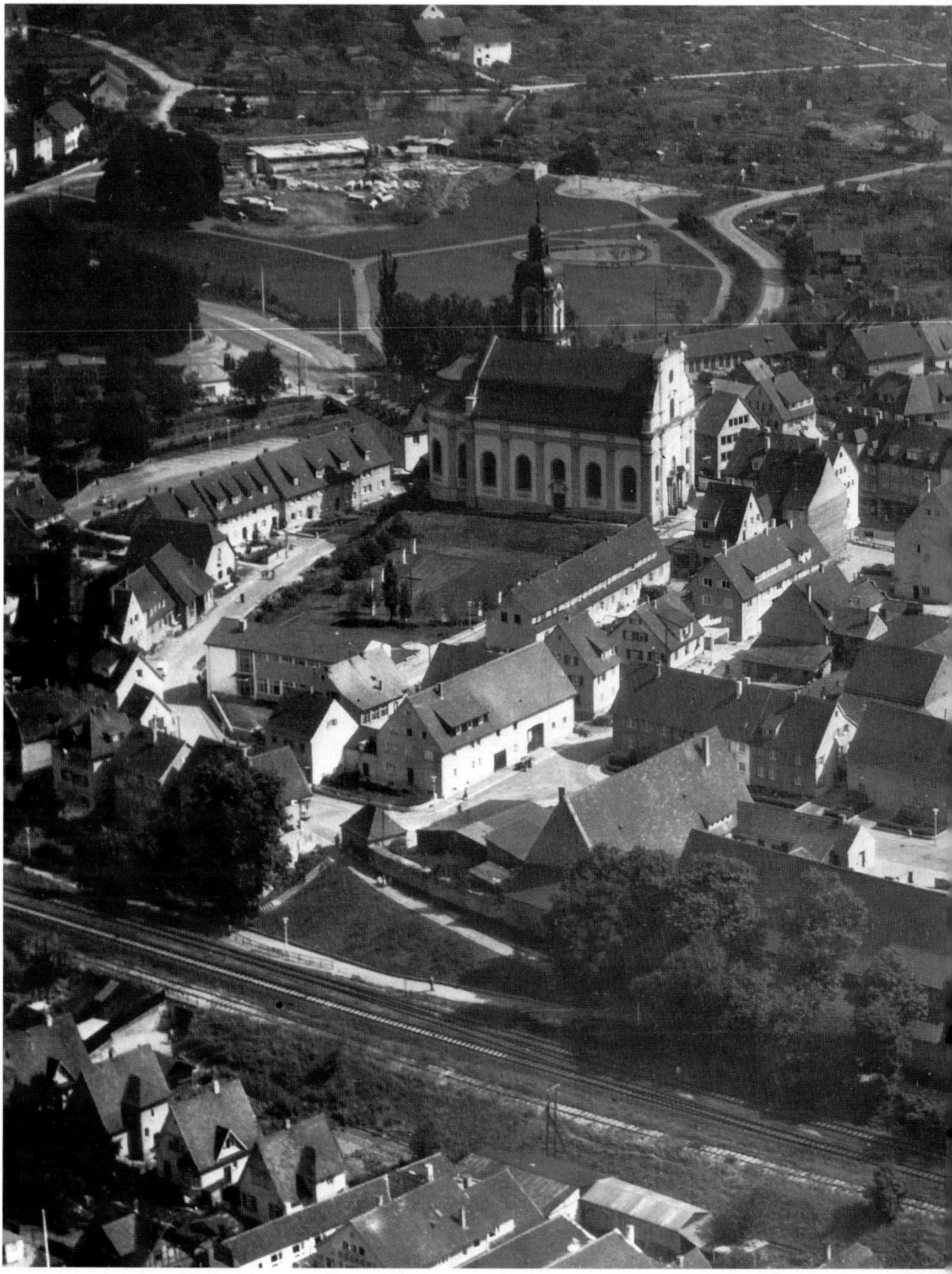

Alte und neue Wahrzeichen der Stadt

fremd und eher sachlich kühl als schön gegenüber dem barocken Rathaus und der Großen Kelter. Im Herbst 1981 übernahm die Kreissparkasse die Große Kelter in Erbpacht und ließ sie innen ausbauen, umgestalten und durch einen Anbau erweitern. Seit Frühjahr 1984 dient sie ihrem neuen Zweck; im Gebäude Marktplatz 5 befinden sich seitdem Geschäfts-, Büro- und Praxisräume.

Die Marktplatzgestaltung von 1960 war doch noch nicht endgültig gewesen, denn 20 Jahre danach wurde im Zusammenhang mit der Erneuerung und Erweiterung des Rathauses erwogen, den Platz ganz und gar neu zu gestalten und den Marktbrunnen, den alten Löwenbrunnen, wieder aufzubauen, was dann im Jahre 1984 geschehen ist. Der Platz bildet nun eine öffentliche Verkehrsfläche von 2000 m^2, umgeben nord- und ostwärts von den Gebäuden Marktplatz 1 bis 5, südwärts von Rathausstraße 2 und Marktstraße 18 (Rathaus), westwärts von der Marktstraße; unter dem Marktplatz befindet sich eine Garage mit 69 Stellplätzen, deren Ein- und Ausfahrt durch die Ratsgasse führen.

Die Brunnenanlage mit Becken und 5 m hoher Säule, vierstrahligem Wasserspiel, Löwenfigur und Wappen ist nach alten Bildern und den Maßen des untergegangenen Brunnens geschaffen. „Die Anlage steht als Symbol unserer Geschichte und unserer Zukunft auf dem Marktplatz, der wiederum Ausdruck ist für ein unverwechselbares Neckarsulm." Das imposante Bauwerk bildet auch – fast 40 Jahre danach – den Schlußstein des gelungenen Wiederaufbaus der zerstörten Stadtmitte von Neckarsulm.

Phasen in Aufbau und Ausbau

Das erste Nachkriegsjahrzehnt war bestimmt vom Wiederaufbau. Der Wohnungsbau war und blieb Thema Nummer eins der Stadtverwaltung. Verstärkt wurde die Notwendigkeit zum Wohnungsbau durch die Zentrumsfunktion, die Neckarsulm als Industriestandort zuteil wurde. Die wieder erstarkende Industrie zog weitere Menschen an, die in und um Neckarsulm Wohnungen suchten. So ist es verständlich, daß Wohnungsbauprojekte absoluten Vorrang hatten, wobei eben nicht nur an die Unterbringung der ausgebombten Neckarsulmer, sondern auch an die Eingliederung der in der Industrie Beschäftigten zu denken war. Neckarsulm-Amorbach war der wichtigste Ansatzpunkt zur Lösung dieses Problems und beschäftigte die Stadtverwaltung bis in die Mitte der fünfziger Jahre. Neben dem Wohnungsbau konnten nur Projekte zur Ausführung kommen, die unbedingten Vorrang hatten und unmittelbar mit der institutionellen Versorgung der Bevölkerung zusammenhingen.

1949–1955, in der Amtszeit von Bürgermeister Dr. Erwin Wörner, war die Stadt im Schulhausbau engagiert durch den Bau der Steinachschule und durch die Errichtung einer Gewerbeschule. Welch große Anstrengungen es die Stadt kostete, in dieser Zeit noch andere Bedürfnisse der Bevölkerung zu befriedigen, zeigt beispielhaft der Freibadbau.[23] Einen Einblick in die Verhältnisse der Zeit gibt heute noch die Aktion „Ich baue mit", mit der die Bevölkerung in die Finanzierung des Freibads mit eingebunden werden sollte. Durch Spenden, Zündholzaktionen und eine Art Freibadabgabe, die auf den Kinokartenpreis geschlagen wurde, sollten die Einwohner das Projekt mittragen. Verwirklicht werden konnte der Bau des Freibads, der bereits in der Vorkriegszeit erwogen worden war, durch die Kriegsereignisse aber nicht mehr ausgeführt werden konnte, erst durch die Spende des Fabrikanten und Gemeinderats Richard Spohn, der Portland-Zement im Wert von 15000 DM zum

Bau des Schwimmbeckens zur Verfügung stellte. Nach zweijähriger Bauzeit konnte im Sommer 1952 das Freibad eröffnet werden.
Am 1. Mai 1953 wurde der erste Spatenstich für die Siedlung auf dem Amorbacher Feld getan. 1955–1967, in der Amtszeit von Bürgermeister Dr. Hans Hoffmann, wurde die Siedlung auf dem Amorbacher Feld vollendet und im September 1955 eingeweiht. Neckarsulm hatte sich etwas Entlastung geschaffen, doch das Thema Wohnungsbau wurde nie ganz unwichtig. In den fünfziger Jahren wandte man sich etwas mehr den Bereichen Sport und Kultur, Erholung und Freizeit zu.[24] So konnte an Pfingsten 1956 das Deutsche Zweirad-Museum im Stadtschloß eröffnet werden. Ein „Verwaltungs- und Kulturzentrum" (Rathaus, Schule, Stadthalle) sollte mittelfristig im Sulmtal entstehen. Die Zweiradkrise bei den NSU-Werken brachte aber die Großprojekte teilweise zum Scheitern. Lediglich eine Heizzentrale und die Schule, das Albert-Schweitzer-Gymnasium, wurden gebaut und im Mai 1960 eingeweiht. Die Rathaus- und Stadthallenplanung im Sulmtal verschwand stillschweigend im Archiv. Zwischen der Neuenstädter Straße und dem Gymnasium wurde erstmals ein kleiner Stadtgarten angelegt und, inzwischen bis zum Hochwasserdamm ausgedehnt, als Sulmtalpark gestaltet. Das ersehnte Stadtbad (Hallenschwimmbad und Sauna) konnte im Oktober 1964 im Rahmen eines dreitägigen Kinder- und Volksfestes seiner Bestimmung übergeben werden. 1965 folgte die Turnhalle.
Eine Müllzerkleinerungsanlage, System Broyeurs-Gondard, Paris (der französische Hammer), wurde 1965 im Schweinshag erstellt und bis 1975 betrieben, als der Landkreis die Müllbeseitigung übernehmen mußte. Das Areal, auf dem der Müllhammer stand, dient jetzt als uriger Neckarsulmer „Feschtles-Platz".
In der Amtszeit von Bürgermeister/Oberbürgermeister Dr. Erhard Klotz, die am 10. November 1967 begonnen hat, entwickelte sich Neckarsulm weiter zur bedeutenden wirtschaftsstarken Industriestadt unserer Tage und zugleich zu einer Wohnstadt mit hohem Freizeitwert.
Nach den Hochwasserkatastrophen im Februar und Mai 1970 einigten sich die Stadt, das Land und die Industrieunternehmen darüber, daß die Arbeitsplätze gesichert und die Entwicklungsmöglichkeiten der Betriebe gewährleistet werden müßten durch die streckenweise Verlegung und Verdolung der Sulm sowie durch den Bau eines Staudamms zwischen Neckarsulm und Binswangen.[25] Im November 1974 war der Damm unterhalb der Reisachmühle fertiggestellt, im Juni 1975 die Sulm vom Wasserwerk (Nähermühle) bis zum Düker unterm Neckarkanal verlegt und verdolt. Damm und Dole bewährten sich, als sich im Mai 1978, nach sintflutartigen Regenfällen, eine außergewöhnliche Flutwelle auf Neckarsulm zu ergoß und zurückgehalten werden konnte. Als Folge- und Ergänzungsmaßnahme zur Sulmverdolung mußten für die Abwasserbeseitigung der Kernstadt Neckarsulm drei neue Hauptsammler verlegt und ein Klärwerk, das Gruppenklärwerk im Weidach, gebaut werden.
Im Krisenjahr 1975, als es beim Sanierungsprogramm von VW Wolfsburg um den Fortbestand oder die Schließung des damaligen Audi-NSU-Werksbereichs Neckarsulm ging, hat auch die Hochwasserfreimachung zur Erhaltung des Industriestandorts Neckarsulm beigetragen. Audi-NSU ist nicht gestorben, sondern hat die Krise leidlich überlebt und sich dann stetig aufwärts entwickelt zum modernsten Automobilwerk unserer Zeit.
Auch die Stadt konnte wieder an die Planung und Verwirklichung neuer, millionenschwerer Projekte gehen. Dies waren: 1975 Sulmtalpark, 1979 Ballei (Gemeinschaftszentrum für

Sport, Kultur und Freizeit), 1983 Feuerwehrhaus, 1985 Rathausumbau und -anbau, 1987 Sportanlagen, Stadion, 1989 Sporthalle Pichterich, 1990 Freizeitbad AQUAtoll.

So zeigt auch die neuere Geschichte der Stadt, was sich seit der Industrialisierung immer deutlicher abzeichnete: der direkte Zusammenhang zwischen Industrie und Stadtentwicklung, der Neckarsulms Geschichte auch weiterhin kennzeichnen wird.

Die Entwicklung zur Großen Kreisstadt

VON ERHARD KLOTZ

Die sechziger Jahre waren einerseits noch mit dem Aufbau der im Krieg schwer zerstörten Stadt, andererseits aber schon mit der Weiterentwicklung zu einer modernen Industriestadt ausgefüllt. Wie immer in Neckarsulm hing dies sehr stark mit dem beherrschenden Wirtschaftsunternehmen der Stadt, der NSU, zusammen. NSU früher, Audi heute ist der mit Abstand größte Arbeitgeber, nicht nur in der Stadt, sondern im gesamten Unterland. Das hohe Lohnniveau in der Automobilindustrie bedeutet nicht nur für die Beschäftigten, sondern auch für Handel und Gewerbe eine überdurchschnittliche Wirtschaftskraft. Die Stadt profitiert über die Gewerbesteuer vom Erfolg des Unternehmens. Auch wenn es immer wieder einmal bei der Gewerbesteuer große Schwankungen gibt und das Pendel stark nach oben oder unten ausschlägt, ist die wirtschaftliche und finanzielle Situation der Stadt im Mittel doch überdurchschnittlich gut.
Nach der Zweiradkrise Ende der fünfziger Jahre verlief die Entwicklung des Unternehmens NSU in den sechziger Jahren sehr positiv. Die Umstrukturierung von der Motorrad- zur Autofabrik war gelungen. Der revolutionäre Rotationskolbenmotor von Felix Wankel, der zum erstenmal bei NSU zum Laufen gebracht und in ein Auto eingebaut wurde, vor allem aber das legendäre Automodell NSU Ro 80 mit seiner im Windkanal entwickelten Karosserie verursachten 1967 bei NSU und in Neckarsulm nicht nur Aufbruchstimmung, sondern regelrechte Euphorie.

So wie aber Mitte der fünfziger Jahre dem Zweiradboom, der NSU zum größten Motorradproduzenten der Welt machte, fast über Nacht die Zweiradkrise folgte, die den Übergang zur Autoproduktion erzwang, so kündigte sich zwei Jahre nach diesem Höhepunkt das Ende der Selbständigkeit eines Automobilunternehmens von der Größe der NSU AG sehr kurzfristig an. Es kam 1969 zur Fusion mit der Auto Union AG und zur Eingliederung in den Volkswagenkonzern, eine Entscheidung und Entwicklung, die sehr viel Veränderung in der Gesamtstadt bewirkte. Auch wenn das neue Unternehmen, die Audi NSU Auto Union AG ihren juristischen Sitz in Neckarsulm behielt, verlagerte sich die tatsächliche Firmenleitung zunehmend nach Ingolstadt, nicht zuletzt durch den Verlust der Verwaltung und der Entwicklungsabteilung in Neckarsulm. Über einige Jahre war Neckarsulm noch Sitz des „Wankel-Entwicklungszentrums", aber mit der Aufgabe des Rotationskolbenmotors ging die Abteilung endgültig verloren. Es gab in der Struktur des Werkes erhebliche Veränderungen, die sich auch nachteilig auf die Stadtstruktur auswirkten. Auf der anderen Seite eröffneten sich innerhalb der neuen Firma und des VW-Weltkonzerns größere Möglichkeiten und Sicherheiten in der Produktion und im Absatz.
Wie im wirtschaftlichen Bereich, so gab es Ende der sechziger Jahre auch im politischen und verwaltungsmäßigen Bereich Entwicklungen und Zwänge zu größeren Einheiten:

Die Verwaltungsreform auf kommunaler Ebene war angesagt, nachdem erste Versuche mit einer freiwilligen Regionalplanung und mit einer interkommunalen Zusammenarbeit bundesweit zwar kleinere Ergebnisse erbrachten, aber mehr Probleme aufzeigten als Lösungen anboten. Die politischen und verwaltungsmäßigen Reformüberlegungen ergaben sich vor dem Hintergrund einer sich verstärkenden Planung auf allen Ebenen und einer notwendigen Stärkung der Verwaltungskraft. Vor allem die Stadtplanung versuchte ihre engen Grenzen zu sprengen, indem sie sich nicht nur zur fachübergreifenden Stadtentwicklung mauserte, sondern zunehmend größere Planungseinheiten forderte und gemarkungsübergreifend wurde. Nicht nur im Ruhrgebiet und im mittleren Neckarraum, auch im Unterland wurde eine „Bandstadt" von Lauffen bis Gundelsheim diskutiert, die vom Heilbronner Oberbürgermeister Dr. Hans Hoffmann ins Gespräch gebracht wurde. Die Stadt Neckarsulm und die anderen betroffenen Städte hielten sich sehr zurück und setzten mehr auf die zwischengemeindliche Zusammenarbeit in der freiwilligen Regionalen Planungsgemeinschaft Württembergisches Unterland.

Die Stadt Neckarsulm führte ab 1969 erste Gespräche über eine Eingemeindung des Nachbarorts Dahenfeld, die dann am 1. Mai 1971 aufgrund einer freiwilligen Vereinbarung vollzogen wurde. Ein weiterer freiwilliger Zusammenschluß erfolgte 1972 mit der Nachbargemeinde Obereisesheim. Das Land Baden-Württemberg förderte solche Zusammenschlüsse finanziell. In Vereinbarungen zwischen den Gemeinden wurden zusätzliche Leistungen und Absicherungen für die Ortschaften ausgehandelt. Die Gemeinden Erlenbach und Untereisesheim waren nicht zu einem Zusammenschluß mit Neckarsulm zu bewegen, weder durch freiwillige Vereinbarung noch innerhalb des Landesgesetzes zur Verwaltungsreform. Für die Stadt Neckarsulm, die schon immer unter Raummangel gelitten hat, wäre eine Vergrößerung ihres Gemarkungs- und Planungsgebiets sehr wünschenswert gewesen, und bei allem Respekt vor dem Selbständigkeitsstreben der Nachbargemeinden muß man auch heute noch die Frage stellen, ob vor allem eine gemeinsame Eingliederung von Obereisesheim und Untereisesheim nicht für alle Beteiligten eine richtigere Lösung gewesen wäre. Mit dieser Aussage soll aber weder die Lebensfähigkeit und Leistungsfähigkeit der Gemeinde Untereisesheim noch der Gemeinde Erlenbach in Frage gestellt werden.

Für die Stadt Neckarsulm hatten die Eingemeindungen von Dahenfeld und Obereisesheim die Folge, daß die 20000-Einwohner-Grenze überschritten wurde. Damit konnte die Stadt Neckarsulm bei der Landesregierung den Antrag auf Erhebung zur „Großen Kreisstadt" stellen. Dies bedeutete, daß mehr Zuständigkeiten wahrgenommen werden können und daß trotz weiterer Zugehörigkeit zum Landkreis Heilbronn die Fach- und Rechtsaufsicht über die Stadt Neckarsulm vom Landratsamt auf das Regierungspräsidium Stuttgart überging. Den eingemeindeten Ortschaften wurde eine Eigenständigkeit über eine bestimmte Zahl von Gemeinderatsvertretern sowie über einen selbst gewählten Ortschaftsrat und eine eigene Ortsverwaltung gesichert.

Nachdem Ende der sechziger Jahre eine erste Umorganisation der Stadtverwaltung Neckarsulm vorgenommen und die vorher allmächtige „württembergische Stadtpflege" in fachbezogene Ämter aufgegliedert worden war, hat die städtische Verwaltung dann mit der „Großen Kreisstadt" Anfang der siebziger Jahre ihre heutige Organisationsform gefunden. Es wurde auch ein hauptamtlicher Stellvertreter des Bürgermeisters bestellt, der für die technischen Ämter zuständig wurde. Der Bürgermeister erhielt die Amtsbezeichnung „Oberbürgermeister", sein Stellvertreter „Bürgermeister". 1973 wurde dann durch die Bildung einer Verwaltungsgemeinschaft der Stadt Neckarsulm mit den selbständig gebliebenen Gemeinden Erlenbach und Untereisesheim die Verwaltungsreform abgeschlossen. Wesentliche Aufgabe dieser Verwaltungsgemeinschaft ist aber nur die Aufstellung des Flächennutzungsplans als Grundlage für die nach wie vor selbständige Bauleitplanung der einzelnen Gemeinden. Außerdem wird die Sozialstation über die Verwaltungsgemeinschaft abgewickelt.

Überörtlich ging man in der Planung von der unverbindlichen Planungsarbeit in der Regionalen Planungsgemeinschaft zum landesweit geregelten Regionalverband über, der in unserem Fall nicht nur den Stadtkreis und Landkreis Heilbronn, sondern auch die neugebildeten Landkreise Hohenlohe, Schwäbisch Hall und Main-Tauber-Kreis erfaßte. Ein sehr großes, sehr unterschiedliches und wenig zusammenhängendes Gebilde von der Zaber bis zum Main mit rund 76 000 Einwohnern und 4764 km² Fläche. Die Regionalplanung und der Regionalverband sind das Bindeglied zwischen der gemeindlichen Bauleitplanung und der staatlichen Landesplanung, allerdings mit wenig Gewicht, da es an eigenen Umsetzungsmöglichkeiten und echten Aufgabenzuständigkeiten fehlt. Parallel dazu hat sich die auf dasselbe Gebiet bezogene Datenverarbeitung entwickelt, nämlich im Regionalen Rechenzentrum Franken, ebenfalls mit Sitz in Heilbronn. Diese Aufgabe kann im größeren Verband besser erfüllt werden.

Die Planungsprozesse insgesamt wurden in den vergangenen Jahren immer schwieriger, nicht nur wegen der zunehmenden Umweltprobleme, die eine verstärkte Beteiligung von Trägern öffentlicher Belange verlangten, sondern auch weil die Bürgerschaft kritischer und bei eigener Betroffenheit aktiver, manchmal sogar recht aggressiv reagiert. Die Auseinandersetzung mit Bürgerinitiativen nahm zu und hat die Verwaltungsarbeit sowie die Planungsarbeit kompliziert. Die stärkere Auseinandersetzung mit den Bürgerinteressen und den Umweltproblemen hat aber sicher nicht nur zu mancher Verzögerung, zu manchen Mehrkosten, sondern auch zu manchen sachgerechteren Lösungen geführt.

Die Stadt Neckarsulm ist insgesamt aus der Verwaltungsreform gestärkt hervorgegangen, und die Wirtschafts- und Finanzkraft, die insbesondere durch das Großunternehmen Audi, aber auch durch die Firma Kolbenschmidt und die neuen Firmen im Industriegebiet Rötel verbessert wurde, haben der Stadt Neckarsulm eine kräftige städtebauliche Entwicklung ermöglicht, nachdem die VW-Krise 1974/75 nur einen kurzen Einbruch bei den städtischen Investitionen bedeutet hatte. Ursprünglich wollte VW 1975 das Audi-Werk Neckarsulm überhaupt schließen, was bei 12 000 Beschäftigten eine „nationale Katastrophe" für das gesamte Unterland bedeutet hätte. Nach hartem gemeinsamem Kampf von Belegschaft, Gewerkschaft und Stadt Neckarsulm sollte mit dem Sanierungsplan S 1 das Werk Neckarsulm auf 6000 Mitarbeiter gesundgeschrumpft werden; die hohe Zahl von ausländischen Beschäftigten sollte von der Landesregierung Baden-Württemberg über Rückkehrprämien abgebaut werden. Tatsächlich ging 1975 nicht nur die Beschäftigtenzahl bei Audi von über 12 000 auf etwas über 6000 Beschäftigte zurück. Parallel dazu verringerte sich die Einwohnerzahl von 22 500 im Jahr 1974 auf 20 432 am 1. Januar 1976. Vor allem die Zahl der Ausländer reduzierte sich drastisch von ursprünglich 4800 auf 2860; ein Ausländeranteil von 20 Prozent war sonst nur in Großstädten wie Frankfurt, Berlin und

München zu verzeichnen. Zu Beginn des Jahres 1978 erreichte dann die Einwohnerzahl erstmals wieder die 21000-Grenze, und 1980 wurden wieder 22000 Einwohner gezählt, allerdings war die Zahl der Ausländer wiederum auf 17 Prozent gestiegen. In den gesamten achtziger Jahren blieb trotz reger Bautätigkeit die Einwohnerzahl etwa konstant. Die Zahl der Wohnungen nahm zwar ständig zu, aber die Ansprüche an die Wohnungsfläche stiegen, und immer mehr junge Leute machten sich viel früher als in der Vergangenheit in einer Wohnung selbständig. Immer weniger Personen brauchen immer mehr Fläche. Daß 1990 rund 50 Hektar des Lautenbacher Hofes erworben und von Oedheim umgemarkt werden konnten, ist für die Stadt ein Glücksfall der Stadtentwicklung. Der Stadtteil Amorbach mit seiner guten Infrastruktur wird wieder besser ausgelastet, nachdem die Einwohnerzahl wegen Baustillstand durch die Gemarkungsgrenzen von 3600 auf 2500 Einwohner zurückgegangen war. Jetzt sollen durch die Amorbach-Erweiterung im Endausbau 4000 Einwohner dazukommen.

Da es sich 1975 nicht um eine allgemeine wirtschaftliche Rezession in der Bundesrepublik, sondern um die Strukturkrise des VW-Konzerns handelte, die nach kurzer Zeit überwunden werden konnte, und sich die selbständige VW-Tochter Audi zunehmend am Markt behaupten konnte, brachen für die Stadt Neckarsulm Ende der siebziger Jahre wieder gute Zeiten an, die relativ hohe Investitionen ermöglichten. Voraussetzung für das Überleben und für den Neubeginn war, daß die Stadt Neckarsulm im Zusammenhang mit dem Stadtstraßenbau seit 1970 die Hochwasserfreimachung des Industriegebiets und der Stadt betrieb und in diesem Zusammenhang auch die Abwasserbeseitigung neu organisierte, die letztlich dann in einen überörtlichen Abwasserverband führte, der heute von Bad Wimpfen und Untereisesheim über Bad Friedrichshall, Neckarsulm, Erlenbach, Weinsberg bis Eberstadt reicht. Parallel dazu hatte sich ein Wasserverband von Neckarsulm bis Löwenstein gebildet, der Hochwasserrückhaltung im Sulmtal betrieb, da dieses Problem auf Neckarsulmer Gemarkung trotz Sulmdole und Rückhaltedamm nicht lösbar war. Vor allem die Rückhaltebecken Breitenauer See zwischen Obersulm-Willsbach und Löwenstein, mittlerweile ein beliebtes und interessantes Naherholungsgebiet mit Wassersport, und das Rückhaltebecken Weißenhof zwischen Erlenbach und Weinsberg sichern heute das Industriegebiet und die Arbeitsplätze in Neckarsulm vor Hochwasser. Die Stadt investierte in den siebziger Jahren mit Unterstützung des Landes Baden-Württemberg allein im Tiefbausektor für die Hochwasserfreimachung und Abwasserbeseitigung rund 40 Mio. DM.

Erst nach diesen Pflichtaufgaben konnte an den Ausbau der Stadt für Sport und Freizeit gedacht werden. Mit dem Gemeinschaftszentrum für Sport, Kultur und Freizeit, der Ballei, auf dem Gelände des früheren städtischen Krankenhauses, das mit Errichtung des Kreiskrankenhauses am Plattenwald an der Gemarkungsgrenze zu Bad Friedrichshall aufgegeben wurde, ist der Stadt Neckarsulm Ende der siebziger Jahre eine glückliche Kombination von Stadthalle und Großsporthalle gelungen. Das 20-Millionen-Projekt konnte gut verkraftet werden, und dieser Veranstaltungsmagnet im Herzen der Stadt hat das städtische Leben ungemein befruchtet. Die Ballei ist heute weder für den Sport noch für die Kultur und das gesellschaftliche Leben hinwegzudenken. Überlegungen, das frühere NSU-Kasino, das jahrzehntelang als Veranstaltungsort gedient hat und das von der Stadt erworben werden konnte, für Gemeinschaftszwecke beizubehalten, sind heute kaum mehr nachvollziehbar. Das NSU-Kasino wurde dennoch erworben

Die Entwicklung zur Großen Kreisstadt

129   Das Gemeinschaftszentrum Ballei.

und ein wichtiges kulturelles Zentrum für Volkshochschule, Stadtbücherei und Jugendhaus.
Neben anderen Neubauten und Sanierungen von Sportstätten wurde die Attraktivität der Stadt im Freizeitbereich 1990 mit dem Freizeitbad AQUAtoll gekrönt, einer völlig neuen Bädergeneration, die sicher einmal eine ähnlich positive Bewertung erhalten wird wie die Ballei. Das 40-Millionen-Projekt AQUAtoll war ohne Verschuldung nur aufgrund der hohen Gewerbesteuerzahlungen der Autoindustrie in den achtziger Jahren möglich und erhöht die Attraktivität der Stadt nicht nur für die eigene Bevölkerung, sondern auch für ein weites Umland.
Wichtig für die Stadt Neckarsulm wie für alle Städte war der Abschied von der sog. „autogerechten Stadt", die uns die Stadtplaner in den sechziger und siebziger Jahren „verkauft" hatten. Seit Mitte der siebziger Jahre stand dagegen überall die Stadtsanierung im Vordergrund, und es wurde versucht, mit Stadterneuerung, Stadterhaltung und Denkmalpflege eine neue Lebensqualität in die Innenstädte zu bringen. Auch Neckarsulm hat diese richtige

130 Der Marktplatz mit dem alten und neuen Rathaus.

Zielsetzung aufgegriffen und zum Beispiel nicht, wie ursprünglich geplant, ein neues Rathaus hinter der Ballei gebaut, sondern Anfang der achtziger Jahre in der Kernstadt das Rathausquartier saniert, einen neuen Marktplatz und ein neues Rathaus geschaffen, ohne dem historischen Rathaus die städtebauliche Dominanz zu nehmen. Die Gesamtinvestition betrug rund 20 Mio. DM. Abgerundet wurde dieses Quartier durch die Wiederverwertung der ausgebrannten, vorher noch ruinenhaften Großen Kelter, in der die Kreissparkasse Altbausubstanz und Neubau in glücklicher Weise verbunden hat. In der Neckarstraße entstand

Die Entwicklung zur Großen Kreisstadt

131   Nach dem Vorbild des alten Brunnens aus der Deutschordenszeit wurde 1984 der Löwenbrunnen errichtet.

nach Abbruch der alten Schule und Grunderwerb von Privat ein größeres, städtebaulich gelungenes Sanierungsquartier, in dem Handel und innerstädtisches Wohnen harmonisch verbunden wurden.

Durch die fast vollständige Zerstörung der Innenstadt am Ende des Zweiten Weltkriegs gab es in Neckarsulm nicht wie in anderen alten Städten die Notwendigkeit, aber auch nicht die Möglichkeit zur Sanierung. Das heißt nicht, daß sich diese Aufgabe hier nicht stellte, aber sie beschränkte sich auf kleinere Teilbereiche oder sogar nur auf Objektsanierungen. Zuletzt wurde in der Löwengasse und Unter der Stadtmauer auf dem Gelände der früheren Nähermühle die Sanierung fortgesetzt. Voraussetzung für eine Sanierung ist fast stets, daß die Grundstücke zunächst in das Eigentum oder die Verfügbarkeit der Stadt gelangen.

Neckarsulm hat es im Dienstleistungsbereich und kulturellen Bereich schwer, sich gegenüber dem nur 5 km entfernten Oberzentrum Heilbronn zu behaupten. Der Besatz an Geschäften entsprach zu keiner Zeit der Größe von Neckarsulm: Es fehlt das Umland, es fehlt die Zentralität, vor allem seit 1938 die Oberamtseigenschaft entfallen ist. Deshalb war und ist es wichtig, daß die Stadt durch ihre Bauten städtisches Leben vermittelt und die privaten Ansätze und Entwicklungen fördert, nicht zuletzt durch Verkehrsberuhigung, ein günstiges Angebot von Parkplätzen in Tiefgaragen und durch ansprechende Straßengestaltung.

Im kulturellen Bereich hat, wie bereits erwähnt, das Gemeinschaftszentrum für Sport, Kultur und Freizeit Ballei ganz wesentliche Fortschritte gebracht. Es bleibt aber schwierig, zum Beispiel im musischen Bereich ein Angebot zu machen, das ausreichend angenommen wird. Die größte Bereicherung auf diesem Gebiet war in den letzten 20 Jahren ohne Zweifel die Städtische Musikschule, die sich rasch einen guten Ruf erworben hat und die seit einigen Jahren mit ca. 600 bis 700 Schülern in der Lage ist, zahlreiche kulturelle Veranstaltungen in der Stadt und außerhalb zu bestreiten. Der Erfolg der Musikschule hat den Gemeinderat jetzt dazu veranlaßt, einen Neubau mit ca. 8 Mio. DM nördlich der Ballei zu beschließen.

Eine Anerkennung der Arbeit und des Erfolgs bedeutete auch die erhebliche Erweiterung des Deutschen Zweirad-Museums und NSU-Museums im ehemaligen Deutschordens-

132 Die Rennabteilung des Deutschen Zweirad-Museums.

Die Entwicklung zur Großen Kreisstadt

133   Die neugestaltete Marktstraße.

schloß. Dieses Museum war bei seiner Gründung 1956 fast einmalig, hatte dann aber einen erheblichen Niedergang zu verzeichnen und wurde erst ab Anfang der siebziger Jahre ständig erweitert und ausgebaut. Mit dem Ende der legendären NSU wurde deren Beitrag zur Mobilisierung der Menschheit und zur technischen Entwicklung in der Abteilung NSU-Museum festgehalten. Nach dem Umbau und der Neueinrichtung mit Investitionen von insgesamt ca. 7 Mio. DM ist diese Einrichtung seit 1991 wieder für Besucher aus ganz Deutschland und aus aller Welt attraktiv. Zusammenfassend kann man sagen, daß sich die Große Kreisstadt Neckarsulm in den letzten 20 bis 30 Jahren gut behauptet hat, daß die Ausstattung der Stadt in allen Bereichen zeitgemäß und sehr gut ist, daß sich das Stadtbild positiv entwickelte und die Weichen für eine gute Zukunft gestellt sind. Eine Stadt, die derzeit so viele Arbeitsplätze wie Einwohner bietet, ist mit dieser Aufgabenstellung und Aufgabenerfüllung voll ausgelastet. Sie hat als zentraler Beschäftigungsort für ein weites Umland wichtige Funktionen. Die daraus resultierende Wirtschaftskraft und Finanzkraft kommt sowohl der eigenen Bürgerschaft wie auch dem Umland zugute. Die Stadt Neckarsulm darf sich dennoch oder gerade deshalb nicht in eine falsch verstandene Konkurrenz zum nahe gelegenen Oberzentrum Heilbronn begeben, sondern sie kann auf den verschiedensten Gebieten, insbesondere im Sport, der Freizeit, aber auch in der Kultur vorhandene Nischen positiv ausfüllen. Neckarsulm kann man nur verstehen auf dem geschichtlichen Hintergrund als Deutschordensstadt, aber auch als Industriestadt der ersten Stunde. Neckarsulm kann man nur bewerten, wenn man die beschränkte Gemarkung und die direkte Nachbarschaft mit bewertet. Die kommunalpolitische Kontinuität der letzten Jahrzehnte war für die Stadt Neckarsulm sicher positiv. Die Zukunft wird neue Herausforderungen stellen, für die wiederum neue Antworten und neue Lösungen gefunden werden müssen. In diesem Spannungsfeld zwischen Bewahren und Entwickeln, zwischen Bewährtem und Modernem, zwischen Althergebrachtem und Neuartigem wird sich auch in der Zukunft eine lebendige Stadt und eine gute Gemeinschaft entwickeln können.

Die Entwicklung der Neckarsulmer Schulen

von Hermann Rabaa und Heinz Thudium

Schule im Königreich – der Staat übernimmt die Verantwortung für Schule und Lehrer

Der Gebietszuwachs von 1803 bis 1810 verwandelte das bisher protestantische Württemberg in einen konfessionell gemischten Staat, so u. a. auch durch den Zugang des katholischen Deutschordensgebietes Neckarsulm. Dadurch kam nun eine Reihe höherer und niederer Schulen mit unterschiedlichen Strukturen hinzu. Die Neuorganisation der Schulverwaltung war deshalb eine der ersten Maßnahmen im neugeschaffenen Königreich. Das „Organisationsmanifest" vom 18. März 1806 bestimmte in § 64, daß die „evangelischen Volksschulen unter das evangelische Konsistorium, die katholischen hingegen dem neugeschaffenen Kirchenrat unterzuordnen waren"[1]. Somit übernahm der württembergische Staat, wenn auch in enger Verflechtung mit den Kirchen, die Verantwortung für Schule und Lehrer. Das Württembergische Volksschulgesetz von 1836, das dann über 70 Jahre lang die gesetzliche Grundlage des Volksschulwesens war, faßt diesen Tatbestand in Artikel 72 so: „Die Volksschulen stehen in jedem Orte unter der Aufsicht des Pfarrers derjenigen Konfession, welcher der Schulmeister angehört, und der übrigen Mitglieder des Kirchenkonvents."[2] Die Kirchenkonvente waren, trotz des kirchlichen Namens, keine kirchlichen Institute, sondern lokale Schul-, Armen- und Sittenpolizeibehörden. Die Mehrzahl ihrer Mitglieder gehörte dem Laienstand an, z. B. der Ortsvorsteher – in Städten der Oberbeamte des Orts –, der Stiftungspfleger und Beisitzer aus dem Stiftungsrat und dem Magistrat. Die Konvente hatten die äußeren Schulverhältnisse, u. a. die Einteilung der Klassen, die Anschaffung von Lehr- und Lernmitteln und die Feststellung des Schuletats, zu besorgen. Sie konnten außerdem bei den örtlichen Schulprüfungen und den jährlichen Visitationen durch den Bezirksschulaufseher zugegen sein, der dem Gesetz nach ein Geistlicher sein mußte.

Ein Vergleich der „Königlichen Verordnungen und Gesetze" mit denen der Hoch- und Deutschmeister im 18. Jahrhundert zeigt, daß die in die Obhut des Staates gekommene Schule fest im Griff des württembergischen Obrigkeitsstaates war. Für die Lehrer war überdies die Vielzahl ihrer Vorgesetzten und Übergeordneten ein Erschwernis in besonderem Maße. Albert Schüle hat ihre Lage in der ersten Hälfte des 19. Jahrhunderts so beschrieben: „Die Abhängigkeit ist total: von den geistlichen Herren, vom Schultheißen und der Gemeinde . . ., die Besoldung ist minimal: ohne Nebenerwerb hatten sie kein zureichendes Auskommen . . ., die soziale Einschätzung ist gering: in den Gemeinderechnungen werden sie bei den niederen Diensten eingereiht . . ."[3] Im Rechnungsbuch unserer Gemeinde von 1812 ist die Gehaltsforderung des Schulleiters wie folgt aufgeführt:

„Präzeptor Maier hat zu fordern: auf Georgii
für das 1. Quartal 35 fl. 48 Kr. (35 Gulden,
48 Kreuzer)
für das 2. Quartal 35 fl. 48 Kr.
für das 3. Quartal 71 fl. 36 Kr.
für das 4. Quartal 143 fl. 12 Kr."[4]
Das Jahresgehalt seitens der Stadtgemeinde
betrug also rd. 285 Gulden, basierend auf den
erhobenen Schulgeldern. Dazu kam ein Beitrag von rund 70 Gulden aus der „Heiligenpflege" (kirchliche Stiftung) für den Organistendienst („welchen aber der Schullehrer gegen Bezahlung versieht") sowie 24 Gulden Hauszins. Alles zusammen dürften es rund 380 Gulden gewesen sein. Der Nachfolger erhielt 400 Gulden und den gleichen Hauszins, obwohl ihm bei Stellenantritt 500 Gulden versprochen worden waren. Dies stellte der Schulinspektor bei der Wiederbesetzung der Stelle 1818 fest und verlangte Aufklärung.[5]
Andererseits hielt auch das gemeinschaftliche Oberamt die Stadt zum Sparen bei den Lehrergehältern an, wie ein Rezeß im Visitationsbericht von 1835 zeigt: „. . . beim Gehalt, welchen die Lehrer beziehen, so soll derselbe bei dem Caplanei- und Präzeptoriatsverweser Braun zu Neckarsulm das normalmäßige Minimum von 450 Gulden nicht übersteigen."[6]
In den heute zu unserer Stadt gehörenden ehemaligen Dörfern waren die Lehrergehälter wesentlich geringer, nach demselben Visitationsbericht in Dahenfeld „bei 64 Kindern 197 Gulden anstatt 200,–", in Obereisesheim nach der Einwohnerzahl 200 Gulden.[7] Dort entsprach die Lage der Lehrer auch dem bitteren Los des „armen Dorfschulmeisterleins", wie es ein weitverbreitetes Spottlied drastisch ausdrückte.[8] Das beginnende 19. Jahrhundert hatte im Gefolge der Aufklärung bedeutende pädagogische Theorien hervorgebracht. Begriffe wie „humanistische Bildung", „allgemeine Menschenbildung", „natürliche Erziehung" wurden zu Markenzeichen dieser Epoche und waren Schritte auf dem Weg zur Ablösung der Rohrstockpädagogik. Johann Heinrich Pestalozzi wurde zum Anwalt einer allgemeinen Volksbildung, und von seinem Gedankengut ist auch der Artikel 1 des Schulgesetzes durchdrungen: „Zweck der Volksschulen ist religiös-sittliche Bildung und Unterweisung der Jugend in den für das bürgerliche Leben nöthigen allgemeinen Kenntnissen und Fertigkeiten."[9]
Der Bildungswille war in breiten Bevölkerungsschichten freilich noch nicht sehr ausgeprägt; die Bauern und Handwerker zeigten wenig Interesse an Verbesserungen. Viele betrachteten die Schule als Zeitverschwendung und wollten die Kinder lieber zur Mithilfe in Betrieb und häuslichem Bereich einsetzen. Hiervon zeugt indirekt auch der nachfolgende Beleg aus dem bereits zitierten Visitationsbericht: „In den katholischen Schulen ist die Zahl der Schulversäumnisse ohne begründete Ursache sehr bedeutend, am auffallendsten kommen dieselben in Neckarsulm und Dahenfeld vor; im ersteren Ort wird Armut als Grund des Ausbleibens angegeben und aus demselben Grunde die Nichtbestrafung zu rechtfertigen gesucht, in Dahenfeld unterblieb die Bestrafung wahrscheinlich wegen Unthätigkeit des Ortsvorstehers, hierauf Rezeß Nr. 27."[10]
Die Ansprüche von Industrie, Wirtschaft und Dienstleistungen in der zweiten Hälfte des 19. Jahrhunderts bewirkten eine höhere Bewertung von Bildung und Erziehung. Örtliche Einrichtungen wie die Industrieschulen und Fortbildungsschulen sind ein Beleg dafür. Schulleistung erhielt ein größeres Gewicht gegenüber Stand und Herkunft. Der wissenschaftliche und technische Fortschritt, Kapitalismus und Arbeiterbewegung führten zu tiefgreifenden Umwälzungen in der Gesellschaft. Engagierte Lehrerorganisationen versuchten nicht nur eine pädagogische, sondern auch eine politische Neuorientierung im Lande her-

Die Volksschulen 385

beizuführen. Die Volksschullehrervereine entfachten ab 1890 einen Schulkampf, der die Emanzipation der Volksschule von der Kirche sowie die Gestaltung der inneren Schulverhältnisse im Sinne der einsetzenden Reformpädagogik anstrebte. Durch die gesetzlichen Neuregelungen von 1864 bzw. 1877 hatte sich zwar die Lage der Lehrer verbessert: Es gab nun mehr Oberlehrerstellen und eine geregelte Entlohnung nach Ortsklassen, auch die Mesnerdienste[11] wurden ihnen abgenommen. Die Verpflichtung zum Organistendienst blieb jedoch, und die geistliche Schulaufsicht war nach wie vor beherrschend.

Mit dem neuen Volksschulgesetz vom 17. August 1909 wurden schließlich die wichtigsten Forderungen der Lehrerschaft erfüllt. Durch den jetzt festgelegten Fächerkanon[12] war die Volksschule weit über die alte Schreib-, Lese- und Rechenschule hinausgeschritten und erstrebte eine vertiefte Bildung in allen Lebensbereichen. Auch die Mittelschulen, die sich seit den fünfziger Jahren im Lande entwickelt hatten, fanden jetzt ihre gesetzliche Anerkennung. Neu waren die Bestimmungen über die Errichtung von Hilfsschulen. Die Höchstzahl der Schüler je Klasse wurde auf 60 festgelegt (bisher 90!), die wöchentliche Arbeitszeit der Lehrer auf 30 Stunden. Am wichtigsten aber waren die Bestimmungen über die Schulaufsicht. Der Ortsschulrat blieb nur noch im Sinne einer Schulpflege bestehen, und an ausgebauten Schulen wurde der Rektor anstelle des Pfarrers Mitvorsitzender. Die Bezirksschulaufsicht durfte nur noch von hauptamtlichen Schulräten ausgeübt werden: „Der Bezirksschulaufseher ist ein auf Lebenszeit angestellter Staatsbeamter . . ."[13] Diese Aufsichtsbeamten sollten die „höhere Prüfung für den Volksschuldienst" abgelegt haben. An der Universität Tübingen wurde 1910 ein Lehrstuhl für Pädagogik eingerichtet.

Die Volksschulen

Wo das Schulgebäude zur Zeit des Übergangs an das Königreich stand, läßt sich nicht mehr genau beschreiben. Nach der „Stadtpfarr-Pfründe-Beschreibung von 1811 waren hier zwei Schulen – die eine für Knaben, die andere für Mädchen" lesen wir bei Maucher.[14] Er spricht auch von „zwei Häusern in unmittelbarer Nähe der Stadtpfarrkirche und des Pfarrhauses". Beide lagen in der Frühmeßgasse. Alle Räumlichkeiten erwiesen sich auf die Dauer als zu klein, außerdem war ja noch die Latein- und Realschule, „welche dem städtischen Schulwesen als eigene und gesonderte Zweige eingepfropft worden waren"[15], in geeigneter Weise unterzubringen. 1846 fanden die ersten Beratungen wegen eines Neubaus statt. Nach Abwägung verschiedener Standortmöglichkeiten entschied sich der Stadtrat für die Errichtung der Neckarschule auf der Bleichwiese. Über dieses Schulgebäude lesen wir in der Oberamtsbeschreibung: „Das Schulhaus, ein schöner, stattlicher Bau von Sandstein, mit schiefergedecktem Walmdach an der Neckarstraße wurde im Jahre 1852 neu

134 Die 1853 als Volksschule erbaute Neckarschule beherbergte bis zum Abriß 1982 die Sonderschüler der Pestalozzischule.

erbaut; es enthält 6 größere und zwei kleinere Lehrzimmer, in welchen letzteren die Latein- und Realschule untergebracht ist; parterre ist ein Wohnzimmer für einen Lehrgehilfen."[16] In den Klassenräumen wurden ab 1853 von vier ständigen Lehrern und einer Lehrschwester 460 Schüler unterrichtet. 1879 folgte der Bau des sog. „kleinen Schulhauses" im Hofraum hinter der Neckarschule. In diesen weiteren Neubau zogen dann die zwei Abteilungen der „Kleinkinderschule" (Kindergarten), die mittels einer Stiftung 1868 gegründet worden war.[17] Im oberen Stockwerk des Gebäudes befanden sich noch ein Zeichensaal für die gewerbliche Fortbildungsschule und die Realschule.

Nach der Volkszählung vom Jahre 1885 wohnten in Neckarsulm 480 evangelische Bürger, und die Zahl der schulpflichtigen Kinder dieser Bevölkerungsgruppe war im Frühjahr 1886 bis auf 57 gestiegen. „Dieser Umstand und der ebenso natürliche als keineswegs zu mißbilligende Wunsch, die evangelischen Kinder vereinigt zu haben . . ., veranlaßte die evangelische Gemeinde, auf Errichtung einer eigenen evangelischen Confessionsschule Bedacht zu nehmen."[18] Der entsprechende Antrag des Kirchengemeinderats wurde vom Konsistorium noch 1886 genehmigt[19], und im Zusammenhang mit dem vorgesehenen Kirchbau an der Binswanger Straße wurde auf dem Restgelände an der Bleichstraße auch ein Schulgebäude geplant. 1887 konnte es von der einklassigen evangelischen Volksschule bezogen werden. Der zweistöckige Bau mit Unterrichtsraum und Lehrerwohnung war vor allem durch eine großzügige Spende der Freiherrlich von Wächter-Lautenbachschen Familie möglich geworden.[20] Die weitere Zunahme der Schüler veranlaßte die Errichtung einer zweiten Lehrerstelle und eines Anbaus. Am 1. April 1901 wurde die bisherige Schulträgerschaft der Kirche durch den Erwerb des Schulhauses seitens der bürgerlichen Gemeinde abgelöst, die evangelische Volksschule war ab diesem Zeitpunkt eine städtische Einrichtung unter staatlicher Aufsicht.[21]

Ein Blick in die Vergangenheit der heutigen Stadtteile Obereisesheim und Dahenfeld zeigt, daß dort vorrangig die gleichen Probleme zu bewältigen waren: steigende Schülerzahlen und Raumnot. Dem „Statistischen Handbuch der evangelischen Volksschulen in Württemberg" (Stuttgart 1843) kann man entnehmen, daß die Schule in Obereisesheim von einem Georg Christoph Bäuchlen versehen wurde. Ohne einen Gehilfen unterrichtete er 101 Kinder. Sein Gehalt lag übrigens 1843 genau bei der gesetzlichen Mindestgrenze von 250 Gulden. Erst 1854 wurde es um zehn Gulden erhöht und ihm ein „Lehrgehilfe" beigegeben.[22] Das Schulhaus an der Biberacher Straße, 1811 erbaut, enthielt ursprünglich neben der Lehrerwohnung nur einen einzigen großen Unterrichtsraum, 1850 wurde es dann um einen zweiten Lehrraum erweitert. In den Jahren 1910/12 erbaute die Gemeinde an der Angelstraße als Ersatz für dieses alte Schulhaus eine zweibündig geplante Anlage, von der jedoch nur ein Teil verwirklicht wurde.[23]

Über die Schule in Dahenfeld gibt die Oberamtsbeschreibung von 1881 folgende Auskunft: „. . . das im Jahre 1878 von der Gemeinde mit einem Aufwand von 29000 M am nördlichen Ende des Orts erbaute Schulhaus, zweistockig, unten von Sandstein, oben von Backstein, mit schiefergedecktem Walmdach, enthält Schulzimmer und Lehrerwohnung."[24] Vordem war die einklassige Schule im Rathaus untergebracht. Dieses Schulgebäude von 1878 hat alle Zeitläufte überstanden und dient heute wieder seinem Zweck als „wohnortnahe Grundschule".

Unter den vielen Schulmeistern und Pädagogen dieser Epoche hat einer sich offensichtlich mehr verdient gemacht, als es die Öffentlichkeit heute noch abschätzen kann: Oberlehrer Franz Sträßle, geb. 18. Dezember 1817 in Binswangen unter dem Bussen, gest. 21. Oktober 1906 in Neckarsulm. Er wirkte fast 30 Jahre an der Neckarsulmer Volksschule, Maucher bezeichnete ihn „als stille Größe in unserer Mitte"[25]. Anläßlich seines 100. Geburtstags wurden im „Magazin für Pädagogik" vom 16. März 1918 die Verdienste des vielseitig begabten Pädagogen und Jugendschriftstellers in gebührender Weise gewürdigt. 18 Jahre lang hat er auch als Vorstand des Katholischen Lehrervereins die Interessen des Lehrerstandes vertreten. So überraschte es nicht, daß er bei seiner Pensionierung im Jahre 1888 mit der Verdienstmedaille des Württembergischen Kronenordens ausgezeichnet wurde, die Stadt Neckarsulm verlieh ihm damals das Ehrenbürgerrecht.[26]

Die Lateinschule und die Latein- und Realschule

In den Städten ging die Entwicklung der alten Lateinschulen auf das Gymnasium mit Abiturberechtigung zu. Die Masse der meist kleinen Lateinschulen mußte noch jahrzehntelang um die weiteren Schritte, z. B. um die Berechtigung zum „Einjährigen"[27], kämpfen. Über die Neckarsulmer Lateinschule berichtet Maucher u. a.: „... vom Jahre 1814 bis 1820 erteilte der damalige Kaplan Konrad den lateinischen Unterricht in seinem eigenen Hause und Zimmer, ohne daß ihm hierfür irgendeine Belohnung ausgesetzt gewesen wäre."[28] Zu einer förmlichen Festlegung als gemeindeeigene Schule kam es erst im Jahre 1821, als die kirchliche Schulbehörde verlangt hatte, daß mit dem neuen Kaplan über die Fortführung des Unterrichts zu verhandeln sei. Der Gemeinderat sträubte sich der nun anfallenden Kosten wegen lange gegen dieses Ansinnen.

Am 25. Mai 1821 befahl die Kreisregierung, daß „auf den Widerspruch des Bürgerausschusses nun keine Rücksicht mehr genommen und der Unterricht in der lateinischen Sprache beginnen sollte"[29]. Die Stadt bekannte sich zu „ihrer" Lateinschule. Mit dem Kaplan wurde folgende Übereinkunft getroffen: „... daß ihm

1. als Einstandsgeld von jedem vermöglichen Schüler einmal 1 Gulden,
2. an Schulgeld quartaliter 1 Gulden 30 Kreuzer bezahlt,
3. von der Stadtpflege für das ihm abzugebende geräumige Zimmer jährlich 15 Gulden Mietzins und
4. jährlich 2 Klafter Holz und 50 Büschel Reisig verabreicht werde,
5. für das Sägen und Spalten dieses Holzes die Stadtpflege zu sorgen habe, wohin gegen die Einfeuerung durch seine Magd besorgt werde,
6. soll von der Stadt der Schulapparat, als da beschrieben: 1 Tafel, 2 Bänke, 2 Stühle und die nötigen Bücher und sonstigen Mittel angeschafft werden..."[30]

Bis zum Jahre 1853, dem Neubau der Neckarschule, wurde „in der unteren Stube des alten Kaplaneihauses in der Frühmeßgasse" unterrichtet.[31]

Im Unterricht bildeten die lateinische und die deutsche Sprache den Schwerpunkt. Daneben umfaßte der Lehrplan auch Realfächer wie Biologie, Geographie und Geologie sowie die Arithmetik. Da der Lehrauftrag noch mit der Frühmeßkaplanei verbunden war, ergaben sich wohl Schwierigkeiten, wie es der schon zitierte Visitationsbericht aufzeigt: „... nach Aussage des Schulinspektors ... befindet sich die lateinische Schule in Neckarsulm in einem schlechten Zustand ... als Grund wird angegeben, daß der Unterricht in derselben keinem besonders angestellten Lehrer übertragen ist, sondern durch den jeweiligen Kaplan oder einen Kaplans-Verweser versehen wird. Dieser ist aber durch seine anderweitigen Berufsgeschäfte zu sehr in Anspruch genommen, so daß er täglich nur 4 Unterrichtsstunden hält und überdies, wenn Casualien eintreten, die Schüler entlassen oder ohne Aufsicht lassen muß."[32]

In der Mitte des Jahrhunderts mehrten sich die Forderungen von Handwerk und aufkommender Industrie nach einer andersgearteten Bildung. Die Lateinschulen konnten deren Bedürfnisse immer weniger befriedigen. So wurden in Württemberg ab 1835 vielerorts „lateinlose höhere" Schulen, sog. Realschulen, eingerichtet. Dabei blieb es den Gemeinden überlassen, ob sie ihre bestehende Lateinschule umwandeln oder daneben eine Realschule einrichten wollten. Neckarsulm entschied sich für das letztere. 1842 wurde neben der Lateinschule eine einklassige Realschule eingerichtet. Die zunächst neun Schüler wurden von einem (staatlichen) Reallehrer unterrichtet. Angeboten wurde eine vertiefte Ausbildung in einer modernen Fremdsprache, in naturwissenschaftlichen Fächern (Realien) und technischen Fertigkeiten, z. B. Zeichnen. Diese Realschule fand zunächst eine private Unterkunft im Hause Pecoroni, Frühmeßgasse 12, zeitweilig auch im Amorbacher Hof, „wo sie über ein schönes, großes, hohes Zimmer nebst Kabinett für die physikalischen Apparate verfügte"[33]. Nach dem Bau der Nekkarschule konnten dort die 13 Schüler der Lateinschule und die 17 Realschüler in zwei Klassenzimmern unterrichtet werden. Die Schülerzahlen nahmen weiter zu, ab 1889 wurden auch Mädchen aufgenommen.[34] 1907 erhielt die „Latein- und Realschule", zeitweilig auch Realschule mit Lateinabteilung genannt, die fünfte Lehrerstelle und zog schließlich im Jahre 1914 in die umgebaute Bandhaus-Kelter, die sechs Schulräume enthielt. Von den damals 101 Schülern besuchten 29 die drei Lateinschulabteilungen und 72 die fünf Realschulklassen.[35] Das Bandhaus blieb ihr Domizil, bis das Gebäude im April 1945 durch Artilleriebeschuß zerstört wurde.

Von der Sonntagsschule zur Gewerbeschule

Aufgrund der übernommenen Württembergischen Schulordnung hatten die schulentlassenen Jugendlichen in Neckarsulm die Sonntagsschule zu besuchen, um ihre Kenntnisse und Fertigkeiten in Lesen, Schreiben und Rechnen zu sichern und zu vertiefen. Der Unterricht dauerte am Sonntag in der Regel zwei Stunden. Die Bevölkerung der Stadt Neckarsulm, die im Jahre 1842 rund 2700 Einwohner zählte, war in dieser vorandrängenden Zeit der Überzeugung, daß das Gewerbe zukünftig nur erfolgreich sein könne, wenn die Jugendlichen darüber hinaus eine gute Fortbildung erhielten. So wurde in diesem Jahr eine gewerbliche Abend- und Fortbildungsschule eingerichtet.[36] Die Jugendlichen erhielten Unterricht in den Fächern Geschäftsaufsatz, gewerbliches und landwirtschaftliches Rechnen, Geographie, Freihand- und Linearzeichnen. Der Schulbesuch war freiwillig; durch den Besuch konnte man allerdings von der Sonntagsschule freigestellt werden. Ebenfalls in den vierziger Jahren wurde eine weibliche Industrieschule ins Leben gerufen. Ähnliches wird aus Obereisesheim berichtet, wo schon 1837 auf Drängen des Oberamts eine solche weibliche Industrieschule eingerichtet wurde. Die Leitung hatte die „hiesige Näherin Katharina Volz. Von Martini bis Georgii wurden wöchentlich 6 Stunden unterrichtet. Es wurden Hemden genäht, sowie Hals-Sack-Hand- und Leintücher, ja sogar ganze Kleider genäht."[37] Doch diese schulischen Einrichtungen bestanden nicht lange.

Im „Neckarsulmer Anzeiger" vom 1. Dezem-

ber 1864 erfahren wir, „daß die gewerbliche Fortbildungsschule, die nach einem allgemeinen Landesgesetz gegründet werden konnte, abends 8 Uhr in der Schule des Herrn Lehrer Doma eröffnet werde"[38]. Die Besucher dieser Schule erhielten acht Stunden Unterricht an vier Abenden in der Woche und am Sonntagvormittag. Es mußte ein Schulgeld bezahlt werden. Die bestehenden Sonntagsschulen und Industrieschulen wurden aufgehoben. Das 1895 erlassene Gesetz zur Einführung einer „allgemeinen Fortbildungsschule" sollte ein weiterer Schritt zu einer zeitgemäßen Weiterbildung werden, doch die Schülerzahl war noch recht bescheiden: 1901 zählte man 16 Schüler. Durch Ortsstatut wurde der freiwillige Schulbesuch aufgehoben und der Schulzwang bis zum 17. Lebensjahr eingeführt.
Die Grundlage für das heutige Berufsschulwesen wurde durch das Gewerbe- und Handelsschulgesetz vom 22. Juni 1906 geschaffen. Danach waren die Gemeinden verpflichtet, Gewerbe- und Handelsschulen mit obligatorischem Tagesunterricht in drei aufsteigenden Jahreskursen zu errichten, wenn in einem Jahrgang mindestens 40 „fortbildungspflichtige Jugendliche" vorhanden waren. Das Inkrafttreten des Gesetzes mußte aber landesweit auf 1. April 1909 verschoben werden, da keine ausgebildeten Gewerbelehrer zur Verfügung standen. Durch Erlaß des Königl. Gewerbeschulrats vom 8. April 1909 erhielt die Stadt Neckarsulm in der Person des Gewerbelehrers Hegele den ersten Gewerbelehrer, der ein theoretisches und praktisches Studium absolviert hatte. Bis zu seiner Berufung hatten nur Lehrer aus dem Volksschulbereich den Unterricht erteilt. Mit dem Schulbeginn am 1. Mai 1909 wurde somit die Gewerbeschule ins Leben gerufen.[39] Bereits im Jahre 1906 hatte die Stadt Neckarsulm mit dem Bau einer „neuen Industrie-, Zeichen- und Fortbil-

135   Die erste Gewerbeschule wurde 1906/07 in der Binswanger Straße erbaut.

dungsschule", der späteren Gewerbeschule, an der Binswanger Straße begonnen. Das Schulgebäude wurde „am 4. November 1907 feierlich eingeweiht und in Betrieb genommen"[40]. Den 295 Schülern standen im ersten und zweiten Stock jeweils drei Unterrichtsräume zur Verfügung, während im Erdgeschoß die Kinderschule bzw. ein Kindergarten untergebracht war. Die Schule nahm unter ihrem rührigen Schulleiter einen weiteren Aufschwung, so daß 1913 ein zweiter hauptamtlicher Gewerbelehrer an die Schule versetzt wurde. Wegen des Kriegsdienstes der Lehrer mußte die Schule im Ersten Weltkrieg zeitweilig geschlossen werden.

Schule in der Weimarer Republik – die Staatsschule in der ersten Reformphase

Nach dem verlorenen Krieg wurde die republikanische Staatsform in Deutschland eingeführt, und zunächst übernahmen die Sozialdemokraten, in der Monarchie oft als „Staatsfeinde" gescholten, die Führung des Staates. Unter ihrem Einfluß wurden auf das Schulwesen große idealistische Hoffnungen und Erwartungen gesetzt und seine Bedeutung so hoch gehalten, daß es Verfassungsrang erhielt. In die Reichsverfassung von 1919 wurden mit den Artikeln 142–149 Rahmenbestimmungen aufgenommen, damit das Bildungswesen nicht mehr „allein den Ländern überlassen bleibt"[41]. Darin wurden die achtjährige Volksschule und die allgemeine Schulpflicht bis zum 18. Lebensjahr festgesetzt, die Schulgeldfreiheit an Volksschulen und Fortbildungsschulen bestimmt, Staatsbürgerkunde und Arbeitsunterricht zu neuen Lehrfächern der Schule erklärt und insgesamt Verständnis und Toleranz für Andersdenkende empfohlen. Diese Schulartikel wurden nur zum Teil und sehr zögerlich in den Ländern durchge-

führt. Die Einführung des achten Schuljahrs schleppte sich z. B. in Neckarsulm bis zum Jahre 1928 hin. Aus dem Gemeinderatsprotokoll vom 14. Juli 1927 erfahren wir, daß zwar die „Evang. und Kath. Oberschulräte der Einführung der achtjährigen Schulpflicht für die Knaben ab 1. April 1927 zugestimmt hätten, aber für die Mädchen sei die Einführung noch nicht vorgesehen". So beschloß der Gemeinderat, daß die „achtjährige Schulpflicht auch für die Mädchen ab Frühjahr 1928 durchzuführen ist"[42].

Von seiten des Reiches wurde 1920 das Reichsgrundschulgesetz[43] erlassen, das eine wichtige strukturelle Veränderung bedeutete: „Die Volksschule ist in den vier untersten Jahrgängen als die für alle gemeinsame Grundschule, auf der sich auch das mittlere und höhere Schulwesen aufbaut, einzurichten." Württemberg übernahm für seine Schulen das Gesetz durch Verfügung vom 25. November 1920.[44] Die bisher übliche Trennung der Schullaufbahnen, je nach sozialer Schicht oder Klasse, wurde aufgehoben. So wurde die „Volksschule" wenigstens für vier Jahre zur Schule aller Volksschichten. Das hat auch die Stellung und Einschätzung des Volksschullehrers nicht wenig beeinflußt, brachte sie ihn doch jetzt mit Bevölkerungskreisen in Verbindung, die ihm bisher meist geringschätzig begegnet waren.

Die republikanische Staatsform von Weimar verlangte auch nach einer Änderung der „äußeren" Schulverhältnisse, nach einer „demokratischen Öffnung", würde man heute sagen, nach einer zunehmenden Differenzierung der Vorschriften, um die Beteiligungsrechte aller an der Schule „interessierten Kräfte" zu sichern. Durch die „Bildung eines Beamten- und Lehrerbeirates für die Unterrichtsverwaltung" eröffneten sich erstmalig Mitwirkungsmöglichkeiten. Nach der Bekanntmachung vom 24. März 1920 und dem „Status"[45] wurden vier Beiräte, getrennt für Volksschulen, Höhere Schulen, Fortbildungsschulen und Hochschulen, gebildet. Dem ersten Beirat für das gewerbliche Fortbildungswesen gehörte u. a. auch der damalige technische Direktor der NSU-Werke, Ing. Georg Schwarz, an.[46] Man bezeichnete die Zeit der Weimarer Republik gerne als die Zeit „eines pädagogischen Frühlings"[47]. Unbestritten ist, daß in dieser Zeit viele reformpädagogische Ideen in den Unterricht übernommen wurden, die teilweise nach 1945 ausreifen konnten. Die „Blüte des pädagogischen Frühlings" wuchs jedoch auf einem kargen und ärmlichen Feld: Es waren die Jahre der Inflation und von 1929 an die Jahre einer großen Wirtschaftskrise mit der größten Arbeitslosigkeit – auch bei den Lehrern. Auch Neckarsulm blieb davon nicht unberührt.

Der weitere Ausbau des Schulwesens

Über Ausflüsse der Reformpädagogik auf das örtliche Schulwesen finden sich naturgemäß wenig Belege in den Archiven. Das Reichsgrundschulgesetz von 1920 und die entsprechende Landesverfügung änderten an der Schulorganisation in der Stadt nichts. Die „neue" Grundschule wurde im Verband der bestehenden Volksschulen geführt. Nur am Rande erfährt man aus den vorhandenen Unterlagen von strukturellen Veränderungen. So luden Stadtschultheiß Häußler, Rektor Ehrler (Kath. Volksschule) und Rektor Mayer (Ev. Volksschule) am 12. September 1925 zur Eröffnung und Besichtigung der neu gerichteten Hauswirtschaftsschule (Kochschule) ein. Die Begründung für diesen Vorgang liefert das Gemeinderatsprotokoll: „Die Mädchen, die zum Besuch der Fortbildungsschule verpflichtet sind, sollen künftig in der Hauswirtschaftsschule unterrichtet werden. Der Kath. Oberschulrat hat ab 3. 10. wöchentlich 4 Unterrichtsstunden genehmigt."[48] Dies war sicher ein Ausfluß der Kerschensteinschen Reformpädagogik. Ebenso einzuordnen ist die Errichtung einer Hilfsschulklasse im Jahre 1929 an der Kath. Volksschule (Karlsschule) durch den neu ernannten Rektor Riek, einen „Tübinger" (Lehrer mit Höherer Volksschuldienstprüfung). Nach seiner Statistik vom 13. Mai 1930 wurden in der einklassigen Hilfsschule von Hilfsschullehrer Hamma 26 Schüler verschiedener Altersstufen unterrichtet.[49] Vorrangig mußte man sich nach dem Krieg wieder mit dem alten Problem Schulraumnot befassen. Zur Milderung der größten Engpässe wurde an die Aufstellung einer Schulbaracke hinter dem kleinen Schulhaus gedacht: „Am 27. 5. 1919 hat das Stadtschultheißenamt einen Plan für ein Notgebäude mit 2 Schulsälen an das gemeinschaftliche Oberamt in Schulsachen vorgelegt."[50] Die Baracke überstand letztlich sogar den Zweiten Weltkrieg, aber Verwaltung und Gemeinderat waren sich einig, daß mit weiteren Notmaßnahmen auf die Dauer nicht gedient war. So wagte sich die Stadt Neckarsulm mitten in dieser schweren Zeit und bei allgemeiner Finanzschwäche an einen großen Schulneubau. Der Beschluß des Gemeinderats vom 5. Mai 1923 sah ein Volksschulgebäude für zwölf Klassen vor, und „zur Erlangung von Entwürfen für ein neues Schulhaus mit Turnhalle" wurde ein Architektenwettbewerb ausgeschrieben. Wesentlich schwieriger tat man sich mit der Finanzierung des Vorhabens. Aus einem Erlaß vom 25. August 1923 erfahren wir, daß „mit Genehmigung der Kreisregierung der Stadtgemeinde gestattet wird, bei der Süddeutschen Festwertebank in Stuttgart eine 5000 gr-Feingold-Anleihe und eine 10000 gr-Feingoldanleihe" aufzunehmen. Getilgt werden sollte ab 1. Juli 1927 bzw. 1. Juni 1928. Der damalige Stadtpfleger Merckle schrieb an den

136 25. Juli 1925: Bürgermeister Johannes Häußler übergibt die neu erbaute Karlsschule ihrer Bestimmung.

Rand des Papiers: „Die Schuldsumme entspricht nach gegenwärtigem Stand etwa 10 Milliarden Papier-Mark."[51]
Abgerechnet wurde der Neubau mit der kaum lesbaren Summe von 2 158 643 555 793 978 Papiermark für den Rohbau, 2 992 496 Goldmark für den weiteren Ausbau und 37 870 Goldmark für die Einrichtung.[52] Am 25. Juli 1925 wurde das neue Volksschulgebäude an der Karlsstraße (Karlsschule) feierlich eingeweiht. Am Vorabend hatte ein „großer Fackelzug mit allen Schülern, Lehrern, dem Gemeinderat und der Stadtkapelle" stattgefunden. Die Kath. Volksschule zog mit 496 Schülern in das „neue große Haus mit seinen drei Stockwerken, in denen 14 Klassenzimmer, ein Zeichensaal mit Modellraum, ein Projektionssaal, zwei Lehrerzimmer und das Rektorat" eingerichtet waren. Im Untergeschoß befanden sich „eine geräumige Schulküche mit 4 Herden, ein Knabenhandfertigkeitssaal, ein Schülerbrausebad mit Ankleideraum" sowie Dienstzimmer und Wohnung für den Hausmeister. Der Berichterstatter der „Unterländer Volkszeitung" lobte u. a. die „schönen Gänge und das lichte Treppenhaus mit den kunstvollen Wandbildern, die hübschen Bildhauerarbeiten an den zwei fließenden Brunnen im Erdgeschoß und 1. Obergeschoß" und schließt mit folgenden Worten: „Möge allzeit in Erfüllung gehen, der am Eingang eingemeißelte, sinnreiche Spruch des Herrn Rektor a. D. Katz: Gott zur Ehr' – der Jugend zur Lehr' – allen zuteil – der Gemeinde zum Heil!"[53] Doch nur

Die Latein- und Realschule auf dem Weg zur „Höheren Schule"

137   Die 5. und 6. Mädchenklasse der Karlsschule 1932 vor ihrem Schulhaus mit dem von der NSDAP abgelehnten Relief.

rund 45 Jahre sollte der das Stadtbild prägende „Schulpalast" stehen. 1970 wurde er abgebrochen, der Grund dafür wird an späterer Stelle erläutert. Die Evang. Volksschule zog am 29. August 1925 von ihrem bisherigen Gebäude an der Bleichstraße in die freigewordene Neckarschule um.

Die Latein- und Realschule auf dem Wege zur „Höheren Schule"

Wie in vielen kleineren Städten ging das Stadium der Unsicherheit und der „Kampf der Richtungen" weiter: alte Sprachen oder moderne Fremdsprachen, Realien oder gewerblich-kaufmännische Fächer. Neckarsulm war hier nicht ausgenommen, denn aufgrund der Schülerzahlen hatte die Latein- und Realschule kaum die Chance, eine „Vollanstalt" zu werden. Man tastete sich langsam an die erste Stufe, die Abhaltung einer Abschlußprüfung, heran; dazu war die Aufstockung auf sechs Klassen notwendig. Am 1. April 1927, die Schule hatte damals 117 Schüler in fünf Klassen, wurde die beantragte Aufhebung der Präzeptoratskaplanei „ad St. Catharinam" vom Kultministerium genehmigt. Die bisher mit dieser Kaplaneistelle verbundene Leiter- und Studienratsstelle wurde für einen staatlichen Lehrer frei. Studienrat Alois Lehmann übernahm die Leitung der Schule.[54]
Vermutlich im Blick auf die angestrebte Abschlußprüfung wurde 1928 ein Studienasses-

sor altsprachlicher Richtung angestellt.⁵⁵ Durch die weitere Zunahme der Schülerzahl, die Übernahme der bisherigen „privaten" sechsten Klasse, konnte die Schule zu einer sechsklassigen Anstalt ausgebaut werden, zu diesem Zeitpunkt besuchten 164 Schüler die Schule. Nachdem ihr am 11. Januar 1929 das Recht zur Durchführung der Abschlußprüfung Mittlere Reife (früher das „Einjährige") zuerkannt worden war, „lebte die Latein- und Realschule in einer sehr befriedigenden Organisationsform"⁵⁶.

Die Differenzierung der Fortbildungsschulen

Wenn man heute von einer „Zentralfunktion der Schulen in unserer Stadt" spricht, so kommt dies im Berufsschulbereich schon frühzeitig zum Ausdruck. Wohl aus der Tradition und Funktion der Oberamtsstadt, dem Sitz einer bedeutenden Industrie, stammen die ersten überörtlichen Verbindungen. Am 1. Mai 1921 gründeten die Gemeinden Neckarsulm, Binswangen, Erlenbach, Obereisesheim, Jagstfeld und Oedheim einen Gewerbeschulzweckverband.⁵⁷ Erstmals konnte für 252 Lehrlinge eine fachliche Gliederung nach Handwerkerklassen mit teilweisem Werkstattunterricht eingeführt werden. Nach weiteren Verhandlungen gelang es 1925, auch die Gemeinden Kochendorf und Gundelsheim, die noch eigene Gewerbeschulen unterhielten, dem Zweckverband einzugliedern. So konnten nun 520 Schüler einen fachlich differenzierten und damit effektiv besseren Unterricht erhalten. Eine weitere Aufgliederung der Berufsschule erfolgte mit der Einrichtung einer Ländlichen Fortbildungsschule. Schon seit längerem wünschte der Gemeinderat, „daß die allgemeine Fortbildungsschule auch für die Söhne der Landwirte und Weingärtner ausgebaut wird"⁵⁸. Am 10. August 1928 wurde durch die „Ministerialabteilung für Bezirks- und Körperschaftsverwaltung die Errichtung eines Gemeindezweckverbandes für die Ländliche Kath. Fortbildungsschule und die hierfür aufgestellte Verbandssatzung für die Stadt Neckarsulm und die Gemeinden Binswangen, Böttingen, Erlenbach, Gundelsheim, Kocherturn und Oedheim zugleich im Namen des Kath. Oberschulrates genehmigt"⁵⁹. Der Unterrichtsbesuch war auf zwei Jahre mit jährlich 50 Stunden festgelegt; der Lehrplan sah Deutsch und Rechnen, u. a. Einführung in die landwirtschaftliche Buchführung, sowie einen sog. „Realunterricht" vor. Im gleichen Zeitraum etablierte sich eine private Bildungseinrichtung, die einem schon früher geäußerten Bedürfnis⁶⁰ Rechnung trug, die Haushaltungs- und Handelsschule St. Paulus. Nach der Errichtung des Kath. Gemeindehauses und Töchterinstituts St. Paulus erlaubte am 7. Dezember 1929 das Württembergische Landesgewerbeamt der Kath. Kirchengemeinde „unter Vorbehalt des Widerrufs, in Neckarsulm unter Leitung des Herrn Stadtpfarrer Sandel: 1. eine private Frauenarbeitsschule, an der Unterricht im Weiß- und Kleidernähen und allen anderen weiblichen Handarbeiten erteilt wird, 2. eine private Handelsschule, an der Unterricht in allen Handelsfächern erteilt wird, zu betreiben"⁶¹. Bis zum 31. März 1967 besorgten Schulschwestern der Franziskanerinnen vom Kloster Sießen bei Saulgau an dieser Einrichtung den Dienst und Unterricht in hervorragender Weise.⁶²

Schule im „Dritten Reich" – das Schulwesen unter dem Anspruch einer Ideologie

Mit dem „Dritten Reich" waren die dunkelsten Wolken über die Schule und die Lehrerschaft heraufgezogen, auch wenn die damaligen Schüler und Eltern auf Befragen vorder-

gründig nur über Äußerlichkeiten berichten können: die Hakenkreuzfähnchen in der Fibel, der Ersatz der deutschen Schrift durch die Sütterlinschrift und später durch die lateinische Schrift und vor allem das Aufstehen und „Grüßen".[63] In der Phase der Machtkonsolidierung wollte man ohne große Veränderungen die Loyalität der Bevölkerung gewinnen. Im Bereich der Volksschule wurde z. B. der Lehrplan von 1928 erst 1941 ersetzt.[64] Dieses zunächst distanzierte Verhältnis der Nationalsozialisten zur Schule hatte aber auch andere Gründe. Die von der Schule vor allem gepflegte intellektuelle Erziehung erschien ihnen zweitrangig gegenüber der körperlichen und charakterlichen. Hitler selbst hatte im Gespräch zu Hermann Rauschning gesagt: „Ich will keine intellektuelle Erziehung. Mit Wissen verderbe ich mir die Jugend. Meine Pädagogik ist hart. Das Schwache muß weggehämmert werden. Eine gewalttätige und unerschrockene Jugend will ich!"[65]
Diese inhumane und antimoderne Ideologie, verbunden mit dem Primat des Führertums, fand ihren Nährboden in der Jugendorganisation der NSDAP, der Hitlerjugend. Sie leistete eine intensive und umfassende Indoktrination außerhalb der Schule, so daß die zusätzliche durch die Schule nicht nötig schien, vor allem dadurch, daß ihr bestimmte Auflagen zugunsten der Hitlerjugend gemacht wurden. So hatten die Schulen bestimmte Nachmittage und von 1934 an den Samstag als Staatsjugendtag vom Unterricht freizuhalten. Jene Schüler, die sich nicht der Hitlerjugend anschließen durften, mußten zu den „Dienstzeiten" den Unterricht besuchen. In der Karlsschule wurden die restlichen Schüler der Schuljahre 5–8 in einer Klasse zusammengefaßt.
Nach dem Abschluß des Reichskonkordats (10. 9. 1933) und einer kurzen „Beruhigungsphase" wurde der Einfluß der Partei auf die Schulpolitik stärker sichtbar, sie drängte auf eine „Entkonfessionalisierung" des Schulwesens. Ein erster Schritt war die Zusammenlegung der Katholischen und Evangelischen Oberschulräte zu einer gemeinsamen Ministerialabteilung für die Volksschulen, folgerichtig danach die Bildung simultaner Bezirksschulämter.[66] Auch die Parteiorgane auf örtlicher Ebene scheuten nicht vor – heute etwas grotesk erscheinenden – Angriffen auf den christlichen Charakter der Schulen zurück. So berichtet das Neckarsulmer Gemeinderatsprotokoll vom 27. Juni 1933: „Stadtrat Funder (NSDAP) stellt den Antrag, das Reliefbild (Jesus lehrt die Kinder) am Eingang des Kath. Volksschulgebäudes und das Holzkreuz auf dem Friedhof zu entfernen . . . die ganze Bevölkerung lehne die beiden Bildwerke ab, sie seien Kulturbolschewismus und müßten unbedingt verschwinden."[67] Der Religionsunterricht innerhalb der Schulen wurde, gegen geltendes Recht, immer mehr erschwert: Manche Geistlichen erhielten Unterrichtsverbot aufgrund außerschulischer „Anzeigen". Ein Beispiel dafür ist der Fall des Kaplans Schmid, der als Jugendkaplan in Neckarsulm tätig war und die den Nazis mißliebige Katholische Jugend leitete. Ihm wurde die Verbreitung eines Liedes vorgeworfen, „das offensichtlich als ein gegen die Hitlerjugend gerichtetes Hetzgedicht verfaßt worden war und die Hitlerjugend verächtlich machen sollte"[68]. Am 26. Januar 1935 entzog Kultminister Mergenthaler Kaplan Schmid das Recht zur Erteilung des Religionsunterrichts an einer öffentlichen Schule des Landes.[69] Im August desselben Jahres legte er dem Staatsministerium einen Gesetzentwurf über die Einführung der Gemeinschaftsschule vor, „da der einseitig konfessionelle Charakter der Volksschulen in Württemberg nicht mehr zeitgemäß sei"[70]. Zunächst ging man gegen die „Doppelschulen" in konfessionell gemischten Orten aus

Gründen der „Verwaltungsvereinfachung" vor. Dabei wurde versichert, daß die konfessionellen Schulen nur aufgelöst würden, wenn 90 Prozent der Eltern zustimmten. In Neckarsulm wurde, ebenso wie in anderen Orten, die Einführung der Deutschen Volksschule durch eine Abstimmung herbeigeführt. Die Lehrer waren gehalten, die Zustimmung der Eltern zu dieser Schulform in persönlichen Gesprächen zu erreichen. Den Gegnern wurde versichert, daß der Religionsunterricht, getrennt nach Konfessionen, nach wir vor Bestand habe. Schulrat Knapp vom Bezirksschulamt II Heilbronn teilte dem Bürgermeisteramt am 14. Mai 1936 mit, „daß 95,5 Prozent der Erziehungsberechtigten für die Einführung gestimmt hätten. Von den 622 katholischen Schülern gingen zukünftig 577 und alle 256 evangelischen Schüler in die Deutsche Volksschule. Für die verbleibenden 45 Schüler würde eine einklassige kath. Bekenntnisschule eingerichtet". Letztere wurde dann am 11. Januar 1937 durch Erlaß „aus schulorganisatorischen Gründen" aufgehoben.[71] In der „Unterländer Volkszeitung" vom 3. Juni 1936 wurde unter der Überschrift „Die Schranken sind gefallen!" ausführlich über die Einführungsfeier berichtet.[72] Über die Änderung der Schulnamen aus diesem Anlaß erfahren wir aus dem Protokoll vom 3. Juni 1936: „Aus Anlaß der Einführung der Deutschen Volksschule ergeht im Einvernehmen mit der politischen Leitung die Verfügung, die Karlsschule in ‚Hans-Schemm-Schule' und die Neckarschule in ‚Herbert-Norkus-Schule' umzubenennen. Der Bürgermeister."[73]

Um diese Zeit wurde auch das Steinrelief am Eingang der ehemaligen Karlsschule als Zeugnis der „entarteten Kunst" (!) entfernt. Die Latein- und Realschule erhielt mit Ablauf des Schuljahres den Namen Deutsche Oberschule, zugrunde lag ein Erlaß des Reichsministeriums, der einen „Normaltyp" der bisherigen Gymnasien schaffen wollte und die Dreiteilung rigoros aufhob; nur in wenigen Städten wurde z. B. noch ein humanistischer Zug geduldet.[74] Die Vielfalt und Experimentierfreudigkeit im Weimarer Schulwesen wurde radikal beendet, das z. T. avantgardistische Privatschulwesen unterbunden. Hitler hatte sich mit den Nationalpolitischen Erziehungsanstalten seine eigenen Privat- bzw. Kaderschulen eingerichtet. Außerdem verkürzte man das höhere Schulwesen „aus bevölkerungspolitischen Gründen" auf acht Schuljahre, demzufolge wurde in Neckarsulm letztmalig 1937 die Mittlere Reife abgenommen.[75] Nach dieser Neuordnung erschienen Lehrpläne, die „die Formung des nationalsozialistischen Menschen" zum Ziel hatten. Deutsch, Geschichte, Biologie und Sport wurden die Kernfächer. Ihre ideologische Ausrichtung trat nun deutlich zutage. So wurde z. B. der Deutschunterricht an der Oberschule um die Gesichtspunkte gruppiert: 1. Das Volk als Blutsgemeinschaft, 2. Das Volk als Schicksals- und Kampfgemeinschaft, 3. Das Volk als Arbeitsgemeinschaft ... usw.[76]

Die Lehrplanänderungen für die Volksschulen fielen gemäßigter aus, doch wurde am 5. April 1939 ein Weltanschauungsunterricht eingeführt, um den Religionsunterricht weiter zurückzudrängen. Nach Zeitzeugen soll dieser Weltanschauungsunterricht in den Neckarsulmer Schulen mehr mit dem Singen von „zakkigen" Marschliedern oder der Vorbereitung von Schulfeiern mit „Fahnenhissung und Fahnenspruch" ausgefüllt gewesen sein. Der bei der Hitlerjugend übliche militärische Habitus, wie Antreten, Ausrichten, Stillstehen, Melden und Grüßen, drang mit Kriegsbeginn immer mehr in den Schulalltag ein. Die Schule wurde letztlich für alles in Anspruch genommen: für Feiern und Propagandafeste, für Sammlungen, Aufmärsche und letztlich für die „Wehrertüchtigung": Der Sport hatte überall den

höchsten Stellenwert. Nicht die Schulleistungen waren entscheidend, auch die außerschulische Betätigung in einer HJ-Organisation konnte in der Schule zu positiven Bewertungen führen.
Und die Lehrer? Sie waren mehr oder weniger gezwungen, mitzumachen, am stärksten war dieser Zwang auf dem Dorf und in der Kleinstadt. Manche haben unter dieser „Funktion im Dienste der Partei" schwer gelitten, andere aber – das muß man sagen – konnten der Versuchung nicht widerstehen, selber an der „Machtergreifung" teilzuhaben. Nach R. Bölling[77] waren etwa 25 Prozent der württembergischen Lehrer bis 1936 Parteimitglieder geworden, ein Drittel davon als Funktionäre. Viele waren eingetreten, weil sie dem auf sie ausgeübten Druck nicht standhalten konnten. Wie viele überzeugte Anhänger des Nationalsozialismus waren, läßt sich von den Zahlenangaben wohl kaum beurteilen. Dem NS-Lehrerbund, dessen Führer jener Hans Schemm war, nach dem die Karlsschule umbenannt wurde, gehörten rund 98 Prozent der Lehrer an.[78] Dieser Organisation konnte sich offensichtlich keiner entziehen, wollte er sein berufliches Fortkommen nicht gefährden. Jüdische Lehrer und solche, die sich politisch anderweitig engagiert hatten, waren schon kurz nach der Verabschiedung des Ermächtigungsgesetzes „entfernt" worden. Wer danach noch eine kritische Einstellung zum „Dritten Reich" hatte und dies nicht verbarg, mußte mit einer Zwangsversetzung rechnen. Dies ist von den Neckarsulmer Schulen nicht bekannt und nicht belegt. Es gab nach außen sichtbar keine großen Differenzen in den hiesigen Lehrerkollegien, in denen wohl noch etliche christlich gesinnte Lehrer waren, die teilweise weiter kirchliche Ämter ausübten. Andererseits war in der Bevölkerung auch die nationalsozialistische Einstellung einzelner Lehrer wohl bekannt. Offensichtlich haben es die damaligen Schulleiter geschickt verstanden, „politische Scharfmacher" kleinzuhalten und kritische Kollegen fair zu schützen, wo immer es ging. Dies brachte Oberlehrer Borner, nach dem Krieg „Mitglied der Spruchkammer Heilbronn", in der Ortsschulratsitzung am 16. Juli 1948 zum Ausdruck, als über die Wiedereinsetzung von Rektor Riek in sein Amt zu entscheiden war.[79]

Schule in der Bundesrepublik – Schule als das durchgeplante System von Bildung und Erziehung in der Demokratie

Bis zum Ende des Jahres 1945 blieben vielerorts die Schulen geschlossen. In Neckarsulm bemühte sich die Volksschule ab 1. Oktober um einen behelfsmäßigen Unterrichtsbetrieb[80], der aber infolge zerstörter, schwerbeschädigter oder gar anderweitig verwendeter Schulgebäude[81] und wegen fehlenden Unterrichtsmaterials noch lange erschwert blieb. Zudem gab es zu wenig Lehrkräfte, denn manche der eingezogenen Lehrer waren noch in Kriegsgefangenschaft, und viele mußten auf ihre Entnazifizierung warten. Die Militärregierung bestimmte die Einrichtung sog. Spruchkammern[82], die die politische Vergangenheit auch der Lehrer überprüfen mußten. Ohne den Spruchkammerbescheid als „Unbelasteter" oder nur „Mitläufer" konnte kein Lehrer mehr im Schuldienst Verwendung finden.
Aus den Reihen der entlassenen Soldaten und der arbeitslos gewordenen Männer und Frauen wurden „Schulhelfer" gewonnen. Inhaltlich knüpfte man, zunächst in Verbindung mit einer „demokratischen re-education" (Umerziehung) durch die westlichen Besatzungsmächte, an die schulischen Verhältnisse der Weimarer Zeit an.[83] Die Bemühungen um eine pädagogische Erneuerung, vielleicht mit

dem Begriff „innere Schulreform" zu umschreiben, dokumentiert der Bildungsplan für die Volksschule in Baden-Württemberg von 1958, der die Vorstellung einer „volkstümlichen Bildung" zum Ziel hatte. Für die Schulpolitik war und ist von Bedeutung, daß die Kultur- und Schulpolitik seit 1945 wieder den Ländern zusteht, ja sie ist sogar Indiz der Eigenstaatlichkeit.

Aufs Ganze gesehen waren die ersten zehn bis 15 Jahre nach dem Krieg eine ruhige Zeit, eine Zeit der großen Schulhausbauten und der Konsolidierung ohne nennenswerte Auseinandersetzungen. Doch dann rief Georg Picht die „deutsche Bildungskatastrophe" aus. In seinem 1964 erschienenen Buch wies er darauf hin, „daß das deutsche Bildungswesen den künftigen Anforderungen nicht mehr gerecht" und „wirtschaftlicher Notstand die Folge sein" werde.[84] Die von ihm aufgezeigten Probleme ließen sich mit „einer volkstümlichen Bildung" nicht mehr bewältigen. Reformen wollten jetzt alle. In den folgenden Jahren wurde eine ganze Reihe von Plänen zur Bildungsreform entwickelt. Sie alle hatten ein einheitliches, den Erfordernissen der Zukunft entsprechendes, durchstrukturiertes Bildungs- und Schulsystem zum Ziel.

Am 21. April 1964 beschloß der Landtag von Baden-Württemberg das Gesetz zur Vereinheitlichung und Ordnung des Schulwesens, das auf Landesebene die fünfjährige Hauptschule vorsah. Deren Einführung folgte im Schuljahr 1965/66, zunächst noch mit Kurs- und Kernunterricht in Englisch, Deutsch und Mathematik, doch es wurde auch die Basis für weitere Veränderungen gelegt.[85] Kultusminister Hahn legte in den folgenden Jahren Schulentwicklungspläne (I–IV) für alle Schularten vor, deren Umsetzung sich weit in die Zeit der Gebiets- und Kreisreform von 1973 hinzog. Der erste Schulentwicklungsplan sah für den Bereich der Grund- und Hauptschulen generell die Bildung von Jahrgangsklassen vor. Wo am Ort nicht mit den vorgeschriebenen Schülerzahlen (bis 1971) zu rechnen war, wurden „Nachbarschaftsschulen" gegründet. Die Staatlichen Schulämter hatten mit den betroffenen Gemeinden zu verhandeln; in diesem Verfahren haben manche Dörfer „ihre Schule" zugunsten eines „effektiveren Unterrichts in der größeren Einheit" verloren. Im Stadtgebiet von Neckarsulm war nach 1971 die Schule im Teilort Dahenfeld betroffen – doch Reformen durchlaufen viele Stadien, bis hin zu Rückbesinnungen. So wurde 1987 die „wohnortnahe Grundschule Dahenfeld" wiedererrichtet, nur die Hauptschüler blieben im Verband der Amorbachschule. Mit der Nachbargemeinde Untereisesheim wurde eine gemeinsame Hauptschule im Stadtteil Obereisesheim vereinbart.

Neben dem Planungsdenken ist auch die Wissenschaftseuphorie ein Merkmal dieser Reformperiode. „Die Bedingungen des Lebens in der modernen Gesellschaft erfordern, daß die Lehr- und Lernprozesse wissenschaftsorientiert sind", heißt es lapidar im Strukturplan.[86] Die Curriculumforschung rückte die Lernziele in den Blickpunkt der schulischen Arbeit, getragen von der Lernpsychologie, die glaubte, allen Schülern „alles" beibringen zu sollen und zu können, wenn man nur die Lernschritte richtig wähle. Die Arbeitsanweisungen für die Grundschule von 1977, mit dem mengentheoretischen Ansatz in Mathematik, sind ein Beleg für dieses Verfahren. Doch Anfang der achtziger Jahre geriet der curriculare Ansatz für den Unterricht ins Wanken, ganzheitliche, schülerorientierte Arbeit war wieder gefragt, d. h. Unterrichtsformen der Reformpädagogik wurden reaktiviert: Projektunterricht, -tage, -wochen, Freiarbeit u. ä. standen wieder im Mittelpunkt. Neue Fächer oder Fachbereiche wurden in den einzelnen Schularten eingerichtet, z. B. der Arbeit-Wirtschaft-Technik-Bereich der Hauptschule oder Informatik in den Kurssystemen der Realschule bzw. der gymnasialen Oberstufe. Überhaupt hielt die Technik in bisher nicht gekanntem Ausmaß Einzug in die Schule: Kostspielige Sprachlabors, Multi-Media-Systeme, Informatikzentren u. ä. wurden von den Kommunen eingerichtet und mit großen pädagogischen Hoffnungen von den Schulen genutzt. Für die ganze Reform der sechziger und siebziger Jahre gilt, was Hartmut von Hentig, der Bielefelder Pädagoge und Leiter der „Laborschule", 1971 schrieb: „Noch nie ist in einem Zeitalter so viel Hoffnung auf das institutionalisierte Lehren und Lernen gesetzt worden wie in dem unsern. Noch nie hat es so viele ausgedehnte, so beherrschende und so kostspielige Bildungseinrichtungen gegeben wie heute. Noch nie hat man sie in dem Umfang gebraucht und auch bezahlen können."[87] Im Frühjahr 1990, auf dem 12. Kongreß der Deutschen Gesellschaft für Erziehungswissenschaft in Bielefeld, zog Hartmut von Hantig „seine" Bilanz der Bildungsreform: *„Die Bildungsreform hat es nach dem Zweiten Weltkrieg in der Bundesrepublik Deutschland nicht gegeben, es hat viele Veränderungen gegeben; ob diesen das Wort ‚Reform' zukommt? Gleichwohl stellen sie sich als große Veränderungen dar: Das Klima an den Schulen hat sich gründlich gewandelt, ja verbessert; die Beziehungen zwischen Lehrern und Schülern sind fast durchgehend menschlicher geworden; die Verwaltungen haben ein gut Teil ihrer Selbstherrlichkeit aufgegeben; die Schulen wirken und sind demokratischer als vor dem Krieg und als im ersten Jahrzehnt danach; es wird nicht weniger gelernt, vermutlich sogar mehr."*

Der Wiederaufbau – von der Volksschule zur Grund- und Hauptschule

Wer heute die modernen, in der Regel auch schmucken, Schulen in Neckarsulm besucht und betrachtet, wird sich kaum noch an den notvollen Beginn nach 1945 erinnern können, und mancher hat vielleicht vergessen, unter welch schwierigen Umständen er zur Schule ging und was unter diesen Bedingungen von den damaligen Lehrern geleistet worden ist. Deshalb soll hier die Situation anhand des Protokolls der ersten Ortsschulratssitzung nach dem Krieg am 7. Februar 1947 wiedergegeben werden. Der stellvertretende Schulleiter der Volksschule, Oberlehrer Rehm, berichtete: „Es fehlen 200 Schulbänke, die Fenster im Obergeschoß, in der Schulküche und die Ziegel für das Dach. Das Dach ist behelfsmäßig mit Dachpappe versehen, bei Regen bietet es keinen ausreichenden Schutz. 16 Schulräume stehen zur Verfügung. Die durchschnittliche Schülerzahl der Klassen beträgt 76. Von den 19 z. Zt. an der Schule tätigen Lehrern sind noch vier beurlaubt. Die Unterrichtszeit der Oberklassen ist um ein Viertel gekürzt. Es mangelt an Schulheften – die Schulbücher sind noch nicht eingetroffen. Schulversäumnisse beruhen z. T. auf Schuhmangel. Für die körperlich sehr schwachen Kinder müßte eine Schulspeisung eingerichtet werden. Wegen Kohlenmangel kann z. Zt. in der Schule nicht geheizt werden. Der geregelte Schulbetrieb wird erst wieder aufgenommen, sobald genügend Kohlen vorhanden sind."[88] Den weiteren Protokollen des Jahres 1947 entnehmen wir, daß sich die Lage nicht wesentlich gebessert hatte: „Von den 1120 Schülern sind 150–200 als unterernährt anzusehen!" Stadtpfarrer Heimerdinger von der Evang. Kirche berichtete, „daß täglich 300 Kinder von der Kirche gespeist würden, alle bedürftigen Kinder zu speisen sei technisch nicht durchführbar". Ab

30. Juni 1947 begann die von den Amerikanern geförderte Schulspeisung – Hoover-Speisung –, die Zubereitung erfolgte in der Schulküche der Karlsschule.[89]

Mit Erstaunen liest man auch, daß der Bürgermeister der Stadt einem abverlangten Bericht des Kultministeriums „Materiallisten" mit der Bitte um Hilfe beilegt:

„Betr.: Instandsetzung von Schulräumen, Erlaß U I/1914 v. 6. 12. 1946
Folgende Schulgebäude mit dem in beiliegenden Listen aufgeführten Materialbedarf müssen instandgesetzt werden . . .

Anlage 1) Karlsschule (jetzt Volksschule)
2) Neckarschule (jetzt Oberschule, früher Volksschule)
3) Kleines Schulhaus und Schulbaracke (jetzt Oberschule und Kinderschule)
4) Bleichschule (jetzt Gewerbeschule)."[90]

Ungewöhnlich erscheint uns auch heute, daß ein Abgeordneter (Hermann Greiner) um die Vermittlung von „25000 Stück Dachziegeln" angegangen oder „das Landratsamt dringend ersucht wird, den notwendigen Bezugsschein für 200 Schulbänke freizugeben", dann könne man bei der Fa. Eheim in Öhringen solche Bänke holen. Die Liste des „Ungewöhnlichen" könnte bis zur Währungsreform fortgeschrieben werden, denn in Zeiten der Mangel- und Zwangsbewirtschaftung führten eben die „gewöhnlichen" Wege nicht zum Erfolg. Außerdem galt es in Neckarsulm nicht nur Schulhäuser aufzubauen, ein Großteil der Altstadt lag seit dem 1. März 1945 in Trümmern, darunter auch zwei Schulen, die Oberschule im Bandhaus und die Gewerbeschule an der Binswanger Straße. Für die stetig wachsenden Schülerzahlen mußten trotz allem Schulräume beschafft werden. Zunächst konnten nur „Hilfsmaßnahmen" wie das Anmieten von Wirtschaftssälen bei Hitzfelder und im Genossenschaftsheim Abhilfe schaffen.

Als der Landtag von Württemberg-Baden 1949 ein Sonderprogramm zum Wiederaufbau kriegszerstörter Schulen beschloß, beantragte die Stadt einen Beitrag zur Errichtung eines „gemeinsamen Oberschul- und Gewerbeschulgebäudes". Am 4. August 1949 entschied sich aber der Gemeinderat für eine dreistöckige Erweiterung der Johannes-Häußler-Schule. Die Karlsschule hatte 1949 den Namen des ehemaligen Bürgermeisters anläßlich seiner Ernennung zum Ehrenbürger erhalten. Der Erweiterungsbeschluß wurde aus rechtlichen Gründen – der Staatsbeitrag konnte nur für Wiederaufbau verwendet werden – in einer späteren Gemeinderatssitzung dahingehend geändert, daß auf dem Platz der ehemaligen Gewerbeschule ein Neubau erstellt werden sollte. Dabei war man sich nicht schlüssig, ob man eine Oberschule oder eine Volksschule bauen wollte. Ein Antrag der SPD-Fraktion, auf der Viktorshöhe eine Volksschule zu bauen, wurde von der Mehrheit des Gemeinderats abgelehnt.[91] Mit Flugblättern und Zeitungsanzeigen luden daraufhin Eltern und Bürger des nördlichen Stadtgebiets zu einer Versammlung ein.[92] In Anwesenheit von Bürgermeister Dr. Wörner und mehreren Gemeinderäten forderten die Teilnehmer eine Revision des Beschlusses und den Bau einer Volksschule auf der Viktorshöhe.[93] Obwohl sich nun Eltern, Lehrerschaft und Ortsschulrat in diesem Sinne aussprachen, bestätigte der Gemeinderat in einer außerordentlichen Sitzung am 7. September 1949 den „alten Beschluß"[94]. Nach Presseberichten brachte es nun eine „Bürgerinitiative" innerhalb von zweieinhalb Stunden auf 2600 Unterschriften aus allen Teilen der Stadt, die den „Wunsch auf ein neues Schulgebäude nördlich der Sulm" bekräftigten. In einer Fraktionsvorsitzendenbesprechung mit dem Bürgermeister brachten Landrat Hirsch und Oberschulrat Lang ihre Argumente für den Bau auf der Viktorshöhe vor, so daß in der nächsten Gemeinderatssitzung die bisherigen Beschlüsse aufgehoben und dem Schulhausneubau „auf dem Platz beim Ledigenheim" mit elf zu zwei Stimmen bei drei Enthaltungen zugestimmt wurde.[95] Landrat Hirsch bezeichnete „die Revision des alten Beschlusses und die auf sachlicher Grundlage basierende Wendung als einen Akt wahrer demokratischer Gesinnung".

Am 31. Mai 1951 wurde die neue Schule auf der Viktorshöhe eingeweiht und ihr der Name „Steinachschule" gegeben. Die Leitung dieser zweiten Neckarsulmer Volksschule übernahm Rektor Holzwarth. Mit der Errichtung der Steinachschule war nicht nur ein wohnortnaher Unterricht ermöglicht worden, sondern der Bau trug generell zur Linderung der Schulraumnot in der Stadt bei. Vorübergehend ergab sich in noch nicht belegten Räumen eine Ausweichmöglichkeit für die Gewerbeschule.

Einen ganz anderen Hintergrund hatte der nächste Schulhausneubau. 1952 beschloß der Gemeinderat, auf dem Amorbacher Feld etwa 800 Wohnungen für Heimatvertriebene und Industriependler zu erstellen, um so vor allem die Wohnungsnot für diesen Personenkreis großflächig zu beheben. Bis Mitte Dezember waren die ersten Wohnungen fertig, und somit mußten auch die schulpflichtigen Kinder „versorgt" werden. Der Bau der beschlossenen 14klassigen Volksschule mit Turnhalle konnte aber frühestens im September 1955 abgeschlossen sein. Das Oberschulamt Stuttgart hatte Hauptlehrer Hermann Rabaa, den späteren Rektor, dennoch mit dem Aufbau eines

138 Unterricht in der Amorbachschule bei Lehrer Hermann Rabaa 1955.

139 Die Entlaßklasse der Steinachschule 1965 – noch in dunklem Anzug und Kostüm.

„Unterrichtsbetriebes" beauftragt. Dies gelang zunächst nur durch Anmieten einer Baubaracke mit einer notdürftigen Ausstattung an der Einfahrt der Siedlung; hier begann am 7. Januar 1954 der Unterricht mit 17 Schülern aller Altersstufen. Je nach Baufortschritt kamen fast täglich neue Schüler, so daß im Laufe des Jahres 1954 insgesamt zehn Lehrerinnen und Lehrer an die „Schule in Baracken" versetzt wurden, neben der ersten war eine zweite erstellt worden. Die Grundschüler konnten dort in vier Räumen unterrichtet werden, während die Oberstufenschüler täglich mit dem Bus pendeln mußten und in Räumen der Steinachschule und des Ledigenheimes unterkamen. Ab November 1954 konnten auch drei provisorisch hergerichtete Räume im Neubau belegt werden. Zum Zeitpunkt der Einweihung von Siedlung und Schule, am 25. September 1955, besuchten 392 Schülerinnen und Schüler die neue Schule. Über ihre Herkunft wurden aus diesem Anlaß von der Schule zwei Schaubilder angefertigt.[96]

Alle weiteren Umbauten und Neubauten von Schulgebäuden waren von nun an nicht nur in zunehmenden Schülerzahlen begründet, sondern auch Folgen der Schulentwicklungsplanung des Landes. Nach Inkrafttreten des Gesetzes zur Vereinheitlichung und Ordnung des Schulwesens von 1964 erschienen als Rechtsgrundlage „Modellraumprogramme" und die entsprechenden Schulbauförderrichtlinien. Die inhaltliche und organisatorische Neukonzeption der Hauptschule z. B. veränderte den vorgesehenen Erweiterungsbau der Steinachschule von Planungsbeginn im Jahre 1962 bis zur Fertigstellung und Übergabe am 26. April 1965 entscheidend. In den zusätzlichen Bau an der Damaschkestraße wurden außer Klassenräumen ausgesprochene Fachräume, wie Physiksaal mit Übungsraum, Biologiesaal, drei Werkräume mit Maschinen- und Materialräumen, Zeichenraum, verschiedene Mehrzweckräume, Kursräume sowie in den separaten Anbau Hauswirtschaftsraum und Schulküche eingebaut. Damit war fast das Raumangebot einer weiterführenden Schule erreicht und aus heutiger Sicht für die weitere Schulentwicklung der Stadt mitbestimmend.[97] Das Staatliche Schulamt II Heilbronn (Oberschulrat Rabaa) teilte Bürgermeister Dr. Klotz am 21. Februar 1968 mit, daß es zum neuen Schuljahr 1968/69 beabsichtige, „die z. Zt. einbündigen Hauptschulen der Steinachschule und Johannes-Häußler-Schule im Gebäude der Johannes-Häußler-Schule zusammenzufassen". Als Begründung wurde der Vollzug des Schulentwicklungsplans I angegeben, der in Städten unserer Größenordnung zwei- bis dreibündige Organisationsformen vorsehe. Gleichzeitig wurde vorgeschlagen, die Mittelschule bzw. Realschule im Gebäude der Steinachschule unterzubringen und für die verbleibenden Grundschulklassen einen Ersatzbau zu schaffen.[98] In zwei Sitzungen der Schulpflegschaft an der Steinachschule konnten die Eltern von der Notwendigkeit der Maßnahme überzeugt werden. Die neue Grundschule entstand als Fertigbau an der Berliner Straße.[99] Am 16. Oktober 1971 konnten die 368 Grundschüler der ehemaligen Steinachschule mit dem seitherigen Rektor Thudium in die erste selbständige Grundschule der Stadt, die Neubergschule, einziehen.

Für die Zusammenfassung der Hauptschüler in der Johannes-Häußler-Schule war auch eine bauliche Umgestaltung notwendig. In einem Erweiterungsbau wurden die entsprechenden Fachräume für den naturwissenschaftlichen Bereich, den HWT-Bereich und ein großer Musiksaal geschaffen. Als man dieses neue Hauptschulgebäude durch einen gedeckten Gang mit dem Altbau an der Karlsstraße verbinden wollte, erschütterten die Bauarbeiten das alte Schulgebäude so stark, daß sich in fünf Klassenzimmern die Decken bis zu 15 cm absenkten. Eine Fachkommission schätzte für eine umfassende Sanierung unübersehbare Kosten, und so empfahlen die Baubehörde des Oberschulamtes und der Bauausschuß dem Gemeinderat den Abbruch.[100] Am 4. Juni 1970 wurde das neue dreigeschossige Hauptschulgebäude an Rektor Bölkow übergeben, während ein paar Wochen später mit dem Abriß der 45 Jahre alten Karlsschule begonnen wurde. Als Ersatz beschloß der Gemeinderat einen Neubau an der Friedrichstraße zum Festpreis von 2,4 Mio. DM, mit dem „unverzüglich . . . begonnen werden" sollte. Tatsächlich wurde am 17. März 1972 der viergeschossige Stahlbetonbau mit 16 Klassenräumen, vornehmlich für die Grundschule, fertig und übergeben.

Der nächste große Schulhausbau wurde für den neuen Stadtteil Obereisesheim notwendig. Schon vor der Eingemeindung 1972 hatte die damals selbständige Gemeinde den „Betrieb einer gemeinschaftlichen Hauptschule" mit der Nachbargemeinde Untereisesheim im Rahmen des Schulentwicklungsplanes beschlossen. Am 26. Februar 1976 stimmte nun auch der Gemeinderat der Stadt Neckarsulm einer „öffentlich-rechtlichen Vereinbarung" zu. Verbunden war damit auch die Absichtserklärung, im Einvernehmen mit Untereisesheim ein neues Hauptschulgebäude als Ersatz für die „Hindenburgschule", das Gebäude an der Angelstraße, zu errichten.[101] Interessant ist in diesem Zusammenhang, daß dieses Schulgebäude aus den Jahren 1910/12 nie nach dem ursprünglichen Plan erweitert werden konnte und die Gemeinde 1957 einen selbständigen Neubau, die Wilhelm-Maier-Schule, am anderen Ende des Schulhofes erstellte. Am 1. Oktober 1981 konnten die Ober- und Untereiseshemer Hauptschüler den Neubau mit „einem größeren" Lehrschwimmbecken beziehen.[102]

Auf Umwegen zur selbständigen Realschule

Die Errichtung einer „Realschule" in Neckarsulm erfolgte dem Namen nach, wie bereits erwähnt, im Jahre 1842. Sie ist jedoch nicht mit jenen „Mittelschulen" gleichzusetzen, die im 19. Jahrhundert auch im Königreich Württemberg gegründet wurden, vom Typ her mehr den „Bürgerschulen" nach österreichischem Vorbild entsprachen und allgemein als Vorgänger unserer Realschulen gelten. So fehlte eigentlich ein „mittlerer Bildungsweg" in unserer Stadt bis 1957. Am 20. März 1956 beschloß der Gemeinderat, der Errichtung eines Mittelschulaufbauzugs an der Volksschule zum 1. April 1957 zuzustimmen. Vorausgegangen waren längere Diskussionen in den Lehrerräten und im Ortsschulrat. Bürgermeister Dr. Hoffmann meinte damals: „Da die vorwiegend industrielle Berufsschichtung Neckarsulms nach einer solchen Schulbildung verlange, und wir unsere Schüler in die Lage versetzen müssen, die besten Stellen in der Industrie zu erlangen . . ., könne man sich einer solchen Einrichtung nicht länger verschließen, doch für die Stadt hat aus finanziellen Gründen der Schulhausbau für das Progymnasium Vorrang . . ., an weitere Räume für den Volks- und Mittelschulbereich kann nicht gedacht werden."[103] So verzögerte sich die Durchführung dieses Beschlusses bis zur Sitzung des Gemeinderats am 15. Januar 1959, als diesem von den Rektoren der drei Volksschulen der Nachweis erbracht werden konnte, daß durch eine „besondere Organisationsform" die zur Verfügung stehenden Schulräume ausreichen würden. Diese besondere Form sah vor, daß die zukünftigen „Mittelschüler" des 5. und 6. Schuljahrs der Amorbach- und Steinachschule in ihrem Schulverband bleiben, dort besonders in Kurs- und Kernunterricht gefördert werden und dann im 7. Schuljahr an den zu bildenden Mittelschulzug der Johannes-Häußler-Schule überwechseln sollten. Sie mußten dabei durch besondere Prüfungen den Leistungsstand eines Mittelschülers nachweisen. Der Gemeinderat ließ sich nun davon überzeugen, und die Stadt Neckarsulm beantragte beim Oberschulamt die „Einführung des Mittleren Bildungsweges im Rahmen der Differenzierung der Volksschuloberstufe"[104]. Regierungsdirektor Dr. Dietz und eine Kommission besuchten daraufhin mehrmals den „Neckarsulmer Versuch" und gaben ihm letztlich ihre Anerkennung. Nach der Fertigstellung des Gymnasiums wurde der Mittelschulzug der Johannes-Häußler-Schule durch Umzug in die Neckarschule räumlich von der Volksschule getrennt. Auch waren geprüfte Mittelschullehrer an den Zug versetzt worden, so daß das Oberschulamt am 4. Januar 1963 der Stadt nahelegte, den Mittelschulzug auch rechtlich durch Verselbständigung zu trennen. Diesem Verlangen kam der Gemeinderat nach, betonte aber, daß es erst nach fünf bis sieben Jahren möglich sein werde, einen Neubau für die Mittelschule zu errichten. Bei der „letzten" Entlassungsfeier des Mittelschulzugs am 24. März 1964 wurden erstmals 32 Schüler mit dem Zeugnis der „Mittleren Reife" verabschiedet.[105] Mit Erlaß vom 11. November 1963 wurde die Umwandlung in eine eigenständige Mittelschule mit Beginn des Schuljahres 1964/65 genehmigt.[106] Zu diesem Zeitpunkt hatte die Schule 270 Schüler und neun Mittelschullehrer. Nach der Verselbständigung der Mittelschule ernannte das Oberschulamt Mittelschuloberlehrer Paul Zech-

Auf Umwegen zur selbständigen Realschule

meister zum ersten Leiter der Schule. Sie erhielt die Bezeichnung „Realschule Neckarsulm". Durch die geschilderten Veränderungen im Hauptschulbereich konnte sie ab 1971 im Gebäude der Steinachschule untergebracht werden. Damals besuchten schon 510 Schüler die Schule, 1979 dann 786 Schüler, und 1982 wurde ein „Höchststand" von 907 Schülern erreicht.

Diese stetige und rasante Zunahme hatte mehrere Gründe: 1. Die „Bildungswerbung" der sechziger Jahre wirkte im Mittleren Schulwesen am nachhaltigsten. 2. Dienstleistungsbereich, Gewerbe und Industrie verlangten bei ihren Einstellungen zunehmend höher qualifizierte Abschlüsse. 3. Starke Geburtenjahrgänge kamen auf die weiterführenden Schulen zu. 4. Die Funktion des Unterzentrums Neckarsulm wurde im Schulbereich zunehmend stärker. Von den 907 Schülern kamen 689 aus dem Stadtgebiet, 221 aus dem Gebiet der Verwaltungsgemeinschaft (Erlenbach–Binswangen–Untereisesheim), 17 aus dem Raum Bad Friedrichshall–Oedheim.[107] Die vorhandenen Klassenräume reichten bald nicht mehr aus, um den „Schülerberg" zu bewältigen. 1976 erstellte man an der Gottlob-Banzhaf-Straße beim Evang. Gemeindehaus einen Pavillon mit vier Räumen.[108] In den folgenden Jahren wurde unter Realschulrektor Ortelt die ehemalige Grund- und Hauptschule zu einer funktionsgerechten vierbündigen Realschule umgebaut. 1978 erhielt sie den Namen eines Ehrenbürgers unserer Stadt und heißt seither

140 *Die Zeiten ändern sich: Ende der siebziger Jahre stellt sich die Entlaßklasse der Hermann-Greiner-Realschule dem Fotografen in Jeans und Turnschuhen.*

Hermann-Greiner-Realschule. Nach den baulichen Veränderungen wurde die „fast völlig" neue Schule am 21. August 1982 der Öffentlichkeit vorgestellt. Die Presse schrieb: „. . . in Physik- und Informatikräumen waren vielerlei technische ‚Spielereien', aber auch komplizierte Computer-Steuerungen zu bestaunen."[109]

Der Ausbau des Progymnasiums zum Gymnasium

Die sechsklassige Oberschule erhielt 1953 zur Unterscheidung von den vollausgebauten Gymnasien die Bezeichnung Progymnasium. Zu dieser Zeit hatte die Schule auch einen eigens ernannten Schulleiter: Oberstudienrat Karl Mangold, später dann Oberstudiendirektor. Angesichts der stetig wachsenden Zahl der Schüler und Klassen drängte sich in Verbindung mit dem Raumproblem immer wieder die Frage nach dem Ausbau zur Vollanstalt auf. Letztlich kam dabei ein Notstand in Heilbronn zu Hilfe: Das Robert-Mayer-Gymnasium, das die Schüler aus den Progymnasien im nördlichen Landkreis zum Abitur führen sollte, nahm wegen Raummangels keine Schüler mehr auf. Auf Drängen des Oberschulamtes wurde daraufhin eine Klasse VII (11. Schuljahr) in Neckarsulm errichtet. Der Gemeinderat stimmte „der angeordneten Maßnahme" trotz mancher Bedenken zu, war es doch die erste Stufe zum Ausbau und sicher der Anstoß zum Neubau.[110]

Nach drei Jahren legten erstmals 18 Schüler das Abitur in Neckarsulm ab. Die Schule zählte 472 Schüler in 15 Klassen und trug nun die amtliche Bezeichnung „Progymnasium im Aufbau". Die Räume in der Neckarschule reichten bei weitem nicht aus; so mußten zusätzlich das „Kleine Schulhaus", die Baracke, ein Untergeschoß im Gewerkschaftshaus und sogar Räume in der entfernt liegenden Gewerbeschule belegt werden. Mit dem Beschluß des Gemeinderats vom 16. Juli 1956[111], im Fischelschen Garten das Rathaus, das Gymnasium und eine Stadthalle zu bauen, war die Hoffnung auf eine baldige Beendigung der Raumnot und des „Zerstreutseins" zwar gewachsen, doch wegen einer plötzlichen Finanznot wurde das Projekt gestoppt. Erst 1958 konnte im zweiten Anlauf wenigstens mit dem Bau des Gymnasiums begonnen werden. Mit einem Kostenaufwand von rund 2,8 Mio. DM wurden 18 Klassenräume, sechs Fachräume jeweils mit Nebenräumen, eine große Aula, ein Vereinszimmer, ein Aufenthaltsraum für auswärtige Schüler sowie sämtliche Zimmer für die Lehrer und die Verwaltung und eine Hausmeisterwohnung gebaut (Entwurf Dr. Gabel, Heilbronn). Am 3. Mai 1960 fand die feierliche Einweihung statt. Mit Einwilligung von Albert Schweitzer führt das Neckarsulmer Gymnasium seither seinen Namen, abgekürzt ASG genannt.[112]

Zunächst sah es so aus, als ob die Bedürfnisse der Schule auf Jahre hinaus befriedigt wären. Doch Mitte der sechziger Jahre setzte ein stetiger Schülerzuwachs ein, dessen Gründe wohl mit den im vorigen Abschnitt angeführten vergleichbar sind. 1969 mußte am Rande des Schulhofs ein Pavillon errichtet werden, um die 970 Schüler in 31 Klasssen unterrichten zu können. Sie stammten aus Neckarsulm und 19 Gemeinden der Umgebung. Zwischenzeitlich hatte Oberstudiendirektor Bojus die Leitung der Schule übernommen. Im Mai bzw. Juli 1972 verhandelte die Stadtverwaltung mit der Nachbargemeinde Bad Friedrichshall über eine Beteiligung am Erweiterungsbau für das ASG. Es wurde dann eine „öffentlich-rechtliche Vereinbarung" getroffen, worin Neckarsulm gleichzeitig die Trägerschaft für die Sonderschule L des Einzugsbereichs Bad Friedrichshall übernahm.[113] Dieser Erweiterungsbau, u. a. mit einem modernen Physiktrakt,

141 Das Albert-Schweitzer-Gymnasium.

Übungsräumen und einem vorbildlichen Sprachlabor, wurde am 24. April 1974 seiner Bestimmung übergeben. Den Anstoß dazu gab auch die Neugestaltung der gymnasialen Oberstufe. Einen zweiten Erweiterungsbau machten ebenfalls die Schülerzahlen erforderlich: 1979 besuchten 1655 Schüler das Albert-Schweitzer-Gymnasium, das damals eines der größten Gymnasien in Württemberg war. Wie weit die „zentrale Funktion" unseres Gymnasiums reicht, zeigt die Aufgliederung der Schülerzahlen im Schuljahr 1986/87, also nach dem Ausscheiden der geburtenstarken Jahrgänge: 502 Schüler sind aus Neckarsulm, 564 Schüler kommen von auswärts (53%), die größte Gruppe stellt Bad Friedrichshall mit rund 20 Prozent, danach folgt Erlenbach mit ca. 10 Prozent, Untereisesheim und Neuenstadt mit je 6 Prozent, der Rest verteilt sich auf acht weitere Gemeinden des nördlichen Landkreises. Die Zahl der Klassen in den Schuljahren 5 bis 11 beträgt 30, in den Jahrgangsstufen 12 und 13 gibt es 110 Grundkurse und 35 Leistungskurse; an der Schule unterrichten 81 Lehrerinnen und Lehrer. Damit stellt das Albert-Schweitzer-Gymnasium als mathematisch-naturwissenschaftliche Anstalt von seiner Struktur und Organisation her ein vielfältiges Angebot für seine Schüler bereit, wie es sonst ein „mittelstädtisches" Gymnasium kaum vorzuweisen hat.

Von der einklassigen Hilfsschule zur Pestalozzischule (Sonderschule L)

Da jedem jungen Menschen eine seiner Begabung entsprechende Bildung zusteht, kann dies nur in einem differenzierten Schulsystem gewährleistet werden. So müssen in einem besonderen Schultyp lernbehinderte Kinder gezielt gefördert werden, um trotz ihrer Leistungsschwäche zu den notwendigen Kenntnissen zu gelangen, die einen erfolgreichen Übergang in das Berufsleben ermöglichen. Die Errichtung einer „Hilfsschulklasse" im Jahre 1929 an der damaligen Karlsschule war ein Anfang. Obgleich nach 1945 diese Stelle im Plan noch bestand, war es erst 1949 möglich geworden, einen ausgebildeten Hilfsschullehrer mit Zusatzstudium zu gewinnen. Bis 1958 entwickelte sich die Einrichtung zu einer dreiklassigen Hilfsschule, die dann aus dem Verband der Johannes-Häußler-Schule gelöst wurde und mit Hilfsschulrektor Winfried Scheiger ihren ersten Schulleiter erhielt.[114] Er hatte den Aufbau dieser Schulart in Neckarsulm seit 1949 behutsam vorangebracht. Auf Vorschlag des Ortsschulrates beschloß der Gemeinderat am 4. Dezember 1958, der nun selbständigen Schule den Namen „Pestalozzischule" zu geben, weil das „Wort Hilfsschule bei der Bevölkerung noch immer etwas Negatives in sich habe"[115].

Mit dem Aufbau der Schule hatten sich größere räumliche Schwierigkeiten ergeben, denn die Zahl der Schüler war auf 70 angewachsen. Im Schuljahr 1960/61 zog die Schule in vorübergehend frei gewordene Räume der Gewerblichen Berufsschule. Dann wurde die ehemalige Lehrerwohnung im ersten Stock der Bleichschule zu drei kleinen Klassenzimmern mit Nebenräumen umgebaut, in denen die Pestalozzischule ab 1970 untergebracht war. Der Schulentwicklungsplan I veranlaßte zu Beginn der siebziger Jahre die Aufhebung der bisher selbständigen Klassen und Schulen in Oedheim, Gundelsheim und Bad Friedrichshall; Rektor Karl Hopfensitz, der dortige Leiter, wurde 1971 an die Pestalozzischule in Neckarsulm versetzt. Zu dieser Zeit betrug die Schülerzahl 166, und der Ausbau zu einer neunklassigen Schule konnte, nachdem die Realschule ausgezogen war, in der Neckarschule fortgesetzt werden. Wie bereits berichtet, übernahm ab 1973 die Stadt Neckarsulm die Schulträgerschaft für die Sonderschule L, auch für die Bereiche der aufgegebenen Schulen. Damit hatte die Stadt eine weitere Funktion für ein Gebiet des nördlichen Landkreises übernommen. Im Schuljahr 1974 erhielt die Schule erneuten Zuwachs durch die letzte aufgelöste Sonderschulklasse aus Gundelsheim, so daß wieder Schüler außerhalb der Neckarschule untergebracht werden mußten. 1978 wurde Sonderschullehrer Häußer zum neuen Rektor der Pestalozzischule ernannt. Zu dieser Zeit wurde sie von 197 Schülern besucht, und der Gemeinderat stellte Überlegungen zu einer neuen Unterbringung an, zumal die Bauexperten des Oberschulamtes die bisher mitbenutzte Bleichschule als „Unterrichtsgebäude abschreiben" wollten und auch in der Neckarschule erhebliche Mängel feststellten. Ein neues Sonderschulgebäude wollte man aber noch nicht bauen. Erst als die Bestandsgarantie für die Hauptschulklassen der Amorbachschule sicher war, beschloß der Gemeinderat 1980, „ein neues Gebäude in engem Verbund mit der bestehenden Amorbachschule" zu bauen. Am 24. September 1982 wurde der architektonisch ansprechende Bau der Pestalozzischule übergeben.[116] Vorausgegangen war eine „Öffentlich-rechtliche Vereinbarung" mit den entsprechenden Gemeinden.

Von der Gewerbeschule zum Gewerblichen Kreisberufsschulzentrum

Die Gewerbeschule des Zweckverbandes stand am Ende des Krieges praktisch vor dem Nichts: Ihr Gebäude war zerstört, Lehr- und Unterrichtsmaterial verloren, und außer Gewerbeschuldirektor Maier stand keine Lehrkraft zur Verfügung. Mit Hilfe der NSU-Werke begann er im Herbst mit dem Unterricht in einem Raum des Ledigenheims, im Frühjahr 1946 kamen ein weiterer Lehrer und zwei Räume in der Bleichschule hinzu. Obgleich viele Lehrlinge für die Nahrungsmittelberufe, Friseure, Maler u. a. abgewiesen wurden, reichten die Räumlichkeiten für 355 Schüler nicht aus. Auf Ersuchen der Stadtverwaltung gab die amerikanische Besatzungsmacht am 7. September 1948 einen teilbeschädigten Kasernenbau frei. Lehrer und Schüler arbeiteten emsig an der Verbesserung des Baus, so daß im Sommer 1949 der gesamte Schulbetrieb dorthin verlegt werden konnte. Zu dieser Zeit wurden 803 Schüler, von denen 355 in hiesigen Betrieben tätig waren, unterrichtet.[117] Doch im Oktober 1950 kam von den Amerikanern der Befehl, die gesamten Kasernengebäude bis zum 15. Januar 1951 zu räumen.[118] Die Schule mußte in die halbfertige Steinachschule verlagert werden.

Am 29. Februar 1952 beschloß der Gemeinderat einen Neubau für die Gewerbliche-, Landwirtschaftliche- und Hauswirtschaftliche Berufsschule an der Goethestraße. Seit Januar hatte die Schule einen neuen Leiter, Studiendirektor Julius Hahn, und es wurden 950 Schüler in 33 Klassen unterrichtet, vornehmlich in Behelfsräumen. In dieser Zeit erfolgte auch eine organisatorische Neuordnung: Es wurden durch Schülertausch mit Heilbronn Fachklassen gebildet; Lehrlinge für den Metallbereich, Schmiede- und Elektrolehrlinge, Maurer-, Gipser-, Schreiner- und Damenschneiderlehrlinge aus dem Nordteil des Landkreises wurden in Neckarsulm zusammengefaßt, Lehrlinge aus zehn anderen Berufen mußten nach Heilbronn.[119] Am 2. Dezember 1954 wurde das neue Gebäude an der Goethestraße im Beisein von Innenminister Ulrich und Landrat Hirsch übergeben. Sie wurde als „Beitrag der Stadt Neckarsulm an die heimische Industrie" bezeichnet, die Baukosten betrugen 2,4 Mio. DM.[120]

Der Schulentwicklungsplan II verfolgte die Neuordnung des Berufsschulwesens im Sinne einer möglichen Konzentration. Danach konnten nun auch Landkreise Schulträger sein. Ab 1. August 1968 übernahm daher der Landkreis die Schulträgerschaft samt Schulgebäude in Neckarsulm. Zur gleichen Zeit wechselte die Schulleitung an Oberstudiendirektor Fritz Krieg. Mit der Übernahme der Trägerschaft wurde das Einzugsgebiet auf den ganzen Landkreis ausgedehnt. Schwerpunktmäßig sind nun in Neckarsulm Lehrlinge aus den Bereichen Maschinentechnik, Kfz-Technik und Elektrotechnik untergebracht, während die Land- und Hauswirtschaftsschüler von nun an das Zentrum in Heilbronn-Böckingen besuchen mußten.

Innerhalb von drei Jahren stieg die Zahl der Schüler in Neckarsulm auf 1200. Der Landkreis mußte für eine beträchtliche Erweiterung sorgen: In den Jahren 1976 bis 1981 wurden ein großes Werkstattgebäude, ein Theoriebau und eine Turnhalle an der Odenwaldstraße erstellt und die Gebäude in der Goethestraße saniert. Die Gesamtkosten beliefen sich auf knapp 20 Mio. DM. Am 13. November 1981 konnten dann die modernen zweckorientierten Gebäude des erweiterten Gewerblichen Kreisberufsschulzentrums der Schule übergeben werden, die damit alle Voraussetzungen für eine qualifizierte Ausbildung der rund 1800 Schüler in vielerlei Berufsfeldern und Schulformen erhielt.[121]

Die Kreissonderschule für geistig behinderte Kinder und Jugendliche

Außer dem Gewerblichen Kreisberufsschulzentrum ist in Neckarsulm eine weitere kreiseigene Schule untergebracht: Die Kreissonderschule G. Erst 1964 bekannte sich der Staat zu seiner Verpflichtung, für „bildungsschwache, aber noch bildungsfähige Kinder und Jugendliche"[122] entsprechend zu sorgen, eine Aufgabe, die er bislang vorwiegend kirchlichen Institutionen überlassen hatte, soweit nicht die Eltern allein die Last tragen mußten. Im Kreis Heilbronn ist es ein Verdienst des Vereins für Lebenshilfe und seines damaligen Vorsitzenden Direktor Kimm, daß betroffene Eltern frühzeitig Rat und Hilfe fanden. So erhielten auf Kosten des Vereins ab September 1964 zehn geistig behinderte Kinder aus dem Landkreis in einem Raum des Gemeindehauses St. Paulus eine Betreuung durch eine Erzieherin. Lehrkräfte der Pestalozzischule Neckarsulm unterstützten sie dabei. Als der Versuch zu scheitern drohte – es gab keine fachspezifisch ausgebildeten Lehrkräfte, der Einsatz von Betreuungskräften und deren Bezahlung war nicht gesichert –, verhandelte Oberschulrat Rabaa vom Staatlichen Schulamt II mit Landrat Widmaier wegen der Übernahme durch den Landkreis. Ab 1. Mai 1965 übernahm der Landkreis Heilbronn, als erster Kreis, die Schulträgerschaft. „Eine mutige Tat des Landkreises", wie damals die Presse schrieb.[123] In der Tat gab es in ganz Nordwürttemberg keine vergleichbare Einrichtung. Erst 1986 wurden vom Ministerium die Richtlinien und ein Bildungsplan für die Sonderschule für bildungsschwache Kinder und Jugendliche herausgegeben.
Im Gemeindehaus St. Paulus wurden weitere Räume angemietet. Die pädagogische Leitung übernahm Frau Rehberger von der Pestalozzischule. Sie wurde 1971 die erste Rektorin dieser Modelleinrichtung. Die Zahl der Kinder war zwischenzeitlich auf 77 angewachsen. Der Kreistag beschloß deshalb 1970 einen Schulneubau mit Gymnastikhalle und Schulkindergarten sowohl für Neckarsulm als auch für Lauffen a. N., das der Standort für den südlichen Teil des Landkreises werden sollte. In Neckarsulm hatte die Stadt das Gelände neben der Neubergschule an der Berliner Straße zur Verfügung gestellt, und so konnte am 22. Juni 1971 der erste Spatenstich von Landrat Widmaier vollzogen werden. In der Rekordzeit von zehn Monaten war die Schule schlüsselfertig.[124] Bereits am 2. Mai 1972 konnte das neue Schulgebäude von 110 Kindern, 18 Lehrern und einer Sonderschulkindergartengruppe mit acht Kindern bezogen werden.
Acht Buslinien befördern heute die Schüler aus dem Nordteil des Kreises und dem Weinsberger Tal zur Schule und zurück. In der Tagesschule erhalten sie auch ihr Mittagessen, daneben die Vermittlung echter Lebenshilfen und einen dem Leistungsvermögen der Kinder angepaßten schulischen Unterricht. Seit 1972 unterstützt ein „Förderverein" aktiv die Kreissonderschule G in Neckarsulm.[125] Er drängte den Schulträger zum Bau eines Bewegungsbades als wichtiges Element der körperlichen Ausbildung; es wurde im Juni 1982 fertiggestellt und zur Benutzung übergeben.

Der Allgemeine Schulkindergarten Neckarsulm

Durch das SchVOG wurde erstmals eine „Vorschulische Einrichtung" für einen begrenzten Kreis von Kindern ermöglicht; in der Neufassung § 20 SchG 1983 heißt es: „Für Kinder, die vom Schulbesuch zurückgestellt werden . . ., sollen Schulkindergärten eingerichtet werden." Dort können sie in relativ kleinen Gruppen ihre Lernfähigkeit erweitern und ihr Sozialverhalten stabilisieren. Bürgermeister Dr. Klotz richtete im Mai 1972[126] an das Staatliche Schulamt Heilbronn II die Anfrage wegen einer solchen Einrichtung für die Stadt Neckarsulm. Doch nach Aussage des Schulamtes reichte zum damaligen Zeitpunkt die Zahl der zurückgestellten Kinder in Neckarsulm nicht für eine Antragsstellung beim Oberschulamt, da nach den Richtlinien „ein allgemeiner Schulkindergarten in der Regel eingerichtet werden kann, wenn zu erwarten ist, daß dauernd mindestens 30 Kinder ihn besuchen werden"[127]. Erst nach der Konstituierung der „Verwaltungsgemeinschaften" sah man die Möglichkeit etwas günstiger, so daß sich die Vertreter von Bad Friedrichshall–Oedheim und Neckarsulm–Erlenbach–Untereisesheim am 18. Dezember 1978 grundsätzlich einigten: Die Stadt Neckarsulm wollte im Stadtteil Amorbach zwei Gruppenzimmer und Nebenräume zur Verfügung stellen, auch anfallende Investitionen übernehmen, die übrigen Gemeinden sollten sich entsprechend den Schülerzahlen an den Sachkosten beteiligen.[128]

Nach der Genehmigung durch das Oberschulamt wurde mit Beginn des Schuljahrs 1979/80 der Allgemeine Schulkindergarten Neckarsulm in Räumen des Städtischen Kindergartens Amorbach eröffnet. Zwei Fachlehrerinnen mit entsprechender Ausbildung sind zur Betreuung der beiden Gruppen mit je 14 Kindern eingesetzt; die Betreuung erfolgt für die Eltern kostenfrei. Die Beförderung der Kinder von ihren Wohnorten wird durch einen Schulbus mit einer Aufsichtsperson vorgenommen. In diesem ersten Jahr wurden alle Kerngemeinden und Teilorte des Verwaltungsraums angefahren. 1987 wurden noch entsprechende Vereinbarungen mit der Stadt Neuenstadt abgeschlossen, so daß sich die Buslinien verlängerten. Da der Besuch des Schulkindergartens freiwillig ist und daher in den vergangenen Jahren nur etwa 50 Prozent der Zurückgestellten die Einrichtung besuchten, reicht das vorhandene Raumangebot vorerst aus.

Im Rückblick auf fast zwei Jahrhunderte erweist sich das Schulwesen in unserer Stadt heute naturgemäß als ein Spiegelbild der „Bildungslandschaft Bundesrepublik", und für sie gilt das Wort des Bundespräsidenten: „Diese Gesellschaft hat sich nicht nur zur Industrie- und Konsumgesellschaft entwickelt, sondern auch zur großen Lern- und Bildungsgesellschaft." Heute, im Jahr 1990, besuchen rund 3600 Schülerinnen und Schüler die vielfältigen Bildungseinrichtungen in unserer Stadt. Rechnet man noch das gut ausgebaute Kindergartenwesen, die Städtische Musikschule, die Volkshochschule und private Anbieter in der Erwachsenenbildung hinzu, kann Neckarsulm auf beträchtliche Leistungen für die „Lern- und Bildungsgesellschaft" verweisen. Dieser Beitrag möchte auch deutlich machen, daß sich der Gemeinderat und die Verwaltung der Stadt Neckarsulm ihrer Verpflichtung als Schulträger in der Vergangenheit stets bewußt waren und zu allen Zeiten, auch in finanziellen Notlagen, die erforderlichen Mittel zum Ausbau des Schulwesens bereitgestellt haben. Dies mag auch ein Wechsel auf die Zukunft sein, damit Schule so gestaltet werden kann, daß sie den Kindern und der Jugend zu geben vermag, was wir ihnen schulden.

Die katholische Kirchengemeinde

VON AUGUST VOGT

Kirchliche Verhältnisse vor dem Übergang an Württemberg

Die Missionierung des unteren Neckarraums erfolgte vor allem in fränkischer Zeit. 1935 fand Gustav Scholl in einem Grab aus der Merowingerzeit in der Binswanger Straße eine Fibel aus Bronzeblech, die ein gleicharmiges, mit Zierlinien gerahmtes Kreuz zeigt. Der Heilbronner Archäologe Robert Koch datiert sie ins 7. Jahrhundert und bringt sie mit Fibeln in Zusammenhang, die auf dem Weg von Nordfrankreich bis in die Oberpfalz gefunden wurden.[1] Die Missionierung durch die Franken wird auch durch fränkische Heilige als Kirchenpatrone bestätigt, wie Dionysius in Neckarsulm und Haßmersheim, Martinus in Erlenbach und Sontheim, Remigius in Dahenfeld, Kilian in Heilbronn, Duttenberg und Herbolzheim. Deutlicher wird die kirchliche Frühzeit Neckarsulms durch Stiftungen von Adligen zwischen 771 und 791 an das Kloster Lorsch an der Bergstraße.[2] Möglicherweise war die „villa Sulmana", wie der Ort in den Urkunden genannt wird, bereits so groß, daß er vielleicht schon eine kleine Kirche oder eine Kapelle besaß.

Leider fallen in der Folgezeit urkundliche Quellen zur Neckarsulmer Kirchengeschichte aus. Belege liegen erstmals aus dem Hochmittelalter vor. Sicher dürfte sein, daß Neckarsulm sehr früh der Diözese Würzburg, von Bonifatius 741 gegründet, zugeordnet war

und das Kloster Amorbach neben seinem umfangreichen Grundbesitz und seinen Zehntrechten auch das „ius patronatus" an der Neckarsulmer Dionysiuskirche besaß. Der Abt von Amorbach hatte das Recht, die Pfarrer an der Stadtkirche einzusetzen. Die Patronatsrechte in Sulm trat das Kloster 1256 an den Bischof von Würzburg ab, wie es einer Urkunde im Amorbacher Archiv zu entnehmen ist.[3] Offensichtlich ist dieser Übergang nicht sofort vollzogen worden, da in einer weiteren Urkunde von 1264 immer noch der Amorbacher Abt Wibert als Patronatsherr bezeichnet wird.[4] In diesem Vertrag wird den Weinsberger Herren, die vermutlich seit der Auseinandersetzung vor Weinsberg zwischen dem Staufer Konrad III. und Welf VI. um die deutsche Kaisermacht im Besitz der Burg auf dem Scheuerberg und der Stadt waren, das Recht zugestanden, daß der von ihnen eingesetzte Kaplan der Burgkapelle den Burgleuten die Sakramente spenden durfte.[5]

Verschiedene Urkunden der Weinsberger Zeit wurden von Geistlichen (plebani – Leutpriester) unterzeichnet: 1230 ein Sifridus plebanus, 1264 ein Rüdiger plebanus, 1291 ein Marquardus plebanus, die von Amorbach eingesetzt waren.[6] Sie waren die Pfarrherren der Sulmer Kirche. Wie die Kirche gebaut und wie groß sie war, ist nicht überliefert. Die Einrichtung einer Sulmer Frühmeßvikarie geht ebenfalls auf die Weinsberger zurück, wie dies aus der Verkaufsurkunde des Amtes Scheuerberg und der Stadt Sulm durch Weinsberg an das Erzstift Mainz im Jahr 1335 zu ersehen ist.[7] Beim Übergang an das Erzstift Mainz wird bestimmt, daß die „Frühmeßvikarie zu Sulme und die Kapelle auf der Burg zu Schurberg und alle andere zur Herrschaft Schurberg gehörige Gottesgabe" vom Erzbischof zu Mainz verliehen werde.

In der Mainzer Zeit, 1335–1484, haben sich die Neckarsulmer Bürger durch die Stiftung der Katharinenkaplanei auch am Ausbau des kirchlichen Lebens betätigt. Pfarrer Maucher vermutet in seiner Geschichte Neckarsulms, daß die Marienkaplanei jedoch noch vor der Katharinenkaplanei bestanden habe. Weil die frühe Amorbacher Abteikirche „Marienmünster im Odenwald" benannt wurde und dort eine Marienwallfahrt bestand, deren Gnadenbild heute in der Amorbacher Stadtkirche steht[8], läßt sich denken, daß die Marienverehrung in Neckarsulm schon durch die Amorbacher Mönche nach Neckarsulm verpflanzt wurde. Eine Legende berichtet, man habe im Steinach auf einem Steinhaufen eine Marienfigur, eine Pieta, gefunden und sie in die Stadtkirche gebracht. Die Figur aber sei immer wieder ins Steinach zurückgekehrt, bis man ihr dort eine Kapelle baute.[9] Danach setzte eine lebhafte Wallfahrt zu „Unserer lieben Frau im Steinach" ein. An der Frauenkirche befindet sich eine Wappentafel des Dieter und der Jonatha von Sickingen. Scheuerberg und Stadt waren um diese Zeit vom Erzstift Mainz an die Sickingen verpfändet.[10] Die Sickingen haben die Kapelle zur Kirche ausgebaut, die immer wieder umgebaut wurde, so daß vom ursprünglichen Bau kaum etwas erhalten blieb.

Die jeweiligen Herren der Stadt fühlten sich für das religiöse Leben verantwortlich. Öffentliches und kirchliches Leben bildeten eine Einheit, der Alltag der Menschen war vom Glauben getragen – daher kommen die vielfältigen Stiftungen an Klöster für das eigene oder der Verwandten Seelenheil. Reichen Besitz hatte in der Stadt anfangs das Kloster Lorsch, dann das Kloster Amorbach, das seinen Besitz bis zur Säkularisation 1803 behielt, ferner das Kloster Comburg, das Ritterstift St. Peter in Wimpfen, das Kloster Schöntal und das Heilbronner Klarissenkloster. Diese geistlichen Herren waren weitgehend nur Grundherren. Einfluß auf das kirchliche Leben und seine Gestaltung hatte in erster Linie der Bischof von Würzburg und in den Anfangszeiten der Abt von Amorbach.

Dies änderte sich auch nicht, als 1484 der Deutsche Ritterorden das Scheuerberger und Neckarsulmer Gebiet in einem Tauschverfahren vom Erzstift Mainz erhielt.[11] Seine Anwesenheit bewirkte jedoch, daß die Reformation in der Stadt nicht Fuß fassen konnte. Während die Reichsstädte des Unterlandes, die württembergischen, pfälzischen und reichsritterschaftlichen Gebiete die Reformation übernahmen, behielten die Ordensbesitzungen, darunter Neckarsulm, in den folgenden Jahrhunderten ihr katholisches Gepräge. In diesem Zusammenhang wurde dann auch das Weinsberger Landkapitel nach Neckarsulm verlegt. Das Patronatsrecht über die Pfarrkirche allerdings erlangte der Deutsche Ritterorden erst nach dem Dreißigjährigen Krieg, 1667, durch einen Tausch mit den Rechten an der Kirche von Krautheim. Seit dieser Zeit wirkten Deutschordenspriester in der Dionysiuspfarrei bis zum Ende der Ordensherrschaft.[12]

Leider besitzen wir keinen Hinweis auf den Bau der ersten Pfarrkirche in unserer Stadt. Im Bauplan der barocken Pfarrkirche von 1706 ist aber der Grundriß der Vorgängerkirche eingezeichnet, einer einschiffigen Turmchorkirche, die mit drei Altären ausgestattet war.[13] Werner Pfeifer berichtet 1969, daß schon 1557 nach einer Erweiterung der Kirche das Milchlingsche Wappen „ober der vorderen Neben-

142 Eines der ältesten Kunstwerke der Neckarsulmer Kirchengeschichte befindet sich heute in der Kapuzinerkirche.

tür" angebracht worden sei.[14] So kann angenommen werden, daß der eingezeichnete Grundriß mit diesem Umbau von 1557 identisch ist. Im Gegensatz zum heutigen Bau war die Kirche geostet, dem Grundriß nach könnte er einen älteren romanischen Bau abgelöst haben. Nach Pfeifer wurden beim Räumen der Kirche nach der Zerstörung von 1945 die quer durch das Kirchenschiff verlaufenden Fundamente der ehemaligen gotischen Kirche aufgefunden, aber nicht näher untersucht. Der heutige frühbarocke Bau entstand zwischen 1706 und 1710 nach den Plänen des Kirchenbaumeisters Johann Wolfgang Fichtmeyer. Er ist das beherrschende Wahrzeichen der Stadt.

Die Errichtung des Kapuzinerklosters fällt ins 17. Jahrhundert, in die Zeit des Ritterordens. In den Pest- und Kriegsjahren des Dreißigjährigen Kriegs kamen zwischen 1635 und 1637 auf Wunsch der Bürger und der Ordensherrschaft Kapuziner nach Neckarsulm.[15] Der Quardian von Mergentheim hielt hier 1638 die Fastenpredigt mit solchem Erfolg, daß einflußreiche Männer der Stadt den Vorschlag machten, den Kapuzinern eine Niederlassung anzubieten. Nach anfänglichen Schwierigkeiten, die sich die Tiroler Provinz (in Neckarsulm) und die Rheinische Provinz (in Wimpfen) selbst machten, kam es schließlich zum Bau des Klosters. Der Klosterbau wurde 1666 abgeschlossen. Vorher wohnten die Kapuziner im alten Kaplaneihaus in der Frühmeßgasse. Ihre Aufgabe bestand in der Mitwirkung beim Predigtamt und im Beichtstuhl. Sie übernahmen auch oft den Dienst bei der Dahenfelder Kreuzwallfahrt.

Das Kapuzinerkloster bestand rund 170 Jahre und wurde 1811 durch den württembergischen König Friedrich aufgehoben. Die Stadt benützte die Kirche als Magazin. 1892 wurde der heruntergekommene Bau durch die Ortskirche zurückgekauft, renoviert und neu konsekriert, das Klostergebäude blieb in staatlichem Besitz.

Auswirkungen politisch-sozialer Veränderungen auf die Kirche

Die Veränderungen durch die Säkularisation trafen auch den Deutschen Ritterorden.[16] Das Ordensgebiet kam 1805 an Württemberg. Die Folgen der napoleonischen Veränderungen waren vorausgeprägt durch die Aufklärung des 18. Jahrhunderts. Menschenrechte wurden formuliert: die Rechte auf Leben, auf Freiheit, auf Eigentum, auf Glück, auf eigene Religionswahl. Die Toleranz wurde als tragende Kraft der Gesellschaft bezeichnet, wie in Lessings „Nathan der Weise": Die politischen, religiösen und rassischen Gegensätze sollten durch das vernünftige Streben nach Wahrheit überwunden werden.

Der Übergang der Stadt an das reformierte Württemberg förderte die Strukturveränderungen auf der religiösen Ebene. Die deutliche konfessionelle Grenze und die Absonderung gegenüber den protestantischen Gebieten des Umlandes wurden durchbrochen. Die bisher katholische Stadt war zur Diaspora geworden. Diese Entwicklung wurde durch die später einsetzende Industrialisierung verstärkt, die nicht nur das materielle, sondern auch das geistige Gefüge der Stadt von Grund auf verändert hat.

Bisher war die Gemeinde von den sozialen Bedingungen der bäuerlichen Arbeit – Weinbau und Landwirtschaft – geprägt. Weingärtner- und Bauernstand waren auch die Träger religiöser Traditionen und Bindungen. Diesem gewachsenen sozialen Gefüge stand nun eine ständig größer werdende Gruppe der Industriearbeiter gegenüber, die zu einem erheblichen Teil von außen in die Stadt hereinströmte. Nicht nur die Arbeitszeiten beider Gruppen unterschieden sich, auf der bäuerlichen Seite bestimmt vom Ablauf der Jahreszeiten, von Saat und Ernte, von den Stallzeiten, auf der Arbeiterseite durch die Regelmäßigkeit gleicher Dienstzeiten. Vor allem griffen neue Ideen der Lebensauffassung um sich.

Katholische Geistliche in Neckarsulm

Nun war Neckarsulm keiner der Orte, in denen sich das kommende Neue in besonderer Weise vorstellte und entwickelte. Die Pfarrer galten nach wie vor, neben Bürgermeister und Amtmann, als die ersten Bürger der Stadt. Zwischen 1795 und 1925 waren fünf Geistliche hier tätig. Der Deutschordenspriester Franz Joseph Urig, ein gebürtiger Erlenbacher, amtete von 1795 bis 1826. In seiner Amtszeit wurde die Pfarrei aus dem Würzburger Diözesanverband herausgelöst und 1814 dem neugebildeten Generalvikariat Ellwangen, dann, 1827, dem neuen Bistum Rottenburg zugeteilt. Zusammen mit dem Erzbistum Freiburg trat Rottenburg an die Stelle des historischen Bistums Konstanz. Das einheitliche politische Gebiet des Königreichs Württemberg hatte nun auch seine eigene katholische Landesdiözese.[17]

Nachfolger Urigs war Leopold Bauer aus Mergentheim, 1826 bis 1843; als Dekan stand er dem Landkapitel Neckarsulm vor. 1843 kam der Subregens von Rottenburg, Franz Anton Rieck, nach Neckarsulm. Auch er nahm die Dekanatsstelle ein. Vom württembergischen Königshaus wurde er mit dem Friedrichs- und Kronenorden ausgezeichnet. Er starb 1874. Auf ihn folgte 1875 Franz Joseph Maucher. Zuvor war er 18 Jahre als Rektor der Latein- und Realschule in Rottenburg, zeitweise auch an der dortigen Gewerblichen Fortbildungsschule tätig gewesen, ein Mann also, der sich mit dem Bereich des Handwerks und der aufkommenden Industrialisierung auseinandergesetzt hatte. Er schrieb eine Geschichte Neckarsulms, die 1901 herauskam, eine der besten Arbeiten über die Vergangenheit der Stadt. 1894 wurde er Ehrenbürger, überdies war er Träger verschiedener Auszeichnungen, so des Olgaordens und des Friedrichsordens. Über die fortschreitende Industrialisierung in Neckarsulm schreibt Maucher in seiner Stadtgeschichte: „Gewiß viel Segen in wenigen Jahren für eine bisher an Industrie gänzlich arme Weingärtnerstadt, meinen alle Freunde des modernen Fortschritts, die in der Industrie das Heil der Völker erblicken, während es freilich hier wie überall nicht an solchen fehlt, die anderer Ansicht sind."[18]

Auf Maucher folgte 1911 Joseph August Mosthaf aus Erlenbach. Er erlebte als Pfarrer die Zeit des Ersten Weltkriegs, die Auflösung der Monarchie und die Gründung der deutschen Republik. Er versah, wie Maucher, die Dekanatsstelle und war als Pfarrer von St. Dionysius bis 1925 tätig.

Protestantismus und Industrialisierung als Herausforderung für die Kirche

Bis 1805 hatte der ritterliche Orden die Stadt vor allen reformatorischen Einflüssen abgeschirmt. So wurden 1802 sechs Protestanten in der Bevölkerungsstatistik geführt, 1810 waren es 22, und als Maucher 1875 nach Neckarsulm kam, zählte man 294. Als Gottesdienstraum stand der protestantischen Gemeinde die Schloßkapelle zur Verfügung, die evangelische Kirche in der Binswanger Straße wurde 1888 geweiht.

1900 verzeichnete die Bevölkerungsstatistik 928 Protestanten, die Stadt hatte damals 3707 Einwohner. Das Verhältnis der beiden Konfessionen und ihrer Repräsentanten zueinander war zumeist gut. Stadtpfarrer Maucher schreibt in seiner handschriftlichen Chronik: „Die beiden Gemeinden haben unter seiner 13jährigen (gemeint ist der erste Pfarrer, Dr. Lempp) Pfarrleitung im Ganzen im Frieden untereinander gelebt."[19]

Die Auseinandersetzungen mit dem aufkommenden Zeitgeist lassen sich durch die Themen einiger „Großveranstaltungen", die Maucher veranlaßte, dokumentieren, so zum Beispiel durch die Veranstaltungen zum Ulmer Katholikentag, der 1890 stattfand. 1891 wurden bei einer Versammlung des Katholischen Männer- und Volksvereins Resolutionen zur sozialen Frage und zu Ordens- und Schulfragen gefaßt. 1892 fand eine „große Volksversammlung" in der Halle der Klosterkirche und im Bandhaussaal statt: Auch hier befaßten sich die Redner vor allem mit sozialen Fragen. Später gab es Auseinandersetzungen wegen der Schulaufsicht der Geistlichen. Bei einer Abstimmung 1902 waren 361 Personen für die Schulaufsicht, 20 waren dagegen. Diese 20 Stimmen kamen aus den Reihen der 21 hier tätigen Lehrer. 1903 wurde bei einer Volksvereinsversammlung im Bandhaus Stellung zur Reichstagswahl und „zur Tätigkeit des Centrums" bezogen.

Die Volkszählung von 1905 zeigt ein weiter verändertes Bild der konfessionellen Zusammensetzung der Bevölkerung, neben 3145 Katholiken lebten nun 1143 Protestanten in der Stadt. Als 1906 Wahlen zur Württembergischen Ständekammer und zum Reichsrat stattfanden, notiert Maucher unter anderem: „In den Reichstag kam der Preuße Naumann, ... cand. des Liberalismus und des Geldsacks." Stadtpfarrer Maucher wurde 1907 zum Mitbegründer der „Unterländer Volkszeitung", „einer korrekt katholischen Zeitung, die vom katholisch-christlichen Standpunkt in hohem Maße wünschenswert war". Schließlich hielt man es für wichtig, „wegen des rasch anwachsenden Protestantismus" einen eigenen christlichen Arbeiterverein zu gründen.

Die katholische Kirche war nicht mehr die religiöse Gemeinschaft, die allein das Gemeindeleben bestimmte. Die alte Ordnung, die noch 1770 durch die Bestimmungen zur Einhaltung der Sonn- und Feiertage „unter Androhung strenger Strafen" tief in den privaten Bereich eingriff, hatte sich aufgelöst. Im gleichen Sinne wirkte sich die neue, schon geschilderte Diözesanverfassung aus.[20] Der König, Kirchenherr der evangelischen Kirche, wurde auch zu einem einflußreichen Mann für die katholische Kirche, der bei der Besetzung des Bischofsstuhls ein gewichtiges Wort mitzureden hatte. Er erhob die Bischöfe in den Adelsstand. Erstmals kam 1902 ein Rottenburger Bischof, Wilhelm von Keppler, nach Neckarsulm.

In der württembergischen Zeit wurde eine ganze Reihe von Vereinen gegründet, die weitgehend auf traditionellen religiösen Anschauungen fußten: 1834 der Weingärtnerverein, 1855 der Gesangverein „Concordia", 1864 der Gewerbeverein, 1868 der Gesellenverein, 1883 der Katholische Leseverein, ein Vorläufer der Volksbildungseinrichtungen späterer Zeit. Im Deutschen Turnverein von 1892 spiegeln sich dagegen Tendenzen des auflebenden deutschen Nationalgefühls nach der Reichsgründung von 1871 wider. Dieses neue nationale Bewußtsein ergriff auch den kirchlichen Bereich. Maucher berichtet 1896 von kirchlichen Jubiläumsfeiern anläßlich des Sieges über Frankreich. Ferner bemerkt er bei der Wiederherstellung der Klosterkirche, sie solle in ihrer erneuerten Gestalt Neckarsulms Sieges- und Dankdenkmal sein.

Fahnenweihe feierte 1906 der Katholische Arbeiterverein. Die Arbeiterschaft rief 1907 den Gesangverein „Lassallia" ins Leben, der seinen Namen von Ferdinand Lassalle, dem Mitbegründer der Deutschen Sozialdemokratie, ableitete. Die beiden Daten beleuchten schlaglichtartig die Trennung der geistigen Richtungen innerhalb der Arbeiterschaft. Um 1900 entstanden auch die Christlichen Gewerkschaften, die sich vor allem auf katholische Mitgliedskreise stützten und politisch bei der Zentrumspartei standen. Der Schwerpunkt der gewerkschaftlichen Entwicklung lag allerdings bei der Sozialdemokratie und den Freien Gewerkschaften.

Der Erste Weltkrieg und seine Nachwirkungen

Der Beginn des Ersten Weltkriegs verwischte die religiösen und sozialen Gegensätze. Die „Unterländer Volkszeitung" schrieb zum Kriegsbeginn am 3. August 1914: „Was wir in 40 Jahren herrlichen Friedens gehegt haben, sollen wir nun verteidigen. Da blitzen die Augen", aber auch: „Ein furchtbares Opfer hat uns der Herr auferlegt: Gott, zu dir flehen wir in namenlos schwerer Zeit." Als im Juli 1917 die Glocken vom Turm von St. Dionysius geholt wurden, war das Ende des Krieges noch nicht abzusehen. Dem Krieg fielen die Monarchien zum Opfer, viel schwerer wogen die Verluste an Menschen, Millionen Tote; 138 Tote beklagte Neckarsulm.

Die Weimarer Republik war das Kind der Revolution von 1918. Die Kirche war in dieser Entwicklung an den Rand des Geschehens abgedrängt.[21] Mehrfach beklagt Dekan Mosthaf in seinen Aufzeichnungen die Zeichen eines sittlichen Niedergangs. 1920 wurde auch ein Hirtenbrief gegen die „Unsittlichkeit, die das Volk entnervt, ehrlos und sittenlos macht", veröffentlicht.

Die Wahlen zum Reichstag und zum Landtag 1920 brachten für die Zentrumspartei in Neckarsulm, die auch jetzt wieder zum größten Teil von der katholischen Bürgerschaft getragen wurde, jeweils über 50 Prozent aller abgegebenen Stimmen. 1920 wurde der „Prinz Carl" erworben und der Verein „Katholisches Vereinshaus e. V." ins Leben gerufen. Am Heiligabend 1920 konnten wieder drei Glocken für die Stadtkirche geweiht werden. Im darauffolgenden Jahr erhielt St. Dionysius eine neue Orgel.

In den Kriegs- und Nachkriegsjahren stand Stadtpfarrer und Dekan Mosthaf an der Spitze der Pfarrgemeinde. Auf ihn folgte 1925 Joseph Sandel aus Degmarn. Trotz wirtschaftlicher Not und großer Arbeitslosigkeit be-

143 Am 26. Mai 1929 weihte Bischof Joannes Baptista Sproll das Gemeindehaus und Töchterinstitut St. Paulus.

144 Die Deutsche Jugendkraft mit Jugendkaplan Hermann Schmid 1930.

schloß unter Sandel der Kirchenstiftungsrat 1928 den Bau eines Gemeindehauses.[22] Es wurde auf dem 1907 von Frau Laura Kriegsstötter und den Geschwistern Bender vermachten Gelände an der Heilbronner Straße gebaut, „entsprechend den kirchlich-religiösen und karitativen Bedürfnissen der Stadtpfarrgemeinde für jetzt und später". Die Anlage wurde am 26. Mai 1929 als „Gemeindehaus und Töchterinstitut St. Paulus" durch Bischof Joannes Baptista Sproll, der auch das Protektorat über das Haus übernahm, geweiht. Stadtpfarrer Sandel sprach dem Haus eine dreifache Aufgabe zu: Sammelpunkt der katholischen Gemeinde, Brennpunkt christlicher Kultur, eine wahre Volksbildungsstätte zu sein. Das Haus, unter der Leitung der Franziskanerinnen aus Sießen, erhielt ein Internat mit Handelsschule für Mädchen, verbunden mit einer Haushalts- und Musikschule. Der große Saal stand als Gemeindezentrum sowohl für örtliche wie überörtliche Veranstaltungen zu Verfügung.

Drei Beispiele sollen die Aktivitäten dieser Zeit erläutern: Im Juli 1931 fand hier das 4. Landestreffen der Deutschen Jugendkraft mit Bischof Sproll und Staatspräsident Eugen Bolz statt. Im Februar 1932 wurde erstmals ein Passionsspiel aufgeführt, das alle sieben Jahre wiederholt werden sollte. Bei 21 Aufführungen vor etwa 12000 Besuchern fand es weit über die Stadt hinaus große Beachtung. Im November 1932 fand ein großes Treffen der katholischen Jugendverbände mit Bischof Sproll statt.

Die Neckarsulmer Kirche unterm Hakenkreuz

Bischof Joannes Baptista Sproll, ein erklärter Gegner der Nationalsozialisten, kam auch in dieser dunklen Zeit mehrmals nach Neckarsulm. So 1934 zum 1. Bischofstag der Diözese, bei dem er sich mit dem Nationalsozialismus auseinandersetzte: „Die Kirche Jesu Christi ist keine Rassenkirche."[23] Am Christkönigsfest 1936 wurde der 4. Bischofstag wieder in Neckarsulm durchgeführt. Stadtpfarrer Sandel berichtet darüber: „. . . die ganze katholische Jugend des fränkischen Unterlandes von Heilbronn bis Mergentheim, ja weit ins badische Grenzgebiet hinein, war zu Tausenden und Abertausenden herbeigeströmt, um aus dem Munde des Oberhirten richtungweisende Worte in den Auseinandersetzungen unserer Tage zu hören . . ." Im Text der Bischofspredigt ist zu lesen: „Christus hat seine Kirche gegründet als sein Reich auf dieser Erde und auf einen Felsen hat er dieses Reich gegründet . . . Wenn man jetzt eine Nationalkirche gründen will, dann dürfen wir sie nicht gründen droben auf dem märkischen Sand bei Berlin und Brandenburg, denn eine solche Kirche hat keinen Bestand, sie wäre Menschenwerk, und sie müßte zerfallen. Christus hat seine Kirche auf einem Felsen gegründet, und zu diesem Felsen stehen wir!"

Stadtpfarrer Sandel bemühte sich sehr um den Ausbau der Stadtkirche. Zwischen 1926 und 1939 wurden das Äußere und das Innere der Kirche gründlich erneuert. Sandel wollte der Kirche ihren ursprünglichen barocken Charakter zurückgeben. Vor allem sollten die Altäre, die von Dekan Maucher im Sinne des damaligen Zeitgeschmacks neugotisch und neuromanisch ersetzt worden waren, durch barocke Altäre ausgetauscht werden. Dies geschah zwischen 1937 und 1939. Die Kirche erwarb ein Marienbild des Italieners Giovanni Battista Crespi (Il Cerano) und baute es in den Marienaltar ein. Das bedeutendste Kunstwerk der Kirche, die gotische Pieta, wurde restauriert.

Als 1927 die Präzeptoratskaplanei St. Katharina aufgehoben wurde (der Kaplan war kraft Amtes Leiter der Latein- und Realschule),

145 Erinnerungsfoto der Familie Häußler an die Primiz von Hugo Häußler im Jahr 1937. Auch für die Neckarsulmer Katholiken war die Priesterweihe des Bürgermeistersohns ein besonderes Ereignis.

wurde sie mit dem Jugendkaplan Hermann Schmid besetzt. Er schuf eine starke katholische Jugendorganisation, die sich vor allem auf den Gesellen- und Lehrlingsverein stützte. Es war ein Verdienst dieser Jugendarbeit, neben anderen Gruppen, daß sich der Nationalsozialismus hier schwerer tat als anderswo. Bürgermeister Häußler schrieb in einem Bericht des Jahres 1937, im Jahr der Primiz seines Sohnes: „Auch die Neckarsulmer haben sich umgestellt, wenn auch bei ihnen der Umstellungsprozeß länger als irgendwo anders gedauert hat."
Die katholische Kirche, auch in Neckarsulm, vertraute anfangs auf das Konkordat, das Hitler 1933 mit dem Vatikan geschlossen hatte. Aber dieses Vertrauen wurde rasch enttäuscht, als die katholischen Verbände, die katholische Jugendarbeit und die katholische Presse verboten wurden. Die „Unterländer Volkszeitung" traf das Verbot 1935. Die karitative Arbeit wurde behindert, Geistliche bedroht. Bischof Sproll wurde, auch wegen seiner Predigten auf den Bischofstagen, aus seiner Diözese vertrieben. Der Kirche waren vielfältige Fesseln angelegt, dennoch blieb das innerkirchliche Leben mehr oder weniger intakt.

St. Paulus wurde im August 1939 zum Reservelazarett erklärt und besetzt.[24] 120 Betten mußten zur Verfügung gestellt werden. Belegt wurde das Haus aber nicht. In der Schwesternchronik steht: „Kreisleiter Drauz und Ortsgruppenleiter Endreß erscheinen in St. Paulus. Stadtpfarrer Sandel und Herr Pecoroni waren bestellt worden. Das ganze Haus wird beschlagnahmt. Innerhalb 4 Tage muß die Räumung beendet sein. Beim Auszug verunglückte die Heimbewohnerin Frau Greß und starb bald darauf im Krankenhaus."

Chronik der Kirche in der Nachkriegszeit

Das Ende der nationalsozialistischen Unglückszeit, der Krieg, brachte am 1. März 1945 mit der Bombardierung der Stadt auch den Untergang der Dionysiuskirche. Die Altäre der Kirche waren zuvor ausgelagert worden und blieben erhalten. Mit den Aufräumungsarbeiten der riesigen Schuttberge konnte mit Unterstützung vieler Gemeindemitglieder rasch begonnen werden, so daß „am Tage von Peter und Paul 1946 in einer kleinen Weihefeier unter Teilnahme der Stadt in der Person des Herrn Bürgermeisters Häußler und des Stadtbaurates Schmid und einer Anzahl von Gläubigen der eigentliche

Wiederaufbau begonnen werden konnte". Den Wiederaufbau leitete der Heilbronner Architekt Richard Schuhmacher. Im Dezember 1948 wurde das Kirchendach aufgeschlagen und bis Weihnachten gedeckt. Am 21. November 1949 weihte der Bischof von Rottenburg, Carl Leiprecht, zusammen mit den Äbten von Neresheim und Münsterschwarzach die Kirche und die zurückgebrachten Altäre. Die Kirche wurde zu einem Denkmal des Mutes und des Lebenswillens der Neckarsulmer Katholiken und ist zugleich ein Denkmal des Aufbauwillens der ganzen Stadt.

Das Gemeindehaus hatte den Krieg unzerstört, aber total abgewirtschaftet überstanden. Im April 1945 konnte der Pfarrer das Haus erstmals wieder betreten. Noch war es nicht frei, da die Amerikaner es zur Durchgangsstation für Heimkehrende, Kriegsgefangene, Rückwanderer und Flüchtlinge bestimmten. Die Schwestern durften das Haus beziehen. Ab Mai 1945 wurde der Nähsaal eröffnet, Musik- und Sprachunterricht aufgenommen. Nahezu 300 Schülerinnen wurden in den einzelnen Abteilungen unterrichtet.[25] Im März 1967 verließen nach erfolgreicher, fast 40jähriger Tätigkeit die Schwestern aus Sießen St. Paulus. Schwesternmangel war der Grund. Nicht nur die kirchliche Gemeinde, sondern die ganze Stadt hatte damit Einrichtungen von überörtlicher Bedeutung verloren. Eine neue Verwendung mußte für das Haus gefunden werden. Zuerst entwickelte sich aus einem privaten Sonderschulgarten die Kreissonderschule für bildungsschwache und behinderte Kinder. Als diese Schule 1972 in das Schulhaus in der Berliner Straße umzog, wurde die Frage der Nutzung akuter denn je. Schließlich ergab sich eine zweifache Verwendung des Gebäudes. Die Fachschule für Sozialpädagogik des Caritasverbandes übernahm den Schulbereich. Der Unterricht begann im Oktober 1972. Der andere Teil wurde unter dem Architekten Otto Mattes zum Gemeindezentrum ausgebaut; diese Umbauarbeiten wurden 1976 abgeschlossen.

Stadtpfarrer Sandel schied 1957 von Neckarsulm, auf ihn folgte Anton Vaas aus Thannhausen, der eine Vielzahl anstehender Aufgaben zum Abschluß bringen mußte. Besondere Schwierigkeiten waren beim Neubau des Pfarrhauses entstanden. Stadtpfarrer Sandel wollte den Platz westlich der Kirche zu einem kultisch-sakralen Kirchplatz ausbauen. 1953 wurden hier die Kreuzwegstationen, die heute am Weg zum Scheuerberg stehen, aufgebaut. Die Stadt stellte für den Platz ein Überbauungsverbot auf, das 1959 teilweise aufgehoben wurde. So konnte das wiedererrichtete Pfarrhaus erst 1960 von Pfarrer Vaas bezogen werden.

Seit den fünfziger Jahren veränderte sich die katholische Pfarrgemeinde.[26] Diese Veränderungen waren auf das Wachstum der Stadt, die Anlage der Bundesmustersiedlung auf dem Amorbacher Feld und die Eingemeindung von Obereisesheim und Dahenfeld zurückzuführen. Neue Situationen entstanden auch durch die „Reformbewegung" des 2. Vatikanischen Konzils, seine Liturgieerneuerung und seine Hinwendung zum Laien. So trat an die Stelle des bisherigen Kirchenstiftungsrates der in freier und geheimer Abstimmung gewählte Pfarrgemeinderat, der Pfarrer ist kraft Amtes der Vorsitzende des Gremiums, als Zweiter Vorsitzender steht ihm ein Laie zur Seite.

Die Siedlung auf dem Amorbacher Feld benötigte eine eigene Kirche, wie es in der Urkunde zur Ernennung der Pfarrei Amorbach durch Bischof Leiprecht zum Ausdruck kommt: „Als nach dem 2. Weltkrieg die aus dem Osten vertriebenen Deutschen in den westlichen Gebieten untergebracht werden mußten, konnten die NSU-Werke vielen von ihnen Beschäftigung bieten, doch war es nicht möglich, ih-

146 Stadtpfarrer Joseph Sandel bei der Grundsteinlegung der Amorbachschule 1954.

nen mit ihren Familien in Neckarsulm oder in der nächsten Umgebung Wohnungen zu verschaffen. Viele mußten daher als Pendler täglich weite Wege zwischen Wohnort und Arbeitsplatz zurücklegen. Die einzige Möglichkeit, ihnen in der Nähe Wohnungen zu verschaffen, bot die Erstellung einer Großsiedlung bei Neckarsulm."²⁷ Diese Siedlung brauchte zur Betreuung der verschiedenen Vertriebenengruppen eine eigene Kirche. Am 20. August 1954 wurden die Bauarbeiten begonnen. Die Kirche sollte ein Denkmal des Friedens, der Pax Christi, werden. Am 11. September 1955 wurde sie durch den Rottenburger Weihbischof Dr. Sedlmeier geweiht. Die Kirche steht im Mittelpunkt des Kulturbereiches der Amorbacher Siedlung.
Unter Stadtpfarrer Vaas wurde die Abgrenzung der neuen Pfarrei vollzogen. Erster Pfarrverweser war – bis Dezember 1958 – Vikar Wolfinger. Auf ihn folgten die Pfarrer Hanke, von 1958 bis 1978 (unter ihm wurde 1960 die Pfarrverweserei zur Stadtpfarrei erhoben), und Hosch, seit 1978. Die künstlerische Ausgestaltung der Kirche, Mosaiken und Kreuzwegfenster, schuf der Maler De Ponte. Im Marienmosaik wird vom Künstler in besonderer Weise die Bestimmung der Kirche gezeigt. Vier Heilige, Patrone der Vertriebenen, umgeben die Madonna: die hl. Hedwig für Schlesien, die hl. Elisabeth für Thüringen, der hl. Clemens-Maria Hofbauer für das Sudetenland, der hl. Ludwig für Ungarn.
Ein weiterer Kirchenbau entstand in Obereisesheim, wo die Katholikenzahl infolge der Bevölkerungsbewegung nach 1945 stark zugenommen hatte. Man entschied sich für eine Fertigbaukirche mit Gemeindesaal der Firma

Reutter in Wernau; die Kirche wurde 1972 geweiht. Obereisesheim bildet keine eigene Gemeinde, sie ist eine Filiale der Stadtkirche.
Zur gleichen Zeit begannen auch die Bauarbeiten für eine Kirche im Stadtgebiet Neuberg.[28] Kirche und Pfarrhaus wurden von dem Neckarsulmer Architekten Eugen Denz entworfen und gebaut. Der Bau entspricht den neuen liturgischen Vorstellungen, der Priester am Altar und die Gemeinde fügen sich zu einer Einheit zusammen. Bauherr war die Gemeinde St. Dionysius unter Stadtpfarrer Vaas und dem damaligen Zweiten Vorsitzenden des Kirchengemeinderates A. Vogt.
Im Oktober 1972 wurde Pfarrer Helmut Kappes aus Höchstberg an die Spitze der neu zu bildenden Pfarrei St. Johannes berufen. Unter ihm wurde der Bau abgeschlossen. Die Kirche wurde am 8. April 1973 durch Weihbischof Herre geweiht. Altar, Tabernakelstele und Ambo schuf der Bildhauer Gerhard Tagwerker, von dem auch das Bronzekreuz des Altarraums, eine Statue Mariens und des hl. Antonius stammen. Die Glasfenster schuf Hans Schreiner aus Jagstfeld. Die Kirche mit ihren Kunstwerken ist ein gutes Beispiel für die moderne Gestaltung eines Gottesdienstraumes. St. Johannes ist die zweite selbständige Pfarrei, die aus der Mutterpfarrei St. Dionysius herauswuchs.
In der gleichen Zeit waren umfangreiche Renovierungsarbeiten an der Stadtkirche erforderlich, die 1968 einen vorläufigen Abschluß fanden. Die letzten Jahre, die Pfarrer Vaas in Neckarsulm verbrachte, waren von vielen Bausorgen belastet. Der Pfarrgemeinderat war mehr als Bauausschuß denn als Stütze bei der Gemeindearbeit tätig.
Zu den beiden Pfarreien Pax Christi und St. Johannes kam durch die Eingemeindung von Dahenfeld St. Remigius als dritte Pfarrei zu Neckarsulm. Mit Dahenfeld schloß sich ein alter Ort des Deutschen Ordens der Stadt an.

Die Kirche St. Remigius ist ein hervorragendes Beispiel für die barocke Ordensbautätigkeit im Unterland. Als Pfarrer Abele 1982 starb, wurde Pfarrer Hosch von Pax Christi mit der Pfarrverwesung in Dahenfeld betraut. Im Juli 1973 verließ Pfarrer Vaas Neckarsulm, sein Nachfolger wurde, zuerst als Pfarrverweser, dann als Pfarrer und Dekan, Hermann Knoblauch, der als Vikar schon seit 1971 hier tätig war.
Am 16. Juni 1974 verließen die letzten acht Barmherzigen Schwestern aus Untermarchtal (Vinzentinerinnen) das Neckarsulmer Krankenhaus nach über 100jähriger Tätigkeit im Krankenhaus- und im Schuldienst.[29] Die ersten Schwestern kamen 1868 vom damaligen Mutterhaus Gmünd hierher. Sie übernahmen auch den Pflegedienst im Spitalgebäude neben der Frauenkirche; mit der Eröffnung des neuen Krankenhauses 1913 wurde die Schwesternstation, der seit 1897 eine Oberin vorstand, erweitert. 1946 waren in dieser Station 27 Schwestern im Einsatz. 1971 gaben die Vinzentinerinnen die Leitung des Krankenhausdienstes an Freie Schwestern ab. Nach dem Weggang der Krankenhausschwestern 1974 wurde die Stadtkrankenpflege noch bis Januar 1977 weitergeführt. Die Ordensschwestern waren mit dem Leben der Stadt, der Entwicklung der Krankenhausvorsorge, dem Schul- und Kindergartenwesen und der häuslichen Krankenpflege eng und verdienstvoll verbunden.
Das Gemeindezentrum für St. Johannes baute der Architekt Bechler. Das Zentrum mit Saal und Jugendräumen verbindet sich mit der Kirche und dem Pfarrhaus zu einem geschlossenen Baukörper. Auch 1989 war ein Baujahr. Es wurde mit der Innenrenovierung der Stadtkirche begonnen, die 1990 abgeschlossen wurde. Als neue Filiale entsteht eine Kirche mit entsprechendem Zentrum in Untereisesheim.

147 Abschied von den Vinzentinerinnen, die bis 1974 im Städtischen Krankenhaus Dienst getan hatten. Die ersten Schwestern waren 1868 aus Schwäbisch Gmünd nach Neckarsulm gekommen.

Trotz dieser erheblichen Ausweitung – hinzuzurechnen ist noch der Schulunterricht und die geistliche Versorgung des Caritas-Altersheims im Sulmtalpark – stehen zur Zeit nur drei Pfarrer zur Verfügung: Dekan Knoblauch, Pfarrer Kappes und Pfarrer Hosch, der schwer erkrankt ist. Unter diesen Umständen wird eine geordnete Seelsorge im Bereich der Großen Kreisstadt immer schwieriger. Der Priestermangel ist ein Symptom unserer Zeit, die sich mehr und mehr selbst säkularisiert. Hinter Begriffen wie Pluralismus, Toleranz, Wirtschaftswachstum verbirgt sich ein Rückzug aus traditionellen Werten und Bindungen. Neue Situationen entstehen durch die Forderungen der modernen Frauenbewegung und der veröffentlichten Meinung zu Fragen des Zölibats; die ökumenische Bewegung wird immer wieder betont. Diese Entwicklungen setzen aber auch neue religiöse Kräfte frei, die sich besonders in der Einbindung der Laien in kirchliche Aufgaben zeigen, vor allem im Verwaltungsbereich, aber auch bei der Liturgiegestaltung und dem Unterrichtswesen.

Als das Gremium eines Gesamtpfarrgemeinderates eingeführt wurde, rechnete man damit, daß sich die Pfarreien des Ortes zu einer Gesamtgemeinde zusammenschließen würden. Dieser Zusammenschluß war bisher nur im organisatorischen Bereich möglich. Der

Gesamtkirchengemeinderat besteht seit 1974, Vorsitzender war bis 1981 Pfarrer Knoblauch, seit 1981 Pfarrer Kappes, Zweiter Vorsitzender ist zur Zeit Alfred Sturm. Daß die Neckarsulmer Pfarreien Kräfte einer Eigendynamik entwickelt haben, hängt offensichtlich mit der unterschiedlichen Bevölkerungsstruktur in den einzelnen Wohngebieten zusammen. Die heutige Situation der katholischen Kirche in Neckarsulm hat sich aus den Veränderungen der Zusammensetzung der Bevölkerung ergeben: 1989 lebten in der Gesamtstadt 10126 Katholiken, 7383 Protestanten und 4258 weitere Bürger, die anderen oder keinen Religionsgemeinschaften angehören. Nimmt man die beiden letzten Zahlen zusammen, so ergeben sich für den katholischen Anteil an der Bevölkerung 46,5 Prozent. In diesen Zahlen spiegelt sich am deutlichsten die konfessionelle Veränderung, die mit der einstigen Deutschordensgemeinde vorgegangen ist.

Protestantismus in der Diaspora: Die Entstehung und Entwicklung der evangelischen Kirchengemeinde Neckarsulm

VON GUDRUN EMBERGER

Mit den neuen Herren kam 1805 auch die evangelische Religion nach Neckarsulm. Zwar soll hier bereits 1632/34, als die schwedischen Truppen die Stadt besetzt hatten, lutherischer Gottesdienst abgehalten worden sein[1], und sicherlich waren im Lauf der Zeit immer wieder einzelne Protestanten hier ansässig gewesen[2], doch zur ungehinderten Ansiedlung von Protestanten als Bürger oder gar zur Bildung einer regelrechten evangelischen Kirchengemeinde hatte es unter der Herrschaft des Deutschen Ordens nicht kommen können. Wenige Jahre vor dem Übergang an Württemberg, im Jahr 1802, waren in Neckarsulm sechs Protestanten gezählt worden.[3]
Nun also konnte sich hier der evangelische Glaube frei entfalten, zumindest von seiten des Landesherrn stand dem nichts mehr entgegen – solange die Sache den Staat nicht allzuviel Geld kostete. Wer annimmt, in Stuttgart hätte man alles darangesetzt, in einer Hochburg des katholischen Glaubens wie Neckarsulm die Bildung einer evangelischen Gemeinde, den Bau einer evangelischen Kirche und dergleichen mehr mit allen Mitteln zu unterstützen, wenn nicht gar zu forcieren, sieht sich bei der Durchsicht der Akten eines besseren belehrt. Der Weg zu alldem war lang und steinig, und die Kosten dafür sollten nach Möglichkeit ohne allzu große Belästigung der Staatskasse bestritten werden.[4] Doch glücklicherweise fanden sich immer wieder Mäzene; davon wird noch die Rede sein.

Erste Anfänge: Pastoration von Kochendorf aus

Mit Verordnung vom 12. September 1818 wurden die evangelischen Bewohner Neckarsulms – es waren damals 51 – der Pfarrei Kochendorf zugeteilt, d. h. sie wurden vom dortigen Pfarrer betreut und mußten zum Gottesdienst nach Kochendorf gehen.[5] Daß sie ihre „Erbauung in einer stark 3/4 Stund entfernten Kirche" suchen mußten, wurde den Neckarsulmer Protestanten auf die Dauer beschwerlich.[6] Daher bot der Kochendorfer Pfarrer Bezzenberger im Juli 1847 an, jährlich einige Gottesdienste in Neckarsulm abzuhalten, wenn von den Evangelischen ein für diesen Zweck geeignetes Lokal und, falls sie nicht nur Predigt, sondern auch Gesang wünschten, ein Lehrer als Vorsänger gefunden werden könnten.
Gut drei Jahre später, am 11. August 1850, fand der erste evangelische Gottesdienst in Neckarsulm statt. Als Lokal diente die alte Schloßkapelle im Hof des ehemaligen Stadtschlosses[7], die mit diesem ersten Gottesdienst, verbunden mit einer Taufe und der Reichung des Abendmahls, feierlich als evangelische Kirche eingeweiht wurde. Schulmeister Kies aus Kochendorf übernahm die Vorsängerstelle. Schon wenige Wochen zuvor hatte sich eine evangelische Kirchengemeinde konstituiert, deren Mitgliederzahl insgesamt 130 betrug. Auch ein Kirchenkonvent, bestehend aus Kaufmann Hochstetter, Gerichtsnotar

Maier und Stadtrat Speidel, war gewählt worden.[8] Ein erster wichtiger Schritt für die evangelischen Christen Neckarsulms auf dem Weg zu einer eigenen Pfarrei war damit getan.

Von der Pfarrverweserei zur ständigen Pfarrei

Die Gottesdienste in der Schloßkapelle wurden zunächst vom Kochendorfer Pfarrer abgehalten. Bereits am 15. Dezember 1850 bat die evangelische Kirchengemeinde das Konsistorium um die Einrichtung einer ständigen Pfarrverweserei in Neckarsulm mit dem Hinweis, daß zur Besoldung des Pfarrverwesers der Gustav-Adolf-Verein einen erheblichen Beitrag leisten wolle. Der Ausschuß des württembergischen Hauptvereins der Gustav-Adolf-Stiftung selbst teilte dem Konsistorium am 25. Januar 1851 mit, daß beschlossen worden sei, für eine Pfarramtsverweserstelle in Neckarsulm eine jährliche Beihilfe von 150 bis 200 Gulden zu stellen, wenn ein in Neckarsulm stationierter Pfarrverweser auch für die Evangelischen in Offenau und Gundelsheim Gottesdienst abhalten werde, „was mit Hilfe des Dampfboots wenigstens im Sommer ohne zu große Kosten könnte bewerkstelligt werden".[9]

Das Anerbieten des Gustav-Adolf-Vereins verfehlte seine Wirkung nicht, und am 24. Juni 1851 wurde die Einrichtung einer Pfarrverweserei in Neckarsulm für die evangelischen Einwohner von Neckarsulm, Gundelsheim, Offenau und elf weiteren seither zur evangelischen Pfarrei Kochendorf gehörigen Orten genehmigt.[10] Am 23. Juli 1851 zog der erste Pfarrverweser, Friedrich Wilhelm Brandauer, in Neckarsulm auf. Das Pfarrverwesergehalt betrug damals 400 Gulden, der Gustav-Adolf-Verein setzte seinen Zuschuß am 9. August 1851 auf 200 Gulden fest, trug also die Hälfte der Besoldung. Zu den restlichen 200 Gulden mußte die evangelische Kirchengemeinde Neckarsulm 50 Gulden beitragen.[11]

Vier Jahrzehnte später, am 13. August 1891, wurde die Pfarrverweserstelle zur vollen ständigen Stadtpfarrei erhoben.[12] Die Gemeinde wuchs rasch weiter an. Bei der Volkszählung am 1. Dezember 1900 betrug die Zahl der Gemeindeglieder in Neckarsulm 938; mit Gundelsheim und den anderen Filialen zählte die Pfarrei nunmehr insgesamt 1303 Seelen. Ein Geistlicher allein konnte diese große Gemeinde nicht mehr betreuen. Deshalb wurde am 28. Oktober 1901 in Neckarsulm zusätzlich ein Stadt- und Parochialvikariat eingerichtet[13], am 4. Dezember trat der erste Stadtvikar an[14].

Kirchenbau

Bereits 1863 wurde geklagt, die Kapelle im Oberamteihof sei zu klein, da sie nur 110 Sitzplätze habe, die Gemeinde aber mittlerweile einschließlich der Filialen und der zahlreichen Dienstboten 200 Seelen zähle. Zudem, so wurde vermutet, werde der bevorstehende Eisenbahnbau ein Anwachsen der Gemeinde zur Folge haben.[15] Doch Pläne zur baulichen Erweiterung der Kapelle scheiterten mehrfach, eine Bitte an die Stadt um Überlassung der Kirche des Kapuzinerklosters, die damals als Holzmagazin diente, war bereits 1861 abschlägig beschieden worden. Die Gemeinde nahm indes weiter zu, im Jahr 1881 hatte sie 389 Glieder – die Zustände beim Gottesdienst in der kleinen Kapelle wurden allmählich als unerträglich empfunden.

Schon im Juni 1878 hatte der Pfarrgemeinderat beschlossen, einen Kirchenbaufonds einzurichten. Ein Kirchenbauverein, an dessen Spitze ein Kirchenbaukomitee stand, wurde am 23. Juni 1881 gegründet.[16] Bis zum Jahr 1883 waren 1500 Mark zusammengekom-

148 *Aufriß der Evangelischen Kirche bei der Bleichwiese von Theophil Frey, der den Bau 1888 in der Binswanger Straße ausführte.*

men, der Gustav-Adolf-Verein hatte seine Unterstützung zugesichert – doch einem baldigen Baubeginn stand zunächst weniger der Geldmangel im Weg als eine Jahre dauernde Auseinandersetzung mit der Stadtgemeinde und den katholischen Mitbürgern um einen geeigneten Bauplatz.[17] Favorisiert wurde von der evangelischen Kirchengemeinde die Bleichwiese beim Neckarsulmer Schloß, doch die Stadt lehnte den Verkauf oder gar die Schenkung dieses Platzes 1881/82 immer wieder ab. Auch ein Vertrag mit der Generaldirektion der Eisenbahn über den Ankauf eines Platzes auf dem Bahngelände, wofür der Stuttgarter Architekt Theophil Frey schon Pläne gemacht hatte, kam nicht zustande.

149 Josephine Luise Freifrau von Wächter.

150 Marie Esther Gräfin von Waldersee.

Schließlich kaufte das Kirchenbaukomitee im Juli 1883 um 3125 Mark ein 28 Ar großes Gelände an der Binswanger Straße als Bauplatz. Jetzt kam auch Unterstützung von privater Seite. Wie schon eingangs erwähnt, hatten die Protestanten in Neckarsulm Mäzene, die immer wieder tatkräftig halfen. Es handelte sich um Mitglieder der seit 1823 auf dem Gut Lautenbach sitzenden Familie von Wächter, die eine Zeitlang fast regelmäßig den Gottesdienst in Neckarsulm besuchten, obwohl Lautenbach eigentlich zur Kirchengemeinde Kochendorf gehörte. Drei Frauen sind es, denen die evangelische Kirchengemeinde Neckarsulm überaus viel verdankt: Josephine Luise Freifrau von Wächter (1833–1930), die Witwe des württembergischen Ministers des Auswärtigen, August Freiherr von Wächter; deren Schwester Marie Gräfin von Waldersee, verwitwete Fürstin Noer (1837–1914)[18], die häufig auf Lautenbach zu Gast war; und schließlich die Mutter der beiden Vorgenannten, Mrs. Ann Lee. Josephine Luise von Wächter soll von den Predigten des 1862–1865 in Neckarsulm wirkenden Pfarrverwesers Eugen Reinhardt, dem „einzige(n) unter den hiesigen Geistlichen, der offenbar eine zündende Wirkung als Kanzelredner"[19] erzielt hat, angezogen worden sein. Es ist leider im Rahmen dieses Beitrags nicht möglich, näher auf die Familie von Wächter und ihre Beziehungen zu den Protestanten Neckarsulms einzugehen. Erwähnt seien hier nur einige der Schenkungen: Frau von Wächter hatte zum Beispiel für die Kapelle eine Orgel gestiftet[20], dort 1866 einen Ofen aufstellen lassen und zusammen mit

Kirchenbau

151/152 Die Evangelische Kirche: 1888 eingeweiht, 1897 durch Hagelschlag schwer beschädigt.

ihrer Schwester, der damaligen Fürstin Noer, eine silberne Abendmahlskanne geschenkt[21]. Zu Weihnachten 1869 war die Gemeinde von den beiden Damen mit einer vergoldeten Hostienkapsel und einer ebenfalls vergoldeten Patene bedacht worden[22], und zum 25jährigen Jubiläum der Kirchengemeinde, das am 25. Juni 1876 festlich begangen worden war, hatte Frau von Wächter zwei Alabastervasen gestiftet[23].

Nun aber setzten sich die drei Damen vom Lautenbacher Hof für den Kirchenbau in einem solchen Maße ein, daß ohne Übertreibung gesagt werden kann, daß ihnen das weitaus größte Verdienst um diesen Bau zukommt. Bereits im Januar 1882 hatten Frau von Wächter und ihre Schwester dem Kirchenbaukomitee die vergleichsweise bescheidene Summe von 200 Mark gegeben. Doch jetzt, am 30. August 1883, schenkte Frau von Wächter der Kirchengemeinde den ganzen Bauplatzpreis von 3125 Mark, Gräfin Waldersee stiftete am 3. Oktober für den Bau 5000 Mark, weitere 5000 Mark gab Frau von Wächter im Januar 1885. Insgesamt schenkte sie der Gemeinde für den Kirchenbau zwischen 1882 und 1889 11 300 Mark, die Gräfin Waldersee 9160 Mark und ihre Mutter 8360 Mark.[24] Daß die Sache dennoch nur schleppend voranging, weil innerhalb der Kirchengemeinde Vorbehalte gegen den Platz an der Binswanger Straße laut wurden (der Platz sei zu weit abgelegen) und plötzlich der Schulhausbau vor dem Kirchenbau vorangetrieben wurde, verärgerte Frau von Wächter. Als 1886 ein erneuter Vorstoß der Kirchengemeinde, von der

Stadt doch noch die Bleichwiese als Kirchenbauplatz erhalten zu können, endgültig gescheitert war, erklärte die Gönnerin, „wenn man jetzt nicht vorwärtsmache und anfange zu bauen und zwar nach dem ersten reicheren Plan von Frey, so ziehe sie ihre Hand von der Gemeinde ab"[25]. Diese Drohung wirkte: Am 30. November 1886 wurde beschlossen, den ersten, teureren Plan des Stuttgarter Architekten Theophil Frey auszuführen. Am 16. Mai 1887, am Tag der feierlichen Eröffnung der evangelischen Schule, wurde der Grundstein zur Kirche gelegt, und am 3. Oktober 1888, dem Geburtstag der Gräfin Waldersee, konnte die Kirche eingeweiht werden.[26] Nachdem am 1. Oktober 1891 der erste Stadtpfarrer, Dr. Eduard Lempp, aufgezogen war, wurde auf dessen Betreiben im Jahr 1893 bei der Kirche auch ein dem Stil der Kirche angepaßtes Pfarrhaus erbaut.[27] Übrigens mußte die neue Kirche bereits 1897/98 durchgreifend renoviert werden, da sie am 1. Juli 1897 durch Hagelschlag schwer beschädigt worden war.[28] Eine kirchliche Infrastruktur war vollends geschaffen mit dem Bau eines Gemeindehauses, das 1908 fertiggestellt wurde.[29]

Kirchliches Schulwesen

Von Anfang an empfanden evangelische Neckarsulmer Eltern, deren Kinder die katholischen Schulen der Stadt besuchten, es als „schmerzlich, daß ein regelmäßiger Religions-Unterricht, den wir als die Grundlage der Erziehung und Bildung betrachten, unseren Kindern bisher nicht – ausser spät erst zur Vorbereitung auf die Confirmation – erteilt worden ist".[30] Schließlich wurde, nach einer Absprache mit den Eltern, durch Pfarrer Bezzenberger aus Kochendorf vom 1. Februar 1847 an wöchentlich zwei Stunden Religionsunterricht „in loco", also in Neckarsulm, für die 17 schulpflichtigen Kinder erteilt. Als Bezahlung dafür hatte man 60 Gulden pro Jahr vereinbart, wovon ein Drittel die Eltern bezahlen wollten, zwei Drittel aber von der Staatskasse zugeschossen werden sollten.

Die Kirchenleitung konnte sich allerdings mit dieser Lösung nicht sehr befreunden. Sie wies darauf hin, daß Bezzenberger sowieso schon mit Arbeit überlastet sei, und wollte deswegen auf jeden Fall nur zwei Stunden Unterricht inklusive des Konfirmandenunterrichts genehmigen. Der Bitte von Bezzenberger um Aufstockung auf vier Stunden Unterricht pro Woche, die er unter Hinweis auf „Bekehrungsversuche" von seiten der Katholiken und den Umstand, daß die evangelischen Kinder das „‚Unser Vater' nur mangelhaft, aber . . . das catholische ‚Ave Maria' gut hersagen" könnten, für dringend geboten hielt, wollte das Konsistorium auf gar keinen Fall entsprechen. Überhaupt war man in Stuttgart der Meinung, es sei allen Schülern wenigstens im Sommer sehr wohl zuzumuten, die Dreiviertelstunde Weg zum Religionsunterricht an den Wohnort ihres Pfarrers zu gehen, und in diesem Fall hätte „der letztere irgend eine Vergütung für seine Mühewaltung wohl nicht anzusprechen". Auch von den Konfirmanden könne verlangt werden, daß sie ohne Unterschied der Jahreszeit zum Pfarrer gingen. Demnach werde von der Staatskasse jährlich nur ein Zuschuß zur Besoldung Bezzenbergers von 25 Gulden gewährt, sofern der Unterricht für jüngere Kinder in Neckarsulm erteilt werde und die Zahl der Schüler dort nicht unter 15 sinke. Ein entsprechender Konsistorialerlaß vom 18. August 1848 ging in Neckarsulm ein, womit die Eltern aber überhaupt nicht einverstanden waren. Zum einen betrage die Wegzeit nach Kochendorf nicht eine Dreiviertel-, sondern eine volle Stunde, und für die ohnehin mit vielen Unterrichtsstunden in der Latein- oder Realschule überhäuften

Kinder wäre es ein Ding der Unmöglichkeit, ständig hin- und wieder zurückzulaufen – sie müßten also auf den Religionsunterricht verzichten. Zum anderen aber: „Wenn es . . . bei den hiesigen Israeliten, deren Zahl bei weitem geringer ist, als eine Nothwendigkeit erkannt und dieselben schon längere Zeit her die Wohlthat genießen, daß sich der israelitische Vorsänger von Kochendorf zur Religions-Unterrichts-Ertheilung an die hiesigen Israeliten-Kinder hieher begibt[31], wofür er von der israelitischen Central-Kasse in Stuttgart jährlich 40 Gulden Belohnung erhält, so glauben wir zuversichtlich nicht befürchten zu dürfen, gegenüber denselben ungleich behandelt oder dardurch zurückgesetzt zu werden, daß unsere evangelischen Christen-Kinder, die als Glieder der evangelischen Kirche ein Recht an einen unverkümmerten Religions-Unterricht haben, nach Kochendorf gehen, ihre Stunden in Sprachen und Realien, die bekanntlich keine Lücken dulden, versäumen sollen, oder daß sie mit einem Zuschuß von nur 25 Gulden, also etwa der Hälfte, was den Israeliten gegeben wird, bedacht werden wollen." Schließlich meinten die Eltern, wenn der Staat jährlich mehrere hundert Gulden insbesondere „zu Ertheilung von Religions-Unterricht an Gefangene, Sträflinge und Verwahrloste, deren Erfolg oft so problematisch bleibt", ausgebe, so dürften doch auch sie die Hoffnung haben, daß man sich höheren Orts ihren berechtigten Bitten nicht verschließe.[32] Aber weit gefehlt, Ministerium und Konsistorium blieben bei ihrer Auffassung, und es ist anzunehmen, daß erst nach der Einrichtung der Pfarrverweserei 1851 ein geregelter, ausreichender evangelischer Religionsunterricht in Neckarsulm selbst stattgefunden hat.

Die Schüler besuchten nach wie vor die katholischen Schulen: Im August 1861 waren es 21 Schüler in der Volksschule, 16 in der Latein- und Realschule.[33] Allerdings wurde dieser Umstand als nicht befriedigend angesehen. Im Pfarrbericht des Jahres 1864 führte Pfarrverweser Reinhardt vehemente Klage: Der Zustand der Schulen sei im ganzen nicht ungünstig, doch seien die Schüler in manchen Fächern hinter den Kindern, die evangelische Schulen besuchten, zurück. Insbesondere lasse das Lesen sowie die Entwicklung des Denkvermögens sehr vieles zu wünschen übrig. „Auch scheint der Unterricht in den katholischen Schulen durchschnittlich noch weit mehr als in den evangelischen in der Weise eines geistlosen Mechanismus betrieben zu werden . . . Namentlich läßt sich der in den katholischen Schulen beim lauten Beten und beim Aufsagen des Memorierten allgemein eingeführte wahrhaft unerträgliche Singsang, der oft zu einem eigentlichen Plappern oder Schnattern wird, und den die in die katholische Schule eintretenden evangelischen Kinder gewöhnlich nur zu bald unwillkürlich annehmen, denselben fast nicht abgewöhnen."[34] Nun wurde eine Eingabe um die Einrichtung einer evangelischen Schulstelle gemacht, am 15. März 1865 kam eine Kommission nach Neckarsulm, die die örtlichen und finanziellen Möglichkeiten für den Bau eines Pfarr- und Schulhauses überprüfen sollte. „Allein die großen Kosten und der Mangel an den nöthigen Geldmitteln ließen den Plan noch nicht zur Ausführung kommen", klagte Pfarrverweser Magenau im Pfarrbericht des Jahres 1866.[35] Sechs Jahre später, als Dekan Pressel aus Neuenstadt zum erstenmal Neckarsulm visitierte, wurde das Thema wieder angesprochen. Diesmal allerdings vom Dekan, der nach seinem ersten Eindruck bei den Neckarsulmer Protestanten viel Toleranz und „sehr wenig entschiedenes Glaubensbewußtsein" festgestellt hatte und daher zur „Stärkung evangelisch-kirchlicher Gesinnung . . . die Gründung einer Confessionsschule" vorschlug.[36] Doch der Pfarrgemeinderat „wehrte

153 Die erste evangelische Schulklasse mit ihrem Lehrer Johann Michael Kaufmann 1887.

154 Die evangelische Kleinkinderschule mit Schwester Luise um 1909.

sich förmlich gegen eine solche Absicht: die Trennung der Kinder in verschiedene Schulen würde gar zu wehe thun etc. etc." Der Visitator vermutete dahinter „sociale Opportunität" und fragte sich, wozu eigentlich der Aufwand an Mühe und Kosten zur Einrichtung einer evangelischen Gemeinde gemacht worden sei, wenn das richtige Glaubensbewußtsein noch immer fehle ... Das Zaudern des Pfarrgemeinderats war wohl Ausdruck eines momentan außerordentlich guten Verhältnisses zwischen Katholiken und Protestanten, verhindert hat es aber doch auf Dauer die Einrichtung einer evangelischen Volksschule nicht.
Im Jahr 1886, als die Zahl der schulpflichtigen evangelischen Kinder auf 51 gestiegen war[37], wurde mit dem Bau eines zweistöckigen Schulhauses mit Lehrerwohnung in der Gartenstraße (heute Bleichstraße), also ganz in der Nähe der damals bereits projektierten Kirche, begonnen. Das Geld für diesen Bau kam wieder aus Stiftungen der Familie von Wächter, vom Gustav-Adolf-Verein, vom Staat und von der Stadtgemeinde Neckarsulm, die, wie schon zum Kirchenbau, 1000 Mark zuschoß.[38] Am 23. April 1887 trat Johann Michael Kaufmann, aus Altensteig gebürtig, als erster evangelischer Volksschullehrer in Neckarsulm den Dienst an, und bereits im Pfarrbericht 1888 ist zu lesen, daß seit der Einrichtung der evangelischen Schule die Zucht der Kinder zunehme und „der Geist unter unseren evangelischen Kindern ... besser und geordneter als unter den katholischen Schulkindern" sei.[39] Und 1890 konnte der Dekan vermerken, daß die Einrichtung der Konfessionsschule „kräftigend" auf das evangelische Bewußtsein gewirkt habe.[40] Die Schülerzahl stieg kontinuierlich (1892: 68; 1894: 81; 1899: 112; 1903: 134)[41]. 1898 wurde das Schulgebäude um einen Anbau erweitert[42], und zum 1. Januar 1899 konnte ein zweiter Lehrer angestellt werden, die evangelische Volksschule war nun zweiklassig geworden.[43] Am 1. April 1901 übernahm die bürgerliche Gemeinde Neckarsulm das Gebäude der evangelischen Schule in ihren Besitz.[44] Von dem Erlös von 21 500 Mark konnten die letzten Reste der Kirchen- und Pfarrhausbauschuld beglichen und ein kleines Kirchenvermögen angelegt werden.[45] Schließlich soll noch von der Kleinkinderschule, also dem Kindergarten, die Rede sein. Noch lange Zeit nach Einrichtung der evangelischen Volksschule mußten die kleinen Kinder die katholische Kinderschule besuchen. Obwohl von katholischen „Barmherzigen Schwestern" geleitet, sei von einem „üblen Einfluß" bislang nichts zu verspüren gewesen, hieß es 1888.[46] Im Jahr 1907 aber genehmigten die „bürgerlichen Kollegien" (das sind Gemeinderat und Bürgerausschuß der Stadt) für die Einrichtung einer evangelischen Kleinkinderschule einen Zuschuß von 5000 Mark, ebenso 250 Mark jährlich für eine Kinderlehrerin.[47] Und so konnte 1908 im neu erbauten evangelischen Gemeindehaus eine Kinderschule eröffnet werden, die von Heppacher Schwestern geleitet wurde.[48]

Leben in der Diaspora

Das Leben der Protestanten in Neckarsulm war vor allem von zwei Merkmalen geprägt: innerhalb der Kirchengemeinde von der Heterogenität ihrer Glieder, nach außen von der Diasporasituation im katholischen Umfeld der Stadt.

Die Gemeinde

Daß die Zusammensetzung der Gemeinde heterogen war, erklärt sich aus ihrer Geschichte. Sie war nicht in Jahrhunderten gewachsen, sondern hatte sich erst ab 1805 allmählich entwickeln können, wobei von Anfang an, neben den ortsansässigen Familien von Gewerbetreibenden und Weingärtnern, ein Teil der Gemeinde aus neu zugezogenen und mehr oder weniger vorübergehend angesiedelten Beamten bestand.[49] Mag sie anfänglich noch überwiegend aus diesen Kreisen bestanden haben, so kamen mit der fortschreitenden Industrialisierung immer mehr Arbeiter und Taglöhner hinzu, so daß schließlich der Anteil dieser Gruppe überwog. 1880 hieß es, ein Bewußtsein der Zusammengehörigkeit könne sich unter den Gemeindegliedern nicht entwickeln, da die Gegensätze „in Stand, Bildung und Lebenswandel" zu groß seien.[50] Von den Gemeindegliedern seien die „ansäßige Bevölkerung sowie die Beamten, Tagelöhner, der größte Teil der Bergleute (in den benachbarten Salinen) und Arbeiter in der Schiffswerft kirchlich gesinnt, die Arbeiter in der Strickmaschinenfabrik dagegen meist Socialdemokraten", berichtete der Pfarrverweser 1890.[51] Die Zusammensetzung der Gemeinde wirkte sich auch auf die Steuereinnahmen der Kirche aus, an größere freiwillige Spenden war nicht mehr zu denken. Im Jahr 1889, als nach dem Kirchenbau noch Schulden offenstanden, glaubte der Pfarrverweser nicht, daß diese von der Gemeinde beglichen werden könnten, denn deren Mitglieder gehörten, „abgesehen von den Beamten, eigentlich durchweg der ärmeren, ja ärmsten Klasse an. Die Mehrzahl der Evangelischen verdient sich ihr Brot mit Arbeiten in der Strickmaschinenfabrik, der Schiffswerfte, ferner dem Salzwerk Heilbronn. Namentlich die Nähe Heilbronns bringt Neckarsulm viele Arme, die dort den Hauszins nicht bezahlen können."[52]

Auch die Wirtschaftskrise der dreißiger Jahre unseres Jahrhunderts bekam die Kirche zu spüren: zum einen durch die noch stärkere Fluktuation der Arbeiter, zum anderen durch die Abwanderung verschiedener steuerkräftiger Fabrikanten nach Heilbronn und Stuttgart. Die meisten der in Neckarsulm verbliebenen Beamten und Arbeiter verdienten immer weniger und könnten oder wollten immer weniger Steuern geben, klagte der Pfarrer im Jahr 1931.[53] Der heterogene Charakter der Gemeinde wurde noch 1936 betont: Sie setze sich aus Beamten, Angestellten und Arbeitern der Industrie und einer Anzahl Gewerbetreibender zusammen. Außerdem sei sie „förmlich zusammengeschneit aus Nord und Süd, aus Ost und West . . . Es läßt sich denken, wie sehr dies alles hemmend auf das Gemeindeleben wirkt."[54] Im Jahr 1936 wirkten sich allerdings auch noch andere Dinge „hemmend" auf das Gemeindeleben aus: „Die Reihen des einstigen CVJM lichteten sich stark infolge der Bildung der SA-Abteilungen. Der Posaunenchor wurde zugleich Kapelle des Motorsturms der NSKK in den NSU-Werken." Dieser Schritt war nach Ansicht von Pfarrer Schmid „unvermeidlich, da er für eine Reihe von Posaunenbläsern die Erhaltung der Existenz bedeutete". Neben den Problemen mit dem sich ausbreitenden Nationalsozialismus und seinen Organisationen gab es, freilich auch im Zusammenhang mit den gewandelten politischen Verhältnissen, innerkirchliche Konflikte auszutragen: Im Februar 1936 hatte sich eine Ortsgruppe der „Deutschen Glaubensbewegung" gegründet – der Kirchenkampf wurde also auch in Neckarsulm geführt.[55]

Neckarsulm: Ein Hort der Toleranz?

Aussagen über das Zusammenleben beider Konfessionen finden sich in den kirchlichen Akten und Pfarrberichten. Allerdings können diese nicht ohne Vorbehalt übernommen werden, spiegeln sie doch im wesentlichen die Meinung des jeweiligen Verfassers wider, dessen Darstellung des Verhältnisses zu den Katholiken danach ausfiel, ob er selber eher zur Toleranz neigte oder in seinem Glauben verhärtet war. Der ideale Pfarrer für eine Diasporagemeinde wie Neckarsulm hätte „ächtgläubiges protestantisches Bewußtsein" und zugleich „Duldung gegen Andersdenkende" in sich vereinigen sollen.[56]

Diese ausgewogene Haltung wurde selbstverständlich auch den Gemeindegliedern abverlangt, und man hat den Eindruck, daß die Gemeinde im großen und ganzen diesem Ideal entsprach. Von Anfang an waren die Evangelischen bedacht, mit den Katholiken gut auszukommen und Konflikte zu vermeiden, und gerade in den ersten Jahren des Bestehens der evangelischen Kirchengemeinde wurden häufig Katholiken als Mesner oder Organist angestellt. Dagegen scheinen sich einige der Katholiken Neckarsulms nur schwer an die Existenz einer evangelischen Kirchengemeinde in ihrer Stadt gewöhnt zu haben. Aber selbst als die katholische Kirchengemeinde im September 1851 Missionsveranstaltungen ausgerechnet auf einem Platz direkt neben der nunmehr evangelischen Schloßkapelle abhielt und einen Jesuitenprediger dort sonntags zur Zeit des evangelischen Gottesdienstes predigen ließ, gingen die Evangelischen jeglicher Konfrontation aus dem Wege, indem sie ihren Gottesdienst einfach vorverlegten. Diese Entscheidung sei getroffen worden, so rechtfertigte sich der Kirchengemeinderat gegenüber dem Konsistorium, „in Erwägung der Zuvorkommenheit, womit die hiesige Stadtbehörde der evangelischen Gemeinde seit einiger Zeit polizeilichen Schutz gegen jede Stimmung von außen angedeihen läßt, und in Erwägung des polizeilichen Schutzes, der von der Canzel aus vom katholischen Dekane gestern vor der katholischen Gemeinde in Betreff unserer Frühgottesdienste öffentlich verheißen ist, besonders aber in Erwägung der Nothwendigkeit, daß das Interesse des Friedens mit der katholischen Majorität von größerem Gewinn und Segen sowohl für die kirchlichen als außerkirchlichen Verhältnisse der hiesigen evangelischen Gemeinde" sei.[57]

Welcher Art die Übergriffe gegen die Protestanten waren, wovor die Polizei sie damals schützen mußte, geht leider aus dem Bericht nicht hervor (auch das Stadtratsprotokoll von 1851 ist nicht erhalten). Bekannt ist aber, daß es noch 1853 immer wieder vorkam, daß vor Gottesdiensten das Schloß der evangelischen Kapelle von Katholiken mit kleinen Kieselsteinen verstopft wurde, so daß die Tür nur mit Mühe zu öffnen war. Einmal wurde dies sogar während eines Gottesdienstes gemacht, so daß die Kirchenbesucher in der Kapelle quasi gefangen waren.[58] Doch auch dies gab sich: „Die Katholiken sind jetzt gewöhnt, Evangelische unter sich zu haben, besuchen mannigmal evangelische Gottesdienste, begleiten evangelische Leichenbegängnisse auf dem gemeinschaftlichen Gottesacker", hieß es 1856, als anläßlich der Visitation der evangelischen Kirchengemeinde durch den Dekan auch die katholische „Prominenz" der Stadt am Visitationsgottesdienst teilnahm und anschließend vom Dekan zu Tisch geladen wurde.[59]

Daß bei soviel Toleranz ein entschiedenes Glaubensbewußtsein nicht aufkommen könne, monierte Dekan Pressel 1872. Ihm mißfiel in Neckarsulm die „weitgehende Toleranz, wo nicht Accomodation". Und für den evangelischen Pfarrgemeinderat, der bloß eine „kärgliche Wirksamkeit" entfalte, fand er nur unfreundliche Worte: „. . . die beamtlichen Elemente lähmt die moderne Aufklärung, die gewerblichen, industriellen die sociale oder ökonomische Bedenklichkeit, zum Theil auch democratische Borniertheit".[60] Ein wunder Punkt im Verhältnis zu den Katholiken war allerdings, daß es nach dem Tod von Stadtrat

Speidel im Jahr 1856 lange Zeit keinem Protestanten mehr gelang, in den Gemeinderat gewählt zu werden: „Das vielgerühmte Wohlwollen der Katholiken gegen die Evangelischen zeigt sich stets bei Gemeindewahlen, wo alle Hebel in Bewegung gesetzt werden, damit ja kein Lutherischer in den Gemeinderat eindringen kann."[61] Erst vom Jahr 1897 an hatte die evangelische Kirchengemeinde wieder einen eigenen Vertreter ihrer Interessen in diesem wichtigen Gremium.[62]

Ein absoluter Tiefpunkt im Verhältnis zu den Katholiken war während der Zeit der Auseinandersetzungen um den Bauplatz für die evangelische Kirche erreicht. Die zu Ende des 19. Jahrhunderts eher negativer werdenden Berichte über das Zusammenleben beider Konfessionen in Neckarsulm gipfelten schließlich 1907 in dem Satz Pfarrer Rückers: „. . . durchgefühlt wird der konfessionelle Gegensatz überall, er wird absichtlich zurückgestellt – aber vergessen nie."[63]

Auch nie vergessen und einmal sogar als die „offene Wunde" der Gemeinde bezeichnet[64] waren die sog. Mischehen. Wie eigentlich nicht anders zu erwarten, machten die Gefühle nicht vor Religionsschranken halt, gingen Protestanten und Katholiken unbefangen Ehen miteinander ein. Doch was uns als Zeugnis von Toleranz gelten mag, war den Pfarrern stets ein Dorn im Auge, ließ nach deren Meinung Rückschlüsse auf „einen hohen Grad religiöser Indolenz" zu.[65] Von Anfang an wurden in Neckarsulm mehr gemischte Ehen als rein evangelische geschlossen. Hinzu kam, daß wiederum die Mehrzahl dieser Mischehen auf massiven Druck der katholischen Geistlichkeit und gemäß den kanonischen Rechtsvorschriften nach katholischem Ritus getraut und Kinder dieser Ehen katholisch erzogen wurden. Der evangelische Partner war in der Regel der „nachgebende Theil".[66] Die evangelischen Pfarrer konnten dagegen nicht viel ausrichten. Auch die evangelische Volksschule, von der von protestantischer Seite eine Stärkung evangelisch-kirchlicher Gesinnung erhofft worden war – manche Eltern hatten vor Einrichtung der evangelischen Konfessionsschule als Grund für katholische Kindererziehung den späteren Besuch der katholischen Volksschule geltend gemacht[67] –, brachte keine Änderung. Die Zahl der Mischehen stieg kontinuierlich.

War Neckarsulm nun ein Hort der Toleranz? Läßt man die Geschichte Revue passieren, so kann auf jeden Fall gesagt werden, daß es in Neckarsulm immer einzelne Christen beider Konfessionen gegeben hat, die sich, aus welchen Gründen auch immer, über allzu engstirniges Denken ihrer Amtskirchen hinweggesetzt und eine friedliche Koexistenz gefördert haben.

Neckarsulmer Kulturleben

VON MARLENE MAURHOFF

Anfänge in Vereinen

Bis zum Ende des 19. Jahrhunderts hat es in Neckarsulm kein Vereinsleben im heutigen Sinne gegeben. Kulturelle Unternehmungen blieben in die kirchlich geprägte Lebensführung eingebettet. So erfahren wir 1602 von musikalischen Veranstaltungen im Rahmen der kirchlichen Jahrhundertfeier. Träger des Festes war die Kirche, die eng mit der unter kirchlicher Aufsicht stehenden Schule zusammenarbeitete. Es gab damals bereits einen organisierten Chor, in dem die Neckarsulmer Lateinschüler sangen, und möglicherweise auch einen Organisten. Noch 1829 bekamen „diejenigen Knaben, welche sich kunstmäßigem Kirchengesang widmeten"[1], pro Jahr je einen Gulden. In dem Bericht über die erwähnte Jahrhundertfeier des damaligen Dekans und Pfarrers von Neudenau, Johannes Weyß, ist die Rede von einem Chor, der in Neckarsulm „figuraliter und choraliter" sang und „eine stattlich herrliche musica" mit Orgelbegleitung aufführte.[2]
Im Jahr 1799 wurden dann der Stadtmusicus Georg Michael Größler (Greßler), ein Organist, Franz Jacob Fleiner, und Kantor Stenger mit Nachfolger Streble[3] erwähnt. Die Kantoren waren beide Lehrer der Mädchenschule und rangierten deshalb in den Aufstellungen der Bürgermeisterrechnung gleich nach dem Präzeptor Johann Michael Molitor.
Am 14. Mai 1805 begrüßte man den Herrn Hoch- und Deutschmeister Anton Victor von Habsburg „mit dircischer Musik"[4], und 1818 werden acht Hornisten von auswärts, sieben Trompeter und fünf Trommler erwähnt. Wahrscheinlich waren sie anläßlich eines Königsbesuchs in diesem Jahr in Neckarsulm aufgeboten worden.[6]
Die kirchlichen Prozessionen zum „Hagelfeiertag" und zu Fronleichnam wurden ebenso wie die Wallfahrten spätestens ab dieser Zeit nicht mehr nur von Gesang, sondern auch von Instrumentalmusik begleitet. An anderer Stelle heißt es nämlich, der Musik-Chor habe am hohen Fronleichnamsfest jährlich vier Gulden erhalten. Erstmalig wurde nun auch eine Kapelle erwähnt. Vermutlich gab es sie damals schon seit einiger Zeit, ebenso wie die „Singjungfern", die „Singknaben" und die „Chorfähnleinsträger".[6]
So mag der Schritt zur Gründung des „Liederkranzes" Neckarsulm im Jahr 1830 nicht mehr groß gewesen sein. Einem Bericht in der „Neckarsulmer Zeitung" vom 3. März 1914 zufolge hieß dieser allerdings erst seit 1839 „Liederkranz" und existierte unter einem anderen Namen schon seit 1812. Das wäre denkbar, denn seit Karl Friedrich Zelter 1809 in Berlin die erste „Liedertafel" ins Leben gerufen hatte, entstanden derartige Zusammenschlüsse überall. Der „Liederkranz" führte bereits jährliche Konzerte, gesellige Veranstaltungen und Ausflüge zu anderen Sängerfesten durch, während in der Folgezeit in Neckar-

155 Neckarsulmer Turnbrüder um 1900.

sulm zahlreiche Vereine verschiedenster Couleur gegründet wurden. Aus dem Jahr 1884 ist die Mitwirkung des „Liederkranzes" beim ersten Bezirkssängerfest in Heilbronn bekannt, und 1920 schloß er sich mit dem 1891 gegründeten „Gesangverein Frohsinn"[7] zum „Sängerbund" zusammen.

Als Beispiel für das aufblühende Neckarsulmer Vereinsleben sei hier der Männergesangverein „Concordia" (gegründet 1858) angeführt: Seine Protokolle berichten von Wohltätigkeitskonzerten seit 1864, von alljährlichen Faschings-, Weihnachts- und Sommerfesten, von Chorgesang in den Straßen während der Christnacht, Konzertabenden, Fahnenweihen und Musikbegleitung kirchlicher Feste. Sie gehörten ebenso zum Vereinsprogramm wie die Teilnahme an überregionalen Veranstaltungen, wie Gastspiele und Besuche in Nachbargemeinden, Ständchen für Mitglieder und Trauergesänge bei Beerdigungen. Ab 1884 entwickelten sich besonders gute Kontakte zwischen dem MGV „Concordia" und dem 1834 gegründeten Neckarsulmer Weinbauverein, ein typisches Beispiel dafür, daß viele Neckarsulmer Bürger aufgrund ihres Berufes in mehreren Vereinen aktiv waren (und heute noch sind). Regelmäßige Vereinsausflüge dienten der internen Kommunikation. Im übrigen wurden (und werden noch) bei geselligen Anlässen gern kleine Theaterstücke aufgeführt, denn am Schauspielern hatte man in Neckarsulm schon immer große Freude.

„Das stark aufkommende Vereinsleben mit

Anfänge in Vereinen

156 Der Männergesangverein „Frohsinn" 1893.

seinen verschiedenartigen Festen und die bei der hiesigen Bevölkerung damals so beliebten Gartenkonzerte auf der Viktorshöhe, ab 1880 im Lokal Hitzfelder und später im Bierkeller waren ein . . . Ansporn, weltliche Musik zu pflegen", schreibt A. Rothenbacher 1956 in der Festschrift zum 80jährigen Jubiläum der Stadtkapelle Neckarsulm.[8]

Außer der Musik hatte in Neckarsulm auch der Sport schon früh einen hohen Stellenwert. 1882 entstand unter „Turnvater Haag" der erste Neckarsulmer Turnverein[9], über dessen Entwicklung nichts bekannt ist. Es scheint, daß es sich bei der Gründung des „Turnvereins Neckarsulm" 1892 um eine Wiederholungsgründung handelte.[10] Schließlich wurden 1908 die „Neckarsulmer Fußballgesellschaft Phoenix" und der „Erste Fußballclub Neckarsulm" ins Leben gerufen, die sich 1910 zum Sportverein Neckarsulm e. V. zusammenschlossen.[11]

Parallelgründungen wie diese waren typisch für Neckarsulm und sind bedingt durch die sozialen Veränderungen in der ursprünglich sehr einheitlich vom Weinbau geprägten Bürgerschaft der Stadt. In der Folge gab es etliche Vereine doppelt, wenn nicht gar dreifach. Ein gutes Beispiel liefern hierfür die Gesangvereine. Aus Weingärtnern und Landwirten rekrutierte sich der MGV „Concordia", der 1858 gegründet worden war, aus Geschäftsleuten und Handwerkern der 1830 gegründete „Liederkranz" wie auch der Gesangverein „Frohsinn" (gegründet 1891), die seit 1920 gemeinsam als „Sängerbund" auftraten. 1907 trat als Gesangverein der Arbeiter die SPD-nahe „Lassallia" hinzu. Die krasse Trennung der „altbürgerlichen" Gesellschaft und der Arbeiterschaft, die seit dem 19. Jahrhundert in Neckarsulm ansässig wurde, zeigte sich sogar beim Radsport, der durch die NSU-Werke früh in der Stadt präsent war. Im Radler-Club „Pfeil", gegründet 1906, wirkten als erste Vorstände Direktor Banzhaf (NSU) und sein Ingenieur Birkenmaier, während die „Solidarität", die Radfahrer-Vereinigung der SPD, im gleichen Zeitraum begründet, ursprünglich die fahrradbegeisterten Arbeiter zusammenschloß. Festzustellen ist hier allerdings, daß sich solche Grenzen im Laufe der Jahrzehnte zunehmend verwischt haben. Doch gelegentliche Versuche, Vereine gleicher oder ähnlicher Art zusammenzuschließen, wie beispielsweise die erfolgreiche Verschmelzung von „Liederkranz" und Gesangverein „Frohsinn" 1920, gelangen nicht immer. Oft stellte sich heraus, daß berufliche und private Interessen und die Arbeitszeiten von Mitgliedern der verschiedenen Gruppen zu weit auseinanderklafften, um auf die Dauer eine gemeinsame Basis zu bieten, auch wenn man sich auf musikalischem, sportlichem, religiösem oder politischem Gebiet im Grunde einig war. Praktizierte Gemeinsamkeit gab es aber dennoch im Neckarsulmer Vereinsleben immer wieder.

In sehr vielen Satzungen der Neckarsulmer Vereine ist nach dem Hauptzweck des Vereins als zweites Ziel „Pflege der Geselligkeit" angegeben. Man war also bemüht, das Leben nicht nur der Mitglieder – die übrigens nur „unbescholtene Personen" sein durften –, sondern aller Neckarsulmer zu bereichern. Allerdings luden die Vereinsmitglieder zu ihren eher halböffentlichen Veranstaltungen zunächst nur einwandfrei beleumundete persönliche Bekannte und Verwandte ein, die an der Abendkasse des Festlokals als solche identifiziert werden – und zahlen – mußten. Erst nach und nach wurde der Begriff „Geselligkeit" erweitert. Der MGV „Concordia" ging damit sogar so weit, daß er 1956 die Initiative zu einer Städtepartnerschaft zwischen Neckarsulm und der norditalienischen Riviera-Stadt Bordighera ergriff, die 1963 offiziell besiegelt wurde.[12] Andere Neckarsulmer Partnerschaften mit dem französischen Carmaux, Grenchen/Schweiz und Zschopau/Sachsen sowie die Patenschaft der Stadt für die Ungarndeutschen aus Budakeszi sind auf ähnlichem Boden gewachsen.

Nicht unerwähnt bleiben sollen in diesem Zusammenhang die Jahrgänge. Sie sind eigentlich nicht als Vereine im bisher geschilderten Sinne anzusehen und doch von besonders hohem Stellenwert in Neckarsulm: lose Verbände von alteingesessenen Bürgerinnen und Bürgern ein- und desselben Geburtsjahrgangs. Die gemeinsame Kindheit und Jugend wird bei regelmäßigen Jahrgangstreffen – organisiert vom „Jahrgangs-Komitee" – in Erinnerung gerufen. Man feiert die „runden" Geburtstage gemeinsam, macht Ausflugsfahrten und pflegt intensiv den Kontakt zu Jahrgangskameradinnen und -kameraden, die nicht mehr in Neckarsulm leben. Mit alldem tragen die Jahrgänge vieles zur Pflege des Heimat- und Zusammengehörigkeitsgefühls bei.

Kirchliches Vereinsleben und die Kolpingfamilie Neckarsulm

Auch im Vereinsleben kam der Kirche, in Neckarsulm besonders der katholischen Kirche, hoher Stellenwert zu. Gerade sie wußte auch die Frauen, die ursprünglich nur gelegentlich in das Vereinsleben mit einbezogen wurden, einzubinden, vor allem wenn es um kirchliche und karitative Belange ging. So er-

157 Die Sechziger-Feier des Jahrgangs 1894.

158 Der Katholische Jungfrauenverein 1906.

wähnt Stadtpfarrer Maucher in seinen handschriftlichen Notizen, daß 1892 der Jungfrauenverein zwei Tragefiguren für Prozessionen gestiftet habe. 1906 nennt er einen Frauen- oder Elisabethen-Verein, der sich wie die namengebende Heilige der Wohltätigkeit widmete, und 1912 ist auch noch von einem Paramentenverein die Rede.

Auch um die Integration des neuen Arbeiterstands in die überkommene Gesellschaftsordnung bemühte sich die Kirche mit der Gründung eines christlichen Arbeitervereins schon vor 1906, dem 1913 ein ebensolcher Arbeiterinnenverein zur Seite gestellt wurde.[13] Hier war die katholische Kirche Neckarsulms überdies auch früher initiativ als die Protestanten, die sich in Vereinen erst später der Arbeiterschaft annahmen.

Besondere Bedeutung erlangte in Neckarsulm jedoch die Kolpingfamilie. Bereits 1868, vier Jahre nach Adolf Kolpings Tod, gründete man in Neckarsulm nach dessen Ideen den katholischen Gesellenverein – die spätere Kolpingfamilie. 1920 wurde der Gasthof „Prinz Carl" erworben und als Vereinshaus geführt, bis man es 1937 unter dem Druck der Nationalsozialisten wieder verkaufen mußte. Da gab es aber bereits – seit 1931 – ein Ortskartell katholischer Vereine, aus dem dann ein „Pfarrausschuß Katholische Aktion" entstand.[14]

1907 entstand als Abteilung des Gesellenvereins auch ein Lehrlingsverein[15], aus dem später der Jungmännerverein mit einer Vielzahl von Jugendgruppen wurde, angeregt und geführt von Kaplan Schmid. Ein Kolpingchor wurde 1964 gegründet, und 1979 folgte das Jugendblasorchester. Vor allem aber baute man bald nach dem Zweiten Weltkrieg das Kolpinghaus, dessen Einweihung am 4. und 5. Mai 1957 gefeiert wurde, als Ersatz für das „Prinz-Carl"-Gebäude und als Zentrum und Ort fruchtbarer Begegnungen. Auch hier finden wir kultivierte Geselligkeit als einen der vier Schwerpunkte der Vereinsarbeit neben der Tätigkeit vieler Kolpingfamilien-Mitglieder in der Öffentlichkeit, nicht zuletzt auch als Gemeinderäte, der aktiven Teilnahme am religiösen Geschehen in Neckarsulm und der Pflege des Familiengeistes. Für literarisch Interessierte besaß der Gesellenverein bereits seit 1869 eine kleine Vereinsbibliothek, die gerne genutzt wurde. Es gab sogar einen Katholischen Lese-Verein, gegründet 1883.[16]

Er dürfte die ersten Schritte in literarischer Richtung in Neckarsulm getan haben, ehe 1928 die Neckarsulmer Ortsbücherei, Keimzelle der heutigen Stadtbücherei, ins Leben gerufen wurde. Beinahe gleichzeitig entstand die Pfarrbücherei von St. Dionysius unter dem Patronat des Borromäusvereins, der 1845 zur Verbreitung katholischer Schriften in Bonn gegründet worden war. Sie hat man um 1974, mit dem Umbau des Paulussaals, in dem sie nach dem Krieg untergebracht war, in die Dahenfelder Kirchenbücherei integriert.[17]

Die Weiterbildung und Schulung junger Menschen, vor allem Arbeitsloser, war vielen Neckarsulmern ein besonderes Anliegen. So hatte man bereits im Gründungsjahr des Katholischen Gesellenvereins ein festes Lehr- und Lernprogramm für die Mitglieder aufgestellt: dienstags Buchführung, mittwochs Zeichnen, donnerstags Rechnen, freitags Geographie. Später hielt Stadtpfarrer Maucher (zwischen 1880 und 1890) vor den jungen Leuten Vorträge über Neckarsulmer Stadtgeschichte, die er dann als Grundlage für sein bekanntes Geschichtsbuch verwendete.[18]

Somit waren nicht nur im karitativen Bereich, sondern auch in den unterschiedlichsten Gebieten der Weiterbildung und der Vermittlung von Kulturgut weiterhin wichtige Impulse von der Kirche ausgegangen, die im folgenden zunehmend auch von städtischen Einrichtungen und Institutionen freier Trägerschaft aufgegriffen und weitergetragen wurden. Ein gutes Beispiel liefern in Neckarsulm neben der Bücherei die Erwachsenenbildung und eine lange Schauspieltradition.

Erwachsenenbildung und Volkshochschule

1917 entwickelte die Diözesanversammlung in Weinsberg den Plan, eine Bauernschule mit Langzeitkursen einzurichten, die den Bürgern möglichst vieler Orte gleichzeitig zugänglich sein sollte. Als Standort einer solchen Schule war Weinsberg vorgesehen. Etwa um diese Zeit eröffnete Christian Leichtle, einer der Vorreiter der Erwachsenenbildung, gerade auf Einladung der Kolpingfamilie eine weiterbildende Vortragsreihe in Neckarsulm.
In Heilbronn entstand schließlich 1919 mit Leichtle als Leiter die erste Volkshochschule der Region. Im gleichen Jahr wurde in Neckarsulm ein Volksbildungsausschuß ins Leben gerufen. Am 29. Oktober 1924 hielt Christian Leichtle im Saal des „Prinz Carl" einen sehr gut besuchten öffentlichen Werbevortrag zum Thema „Braucht Neckarsulm eine Volkshochschule?". Die Veranstaltung endete mit dem Beschluß der Versammelten, eine Volkshochschule in Neckarsulm zu gründen. Auch der Vorschlag, einen Arbeitsausschuß mit enger Anbindung an die Geschäftsstelle der „Volksbildungsanstalt Heilbronn" zu bilden, wurde akzeptiert.[19]
So entstand die VHS-Außenstelle Neckarsulm. Sie entwickelte sich gut, bis durch den Zweiten Weltkrieg das Kursprogramm völlig zusammenbrach. Erst 1949 konnte sie wieder ins Leben gerufen werden. Die Leitung übernahm die Sprachwissenschaftlerin und Dolmetscherin Dr. Maria Müller. Damit nahm die Einrichtung einen steilen Aufschwung und wurde zur größten und aktivsten Außenstelle der VHS Heilbronn. Englische Sprachkurse standen am Anfang. Sie fanden bei der Bevölkerung großen Anklang, und die Außenstellenleiterin sorgte dafür, daß die frisch erworbenen Sprachkenntnisse auch sofort angewandt werden konnten. Sie band ihre VHS-Schüler, wie später auch Schüler der Neckarsulmer Schulen, einfach in die durch ihre Dolmetschertätigkeit im Neckarsulmer Rathaus entstandene Beziehung zu den amerikanischen Besatzungssoldaten und deren Familien in der Artilleriekaserne ein, denen sie auch Deutschunterricht erteilte. Gegenseitige Besuche der deutschen und amerikanischen Schüler, gemeinsame Feste und Goodwill-Aktionen waren das Ergebnis. Für Neckarsulm war die vielzitierte deutsch-amerikanische Freundschaft nie ein Problem.
Heute umfaßt das Programm der Neckarsulmer Volkshochschule mit ihren Zweigstellen Amorbach, Dahenfeld und Obereisesheim pro Semester mehr als 80 Punkte, ein Angebot, das auch den Partnerschaftsgedanken mit Menschen anderer Nationalitäten fördert und mit immer neuen Impulsen aufwartet. Nach ihrem Umzug in das ehemalige NSU-Kasino avancierte sie zum Sitz der Landkreis-Leitung, denn zwischenzeitlich hatten sich auch dort zahlreiche VHS-Nebenstellen gebildet. Die jüngste Entwicklung brachte eine Trennung von der Heilbronner Zentrale mit sich und gab der Neckarsulmer Volkshochschule ihre ursprünglich geplante Selbständigkeit.

Theaterleidenschaft

Wohl unwissentlich an eine kirchliche Tradition anknüpfend, die bereits 1586 mit der Aufführung einer „Comedi", eines geistlichen Spiels, in den Quellen belegt werden kann[20], rief 1929 nach der Einweihung des Gemeindehauses St. Paulus Stadtpfarrer Sandel die Calderon-Spielschar, die heutige Passionsspielschar, ins Leben.

159   Der Löwenwirt Peter Heinrich Merckle wird von den Franzosen verhaftet. Szene aus dem Neckarsulmer Heimatspiel „Der Löwenwirt von Neckarsulm" von Ernst Bauer in einer Aufführung von 1930 mit Anton Zartmann und Elisabeth Fischer als Ehepaar Merckle.

Vorgänger und Wegbereiter dieser Spielschar war der Katholische Arbeiter- und Arbeiterinnen-Verein, der bereits um 1923 zusammen mit dem Katholischen Gesellenverein Volksstücke, aber auch religiöses Theater spielte: „Der Löwe von Flandern", „Genoveva", „Rosa von Tannenburg" und viele andere.[21] Unter Beteiligung des Gesellenvereins, engagierter einzelner und der übrigen Neckarsulmer Vereine, vor allem der Frauen, führte man als erste Stücke „Mariens Siebte Herrlichkeit" und den „Totentanz" von Lippl auf.[22] Auch diese Initiative entstand aus dem Wunsch, arbeitslosen Menschen eine sinnvolle Beschäftigung anzubieten. Die Erfolge ermutigten dazu, mit einem großangelegten Passionsspiel die Neckarsulmer Laientheater-Tradition zu festigen und zu profilieren.

1929 studierte ein 1930 offiziell gegründeter Heimatspielverein das Schauspiel „Der Löwenwirt von Neckarsulm" ein und führte es im Juni 1930 zum erstenmal auf.[23] Es hatte das tragische Schicksal Peter Heinrich Merckles als Thema und stammte aus der Feder des Neckarsulmer Professors Dr. Ernst Bauer, der dafür mit der Ehrenbürgerwürde bedacht wurde.

Mit dem Neckarsulmer Passionsspiel der katholischen Kirchengemeinde entschied man sich jedoch, auch weiterhin stark dem religiösen Theater verbunden zu bleiben. Bereits in der Premierensaison 1932/33 kamen Zuschauer aus ganz Nordwürttemberg nach Neckarsulm.[24] Das Passionsspiel schweißte seine Akteure in einer Form zusammen, die sie dazu anregte, auch weiterhin jedes Jahr zur Weihnachtsfeier am 26. Dezember ein Theaterstück einzustudieren: „Garcia Moreno", „Sulamith", „Adam und Eva" und Hirtenspiele sind alteingesessenen Neckarsulmern noch in lebendiger Erinnerung. Auch die Theatertradition ruhte während des Krieges, wurde aber kurz danach wiederaufgenommen. Nach dem Wegzug von Pfarrer Sandel im Jahr 1954 allerdings erlahmte der Eifer. Das aufwendige Passionsspiel wurde nicht mehr inszeniert. Erst in der Passionszeit des Jahres 1986 kam wieder Bewegung in die Szene. August Vogt, aktives Mitglied der Kolpingfamilie und ehemaliger Leiter der Heilbronner Volkshochschule, trat mit einem selbstverfaßten religiösen Schauspiel an die Öffentlichkeit: „Licht aus Emmaus" ging unter der Regie von Jochen Müller und der Mitwirkung von fast 170 Neckarsulmer Bürgerinnen und Bürgern im Paulussaal über die Bühne. Der Laientheatergedanke hat also in Neckarsulm neue Impulse bekommen, entwickelt sich weiter und findet mit der Serie „Theater in der Kirche", die vor einigen Jahren mit Laiendarstellern in der evangelischen Kirche in Neckarsulm-Amorbach begann, auch Unterstützung auf protestantischer Seite.

Kultur und Unterhaltung in der Nachkriegszeit

Auf die Tatsache, daß Neckarsulms Bevölkerung für Theateraufführungen besonders empfänglich ist, bauten schon Ende der vierziger, Anfang der fünfziger Jahre die „Landesbühne Neckar-Rhein", das „Kulturwerk Württemberg-Baden" und der „Gemeinde-Kultur-Verband Württemberg-Hohenzollern". Gegen einen festgesetzten Zuschuß pro Kopf der Theaterbesucher gastierten deren Tourneebühnen regelmäßig in Neckarsulm, wurden Rezitationsabende, Konzerte und gelegentlich Ausstellungen angeboten.[25] Meistens spielten sich solche Veranstaltungen im katholischen Gemeindezentrum, dem Paulussaal, ab, einem „Brennpunkt der katholischen Gemeinde, Brennpunkt der christlichen Kultur, einer wahren Volksbildungsstätte", wie Stadtpfarrer Sandel am 26. Mai 1929 zur Einweihung des Baus sagte.[26]
Außer dem Paulussaal bot sich in Neckarsulm der große Saal des 1923 erbauten „NSU-Kasinos" für kulturelle Zwecke an. Gefördert von einer kunstsinnigen Firmenleitung, fanden dort regelmäßig Aufführungen einer werkseigenen Theater- und einer ebensolchen Akrobatikgruppe statt, gab es Tourneetheater-Aufführungen, Ballett, aber auch Sportveranstaltungen – zumal der damalige Verkaufschef Carlo Lang Box-Mäzen war –[27] und schließlich die unvergessenen Faschingsveranstaltungen der Neckarsulmer Vereine. Ab 1950 wurde dann in Zusammenarbeit mit der „Kulturgemeinde Neckarsulm" eine Reihe von Konzerten mit prominenten Musikern aus der ganzen Welt angeboten. Auch Konzerte mit Studierenden der Musikhochschulen wurden durch Initiative des NSU-Direktors Wertheim ermöglicht.

Das Kulturangebot war so vielseitig geworden, daß man am 9. November 1950 auf Anregung des damaligen Bürgermeisters Dr. Erwin Wörner die „Kulturgemeinde Neckarsulm" ins Leben rief. Sie war die Verbindung zwischen Musik-, Sport- und konfessionellen Vereinen, dem Gewerkschaftsbund, den größeren Industriebetrieben und sonstigen Neckarsulmer Kulturschaffenden, die ihr alle beitraten. Dadurch wurde eine bessere Koordination und optimale zeitliche Streuung der lokalen Veranstaltungen unter Regie von Dr. Maria Müller erreicht. Deren Aktivitäten und die Möglichkeit, den Festsaal im NSU-Kasino von Fall zu Fall zu nutzen, bedeuteten einen enormen Aufschwung für das kulturelle Angebot im Nachkriegs-Neckarsulm. Anfang 1954 konnte Dr. Müller im Rückblick auf das vergangene Jahr von 14 öffentlichen Konzerten, fünf NSU-Meisterkonzerten, vier Aufführungen der Unterländer Volksbühne, zwei Operetten des Kleinen Theaters Heilbronn, organisiert vom Deutschen Gewerkschaftsbund, und 19 VHS-Veranstaltungen berichten.

160   Mit der Ersten Internationalen Veteranenrallye wurde am 19. Mai 1956 das Deutsche Zweirad-Museum eröffnet.

1955 regte der örtliche Gaststättenverband an, den Fremdenverkehr in Neckarsulm zu aktivieren. Man eröffnete am 3. April 1956 ein Verkehrsamt im Rathaus, das unter der Leitung von Walter Meisel aus Darmstadt zunächst für zwei Jahre arbeiten sollte. Meisel wurde außerdem auch die Führung der „Kulturgemeinde Neckarsulm" übertragen. Als das Verkehrsamt vier Jahre später wieder aufgehoben wurde, zeigte sich, daß bei den in der „Kulturgemeinde Neckarsulm" zusammengefaßten Vereinen und Organisationen kein Bedürfnis mehr nach deren fördernder Hilfe bestand. So wurde auch sie aufgelöst.[28]

Die Stadt als Kulturträger

Immer deutlicher tritt seit den fünfziger Jahren das städtische Engagement auf dem Kultursektor in den Vordergrund. Zum besonderen Markenzeichen der Stadt wurde dabei das Zweirad-Museum. Auf Initiative des seit 1. Mai 1955 amtierenden Neckarsulmer Bürgermeisters Dr. Hans Hoffmann begann man die Geschichte des Zweirads – mit der Neckarsulmer Geschichte bekanntlich eng verbunden – zusammenzutragen und zu rekonstruieren. Man arbeitete eng mit dem Deutschen Museum in München und der einschlägigen Industrie zusammen und wählte als Standort für

Die Stadt als Kulturträger 449

161 Aus Neckarsulm nicht mehr wegzudenken – die Musikschule. Hier das Orchester mit Schulleiter Hennings bei Musiktagen in Ochsenhausen.

die wachsende Sammlung einige freie Räume des ehemaligen Deutschordensschlosses. Mit sehr viel Einsatzfreude aller Beteiligten war so der Grundstock für das Deutsche Zweirad-Museum gelegt, das am 19. Mai 1956 eröffnet wurde.[29] Dank guter Kooperation mit den zuständigen Stellen der ehemaligen NSU-Werke nach deren Fusion (1969) mit der Auto Union GmbH und dem großen persönlichen Engagement des Nachfolgers von Dr. Hoffmann, Oberbürgermeister Dr. Erhard Klotz, und seiner Gattin Madeleine, konnte dem Museum 1986 das NSU-Museum hinzugefügt werden. Dadurch wurde die technik-historische Schau wirkungsvoll abgerundet. Ein totaler Um- und Ausbau des Museums im Deutschordensschloß von 1989–1991 war der nächste Schritt zur Vervollkommnung dieser Neckarsulmer Attraktion.

Am 3. Dezember 1968 kam eine neue Klangfarbe in das Neckarsulmer Kulturleben. An diesem Tag gründete man den Verein „Jugendmusikschule Neckarsulm", der rund drei Jahre später wieder aufgelöst wurde, weil nun die Stadt Neckarsulm die Schule selbst in ihre Trägerschaft und Regie übernahm.[30] An ihrem Ziel, jungen Leuten eine musikalische Grundausbildung zu vermitteln, änderte sich dadurch nichts. Es sollten Begabte gefördert und einer vorberuflichen Fachausbildung zum

Musiker zugeführt werden. Ein Ziel, dem sich der erste Schulleiter, Josef Lindemann, in hohem Maße verschrieben hatte. Auch Lehrer wie Rudolf Breitschmid, Ruth Pieper, Mathilde Lindemann und Rudolf Werner trugen dazu bei, daß die Schule zu dem werden konnte, was sie heute ist. 1989 wurde sie in die „Städtische Musikschule Neckarsulm" umgewandelt, die nun auch Erwachsenen die Möglichkeit bietet, sich musikalisch zu bilden, die regelmäßige Konzerte veranstaltet und aus der bereits zahlreiche gute Musiker hervorgegangen sind, die das in Neckarsulm Gelernte inzwischen professionell betreiben.

Nach und nach reichten die für kulturelle Zwecke genutzten Neckarsulmer Räumlichkeiten nicht mehr aus. Immer mehr Besucher strömten in die immer zahlreicher werdenden Veranstaltungen. Es galt also, ein Kulturzentrum am Ort zu schaffen, das allen Anforderungen des Sports, der Musik, des Theaters, der bildenden Kunst und gewerblicher Ausstellungen zugleich genügen sollte. So entstand nach Abriß des alten Krankenhauses an dessen Stelle das Gemeinschaftszentrum „Ballei".

Es wurde am 6. Oktober 1979 seiner Bestimmung übergeben und konnte zehn Jahre später bereits auf 99 200 Besucher von kulturellen und sonstigen Veranstaltungen sowie auf 12 400 Gäste bei Sportveranstaltungen zurückblicken.[31] Im Ballei-Angebot finden sich Tourneetheater-Vorstellungen, Konzerte, Bazare, gesellschaftliche Höhepunkte unter der Regie der Neckarsulmer Vereine und Schulen, Kunstausstellungen, Handels- und Gewerbeschauen, Tagungen, Messen und Betriebsversammlungen.

Nur wenige Schritte von der Ballei entfernt bot sich der Stadt Neckarsulm im gleichen Jahr, in dem das Gemeinschaftszentrum eingeweiht wurde, die Chance, das NSU-Kasino käuflich zu erwerben. Was lag näher, als in den seit Jahrzehnten ohnehin sehr häufig für kulturelle Zwecke genutzten Räumen auch weiterhin der Kultur eine Heimat zu bieten? Es wurde also im Neckarsulmer Gemeinderat beschlossen, die bis dahin sehr eingeengte Volkshochschule dort unterzubringen, ebenso die öffentliche Bücherei, die dringend Platz brauchte. Diese, am 8. Oktober 1920 zum erstenmal als Plan in der „Unterländer Volkszeitung" erwähnt und trotz der Konkurrenz von katholischer Volksbibliothek, evangelischer Gemeindebibliothek, Gewerkschaftsbibliothek und drei Schulbüchereien am 24. Mai 1921 tatsächlich mit rund 500 Bänden eröffnet[32], ist heute die Stadtbücherei Neckarsulm und auf 44 000 Medien-Einheiten (im Dezember 1990) angewachsen.

Außerdem wünschte sich Neckarsulm ein Jugendhaus. Auch das fand im neu erworbenen NSU-Kasino Raum, und man erhoffte sich von dort neue kulturelle Impulse. Nach Umbau und Renovierung konnte das „Kultur-Kasino" am 12. September 1981 der Bevölkerung übergeben werden. Einige Jahre später wurde die zunächst noch als DRK-Heim genutzte ehemalige „Wandelhalle" des Kasinos in einen Raum für den Neckarsulmer Heimatverein umfunktioniert. Dieser, gegründet 1984, hat gewissermaßen die Nachfolge des früheren Neckarsulmer Museumsvereins angetreten.

So bildet nun das NSU-Kasino (so heißt es immer noch) zusammen mit dem Neckarsulmer Zweirad-Museum + NSU Museum und der Ballei den kulturellen Mittelpunkt der Motorenstadt; was nicht heißt, daß nicht an anderen Plätzen ebenfalls Kultur geboten wird, wie wir bereits gesehen haben. Es gibt Vereinsheime, Festsäle, Mehrzweckhallen, Gemeindehäuser und Kirchen beider Konfessionen in Neckarsulm selbst und in seinen Teilorten, in denen sich kulturelles Leben in vielfacher Form entfalten kann.

Die Stadt als Kulturträger

162 Blick in die Stadtbücherei, die seit 1981 im NSU-Kasino untergebracht ist.

1980 wurde mit dem jährlich zu Beginn des Herbstes stattfindenden Neckarsulmer Ganzhornfest endgültig eine Möglichkeit für alle Vereine geschaffen, gemeinsam aktiv zu werden. Drei Tage lang haben diese dann Gelegenheit, einen Querschnitt ihrer Arbeit in geselligem Rahmen der Allgemeinheit vorzustellen. Zur Organisation und Koordination dieses Festes hat man im Jahr 1979 einen Kulturausschuß gegründet, der sich inzwischen als Ansprechpartner für sämtliche Neckarsulmer Vereine etabliert und auch außerhalb der Vorbereitungszeit für das Ganzhornfest gut bewährt hat.

Seit 1987 gibt es im Neckarsulmer Rathaus ein eigenes Schul-, Kultur- und Sportamt. Damit hat die Kultur in der Neckarsulmer Stadtverwaltung ihren offiziellen Platz und jeder Kulturbeflissene seinen Ansprechpartner. In Zusammenarbeit mit dem örtlichen Filmtheater und der Volkshochschule erweiterte die Stadt 1988 ihr kulturelles Angebot um das Kommunale Kino. Sechsmal im Jahr haben Filmfreunde seitdem Gelegenheit, sich einen künstlerisch und kulturell wertvollen Film im heimischen Kino anzusehen.

Im Jahr 1989 bekamen diejenigen der heute über 70 Neckarsulmer Vereine, die kein eigenes Vereinsheim haben, mit dem Umbau des ehemaligen NSU-Wohnheims auf der Viktorshöhe die Möglichkeit, sich dort Versammlungsräume zu schaffen. Sie sind sich mit starken kirchlichen Gruppen, Geschäftsleuten, der Stadtverwaltung von Neckarsulm und auch Privatpersonen einig in dem Bemühen, dem Kulturanspruch aller Neckarsulmer auch künftig gerecht zu werden.

Anhang

Anmerkungen/Literatur

Abkürzungen

Allgemein:

fl. (rhein.)	– Gulden (rheinisch)
Kr.	– Kreuzer
M	– Mark
RM	– Reichsmark
U	– Pergamenturkunde
Bü	– Büschel
ebd.	– ebenda
fol.	– folio, Blatt
fol. 10^r	– Blatt 10 Vorderseite
fol. 10^v	– Blatt 10 Rückseite

Archive und Bibliotheken:

Bayr. HStAM	– Bayerisches Hauptstaatsarchiv München
DAR	– Diözesanarchiv Rottenburg
DOZA	– Deutschordenszentralarchiv Wien
FLAA	– Fürstlich Leiningensches Archiv Amorbach
HOZA	– Hohenlohe Zentralarchiv Neuenstein
HStAS	– Hauptstaatsarchiv Stuttgart
KAHN	– Kreisarchiv Heilbronn
LKA	– Landeskirchliches Archiv Stuttgart
StAL	– Staatsarchiv Ludwigsburg
StAWt	– Staatsarchiv Wertheim
StAW	– Staatsarchiv Würzburg
StaHN	– Stadtarchiv Heilbronn
StaNSU	– Stadtarchiv Neckarsulm
StaSHA	– Stadtarchiv Schwäbisch Hall
StaWIM	– Stadtarchiv Bad Wimpfen
Württ. Lbibl.	– Württembergische Landesbibliothek Stuttgart

Abgekürzt zitierte Literatur:

MGH	– Monumenta Germaniae Historica
VSWG	– Vierteljahresschrift für Wirtschaftsgeschichte
WUB	– Wirtembergisches Urkundenbuch
ZGO	– Zeitschrift für die Geschichte des Oberrheins
ZWLG	– Zeitschrift für württembergische Landesgeschichte

Demel, Der Deutsche Orden – Bernhard Demel O.T., Der Deutsche Orden und die Stadt Neckarsulm. In: Jahrbuch für fränkische Landesforschung 45 (1985), S. 17 – 106

Diefenbacher, Territorienbildung – Michael Diefenbacher, Territorienbildung des Deutschen Ordens am unteren Neckar. Quellen und Studien zur Geschichte des Deutschen Ordens 23, hrsg. von Udo Arnold, Marburg 1985

Heyler, Chronik I – Anton Heyler, Neckarsulm im Auf und Ab eines halben Jahrhunderts. Chronik 1900 – 1950, Neckarsulm 1955

Heyler, Chronik II – Anton Heyler, Chronik der Stadt Neckarsulm 1951 – 1976, Neckarsulm 1989

Katalog Neckarsulm – Neckarsulm und der Deutsche Orden 1484 – 1805 – 1984. Katalog der Ausstellung des Staatsarchivs Ludwigsburg und der Stadt Neckarsulm im Molitorsaal zu Neckarsulm vom 5. bis 31. Mai 1984, Ludwigsburg 1984

Maucher, Geschichte – Franz Joseph Maucher, Geschichte Neckarsulms, Bad Waldsee 1901

Maße, Gewichte, Währungen

Neckarsulm gehörte von 1484 bis 1805 zum Deutschen Orden. In dieser Zeit galt durchweg das Heilbronner Maß, wie es 1554 im Urbar des Amtes Scheuerberg vermerkt ist[1]. Es ist anzunehmen, daß dies bereits für die Weinsberger und Mainzer Zeit zutraf.

Hohlmaße
Bei den Getreidemaßen für Roggen, Dinkel und Hafer handelt es sich um Hohlmaße, deren Umrechnung in Liter hier gerundet ist. Beim Hafer war das Malter jedoch größer als bei Roggen und Dinkel, d.h. es wurden unterschiedliche Meßgerätgrößen verwendet.
Roggen und Dinkel
1 Malter = 8 Simri = 160 l
1 Simri = 4 Viertel = 20 l
1 Viertel = 5 l
Hafer
1 Malter = 8 Simri = 198 l
1 Simri = 4 Viertel = 25 l
1 Viertel = 3 l
Flüssigkeitsmaße waren in der Weinbaugegend von besonderer Bedeutung. Man unterschied Helleich für hellen vergorenen Wein und Trübeich für unvergorenen trüben Wein. Ein Eimer Trübeich war größer als die entsprechende Helleichgröße, um den Schwund bei der Vergärung und den Abgang an Hefe auszugleichen.
Helleich
1 Fuder = 20 Eimer = 734,8 l
1 Eimer = 24 Maß = 36,7 l
1 Maß = 1,4 l
Trübeich
1 Fuder = 20 Eimer = 783,1 l
1 Eimer = 21 trübe Köpfe = 39,3 l
1 Maß = 1,9 l

Längenmaße
Otto Spiegler geht davon aus, daß in Neckarsulm sämtliche Maße mit dem Heilbronner Maß identisch sind, so auch bei den Längenmaßen:
1 Rute = 16 Schuh = 4,43 m
1 Heilbronner Schuh = 12 Zoll = 27,7 cm
1 Zoll = 12 Linien = 2,3 cm
1 Linie = 12 Punkte = 1,7 mm
1 Punkt = 0,14 mm
1 Elle = 58,2 cm
Im Tractus-Chartenbuch des Ignaz Keller aus dem Jahre 1779 ist der Neckarsulmer Schuh jedoch mit einer anderen Länge angegeben. Er beträgt eine Länge von 44,3 cm.

Damit ist jedoch durchaus eine Verbindung zum Heilbronner Längenmaß gegeben, denn der Neckarsulmer Schuh verhält sich zur Heilbronner Rute genau im Verhältnis 1 : 10. Möglicherweise wurde das Dezimalsystem im Verhältnis Schuh – Rute aus Mergentheim übernommen, wo die Rute aus 10 Schuh bestand.

Flächenmaße
Die Rute tritt als Quadratrute auch im Flächenmaß auf.
1 Morgen = 4 Viertel = 150 Quadratruten = 29,48 Ar
1 Viertel = 7,37 Ar
1 Quadratrute = 19,6 qm
Im Waldbereich umfaßte der Neckarsulmer Morgen nur 60 Quadratruten.

Als Neckarsulm 1805 württembergisch wurde, bekamen die württembergischen Maße einheitlich im gesamten Königreich Geltung:

Hohlmaße
bei Getreide
1 Scheffel = 8 Simri = 177,2 l
1 Simri = 4 Vierling = 22,1 l
1 Vierling = 5,5 l
bei Flüssigkeiten (Helleich)
1 Eimer = 293,9 l
1 Imi = 18,3 l
1 Maß = 1,9 l
1 Schoppen = 0,45 l

Längenmaße
1 württ. Meile = 26000 Fuß = 7,448 km
1 Rute = 10 Fuß = 2,86 m
1 Fuß = 10 Zoll = 28,65 cm
1 Zoll = 12 Linien = 2,5 cm
1 Elle = 0,61 m

Gewichte
Im 18. Jahrhundert war das Pfund in Heilbronn um drei Lot leichter als in Nürnberg. Demgemäß betrug das Heilbronner Pfund, das auch in Neckarsulm Gültigkeit hatte, 461,448 g.

1 Vgl. Zu den Maßen: Otto Spiegler, Das Maßwesen im Stadt- und Landkreis Heilbronn. Kleine Schriftenreihe des Archivs der Stadt Heilbronn Nr. 4, Heilbronn 1971; Christhard Schrenk, Geheimnisse des Heilbronner Maßwesens. In: Schwaben und Franken 36 (1990), Nr. 1, S. 1 ff.
Zu Maß- und Münzwesen: Die Archivpflege in den Kreisen und Gemeinden. Veröffentlichungen der Württembergischen Archivverwaltung H. 5, Archivpflege, hrsg. von der Württ. Archivdirektion und dem Staatsarchiv in Sigmaringen, Stuttgart 1952, S. 79 ff.

Währungen
Grundlage des mittelalterlichen Münzwesens bildet die gesetzliche Bestimmung Karls des Großen, daß aus einem Pfund reinen Silbers 240 Denare oder Pfennige geprägt werden:

1 Pfund = 20 Schilling = 240 Pfennig
1 Schilling = 12 Pfennig

Doch durch Gewichtsverringerung der Münzen wird dieser Gehalt bald nicht mehr erreicht, weshalb das Markgewicht eingeführt wird, das nur zwei Drittel des alten Pfunds enthält.
In Hall werden Heller geprägt. Ursprünglich gehen 240 Heller auf eine Mark, und 12 Heller ergeben einen Schilling Heller. Da die Heller aber leichter sind als die alten Pfennige, gehen schließlich 376 Heller auf eine Mark.
Um 1350 kommt aus Florenz die Goldwährung des Gulden (fl.).
Im 14. Jahrhundert einigen sich daraufhin die rheinischen Kurfürsten auf einen Fuß von 66 Gulden auf eine rauhe Mark. In der Folge entspricht dies:

1 fl. rhein. = 26 Schilling Heller = 13 Schilling Pfennig
1 fl. rhein. = 1 Pfund 8 Schilling Heller
= 14 Schilling Pfennig = 168 Pfennig

Seit 1350 tritt aus Tirol kommend der Kreuzer (Kr.) auf:

1 Kr. = 9 Heller

Um 1500 ist auch der aus der Schweiz stammende Batzen in Umlauf:

1 fl. = 14 Schilling Pfennig = 28 Schilling Heller
1 Pfennig = 2 Heller
1 fl. = 15 Batzen

Im 16. Jahrhundert ordnet die 3. allgemeine Reichsmünzordnung das Münzwesen:

1 Goldgulden = 75 Kr.
1 Silbergulden = 60 Kr. = 14 Schilling Pfennig

Eine neue Münzregelung im 18. Jahrhundert legt fest:

1 Reichstaler = 2 fl.
1 Dukaten = 4 fl.
1 Goldgulden = 3 fl.

Im 19. Jahrhundert wird in der Süddeutschen Münzkonvention festgeschrieben:

1 fl. = 60 Kr.
1 Taler = 1,75 fl.

Die Guldenwährung bleibt bis ins Jahr 1875 in Kraft. Dann wird auf die Mark umgestellt. Der Umrechnungssatz beträgt: 1 fl. = 1,71 M.

Landschaft und Geologie (R. Herrmann)

G. H. Bachmann und M. P. Gwinner: Nordwürttemberg. Sammlung Geologischer Führer Nr. 54, Berlin – Stuttgart 1979

H. Brunner: Erläuterungen zu Blatt 6821 Heilbronn, Geol. Karte von Baden-Württemberg 1:25000, Stuttgart 1986

O. F. Geyer und M. P. Gwinner: Geologie von Baden-Württemberg, Stuttgart 1986

H. Hagedorn und Th. Simon: Geologie und Landschaft des Hohenloher Landes, Sigmaringen 1985

R. Herrmann: Landschaftsökologische Betrachtungsweisen am Beispiel des Heilbronner Raumes, Heilbronn 1982

R. Herrmann, W. Wegener und H. Wild: Heilbronner Salz, seine Enstehung vor 200 Millionen Jahren im Muschelkalk, Heilbronn 1983

F. Kapf: Neckarsulmer Heimatbuch, Öhringen 1928

O. Linck und H. Wild: Geologischer Aufbau und erdgeschichtliche Entwicklung. In: Der Stadt- und Landkreis Heilbronn, Stuttgart – Aalen 1974

O. Linck: Fünfzig Jahre Triasforschung im Heilbronner Raum, Heilbronn 1981

R. Mundlos: Zur Geologie der Stadtgeschichte. Aus dem Stadtbuch Bad Friedrichshall 1983

W. Pfeiffer und K. Heubach: Geologie von Heilbronn, Öhringen 1930

M. Schmidt: Die Lebewelt der Trias, Öhringen 1928

G. Wagner: Einführung in die Erd- und Landschaftsgeschichte Süddeutschlands, Öhringen 1960

R. Wild: Württemberg – Klassisches Saurierland. In: Fossilien aus der Triaszeit Württembergs, Heilbronn 1978

Vor- und Frühgeschichte im Neckarsulmer Raum
(W. Thierbach und Chr. Jacob)

1 Wilhelm Ganzhorn, Beiträge zur Kunde der Vorzeit des Oberbezirks Neckarsulm. In: Wirtembergisch Franken. Zeitschrift des Historischen Vereins für das wirtembergische Franken 7, 1865 – 1867, S. 111 ff., bes. 117 f.

2 Zeitungsbericht Heilbronner Stimme v. 30.3.1967.

3 Fundberichte aus Schwaben NF 3, 1924 – 1926 (1926), S. 17.

4 Fundberichte aus Schwaben NF 4, 1926 – 1928 (1928), S. 74.

5 Fundberichte aus Baden-Württemberg 9, 1984, S. 590.

6 Armin Stroh, Die Rössener Kultur in Südwestdeutschland. In: 28. Bericht der Römisch-Germanischen Kommission 1939, S. 134.
7 Jens Lüning, Die Michelsberger Kultur. Ihre Funde in zeitlicher und räumlicher Gliederung. In: 48. Bericht der Römisch-Germanischen Kommission 1967, S. 338.
8 Fundberichte aus Schwaben NF 7, 1930 – 1932 (1932), S. 16.
9 Jens Lüning, Die Michelsberger Kultur. Ihre Funde in zeitlicher und räumlicher Gliederung. In: 48. Bericht der Römisch-Germanischen Kommission 1967, S. 236, Taf. 28 – 30; 105, 4.
10 Fundberichte aus Baden-Württemberg 9 (1984), S. 588, Abb. 16, 17.
11 Robert Koch, Zwei Erdwerke der Michelsberger Kultur aus dem Kreis Heilbronn. In: Fundberichte aus Schwaben NF 19, 1971, S. 51 ff.; ders., Das Erdwerk der Michelsberger Kultur auf dem Hetzenberg bei Heilbronn-Neckargartach (1992).
12 Jörg Biel, Neue Untersuchungen in dem Michelsberger Erdwerk auf dem Hetzenberg von Neckarsulm-Obereisesheim, Kreis Heilbronn. In: Archäologische Ausgrabungen in Baden-Württemberg 1990, Stuttgart 1991, S. 39 ff. Zwei Lackprofile der Gräben wurden abgenommen: Eines ist in den Städtischen Museen Heilbronn ausgestellt (museo 1, 1991, S. 20), das andere ist für das Archäologische Landesmuseum in Konstanz vorgesehen.
13 Rolf Dehn, Die Urnenfelderkultur in Nordwürttemberg. Forschungen und Berichte zur Vor- und Frühgeschichte in Baden-Württemberg 1, Stuttgart 1972, S. 93, Taf. 11 D.
14 Ebd., S. 120, Nr. 1 – 3, Taf. 19 – 22 A, 24 B – 26, 30. 31 A.
15 Fundberichte aus Baden-Württemberg 2, 1975, S. 123, Taf. 246 F, 247, 248 A.
16 Fundberichte aus Schwaben NF 5, 1928 – 1930 (1930), S. 53, Taf. 6, 2.
17 Alfred Schliz, Die gallischen Bauernhöfe der Früh-La Tène-Zeit im Neckargau und ihr Hausinventar. In: Fundberichte aus Schwaben 13, 1905, S. 40 f., Abb. 2.
18 Fundberichte aus Schwaben NF 4, 1926 – 1928 (1928), S. 61.
19 Hartmut Polenz, Münzen in latènezeitlichen Gräbern Mitteleuropas aus der Zeit zwischen 300 und 50 vor Christi Geburt. In: Bayerische Vorgeschichtsblätter 47, 1982, S. 77, Nr. 12, Taf. 1, 2.
20 Fundberichte aus Schwaben NF 13, 1952 – 1954 (1955), S. 47 f.
21 Oscar Paret, Die Siedlungen des römischen Württemberg. In: Die Römer in Württemberg, Teil 3, Stuttgart 1932, S. 353.
22 Robert Koch, Neckarsulm. In: Philipp Filtzinger, Dieter Planck und Bernhard Cämmerer (Hrsg.), Die Römer in Baden-Württemberg, Stuttgart ³1986, S. 455 f., Abb. 275.
23 Fundberichte aus Schwaben NF 12, 1938 – 1951 (1952), S. 126; Robert Koch, Fränkische Funde aus Obereisesheim. In: Schwaben und Franken 14 (1967), Nr. 7, S. 3 mit 3 Abb.
24 Fundberichte aus Schwaben NF 12, 1938 – 1951 (1952), S. 119.
25 Benno Urbon, Über Untersuchungen von Tauschiertechniken in der Merowingerzeit. In: Fundberichte aus Baden-Württemberg 10, 1985, S. 335 ff.
26 Fundberichte aus Schwaben NF 18/2, 1967, S. 144 f., Taf. 131, 14.17.18.21.
27 Robert Koch, Eine frühchristliche Fibel aus Neckarsulm. In: Historische Blätter des Heimatvereins Neckarsulm e.V. Nr. 6 (1984), S. 1 f. mit Abb.
28 Ursula Koch, Völkerwanderungszeit und Merowingerzeit. In: Heilbronn und das mittlere Neckarland zwischen Marbach und Gundelsheim, bearb. vom Landesdenkmalamt Baden-Württemberg, Stuttgart 1991, S. 64 ff.

Die villa Sulmana *als Vorläuferin der Stadt Neckarsulm. Eine frühmittelalterliche Siedlung und ihre Geschichte (I. Eberl)*

1 Beschreibung des Oberamts Neckarsulm, Stuttgart 1881, S. 241 f.; Das Land Baden-Württemberg, Bd. 4, Stuttgart 1980, S. 117.
2 Land Baden-Württemberg, Bd. 4, S. 117.
3 Codex Laureshamenses, bearb. und hrsg. von Karl Glöckner, Darmstadt 1936, Bd. 3, S. 96 f., Nr. 2905 – 2910.
4 Ebd., S. 80, Nr. 2779.
5 Rainer Christlein, Die frühe Alamannenzeit. 3. – frühes 5. Jahrhundert n. Chr. Beiwort zur Karte III. 6. In: Historischer Atlas von Baden-Württemberg, Stuttgart 1974. Vgl. dazu auch Robert Roeren, Zur Archäologie und Geschichte Südwestdeutschlands im 3. – 5. Jahrhundert n. Chr. In: Jahrbuch des Röm.-Germ. Zentralmuseums Mainz 7 (1960), S. 214 ff.
6 Albrecht Dauber, Die Reihengräber der Merowingerzeit, Beiwort zur Karte III. 7. In: Histori-

7 Ebd., S. 5.
8 Vgl. dazu ebd., S. 3.
9 Hans Jänichen, Der alemannische und fränkische Siedlungsraum, Beiwort zu den Karten IV, 1 – 2. In: Historischer Atlas von Baden-Württemberg, Stuttgart 1972; Rainer Christlein, Die Alamannen. Archäologie eines lebendigen Volkes, Stuttgart 1978, S. 58, setzt die Aufgabe der bisherigen Sitte, die Toten auf den Reihengräberfriedhöfen beizusetzen, in die Jahrzehnte um 700. Vgl. dazu auch Egon Wamers, Chronologie-Tabelle zum Frühmittelalter. In: Hessen im Frühmittelalter. Archäologie und Kunst, hrsg. von Helmut Roth und Egon Wamers, Sigmaringen 1984, S. 92.
10 Jänichen, S. 1 und 3. Zu den einzelnen Zeitansätzen ist auf Adolf Bach, Deutsche Namenkunde, Band II, 1 – 2: Die deutschen Ortsnamen, Heidelberg 1953 – 1954, zu verweisen.
11 Jänichen, S. 3 und die dort (S. 3 f.) genannte Literatur. Da sich die Gründung von -ingen-Orten z. B. in späterer Zeit noch nachweisen läßt, dürfte auch in der früheren Siedlungsgeschichte das Nebeneinander von zwei Formen der Siedlungsbezeichnung möglich gewesen sein.
12 Codex Laureshamenses, Bd. 3, S. 97, Nr. 2909.
13 Vgl. dazu Land Baden-Württemberg, Bd. 4, S. 46; Oberamt Neckarsulm, S. 433.
14 Land Baden-Württemberg, Bd. 4, S. 82; Oberamt Neckarsulm, S. 282 f.
15 Land Baden-Württemberg, Bd. 4, S. 90; Oberamt Neckarsulm, S. 298 f.
16 Land Baden-Württemberg, Bd. 4, S. 89; Oberamt Neckarsulm, S. 377 ff.
17 Das Land Baden-Württemberg, Bd. 5, Stuttgart 1976, S. 282.
18 Ebd.
19 Land Baden-Württemberg, Bd. 4, S. 91; Oberamt Neckarsulm, S. 652.
20 Land Baden-Württemberg, Bd. 4, S. 91; Oberamt Neckarsulm, S. 578 f.
21 Land Baden-Württemberg, Bd. 4, S. 121.
22 Land Baden-Württemberg, Bd. 4, S. 118; Beschreibung des Oberamts Heilbronn, Teil 2, Stuttgart 1903, S. 434 und 493.
23 Land Baden-Württemberg, Bd. 4, S. 17; Oberamt Heilbronn, Teil 2, S. 412 ff.
24 Land Baden-Württemberg, Bd. 4, S. 17; Oberamt Heilbronn, Teil 2, S. 426.
25 Land Baden-Württemberg, Bd. 4, S. 16; Oberamt Heilbronn, Teil 2, S. 238.
26 Land Baden-Württemberg, Bd. 4, S. 126; Oberamt Neckarsulm, S. 565.
27 Land Baden-Württemberg, Bd. 4, S. 105; Oberamt Heilbronn, Teil 2, S. 366; in eine Diskussion über die verschiedenen -gartach-Orte kann hier aus Platzgründen nicht eingetreten werden.
28 Land Baden-Württemberg, Bd. 4, S. 106.
29 Ebd., S. 140; Beschreibung des Oberamts Brackenheim, Stuttgart 1873, S. 413 f.
30 Land Baden-Württemberg, Bd. 4, S. 139; Oberamt Brackenheim, S. 312 f.
31 Land Baden-Württemberg, Bd. 4, S. 11; Oberamt Heilbronn, Teil 2, S. 219.
32 Land Baden-Württemberg, Bd. 4, S. 11.
33 Ebd., S. 142; Oberamt Brackenheim, S. 279.
34 Land Baden-Württemberg, Bd. 4, S. 58.
35 Ebd., S. 76.
36 Ebd., S. 77.
37 Es handelt sich hier um die Schenkungen an das Kloster Lorsch in Dürrenzimmern, Frauenzimmern, Botenheim, Güglingen und in den heute abgegangenen Orten Magenheim und Michaelsberg.
38 Land Baden-Württemberg, Bd. 4, S. 123; Oberamt Neckarsulm, S. 641.
39 Land Baden-Württemberg, Bd. 4, S. 109; Oberamt Neckarsulm, S. 680 f.
40 Land Baden-Württemberg, Bd. 4, S. 19; Oberamt Brackenheim, S. 298 ff.
41 Land Baden-Württemberg, Bd. 4, S. 19; Oberamt Heilbronn, Teil 2, S. 398 ff. Kloster Weißenburg war auch in den beiden bei Kirchhausen abgegangenen Orten Widegauenhusa und Aschheim begütert. In ersterem ist auch Besitz des Klosters Lorsch nachzuweisen.
42 Land Baden-Württemberg, Bd. 4, S. 12; Beschreibung des Oberamts Heilbronn, Teil 1, Stuttgart 1901, S. 8.
43 Land Baden-Württemberg, Bd. 4, S. 67; Oberamt Brackenheim, S. 332 ff.
44 Land Baden-Württemberg, Bd. 4, S. 18; Oberamt Heilbronn, Teil 2, S. 187 ff.
45 Land Baden-Württemberg, Bd. 4, S. 61.
46 Ebd., S. 46; Oberamt Neckarsulm, S. 467.
47 Land Baden-Württemberg, Bd. 4, S. 49; Oberamt Neckarsulm, S. 592 ff.
48 Land Baden-Württemberg, Bd. 4, S. 119; Oberamt Neckarsulm, S. 288 f.
49 Land Baden-Württemberg, Bd. 4, S. 48 f.; Oberamt Neckarsulm, S. 336 f.
50 Land Baden-Württemberg, Bd. 4, S. 119; Oberamt Neckarsulm, S. 354 f.

51 Land Baden-Württemberg, Bd. 4, S. 79; Oberamt Heilbronn, Teil 2, S. 292 ff.
52 Land Baden-Württemberg, Bd. 4, S. 100; Beschreibung des Oberamts Besigheim, Stuttgart 1853, S. 276 f.
53 Land Baden-Württemberg, Bd. 4, S. 93; Oberamt Besigheim, S. 218.
54 Codex Laureshamensis, Bd. 3, S. 96 f., Nr. 2905.
55 Ebd., S. 97, Nr. 2906.
56 Ebd., Nr. 2907.
57 Ebd., Nr. 2908.
58 Ebd., Nr. 2909.
59 Ebd., Nr. 2910.
60 Ebd., S. 80, Nr. 2779.
61 Vgl. dazu u. a. Immo Eberl, Münsingen im Mittelalter. Vom alemannischen Dorf zur altwürttembergischen Stadt. In: Münsingen. Geschichte – Landschaft – Kultur. Festschrift zum Jubiläum des württembergischen Landeseinigungsvertrags von 1482, hrsg. von der Stadt Münsingen, Sigmaringen 1982, S. 37 ff.; ferner Hans Peter Köpf, Der Laupheimer Raum im frühen und hohen Mittelalter bis zum Übergang an Österreich. In: Laupheim, hrsg. von der Stadt Laupheim in Rückschau auf 1200 Jahre Laupheimer Geschichte 778 – 1978, Weißenhorn 1979, S. 33 ff.; in beiden Aufsätzen gelang es, die in Laupheim bzw. in Münsingen genannten Personen auch in anderen Orten des Karolingerreichs festzustellen.
62 Dazu vgl. besonders Reinhard Wenskus, Sächsischer Stammesadel und fränkischer Reichsadel. Abhandl. d. Akad. d. Wiss. in Göttingen, phil.-hist. Kl., 3. Folge, Nr. 93, Göttingen 1976; ferner auch Oskar (von) Mitis, Sippen im Traungau um 800. In: Neues Jb. d. Herald.-Genealog. Gesellschaft „Adler" 1945/1946, Wien 1947, S. 33 ff.
63 Codex Laureshamensis, bearb. und hrsg. von Karl Glöckner, Band 2, Darmstadt 1933, S. 29, Nr. 223.
64 Ebd., S. 184, Nr. 644.
65 Ebd., S. 477, Nr. 1893.
66 Wenskus, S. 216; vgl. dazu ebd., S. 493 und 515 f.
67 Codex Laureshamensis, Bd. 3, S. 75, Nr. 2740.
68 Ebd., S. 81, Nr. 2787.
69 Vgl. dazu Wenskus, S. 110 sowie ebd., S. 412, 493, 516, 526 f.
70 Ebd., S. 348 ff., S. 499 ff., S. 506 f., S. 524 f.
71 Codex Laureshamensis, Bd. 3, S. 34 f., Nr. 2434.
72 Ebd., S. 36, Nr. 2445.
73 Ebd., Nr. 2448.
74 Wenskus, S. 207 ff., zum Namen Unwan.
75 Codex Laureshamensis, Bd. 2, S. 79, Nr. 346.
76 Ebd., S. 172, Nr. 606.
77 Wenskus, S. 409 f.
78 Codex Laureshamensis, Bd. 3, S. 143, Nr. 3514.
79 Ebd., Bd. 2, S. 65, Nr. 309.
80 Wenskus, S. 175 f.
81 Ebd., S. 73.
82 Codex Laureshamensis, Bd. 2, S. 118, Nr. 453.
83 Ebd., S. 120, Nr. 459.
84 Ebd., S. 142, Nr. 522.
85 Ebd., Nr. 523.
86 Ebd., S. 133, Nr. 498; vgl. dazu auch Michael Gockel, Karolingische Königshöfe am Mittelrhein. Veröffentl. d. Max-Planck-Inst. f. Gesch., Band 31, Göttingen 1970, S. 284 ff.
87 Codex Laureshamensis, Bd. 2, S. 150 f., Nr. 544.
88 Ebd., S. 148, Nr. 536.
89 Ebd., S. 128 f., Nr. 484.
90 Ebd., S. 140 f., Nr. 518.
91 Ebd., S. 154, Nr. 554.
92 Ebd., S. 156, Nr. 560.
93 Ebd., S. 156 f., Nr. 561.
94 Ebd., S. 203, Nr. 699.
95 Ebd., S. 157, Nr. 563.
96 Ebd., S. 154, Nr. 553.
97 Ebd., S. 140, Nr. 517.
98 Vgl. Anm. 75.
99 Codex Laureshamensis, Bd. 2, S. 141, Nr. 520.
100 Vgl. Gockel (wie Anm. 86).
101 Codex Laureshamensis, Bd. 2, S. 147, Nr. 535.
102 Vgl. dazu oben.
103 Wenskus, S. 198. Zu dem Kreis der in Schwaigern genannten Wohltäter des Klosters Lorsch vgl. in Zukunft auch Immo Eberl, Schwaigern im Früh- und Hochmittelalter. Adelsherrschaft und Siedlung in ihrer Entwicklung, hrsg. v. d. Stadtverwaltung Schwaigern, Schwaigern 1991/1992.
104 Wenskus, S. 196.
105 Codex Laureshamensis, Bd. 2, S. 114, Nr. 442.
106 Wenskus, S. 260.
107 Ebd., S. 261.
108 Codex Laureshamensis, Bd. 2, S. 75, Nr. 334.
109 Wenskus, S. 261.
110 Codex Laureshamensis, Bd. 2, S. 74, Nr. 331.
111 Ebd., Bd. 3, S. 143, Nr. 3514.
112 Ebd., Bd. 2, S. 123, Nr. 468.
113 Ebd., S. 95, Nr. 392.
114 Ebd., S. 287, Nr. 972.
115 Ebd., S. 280, Nr. 951.
116 Ebd., Bd. 3, S. 79, Nr. 2774.
117 Ebd., S. 130, Nr. 3416.
118 Ebd., Bd.2, S. 155, Nr. 566.
119 Ebd., S. 159, Nr. 568.

120 Ebd., S. 172, Nr. 606.
121 Ebd., S. 110, Nr. 431 bzw. S. 116, Nr. 449.
122 Ebd., S. 114, Nr. 442, ferner S. 130 f., Nr. 489.
123 Ebd., S. 133, Nr. 498.
124 Ebd., S. 132, Nr. 494.
125 Ebd., S. 149, Nr. 539.
126 Ebd., S. 134 f., Nr. 501.
127 Ebd., S. 134, Nr. 500.
128 Ebd., S. 142, Nr. 523.
129 Vgl. dazu oben.
130 Vgl. Wenskus, S. 101, 105 und 414.
131 Vgl. dazu Wenskus, der auf die Unruochinger hinweist.
132 Codex Lauresbamenses, Bd. 2, S. 6 f., Nr. 172.
133 Ebd., S. 57 f., Nr. 289.
134 Ebd., S. 73, Nr. 327.
135 Ebd., S. 74, Nr. 330.
136 Ebd., S. 93, Nr. 384.
137 Ebd., S. 98, Nr. 399.
138 Ebd., Bd. 3, S. 15, Nr. 2283.
139 Ebd., S. 159, Nr. 3628.
140 Ebd., S. 143, Nr. 3514.
141 Ebd., Bd. 2, S. 171, Nr. 604.
142 Ebd., S. 135, Nr. 502.
143 Ebd., Bd. 3, S. 19, Nr. 2315. Die Schenkung erfolgte zwischen 770 und 800.
144 Ebd., Bd. 2, S. 172, Nr. 607.
145 Ebd., S. 123, Nr. 467.
146 Ebd., S. 143, Nr. 525.
147 Ebd., S. 287, Nr. 972.
148 Ebd., S. 471, Nr. 1851.
149 Ebd., S. 449, Nr. 1702.
150 Ebd., S. 449, Nr. 1704.
151 Wenskus, S. 425; vgl. dazu auch Gockel, S. 275, 277 ff., 288 f., 290 f., 310.
152 Codex Lauresbamenses, Bd. 2, S. 155, Nr. 556.
153 Ebd., S. 449, Nr. 1702.
154 Wenskus, S. 425; vgl. dazu auch den Alamannenherzog Gunzo zu Beginn des 7. Jh.
155 Codex Lauresbamenses, Bd. 3, S. 511, Nr. 2101.
156 Ebd., S. 511, Nr. 2102.
157 Oskar von Mitis, Sippen des frühen Mittelalters. Verbrüderungsbücher, Heldenlieder, Beilage 17: Nevo, masch. schriftl. Erlangen 1944.
158 Ebd., S. 2.
159 Codex Lauresbamenses, Bd. 2, S. 511, Nr. 2103.
160 Vgl. Mitis, Sippen, Beilage 12: Hiltiger, Sohn des Liutfrit; ferner ebd. Beilage 13: Hiltiger, Sohn der Odala, und Beilage 14: Hiltiger und Willehart.
161 Vgl. ebd.
162 Codex Lauresbamenses, Bd. 3, S. 139, Nr. 3485.
163 Gottfried Mayr, Studien zum Adel im frühmittelalterlichen Bayern. Studien zur Bayerischen Verfassungs- und Sozialgeschichte, Band 5, München 1974, S. 147.
164 Vgl. dazu Wenskus, S. 497 f. und die dort genannte Literatur. Vgl. jetzt auch Hans Jänichen, Die alemannischen Fürsten Nebi und Berthold und ihre Beziehungen zu den Klöstern St. Gallen und Reichenau. In: Schriften des Vereins für Geschichte des Bodensees und seiner Umgebung 94 (1976), S. 52 – 68, sowie dazu Wenskus, S. 409 (Folcoaldesheim = Folcold).
165 Codex Lauresbamenses, Bd. 2, S. 172, Nr. 607.
166 Ebd., S. 153 f., Nr. 552.
167 Ebd., S. 468, Nr. 1827 bzw. S. 469, Nr. 1834.
168 Vgl. dazu Mitis, Sippen, S. 2.
169 Confraternitates Augienses. In: Libri confraternitatum sancti Galli, Augienses, Fabarienses, ed. von Paulus Piper, MGH, Berlin 1884, S. 238.
170 Codex Lauresbamenses, Bd. 3, S. 42, Nr. 2491.
171 Ebd., Nr. 2493. Die Schenkung datiert aus dem Jahr 775.
172 Codex Lauresbamenses, Bd. 2, S. 172, Nr. 607.
173 Vgl. ebd., Bd. 3, S. 47, Nr. 2527.
174 Vgl. Mitis, Sippen, S. 3, Anm. 7.
175 Codex Lauresbamenses, Bd. 3, S. 34, Nr. 2429 bzw. S. 72, Nr. 2721.
176 Ebd., Bd. 2, S. 456, Nr. 1752.
177 Ebd., S. 455, Nr. 1744; S. 456, Nr. 1748 und Nr. 1750; S. 461, Nr. 1784.
178 Ebd., S. 456, Nr. 1753; S. 460, Nr. 1774; S. 462 f., Nr. 1792.
179 Ebd., S. 127 f., Nr. 482.
180 Mitis, Sippen, S. 3.
181 Codex Lauresbamenses, Bd. 2, S. 128 f., Nr. 487.
182 Ebd., S. 135, Nr. 502.
183 Wenskus, S. 414; vgl. auch Wilhelm Störmer, Früher Adel. Studien zur politischen Führungsschicht im fränkischen Reich vom 8. bis 11. Jahrhundert. Monographien zur Geschichte des Mittelalters, Band 6, I, Stuttgart 1973, S. 208 ff.
184 Urkundenbuch der Abtei St. Gallen, Bd. I (700 – 840), bearb. von Hermann Wartmann, Zürich 1863, S. 54, Nr. 57.
185 Das älteste Traditionsbuch des Klosters Mondsee, bearb. von Gebhard Rath und Erich Reiter. Forschungen zur Geschichte Oberösterreichs, Band 16, Linz 1989, S. 239 f., Nr. 133; vgl. dazu Gottfried Mayr, Studien zum Adel im frühmittelalterlichen Bayern. Studien zur bayerischen Verfassungs- und Sozialgeschichte, Band 5, München 1974, S. 15.
186 Die Traditionen des Hochstifts Freising, hrsg.

von Theodor Bitterauf, Band 1. Quellen und Erörterungen zur Bayerischen und deutschen Geschichte, NF Band 4, München 1905, S. 57, Nr. 60.
187 Codex Laureshamenses, Bd. 2, S. 457, Nr. 1758.
188 Ebd., S. 65, Nr. 307 und S. 384, Nr. 1315.
189 Ebd., S. 156 f., Nr. 561.
190 Ebd., S. 142, Nr. 523; ebd., Bd. 3, S. 71 f., Nr. 2714; vgl. dazu auch oben.
191 Vgl. dazu Eberl, Münsingen, S. 48 ff.
192 Land Baden-Württemberg, Bd. 4, S. 117.
193 Vgl. dazu Immo Eberl, Dagobert I. und Alemannien. Studien zu den Dagobertüberlieferungen im alemannischen Raum. In: Zeitschrift für württembergische Landesgeschichte 42 (1983), S. 7 ff.; ferner Eugen Ewig, Trier im Merowingerreich. Civitas, Stadt, Bistum, Trier 1954, S. 161; Eugen Ewig, Beobachtungen zur Frühgeschichte des Bistums Köln. In: Eugen Ewig, Spätantikes und fränkisches Gallien, Bd. 2, hrsg. von Hartmut Atsma. Beihefte der Francia, Band 3/2, München 1976, S. 136.
194 Hans-Gert Oomen, Der karolingische Königshof Heilbronn. Veröffentl. d. Archivs der Stadt Heilbronn, Band 18, Heilbronn 1972, S. 40; ferner Robert Koch, Eine frühchristliche Fibel aus Neckarsulm. In: Schwaben und Franken 14, 12 (1968) (mit Verbreitungsliste).
195 Alois Seiler, Studien zu den Anfängen der Pfarrei- und Landdekanatsorganisation in den rechtsrheinischen Archidiakonaten des Bistums Speyer. Veröffentl. d. Kommission für geschichtliche Landeskunde in Baden-Württemberg, Reihe B, Band 10, Stuttgart 1959, S. 43.
196 Ebd., S. 52.
197 Ebd., S. 46.
198 Philipp Walter Fabry, Das St. Cyriakusstift zu Neuhausen bei Worms. Der Wormsgau, Beiheft 17, Worms 1958, S. 13 ff.
199 Land Baden-Württemberg, Bd. 4, S. 117.
200 Vgl. dazu Wilhelm Störmer, Zur kulturellen und politischen Bedeutung der Abtei Amorbach vom 8. bis zum frühen 12. Jahrhundert. In: Die Abtei Amorbach im Odenwald. Neue Beiträge zur Geschichte und Kultur des Klosters und seines Herrschaftsgebietes, hrsg. von Friedrich Oswald und Wilhelm Störmer, Sigmaringen 1984, S. 11 ff.
201 Vgl. dazu auch den Beitrag von Barbara Griesinger, Neckarsulm im Mittelalter, in diesem Band.
202 Land Baden-Württemberg, Bd. 4, S. 35.
203 Oomen, S. 52 ff.
204 Ebd., S. 55.
205 Vgl. dazu Anm. 201.

Neckarsulm im Mittelalter (B. Griesinger)

1 Wirtembergisches Urkundenbuch, hrsg. vom Königlichen Staatsarchiv in Stuttgart, Bd. II, Stuttgart 1858, Nr. 604, S. 386 f. (weiter zitiert als: WUB).
2 Karl Bosl, Die Reichsministerialität der Salier und Staufer. Ein Beitrag zur Geschichte des hochmittelalterlichen deutschen Volkes, Staates und Reiches, Bd. 1. (Schriften der Monumenta Germaniae Historica, Bd. 10, 1950), S. 129 f. (weiter zitiert als: Bosl, Reichsministerialität).
3 Siehe dazu: Karin Feldmann, Herzog Welf VI. und sein Sohn, Tübingen 1971.
4 Monumenta Germaniae Historica (MGH), Dipl. IV, Nr. 15, 56, 76, 98, 99, 109, 110, 139, 141, 143.
5 Ebd., IX, Nr. 221.
6 Ebd., Nr. 144, Nr. 260; vgl. dazu Bosl, Reichsministerialität, S. 361; Caspart, Die staufischen Reichskämmerer von Lindach (Weinsberg), Siebeneich und Geislingen und ihre Wohnsitze. In: Württ. Vierteljahrshefte für Landesgeschichte, Bd. II (1879), S. 157 (weiter zitiert als: Caspart, Die staufischen Reichskämmerer). Ob es sich tatsächlich um eine Verschreibung handelt, wie Caspart annahm, bedürfte m. E. einer nochmaligen Prüfung. Es erscheint mir möglich, daß sich in der Bezeichnung von Linbach erste Kontakte und Beziehungen Tiberts in den Neckarraum andeuten könnten, eventuell eine Verbindung zu dortigem Adel im Raum Gartach-Lein. Unterstützung findet diese Variante in der Nennung eines Diepertus im Wimpfener Nekrolog, wo er als Seelgerät Land in Eichusen stiftete, einem abgegangenen Ort bei Bonfeld, wo die Weinsberger später in Besitz von Burg und Dorf erscheinen.
7 Für die Stammvater-Funktion sprechen sich aus: Gustav Bossert, Die ältesten Herren von Weinsberg. In: Württ. Vierteljahrshefte für Landesgeschichte, Bd. V (1882), S. 305 f.; offenbar auch Rudolf Kieß, Wildbänne der Herren von Weinsberg. In: ZWLG 45 (1986), S. 137 – 165, S. 145. Dagegen bzw. für einen Neuansatz mit Engelhard v. Weinsberg, der erstmals 1160 eine Urkunde mitbezeugt, sind: Karl Jäger, Die Burg Weinsberg, genannt Weibertreue, Heilbronn 1825, S. 83; Walter Müller, Stammtafeln westdeutscher Adelsgeschlechter im Mittelalter, Bd. 1, Darm-

stadt 1922, S. 46; Caspart, Die staufischen Reichskämmerer, S. 156; Bosl, Reichsministeralität, S. 362.
8 Bossert, Die ältesten Herren von Weinsberg, S. 305. Danach hatten die Weinsberger Besitz in Abtsgmünd, das Patronat in Täferrot, den Laienzehnten in Dewangen, Mögglingen, Herlikofen, Hussenhofen, Mutlangen, Besitz in Gotteszell, Linthal, Hintersteinberg.
9 Vgl. Werner Heim, Die Ortswüstungen des Kreises Heilbronn. In: Veröffentlichungen des Historischen Vereins Heilbronn 22 (1957), S. 41 – 73, S. 61 (weiter zitiert als Heim, Ortswüstungen); Burg und Stadt Weinsberg – Dokumentation einer Ausstellung im Stauferjahr 1977 (Hrsg. Stadt Weinsberg, Red. Fritz Peter Ostertag und Robert G. Koch), Weinsberg 1977, S. 14 ff.
10 WUB II, Nr. 604, S. 387, Wolframmus et Conradus frater eius de Wagenhoffen (1212); WUB III, Nr. 690, S. 170, Rudegerus de Erlekoven, Burchardus de Wagenhoven milites (1225); WUB III, Nr. 776, S. 267, Burchardus de Wagenhoven, Heinricus (de) Vachsenfeld; WUB X, Nr. 4490, S. 219, Heinricus dictus Vachsenvelt.
11 Vgl. StAL B 504, Bü 5. Zuletzt hat Franz Gehrig, Der Besitz der Herren von Weinsberg im Jahr 1325. In: ZGO 125 (1977), S. 57 – 72, diese Verbindung hervorgehoben. Zu den Herren von Urslingen: Klaus Schubring, Die Herzöge von Urslingen, Bamberg 1972.
12 Vgl. Hess. Landes- und Hochschulbibliothek, Darmstadt, Hs. 2297, Wimpfener Nekrolog, fol. 39.
13 Vgl. Heim, Ortswüstungen, S. 52; vgl. auch Anm. 6. Daß Gehrig, Der Besitz der Herren von Weinsberg im Jahr 1325, S. 63, den Hinweis auf Weinsberger Rechte in Bonfeld bringt, ist in diesem Zusammenhang wohl nicht unbedeutend.
14 Vgl. WUB II, Nr. 386, S. 152.
15 Vgl. dazu Caspart, Die staufischen Reichskämmerer, S. 157; Christoph Friedrich Stälin, Wirtembergische Geschichte, Teil II, Stuttgart 1847, S. 90. Daß Weinsberg zum Gut der schwäbischen Herzöge gehörte, unterstreicht auch der Ehevertrag zwischen Herzog Konrad und der kastilischen Prinzessin Berengaria aus dem Jahre 1188, in dem unter anderem auch die Burg Weinsberg mit allem Zubehör als Heiratsgut genannt wird; vgl. WUB II, Nr. 457, S. 256.
16 Engelhard von Weinsberg, der 1212 in Sulm urkundet, findet man als Zeugen in folgenden Stauferurkunden:

1182 Friedrich I. für Trient in Wimpfen: MGH Dipl. X, 4, S. 24. Johann Friedrich Boehmer, Regesta imperii IV, 3. Neu bearbeitet von Gerhard Baaken, Köln – Wien 1972.

Nr. 6   1186 Heinrich VI. für Baume des Messieurs in Turin
Nr. 7   1186 Heinrich VI. für Lucca in Borgo San Donnino
Nr. 12 1186 Heinrich VI. für Perugia in Gubbio
Nr. 20 1186 Heinrich VI. für Kloster in Camaldoli in Bologna
Nr. 232 1192 Heinrich VI. für Kloster Lorch in Gmünd
Nr. 240 1192 Heinrich VI. für die Kommende zu Asola in Gelnhausen

Konrad von Weinsberg bezeugt die Urkunden:
Nr. 322 1193 Heinrich VI. für Stift zu Kaiserswerth in Kaiserswerth
Nr. 324 1193 Heinrich VI. für Montferrat in Gelnhausen
Nr. 330 1194 Heinrich VI. für Kloster Ebrach in Würzburg

17 Zur Frühgeschichte des Klosters Amorbach vgl. Wilhelm Störmer, Zur kulturellen und politischen Bedeutung der Abtei Amorbach vom 8. bis zum frühen 12. Jahrhundert. In: Friedrich Oßwald und Wilhelm Störmer (Hrsg.), Die Abtei Amorbach im Odenwald, Sigmaringen 1984, S. 11 – 28, mit weiteren Literaturangaben.
18 WUB VI, Nr. 1762, S. 158, Nr. 1767, S. 162.
19 FLAA, Neckarsulm, Klösterliches Jurisdictionalbuch, Fasz. 5.
20 Sta NSU, A 1231 – 1238, Beschreibung der zum Kameralamt gült- und handlohnbaren Güter. Das 1. – 7. große Amorbacher Lehen und die sechs kleinen Amorbacher Hoflehen, 1833. Zum Erwerb der Güter durch den Orden im Jahre 1805 vgl. FLAA, Abt. Urkunden, 6.9.1805.
21 Vgl. dazu Heim, Ortswüstungen, S. 67.
22 Zu den Amorbacher Traditionsnotizen vgl. Wolfram Becher, Amorbacher Traditionsnotizen – Besitzgeschichte des Klosters Amorbach. In: Der Odenwald 2/3 (1969).
23 FLAA, Abt. Urkunden, 1256: Gegen eine jährliche Anerkennungssumme von zwei Pfund Heller schenkte er die Kirchen von Hardheim und Sulm, für die das Kloster das Patronatsrecht innehatte, dem Domstift zu Würzburg. Da Abt Wibert 1264 noch als Patronatsherr urkundliche Erwähnung findet, muß dieser Rechtsakt erst später vollzogen worden sein.

24 Hartwig Beseler und Niels Gutschow (Hrsg.), Kriegsschicksale deutscher Architektur, Bd. 2, Neumünster 1988, S. 1217.
25 Vgl. Württ. Geschichtsquellen I (hrsg. v. E. Schneider), Codex Hirsaugiensis, fol. 70 a. In: Württ. Jahrbücher für Statistik und Landeskunde Jg. 1887, hrsg. v. K. Stat. Landesamt (weiter zitiert als: Cod. Hirs.). Der zweite Hinweis auf Sulm im Register (fol. 44 a): „Predium ad Sulmen datum est pro tribus marcis..." ist mit Recht nicht in die Oberamtsbeschreibung Neckarsulm aufgenommen, denn der hier Sulm genannte Ort ist mit dem abgegangenen Ort Sol bei Mergentheim identisch, der in WUB VIII, Nr. 3064, S. 286; Nr. 3065, S. 287; Nr. 3096, S. 315 genannt wird. Darauf weist im Hirsauer Codex bereits die gleichzeitige Nennung von Lustbronn und Dagenbach (Dainbach) bei Mergentheim hin.
26 Hess. Landes- und Hochschulbibliothek, Darmstadt, Hs. 2297, Wimpfener Nekrolog, fol. 15.
27 Neckarsulm wird bereits im Lorscher Codex als villa genannt. Diese nicht unproblematische Bezeichnung kann als Dorf, aber auch als Herrenhof oder Fronhof interpretiert werden, den man m. E. in der Urzelle des Neckarsulmer Schlosses zu suchen hätte.
28 Vgl. Cod. Hirs., fol. 47^v.
29 Vgl. ebd. und Helmut Schmolz, Aus der Geschichte Heilbronns. In: Stadt- und Landkreis Heilbronn, Stuttgart – Aalen 1974, S. 35 – 61, S. 39 ff.; ausführlicher: ders., Grundprobleme der frühen Geschichte der Stadt Heilbronn. In: Jahrbuch für schwäbisch-fränkische Geschichte 27 (1973), S. 45 – 64, S. 46 ff.; Hans-Gert Oomen, Der karolingische Königshof Heilbronn. Veröffentlichungen des Archivs der Stadt Heilbronn, Bd. 18, Heilbronn 1972.
30 Zur Problematik der Datierung, vgl. StaWIM, Felix Werner, Studien zur Geschichte des Stiftes St. Peter zu Wimpfen im Tal im 13. Jahrhundert. Unveröffentlichte Zulassungsarbeit zur wissenschaftlichen Prüfung für das Lehramt an höheren Schulen 1956, S. 23 ff. Die Einträge im Wimpfener Nekrolog sind undatiert und helfen somit nicht weiter. Der Nekrolog wurde um die Mitte des 13. Jahrhunderts neu gefaßt anhand von inzwischen verlorenen Quellen, die bis zur Gründung des Stifts im 9. Jahrhundert zurückreichen. Vgl. Hess. Landes- und Hochschulbibliothek, Hs. 2297, Wimpfener Nekrolog: Hiltegundis, fol. 20; Ludewicus, fol. 21; Fridericus de Isinsheim, fol. 22; Lentfridus und Heinricus de Sulmen, fol. 25; Adala für Rudegerus de Erlecoven, fol. 26; Hildebrandus, fol. 29^v; Ruggerus, fol. 34.
31 Derselbe Eintrag nennt vor Hiltegundis einen Ludewicus, der sechs Joch in Kirchhausen stiftete. Ob er identisch ist mit Hildegunts gleichnamigem Mann, ist nicht belegbar.
32 Eine Identifizierung mit dem bereits erwähnten Ludwig, ist auch hier nicht möglich.
33 Adala ist nach den Einträgen des Nekrologs nicht als Adala de Sulmen zu benennen, wie in der Beschreibung des Oberamts Neckarsulm, hrsg. v. Königlich Statistisch-topographischen Bureau, Stuttgart 1881, S. 259 (weiter zitiert als: Oberamtsbeschreibung) und in Franz Joseph Maucher, Geschichte Neckarsulms, Bad Waldsee 1901, S. 7 (weiter zitiert als: Maucher, Geschichte) geschehen.
34 Vgl. WUB III, Nr. 791, S. 287. – Betont wird m. E. dadurch der unfreie Stand der Ministerialen, vgl. Bosl, Reichsministerialität, S. 602 ff. Damit erscheint fraglich, ob die Weinsberger zumindest in der ersten Hälfte des 13. Jahrhunderts bereits zu den Nobiles gezählt wurden, wie die Weinsberger Literatur betont. Vgl. u. a.: Karl Jäger, Die Burg Weinsberg, genannt Weibertreue, Heilbronn 1825. Die Herren von Weinsberg „frühe als nobiles bezeichnet", was aber nicht näher ausgeführt wird: Walter Müller, Stammtafeln, S. 46. Der erste Hinweis auf die Nobilität der Familie betrifft ganz explizit nur die Gemahlin Engelhards II. Nur sie – nicht aber ihr Gemahl – wird 1219 als nobilis, genau „nobilis matrona" bezeichnet: WUB III, Nr. 611, S. 74. Klaus Schubring, Die Herzöge von Urslingen, S. 58, erwägt im Zusammenhang mit der Wappengleichheit der Familien die Herkunft der Gemahlin Engelhards II. aus der Familie von Urslingen.
35 Vgl. Lothar Hantsch, Der Scheuerberger Wildbann. In: Jahrbuch für schwäbisch-fränkische Geschichte, Bd. 28 (1976), hrsg. v. Historischen Verein Heilbronn, S. 119 – 129; S. 119 f. (weiter zitiert als: Hantsch, Scheuerberger Wildbann).
36 Vgl. ebd., S. 122; Rudolf Kieß, Wildbänne der Herren von Weinsberg. Folgerungen für die Stauferzeit. In: ZWLG 45 (1986), S. 148 (weiter zitiert als Kieß, Wildbänne).
37 Vgl. Hantsch, Scheuerberger Wildbann, S. 122.
38 Ebd., S. 123; Kieß, Wildbänne, S. 148, vermutet, daß die Weinsberger bereits von Anfang an den gesamten Wildbann innehatten und nicht, wie Hantsch annimmt, nur den nördlichen Teil. Dieses Ergebnis basiert auf der Annahme, daß die Ur-

kunde 1302 eine Fälschung ist.
39 Der Verlauf der Wildbanngrenzen ist beschrieben nach Hantsch, Scheuerberger Wildbann, S. 122 f., der sich auf das Rote Salbuch bezieht.
40 Vgl. Kieß, Wildbänne, S. 149.
41 Ebd., S. 149.
42 Vgl. ebd.; Hantsch, Scheuerberger Wildbann, S. 122.
43 Vgl. ebd., S. 119.
44 Rudolf Stich, Die abgegangene Burg Scheuerberg bei Neckarsulm. In: 24. Veröffentlichung des Hist. Vereins Heilbronn, Weinsberg 1963, S. 55 – 77. Alle folgenden Ausführungen zur Burg Scheuerberg beziehen sich, sofern nicht ausdrücklich vermerkt, auf diesen Beitrag.
45 Vgl. ebd., S. 75.
46 Vgl. Hantsch, Scheuerberger Wildbann, S. 126; StAL B 472, Bü 83.
47 Vgl. Oberamtsbeschreibung, S. 270.
48 Vgl. WUB III, S. 170, Nr. 690.
49 Vgl. Hess. Landes- und Hochschulbibliothek, Hs. 2298.
50 Vgl. FLAA Kopialbuch C, fol. 186ᵛ f.
51 WUB III, S. 267, Nr. 776.
52 WUB X, S. 218, Nr. 4490.
53 Vgl. zu Gründung von Klein- und Mittelstädten: Jürgen Sydow, Die Klein- und Mittelstadt in der südwestdeutschen Geschichte des Mittelalters. In: Hans-Peter Becht (Hrsg.), Pforzheim im Mittelalter. Pforzheimer Geschichtsblätter Band 6, Sigmaringen 1983, S. 9 – 37 (weiter zitiert als: Sydow, Klein- und Mittelstadt); Wilhelm Störmer, Die Gründung von Kleinstädten als Mittel herrschaftlichen Territorienaufbaus, gezeigt an fränkischen Beispielen. In: ZWLG 36, Heft 2 (1973), S. 563 – 585 (weiter zitiert als: Störmer, Gründung).
54 Karl Otto Bull, Städte des Mittelalters. Beiwort zur Karte IV 4 des Historischen Altas von Baden-Württemberg, 1973, S. 2.
55 Zur Größe der Städte: Hektor Ammann, Wie groß war die mittelalterliche Stadt? In: Studium Generale 9, 1956, S. 503 – 506.
56 Erich Keyser, Württembergisches Städtebuch (Deutsches Städtebuch. Handbuch städtischer Geschichte, Bd. IV, Südwestdeutschland 2, Land Baden-Württemberg, Teilband Württemberg), Stuttgart 1962 (weiter zitiert als: Württ. Städtebuch): Wimpfen, S. 306; Heilbronn, S. 112; Weinsberg, S. 299; ders., Badisches Städtebuch (Deutsches Städtebuch – Handbuch städtischer Geschichte, Bd. IV, Südwest-Deutschland 2, Land Baden-Württemberg, Teilband Baden)

Stuttgart 1959 (weiter zitiert als: Bad. Städtebuch), Neudenau, S. 130.
57 Störmer, Gründung, S. 564, unterstreicht besonders die häufige Randlage von Städten im Territorium, die mit dem Prinzip der Expansion bzw. Defension der Randzonen erklärt wird, und sieht das Städtewesen als „Bausteine bei der Durchsetzung territorialer Herrschaften". Als wichtigster Gesichtspunkt erscheint nicht der Wirtschafts- und Verkehrsaspekt, sondern die Schutzfunktion der Stadt, die sich häufig und zunehmend mit dem Amtscharakter verbindet. Vorzüge der Stadt für den Territorialherrn findet er in der Gewinnung fremder Hintersassen, vor allem aber in der Steigerung von Zins- und Wehrkraft. Stärker differenzierte Motive unterscheidet Jürgen Sydow, Landesherrliche Städte des deutschen Südwestens in nachstaufischer Zeit. In: Beiträge zum spätmittelalterlichen Städtewesen, hrsg. v. Bernhard Diestelkamp. Veröffentlichungen des Instituts für vergleichende Städteforschung in Münster, Reihe A, Bd. 12, Köln – Wien 1982, S. 18 – 33. Auch er stellt die Städtegründung in den Zusammenhang Territorialaufbau und -gliederung.
58 Vgl. Württ. Städtebuch: Neckarsulm, S. 171; Neuenstadt, S. 176; Sindringen, S. 215; Kleingartach, S. 131; Widdern, S. 305; Öhringen, S. 192; Weinsberg, S. 299. Bad. Städtebuch: Eberbach, S. 58; Neckargemünd, S. 129; Wolfram Angerbauer, Wissenswertes aus den Städten und Gemeinden des Landkreises Heilbronn. In: Stadt- und Landkreis Heilbronn, Stuttgart – Aalen 1974, S. 269 – 303, S. 290 (weiter zitiert als: Angerbauer, Wissenswertes); Gehrig, Der Besitz der Herren von Weinsberg, S. 58, 61, 62, 64.
59 Vgl. Württ. Städtebuch: Möckmühl, S. 165; Widdern, S. 305; Forchtenberg, S. 83. Aus Möckmühl sind „consules" (Richter) 1270 bekannt, Bürger werden 1272 erwähnt, ein „scultetus" (Schultheiß) bereits 1258. 1290 bezeichnet eine Quelle den Ort als „oppidum". Ähnlich sind in Forchtenberg Ende des 13. Jahrhunderts Bürger genannt. Im Falle Widderns spricht eine Kirchenerweiterung um die Jahrhundertmitte für einen allmählichen Ausbau der Siedlung, die wie alle übrigen Orte im Zusammenhang mit Bürgern zu sehen ist. Zu Sindringen: ebd., S. 215.
60 Vgl. ebd., Güglingen, S. 106; Kleingartach, S. 131; Brackenheim, S. 57. Bad. Städtebuch: Eppingen, S. 60.
61 Ähnliches unterstreicht Heinz Stoob für Hohenlohe: Heinz Stoob, Zur Städtebildung im Lande

Hohenlohe. In: ZWLG 36, Heft 2 (1973), S. 522 – 562.
62 Vgl. WUB IV, Nr. 1119, S. 182. Hingewiesen werden muß in diesem Zusammenhang dringend auf die Problematik der Begrifflichkeit „villa" – „urbs" – „civitas" für die Bestimmung des Stadtstatus. Vgl. dazu: Jürgen Sydow, Stadtbezeichnungen in Württemberg bis 1300. In: Festschrift für Berent Schwineköper, hrsg. v. Helmut Maurer und Hans Patze, Sigmaringen 1982, S. 237 – 248.
63 Vgl. Oberamtsbeschreibung, S. 270.
64 StAL B 342, U 485.
65 Zum Begriff „veste" vgl. Hans-Martin Maurer, Die landesherrliche Burg in Wirtemberg im 15. und 16. Jahrhundert. Veröffentlichungen der Kommission für geschichtl. Landeskunde in Baden-Württemberg, Reihe B, 1. Bd., Stuttgart 1958, S. 7 ff.
66 Vgl. Württ. Städtebuch: Neckarsulm, S. 171; Angerbauer, Wissenswertes, S. 290; Alois Seiler, Zur Einführung. In: Neckarsulm und der Deutsche Orden 1484 – 1805 – 1984. Katalog der Ausstellung des Staatsarchivs Ludwigsburg und der Stadt Neckarsulm, Ludwigsburg 1984, S. 7 – 16, S. 11. Neuerer Ansatz mit der Datierung ins 13. Jahrhundert: Historischer Atlas von Baden-Württemberg, Blatt IV, 4.
67 Vgl. FLAA, Urkundenbestand, Urk. 1256.
68 Vgl. WUB VI, Nr. 1762, S. 158.
69 Vgl. Oberamtsbeschreibung, S. 271.
70 Sydow, Klein- und Mittelstadt, S. 26.
71 Wolfram Angerbauer und Hans Georg Frank, Jüdische Gemeinden in Kreis und Stadt Heilbronn. Schriftenreihe des Landkreises Heilbronn, Bd. 1, Heilbronn 1986, S. 165.
72 Württ. Städtebuch, S. 131.
73 Regesten der Erzbischöfe von Mainz 1289 – 1396, Abt. I, Bd. 2: 1328 – 1353, bearb. von Heinrich Otto. Nachdruck der Ausgabe von 1932 – 1935, Aalen 1976 (weiter zitiert als: Mainzer Regesten I, 2), S.62, Nr. 3164, 26. August 1331: Erzbischof Balduin von Trier setzt einen Burgmann auf die Burg Scheuerberg, die von Weinsberg verpfändet ist.
Am 14. Januar 1333 erhöhen die Weinsberger die Pfandsumme auf 2000 Pfund Heller und verlängern die Pfandschaft um ein Jahr (ebd., S. 87, Nr. 3267), ebenso am 19. November 1333 (ebd., S. 103, Nr. 3335).
74 StAL B 342, U 485.
75 Vgl. StAL B 342, U 485.

76 Mainzer Regesten I, 2, S. 62, Nr. 3164, 26. August 1331.
77 Vgl. ebd., S. 132, Nr. 3462, 30. Oktober 1335.
78 Conrad von Neuenstein: ebd., S. 371, Nr. 4621, 21. Dezember 1340; Konrad von Talheim: Regesten der Erzbischöfe von Mainz 1289 – 1396, Abt. II, Bd. 1: 1354 – 1371, bearb. von Fritz Vigener, Nachdruck Aalen 1976, S. 296, Nr. 1340, 1360 (weiter zitiert als: Mainzer Regesten II, 1). – 1359 wurde der Ritter von Talheim auch Bürger von Sulm genannt. In: Urkundenbuch der Stadt Heilbronn, Bd. 1, bearb. von Eugen Knupfer. Württ. Geschichtsquellen, hrsg. v. d. württ. Kommission für Landesgeschichte, Bd. 5, Stuttgart 1905, S. 102, Nr. 240 (weiter zitiert als: HUB I). Außerdem waren die Ritter von Talheim und Neuenstein miteinander verwandt. Schon 1292 vermachte Ritter Konrad von Talheim seiner Schwester Adelheid von Neuenstein verschiedene Güter, vgl. HUB I, S. 18 f., Nr. 50.
79 Vgl. Lothar Hantsch, Die Herren von Wittstatt in Hagenbach. In: Stadt Bad Friedrichshall (Hrsg.), Bad Friedrichshall 1933 – 1983, Bad Friedrichshall 1983, S. 257 – 260, S. 259. Vgl. auch Mainzer Regesten II, 1, S. 419, Nr. 1860, 27. September 1364. Von diesem Lehen (evtl. frühere Eigengüter, die, wie von anderen Burgmannen bekannt ist, zu Mainzer Lehen aufgelassen wurden) verkauft Philipp von Wittstatt Gülten an den Deutschen Orden.
80 Mainzer Regesten I, 2, S. 147, Nr. 3527, 24. Juni 1336.
81 Zum Keller Kaplan Heinrich vgl. ebd., S. 162, Nr. 3588, 17. Januar 1337; S. 269, Nr. 4087, 7. November 1337; S. 307, Nr. 4284, 25. Oktober 1338; S. 367, Nr. 4601, 20. Oktober 1340; S. 454, Nr. 5052, 15. November 1343.
82 StAW, Mainzer Ingrossaturbuch (MIB) 11, fol. 169 (1388); MIB 12, fol. 83-85 (1391).
83 FLAA, Kopialbuch C, fol. 186 nennt Heinrich von Wittstatt und Hans von Heinstatt Keller von Sulm.
84 Mainzer Regesten I, 2, S. 406, Nr. 4795; Nr. 4796, 7. März 1342.
85 Ebd., S. 490, Nr. 5215, 28. Oktober 1344; S. 493, Nr. 5230, 17. November 1344; Nr. 5231, 17. November 1344.
86 Ebd., S. 532 f., Nr. 5446, 9. Mai 1346.
87 Mainzer Regesten II, 1, S. 290, Nr. 1304, 29. Juni 1360.
88 Vgl. Beschreibung des Oberamts Neckarsulm, hrsg. v. Königlich statistisch-topographischen

Bureau, Stuttgart 1881, S. 272 (weiter zitiert als: Oberamtsbeschreibung); FLAA, Kopialbuch A, fol. 329ʳ.
89 StAW, MIB 10, fol. 133ᵛ – 134ʳ. Über die Amtszeit auf dem Scheuerberg und die Stellung des Gleißenden Wolfs von Wunnenstein zum Erzbistum Mainz vgl. Hermann Ehmer, Der Gleißende Wolf von Wunnenstein, Sigmaringen 1991, bes. S. 115 – 124.
90 StAW, MIB 12, fol. 58 – 60ᵛ.
91 Vgl. Ehmer, Der Gleißende Wolf von Wunnenstein, S. 124.
92 StAW, MIB 14, fol. 295ᵛ – 297; vgl. auch Oberamtsbeschreibung, S. 273. Einzelheiten sind in StAW, Ingrossaturbüchern, sicher zu erwarten. Für die vorliegende Arbeit konnten die MIB nur kursorisch durchgegangen werden. Eine genauere Aufarbeitung dieses Bestands für die Neckarsulmer Geschichte bleibt deshalb auch für die Zukunft noch wünschenswert. – Zu Hans von Gemmingen vgl. StAW, MIB 24, fol. 55 – 57.
93 StAW, MIB 26, fol. 102ᵛ – 103.
94 Ebd., 14, fol. 295ᵛ – 297; fol. 296.
95 Ebd., fol. 296.
96 Ebd., 24, fol. 57ᵛ.
97 Ebd.
98 Zu Hans Guck, vgl. HUB I, S. 410, Nr. 764; zu Claus Spiel vgl. Oberamtsbeschreibung, S. 274.
99 StAW, MIB 26, fol. 20 – 23; fol. 20.
100 Ebd., fol. 34 – 36; fol. 34.
101 Ebd., MIB 30, fol. 359 – 362.
102 StAL B 503, U 852.
103 Vgl. Oberamtsbeschreibung, S. 270.
104 StAL B 503, U 852: „... quod dictus abbas et conventus nullas possessiones redditus sive bona in dicto nostro opido aut ipsius districtu vel iurisdictione emant aut alias conquirant in antea quodlibet et quod nullas structuruas seu edificia faciant seu erigant in dicta curia que ipsi nostro opido aut ipsius vicis sei stratis fuit nocione."
105 Michael Diefenbacher, Territorienbildung des Deutschen Ordens am unteren Neckar. Quellen und Studien zur Geschichte des Deutschen Ordens Bd. 23, Marburg 1985, S. 357.
106 Zur Münze zur Zeit der Erzbischöfe Adolf von Nassau und Konrad von Weinsberg vgl. Dirk Steinhilber, Die Pfennige des Regenburger Schlages. In: Jahrbuch für Numismatik und Geldgeschichte, Bd. VIII (1957), S. 121 – 186, S. 147 und Tafel IV, Nr. 108, sowie ders., Die Pfennige des Würzburger Schlages. In: Jahrbuch für Numismatik und Geldgeschichte, Bd. X (1959/60), S. 165 – 237, S. 196 und Tafel X, Nr. 84, nur für die Zeit Adolfs von Nassau. Zum Münzfund in Erpfersweiler, der mehrere Sulmer Münzen enthielt, vgl. A. Schahl, Der Münzfund von Erpfersweiler in Württemberg (Kr. Crailsheim). In: Deutsche Münzblätter 479/480, 62. Jahrgang (Nov./Dez. 1942), S. 521 – 530, S.528; zur Neckarsulmer Münzstätte unter Erzbischof Johann von Nassau, vgl. Christian Binder, Württembergische Münz- und Medaillen-Kunde, neu bearbeitet von Julius Ebner, Stuttgart 1969, Bd. II, Heft 12 (Stuttgart 1915), S. 83 f. (= 13 f.) (weiter zitiert als: Binder, Münz- und Medaillen-Kunde).
107 StAW, MIB 14, fol. 183 – 184; fol. 183.
108 Ebd., fol. 183. Laut Oberamtsbeschreibung gingen 36 Pfennige auf ein Lot, vgl. ebd., S. 273.
109 Vgl. HUB I, S. 201 bzw. Binder, Münz- und Medaillen-Kunde, S. 83 (13).
110 Mainzer Regesten II, 1, S. 422, Nr. 1868, 6. Oktober 1364.
111 StAW, MIB 26, fol. 23.
112 Vgl. August Vogt, Die Frauenkirche. In: Historische Blätter des Heimatvereins Neckarsulm 7 – 10 (1988), S. 2.
113 StAL B 342, U 455.
114 StAW, MIB 28 D, fol. 341.
115 Mainzer Regesten II, 1, S. 527, Nr. 2327, 17. November 1367.
116 StAW, MIB 14, fol. 121.
117 StAL B 503, Bü 35.
118 Zitiert nach Rudolf Stich, Das Stadtschloß von Neckarsulm. In: Schwaben und Franken 8 (1962), Nr. 5, S. 3.
119 Zum Mühlenkauf: StAL B 503, U 853, U 854, U 855, U 856; zur Lindachkelter: FLAA, Neckarsulm, Klösterliches Jurisdictionalbuch, Fasz. 3, fol. 31 ff.; Kopialbuch A, fol. 329 – 329ᵛ; Kopialbuch C, fol. 186ʳ – 187ᵛ.
120 StAL B 342, U 455.
121 Der Hinweis auf die Verwendung des Stadtsiegels findet sich im FLAA Kopialbuch C, fol. 187ᵛ.
122 Vgl. HUB I, S. 103, Nr. 240. Dort ist der Name als Sichbloch verschrieben. Die Originalurkunde gibt jedoch den Namen Eichbloch richtig an: HStAS H 14/214, fol. 108ʳ.
123 Vgl. HUB I, S. 410, Nr. 764.
124 Vgl. FLAA, Kopialbuch A, fol. 504ᵛ.
125 Vgl. ebd., fol. 500ᵛ – 504.
126 Vgl. HUB I, S. 103, Nr. 240.
127 StAL H 37, U 6.
128 Zu den Neuenheim vgl. StAL B 503, U 853 – 856 und FLAA, Kopialbuch A, fol. 329 – 329ᵛ; zu den

Wittstatt: FLAA, Kopialbuch C, fol. 186 und HUB I, S. 269, Nr. 545; Urkundenbuch der Stadt Heilbronn, Bd. 2: 1476 – 1500, bearb. von Moriz von Rauch. Württ. Geschichtsquellen, hrsg. v. d. württ. Kommission für Landesgeschichte, Bd. 15, Stuttgart 1913, S. 15, Nr. 979a; S. 20, Nr. 993 (weiter zitiert als: HUB II); zu den Heinstatt: FLAA, Kopialbuch C, fol. 186; StAL B 342, U 455.
129 Vgl. HStAS H 14/214 fol. 109.
130 StAL B 503, U 853 – 856.
131 Vgl. Oberamtsbeschreibung, S. 271.
132 Vgl. ebd.
133 Vgl. StAl B 342, U 455.
134 Vgl. StAW, MIB 14, fol. 121.
135 Vgl. StAL B 342, U 457.
136 Vgl. ebd., U 458.
137 Vgl. ebd., U 456, U 457.
138 Vgl. Oberamtsbeschreibung, Ortsbeschreibung Neuenstadt, S. 506, und StAL B 504, Bü 5, wo Damburg im selben Zusammenhang gemeinsam mit Agnes von Weinsberg, geb. von Braunerk genannt wird.
139 Vgl. HUB I, S. 183, Nr. 183.
140 Vgl. HUB II, S. 15, Nr. 979a; S. 20, Nr. 993.
141 Vgl. Mainzer Regesten II, 1, S. 527, Nr. 2327, 17. November 1367.
142 HUB I, S. 141, Nr. 327.
143 Vgl. zu Albrecht Hirt und Peter von Sulm: HUB I, S. 183, Nr. 183; zu Heinz Reinwort: HUB I, S. 215, Nr. 459; zu Jost Rudolf u.a.: HUB I, S. 392, Nr. 738.
144 Vgl. ebd., S. 103, Nr. 240; HStAS H 14/214, fol. 109.
145 Vgl. StAL B 342, U 429; P. Adelbert Ehrenfried, Stifte und Orden in Neckarsulm, Zell a. H. 1974, S. 19 f.
146 HStAS H 14/214, fol. 108^r.
147 Vgl. StAL B 342, U 455.
148 Vgl. FLAA, Kopialbuch A, fol. 329 – 329^v; Neckarsulm, Klösterliches Jurisdictinalbuch, Fasz. 4.
149 Vgl. Oberamtsbeschreibung, S. 271.
150 Zum Verkauf der Nähermühle: StAL B 503, U 853 – 856; Zitat aus: B 503, U 853.
151 Vgl. dazu: Ehmer, Der Gleißende Wolf von Wunnenstein, S. 121 f.
152 Vgl. StAL B 342, U 455.
153 FLAA, Kopialbuch A, fol. 500^v – 504^v.
154 StAL B 503, U 857.
155 Ebd., U 859.
156 Vgl. FLAA, Kopialbuch A, fol. 331^{r-v}.
157 Vgl. ebd., fol. 329^r.
158 Vgl. ebd., fol. 330^v – 331^r.
159 Vgl. Hess. Landes- und Hochschulbibliothek Darmstadt, Hs. 2297, Wimpfener Rentenverzeichnis 1295.
160 Vgl. Hantsch, Scheuerberger Wildbann.
161 Vgl. Hess. Landes- und Hochschulbibliothek Darmstadt, Hs. 2297, Wimpfener Rentenverzeichnis 1295.
162 StaNSU, Zintzbuch über diejenige gueter, welche gemainer Statt zinssen, fol. 5.
163 Vgl. Lothar Hantsch, Das älteste Zinsbuch der Stadt Neckarsulm. In: Historische Blätter des Heimatvereins Neckarsulm 12, 1985.
164 Vgl. StaNSU, Zintzbuch: Der Flächengehalt von einigen Äckern, Wiesen und Weinbergen ist nicht angegeben, deshalb darf die angegebene Fläche nicht absolut gesetzt werden.
165 Vgl. Mainzer Regesten I, 2, S. 162, Nr. 3588, 17. Januar 1337.

Die Amtsstadt des Deutschen Ordens 1484 – 1805.
Zur Sonderrolle Neckarsulms unter der Herrschaft des Deutschen Ordens (M. Diefenbacher)

1 Zitiert nach „Die Württemberger in Mergentheim". In: Fränkische Nachrichten vom 1. Februar 1984, S. 22.
2 Vgl. hierzu die Schilderung der Vorgänge 1805/06 in diesem Band bei Barbara Griesinger, Untertanen und Obrigkeit: Die politische Entwicklung in der ersten Hälfte des 19. Jahrhunderts, S. 185 ff.
3 Friedrich Täubl, Der Deutsche Orden im Zeitalter Napoleons. Quellen und Studien zur Geschichte des Deutschen Ordens 4, Bonn – Bad Godesberg 1966, bes. S. 101 ff.
4 Johann Heinrich Hennes, Codex diplomaticus Ordinis Teutonicorum, 2 Bde., Mainz 1845 – 1861; hier: Bd. 1, S. 439.
5 Einen Überblick über die ältere Literatur zur Deutschordensgeschichte bieten Karl H. Lampe und Klemens Wieser, Bibliographie des Deutschen Ordens bis 1959. Quellen und Studien zur Geschichte des Deutschen Ordens 3, Bonn – Bad Godesberg 1975. Leider wurde diese Bibliographie nicht über das Jahr 1959 hinaus weitergeführt. So sind zur neueren Deutschordensliteratur neben Hartmut Boockmann, Neuerscheinungen zur Geschichte des Deutschen Ordens. In: Zeitschrift für historische Forschung 8 (1981), S. 461 – 468, die Arbeiten der unter der Patronanz des Deutschen Ordens von Udo Arnold herausgege-

benen Reihe „Quellen und Studien zur Geschichte des Deutschen Ordens" unbedingt heranzuziehen. – Eine umfassende Darstellung zur Geschichte des Deutschen Ordens gibt es leider immer noch nicht. Diese Lücke muß auch heute noch für die Frühzeit das schon vor dem Zweiten Weltkrieg verfaßte und teilweise veraltete Standardwerk von Marian Tumler, Der Deutsche Orden im Werden, Wachsen und Wirken bis 1400 mit einem Abriß der Geschichte des Ordens von 1400 bis zur neuesten Zeit, Wien 1955, füllen. Einen knappen, jedoch gehaltvollen Überblick über die großen Linien der Entwicklung des Ordens vom Beginn bis zur Jetztzeit bieten Marian Tumler und Udo Arnold, Der Deutsche Orden. Von seinem Ursprung bis zur Gegenwart, 3. überarb. und erw. Aufl., Bad Münstereifel 1981. Ebenfalls heranzuziehen ist der Katalog zur großen Deutschordensausstellung des letzten Jahres: 800 Jahre Deutscher Orden. Ausstellung des Germanischen Nationalmuseums Nürnberg in Zusammenarbeit mit der Internationalen Kommission zur Erforschung des Deutschen Ordens, hrsg. von Gerhard Bott und Udo Arnold, Gütersloh – München 1990.

6 Vgl. hierzu die detailreiche Abhandlung von Bernhard Demel, Der Deutsche Orden und die Stadt Neckarsulm (1484 – 1805). In: Jahrbuch für fränkische Landesforschung 45 (1985), S. 17 – 106.

7 Der folgende Überblick wurde in ähnlich gedrängter Form zuletzt zusammengestellt von Michael Diefenbacher, Der Deutsche Orden in Bayern. Hefte zur Bayerischen Geschichte und Kultur 10, München 1990, S. 5 – 12.

8 Zur Ausstattung vgl. Ursula Braasch-Schwersmann, Das Deutschordenshaus Marburg. Wirtschaft und Verwaltung einer spätmittelalterlichen Grundherrschaft. Untersuchungen und Materialien zur Verfassungs- und Landesgeschichte 11, Marburg 1989.

9 Zur Geschichte der Deutschordenskommende Nürnberg und dem dortigen Elisabethspital vgl. komprimiert Michael Diefenbacher, Fränkische Reichsstädte und Deutscher Orden. In: Reichsstädte in Franken. Aufsätze Bd. 1. Veröffentlichungen zur Bayerischen Geschichte und Kultur 15/I, hrsg. von Rainer A. Müller, München 1987, S. 287 – 297; hier: S. 289 ff., und 800 Jahre (wie Anm. 5), S. 526 ff.

10 Zur Verwaltungsgeschichte des Gesamtordens ist als Übersicht immer noch gültig Tumler (wie Anm. 5), S. 407 ff.

11 Vgl. hierzu Peter G. Thielen, Die Verwaltung des Ordensstaates Preußen vornehmlich im 15. Jahrhundert. Ostmitteleuropa in Vergangenheit und Gegenwart 11, Köln 1965, S. 68 ff.

12 Vgl. hierzu und zum Folgenden Tumler (wie Anm. 5), S. 427 ff.

13 Zur Geschichte des Deutschen Ordens im Reich vgl. die immer noch brauchbare Arbeit von Johannes Voigt, Geschichte des Deutschen Ritter-Ordens in seinen zwölf Balleien in Deutschland, 2 Bde., Berlin 1857 – 1859.

14 Als Beleg hierzu s. die Studie von Bernhart Jähnig, Der Deutsche Orden und Karl IV. In: Blätter für deutsche Landesgeschichte 14 (1978), S. 103 – 149.

15 Zur Auswirkung der Agrarkrise auf die Deutschordensprovinzen vgl. vor allem Klaus Militzer, Auswirkungen der spätmittelalterlichen Agrardepression auf die Deutschordensballeien. In: Von Akkon bis Wien. Studien zur Deutschordensgeschichte vom 13. bis 20. Jahrhundert. Festschrift für Marian Tumler, hrsg. von Udo Arnold. Quellen und Studien zur Geschichte des Deutschen Ordens 20, Marburg 1978, S. 62 – 75, und die Fallstudie für zwei Kommenden bei Rüdiger Schmidt, Die Deutschordenskommenden Trier und Beckingen 1242 – 1794. Quellen und Studien zur Geschichte des Deutschen Ordens 9, Marburg 1979, S. 255 f.

16 Zu den Statuten generell vgl. August Seraphim, Zur Geschichte und Kritik der angeblichen Statuten des Hochmeisters Werner von Orseln. In: Forschungen zur brandenburgischen und preußischen Geschichte 28 (1915), S. 1 – 82; zur Wertung des Inhalts besonders S. 52 – 69; Textedition, S. 74 – 82.

17 Vgl. hierzu Bernhard Demel, Der Deutsche Orden und seine Besitzungen im südwestdeutschen Sprachraum vom 13. bis 19. Jahrhundert. In: Zeitschrift für Württembergische Landesgeschichte 31 (1972), S. 16 – 73; hier: S. 34 f.

18 Vgl. hierzu ausführlicher Michael Diefenbacher, Territorienbildung des Deutschen Ordens am unteren Neckar im 15. und 16. Jahrhundert. Urbare der Kommenden Heilbronn und Horneck sowie der Ämter Scheuerberg, Kirchhausen und Stocksberg von 1427 bis 1555. Quellen und Studien zur Geschichte des Deutschen Ordens 23, Marburg 1985, S. 17 f.

19 Hierzu und zum Folgenden mit den entsprechenden Einzelbelegen Diefenbacher, Territorienbildung (wie Anm. 18), S. 42, und ders., Das Urbar

der Deutschordenskommende Mainau von 1394. Veröffentlichungen der Kommission für geschichtliche Landeskunde in Baden-Württemberg A/39, Stuttgart 1989, S. 5 f.
20 Zur Konsolidierung des Ordens nach 1525 und zur Politik Cronbergs vgl. vor allem Axel Herrmann, Der Deutsche Orden unter Walter von Cronberg (1525 bis 1543). Zur Politik und Struktur des „Teutschen Adels Spitale" im Reformationszeitalter. Quellen und Studien zur Geschichte des Deutschen Ordens 35, Bonn – Bad Godesberg 1974, S. 80 ff.
21 Vgl. hierzu und zum Folgenden Bernhard Demel, Der Deutsche Orden zwischen Bauernkrieg (1525) und Napoleon (1809). In: Von Akkon bis Wien (wie Anm. 15), S. 177 – 207; hier: S. 189, und Hanns Hubert Hofmann, Der Staat des Deutschmeisters. Studien zu einer Geschichte des Deutschen Ordens im Heiligen Römischen Reich Deutscher Nation. Studien zur bayerischen Verfassungs- und Sozialgeschichte. Arbeiten aus der historischen Atlasforschung in Bayern 3, München 1964, S. 62 ff.
22 Zu seiner Person vgl. Heinz Noflatscher, Glaube, Reich und Dynastie. Maximilian der Deutschmeister 1558 – 1618. Quellen und Studien zur Geschichte des Deutschen Ordens 11, Marburg 1987.
23 Der bayerische Wittelsbacher Clemens August war während seiner Regierungszeit als Hoch- und Deutschmeister (1732 – 1761) zugleich Kurfürst-Erzbischof von Köln und Bischof von Paderborn, Münster, Osnabrück und Hildesheim.
24 Hierzu und zum Folgenden vgl. Alois Seiler, Horneck – Mergentheim – Ludwigsburg. Zur Überlieferungsgeschichte der Archive des Deutschen Ordens in Südwestdeutschland. In: Horneck, Königsberg und Mergentheim. Zu Quellen und Ereignissen in Preußen und im Reich vom 13. bis 19. Jahrhundert, hrsg. von Udo Arnold, Lüneburg 1980, S. 53 – 80; hier: S. 62.
25 Zu seiner Person vgl. Klaus Oldenhage, Kurfürst Erzherzog Maximilian Franz als Hoch- und Deutschmeister (1780 – 1801). Quellen und Studien zur Geschichte des Deutschen Ordens 34, Bonn – Bad Godesberg 1969; zur Verwaltungsreform besonders S. 157 ff. und 193 ff.
26 Ausführlich mit Quellenbeleg Michael Diefenbacher, Der Deutsche Orden und die Ballei Franken. In: Deutschordens-Komturei Franken. Eine Dokumentation, Bamberg 1989, S. 35 – 44; hier: S. 42.
27 Vgl. hierzu und zum Folgenden Täubl (wie Anm. 3), S. 101 ff.
28 Diefenbacher, Territorienbildung (wie Anm. 18), S. 53.
29 Klaus Militzer, Die Entstehung der Deutschordensballeien im Deutschen Reich. Quellen und Studien zur Geschichte des Deutschen Ordens 16, 2. überarb. und erw. Auflage, Marburg 1981, S. 128 f.
30 Vgl. Diefenbacher, Territorienbildung (wie Anm. 18), S. 8.
31 Militzer, Entstehung (wie Anm. 29), S. 136.
32 Diefenbacher, Territorienbildung (wie Anm. 18), S. 11 f.
33 Vgl. hierzu die Urbare der Kommende Heilbronn von 1427 und 1524 (StAL B 235, Bd. 316 und 317), ediert in Diefenbacher, Territorienbildung (wie Anm. 18), S. 112 – 237.
34 Zur Gründungsgeschichte der Kommende Horneck vgl. Hartmut Boockmann, Das Hornecker Stifterbild und die Anfänge der Deutschordenskommende Horneck. Beiträge zu einer Ikonographie des Deutschen Ordens. In: Horneck (wie Anm. 24), S. 11 – 32.
35 Michael Diefenbacher, Das Inventar des Deutschordensschlosses Horneck vom Jahre 1785. In: Jahrbuch für schwäbisch-fränkische Geschichte 31 (1986), S. 135 – 182; hier: S. 137.
36 Zum Folgenden vgl. Michael Diefenbacher, Agrargeschichtliche Zentren des Deutschen Orden am unteren Neckar. Ein Beitrag zur Wirtschaftsgeschichte der Kommende Heilbronn im Spätmittelalter. In: Zur Wirtschaftsentwicklung des Deutschen Ordens im Mittelalter, hrsg. von Udo Arnold. Veröffentlichungen der Internationalen Historischen Kommission zur Erforschung des Deutschen Ordens 2 = Quellen und Studien zur Geschichte des Deutschen Ordens 38, Marburg 1989, S. 49 – 70; hier: S. 55 f.
37 Zur Geschichte und Größe dieses Amts vgl. Diefenbacher, Territorienbildung (wie Anm. 18), S. 38 ff.
38 Zur Geschichte und Größe dieses Amts vgl. ebd., S. 37 f.
39 Zur Geschichte und Größe dieses Amts vgl. ebd., S. 31 ff.
40 Zur Tauschaktion ausführlich Demel, Neckarsulm (wie Anm. 6), S. 27 ff.
41 Zur Geschichte und Größe dieses Amts vgl. Diefenbacher, Territorienbildung (wie Anm. 18), S. 30 f.
42 In ähnlicher Weise gab die Deutschordensland-

kommende Koblenz am Zusammenfluß von Rhein und Mosel dem „Deutschen Eck" seinen Namen.
43 Urbar des Amts Scheuerberg von 1554 (StAL B 235, Bd. 490), ediert von Diefenbacher, Territorienbildung (wie Anm. 18), S. 343 – 416, und Gültbuch der Kommende Horneck mit ihren Ämtern 1554 (StAL B 342, Bü. 271).
44 StAL B 267, Bü 49a, inseriert in StAL B 235, Bd. 490, ediert von Diefenbacher, Territorienbildung (wie Anm. 18), S. 349 – 356.
45 StAL B 267, Bü 67 und 81.
46 Demel, Neckarsulm (wie Anm. 6), S. 42 f.
47 Demel, Sprachraum (wie Anm. 17), S. 52 f.
48 Demel, Neckarsulm (wie Anm. 6), S. 43.
49 HStAS H 54, Bü 67. Die Gesamtsumme ergab 1880 Gulden, woraus man auf 188 belastete Haushalte oder – unbelastete, herrschaftliche und öffentliche Häuser dazugeschätzt – auf etwas mehr als 200 Häuser in Neckarsulm um 1525 schließen kann.
50 Zu Fronleistungen im Amt Neckarsulm 1531 vgl. StAL B 267, Bü 42.
51 Vgl. hierzu ausführlich Demel, Neckarsulm (wie Anm. 6), S. 46 ff.
52 Zu den Kriegsereignissen im Amt Neckarsulm 1546 – 1695 vgl. StAL B 267, Bü 46, zu französischen Kontributionsforderungen 1688 – 1699 StAL B 267, Bü 68. – Nach 1804 lieh das Nürnberger Deutschordensspital den Deutschordensuntertanen zu Biberach 1158 Gulden und 17 Kreuzer zur Deckung ihrer Kriegskosten (vgl. Stadtarchiv Nürnberg D 11 Nr. 182).
53 DOZA BK 2/1, StAL B 239, Bü 4.
54 Ausführlich bei Demel, Neckarsulm (wie Anm. 6), S. 52 f.
55 Vgl. hierzu die Protokolle im Staatsarchiv Nürnberg (StAN), Reichsstadt Nürnberg, Kreistagsprotokolle Nr. 380 und Ansbacher Kreistagsakten Nr. 183. Zum Verlauf vgl. Demel, Neckarsulm (wie Anm. 6), S. 77 ff.
56 Vgl. StAN Reichsstadt Nürnberg, Kreistagsakten Nr. 288 und Ansbacher Kreistagsakten Nr. 373.
57 Hierzu zählen natürlich auch Besuche hoher geistlicher und weltlicher Würdenträger des Reichs wie derjenige des Pfälzer Kurfürsten 1700 (StAL B 267, Bü 73a).
58 Zum Folgenden vgl. Diefenbacher, Territorienbildung (wie Anm. 18), S. 344 ff., und das Gültbuch von 1554 (StAL B 342, Bü 271).
59 Hierzu gibt Adalbert Ehrenfried, Stifte und Orden in Neckarsulm, Zell a. H. 1974, einen brauchbaren Überblick.
60 So vor allem mit Amorbach wegen Hofleuten, Zehnrechten und Steuern (StAL B 267, Bü 123 – 125).
61 StAL B 232, Bd. 1207.
62 Diefenbacher, Agrarwirtschaft (wie Anm. 36), bes. S. 64 ff.
63 Vgl. Emil Kost, Alte Fernwege um Heilbronn. In: 20. Veröffentlichung des Historischen Vereins Heilbronn, 1951, S. 126 – 131.
64 Zuletzt Alfred Höhn, Die Straßen des Nürnberger Handels, Nürnberg 1985, S. 49.
65 Diefenbacher, Agrarwirtschaft (wie Anm. 36), S. 58.
66 Militzer, Auswirkungen (wie Anm. 15), S. 74.
67 Beleg für das Jahr 1541. In: StAL B 267, Bü 81.
68 StAL B 232, Bd. 1207.
69 StAL B 267, Bü 206 nennt an Lohnkosten für 24 Bedienstete – veranschlagt am 22. Januar 1708 – 524 Gulden, etwa 333 Malter Getreide und über 12 Fuder Wein.
70 Vgl. hierzu z. B. die Kosten des Neubaus der Neckarsulmer Pfarrkirche bei Demel, Neckarsulm (wie Anm. 6), S. 85.
71 Vgl. hierzu z. B. die Bestimmungen über das herrschaftliche Hofgut 1554 bei Diefenbacher, Territorienbildung (wie Anm. 18), S. 344.
72 Der Orden betrieb 1554 die sog. Kleine Kelter, errichtet anstelle der beiden Münzhäuser – vgl. Diefenbacher, Territorienbildung (wie Anm. 18), S. 357. 1567 kam die Große Kelter beim Schloß hinzu – vgl. Alois Seiler und Dorothea Bader, Neckarsulm und der Deutsche Orden 1484 – 1805 – 1984. Dokumente, Pläne, Bilder. Katalog der Ausstellung des Staatsarchivs Ludwigsburg und der Stadt Neckarsulm im Molitorsaal zu Neckarsulm vom 5. bis 31. Mai 1984, Neckarsulm 1984, S. 132 f.
73 Diese brachte natürlich auch Einnahmen, vgl. die Taxordnung von 1722. In: StAL B 267, Bü 51, S. 255 ff.
74 Noch in den Jahren 1804/05 war das Amt Neckarsulm – bei schon reduziertem Deutschordensbesitz im Meistertum – das steuerkräftigste Amt; vgl. Josef Hopfenzitz, Kommende Oettingen Deutschen Ordens (1242 – 1805). Recht und Wirtschaft im territorialen Spannungsfeld. Quellen und Studien zur Geschichte des Deutschen Ordens 33, Bonn – Bad Godesberg 1975, S. 146.
75 Vgl. hierzu auch das eingangs gebrachte Zitat Kleudgens.
76 StAL B 267, Nr. 51.

77 Zum Folgenden vgl. Wolfram Angerbauer und Hans Georg Frank, Jüdische Gemeinden in Kreis und Stadt Heilbronn. Geschichte, Schicksale, Dokumente. Schriftenreihe des Landkreises Heilbronn 1, Heilbronn 1986, S. 165 ff.
78 Demel, Neckarsulm (wie Anm. 6), S. 59, führt für 1605 nur drei Schutzjuden auf.
79 Vgl. hierzu und zum Folgenden Angerbauer/ Frank, S. 167 ff.
80 StAL B 287, Bü 10.
81 Laut Amtsrechnungen schwankte sie in den Jahren 1725/26 – 1762/63 zwischen sieben und zehn Haushalten (StAL B 232, Bd. 1238 – 1274).
82 StAL B 287, Bü 222.
83 Isaac Marum mit Frau, drei Söhnen und einer Tochter.
84 StAL B 287, Bü 222.
85 Stadtarchiv Frankfurt RSN 2449/IV. In der Reihe „Quellen und Studien zur Geschichte des Deutschen Ordens" ist eine Edition und Auswertung des Reichssteuerregisters in Vorbereitung (Peter Schmid, Die Register der Reichssteuer des Gemeinen Pfennigs von 1495 aus dem Herrschaftsbereich des Deutschmeisters).
86 Diefenbacher, Territorienbildung (wie Anm. 18), S. 349.
87 StAL B 286, Bü 61.
88 1732 veranschlagte der Neckarsulmer Jude Baruch Hertz sein Vermögen auf über 740 Gulden (StAL B 287, Bü 222). Dem steht z. B. ein Vermögen von „mindestens 50000 Gulden" gegenüber, über das der Neckarsulmer Jude Abraham Marum Levi 1752 verfügte – Angerbauer/Frank (wie Anm. 79), S. 172.
89 Im Jahre 1708 waren dies 88 Meisterstellen in 25 zünftisch organisierten Handwerken (StAL B 267, Bü 51, S. 55 f.).
90 Zu diesen Bereichen vgl. ausführlich Demel, Neckarsulm (wie Anm. 6).
91 StAL B 267, Bü 228. Vgl. hierzu auch ausführlich Demel, Neckarsulm (wie Anm. 6). S. 55 f.
92 Zu diesem Themenkomplex zählen selbstverständlich auch die Lage und die Stellung Neckarsulms zur Reformation und der Umgang des Deutschen Ordens mit der Bewegung der Wiedertäufer im 16. Jahrhundert (StAL B 267, Bü 226 und 236).
93 StAL B 267, Bü 120.

Weinbau in Neckarsulm vor 1800 (W. Angerbauer)

Fürstlich Leiningensches Archiv Amorbach:
  Kellereirechnung 1513
  Rechnung Neckarsulm 1585/86
  Geldmanual 1680
  Manuale Neckarsulm 1698 und 1699
  Zehntberechnungsbuch des Amorbacher Hofs in Neckarsulm
  Zehntrechnung Neckarsulm 1741 – 1749
  Hauptbuch 1657
  Klösterliches Jurisdiktionsbuch Neckarsulm
Staatsarchiv Ludwigsburg: B 232, Bü 1162 – 1205 und 1290
  B 235, Bd. 490; B 267, Bü 28, 50, 81 und 112
  B 284, Bü 205; B 307, Bü 74
Hauptstaatsarchiv Stuttgart: H 219, Nr. 32
Wolfram Angerbauer: Weinbau und Keltern in Neckarsulm, 1986
Michael Diefenbacher: Territorienbildung des Deutschen Ordens am unteren Neckar im 15. und 16. Jahrhundert. Quellen und Studien zur Geschichte des Deutschen Ordens Bd. 23, 1985
J. Dornfeld: Die Geschichte des Weinbaus in Schwaben, 1868
Gerhard Götz: Der Weinbau – eine über 1000jährige Sonderkultur im Kreis Heilbronn. In: Blätter des Schwäbischen Albvereins, Jg. 91, Nr. 2, 1985
Neckarsulm und der Deutsche Orden 1484 – 1805 – 1984. Bearbeitet von Alois Seiler und Dorothea Bader. Katalog der Ausstellung des Staatsarchivs Ludwigsburg und der Stadt Neckarsulm vom 5. bis 31. Mai 1984
Alfons Schäfer: Die Rechts- und Wirtschaftsverhältnisse der Benediktinerabtei Amorbach bis in die Zeit nach dem Dreißigjährigen Krieg, Diss. phil. masch. Freiburg 1955

Handwerk und Handel in der Ordensstadt (B. Griesinger)

1 StaNSU B 244 Schatzungsbuch der Statt Neckersulm anno 1681.
2 StAL B 267, Bü 93.
3 Willi A. Boelcke, Wirtschaftsgeschichte Baden-Württembergs von den Römern bis heute, Stuttgart 1987, S. 82 ff.
4 StAL B 284, Bü 217.
5 Ebd., Bü 202.
6 StAL B 267, Bü 6.
7 Zu den etablierten Zünften um 1708 vgl. StAL B 284, Bü 199. Zur Einrichtung der Metzgerzunft

B 284, Bü 212.
8 StAL B 284, Bü 210.
9 Ebd., Bü 202.
10 Dieser und alle weiteren Hinweise auf die Zimmermann-, Maurer-, Steinhauer- und Tüncherzunft vgl. StAL B 342, U 481.
11 Hinweise auf Gepflogenheiten bei Zunfttagen und die Herstellung von Meisterstücken, Ausbildungsregeln, Arbeitszeiten, Löhne: bei den Bäckern vgl. StAL B 284, Bü 202; bei den Metzgern vgl. StAL B 284, Bü 212; bei den Küfern vgl. StAL B 284, Bü 210.
12 Zu Regelungen in der Leinen- und Wollenweberei vgl. StAL B 342, U 480.
13 Vgl. StAL B 284, Bü 218.
14 Alle folgenden Hinweise und Zitate zur Situation des Handwerks in Neckarsulm vgl. StAL B 284, Bü 199.
15 Zur Beurteilung der Situation des Handwerks in Neckarsulm vgl. StAL B 284, Bü 199.
16 Vgl. StAL B 284, Bü 199.
17 Vgl. ebd., Bü 220.
18 Vgl. ebd.
19 Entsprechende Entscheide finden sich auch im Bäckerhandwerk. So wird dem ehemaligen Ettlinger Hofbäcker Georg Martin Fischer, einem gebürtigen Neckarsulmer, die Niederlassung in der Vaterstadt nicht zuletzt aufgrund seiner Qualifikation gestattet: vgl. StAL B 284, Bü 203.
20 Vgl. ebd., Bü 212.
21 Vgl. ebd., Bü 205.
22 Dieser und alle folgenden Hinweise auf die Neckarsulmer Bierbrauerei vgl. StAL B 307, Bü 45.
23 Zum Versuch, ausländisches Bier auszuschenken, vgl. StAL B 267, Bü 98.
24 Dieser und alle folgenden Hinweise vgl. StAL B 267, Bü 77.
25 Vgl. StAL B 307, Bü 45.
26 Dieser und alle folgenden Hinweise vgl. StAL B 267, Bü 43. Der unbestätigte Hinweis auf die Festnahme Jäcklein Rohrbachs in der Neckarsulmer „Sonne" findet sich in der Oberamtsbeschreibung, S. 253.
27 Weitere Hinweise auf das Gasthaus „Sonne" vgl. StAL B 307, Bü 44.
28 Zu den Heckenwirten vgl. StAL B 267, Bü 114.
29 Zur Qualität der Neckarsulmer Gastronomie vgl. StAL B 267, Bü 114.
30 Vgl. ebd., Bü 114.
31 Vgl. ebd., Bü 43.
32 Vgl. StAL B 307, Bü 44.
33 Vgl. StAL B 267, Bü 75.
34 Vgl. ebd., Bü 120.
35 Zur Marktrechtsverleihung 1541 vgl. StAL B 342, Bü 252.
36 Vgl. Bernhard Demel, Der Deutsche Orden und die Stadt Neckarsulm (1484 – 1805). In: Jahrbuch für fränkische Landesforschung 45 (1985), S. 46.
37 Vgl. StAL B 267, Bü 41.
38 Vgl. StaNSU Pergamenturkunde P 2.
39 Zur Einrichtung der Neckarsulmer Viehmärkte vgl. StAL B 267, Bü 117.
40 Zur Einrichtung eines Fruchtmarktes vgl. StAL B 267, Bü 121.
41 Vgl. StaNSU B 244, Schatzungsbuch der Statt Neckarsulm 1681.
42 Zur Geschichte der Neckarsulmer Juden vgl. Wolfram Angerbauer und Hans Georg Frank, Jüdische Gemeinden in Kreis und Stadt Heilbronn. Schriftenreihe des Landkreises Heilbronn, Bd. 1, Heilbronn 1986, S. 165 ff., die die Akten des StAL zu dieser Thematik auswerten.
43 Vgl. ebd., S. 169.
44 Vgl. StAL B 284, Bü 199.
45 Franz Joseph Maucher, Geschichte Neckarsulms, Bad Waldsee 1901, S. 118 ff. (weiter zitiert als: Maucher, Geschichte).
46 Vgl. ebd., S. 140.
47 StaNSU, Die Chronik der Familie Pecoroni. Dort ist eine Kopie des Testaments enthalten.
48 StaNSU, Testament von Hieronymus Grammatica (Kopie aus Chronik der Familie Pecoroni).
49 StAL B 267, Bü 119.
50 Vgl. Maucher, Geschichte, S. 124.
51 Vgl. StAL B 272, Bü 50.
52 Dieser und alle folgenden Hinweise zum Salzhandel vgl. StAL B 267, Bü 109.
53 Vgl. ebd.
54 Dieser und alle folgenden Hinweise und Zitate zur Lagerhauspacht vgl. StAL B 267, Bü 119.
55 Neben StAL B 267, Bü 119 vgl. auch StaNSU B 46 Neckarsulmer Stadtraths Protocoll pro 1793, fol. 71^v.
56 Vgl. StaNSU R 62, Bürgermeister Rechnungen Beylagen pro 1794/1795 Nr. 4.
57 StAL B 267, Bü 119.
58 Zum Neckarsulmer Gipsabbau und Gipshandel vgl. StAL B 307, Bü 67.
59 Vgl. StaNSU Kosten des Kirchhäuser Chausséebaus 1788.
60 StaNSU, Inventuren und Teilungen M 8 Realtheilung der Kommerzienrath Franz Michael Merckle Wittib 1835.

61 StaNSU, Inventuren und Teilungen M 8 Realtheilung der Peter Heinrich Merckle Witwe 1826.
62 Vgl. Walter Carlé, Die Salinen zu Criesbach, Niedernhall und Weißbach. In: Jahrbuch für Württembergisch Franken 9 (1964), S. 126.
63 Vgl. StAL B 267, Bü 120.
64 Vgl. StaNSU, Inventuren und Teilungen B 28 Eventual Abtheilung des Joseph Ludwig Bronner 1814.
65 Vgl. StaNSU, Inventuren und Teilungen B 19 Real Abtheilung der Joseph Anton Bender Wittwe 1817.

Altneckarsulm: Ein Gang durch die Ordensstadt (A. Vogt)

1 StaNSU, Neccarsulmer Geometrische Ausmessung und Grundlegung Der Statt und gantzen Gemarkung verferttigt 1797 (= 1779) durch Ignatium Keller (Tractus Chartenbuch zum Neckarsulmer Meßbuch, weiter zitiert als: Tractus); Neckarsulmer Mess- und Güther Beschreibung vom Jahre 1779.
2 StAL B 307, Bü 85: Etwaß Gleichendter Entwurff Sr. Churfürstl. Dhlt zu Trier, des Herrn Hoch- und Teutschmeisters etc. Schloßgebäu zu Neckarsulm, sambt den dabey liegenden Gärten und Gräben, wie sich solche dermalen befindten. Peter Elias Berdold der Zeith Herrschaftlicher Zimmermeister allhier 1722. Abbildung in: Neckarsulm und der Deutsche Orden 1484–1805–1984. Katalog zur Ausstellung des Staatsarchivs Ludwigsburg und der Stadt Neckarsulm im Molitorsaal zu Neckarsulm, Ludwigsburg 1984, S. 88 (weiter zitiert als: Katalog Neckarsulm).
3 StaNSU ARP 5: Grund-Riss der Stadt Neckersulm mit selbiger Gegend und dem Fränkischen Lager 1746, Federzeichnung koloriert.
4 Vgl. StaNSU B 237: Inventarium bey der Statt Neccarsulm 1726, fol. 2^r.
5 StaNSU, Tractus.
6 Beschreibung des Oberamtes Neckarsulm, hrsg. vom Königlich Statistisch-topographischen Bureau, Stuttgart 1881, S. 209 (weiter zitiert als Oberamtsbeschreibung).
7 Ebd., S. 211.
8 HStAS C 7, Bü T 449: Augenschein Teutschmeister contra Haylbronn das Jagen betreffend von H. P. Eberlin 1578; Katalog Neckarsulm, S. 76.
9 Vgl. StaNSU ARP 1: Necker Ulm von NW aus der Topographia Franconiae von Merian 1648; ARP 2: Desgl. mit verändertem Text: Neckers Ulm am Neckar in Franken woselbst eine Commandury dem Deutschen Orden gehörig; ARP 24 (Kopie): Neckers Ulm am Neckar in Franken gehöret unter die 3 Stund davon gelegene Comende Horneck – Georg Christian Kilian exc. A. V. um 1735.
10 StaHN PR 68: Neckar-Platteninsel mit Ansicht eines Teils der Stadt Neckarsulm 1683/86; PR 72, 2: Vergleich zwischen Heilbronn und Deutschorden in Neckarsulm über den Neckar im Hinterich 1699.
11 StaNSU, Württembergische Landesvermessung 1834 (Kopie, Original beim Bauamt Neckarsulm). Vgl. dazu auch StaNSU, Oberamt Neckarsulm Flurkarten zum Servitutenbuch gefertigt 1852, Blatt.
12 Vgl. Oberamtsbeschreibung, Ortsbeschreibung Kochendorf, S. 461 ff.
13 Der Name Judengasse erscheint erstmals auf dem Plan der Württ. Landesvermessung 1834.
14 Vgl. dazu Franz Joseph Maucher, Geschichte Neckarsulms, Bad Waldsee 1901, S. 45 (weiter zitiert als: Maucher, Geschichte), und Oberamtsbeschreibung, S. 253.
15 Ploetz, Auszug aus der Geschichte, Freiburg 1968[27], S. 863 f., Friede von Crépy 1544; Sieg Karls V. im Schmalkaldischen Krieg 1547; Augsburger Religions- und Landesfriede 1555.
16 Vgl. dazu Bernhard Demel, der Deutsche Orden und die Stadt Neckarsulm. In: Jahrbuch für fränkische Landesforschung 45 (1985), S. 17 – 106; S. 46 (weiter zitiert als: Demel, Der Deutsche Orden).
17 Vgl. Anm. 13.
18 Vgl. Maucher, Geschichte, S. 31, und Oberamtsbeschreibung, S. 253.
19 Rudolf Stich, Das Stadtschloß von Neckarsulm. In: Schwaben und Franken 8. Jg./Nr. 2 (1962), S. 1 – 2 (weiter zitiert als: Stich, Stadtschloß I); ders., Der Schloßturm von Neckarsulm. In: Schwaben und Franken 8 (1962), 3, S. 1 – 2 (weiter zitiert als: Stich, Schloßturm); ders., Das Stadtschloß von Neckarsulm. In: Schwaben und Franken 8 (1962), 5, S. 2 – 4 (weiter zitiert als: Stich, Stadtschloß II); ders., Stadtschloß Neckarsulm – das Bandhaus. In: Schwaben und Franken 9 (1963), 5, S. 4 (weiter zitiert als: Stich, Bandhaus).
20 Vgl. Stich, Schloßturm.
21 Michael Diefenbacher, Territorienbildung des Deutschen Ordens am unteren Neckar. Quellen und Studien zur Geschichte des Deutschen Ordens, Bd 23, Marburg 1985, S. 343 (weiter zitiert

als: Diefenbacher, Territorienbildung).
22 Vgl. Stich, Stadtschloß II und ders., Bandhaus.
23 Vgl. StAL B 307, Bü 85; B 307, Bü 87/3: Grundriß über den Umfang und die Gebäude des Amts-Hauses zu Neckarsulm o.J. (1795); Katalog Neckarsulm, S. 86; StAL F 71, Bü 91: Geometrischer Handriß über das Schloßareal zu Neckarsulm mit Flächenberechnungen von Oberamtsgeometer Dittus, Neckarsulm 1869; Katalog Neckarsulm, S. 90 f.
24 Zitiert nach Stich, Bandhaus, S. 4.
25 Vgl. ebd., S. 4.
26 Vgl. StAL B 307, Bü 82/18: Grund- und Auftrag über das herrschaftliche Schloß zu Neckarsulm, o.J. (1776); Katalog Neckarsulm, S. 82 und 86.
27 Vgl. StAL B 307, Bü 87/6: Seitenansichten des Waschhauses, der Schloßscheune mit Remise und Aufriß des Stallgebäudes zu Neckarsulm, o. J. (1795); Katalog Neckarsulm, S. 87.
28 Vgl. StAL B 307, Bü 87/7: Das Thorhaus bei dem Schloß zu Neckarsulm, o. J. (1795).
29 Vgl. StAL B 307, Bü 82/72: Neckarsulmer Oberamteigebäude im Schloßhof, o. J. (1805); Katalog Neckarsulm, S. 88.
30 Vgl. StAL B 235, Bd. 5: Verzeichnis und Beschreibung, was die Pfarreien, Kaplaneien und andere geistliche Pfründen in den Ämtern... Scheuerberg ...jährlich an allerhand Nutzungen, Gefällen und Gütern zu gebrauchen haben, 1582–1585, 1628; Katalog Neckarsulm, S. 100.
31 StAL B 267, Bü 1: Abschrift der Raitenauischen Description die württembergischen Orte betreffende (Original im DOZA Wien, Karton 286), zitiert nach der Übertragung von Lothar Hantsch im StaNSU.
32 Vgl. auch Abbildungen im Katalog Neckarsulm, S. 83 ff.
33 Vgl. StAL B 267, Bü 272/10: Grundriss der alten und neuen Neckarsulmer Kirchenbauten und Circumferenz, 1706; Katalog Neckarsulm, S. 108 f.
34 StAL B 267, Bü 1 (vgl. Anm. 31).
35 Demel, Der Deutsche Orden, S. 82.
36 Vgl. HStAS C 7, Bü T 449; HStAS A 157, Bü 205; StaNSU ARP 8: Burg Scheuerberg bei Neckarsulm vor der Zerstörung im Bauernkrieg 1525. Lith. Anstalt von A. Rostert in Heilbronn, Farblithographie um 1865.
37 Demel, Der Deutsche Orden, S. 83.
38 Vgl. StaNSU, Werner Pfeifer, St. Dionys in Neckarsulm einst und jetzt. Kultur- und kunstgeschichtliche Arbeit über die katholische Stadtpfarrkirche Neckarsulm, Neckarsulm-Calw, masch.schr. Manuskript 1966 – 1969 (weiter zitiert als: Pfeifer, St. Dionys).
39 Vgl. dazu Katalog Neckarsulm, S. 148 (Binswangen), S. 150 (Dahenfeld), S. 157 (Erlenbach).
40 Zu Häfele (Häffele) vgl. Werner Thierbach, Franz Häffele, Baumeister zu Neckarsulm. In: Historische Blätter des Heimatvereins Neckarsulm, Sammelband 4, 1987; Maucher, Geschichte, S. 227; Oberamtsbeschreibung, S. 245; StAL B 342, Bü 126.
41 Maucher, Geschichte, S. 230. Zur Kirchenausstattung: ebd., S. 227 ff., und Pfarrarchiv St. Dionys Neckarsulm, Handschriftliche Kirchenchronik von Pfarrer Maucher unter dem Jahr 1877.
42 Pfarrarchiv St. Dionys Neckarsulm, Kirchenstiftungsratsprotokolle 1937 und 1938 sowie Eintragungen Stadtpfarrer Sandels in seiner Kirchenchronik vom Jahr 1937 und 1938 (Madonna vom Sieg).
43 Vgl. StaNSU, Pfeifer, St. Dionys, S. 133 ff., bes. 135.
44 StAL B 267, Bü 1 (vgl. Anm. 31).
45 Maucher, Geschichte, S. 231 ff., und Oberamtsbeschreibung, S. 277.
46 Ausführlich bei P. Adalbert Ehrenfried, Stifte und Orden in Neckarsulm, Zell a. H. 1974, S. 103 ff. (weiter zitiert als: Ehrenfried, Stifte und Orden).
47 Vgl. Provinzarchiv der Bayrischen Kapuziner, veröffentlicht bei Ehrenfried, Stifte und Orden, S. 114 f., und StAL F 71, Bü 412: Neckarsulm Gefängnis-Gebäude in dem vormaligen Kapuziner-Kloster o. J. (1836) und E 236 II, Bü 804: Capuziner Kloster in Neckarsulm, Aufriß und Querschnitt o. J. (1811); Katalog Neckarsulm, S. 112, 114 ff.
48 Vgl. Maucher, Geschichte, S. 212 ff.
49 Josef Muth, Das Neckarsulmer Rathaus und seine Geschichte. In: Unterländer Volkszeitung vom 18.2.1968. Nachdruck in: Historische Blätter des Heimatvereins Neckarsulm, Nr. 20 – 22 (1985).
50 StAL B 267, Bü 1 (vgl. Anm. 31).
51 Muth, Das Neckarsulmer Rathaus und seine Geschichte.
52 Ebd.
53 Maucher, Geschichte, S. 238: vgl. auch Oberamtsbeschreibung, S. 247 f.
54 Diefenbacher, Territorienbildung, S. 357.
55 Ebd., S. 362 und 347 f.
56 StAL B 267, Bü 124: Perspektivischer Aufriß der Gebäude des Amorbacher Hofes, o. J. (1681); Katalog Neckarsulm, S. 106.
57 StAL D 39, Bü 54: Auf- und Grundriß des Amor-

bacher Hofes mit Scheune zu Neckarsulm, o. J. (1807); Katalog Neckarsulm, S. 112 f.
58 Vgl. Demel, Der Deutsche Orden, S. 44; Oberamtsbeschreibung, S. 212; Maucher, Geschichte, S. 39.
59 Diefenbacher, Territorienbildung, S. 343 und S. 349.
60 Demel, Der Deutsche Orden, S. 75 und S. 100.
61 Vgl. StAL B 267, Bü 120/4, 5, 11; Katalog Neckarsulm, S. 122 und 124.
62 Oberamtsbeschreibung, S. 271. Zu den Mühlen vgl. Heinz Thudim, Mühlen an der Sulm. In: Historische Blätter des Heimatvereins Neckarsulm, Nr. 8 – 11 (1984).
63 StaNSU Tractus.

Das Schulwesen in Neckarsulm unter dem Deutschen Orden (D. Bader)

1 Bernhard Sommerlad, Der Deutsche Orden in Thüringen. Geschichte der Deutschordensballei Thüringen von ihrer Gründung bis zum Ausgang des 15. Jahrhunderts. Forschungen zur thüringisch-sächsischen Geschichte 10, 1931, S. 164 f.
2 Günter Scholz, Das Schulwesen: In: Acht Jahrhunderte Stadtgeschichte. Vergangenheit und Gegenwart im Spiegel der Kommunalarchive in Baden-Württemberg, hrsg. von Walter Bernhardt, Sigmaringen 1981, S. 61.
3 Bernhard Demel, Mergentheim – Residenz des Deutschen Ordens. In: ZWLG 34/35, 1978, S. 192.
4 Urkundenbuch der Stadt Heilbronn, Bd. III, bearb. von Moriz von Rauch. Württ. Geschichtsquellen, Bd. 19, 1916, S. 310.
5 Ebd., S. 369.
6 StAL B 232, Bd. 1161.
7 Günter Schöne, Tausend Jahre deutsches Theater 914 – 1914. Bibliothek des Germanischen Nationalmuseums zur deutschen Kunst- und Kulturgeschichte, hrsg. von Ludwig Grote, Bd. 20/21, 1962, S. 30.
8 In der Folgezeit (bis 1673) werden Knaben und Mädchen fast immer gemeinsam unterrichtet (StAL B 267, Bü 49).
9 StAL B 267, Bü 249, Nr. 28.
10 Ebd., Bü 259, Nr. 13.
11 Ebd., Bü 250, Nr. 9.
12 Ebd., Bü 249, Schreiben vom 28. 10.1612.
13 StAL B 231, Bd. 1974. Joha wird in den Rechnungen bis August 1628 als lateinischer Schulmeister geführt (B 231, Bd. 1988a).
14 Ebd., Bd. 1983; vgl. auch Franz Joseph Maucher, Geschichte Neckarsulms, Bad Waldsee 1901, S. 294.
15 Maucher, Geschichte, S. 294. – Bei diesen deutschen Schulmeistern kann es sich nur um Gehilfen handeln, da eine deutsche Schule damals in Neckarsulm noch nicht existierte.
16 StAL B 267, Bü 249, Schreiben vom 20. Sept. 1612.
17 Ebd., Schreiben vom 7. Okt. 1617.
18 Maucher, Geschichte, S. 294.
19 StAL B 267, Bü. 46, Nr. 2.
20 Bernhard Demel, Der Deutsche Orden und die Stadt Neckarsulm (1484 – 1805). In: Jahrbuch für fränk. Landesforschung 45, 1985, S. 17 – 106, hier S. 63.
21 StAL B 267, Bü 249.
22 Bernhard Demel, Der Deutsche Orden und die Kapuziner in Mergentheim (1628 – 1809) und in Neckarsulm (1638/63 – 1805). In: Württembergisch Franken 63, 1979, S. 57.
23 StAL B 267, Bü 261, Bericht des Franz Simon Molitor vom 26. Juli 1721.
24 Die Reparaturkosten betrugen 86 1/2 Gulden (StAL B 232, Bd. 1171, Nr. 43).
25 StAL B 267, Bü 111, Notariatsinstrument von 1529 über die Verleihung der Badstube am 10. Januar 1501.
26 StAL B 324, Bü 138, Nr. 99.
27 StaNSU R 16, R 17, Bürgermeisteramtsrechnung 1743; Ignaz Keller, Neccarsulmer Tractus-Charte Buch, Tractus 1.
28 Maucher, Geschichte, S. 279.
29 StAL B 267, Bü 249, S. 51.
30 Ebd., 10. Jan. 1673.
31 Adalbert Baur, Die Visitationen im Landkapitel Neckarsulm von 1596, 1597, 1612 und 1619. In: Rottenburger Jahrbuch für Kirchengeschichte, Bd. 5, 1986, S. 305 – 307.
32 Ebd., S. 309.
33 StAL B 267, Bü 291, Nr. 4, 10.
34 Ebd., Bü 249, 6. Febr. 1673.
35 Ebd., Bü 249, Nr. 53.
36 Ebd., Bü 250.
37 Dazu vgl. Bernhard Demel, Das Priesterseminar des Deutschen Ordens zu Mergentheim. Quellen und Studien zur Geschichte des Deutschen Ordens, Bd. 12, 1872, S. 84 f.
38 StAL B 279, Bü 13, Nr. 1.
39 Dies entsprach der 2. Klasse des nach dem Muster der Jesuitenschulen in vier Klassen eingeteilten

Mergentheimer Gymnasiums. Die vier Klassen hießen: Syntaxin minor, Syntaxin major, Poetica und Rhetorica. Vgl. Hermann Schöllkopf, Das Schulwesen im ehemaligen Deutschordensgebiet des Königreichs Württemberg unter der Herrschaft des Ordens. In: Württ. Vierteljahreshefte Jg. 1905, Heft III, S. 298.
40 StAL B 267, Bü 249, 13. November 1680.
41 Ebd., Bü. 266, Nr. 100, 98. Die Schulstunden werden nicht genannt. In Mergentheim waren sie von 7 – 9 und 12 – 15 Uhr. Vgl. Schöllkopf, Das Schulwesen, S. 296.
42 Die von dem Mergentheimer Seminardirektor Johann Caspar Venator 1666, 1679 und 1687 erstellten Schulregeln (vgl. Demel, Mergentheim – Residenz des Deutschen Ordens, S. 193) waren durch Dekrete der Regierung Mergentheim auch am Neckar bekannt. Vgl. StAL B 267, Bü 48, S. 3.
43 Ebd., Bü 266, Nr. 95, 100.
44 Nach dem Tod des deutschen Schulmeisters um 1671 (vgl. Maucher, Geschichte, S. 294) wurden die Mädchen vom Kantor unterrichtet.
45 StAL B 267, Bü 255, 13. Mai 1727.
46 Vgl. Schöllkopf, Das Schulwesen, S. 320.
47 StAL B 267, Bü 250, Nr. 74.
48 Eine landesherrliche Verordnung für das gesamte Meistertum wurde am 3. November 1788 erlassen.
49 Klaus Oldenhage, Kurfürst Erzherzog Maximilian Franz, Hoch- und Deutschmeister (1780 – 1801). Quellen und Studien zur Geschichte des Deutschen Ordens, Bd. 34, 1969, S. 233 – 236.
50 StAL B 279, Bü 78, Nr. 23.
51 Ebd., Bü 250, Nr. 123.
52 Visitationsbericht von 1785 in StAL B 324, Bü 162, Nr. 4.
53 StAL B 267, Bü 250, Nr. 132.
54 Ebd., B 266, Bü 178, Schreiben vom 14. und 26. November 1804.
55 Ebd., F 173, Bü 16.
56 Ebd., F 187, Bü 76, Nr. 1066.
57 Ebd., F 173 III, Bü 6339 ad Nr. 3.

Entstehung und Entwicklung des Oberamts Neckarsulm
(B. Griesinger)

1 HStAS A 15, Bü 81.
2 Ebd.
3 HStAS E 36 I, Verz. 2, Fasz. 15 – A 1359, A 1360.
4 Zu den allgemeinen Grundlagen vgl. Alfred Dehlinger, Württembergs Staatswesen in seiner geschichtlichen Entwicklung bis heute, Bd 1, Stuttgart 1951, § 120, S. 294.
5 HStAS E 36, Verz. 60, Bü 159.
6 Vgl. Kgl. Württ. Staats- und Regierungsblatt vom Jahre 1807, Nr. 24, 2.5.1807, S. 105; Nr. 53, 4.7.1807, S. 249 ff; Kgl. Württ. Staats- und Regierungsblatt vom Jahre 1808, Nr. 19, 30.4.1808, S. 229 ff.
7 Kgl. Württ. Staatshandbuch von 1807 – 1808; ausgegeben 1808, S. 302 ff.
8 StAL D 26, Bü 4.
9 Vgl. Dehlinger, Württembergs Staatswesen I, § 120, S. 295 ff.
10 Vgl. Beschreibung des Oberamts Neckarsulm 1881, S. 198, und allgemein Dehlinger, Württembergs Staatswesen II, § 342, S. 756 ff.
11 Vgl. HStAS E 146 II, Bü 2720 u. Bü 2763; die Oberamtsbeschreibung gibt 1881 an: 5,359 geogr. Quadratmeilen = 29508,4 ha.
12 HStAS E 146 II, Bü 2763.
13 StAL F 187, Bü 6, und HStAS E 146 II, Bü 2763 (Hinweis auf Eifersüchteleien).
14 Ebd.
15 StAL F 187, Bü 6.
16 HStAS E 146 II, Bü 874; vgl. auch StAL E 173 III, Bü 6701.
17 HStAS E 146 II, Bü 874.
18 Ebd.
19 Ebd.
20 StAL E 173 III, Bü 6702.
21 Ebd.
22 HStAS E 146 II, Bü 2720.
23 Ebd., Bü 2763.
24 Ebd.
25 Vgl. Wolfram Angerbauer, Vom Oberamt zum Landkreis Heilbronn. Schriftenreihe des Landkreises Heilbronn, Bd 2, S. 31 ff.
26 StaNSU Reg. Fl. 1080, Unverzeichnete Akten zur Oberamtsauflösung.
27 Ebd.
28 StaNSU B 158, Gemeinderatsprotokoll 1931, S. 47 ff.
29 StaNSU Reg. Fl. 1080, Unverzeichnete Akten zur Auskreisung des früheren Kreises Neckarsulm aus dem Landkreis Heilbronn, 1947.
30 KAHN, Reg. Nr. 010, 10, Kreistagsprotokoll 28.8.1947.

Untertanen und Obrigkeit: Die politische Entwicklung in der ersten Hälfte des 19. Jahrhunderts (B. Griesinger)

1 Franz Joseph Maucher, Geschichte Neckarsulms, Bad Waldsee 1901, S. 76 (weiter zitiert als: Maucher, Geschichte). Der Stadtpfarrer bezieht sich auf einen inzwischen verlorenen Bericht des damaligen Pfarrers und Ordenspriesters Urig. Sowohl die „Beschreibung von Christian Hohly, Zeit und Zufall frucht und Unfruchtbarkeit der Jahrgänge betrefend angefangen 1795" (Original im Pfarrarchiv Gellmersbach, Kopie im StaNSU) als auch die erhaltenen (unvollständigen) Rechnungen für die Festivität beim Einzug des letzten Hoch- und Deutschmeisters 1805 (StaNSU, noch unverzeichneter Bestand Fl. 1045) bestätigen diese Angaben.
2 Bernhard Demel, Der Deutsche Orden und die Stadt Neckarsulm. In: Jahrbuch für fränkische Landesforschung 45 (1985), S. 17 – 106; S. 106 (weiter zitiert als: Demel, Der Deutsche Orden).
3 DOZA Gk 754/2, fol. 165 f. zit. nach Demel, Der Deutsche Orden, S. 98. Hier finden sich auch eine detaillierte Beschreibung der hochmeisterlichen Politik im 18. Jahrhundert sowie Hinweise auf deren Prägung durch die Aufklärung vor allem bei Hochmeister Maximilian Franz von Habsburg, S. 87 ff.
4 Ebd., S. 101.
5 StaNSU A1.
6 StAL B 236, Bü 40. Die Schreiber zeigen eine anfängliche Akzeptanz der Französischen Revolution als „der französischen Staatsverbesserung", die „allgemeinen Beyfall erregen mußte". Durch die Entwicklung der Terreur verkam sie jedoch zu einer Schreckensherrschaft, zu einer „eingebildeten Freiheit", zur „Seuche der Staatsumwälzung". Ihre „täuschenden Lehren" und „bluttriefenden Grundsätze" brachten das Vaterland in Gefahr. Nicht nur das Schicksal der Fürsten, auch das Schicksal „des mittleren Standes, das Schicksal des geringsten unter uns" hing vom Ausgang des Krieges ab.
7 StaNSU, Inventuren und Teilungen B 28, Eventual Abteilung des Joseph Ludwig Bronner.
8 Maucher, Geschichte, S. 76.
9 Zur württembergischen Gebietserweiterung und allgemeinen württembergischen Politik in napoleonischer Zeit siehe u. a.: Paul Sauer, Der schwäbische Zar, Stuttgart 1986, S. 214 ff.; Volker Press, Südwestdeutschland im Zeitalter der Französischen Revolution und Napoleons. In: Baden und Württemberg im Zeitalter Napoleons, hrsg. vom Württ. Landesmuseum Stuttgart, Bd. 2, Stuttgart 1987, S. 9 ff.; ders., König Friedrich I. – der Begründer des modernen Württemberg. In: Baden und Württemberg im Zeitalter Napoleons, Bd. 2, S. 25 ff.
10 StaNSU, R 68 und R 69: Burgermeisterrechnung 1796 und 1797, S. 101 – 118; S. 153 – 202.
11 Pfarrarchiv Gellmersbach, Beschreibung von Christian Hohly (vgl. Anm. 1).
12 StaNSU R 74: Burgermeisterrechnung 1799, S. 126 – 157.
13 StaNSU A 50, darauf beziehen sich auch alle weiteren Angaben zu den Kriegskosten des Jahres 1799.
14 Vgl. dazu StAL B 267, Bü 122. 1799 scherte Neckarsulm aus dem von Horneck organisierten und geleiteten Landsturm aus und öffnete dem französischen Militär die Tore. Daraufhin wurde der Stadt von Frankreich eine Brandschatzungssumme von 40000 Livres abverlangt. Mehrere Neckarsulmer wurden bis zur Aushändigung der Summe als Geiseln genommen. Da das Militär jedoch nach kurzer Zeit weiterzog, erhielten die Bürger ihre Freiheit wieder, und die Summe wurde nicht ganz erpreßt.
15 Die Tagesration eines gemeinen Soldaten betrug nach Anordnungen des Jahres 1800: „24 Unzen Brot – 11/2 Pfund, 8 Unzen Fleisch – 1/2 Pfund, 1 Unze Reis, 2 Unzen Gemüse der Hülsenfrüchten, 1 Maas Bier." – Vgl. StaNSU, A 49.
16 Vgl.: StaNSU R 76: Burgermeisterrechnung 1800, S. 157.
17 Vgl. StaNSU A 54, wo sich weitere Hinweise auf die Situation der Stadt zwischen 1805 und 1806 (Februar) finden.
18 Dieses und das folgende Zitat: StaNSU A 56.
19 Ebd.
20 HStAS E 36, Verz. 60, Bü 159 entstammen alle Hinweise auf die Affäre um Peter Heinrich Merckle und die Abnahme der Wappen. Vgl. auch Wilhelm Ganzhorn, Löwenwirth Peter Heinrich Merckle von Neckarsulm und Kaufmann Gottlieb Link von Heilbronn, die Genossen des am 26. August 1806 erschossenen Buchhändlers Palm von Nürnberg. In: Württ. Franken 8 (1870), S. 419 – 445.
21 Nach einer von Herrn Gregor Schädel, Neckarsulm, anhand der Familienregistereinträge im Pfarrarchiv St. Dionys zusammengestellten Liste, StaNSU A 102.
22 HStAS E 36, Verz. 60, Bü 159.

23 Deutschland in seiner tiefsten Erniedrigung. Reprint der anonymen Flugschrift von 1806, Ostberlin 1983, S. 27.
24 HStAS E 36, Verz. 60, Bü 159. Normann-Ehrenfels zitiert in seinem Brief an Berthier vom 21.8.1906 Saunier: „Nous sommes les plus forts, partout où notre armée se trouve nous avons la juridiction."
25 Ebd., Friedrich I. am 26.8.1806.
26 Dieser und weitere Hinweise ebd.; das publizierte Todesurteil, von dem man in Neckarsulm Kenntnis bekam: HStAS E 70a, Bü 25/7.
27 StaNSU A 105, Verleihung von Gedenkmünzen an Kriegsveteranen, 1840.
28 Vgl. Pfarramt St. Dionysius Neckarsulm, Sterberegister, Geburts- und Taufregister (1780–1820).
29 StaNSU B 64, Gemeinderatsprotokoll 1814–1816, fol. 1.
30 Ebd., fol. 260; das folgende ebd., fol. 270^v und fol. 292.
31 Vgl. Kgl. Württembergisches Staats- und Regierungsblatt Nr. 51, 1816, S. 343 ff.
32 Vgl. StaNSU B 65, Gemeinderatsprotokoll 1817, § 1.
33 Vgl. StaNSU B 66, Gemeinderatsprotokoll 1818, § 72.
34 Vgl. ebd., § 242.
35 StaNSU B 65, Gemeinderatsprotokoll 1817, § 239.
36 Ebd., § 152. Kinder scheinen von ihren Eltern zum Betteln angehalten worden zu sein. In der Tat verschlechterte sich die Versorgungslage dermaßen, daß die Weingärtner zu schwach wurden, um die Weinberge zu hacken, und außerdem wollten sie lieber in Tagelohn arbeiten, um sich wenigstens etwas Brot kaufen zu können. Mehrere, beklagte man in Neckarsulm, äßen aus Mangel bloßes „Wikenbrot", und auch dieses hätten manche nicht mehr.
37 Ebd., § 261.
38 Zu den Getreidekäufen vgl. ebd., §§ 230, 233, 237, 243, 261, 272, 255, 207, 298, 300, 319, 322, 324, 312, 375, bzw. zu den Schulden der Gemeinde §§ 2, 234, 427, 492. Gemäß Gemeinderatsprotokoll kaufte die Stadt von Januar bis September, also bis zur Erntezeit, 984 Scheffel Getreide auf, sowohl Dinkel und Roggen als auch Gerste. Aus den Magazinen des Oberamts bzw. von seiten des Kameralamtes kamen davon ein knappes Drittel, nämlich 310 Scheffel. Am Jahresende hatte sich so bei Privatleuten eine städtische Schuld von 5120 Gulden angehäuft. Dem Kameralamt blieb Neckarsulm 2533 Gulden allein für Getreidelieferungen schuldig.
39 Vgl. ebd., § 324, und Barbara Griesinger, Gellmersbach, Weinsberg 1985, S. 119. Danach wurde auf dem freien Markt bis zu 1 fl. 30 Kr. für Brot bezahlt.
40 StaNSU B 65, Gemeinderatsprotokoll 1817, § 261. Aus dem so im Oberamt angesammelten Fruchtvorrat erhielt Neckarsulm 35 Scheffel.
41 Ebd., § 269.
42 StaNSU B 64, Gemeinderatsprotokoll 1814–1816, fol. 223, fol. 344^v, fol. 245^v. König Friedrich hatte im April 1816 zahlungsunfähigen Weingärtnern, die durch mehrere Fehlherbste und weiteren Frost schwer geschädigt worden waren, 3400 fl. zur Erleichterung bewilligt und dabei auch Neckarsulmer bedacht.
43 StaNSU B 65, Gemeinderatsprotokoll 1817, § 269.
44 Ebd., B 66, Gemeinderatsprotokoll 1818, fol. 104^{v}f.
45 Ebd., fol. 105^v.
46 Vgl. StAL D 43, Bü 32.
47 Ebd.
48 Ebd.
49 Vgl. Maucher, Geschichte, S. 271.
50 StaNSU A 1348, Verzeichnis der activen Gemeindebürger, angelegt 1828, Nr. 347.
51 Schwäbische Kronik Nr. 66 v. 7.3.1848, S. 283.
52 StaNSU B 260, Gemeinderatsprotokoll 1848, fol. 43^v.
53 Vgl. ebd., fol. 50^v.
54 Schwäbische Kronik Nr. 77 v. 18.4.1848, S. 338.
55 StaNSU B 240, Gemeinderatsprotokoll 1848, fol. 71, fol. 157^v.
56 Schwäbische Kronik Nr. 106 v. 16.4.1848, S. 323.
57 Vgl. Wolfgang Kaschuba und Carola Lipp, 1848 – Provinz und Revolution. Untersuchungen des Ludwig-Uhland-Instituts der Universität Tübingen, Bd. 49, Tübingen 1979, S. 117 ff.
58 Bundesarchiv Außenstelle Frankfurt DB 51/214.
59 Vgl. Ute Fuchs, Das „Neckardampfschiff" in Heilbronn. Kleine Reihe des Archivs der Stadt Heilbronn 16, Heilbronn 1985, S. 43 ff.
60 Vgl. StAL E 319, Bü 60.
61 StaHN, Neckardampfschiff, Heilbronner Volksblatt Nr. 78 v. 2.4.1848.
62 StaHN, Heilbronner Tagblatt Nr. 154, 1848, S. 785.
63 StaHN, Heilbronner Tagblatt Nr. 203, 1848, S. 995.
64 StAL F 187, Bü 85 b.

65 StAL E 320, Bü 4.
66 Vgl. StaNSU A 1948, Bürgerliste – Verzeichnis der hier wohnenden Wohnsteuerpflichtigen Nr. 86.
67 Erich Weller, Heilbronn und die Revolution von 1848 – 1849. In: Mitteilungen des Historischen Vereins Heilbronn, Heft 15 (1925); S. 133 – 197, S. 185.
68 Zu den Vorgängen in Neckarsulm vgl. StAL E 320, Bü 28 und E 320 Bü 4.
69 Ebd., Bü 56.
70 StaNSU B 92, Gemeinderatsprotokoll 1852, fol. 206ʳ.
71 StAL E 320, Bü 49.
72 Zu den Auswanderungen vgl. HStAS E 143, Bü 488.
73 StaNSU A 449, Weingärtnerchronik 1834 – 1911 (Abschrift), S. 38 f.

Der Untertan wird Staatsbürger: Von der Reichsgründung bis zur Bundesrepublik (D. Herlan).

1 StAL E 173 III, Bü 8814 – 8818, Oberamtsvisitationsbericht.
2 Ebd.
3 Ebd., Stellungnahme des Kath. Dekanats.
4 StaNSU, A449, Weingärtnerchronik 1871, S. 15.
5 Ebd., 1886, S. 101.
6 Ebd., 1889, S. 111.
7 Ebd., 1895, S. 137.
8 Ebd., 1906, S. 191.
9 Ebd., 1911, S. 230.
10 Ebd., 1888, S. 107.
11 Ebd.
12 StaNSU Fl 1055, Brief vom 25.10.1889.
13 Ebd., Brief vom 3.11.1892 an König Wilhelm.
14 StaNSU A 449, Weingärtnerchronik 1874, S. 29.
15 Ebd., 1878, S. 52.
16 StAL F 187, Bü 89; Sulm-Zeitung v. 5.6.1875.
17 Ebd.
18 Ebd.
19 Ebd., Schreiben der Oberstaatsanwaltschaft Heilbronn an das kgl. Oberamtsgericht Neckarsulm, 10.6.1875.
20 Ebd., Strafanzeige vom 6.7.1875.
21 Ebd., Schreiben des kgl. Justizministeriums, 19.7.1875.
22 Ebd., Sulm-Zeitung, 30.10.1875.
23 Ebd., Urteil, 21.10.1875; Sulm-Zeitung v. 30.10. und 6.11.1875.
24 StAL F 187, Bü 89, Gnadengesuch, 29.10.1875.
25 Ebd., Verwaltung des Landesgefängnisses, 23.11.1875.
26 Ebd., Sulm-Zeitung v. 30.10.1875.
27 Ebd.
28 Ebd., Sulm-Zeitung v. 6.11.1875.
29 Ebd.
30 Ebd.
31 StaNSU A 449, Weingärtnerchronik, 1893, S. 129.
32 Graf v. Schulenburg, Berlin 17. 10. 1806. In: A. Egner, H. Kraume, B. Müller, M. Vöhringer, Revolutionen und Reformen, Paderborn 1984, S. 35.
33 Ortsbau Statut und ortspolizeiliche Vorschriften der Stadtgemeinde Neckarsulm, S. 106.
34 Wilhelm Keil (1870 – 1968), Redakteur, Mitglied des württ. Landtags 1900 – 1933, Mitglied des Reichtags 1910 – 1932, württ. Arbeits- und Ernährungsminister 1921 – 1923, nach dem 2. Weltkrieg Mitglied der Verfassunggebenden Versammlung des Landtags von Württemberg-Baden, Landtagspräsident 1946 – 1952. Vgl. J. Weik, MdL – Die Abgeordneten der Landtage in Baden-Württemberg 1946 – 1978, Stuttgart 1984.
35 StaNSU A 1534, Anzeige 4.11.1906.
36 StaNSU B 141, Gemeinderatsprotokoll 1914, S. 344.
37 Ebd., S. 345.
38 StaNSU B 142, Gemeinderatsprotokoll 1915, S. 11a ff. Rückblick und Ausblick der Stadt Neckarsulm, vorgetragen von Stadtschultheiß Häußler bei der Vereidigung der neu gewählten Bürgerausschußmitglieder.
39 Ebd.
40 Ebd.
41 StaNSU B 141, Gemeinderatsprotokoll 1914, S. 468, und B 142, Gemeinderatsprotokoll 1915, S. 388.
42 Ebd., S. 11a ff., Rückblick und Ausblick.
43 SPD-Ortsverein, Protokolle, 2.6.1917.
44 StaNSU B 143, Gemeinderatsprotokoll 1916, S. 340.
45 Archiv Druckerei Welker, Neckarsulm, Unterländer Volkszeitung 11.10.1917.
46 StaNSU, Fl 6201, Kgl. Oberamt an Stadtschultheißenamt, 10.10.1917.
47 Ebd.
48 Ebd., Stadtschultheißenamt an Kgl. Oberamt, 17.10.1917.
49 StAL F 187, Bü 2.
50 Archiv Druckerei Welker, vgl. Zusammenstellung in der Unterländer Volkszeitung 7.6.1920

und StaNSU B 146, Gemeinderatsprotokoll 1919, S. 162.
51 Heyler, Chronik I, S. 30.
52 StaNSU B 146, Gemeinderatsprotokoll 1919, S. 404 ff.
53 StaNSU B 149, Gemeinderatsprotokoll 1922, S. 315 ff.
54 StaNSU Fl 6180, Gewerkschaftskartell an Stadtschultheißenamt 18.9.1924/19.9.1924.
55 StaNSU B 150, Gemeinderatsprotokoll 1923, S. 393 ff.
56 Ebd., 29.8.1923, S. 475, und 16.10.1923, S. 541.
57 StaNSU, Neckar Echo v. 13.8.1928.
58 StaNSU, Schreiben des Vorstandes des Gesangvereins „Concordia" an das Stadtschultheißenamt, 5.8.1930 und 7.8.1931, sowie des Sängerbundes „Liederkranz-Frohsinn", 3.8.1931.
59 StaNSU, Neckar Echo v. 20.5.1931.
60 StaNSU Fl 6201, Auszug aus der Niederschrift über die Verhandlungen des Gemeinderats, 10.3.1931, § 149.
61 Mühleck, Zeitgeschehen 1930–1945, Teil I, Hist. Blätter des Heimatvereins, Nov. 1990.
62 StaNSU B 174, Gemeinderatsprotokoll 1945, S. 29.

Weinbau in Neckarsulm im 19. und 20. Jahrhundert (W. Angerbauer)

Staatsarchiv Ludwigsburg F 71, Bü 87–88
Stadtarchiv Neckarsulm: Weingärtnerchronik 1834–1911
Wolfram Angerbauer: Weinbau und Keltern in Neckarsulm, 1986
Festschriften zum 100jährigen Jubiläum des Weingärtnervereins Neckarsulm 1934 und zum 125jährigen Jubiläum der Weingärtnergenossenschaft Neckarsulm 1980
Anton Heyler: Neckarsulm im Auf und Ab eines halben Jahrhunderts. Chronik 1900–1950, Neckarsulm 1955
Anton Heyler: Neckarsulm als Weinbaugemeinde. In: Unterländer Volkszeitung vom 4., 5. und 6.11.1952
150 Jahre Weinbauverein Neckarsulm. Festvortrag von Otto Linsenmaier, gehalten am 15. September 1984 (Masch. Vervielfältigung)

Neckarsulm vor der Industrialisierung (B. Griesinger)

1 Allgemein zur württembergischen Wirtschaftssituation in napoleonischer Zeit: Rolf Walter, Commerz, Contrebande und Continentalsystem. In: Baden und Württemberg im Zeitalter Napoleons, hrsg. vom Württ. Landesmuseum Stuttgart, Stuttgart 1987, S. 193–212; S. 209 ff.; Willi A. Boelcke, Reformen, Konjunkturen, Krisen, ebd., S. 175–192; im regionalen Rahmen: Bernd Klagholz, Die Industrialisierung der Stadt Heilbronn von den Anfängen bis zum Jahre 1914. Kleine Schriftenreihe des Archivs der Stadt Heilbronn, Bd. 17, Heilbronn 1986, S. 16 ff. (weiter zitiert als: Klagholz, Industrialisierung).
2 Willi A. Boelcke, Wege und Probleme des industriellen Wachstums im Königreich Württemberg. In: ZWLG 32 (1973), S. 436–520; S. 453 ff. (weiter zitiert als: Boelcke, Wege und Probleme), und Klagholz, Industrialisierung, S. 24.
3 Vgl. Kgl. Württembergisches Staats- und Regierungsblatt vom Jahre 1817, Aufforderung zu einem landwirtschaftlichen Vereine, S. 382 ff.; dazu auch Alfred Dehlinger, Württembergs Staatswesen in seiner geschichtlichen Entwicklung, Bd. 1, Stuttgart 1951, § 53.
4 Vgl. Ernst Klein, Die Anfänge der Industrialisierung Württembergs in der ersten Hälfte des 19. Jahrhunderts. In: Raumordnung im 19. Jahrhundert 2. Historische Raumforschung 6. Forschungs- und Sitzungsberichte der Akademie für Raumforschung und Landesplanung 39, Hannover 1967, S. 83–137; S. 114 (weiter zitiert als: Klein, Anfänge).
5 Vgl. Klagholz, Industrialisierung, S. 21 ff. mit weiterführenden Literaturangaben.
6 Ebd., S. 39; Dieter Langewiesche, Liberalismus und Demokratie in Württemberg zwischen Revolution und Reichsgründung. Beiträge zur Geschichte des Parlamentarismus und der politischen Parteien 52, Düsseldorf 1974, S. 40.
7 StaNSU A 56, Schreiben Kleiner an Pistorius vom 17.5.1806.
8 StaNSU B 61, Gemeinderatsprotokoll 1808–1810, fol. 46ᵛ ff.
9 StAL F 173 III, Bü 6701.
10 Ebd.
11 StAL E 170, Bü 727.
12 StAL E 173 III, Bü 6701.
13 StaNSU A 3031, Protocollum bey den Zunfttagen der Kaufleute und Krämer und Kaufmanns-Innungs-Vorstandssitzungen, Bd. II, 1771–1842,

fol. 44ᵛ.
14 DAR G II/a, Beschreibung der katholischen Pfarrstelle in Neckarsulm 1824, S. 4 f.
15 StAL E 173 III, Bü 6837.
16 Ebd., Bü 6702.
17 Ebd.
18 StAL E 253 I, Bd. 422, 426, 431, 439, 447, 453, 455, 459, 463.
19 StaNSU A 3031, Protocollum, Bd. II, fol. 60ʳ.
20 StaNSU A 3032, Vorstandssitzungsprotokoll der Kaufmannsinnung, Bd. III, 1843 – 1862, fol. 51ᵛ – 52ᵛ.
21 Ebd., fol. 69ᵛ.
22 Ebd.
23 Ebd., fol. 70ʳ.
24 Ebd., fol. 70ᵛ.
25 StAL E 173 III, Bü 7402.
26 StaNSU A 3422, Bestrebungen zum Bau einer Oststrecke und Eisenbahnanschluß Hall mit Endpunkt Nürnberg 1857 – 1858; Eingabe an die Ständeversammlung vom 24.5.1858.
27 StaNSU B 274a, Gewerbesteuerkataster Nr. 1, 1877 – 1881.
28 Zum Weingärtnerverein vgl. StaNSU A 449, Weingärtner Chronik 1834 – 1911 (Abschrift; Original bei der Weingärtnergenossenschaft Neckarsulm), S. 1 ff.; zum Karlsverein vgl. StAL E 173 I, Bü 1352 und Bü 1354; Barbara Griesinger, Der Karlsverein von 1839 in Neckarsulm. In: Historische Blätter des Heimatvereins Neckarsulm, Juni 1990.
29 StaNSU A 3032, Vorstandssitzungsprotokoll, Bd. III, fol. 71.
30 Ebd., fol. 95.
31 Oberamtsbeschreibung, S. 255.
32 StAL F 187, Bü 91, Der Notstand im württembergischen Unterland sowie Oberamtsbeschreibung, S. 255.
33 Ebd.
34 StAL E 173 III, Bü 806.
35 Ebd.
36 Oberamtsbeschreibung, S. 255.
37 Ebd., S. 255 und S. 169.
38 StaNSU B 274, Gewerbesteuerkataster 1882 – 1887, fol. 34.
39 StaNSU B 274b, Gewerbesteuerkataster 1888 – 1893, fol. 62.
40 StAL E 170, Bü 759.
41 Ebd.
42 StaNSU B 105, Gemeinderatsprotokoll 1866, fol. 124ᵛ.
43 StaNSU B 274b, Gewerbesteuerkataster 1888 – 1893, fol. 70.
44 StAL E 170, Bü 760.
45 Wolfram Fischer, Ansätze zur Industrialisierung in Baden 1770 – 1870. In: Ders., Wirtschaft und Gesellschaft im Zeitalter der Industrialisierung. Aufsätze, Studien, Vorträge. Historische Studien zur Geschichtswissenschaft 1, Göttingen 1972, S. 358 – 391; S. 359.
46 StAL E 173 III, Bü 6702.
47 StaNSU A 3031, Protocollum, fol. 52ᵛ.
48 StaNSU, Inventuren und Teilungen G1, Eventual- und Realteilung des Christoph Adam Geiger 1880 und 1890.
49 Vgl. Klagholz, Industrialisierung, S. 39.
50 Vgl. ebd., S. 197.
51 Vgl. Klein, Anfänge, S. 100 ff., und Boelcke, Wege und Probleme, S. 459 ff.
52 Vgl. Klagholz, Industrialisierung, S. 125 ff.
53 StAL E 170, Bü 722.
54 Ebd., Bü 760.
55 Ebd.
56 StaNSU A 3531, Ansiedlung des Dampfsägewerks Hespeler.
57 StaNSU, Inventuren und Teilungen M 8, Realteilung Creszentia Merckle 1826.
58 Ebd., B 28, Eventualteilung Joseph Ludwig Bronner 1814.
59 StaNSU A 3032, Vorstandssitzungsprotokoll, Bd. III, fol. 71ᵛ.
60 Vgl. Otto Heinrich Supper, Die Entwicklung des Eisenbahnwesens im Königreich Württemberg, Stuttgart 1895, Nachdruck Stuttgart 1981, S. 44 (weiter zitiert als: Supper, Entwicklung).
61 Vgl. ebd., S. 46 f.
62 Vgl. ebd., S. 47 f.; Christhard Schrenk, Mit dem Dampfroß vom Neckar zum Kocher. 125 Jahre Eisenbahnlinie Heilbronn – Schwäbisch Hall. Kleine Schriftenreihe des Archivs der Stadt Heilbronn 18, Heilbronn 1987, S. 35 ff. und S. 47 ff. (weiter zitiert als: Schrenk, Dampfroß).
63 StaNSU A 3422, Bestrebungen zum Bau einer Oststrecke und Eisenbahnanschluß Hall mit Endpunkt Nürnberg 1857 – 1858.
64 Vgl. Schrenk, Dampfroß, S. 52.
65 StaNSU A 3422.
66 Ebd.
67 Ebd., Schreiben vom 17.5.1858.
68 Ebd.
69 Schrenk, Dampfroß, S. 49.
70 StaNSU A 3422.
71 Regierungs-Blatt für das Königreich Württemberg Nr. 19 (1858), S. 250.

72 Supper, Entwicklung, S. 52 ff.
73 Ebd., S. 52.
74 StaNSU A 3425, Eingabe an das königliche Finanz-Ministerium 1861.
75 HStAS E 60, Bü 839.
76 StaNSU A 3425.
77 HStAS E 46, Bü 226; vgl. auch Supper, Entwicklung, S. 44 ff.
78 StaNSU B 102, Gemeinderatsprotokoll 1863 vom 2.8., fol. 104; vgl. dazu auch Albert Mühl und Kurt Seidel, Die Württembergischen Staatseisenbahnen, Stuttgart ²1980, S.64.
79 StaNSU A 3425.
80 HStAS E 46, Bü 226.
81 StaNSU A 3425, Schreiben vom 30.11.1861.
82 Ebd.
83 Ebd.
84 StaNSU B 103, Gemeinderatsprotokoll 1864 vom 5.12., fol. 218.
85 StaNSU B 104, Gemeinderatsprotokoll 1865 vom 21.8., fol. 157.
86 StaNSU A 3426, Anlage eines Holzeinbindeplatzes.
87 Ebd.
88 Hubert Kiesewetter, Erklärungshypothesen zur regionalen Industrialisierung in Deutschland im 19. Jahrhundert. In: VSWG 67 (1980), S. 305 – 333; S. 314.
89 Die angegebenen Zahlen sind die Zahlen der Ortsanwesenden aus StAL F 173 III, Bü 6701 für 1820, StaNSU Akten zur Bevölkerungsaufnahme 1835 – 1895, Bevölkerungsfortschreibung und A 58; vgl. auch Anton Heyler, Chronik I, S. 178.
90 Einer Bevölkerungszunahme von 302 Personen zwischen 1805 und 1820 steht ein Geburtenüberschuß von 157 gegenüber, der nach den Unterlagen aus dem Pfarramt St. Dionysius, Neckarsulm, dem Pfarramt Kochendorf bzw. dem Pfarramt der evang. Stadtkirche, Neckarsulm, errechnet wurde. Über Auswanderung liegt nichts vor; vgl. StAL E 173 III, Bü 7402, und HStAS E 143, Bü 453.
91 Vgl. dazu Unterlagen Pfarramt St. Dionysius, Neckarsulm, Pfarramt Kochendorf und Pfarramt der evang. Stadtkirche, Neckarsulm, bzw. ab 1876 Standesamtunterlagen.
92 StAL F 187, Bü 42,2.
93 Ebd.
94 Vgl. Willi A. Boelcke, Wirtschaftsgeschichte Baden-Württembergs von den Römern bis heute, Stuttgart 1987, S. 164 ff.
95 StAL F 187, Bü 42,2.
97 Ebd.
98 Ebd.
99 HStAS E 146, Bü 486 – 495.
100 StAL F 173 III, Bü 8454, 8455, 8456.
101 Erich Maschke, Geschichtswissenschaft und Archive der Wirtschaft. In: Ders., Städte und Menschen. Beiträge zur Geschichte der Stadt, der Wirtschaft und der Gesellschaft, 1959 – 1977 (VSWG, Beiheft 68), Wiesbaden 1980, S. 493 – 514; S. 502.

Von der Weinstadt zur Industriestadt (W. A. Boelcke)

1 Beschreibung des Oberamts Neckarsulm, 1881, S. 141 ff.
2 Näheres: 1864 – 1989. 125 Jahre Gewerbeverein Neckarsulm. Zwei Jahrhunderte Wirtschaftsgeschichte in Neckarsulm von Barbara Griesinger, Anton Heyler und Theobald Ehehalt, Neckarsulm 1989, S. 17.
3 Carl Theodor Griesinger, Schwäbische Arche Noah. Eine heitere Charakterkunde, hrsg. von Martin Blümcke, Stuttgart ²1979, S. 57.
4 Ebd., S. 141 f. und 255.
5 Hermann Schell, Der Weinbau im Neckar- und Sulmbereich. Geschichte des Weinbaus in Neckarsulm. In: Adreßbuch der Stadt Neckarsulm 1985, S. 7 – 9.
6 1881 – 1981. Gemeinsam mehr leisten. Württembergischer Genossenschaftsverband-Raiffeisen/Schulze-Delitzsch-E.V., Stuttgart 1981, S. 35.
7 Vgl. auch StaNSU, 125 Jahre Wein und Sang. Weingärtnergenossenschaft, Männergesangverein Concordia Neckarsulm, 1980; 150 Jahre Sängerbund Neckarsulm, 1830 – 1980, Neckarsulm ²1981.
8 Anton Heyler, Neckarsulm im Auf und Ab eines halben Jahrhunderts. Chronik der Stadt Neckarsulm 1900 – 1950, Neckarsulm 1955, S. 137 (weiter zitiert als: Heyler, Chronik I); 125 Jahre Gewerbeverein, S. 76.
9 StaNSU B 61, Gemeinderatsprotokoll 1808 – 1810, fol. 46ᵛ ff.
10 Gerhard Seybold, Württembergs Industrie- und Außenhandel vom Ende der Napoleonischen Kriege bis zum Deutschen Zollverein, Stuttgart 1974, S. 127 f.
11 Zur Neckarfähre: StAL E 173 III; StaNSU A 3590, 3591.
12 Oberamtsbeschreibung, S. 255.
13 StaNSU A 3131.

14 125 Jahre Gewerbeverein, S. 52 f.
15 Zitiert ebd., S. 54.
16 Oberamtsbeschreibung, S. 254.
17 StAL F 187, Bü 94,2.
18 Ebd., F 187, Bü 88,5.
19 125 Jahre Gewerbeverein, S. 62.
20 StAL F 187, Bü 51.
21 Willi A. Boelcke, Wirtschaftsgeschichte Baden-Württembergs von den Römern bis heute, Stuttgart 1987, S. 295 (weiter zitiert als: Boelcke, Wirtschaftsgeschichte).
22 125 Jahre Gewerbeverein, S. 28 f.
23 StAL E 173 III, Bü 8291; um 1900 Sägerei und Fleischhackerei.
24 Reisach-Müller war 1946 Reinhold Maier. StAL FL 20/9, 204.
25 Zum 50jährigen Bestehen der Neckarsulmer Fahrzeugwerke Aktiengesellschaft Neckarsulm 1873 – 1923, Heilbronn (1923), S. 5 – 7; StaNSU A 3129/6 (weiter zitiert als: Neckarsulmer Fahrzeugwerke, 1923).
26 125 Jahre Gewerbeverein, S. 74 f.
27 Ebd., S. 76.
28 Ebd.
29 Ebd., S. 77 f.
30 StaNSU A 3313.
31 Gebr. Spohn GmbH 100 Jahre. 1847 – 1947, (Neckarsulm) S. 15.
32 125 Jahre Gewerbeverein, S. 106, 80 und 76.
33 Ebd., S. 73.
34 Ebd., S. 57; vgl. Boelcke, Wirtschaftsgeschichte, S. 137 f und 224.
35 125 Jahre Gewerbeverein, S. 73.
36 Oberamtsbeschreibung, 1881, S. 256.
37 Heyler, Chronik I, S. 170.
38 125 Jahre Gewerbeverein, S. 82 f.
39 Max Harttung, Kettenschiffahrt auf dem Neckar. In: Württ. Jb. 1894, I, S. 305 – 326; Hanns Heiman, Die Neckarschiffer, II. Teil, Heidelberg 1907; Otto Schleicher, Fünfzig Jahre Kettenschiffahrt auf dem Neckar, 1927.
40 Vgl. Boelcke, Wirtschaftsgeschichte, S. 290.
41 Harttung, Kettenschiffahrt, S. I, 311.
42 125 Jahre Gewerbeverein, S. 83 f.
43 Harttung, Kettenschiffahrt, S. I, 315.
44 Ebd., S. I, 324 – 326.
45 Oberamtsbeschreibung, 1881, S. 169 und 255.
46 Heiman, Neckarschiffer, II, S. 115 – 117.
47 125 Jahre Gewerbeverein, S. 85 f.
48 Heiman, Neckarschiffer, II, S. 114, Anm.
49 Vgl. S. 266 f.; 125 Jahre Gewerbeverein, S. 76 und 87.
50 StaNSU Beschäftigtenstatistik.
51 Kettenschiffahrt, 1927, S. 66.
52 Boelcke, Wirtschaftsgeschichte, S. 428.
53 Bundesarchiv/Militärarchiv Freiburg, RH 8/v. 1765.
54 Vgl. S. 269; Neckarsulmer Fahrzeugwerke, 1923, S. 7 f.
55 Ebd., S. 9; Carl Graf von Klinckowstroem, Knaurs Geschichte der Technik, Stuttgart 1959, S. 221 f.; Lutz Graf Schwerin von Krosigk, Die große Zeit des Feuers. Der Weg der deutschen Industrie, 3. Bd., Tübingen 1959, S. 23.
56 Neckarsulmer Fahrzeugwerke, 1923, S. 9; StaNSU A 3231a, NSU Werks-Chronik 1873 – 1953, Typoskript, S. 8a (weiter zitiert als: NSU Werks-Chronik).
57 Neckarsulmer Fahrzeugwerke, 1923, S. 10 – 27.
58 Ebd., S. 11, 16 und 18.
59 StaNSU, NSU Werks-Chronik u.a.; die Tabelle enthält nur die Fahrzeugproduktion, soweit überliefert, nicht aber die Fahrzeugteilefertigung.
60 Neckarsulmer Fahrzeugwerke, 1923, S. 30.
61 Ebd., S. 14.
62 Ebd., S. 99 – 105; Felix R. Paturi, Chronik der Technik, Stuttgart 1989, S. 341.
63 Schwerin von Krosigk, Zeit des Feuers, S. 24 f.
64 Neckarsulmer Fahrzeugwerke, 1923, S. 106 – 138.
65 Ebd., S. 16 f.
66 Ebd., S. 139 und 145 f.
67 StaNSU, NSU Werks-Chronik, S. 14; Neckarsulmer Fahrzeugwerke, 1923, S. 20 f.
68 Ebd., S. 127 – 138.
69 Ebd., S. 24 – 28.
70 Ebd., S. 198 f.
71 Wirtschaftsarchiv Baden-Württemberg, NSU-Geschäftsberichte.
72 Fritz Seidenzahl, 100 Jahre Deutsche Bank. 1870 – 1970, Frankfurt/M. 1970, S. 281 f.
73 StaNSU, NSU Werks-Chronik, S. 16 f.
74 Ebd., S. 18 f.
75 Ebd., S. 39.
76 Ebd., S. 36.
77 Hierzu besonders: 125 Jahre Gewerbeverein, S. 99 f.
78 Geschichte der Kolbenschmidt AG, hrsg. von der Kolbenschmidt AG (o. J.), S. 3 f.
79 Ebd.; Boelcke, Wirtschaftsgeschichte, S. 348 f.
80 125 Jahre Gewerbeverein, S. 101 f.
81 Geschichte der Kolbenschmidt AG, S. 3 f.
82 Ebd., S. 6 f.
83 125 Jahre Gewerbeverein, S. 106.
84 Gebrüder Spohn GmbH 100 Jahre, S. 16 f.

85 Heyler, Chronik I, S. 154 f.
86 125 Jahre Gewerbeverein, S. 80.
87 StaNSU A 3313.
88 Vgl. S. 270.
89 125 Jahre Gewerbeverein, S. 76.
90 Ebd., S. 77 f.
91 Ebd., S. 81.
92 Heyler, Chronik I, S. 158.
93 Zur Einwohnerstatistik siehe Abb. 90 und S. 264.
94 125 Jahre Gewerbeverein, S. 62.
95 Ebd., S. 52 f.
96 125 Jahre Gewerbeverein, S. 52.
97 Nicht enthalten sind 685 Arbeitslose.
98 Heyler, Chronik I, S. 168 f.; HStAS EA 6/002, Nr. 468; Anton Heyler: Chronik der Stadt Neckarsulm 1951 – 1976, Neckarsulm 1989, S. 62 f. (weiter zitiert als: Heyler, Chronik II).
99 Heyler, Chronik I, S. 169.
100 125 Jahre Gewerbeverein, S. 188.
101 Ebd., S. 180; Heyler, Chronik I, S. 168.
102 HStAS EA 6/002, Nr. 488.
103 Heyler, Chronik I, S. 169 f.; ders., Chronik II, S. 117 f.
104 Vgl. zum Wertewandel Willi A. Boelcke, Sozialgeschichte Baden-Württembergs 1800 – 1989, Stuttgart etc. 1989, S. 473 f.
105 Heyler, Chronik II, S. 223.
106 Ebd., S. 273.
107 StaNSU, Beschäftigtenstatistik. Die entsprechenden Zahlen für 1927: 5496; 1932: 1543.
108 Ebd.
109 StaNSU, NSU Werks-Chronik, S. 40 – 47.
110 Heyler, Chronik I, S. 157.
111 Ebd., S. 156.
112 HStAS EA 6/301/Nr. 106.
113 Heyler, Chronik II, S. 101; Kolbenschmidt übernahm das Betriebsgelände.
114 Heyler, Chronik I, S. 159 f.
115 Ebd., S. 158.
116 HStAS EA 6/103.
117 Boelcke, Wirtschaftsgeschichte, S. 476 – 481; Rad der Zeit, S. 139 – 143; Geschäftsberichte.
118 Werke Neckarsulm, Neuenstein, Heilbronn.
119 Kolbenschmidt, 1987, S. 7 – 11.
120 Heyler, Chronik II, S. 121, 150.
121 125 Jahre Gewerbeverein, S. 147 – 153.
122 Boelcke, Wirtschaftsgeschichte, S. 576 f.
123 Heyler, Chronik II, S. 229.
124 Ebd., S. 249 und 255.
125 Geschichte der Kolbenschmidt AG, S. 11 – 16; Geschäftsberichte.
126 Boelcke, Wirtschaftsgeschichte, S. 579 f.
127 125 Jahre Gewerbeverein, S. 154.
128 Heyler, Chronik II, S. 190 – 191, 193.
129 Mitteilung vom StaNSU vom 9.11.1990.
130 Egon Endres, Macht und Solidarität. Beschäftigungsabbau in der Automobilindustrie. Das Beispiel AUDI/NSU-Neckarsulm, Hamburg 1990, S. 38 – 47; Boelcke, Wirtschaftsgeschichte, S. 584.
131 Ebd., S. 582 f.; Rad der Zeit, S. 146 – 151.
132 Ebd., S. 163.
133 Statistik bei Endres, Macht und Solidarität, S. 176 f.; Geschäftsberichte. Das Heilbronner Teilwerk wurde geschlossen, das Neuensteiner Zweigwerk an eine Getriebefirma verkauft.
134 Rad der Zeit, S. 178 f.
135 Geschäftsbericht.
136 1978 – 1983 Jahresdurchschnitte; 1987 Arbeitsstättenzählung.
137 Davon 15 882 im Stahl-, Maschinen- und Fahrzeugbau (= 90,5 %).
138 125 Jahre Gewerbeverein, S. 145.

Die Arbeiterschaft in Neckarsulm: Vom Proletarier zum Partner (D. Herlan)

1 Barbara Griesinger und Hermann Greiner, Neckarsulmer Stimme 31, 1987, S. 2.
2 F. Herzog, Anekdoten aus der NSU-Geschichte. In: Betriebszeitschrift „Wir unter uns", Heft 11/12, 1956.
3 StaNSU A 1534, Anzeige, 4.11.1906.
4 Beschreibung des Oberamtes Neckarsulm, 1881, S. 77 und S. 169 ff.
5 Franz Joseph Maucher, Geschichte Neckarsulms, Bad Waldsee 1901, S. 266.
5a Die SPD in Baden-Württemberg und ihre Geschichte, hrsg. von Jörg Schadt und W. Schmierer, Stuttgart, 1979, S. 21, 25, 109.
6 StaNSU B 128, Gemeinderatsprotokoll 1898/99, S. 70; StaNSU A 1528 (1898 – 1912), Sozialdemokratische Partei Württemberg.
7 Heinrich Fischer (1859 – 1947), Weingärtner, bekannt unter dem Beinamen „Konsum Fischer", weil er in der Langen Gasse einen Laden mit „Billig-Waren" betrieb.
8 StaNSU A 1528 (1898 – 1912), Sozialdemokratische Partei Württemberg.
9 Ebd.
10 Ebd.
11 Ebd.
12 StAL E 173 III, Bü 8814 – 8818, Oberamtsvisitationsbericht 1911, Stellungnahme des Kath.

Dekanats.
13 Ebd., Stellungnahme des Ev. Dekanats.
14 SPD-Ortsverein, Protokolle, 14.1.1911.
15 Fritz Ulrich (1888–1969, Schriftsetzer, Redakteur seit 1912 beim „Neckar Echo", Mitglied des Landtags 1919 – 1933, Mitglied des Reichstags. Nach dem Zweiten Weltkrieg MdL 1946 – 1968, Innendirektor und Innenminister 1946 – 1956 (Verdienste um den Neckarsulmer Stadtteil Amorbach); vgl. Josef Weik, MdL – Die Mitglieder der Landtage in Baden-Württemberg 1946 – 1978, Stuttgart 1984. Franz Feuerstein (1866 – 1939), Redakteur, MdL 1906 – 1924, Landtagsabgeordneter für den Wahlkreis Heilbronn 1928 – 1933, Mitglied des Reichstags 1912 – 1924; vgl. Die SPD in Baden-Württemberg und ihre Geschichte. Zu Wilhelm Keil vgl. Dieter Herlan, Der Untertan wird Staatsbürger (in diesem Band), Anm. 34.
16 SPD-Ortsverein, Protokolle, 1.3.1913.
17 Die SPD in Baden-Württemberg und ihre Geschichte, S. 109 ff.
18 StaNSU B 137, Gemeinderatsprotokoll 1910, S. 593.
19 SPD-Ortsverein, Protokolle, 7.8.1915.
20 Ebd., 2.6.1917.
21 Ebd., 6.11.1915 und 2.6.1917.
22 StaNSU A 1534, Kgl. Oberamt an Stadtschultheißenamt 10.10.1917.
23 SPD-Ortsverein, Protokolle, 7.8.1915.
24 Dokumente zur Geschichte der Arbeiterbewegung in Württemberg und Baden 1848–1949, bearb. von Peter Scherer und Peter Schaaf, Stuttgart 1984, S. 111.
25 Ebd., S. 697.
26 StAL E 173 III, Bü 8814 – 8818, Oberamtsvisitationsbericht.
27 Archiv Druckerei Welker, Unterländer Volkszeitung v. 6.5.1908.
28 Ebd., 28.5.1912.
29 Ebd., 30.4.1910; ebd., 29.6.1912, Bericht über den Kongreß des Kartellverbandes kath. Arbeitervereine, Frankfurt/M.
30 Ebd., 24.6.1912.
31 Ebd., 11.6.1913.
32 Neckarsulmer Zeitung v. 21.6.1913; vgl. A. Argianzi, Entwicklung der IG Metallverwaltungsstelle Heilbronn/Neckarsulm 1878–1945, S. 8 ff.
33 Ebd.
34 StaNSU A 1509.
35 StaNSU A 1520, Akten betr. Gesangverein „Lassallia".

36 StaNSU A 1513.
37 Anton Heyler, Chronik I, S. 9; Archiv Druckerei Welker, Unterländer Volkszeitung v. 26.9.1908.
38 Ebd., 8.6.1911.
39 Ebd.
40 Hagen Schulze, Deutschland 1917 – 1933, Berlin 1982, S. 162.
41 StaNSU B 146, Gemeinderatsprotokoll 1919, S. 57.
42 StAL F 187, Bü II.
43 Archiv Druckerei Welker, Unterländer Volkszeitung v. 27.2.1919.
44 StaNSU A 1534, 26.2.1919.
45 SPD-Ortsverein, Protokolle, 21.8. 1919.
46 Ebd., 20.8.1920; Archiv Druckerei Welker, Unterländer Volkszeitung v. 27.8.1920.
47 Ebd., 26.8.1920.
48 Ebd., 14.5.1919.
49 Ebd., 6.9.1920.
50 Neckar Echo v. 4.9.1920.
51 StaNSU B 146, Gemeinderatsprotokoll 1919, S. 396.
52 Ebd., S. 231 ff.
53 Ebd., S. 382.
54 Ebd., S. 368 ff.
55 Ebd., S. 490 ff.
56 Ebd., S. 415.
57 Ebd., S. 404.
58 StaNSU B 150, Gemeinderatsprotokoll 1923, S. 480 ff, 540 ff., 495.
59 Ebd., S. 393.
60 Ebd., S. 229.
61 Brockhaus Enzyklopädie, I, S. 661. – In den Jahren nach 1945 hat die Arbeiterwohlfahrt mit der Verteilung von Lebensmitteln und Kleidung in Neckarsulm viel Armut lindern geholfen. Neben dem Vorsitzenden Hans Banzhaf hat sich besonders Anna Beckert mit großem Einsatz hervorgetan. Sie war es auch, die die Kindererholung in die Wege leitete, die dann durch den neuen Vorsitzenden Hermann Gerstlauer mit dem Bau des AWO-Waldheims in Amorbach (1959) vorbildlich gelöst werden konnte.
62 SPD-Ortsverein, Protokolle, 12.1.1929.
63 StaNSU B 160, Gemeinderatsprotokolle 1933.
64 StaNSU, Schreiben des Vorstands des Gesangvereins „Concordia" an das Stadtschultheißenamt Neckarsulm, 5.8.1930 und 7.8.1931, sowie des Sängerbundes „Liederkranz – Frohsinn", 3.8.1931.
65 StaNSU, Neckar Echo, 20.5.1931.
66 StaNSU, A 1534, Verbot von Versammlungen

und Aufzügen und Umzügen jeder Art unter freiem Himmel, Auszug über die Verhandlungen des Gemeinderats, 10.3.1931, § 149.

67 StaNSU Reichstagswahlen in Neckarsulm:

	31.7.1932	6.11.1932	5.3.1933
SPD	1095 St.	897 St.	978 St.
Zentrum	1792 St.	1600 St.	1596 St.
DDP	17 St.	19 St.	13 St.
KPD	257 St.	511 St.	286 St.
NSDAP	671 St.	601 St.	966 St.

68 Heyler, Chronik I, S. 154; StaNSU A 1668, Gemeinnützige Baugenossenschaft, Stadtschultheißenamt an Kgl. Oberamt, 4.10.1917.
69 StaNSU B 144, Gemeinderatsprotokoll 1917, Rechenschaftsbericht des Bürgermeisters für 1916, S. 4.
70 StaNSU A 1668, Gemeinnützige Baugenossenschaft, Brief des Stadtschultheißenamtes an die Versicherungsanstalt Württemberg/Stuttgart, 2.11.1917.
71 StaNSU B 144, Gemeinderatsprotokoll 1917, S. 219 ff.
72 Vgl. Anm. 70.
73 Heyler, Chronik I, S. 172.
74 Ebd.
75 Ebd.
76 Ebd.
77 Sta NSU 1671, Brief von Direktor Schwarz an die Stadtverwaltung, 12.10.1921.
78 Barbara Griesinger und Hermann Greiner, Neckarsulmer Stimme 27, 1987, S. 3.
79 Heyler, Chronik I, S. 172 f.
80 Ebd.
81 StaNSU B 174, Gemeinderatsprotokoll 1945, Bl. 32.
82 Ebd., 19.6.1945, vor Bl. 1.
83 Ebd., 26.9.1945, S. 29.
84 Heyler, Chronik I, S. 90 f.
85 Ebd., S. 97.
86 Ebd., S. 150 f., 156 ff.
87 Egon Endres, Macht und Solidarität. Beschäftigungsabbau in der Automobilindustrie, Hamburg 1990, S. 33.
88 Ebd., S. 32.
89 Heyler, Chronik II, S. 209.
90 Endres, Macht und Solidarität, S. 34 f.
91 Ebd., S. 37.
92 Ebd., S. 176 ff.

Wiederaufbau (A. Heyler)

1 Vgl. Anton Heyler, Neckarsulm im Auf und Ab eines halben Jahrhunderts. Chronik 1900 – 1950, Neckarsulm 1955, S. 70 ff. (weiter zitiert als: Heyler, Chronik I); StaNSU A 1813, Tätigkeitsbericht des Wohnungsamtes 1946 und Volkszählung 1939.
2 StaNSU A 1197a, Pfarrchronik Sandel 1945, S. 128 ff. (Kopie; Original im Pfarrarchiv St. Dionys, Neckarsulm); Unverzeichneter Bestand Fl. 112.6249.
3 StaNSU A 547.
4 StaNSU B 174, Gemeinderatsprotokolle 1945 und 1946, Bl. 3.
5 StaNSU, Unverzeichneter Bestand Fl. 3005, Baulandumlegung Altstadt.
6 StaNSU B 176, Gemeinderatsprotokoll 1948, S. 303 f.
7 Ebd., S. 569 f.
8 Dazu und zum folgenden vgl. StaNSU, Unverzeichneter Bestand Fl. 3051.
9 StaNSU B 174, Gemeinderatsprotokolle 1945 und 1946, Bl. 44 ff.
10 Vgl. dazu und zum folgenden StaNSU, Unverzeichneter Bestand Fl. 3010.
11 StaNSU A 1813, Tätigkeitsberichte des Wohnungsamts und A 1810 Berichte über vorhandenen Wohnraum an das staatl. Gesundheitsamt 1946 – 1949.
12 StaNSU A 1813 und A 1817, Wohnraumverhältnisse in den Baracken 1947 – 1953.
13 Vgl. dazu und zum folgenden Heyler, Chronik I, S. 193 ff.; Trabantensiedlung Amorbacherfeld bei Neckarsulm. Versuchs- und Vergleichsbauten des Bundesministeriums für Wohnungsbau 4, hrsg. vom Bundesministerium für Wohnungsbau, Münster 1955; Festschrift zum 50jährigen Bestehen der Heimstättengenossenschaft Neckarsulm (1917 – 1967); die Akten des StaNSU zu Neckarsulm-Amorbach A 1720 – A 1789.
14 StaNSU B 180, Gemeinderatsprotokolle 1952, S. 336 ff.
15 Ebd., S. 413 ff.
16 Zur Erweiterung Amorbachs vgl. Anton Heyler, Chronik der Stadt Neckarsulm 1951 – 1976, Neckarsulm 1989 (weiter zitiert als: Heyler, Chronik II), S. 98, 107 f., 110, 115 f., 126, 129, 164, 176, 190, 215, 218, 226, 244.
17 StaNSU B 185, Gemeinderatsprotokoll 1955, S. 564. Alles weitere aus den Akten der städtischen Bauverwaltung und des Ordnungsamtes-Ein-

wohnermeldestelle.
18 StaNSU A 1197a, Pfarrchronik Sandel 1945, S. 128 ff. (vgl. Anm. 3), Heyler, Chronik I, S. 102.
19 Pfarrarchiv St. Dionys Neckarsulm H 1.1 und 5.2a.
20 DAR, Neckarsulm F 5 und G 1.6.
21 Vgl. dazu StaNSU, Unverzeichneter Bestand Fl. 1536/1537.
22 Vgl. dazu Heyler, Chronik II, S. 39, 49, 54, 59 f., 101, 159. Rathaus Neckarsulm, Broschüre zur Rathauseinweihung 1985: Erhard Klotz, Einweihung des neuen Rathauses.
23 Vgl. dazu Heyler, Chronik II, S. 11 ff., 23 ff., 45 ff. Zum Freibadbau: StaNSU, Unverzeichneter Bestand Fl. 1890.
24 Vgl. Heyler, Chronik II, S. 54, 59 ff., 62, 65 ff., 116 f., 126, 129, 136, 144.
25 Ebd., S. 182, 190 f., 193, 213 f., 222, 237, 239, 250, 253, 256, 259.

Die Entwicklung der Neckarsulmer Schulen
(H. Rabaa und H. Thudium)

1 A. L. Reyscher, Vollständige, historisch und kritisch bearbeitete Sammlung der württembergischen Gesetze, Bd. XI/1, Tübingen 1839, S. 123.
2 StaNSU, Königliches Gesetz die Volksschulen betreffend v. 10.10.1836, § 72. In: Regierungsblatt für das Königreich Württemberg vom Jahre 1836, S. 515.
3 Albert Schüle, Von Beruf Lehrer, Freiburg 1979, S. 14.
4 StaNSU, R 103, Bürgermeisterrechnung 1812, fol. 310.
5 Vgl. Josef Muth, Zur Schulgeschichte in Neckarsulm. In: Historische Blätter des Heimatvereins Neckarsulm, I/III 1989, S. 11 (weiter zitiert als: Muth, Schulgeschichte).
6 StAL F 173 III, Bü 6702, Kommissionsbericht über die Oberamts-Visitation zu Neckarsulm 1835, Schulwesen, Bemerkung 26,6.
7 Vgl. 1200 Jahre Obereisesheim. Beiträge zur Ortsgeschichte von Christian Fischer, Wilhelm Krämer, Wilhelm Maier, Walter Schüle und Willi Winter, Ludwigsburg 1967, S. 119 (weiter zitiert als: 1200 Jahre Obereisesheim).
8 Mündl. Überlieferung. Dieses Lied war im ganzen deutschsprachigen Raum verbreitet. Das Deutsche Volksliedarchiv Freiburg i. Br. besitzt verschiedene Fassungen, u. a. eine gedruckte aus dem Jahre 1811 mit 25 Strophen. Die hier notierten Strophen hat Herr A. Schoder, Neckarsulm 2, mitgeteilt.

In einem Dorf im Schwabenland, Schwabenland,
da lebt, uns allen wohlbekannt, wohlbekannt,
da wohnt in einem Häuslein klein,
das arme Dorfschulmeisterlein.

Des Sonntags ist er Organist, ...
des Montags fährt er seinen Mist, ...
des Dienstags hütet er die Schwein',
das arme Dorfschulmeisterlein.

Des Mittwochs fährt er in die Stadt, ...
und kauft, was er zu kaufen hat, ...
'nen halben Hering kauft er ein,
das arme Dorfschulmeisterlein.

9 StaNSU, Königliches Gesetz die Volksschulen betreffend v. 10.10.1836, § 1. In: Regierungsblatt für das Königreich Württemberg vom Jahre 1836, S. 420.
10 StAL F 173 III, Bü 6702, Oberamtsvisitation.
11 Vgl. Franz Joseph Maucher, Geschichte Neckarsulms, Bad Waldsee 1901, S. 285 (weiter zitiert als: Maucher, Geschichte). Danach war hier der Mesnerdienst schon ab 1750 von den Lehrerstellen getrennt, der Organistendienst ab 1866 an die vierte Lehrerstelle gebunden.
12 Vgl. StaNSU, Amtsblatt des Königlich-Württembergischen Ministeriums des Kirchen- und Schulwesens Nr. 9/1909, S. 84 ff.
13 Ebd., S. 106.
14 Maucher, Geschichte, S. 278.
15 Ebd., S. 280.
16 Beschreibung des Oberamts Neckarsulm, hrsg. vom Königlich statistisch-topographischen Bureau, Stuttgart 1881 (Reprint Magstadt 1980), S. 248 (weiter zitiert als: Oberamtsbeschreibung).
17 Vgl. Maucher, Geschichte, S. 282.
18 Ebd., S. 293.
19 Vgl. Ev. Pfarrarchiv Neckarsulm, Reskriptenbuch 1850 – 1910.
20 Ev. Pfarrarchiv Neckarsulm, Pfarrbeschreibung Neckarsulm 1905, fol. 13: Zu den Gesamtkosten des Kirchen- und Schulhausbaus in Höhe von rd. 100 500 M hat die Freiherrl. von Wächter-Lautenbachsche Familie in den Jahren 1882 – 89 nach und nach 28 850 M gespendet, als Staatsbeitrag wurden 8000 M „verwilligt", die Stadt Neckarsulm gab 1000 M dazu.
21 Vgl. Ebd., fol. 17: „Mit dem Erlös (20 500 M) aus dem Schulhaus konnte die evang. Gemeinde den

letzten Rest ihrer Kirch- und Pfarrhsusschuld bezahlen ..."
22 Vgl. Christhard Schrenk, Die evangelischen Volksschulen im Dekanat Heilbronn. In: Schwaben und Franken 35 (1989), H. 4.
23 Vgl. 1200 Jahre Obereisesheim, S. 161.
24 Oberamtsbeschreibung, S. 328 ff.
25 Maucher, Geschichte, S. 357.
26 Vgl. StaNSU, Sammelgut zu den Ehrenbürgern: Franz Sträßle.
27 Zum Begriff vgl. Klaus Schmitz, Geschichte der Schule, Stuttgart 1980. Um 1815 wurde in Preußen „die Berechtigung zum einjährig-freiwilligen Heerdienst" eingeführt, sie besagte, daß „junge Leute aus den gebildeten Ständen" nach Ablegung der „Sekunda-Reife" (Kl. 6.) eines Gymnasiums statt der dreijährigen Wehrpflicht nur eine einjährige Militärzeit abzuleisten hatten.
28 Maucher, Geschichte, S. 287.
29 Muth, Schulgeschichte, S. 14 ff.: „Die tollsten Vorschläge werden im Rat gemacht. Ein Stadtrat schlägt vor, die Straßenbeleuchtung abzuschaffen und die dadurch eingesparten 60 fl für die Schule zu verwenden ... ein anderer will das jährliche Brückengeld von ca. 10 fl dazu verwilligen ..."
30 Ebd., S. 14.
31 Maucher, Geschichte, S. 290.
32 StAL F 173 III, Bü 6702, Oberamtsvisitation.
33 Maucher, Geschichte, S. 290.
34 StaNSU A 1076, Grundbeschreibung der Realanstalt in Neckarsulm (1850).
35 StaNSU A 1082, Schülerzahlen von Latein- und Realschule, 1921 – 1966.
36 Vgl. Maucher, Geschichte, S. 291 f.
37 1200 Jahre Obereisesheim, S. 120.
38 StaNSU B 103, Gemeinderatsprotokoll 1864, fol. 39^v, 74^v, 122.
39 Vgl. StaNSU A 1122, Gewerbeschulpflicht 1909 – 1950.
40 Anton Heyler, Neckarsulm im Auf und Ab eines halben Jahrhunderts. Chronik 1900 – 1950, Neckarsulm 1955, S. 8 (weiter zitiert als: Heyler, Chronik I).
41 Vgl. G. Giese, Quellen zur deutschen Schulgeschichte, Göttingen 1961.
42 StaNSU A 966, Einführung des 8. Schuljahres 1927.
43 StaNSU, Amtsblatt des Württembergischen Ministeriums des Kirchen- und Schulwesens Nr. 17/1920, S. 178 f.
44 Ebd., S. 178.
45 Ebd., S. 37.
46 Ebd., S. 43.
47 Vgl. Schüle, Von Beruf Lehrer, S. 21.
48 Vgl. StaNSU A 892, Einrichtung einer Hauswirtschaftsschule, 1919 – 1925.
49 Vgl. StaNSU A 959, Schülerzahlen der Volks-, Hilfs- und Fortbildungsschule, 1930.
50 Vgl. StaNSU A 996, Errichtung einer Schulbaracke, 1919 – 1920.
51 Vgl. StaNSU A 1006, Errichtung der Karlsschule, 1922 – 1923.
52 Vgl. Heyler, Chronik I, S. 36.
53 StaNSU, Unterländer Volkszeitung v. 25.7.1925.
54 Vgl. Heyler, Chronik I, S. 41.
55 Vgl. ebd., S. 42.
56 StaNSU 1098, Festschrift zur Weihe des Albert-Schweitzer-Gymnasiums, 3.5.1960.
57 Vgl. Heyler, Chronik I, S. 32.
58 StaNSU B 155, Gemeinderatsprotokoll 1928, S. 295 ff.
59 StaNSU A 887, Zweckverband für die ländliche kath. Fortbildungsschule, 1928 – 1955.
60 Vgl. StaNSU A 1137, Kath. Haushaltungs- und Handelsschule St. Paulus, 1929 – 1967.
61 Ebd.
62 Vgl. Anton Heyler, Chronik der Stadt Neckarsulm 1951 – 1976, Neckarsulm 1989, S. 166 (weiter zitiert als: Heyler, Chronik II).
63 Vgl. StaNSU, Amtsblatt des Württembergischen Kultministeriums 26, 1933, Nr. 8, S. 86. Nach dem Erlaß vom 24.7.1933 wurde angeordnet, „daß die Schüler und Schülerinnen aller Schulen zu Beginn und am Schluß des Unterrichts... durch Erheben des rechten Armes grüßen. Die Lehrer und Lehrerinnen erwidern mit dem Hitler-Gruß".
64 Vgl. StaNSU, Amtsblatt des Württembergischen Kultministeriums 34, 1941, Nr. 13, S. 155 ff.
65 Walther Hofer, Der Nationalsozialismus. Dokumente 1933 – 1945, Frankfurt 1957, Dok. Nr. 46: Gespräche mit Hermann Rauschning.
66 Vgl. StaNSU, Marianne Kuhn, Schule und Religionsunterricht während des Dritten Reiches in der Diözese Rottenburg – unter besonderer Berücksichtigung des Dekanats Neckarsulm, Masch.schr. Manuskript 1987, S. 23 ff.
67 StaNSU A 998, Entfernung von unzeitgemäßen Gedenksteinen 1933.
68 Kuhn, Schule und Religionsunterricht, S. 27.
69 Vgl. ebd., S. 27 ff.
70 Eberhard Röhm und Jörg Thierfelder, 450 Jahre Kirche und Schule in Württemberg, Stuttgart 1984, S. 248.
71 StaNSU A 967, Einführung der Deutschen Schule

in Neckarsulm 1936 – 37.
72 Vgl. StNSU A 967, Unterländer Volkszeitung v. 3.6.1936.
73 Vgl. StaNSU A 999, Umbenennung der Neckarsulmer Volksschulen, 1936. Hans Schemm (1891 – 1935) gründete den NS-Lehrerbund, nach 1933 bayerischer Kultminister, starb bei Flugzeugabsturz. Herbert Norkus (1916 – 1932), Hitlerjunge in Berlin, 1932 angeblich von Kommunisten ermordet.
74 Vgl. Heyler, Chronik I, S. 64.
75 Vgl. ebd.
76 Vgl. Giese, Quellen zur deutschen Schulgeschichte, S. 282 ff.
77 Vgl. Rainer Bölling, Sozialgeschichte der deutschen Lehrer. Ein Überblick von 1800 bis zur Gegenwart, Göttingen 1983.
78 Vgl. ebd., S. 159.
79 StaNSU, Ortsschulrat Neckarsulm.
80 Vgl. StaNSU, Ortsschulrat Neckarsulm, Protokoll der Ortsschulratsitzung v. 7.2.1947: Nach der Verordnung des Kultministeriums Wü-Ba, v. 31.10.1946, Amtsbl. 1/1947, wurde die Bildung von Ortsschulräten auf der Grundlage des SchG. 1920 angeordnet. Ihm gehörten Vertreter des Gemeinderats, der Lehrer, der Eltern und der Geistlichkeit an. Den Vorsitz führte der Schulleiter, bzw. der 1. Schulleiter, der Bürgermeister war von Amts wegen der stellv. Vorsitzende. Der OSchR hatte gegenüber der Kommune ein Vorschlagsrecht in allen schulischen Angelegenheiten, auch bei Stellenbesetzungen. Bei der Neuordnung nach dem SchVOG von 1964 wurde er aufgelöst, sein Nachfolger, der Schulbeirat, hatte wesentlich weniger Kompetenzen, vor allen Dingen ist seine Bildung eine „Kann-Vorschrift".
81 Vgl. StaNSU A 993, Instandsetzung der Schulhäuser und Reorganisation des Unterrichts 1945 – 1947.
82 Vgl. Wilhelm Cornides, Die Weltmächte und Deutschland, Geschichte der jüngsten Vergangenheit 1945 – 1955, Tübingen 1957, S. 92 ff. Die Einrichtung der „Spruchkammern" erfolgte aufgrund des „Gesetzes zur Befreiung vom Nationalsozialismus und Militarismus" v. 3. März 1946. In der amerikanischen Zone wurde die „Entnazifizierung" am gründlichsten betrieben. Alle Deutschen hatten sich einer Überprüfung zu unterziehen, durch die der Grad ihrer politischen Belastung in fünf vom Kontrollrat festgelegten Gruppen (Hauptschuldige, Belastete, Minderbelastete, Mitläufer, Unbelastete) bestimmt und Sühnemaßnahmen angeordnet wurden. Von den Amerikanern stammte auch der „Fragebogen", dessen 131 Fragen für viele Deutsche zum Symbol der Besatzungszeit wurden. Von den in der amerikanischen Zone ca. 12 Millionen „Registrierten" waren etwa 3,3 Millionen vom Entnazifizierungsverfahren betroffen.
83 Vgl. Erich H. Müller, Volksschullehrer erinnern sich. In: Lehren und Lernen, H. 11, Nov. 1985.
84 Georg Picht, Die deutsche Bildungskatastrophe, Olten – Freiburg 1964.
85 StaNSU, Kultus und Unterricht. Amtsblatt des Kultusministeriums Baden-Württemberg 14 (1965), Nr. 7, S. 308 ff.: Bekanntmachung vom 10.3.1965, U II 3101/3.
86 Vgl. Deutscher Bildungsrat, Strukturplan für das Bildungswesen, Stuttgart 1970, S. 33.
87 Hartmut von Hentig, Cuernavaca oder Alternativen zur Schule?, Stuttgart 1971, S. 117.
88 StaNSU, Ortsschulrat Neckarsulm, Protokoll v. 7.2.1947.
89 Ebd., Protokoll vom 24.4. und 4.7.1947.
90 StaNSU A 993, Instandsetzung der Schulhäuser und Reorganisation des Unterrichts 1945 – 1947.
91 Vgl. Heyler, Chronik I, S. 104.
92 Vgl. StaNSU A 1017, Schulhausbau auf der Viktorshöhe, Steinachschule, 1949 – 1951, 1953, 1955: Neckar-Echo v. 5.9.1949.
93 Vgl. StaNSU, ebd., Neckar-Echo v. 6.9.1949.
94 Vgl. StaNSU, ebd., mehrere Berichte v. 8.9. und 9.9.1949 in der Heilbronner Stimme, der Unterländer Volkszeitung und dem Neckar-Echo.
95 Vgl. StaNSU, ebd., Neckar-Echo v. 29.9.1949.
96 Vgl. StaNSU, Ortsschulrat Neckarsulm.
97 Vgl. Heyler, Chronik II, S. 145.
98 Vgl. Akten des Ersten Rektorats beim Geschäftsführenden Schulleiter in Neckarsulm.
99 StaNSU B 213, Gemeinderatsprotokoll 1969, S. 61, v. 6.3.1969; B 216, Gemeinderatsprotokoll 1970, S. 173, v. 14.8.1970.
100 Vgl. StaNSU, ebd., S. 169 ff.
101 Vgl. StaNSU, B 232, Gemeinderatsprotokoll 1976, S. 96, v. 26.2.1976.
102 StaNSU, Sammlung Heilbronner Stimme 1981, v. 10.11.1981.
103 StaNSU, Ortsschulrat Neckarsulm, Protokoll v. 16.1.1956 bzw. B 187, Gemeinderatsprotokoll 1956, S. 266, v. 20.3.1956.
104 Akten des Ersten Rektorats beim Geschäftsführenden Schulleiter in Neckarsulm.
105 Vgl. Heyler, Chronik II, S. 136.
106 Vgl. StaNSU, Ortsschulrat Neckarsulm.

107 Vgl. Akten des Ersten Rektorats beim Geschäftsführenden Schulleiter in Neckarsulm.
108 Vgl. Heyler, Chronik II, S. 271.
109 StaNSU, Sammlung Heilbronner Stimme 1982 v. 23.8.1982.
110 Vgl. StaNSU B 184, Gemeinderatsprotokoll 1955, S. 433 ff., v. 26.4.1955.
111 Vgl. Heyler, Chronik II, S. 69.
112 Vgl. StaNSU A 1094, Namensgebung des Albert-Schweitzer-Gymnasiums 1959 – 1961: Dr. Albert Schweitzer (1875 – 1965), aus dem Elsaß stammender Theologe, Bach-Interpret, Kulturphilosoph, Nobelpreisträger, „Urwaldarzt" in Lambarene, Gabun.

Dr. Albert Schweitzer
Lambarene – Gabun
Französisch-Äquatorialafrika   29. Mai 1959

An den Herrn Bürgermeister
der Stadt Neckarsulm

Hochverehrter Herr Bürgermeister!

Ich habe schon Ihren ersten Brief bekommen. Aber mit dem Anworten geht es bei mir armen Kerl nicht wie ich möchte. Arbeit und Müdigkeit lassen mich nicht in erforderlicher Weise zum Schreiben kommen, obwohl ich viele Stunden in den Nächten auf Korrespondenz statt auf Schlafen verwende. Und ich wollte Ihnen in einer solchen Sache selber antworten.

Tausend Dank für die Ehre, die Sie mir mit Ihrer Anfrage erweisen. Gerne willige ich ein, wenn die Herren des Gemeinderates den Wunsch äußern, daß das Gymnasium meinen Namen führe. Ich habe ja ein lebhaftes Interesse für alle Angelegenheiten des Unterrichtswesen. Ich stamme aus einem Schulmeistergeschlecht, das durch Generationen hindurch im Unterelsaß wirkte. Ich liebte das Unterrichten und ich schätze das deutsche Gymnasium als eine rechte Bildung verleihende Unterrichtsstätte. Lassen Sie mich den Tag der Einweihung des Gymnasiums wissen, daß ich in Gedanken bei der Feier sein kann.

Herzlich Ihr ergebener
Albert Schweitzer

113 Vgl. Heyler, Chronik II, S. 218.
114 Vgl. Ebd., S. 85.
115 StaNSU, Ortsschulrat Neckarsulm, Schreiben vom Oberschulamt v. 16.12.1958.
116 Vgl. 30 Jahre Pestalozzischule Neckarsulm, Festschrift 1989.
117 Vgl. Heyler, Chronik II, S. 100.
118 Vgl. ebd., S. 107.
119 Vgl. Festschrift zur Einweihung des Gewerblichen Kreisberufsschulzentrums Neckarsulm am 13.11.1981.
120 Vgl. Heyler, Chronik II, S. 54.
121 Vgl. Festschrift zur Einweihung des Gewerblichen Berufsschulzentrums Neckarsulm am 13.11.1981.
122 Vgl. Gesetz zur Vereinheitlichung und Ordnung des Schulwesens (SchVOG) v. 5.5.1964, § 4. Abs. 9. In: Gesetzblatt für Baden-Württemberg 1965, Nr. 12, S. 235 ff.
123 StaNSU, Sammlung Heilbronner Stimme 1971 v. 27.7.1971.
124 Vgl. Erklärung der Pressestelle des Landratsamts Heilbronn v. 4.12.1972.
125 Vgl. Sonderschule G, Neufassung im Schulgesetz von 1983; „G" steht für geistig behinderte Kinder.
126 Vgl. Durchschrift bei den Akten des Geschäftsführenden Schulleiters.
127 Vgl. Richtlinien zu § 5 Abs. 4 des Gesetzes zur Vereinheitlichung und Ordnung im Schulwesen (SchVOG) v. 21.8.1967. In: Kultus und Unterricht 1967.
128 Vgl. Aktenvermerk des Liegenschaftsamtes Neckarsulm v. 19.12.1978.

Die katholische Kirchengemeinde (A. Vogt)

1 Robert Koch, Eine frühchristliche Fibel aus Neckarsulm. In: Schwaben und Franken 14 (1968), 12.
2 Beschreibung des Oberamts Neckarsulm, hrsg. vom Königlich statistisch-topographischen Bureau, Stuttgart 1881, S. 259, 269 (weiter zitiert als: Oberamtsbeschreibung); Franz Joseph Maucher, Geschichte Neckarsulms, Bad Waldsee 1901, S. 5 f., 142 (weiter zitiert als: Maucher, Geschichte).
3 Nach einer Benachrichtigung des Direktors des Fürstl. Leiningenschen Archivs Amorbach, Herrn Dr. Oswald: FLAA Urk. 1256, „Datum et actum apud monasterium nostrum Amerbach in festo Martini anno domini MCCLVI indictione quintadecima."
4 Vgl. P. Ignaz Gropp, Aetas mille annorum antiquissimi et regalis monasterii B. M. V. in Amorbach, Frankfurt 1736, S. 146; Oberamtsbeschreibung, S. 270; Maucher, Geschichte, S. 101.
5 Ausführlich bei Karl Jäger, Die Burg Weinsberg, genannt Weibertreu, Heilbronn o. J., mit vielen Quellenangaben.

6 Oberamtsbeschreibung, S. 269 f.
7 Ebd., S. 270 f.; Maucher, Geschichte, S. 17 ff.; Michael Diefenbacher, Territorienbildung des Deutschen Ordens am unteren Neckar. Quellen und Studien zur Geschichte des Deutschen Ordens 23, Marburg 1985, S. 31.
8 Walter Hotz, Amorbacher Cicerone, Amorbach ⁵1976, S. 17, 96.
9 Maucher, Geschichte, S. 231, 368.
10 Oberamtsbeschreibung, S. 273.
11 Ebd., S. 274; Alois Seiler, Zur Einführung. In: Neckarsulm und der Deutsche Orden 1484 – 1805 – 1984. Katalog der Ausstellung des Staatsarchivs Ludwigsburg und der Stadt Neckarsulm im Molitorsaal zu Neckarsulm, Neckarsulm 1984, S. 12 (weiter zitiert als: Ausstellungskatalog Neckarsulm); Bernhard Demel, Der Deutsche Orden und Neckarsulm. In: Ausstellungskatalog Neckarsulm, S. 24.
12 Pfarrarchiv St. Dionys Neckarsulm, Succession der Herren Stadtpfarrer, wie solche vom Jahr 1611 aus den vorhandenen Urkunden konnte bemerkt werden. Eingeheftet vor Seite 1 des Familienregisters der Pfarrei St. Dionysius, Bd. 1, 1808 ff.
13 Ausstellungskatalog Neckarsulm, S. 109. Ausführlichere Baubeschreibung siehe S. 146 ff.
14 StaNSU, Werner Pfeifer, St. Dionysius in Neckarsulm. Kultur- und kunstgeschichtliche Arbeit über die katholische Stadtpfarrkirche Neckarsulm (Masch.schr.), Neckarsulm – Calw 1969, S. 80.
15 P. Adalbert Ehrenfried, Stifte und Orden in Neckarsulm, Zell a. H. 1974, S. 103 ff.; Maucher, Geschichte, S. 167 ff.
16 Ernst Müller, Kleine Geschichte Württembergs, Stuttgart 1963, S. 167 ff.
17 Pfarrarchiv St. Dionys Neckarsulm, Succession.
18 Maucher, Geschichte, S. 268.
19 Pfarrarchiv St. Dionys Neckarsulm, Handschriftliche Pfarrchronik von Stadtpfarrer Maucher o. S. für das Jahr 1904.
20 Das Königreich Württemberg, Bd. 1, hrsg. vom Königlich statistischen Landesamt, Stuttgart 1904, S. 145 ff.
21 Pfarrarchiv St. Dionys Neckarsulm, Pfarrchronik von Stadtpfarrer Mosthaf o. S. für das Jahr 1919.
22 Pfarrarchiv St. Dionys Neckarsulm, Handschriftliche Berichte zur Pfarrchronik, Band 1929 – 1948; Kirchenstiftungsratsprotokolle der Jahre 1928/1929.
23 Pfarrarchiv St. Dionys Neckarsulm, Stadtpfarrer Sandel, Handschriftliche Berichte zur Pfarrchronik, Bd. 1929 – 1948; Jahrgang 1934 ff.
24 Ebd., Jahrgang 1939.
25 Pfarrarchiv St. Dionys Neckarsulm, Handschriftliche Aufzeichnungen zur Pfarrchronik von Stadtpfarrer Vaas (angeschlossen an die Aufzeichnungen von Stadtpfarrer Sandel); Protokolle des Kirchenstiftungsrats bzw. des Kirchengemeinderats.
26 Anton Heyler, Neckarsulm im Auf und Ab eines halben Jahrhunderts. Chronik 1900 – 1950, Neckarsulm 1955, S. 193; Pfarrarchiv St. Dionys Neckarsulm, Handschriftliche Aufzeichnungen zur Pfarrchronik von Stadtpfarrer Vaas bzw. neuer Band 1968 – 1980.
27 Pfarrarchiv St. Dionys, Ernennungsurkunde für die Pfarrei Neckarsulm-Amorbach. Zur weiteren Entwicklung der Kirchengemeinde vgl. Kirchengemeinderatsprotokolle Pax Christi Neckarsulm-Amorbach ab 1958.
28 Zur Entwicklung der Kirchengemeinde St. Johannes in Neckarsulm-Neuberg vgl. Kirchengemeinderatsprotokolle St. Johannes Neckarsulm-Neuberg ab 1973.
29 Zum Städtischen Krankenhaus vgl. Anton Heyler, Städtisches Krankenhaus Neckarsulm 1913 – 1977, Neckarsulm 1977.

Protestantismus in der Diaspora: Die Entstehung und Entwicklung der evangelischen Kirchengemeinde Neckarsulm (G. Emberger)

1 Franz Joseph Maucher, Geschichte Neckarsulms, Waldsee 1901, S. 55 (weiter zitiert als: Maucher, Geschichte).
2 Als ein Beispiel wären der Kürschner Hans Wolf Hütterer und seine Frau zu nennen, von denen es 1718 hieß, sie seien an die 20 Jahre, zwar nicht als Bürger, aber „als Beysassen zu Neccarsulm wohnhafft und lutherischer Religion", für eine Bekehrung zum katholischen Glauben sei keine Hoffnung (StAL B 324, Bü 32). Den Hinweis verdanke ich Frau Barbara Griesinger, Neckarsulm.
3 LKA A 29/3043.
4 So hieß es z.B. 1850 wörtlich, als es um die Einweihung der Schloßkapelle Neckarsulm als gottesdienstliches Lokal der Protestanten ging (LKA A 29/3041,1).
5 LKA A 29/2375, Pfarrbeschreibung 1828.
6 Dies und das folgende: LKA A 29/3041,1.
7 Das Stadtschloß war seit dem Übergang an Württemberg Oberamtei, heute befindet sich darin das Deutsche Zweirad-Museum. Die Schloßkapelle war bis 1811 noch von den Katholiken genutzt

worden (Maucher, Geschichte S. 234 f.). Bis zur Überlassung an die Protestanten diente sie dem Oberamt als „Registraturlocal" (Pfarrarchiv Neckarsulm, Neue Redaktion der Pfarrbeschreibung, 1873).
8 LKA A 29/3041,1.
9 Ebd. Gustav-Adolf-Verein: Zur Erinnerung an den im 30jährigen Krieg den Evangelischen zu Hilfe gekommenen Schwedenkönig wurde 1832 in Leipzig eine Gustav-Adolf-Stiftung zur Unterstützung der Evangelischen gegründet, die in der Diaspora leben. 1843 wurde in Stuttgart der württembergische Gustav-Adolf-Verein gegründet (Glaube, Welt und Kirche im evangelischen Württemberg, Katalog der Ausstellung zur 450-Jahr-Feier der Ev. Landeskirche, Stuttgart 1984, S. 389).
10 LKA A 29/3041,2. Die Offenauer Protestanten wollten lieber weiterhin bei der Pfarrei Kochendorf bleiben, was ihnen am 16. Sept. 1851 auch genehmigt wurde.
11 Ebd. Der Zuschuß des Gustav-Adolf-Vereins wurde bis zum 1. April 1859 gewährt, danach übernahm die Staatskasse diesen Beitrag. Ebenso übernahm der Staat ab 20. November 1855 die Zahlung des Beitrags der evangelischen Kirchengemeinde.
12 LKA A 29/3042,3.
13 Ebd., 3043,5.
14 Ebd., 3045, Pfarrbeschreibung 1905.
15 Ebd., 3041,2. In anderen Quellen ist von nur 70 Sitzplätzen in der Kapelle die Rede.
16 Pfarrarchiv Neckarsulm, Geschichte der ev. Gemeinde Neckarsulm, gefertigt im Juli/Oktober 1894 von Pfarrer Lempp, S. 43–45. Das Kirchenbaukomitee bestand aus Pfarrverweser Eisele, Oberamtsrichter Gmelin, Gerichtsnotar Cöllin, Weinwirt Haug und Ökonom Ernst.
17 Dies und das folgende bei Lempp und in LKA A 29/3043,1.
18 Zur Biographie der Gräfin Waldersee: Elisabeth Gräfin Waldersee, Von Klarheit zu Klarheit, Stuttgart 1915. Kurt Raeder, Gräfin Marie Waldersee. Von der Ballkönigin zur „Schatzmeisterin Gottes", Stuttgart 1953. Ihre (angebliche?) einflußreiche Rolle am Hof Kaiser Wilhelms II. beleuchtet: Alson J. Smith, In Preußen keine Pompadour, Stuttgart 1965.
19 Lempp, S. 29 f.
20 LKA A 29/3041,2.
21 LKA A 29/3045, Pfarrbericht 1866; Pfarrarchiv Neckarsulm, Pfarrgemeinderatsprotokoll 1866, fol. 101.
22 LKA A 29/3045, Pfarrbericht 1870.
23 Lempp, S. 38.
24 LKA A 29/3045, Pfarrbeschreibung 1905. Weiterhin waren an Geldern zusammengekommen: 14116,31 M aus einer am 23. Mai 1886 in allen ev. Kirchen Württembergs stattgefundenen Kollekte (LKA A 29/3043,1); vom Gustav-Adolf-Verein 15900 M; Staatsbeitrag 8000 M; Stadtgemeinde Neckarsulm 1000 M; sonstige Sammlungen 8700 M (LKA A 29/3045, Pfarrbeschreibung 1905).
25 Lempp, S. 70 f.
26 LKA A 29/3043,1.
27 Ebd., 3045, Pfarrbeschreibung 1905.
28 Ebd., 3043,1.
29 Ebd., 3043,2.
30 Dies und das folgende: ebd., 3041,1.
31 Für das Jahr 1848 liegen keine Zahlen vor; 1850 gab es in Neckarsulm 63 Protestanten und 38 Israeliten (Maucher, Geschichte, S. 375). In Kochendorf bestand seit 1833 eine israelitische Schule (LKA A 29/2375, Pfarrbeschreibung 1828, mit Nachträgen).
32 LKA A 29/3041,1.
33 Ebd., 3041,2.
34 Ebd., 3045, Pfarrbericht 1864.
35 Ebd., Pfarrbericht 1866.
36 Dies und das folgende: ebd., 3045, Pfarrbericht 1872.
37 Ebd., Pfarrbericht 1886.
38 Ebd., Pfarrbeschreibung 1905; Maucher, Geschichte, S. 157, 293.
39 LKA A 29/3045, Pfarrbericht 1888.
40 Ebd., Pfarrbericht 1890.
41 Ebd., Pfarrberichte 1892, 1894, 1899, 1903.
42 Ebd., 3043,1.
43 Ebd., 3045, Pfarrbeschreibung 1905.
44 Ebd. – Nach dem Volksschulgesetz von 1836, Art. 13, konnten in Orten, in denen Einwohner verschiedener Konfessionen ansässig waren, die Angehörigen der Konfession der Minderzahl örtliche Mittel zur Errichtung und Unterhaltung einer eigenen Volksschule beanspruchen, wenn mindestens 60 Familien dieser Konfession am Ort lebten. Diese Zahl war in Neckarsulm 1901 erreicht worden.
45 LKA A 29/3045, Pfarrbeschreibung 1905.
46 Ebd., Pfarrbericht 1888.
47 Ebd., Pfarrbericht 1907.
48 LKA Pfarrberichte Neckarsulm/Altreg., Pfarrbericht 1927.
49 Einer der vorübergehend angesiedelten Beamten

ist z.B. der von 1859 bis 1878 in Neckarsulm tätige Oberamtsrichter, Dichter („Im schönsten Wiesengrunde") und Heimatforscher Wilhelm Ganzhorn, dessen man in Neckarsulm seit 1980 mit einem jährlich im September stattfindenden „Ganzhorn-Fest" gedenkt. – Es wäre sicherlich der Untersuchung wert, inwieweit die Protestanten dem kulturellen Leben in Neckarsulm Impulse gegeben haben.
50 LKA A 29/3045, Pfarrbericht 1880.
51 Ebd., Pfarrbericht 1890.
52 Ebd., 3043,1.
53 LKA Pfarrberichte Neckarsulm/Altreg., Pfarrbericht 1931.
54 Ebd., Pfarrbericht 1936.
55 Ebd. Während die „Deutschen Christen" in Nekkarsulm wohl nicht sehr hervortraten, waren sie im Filialort Gundelsheim um so dominierender. – Der Pfarrbericht von 1936 ist leider der einzige aus der Zeit des Nationalsozialismus erhaltene. Sein Verfasser, Pfarrer Eugen Schmid, wirkte von 1933 – 1939 in Neckarsulm. Sein Nachfolger Immanuel Heimerdinger hat 1948 eine „Chronik von Neckarsulm in den Jahren 1933 – 1945" verfaßt (Pfarrarchiv Neckarsulm); er sah die Ereignisse in Neckarsulm während jener Jahre wohl weniger kritisch als sein Amtsvorgänger Schmid.
56 LKA A 29/3041,1.
57 Ebd., 3041,2.
58 Lempp, S. 35.
59 LKA A 29/3045, Pfarrbericht 1856.
60 Ebd., Pfarrbericht 1872.
61 Ebd., Pfarrbericht 1886.
62 Ebd., Pfarrbericht 1899. Im Pfarrbericht heißt es, es sei 1897 „zum ersten Mal" gelungen, einen Evangelischen in den Gemeinderat zu bringen. Dabei war wohl vergessen worden, daß von 1831 bis zu seinem Tod am 20. Juli 1856 der oben erwähnte Carl Johann Gottlob Speidel ununterbrochen im Gemeinderat gesessen hatte. Speidel, eine „kräftige Stütze" der evangelischen Gemeinde (LKA A 29/3041,2), von 1829 – 1844 Ratsschreiber, bis 1848 Verwaltungsaktuar der Stadt, saß 1830 – 1833 für Neckarsulm auch im Landtag (StaNSU B 96, Stadtratsprotokoll 1856, fol. 137).
63 LKA A 29/3045, Pfarrbericht 1907.
64 Ebd., Pfarrbericht 1899. – Über die Mischehenproblematik und das Verhältnis von Katholiken und Protestanten zueinander überhaupt informiert: Christel Köhle-Hezinger, Evangelisch – katholisch. Untersuchungen zu konfessionellem Vorurteil und Konflikt im 19. und 20. Jahrhundert, vornehmlich am Beispiel Württembergs. Untersuchungen des Ludwig-Uhland-Instituts der Universität Tübingen, Bd. 40, Tübingen 1976.
65 LKA A 29/3045, Pfarrbericht 1880.
66 Ebd., Pfarrbericht 1870.
67 Ebd., Pfarrbericht 1866.

Neckarsulmer Kulturleben (M. Maurhoff)

1 StaNSU R 105, Stadtpflegrechnung 1828/29.
2 August Vogt, Ein Kirchenfest Anno 1602 in Neckarsulm-Journal 8, 1990.
3 StaNSU R 74 – 86, Bürgermeisterrechnungen 1799 – 1806.
4 StaNSU A 1431 und A 1432; Franz Joseph Maucher, Geschichte Neckarsulms, Bad Waldsee 1901, S. 73 – 76.
5 Vgl. StaNSU, Unverzeichneter Bestand Fl. 1056; B 66 Gemeinderatsprotokoll 1818, fol. 104ᵛ ff.
6 Vgl. StaNSU A 1431 und A 1432.
7 Vgl. ebd., A 1508, Statuten des Gesangvereins Frohsinn 1891.
8 Vgl. ebd., A 1431, Festschrift zum 80jährigen Jubiläum der Stadtkapelle, 1965.
9 Vgl. ebd., B 119, Gemeinderatsprotokoll 1882, fol. 111.
10 Vgl. ebd., B 124, Gemeinderatsprotokoll 1892, fol. 237 f., und A 1514, Gründung des Turnvereins Neckarsulm, 1892.
11 Vgl. ebd., A 1436, Festbuch zum 20. Stiftungsfest, verbunden mit der Fahnenweihe des Sportvereins Neckarsulm 1908 – 1928.
12 Vgl. Protokolle des MGV Concordia.
13 Vgl. Pfarrarchiv St. Dionys Neckarsulm, Handschriftliche Chronik von Pfarrer Maucher und deren Fortsetzung durch Dekan Mosthaf.
14 Vgl. Pfarrarchiv St. Dionys, Handschriftliche Chronik von Pfarrer Maucher und deren Fortsetzung durch Dekan Mosthaf und Stadtpfarrer Sandel; Akten zur Kolpingfamilie Neckarsulm.
15 Vgl. StaNSU A 1523, Statuten des katholischen Lehrlingsvereins Neckarsulm, 1907; August Vogt, Zweite Festschrift der Kolpings-Familie Neckarsulm zum Diözesan-Chortreffen am 24.9.1978.
16 Vgl. Anton Heyler, Neckarsulm im Auf und Ab eines halben Jahrhunderts. Chronik 1900 – 1950, S. 31 (weiter zitiert als: Heyler, Chronik I).
17 Vgl. Pfarrarchiv St. Dionysius Neckarsulm, Handschriftliche Chronik von Pfarrer Maucher

und deren Fortsetzung.
18 Nach einer Information von August Vogt, Neckarsulm.
19 Vgl. August Vogt, Die Volkshochschule Heilbronn. Entwicklung und Geschichte 1917 – 1978; Heilbronn 1978, S. 23.
20 Vgl. Dorothea Bader, Das Schulwesen in Neckarsulm unter dem Deutschen Orden, in diesem Band, S. 161 ff.
21 Nach Informationen von Jule Nieser und Elisabeth Zartmann, Neckarsulm.
22 Nach einer Information von August Vogt, Neckarsulm.
23 Vgl. StaNSU A 1250, Aufführung des Neckarsulmer Heimatspiels P. H. Merckle; A 1251, Ernst Bauer, Der Löwenwirt von Neckarsulm; Textheft; Unterlagen von Herrn Otto Bauer, Neckarsulm.
24 Nach einer mündlichen Information von Emil Krämer (†), Neckarsulm.
25 Vgl. StaNSU, Unverzeichneter Bestand Fl. 5500 und Fl. 5551; A 1239, Theateraufführungen der Unterländer Volksbühne (Kulturwerk Württemberg-Baden), 1949.
26 Vgl. Pfarrarchiv St. Dionysius, Neckarsulm, Pfarrchronik von Stadtpfarrer Sandel.
27 Nach einer Information des Archivs der autopress Audi, Neckarsulm.
28 Nach mündlichen und schriftlichen Informationen von Frau Dr. Maria Müller, Neckarsulm; vgl. auch StaNSU A 1256, Gründung der Neckarsulmer Kulturgemeinde.
29 StaNSU A 1264, Eine Idee kam ins Rollen. 25 Jahre Deutsches Zweiradmuseum Neckarsulm, 1981; Unverzeichneter Bestand Fl. 1536.
30 Zur Jugendmusikschule vgl. StaNSU A 1143 – 1154 a.
31 Vgl. Statistik des Schul-, Kultur- und Sportamts Neckarsulm für das Jahr 1989.
32 Vgl. StaNSU A 1278, Ortsbibliothek, 1914 – 1964.

Personen-, Firmen- und Vereinsregister

Personen

Aaron d. J., Händler 128
Abele, Marx 112
–, Pfarrer 424
Adala von Herlikofen 54
Adam, Bader 64
Adelhard, frühma. Adliger 33, 37, 38
Adelsheim, Bernger Ritter von 60
–, Poppe Ritter von 60
Adolf I., Graf von Nassau, Erzbischof von Mainz 60, 62
Adrion, Rosa 270
Aginold, frühma. Adliger 39
Ahelfingen, Familie von 48
Albolf, frühma. Adliger 36
Albrecht, Markgraf von Brandenburg-Ansbach, Hochmeister 79
Amicho, frühma. Adliger 41
Amon, Martin 196
Ampringen, Johann Kaspar von, Hoch- und Deutschmeister 149, 151
Anderssen, Ferdinand 221, 275, 330, 334
–, Julius 274, 275, 303
–, Sprinter 338
–, Wilhelm 269
Anger, Familie 99
Anton Victor von Habsburg, Erzherzog von Österreich, Hoch- und Deutschmeister 173, 185, 187, 439
Arila, frühma. Adlige 33, 34
Arnolt, Conrad 73
Atta, frühma. Adlige 38
Attenspach, Hans 73
Aufseß, Friedrich von 60
Azo in der Steppach 72

Bacchildis, frühma. Adlige 39
Balduin, Erzbischof von Trier 58, 62
Baldung, Hans, gen. Grien 52
Baldwin, frühma. Adliger 36, 37
Bampenheyn, Hense 73
–, Steffan 73
Banzhaf, Gottlieb 276
–, Hans 330
–, NSU-Direktor 442
Barten, Contz 66, 71
Bartenbach, Peter 70
Bäuchlen, Georg Christoph 386
Bauer, Ernst 341, 446
–, Heinrich 330
–, Josef 319
–, Leopold 416
–, Ludwig sen. 330, 331
–, Weingärtner 134
Bauerle, Standortpfarrer 343
Bauhardt, Franz 272, 273
Baumann, Bernhard 115
Baur, Fridolin 335, 336
Bausch, Stadtrat 196
Bawer, Hans Georg 112
Bechler, Architekt 424
Bechtold, Peter 71
Beck, Paul 268
Becker, Franz Josef 196
–, Jakob August 287
–, Johann 112
–, Stadtschultheiß 179, 200, 256
–, Ulrich 73
Beckher, Cornet 101
–, David 113
–, Frantz 113
–, Küfer 101
–, Weber 100
Beil, Anton 330
Belz, Josef 353, 354
Bender, Anton 137
–, Carlin 73
–, Geschwister 420
–, Nikolaus 135
–, Peter 69, 71
Benjamin, Händler 101
Benninger, Georg Franz 167
Benno, frühma. Adliger 39
Benz, Josef 330, 331
Berdold, Peter Elias 139, 145
Berg, Georg 338
Beringer, Willi 335
Berlichingen, Engelhardt von 71
–, Familie von 68, 89
–, Frank von 68
Berner, Gottfried 118
–, Stadtrat 196
Bernhard, frühma. Adliger 33, 36, 37, 38, 39, 40
– von Clairvaux 77
Bernher, frühma. Adliger 38
Bernwin, frühma. Adliger 38, 39
Berthad, Presbyter 41, 42
Berthier, Louis Alexandre, Fürst von Wagram 191
Berthold, Dionys 196
–, Weingärtner 134
Bertrada, frühma. Adlige 36, 39, 41
Beyer, Greth 69
–, Hans 73
–, Heinz 69
Bezzenberger, Pfarrer 427, 432
Biedermann(in), Else 69
Billig, Küfer 101
Bimpel, Küfer 101
Bingel, Andreas 164, 165
–, Johann Nikolaus 165, 166, 167
–, Maria Jakobina, verh. Benninger 166, 167
Birkenmaier, Ingenieur 442
Bisais, Arzt 353
Bismarck, Otto Fürst von 206, 208, 209
Bitinger, Walther 73
Bläsi, Hubert 348
Blaufeld, Adelheid von 68
Blitrud, frühma. Adlige 33, 34
Blümel, Anton 251
Bob, Martin 103
Bobenhausen, Heinrich von, Hoch- und Deutschmeister 84
Bodenheimer, Amalie 344
Bohn, Küfer 101
Böhringer, August 353
–, Ludwig 160
–, Wilhelm 330
Bojus, Oberstudiendirektor 406
Bölling, Rainer 397
Bolz, Eugen 420

Bonifatius, Missionar, Bischof 413
Bopp, Josef 269
Borromäus, Carl 149
Bortzel, Contz 73
Boß, Familie 99
–, Franz Michel 129
Bousonville, Sprinter 338
Bouwinghausen, Kreishauptmann 190, 191
Brandauer, Friedrich Wilhelm 428
Brandt, Walter 347, 348, 351
Braun, Hans 73
–, Iris 25
Brecht, Hans 71, 73
Breitschmid, Rudolf 450
Brenner, Rosa 351
Breuflech, Küfer 100
Brock, Küfer 101
Bronne, Hans 73
Bronner, Caspar 122
Bruchlin, Conrad (Cuntz) 73
Brunner, Anton Victor 158, 198, 200
–, Familie 248, 254
–, Joseph Ludwig 88, 118, 122, 127, 128, 135, 136, 158, 187, 196, 269
–, Louis 251
Büchler, Hans Philip 101
Bullus, Tom 67
Burkhard von Wagenhofen 48, 54
Burkhart, SPD-Mitglied 318
Burress, Withers A. 352
Bütter, Franz 201

Camermeier, Theodor 150
Capistrano, Johannes 148
Capler von Oedheim, Familie 68, 71, 89
Caraschi, Baumeister 147
Ceizo, frühma. Adliger 39
Chardon, Wilhelm 330, 353
Charlotte, Prinzessin von Schaumburg-Lippe 204
Cherbon, Familie 130
–, Wilhelm 101, 128, 129
Christnacht, Kübler 100
Cleen, Dietrich von, Deutschmeister 140
Clemens August von Wittelsbach, Herzog von Bayern, Hoch- und Deutschmeister 121, 167
Cochlin, Cuntz 71
Coelestin, Amorbacher Mönch/Abt 156
Cordon, Familie 130
–, Hans Georg 129
–, Hans Leonhard 101, 128
Crespi, Giovanni Battista, gen. Il Cerano 148, 149, 420

Cronberg, Walter von, Hoch- und Deutschmeister 79, 80, 84, 124, 142, 156
Cüppers, Walter 290

Dab, Weber 100
Dagobert I., fränk. König 43
Dal, Hans Wolff 113
Dalmayr, Familie 99
Damberga von Sulm 68
Danner, Richard 336
David, Bischof/Abt 44
Denschlag, Küfer 101
Dentzer, Hafner 100
Denz, Eugen 424
Denzer, Joseph Michael 122
Deuffel, Hans 73
Diemer, Simon 251, 269
Dietbert, frühma. Adliger 41
Dieter, Pfarrer 66
Dietrich, Erzbischof von Mainz 61
–, SPD-Landesvorstand 304
Dietz, Anna 73
–, Familie 99
–, Hans 73
Dill, Hans Peter 117
Dintroi, Antonius 130
–, Sigmund 130
Doertenbach, G. v. 205
Dollmann, Familie 266
Doma, Lehrer 198, 389
Domino, Bernhard 133, 134, 244
–, Familie 130, 272
–, Georg Anton 264
–, Kaufmann 196
–, Ludwig 244
–, Max 244
–, Witwe 244
Donadeus, Mönch 38, 40
Donant, Anna Jakobina 135
–, Familie 130
–, Peter Augustin 115
Dornfeld, J. 89
Dörr, Bernhard 102
Drabet, Cuntz 72
Dragebodo, Bischof/Abt 44
Drauz, Richard 351, 352, 353, 421
Drück, Walter 330, 331, 333, 334, 335
Dudo, frühma. Adliger 33, 36, 37, 39, 40
Dunker, Max 25
Duplessis, Familie 272

Eber, Contz 73
Eberhard, frühma. Adliger 34, 38
Ebersberg, Conrad von 67
Ebert, Friedrich 216, 313
Eberwin, frühma. Adliger 37, 41
Eck und Hungersbach, Marquard Freiherr von 162

Eckingen, Gerg 102
Edelwin, frühma. Adliger 40
Egezo de Sulmena 49, 50
Egilbert (Eigilbert), frühma. Adliger 33, 36, 37, 38, 39, 40, 42
Egilwin, frühma. Adliger 37, 39, 41, 42
Egino, frühma. Adliger 41
Egisbert, frühma. Adliger 36, 38, 39
Egisheri, frühma. Adliger 38
Ehehalt, Joseph 200, 201
–, Michel 120
–, Theobald 352
Ehrler, Rektor 391
Eisenmenger, Familie 99
Eisinger, Schulmeister 164
Eisner, Kurt 315
Ekbert, frühma. Adliger 38
Elster, Major 344
Emerich, Amtsbürgermeister 188, 194, 196
–, Landtagsabgeordneter 255, 256
–, Theo 286
Emerth, Valentin 113
Emicho, frühma. Adliger 41
Emmert, Weber 100
Endreß, Heinz 331, 350, 352, 353, 421
Engelhard I. von Weinsberg 47, 48
– II. von Weinsberg 48
– III. von Weinsberg 45, 54, 58
– Konrad von Weinsberg 56
Engelhardt, Antoni 120
Engilbert, frühma. Adliger 39
Engiltrud, frühma. Adlige 41
Englert, Andreas 128
–, Familie 101
Englerth, Hans Balthes 128
–, Johann Balthes 129
Erdle, Helmut 361
Erkanbert, frühma. Adliger 38
Erlenbach, Seitz von 67
Erlewein, Josef 316 f.
Erlolf, frühma. Adliger 38
Ernstberger, Paul 101
Erphhing, frühma. Adliger 40
Erthal, Franz Ludwig von 167
Eßlinger, Joachim 156
Ey, Fritz von 353
Eychbloch, Heinrich 66, 71, 72

Falkenhayn, Fritz von 336
Fehrenbach, Redakteur 310
Felbiger, Ignaz von 167
Felderer, Tüncher 100
Ferber, Hans 71
Feuerstein, Franz 306
Fiala, Familie 272
–, Franz 244

Fichtmeyer, Johann Wolfgang 147, 415
Fierlin, Peter 73
Fiescher, Contz 73
Finauer, Jacob 113
Fischel, Alexander 249, 252
Fischer, Georg Martin 114
–, Hans Georg 114
–, Heinrich 305
–, Joseph Anton 198, 200, 201
Flammer, Hellmuth 348
Fleischmann, Heiner 337
Flyner, Claus 73
Foeminis, Familie 130
–, Matthes 129, 130
Folchold, frühma. Adliger 39, 41, 42
Forheimer, Michell 128
Frank, Emil 286
–, Luise 286
Franz II., dt., österr. (I.) Kaiser 187
– I., König von Frankreich 142
– Ludwig, Pfalzgraf von Neuburg, Hoch- und Deutschmeister 146, 166
Frey, Beigeordneter 341
–, Theophil 428, 432
Frideburg, frühma. Adlige 39
Friedauer, Moritz 312
Friedrich I. Barbarossa, dt. König, Kaiser 48
– II., dt. König, Kaiser, Herzog von Schwaben 48
– III., dt. Kaiser, König von Preußen 205
– IV. von Rothenburg, Herzog von Schwaben 48
– II., Herzog, Kurfürst, König (I.) von Württemberg 169, 173, 174, 185, 189, 191, 192, 415
– Wilhelm II., König von Preußen 187
– Wilhelm IV., König von Preußen 199
Frohmeyer(in), Magdalena 129
Fuchs, Walther 343
Fünawer, Kessler 100
Funder, Clemens 330, 331, 336, 337, 350, 351, 352, 395
Fürst, Georg 334
Furttenbach, Karl Friedrich von 164
Fuwrer, Contz 64, 69

Gall, Chemiker 228
Gassenfaydt, Amtmann 156
Gautswin, Presbyter 37, 39
Gebhart(in), Kathrin 73
Gehr, Fritz 321, 336
Geiger, Christoph 259

–, Familie 99
–, Jakob 216, 305, 308, 310, 313, 314, 315, 318, 321
Geldmacher, Max 352
Gelpf, Gerg 102
Gelpff, Reinhart 73
Gemmingen, Familie von 68
–, Hans von 60, 61, 63
Gerbert, frühma. Adliger 36
Gerhart von Talheim, gen. von Blankenstein 58, 59
–, Konlin 71
Gerlach, Graf von Nassau, Erzbischof von Mainz 60, 64
German, Steffan 73
Gerold, frühma. Adliger 36, 37, 38, 39, 40, 41, 42
Gerstetter, Gerd 102
Gerwer, Johans 67
Giselhard, frühma. Adliger 33, 34
Giselher, Amorbacher Abt 49, 57
Glatz, Johann Georg 198
Glissenberger, Johann 67
Gobel, Eduard 285
Gottfried, Graf von Calw 50
Gougein, Louis 131
Gozbert, frühma. Adliger 41
Graevenitz, Fritz von 335
Gramann, frühma. Adliger 38
Grammatica, Annunciata Maria, verh. Pecoroni 130, 131
–, Clement Hieronymus 130
–, Franz 130
Greck von Kochendorf, Familie 68, 73, 89
–, Kraft 62, 68, 70
Greiner, Gottlob 304, 305
–, Hermann 216, 222, 223, 301, 304, 313, 314, 317, 318, 321, 323, 324, 327, 330, 331, 332, 400
Greis, Familie 100
Grew, Seitz 73
Griesinger, Barbara 331
Griessen, Hans von 73
Groll, Familie 99
Größler (Greßler), Georg Michael 439
Grunbach, Andreas von, Deutschmeister 79
Guck, Hans 61, 67
Guidon, Familie 130
–, Jeremias 129
Gumbert, frühma. Adliger 38
Gündler, Johann Heinrich 119
Gunzo, frühma. Adliger 40, 41
Guther, frühma. Adliger 34
Gwinner, Ludwig 201

Haas, Erhard 163, 164
Häberle, Peter 313, 314
Hadebert, frühma. Adliger 38

Hadubert, frühma. Adliger 38
Häfele, Franz 147, 154
Hagner, Hans 73
–, Karl 313
Hahn, Julius 409
–, Wilhelm 398
Halter, Josef 330
Hamma, Hilfsschullehrer 391
Han, Engelhard 73
–, Heintz 73
Hanke, Pfarrer 423
Hanswind, frühma. Adlige 33, 34, 36, 37
Hantsch, Lothar 59
Harbrecht, frühma. Adliger 39
Hardrad, frühma. Adliger 36, 39
Hartger, frühma. Adliger 33, 36, 38, 39, 40, 41, 42
Hartmann, Hans 73
–, Hufschmied 100
Harttle, Sattler 100
Harttmann, Georg Martin 100
Has, Hans 102
Hauck, Franziska 130
Häußer, Rektor 408
Häußler, Johannes 183, 210, 211, 214, 221, 223, 308, 319, 321, 325, 329, 331, 333, 334, 335, 341, 343, 346, 347, 356, 391, 421
Hayd, Hauptmann 343
Heckler, Familie 99
Heimerdinger, Immanuel 399
Heinrich I., dt. König 36
– VI., dt. König, Kaiser 48
– (VII.), dt. König 51, 54, 161
– von Scheuerberg (Suerberg) 54
– der Stemler 71
– von Vachsenveld 48, 55
– von Virneburg, Erzbischof von Mainz 60
Heinstatt, Heinrich von 60, 66, 67, 70
Heio (Haio) 36, 38, 39
Hentig, Hartmut von 399
Heribert, frühma. Adliger 36, 37, 38, 41
Herlan, Dieter 330
Herold, Michael 120
–, Peter 128
Herolt, Witwe 129
Herr, Hans 73
–, Martin 73
Herre, Weihbischof 424
Herrmann, H. 310
Herswint, frühma. Adlige 40, 41
Hertdric, frühma. Adlige 39
Hertle, Wilhelm 119
Herz, Wilhelm 337
Hespeler, Hugo 286
–, Martin 254, 286
–, Max 286

Hetzinger(in), Irmengart 73
Heubach, Ernst 331
Heyler, Anton 344, 345, 348, 352
Heylmann, Hans 73
Hildebrand, Ingenieur 278
Hildibald, frühma. Adliger 34, 38
Hildiger, frühma. Adliger 40, 41
Hildiswind, frühma. Adlige 38
Hindenburg, Paul von 320, 329, 330
Hirsch, Eduard 360, 401, 409
–, Händler 101
–, Pferdehändler 128
Hirschhorn, Engelhard von 60, 63
–, Johann von 60
Hirt, Albrecht d. A. 69
–, Heinrich 73
–, Seitz 73
Hitler, Adolf 221, 320, 329, 330, 335, 344, 395, 421
Hnabi, frühma. Adliger 41
Hochstetter, Kaufmann 427
Hockh, Gerg 102
Hoffmann, Hans 223, 371, 374, 404, 448, 449
Hoheneck, Johann Kuno von 162
Holbusch, Joseph Kilian 149
Höltermann, K. 219
Holtzmaister, Maurer 100
Holz, Johann 96
Holzwarth, Rektor 401
Hopfensitz, Karl 408
Hornunge, Walther 73
Hörsing, O. 219
Hosch, Pfarrer 424, 425
Hoy, Maler 151
Hroadhari, frühma. Adliger 41
Hroadheri, Presbyter 42
Huber, Familie 99
–, Johann 117
Hucbald, frühma. Adliger 38
Hucbert, frühma. Adliger 36, 37
Hund von Wenkheim, Georg, Hoch- und Deutschmeister 155
Huseln, Crein 72
Hütter, Kürschner 113
Hutterer, Hans 73

Ihle, Familie 99
–, Felix 353
Ihlein, Joseph 201
–, Walter 338
Ingelfinger, Fritz 73
Innozenz IV., Papst 56
Irminold, frühma. Adliger 40
Isanhart, frühma. Adliger 41, 42
Iuncmann, frühma. Adliger 40

Jacob, Sophie 344
Jäger, Matthias 101
Jänichen, Hans 32

Jodocus, Weihbischof 145
Joha, Laurentius 162, 163
Johann, Erzherzog von Österreich 199
– II., Graf von Nassau, Erzbischof von Mainz 62, 64
Joseph II., dt. Kaiser 88, 186
–, Händler 101

Kaltental zu Aldingen, Philipp Jacob von 103
Kappes, Helmut 424, 425, 426
Karl V., dt. Kaiser 80, 124, 142
– I. Friedrich Alexander, König von Württemberg 205, 206
– Martell, fränk. Hausmeier 38
Katharina, Königin von Württemberg 195
Katz, J. Anton 210
–, Rektor 392
Kaufmann, Johann Michael 435
–, Peter Caspar 117
Keicher, Karl 198
Keil, Wilhelm 302, 305, 306
Keller, Ignaz 139, 140, 141
Keppler, Wilhelm von 418
Khun, Johann Adam 119
Kies, Schulmeister 427
Kieß, Rudolf 51
Kimm, Vorsitzender Direktor d. Vereins f. Lebenshilfe 410
Kleiner, Hofrat/Oberamtmann 174, 188, 190, 191, 196, 243
Kleinmann, Gerichtsaktuar 198
Kleudgen, Jakob Joseph Freiherr von 77
Klingler, Familie 99
–, Hans Georg 99
Klotz, Erhard 223, 371, 403, 411, 449
–, Madeleine 449
Knapp, Schulrat 396
Knoblauch, Hermann 424, 426
Knuwer, Syfer 71
Kober, Martin 136
Koch, Cuntz 67
–, Hans 73
–, Robert 413
Kochen, Cuntz 71
Kochendorf, Agnes von 64, 68
–, Conrat von 68
–, Hans von 68
König, Kaspar 167
Konrad III., dt. König 47, 48, 413
– von Hoheneck 82
– von Weinsberg 51, 54, 55
– II. von Weinsberg, Erzbischof von Mainz 62
– d. J. von Weinsberg 56
–, Kaplan 387
Kraft, Bernhard 244

Krämer, Johann Jacob 113
Kraus(in), Eva Maria 114
Kreitmeier, Pater 150
Kremer, Jacob 130
Krieg, Fritz 409
Kriegsstötter, Laura 420
Kugelmann, Magdalena 102
–, Melchior 102
Kuhn, Familie 99
Kumpff, Küfer 101

Lachenmayer, Thomas 113
Lambert, frühma. Adliger 38, 39
Lämble, Johann 112
Lander, Maurer 100
Landolt(in), Richarda 72
Lang, Anton 244
–, Bernhard 73
–, Carlo 447
–, Oberschulrat 401
–, Stadtrat 196
Lantfrit, frühma. Adliger 39
Lantpert, frühma. Adliger 41
Lantz, Hanns Ulrich 112
Lanzano, Anton 132, 133
–, Catharina 130
–, Franz 244
–, Franz Anton 134
–, Francesco 130
Laschenal (Laschinal), Familie 101, 130
–, Hans Adam de 101, 129
–, Hans Georg de 101, 128
Lassalle, Ferdinand 418
Lauer, Pater 353
Lauffen, Grafen von 51
Laukemann, Sprinter 338
Lebtig, Werner 246
Lee, Ann 430
Lehmann, Alois 393
Leichtle, Christian 445
Leidrad, frühma. Adliger 40
Leiprecht, Carl Joseph 366, 422
Lempp, Eduard 432
Leopold Wilhelm von Habsburg, Erzherzog von Österreich, Hoch- und Deutschmeister 125, 150
Leren, Hans 67, 71
Leutz, Schlosser 100
Levi, Abraham Marum 128
–, Keyum 133
–, Nathan Marum 128
Lilier, Familie 272
–, Franz 201
–, Ignatz 134
–, Ludwig 134
Limbach, Conrad 68
Lindach, Conrad von 54, 72
–, Elisabeth (Elsbeth/Else) von 54, 90, 158

–, Familie von 67
Lindemann, Josef 450
–, Mathilde 450
Lindenmaier, Tuchmacher 248, 252
Lindner, Amtmann 118, 122, 133, 134, 135
Lindt, Clara Walburga 136
–, Johann Jacob 136
Link, Gottlieb 190, 191
Linsenmaier, Otto 230
Liudolf, Herzog von Schwaben 36
Liutfrit, frühma. Adliger 40
Liuthart, frühma. Adliger 39
Lock, Schriftführer 306
Lorlin (Lörlein), Dionysius 161
–, Endris 73
Lundolt, Hutmacher 113
Lür, Hans 71
Luther, Martin 161
Lutz, Jäger 54, 72

Machelm, frühma. Adliger 41
Machtswint, frühma. Adlige 38, 48
Magenau, Pfarrverweser 433
Magintrud, frühma. Adlige 37
Mahdold, frühma. Adliger 39
Maier, Gerichtsnotar 428
–, Gewerbeschuldirektor 409
–, Ignaz 118, 244
–, Josef 250, 264
–, Stadtrat 196
Majer, Adolf 199
–, Carl Viktor 200, 201
–, Oberamtmann 198
Mallagrida, Paul Andreas 130
Malwina, Oberin 341
Mangold, Karl 406
–, Ulrich 72
Mangolt, Hans 73
–, Peter 73
Männlin, Aaron 128
Mattes, Otto 422
–, Wilhelm 29
Matthes, Familie 99
–, Hufschmied 100
Matzger, Eugen 338
Maucher, Franz Joseph 129, 149, 151, 154, 385, 414, 416, 417, 418, 420, 442, 444
Maurus, Pater 150
Maximilian I., röm.-dt. Kaiser 79, 124
– I. (IV.) Joseph, Kurfürst, König von Bayern 192
– von Habsburg, Erzherzog von Österreich,, Hoch- und Deutschmeister 80, 90
– Franz von Habsburg, Erzherzog von Österreich, Hoch- und Deutschmeister 80, 85, 88, 127, 162, 167, 186
Mayer, Hans 73
–, Rektor 391
Meginrat (Megintrud), frühma. Adlige 37
Meisel, Walter 448
Merckle, Familie 99, 135
–, Franz Michael 121, 133, 134, 135, 136
–, Heinrich Ludwig 119, 120
–, Johann Adam 115
–, Joseph 120
–, Maria Josepha Franziska 135
–, Matthes 115
–, Oberakziser 225
–, Peter Franz 131, 135
–, Peter Heinrich d. Ä. 120, 121, 135, 136
–, Peter Heinrich („Löwenwirt") 121, 122, 135, 158, 174, 197, 189 – 192, 254, 269, 446
–, Stadtpfleger 321, 391
Mergenthaler, Christian 332, 395
Mess, Carl 201
Metz, Barbier 117
Metzler, Els 73
–, Hanns 73
Meyer, Pferdehändler 128
–, Stadtpfleger 169
Mitis, Oskar von 41
Mohl, Moritz 256
Molitor, Johannes Michael 167, 168, 169, 439
Moore, Walter William 282, 337
Mosthaf, August 417, 418
Muderlin von Neuenstadt 73
Mühleck, Reinhard 222
Muller, Claus 71
–, Hans 73
–, Leonhardt 71
Müller, Anton 353
–, Augustin 117, 118
–, Barthel 100
–, Familie 99
–, Helmut 338
–, Jochen 447
–, Küfer 101
–, Maria 445, 447
Münz, Landrat 331
Muth, Joseph 92, 151

Nadelreich, Rebekka 344
Naumann, Bruno 276
–, Friedrich 417
Nebi (Nevi), frühma. Adliger 40, 41
Nebis, Hutmacherwitwe 115
Neer, Andreas 101, 128
Neipperg, Reinhard von, Deutschmeister 82, 146
Neitz, Hans 71
Nemer, Marx 128
Neuenheim, Familie von 67, 68, 89
–, Fritz (Friedrich) von 54, 56, 66, 70, 71, 90, 158
–, Heinrich von 56, 59, 71
Neuenstein, Conrad von 59
Nevo, frühma. Adliger 41
Newreuther, Heinz 67, 70, 73
Nichten, Philipp Augustin 163
Niegtsch, NSU-Generaldirektor 293
Nieser, Dionys 201
Nortwin, frühma. Adliger 39
Nydeck, Contz von 68

Odala, frühma. Adlige 40
Oedheim, Heinrich von 68
Ohenadel, Schreiner 100
Olga, Königin von Württemberg 205
Opilio, Heinrich Ludwig 163
Ortloff, Albrecht 73
Otolf, frühma. Adliger 42
Otto I., dt. König, Kaiser 36
– III., dt. König, Kaiser 51

Paldrih, frühma. Adliger 42
Palé, Joseph 115
Palm, Johann Philipp 190
Pecoroni, Anton 133, 134
–, Familie 272
–, Heinrich 272
–, Joseph 198, 201
–, Joseph Anton 244
–, Joseph Anton Bartholomäus 131
–, Karl Anton 130, 131
–, Stadtrat 198
Pestalozzi, Johann Heinrich 384
Peter von Sulm 68, 69
Pfeifer, Werner 414, 415
Pfeiffer, Peter 353
Pfister, Kunz 67
Picht, Georg 398
Pieper, Ruth 450
Pistorius, Regierungsrat 188
Placidus, Amorbacher Mönch/ Abt 156
Plidroch, frühma. Adliger 33, 34
Porsche, Ferdinand 337
Precht, Hans Peter 161
Pressel, Dekan 433, 437
Proll, Andreas 112
Pross, Paul 338
Pruscher, Maurer 100

Rab, Familie 99
Rabaa, Hermann 401, 403, 410
Raban, Kunz 69

Raben, Burchart 73
–, Contz 66, 71, 73
–, Jörg 73
–, Michel 73
Rabenau, Freiherr von, Oberamtmann 127
Rambert, frühma. Adliger 37
Rankh, Weber 100
Ran(t)z(e), Hans 73
–, Syf(f)er 67, 69, 71
Raphael, Weinhändler 96, 128
Rau, Heinz 338
Rauschning, Hermann 395
Rebelin, Hans 72, 73
Regilo, frühma. Adliger 39, 40, 41
Rehberger, Rektorin 410
Rehm, Oberlehrer 399
Reinhardt, Eugen 430, 433
Reinwort, Heinz 69
Reis-Edel, Maria 352
Remboto von Scheuerberg (Suerberg) 54
Resthe, Fritze 73
Reynit, Hans 73
Reysach, Familie von 73
Reysenbach, Hans 71
Rheinganum, Hermann 248, 341, 344
Ricger, frühma. Adliger 38, 39
Richgauz, frühma. Adliger 39
Richswint, frühma. Adlige 33, 40, 41, 42
Rieck, Franz Anton 416
Riek, Rektor 391, 397
Rieker, Christian 223, 313, 314, 319, 324, 330, 331
Ritter, Regierungsrat 214, 309
Rober von Wimpfen 73
Rockner, Hans 67, 73
Rodenheintzen, Thoman 67, 71
Rohmann, Familie 99
Rohrbach, Jäcklein 119, 143
Röhrle, Karl 305
–, Willi 330
Römmele, Werner 344
Rooh, frühma. Adliger 37, 39
Rosenberger, Bastian 102
Roser, Johann 313
Rot, Thoman 73
Rotbert, Graf 41, 42
Rothenbacher, A. 441
Roting, Cunrad 73
Rovillio, Johann 101, 128
Rücker, Pfarrer 438
Rückert, Johann Adam 121
Rüdiger, Leutpriester 413
– von Herlikofen 48, 51, 54
Ruding, frühma. Adliger 39
Rudolf I. von Habsburg, dt. König 56
–, Jost 69

Rudolff, Hanse 73
–, Heintz 73
–, Jost 73
–, Peter 73
Rüdt, Dieter 60
–, Else 60
– von Bödingen, Familie 68
–, Eberhard 60
Rudwin, frühma. Adliger 37
Rümelin, Richard 278
Rutbert, frühma. Adliger 36, 37, 38, 39
Rûtgart, frühma. Adlige 39
Ruthard, frühma. Adliger 38, 40, 41, 44
Rutpert, frühma. Adliger 41
Ruttrud, frühma. Adlige 40
Ryett, Marx 68
Rysenbach, Johannes 73

Sambeth, Franz 244, 246, 248
Samuel, Nohe 96
Sandberger, Carl Ferdinand 180, 181, 182, 226
Sandel, Joseph 148, 329, 338, 343, 365, 366, 394, 418, 419, 421, 422, 445, 446, 447
Sanderadurs, Amorbacher Mönch/Abt 156
Sauer, Seiler 100
Sauern, Cuntz 71
Schaberich, Johann 163
Schad, Hans Leonhard 163
Schädel, David 244
–, Johann 201
Schapiro, Jakob 280
Schedel, Familie 100
–, Hans Wolff 99
–, Jacob 102
Scheidemann, Philipp 216, 313
Scheiger, Winfried 408
Schell, Hilde 348
Schemm, Hans 397
Schenk zu Erpach, Eberhard 140
Scherer, Hans Jacob 99
–, Sebastian 164
Schertl, Arzt 330
Schick, Milchhändler 308
Schiffold, Jorge 71
Schindler, Caspar 264
–, J. G. 201
–, Kammacher 248
–, Müller 127
Schlageter, Albert Leo 339
Schliderer von Lachen, Wilhelm 163
Schliz, Oberamtmann 180, 194
Schluchterlin, Hense 73
Schmid, Gotthilf 335, 356, 421
–, Hermann 337, 338, 395, 420, 436, 444

Schmidt, August 276
–, Carl 276
–, Christian 253, 269, 283
–, Karl 283
– -Branden, NSU-Aufsichtsratsvorsitzender 336
Schmückle, Georg 336
Schneider, Reinhold 351, 352
Schnep, Hans 100
Schnester, Weber 100
Schoderer, Kaufmann 190
Scholl, Gustav 25, 26, 27, 28, 413
–, NSU-Schleifer 350
Schön, Johannes 164, 165
Schopf, Franz 330
Schöpfer, Küfer 101
Schrade, Christian 290
Schreiber, Carl 201
Schreiner, Hans 424
Schröder, Karl 305, 312
–, Karl Heinz 92
Schuh, Küfer 101
Schuhmacher, Richard 365, 422
Schüle, Albert 383
Schultheiß, Melchior 114
Schutzbar, Wolfgang, gen. Milchling, Hoch- und Deutschmeister 144
Schwarz, Georg 391
–, Joseph 134, 135
Schweble, Jorg 73
Schweitzer, Albert 406
Schwentzer, Glaser 100
Seckini, frühma. Adliger 37
Sedlmeier, Weihbischof 423
Seiler, Alois 44
Selb, Maurer 100
Selbisch, Georg 102
Seligaer, frühma. Adliger 41
Seltzam, Kantor 167
Sickingen, Dieter von 61, 63, 414
–, Familie von 60, 61, 63, 68, 149
–, Hans d. Ä. von 61
–, Hans d. J. von 61
–, Jonatha von 63, 73, 414
–, Reinhart von 59
–, Swicker von 60, 71
Sifridus, Leutpriester 413
Sigebert, frühma. Adliger 39
Sigehard, frühma. Adliger 38
Sigemunt, frühma. Adliger 38, 39
Sigewin, Mönch 36, 37, 39, 40, 41
Simon, Ernst 168
Sniwer, Cuntz 71
Soller, Augustin 121
Söllner, Johann Melchior 151
Soßle, Familie 99
Speidel, Carl 197, 198, 200, 428, 438
–, NS-Kreisleiter 331
Spiel, Claus 61

Spohn, Julius 271, 284, 285
–, Mathilde 350
–, Richard 285, 370
Sporin, Barbara 63
–, Hans 62 f.
Sproll, Joannes Baptista 338, 420, 421
Stadion, Johann Caspar Graf von, Hoch- und Deutschmeister 150
Stahel, Claus 73
Starchulf, frühma. Adliger 41
Steiner, Karl 283
Stenger, Johann Weigand 168, 439
Stern, David 344
Sterner-Rainer, Roland 283
Stettner, Anton 206, 208, 209
Stich, Rudolf 52, 53, 143
Stieler von Heyderkampf, Gerd 295
Stipplin, Amtmann 52, 112, 113, 114, 115, 120, 146
Stoll, Heinrich 269
Stramer, Bastian 102
–, Hans 102
Strächle, Franz 387
Strauß, David 344
Streble, Johann Martin 121
–, Kantor 168, 439
Stremsdörfer, Johann 99
Strycher, Michel 73
Sturm, Alfred 426
Süeß, Schreiner 100
Summerer, Syfrid 68
Susset, Adam Anton 197
–, Anton 244

Tabler, SPD-Ortsvorsitzender 305
Tagwerker, Gerhard 424
Talheim, Gerhart von 59
–, Konrad von 59, 67
Tancholf, frühma. Adliger 34
Theotbert, frühma. Adliger 40, 41
Theotrada, Äbtissin 38
Theutswint, frühma. Adlige 39
Thietmar von Merseburg 36
Thiodolt, frühma. Adliger 34
Thoma, Friedrich Joseph 120, 121
–, Beigeordneter 341
Thudium, Heinz 403
Thunert, Werner 348
Tibert von Weinsberg (Lindach) 47, 48
Tiedje, Wilhelm 335
Traub, Joseph 96
Trew, Caspar 100
Trost, Nikolaus 150
Truchseß, Jörg 140

Udalwan, frühma. Adliger 37
Ulrich, Fritz 306, 307, 310, 409

Ulsamer, Amtmann 121
Unterrainer, Albert 217, 307, 309, 311, 312, 313, 314
Urig, Franz Joseph 168, 194, 416
Urolf, frühma. Adliger 38
Urslingen, Herren von 48

Vaas, Anton 422, 423, 424
van der Linden, Ellinor 352
Vemino, Andreas 129
–, Familie 130
Vetter, Werner 71, 72
– d. J. 73
Vielhauwer, Heintz 73
Viescher, Horneck 73
Vilgerin, Albertus 72
Vischer, Familie 99
Vives, Rabbi 57
Vodelwan (Odolwan, Udelwan), frühma. Adliger 36
Vogk, Peter 67
Vogt, August 424, 447
–, Franz Anton 263
–, Franz Michel 263
–, Josef Dionis 263
–, Paul 314
–, Severin 263
Volk, Augustin 197
–, Oskar 222, 347, 353, 354
Volz, Katharina 388
von der Feltz, Anna Maria 149

Wächter, August Freiherr von 430
–, Familie von 430, 435
–, Josephine Luise Freifrau von 430, 431
Wagner, Reinhold 348
Wala, frühma. Adliger 38
Walafrid, frühma. Adliger 38
Waldersee, Marie Esther Gräfin von 430, 431, 432
Waltz, Heintz 71
Walz, Michel 72
Wanilo, frühma. Adliger 41
Wankel, Felix 295, 299, 373
Warmuth, Caspar 117
–, Georg Martin 121
Wceß, Karlheinz 351, 352
Weiler, Hans von 68
Weinsberg, Herren von 47 f., 51, 52, 89
Weiß, Claudi 128
–, Heinrich 73
Welf VI., Markgraf von Tuszien, Herzog von Spoleto 50, 413
Welker, Otto 330, 331, 332, 340
Weltin, Hense 73
Wenger, Georg Philipp von 164
Wenskus, Reinhard 36, 37, 39, 42
Werner, Rudolf 450
Wertheim, NSU-Direktor 447

Westernach, Johann Eustach von, Hoch- und Deutschmeister 125, 163
Westrup, Arthur 352, 353, 354
Weyß, Johannes 439
Wibert, Amorbacher Abt 49, 413
Wick (Weik), Hans 71, 73
Widmaier, Landrat 410
Widmann, Peter 103
Widtmann, Familie 100
Wigenandt, Michel 101
Wilhelm I., dt. Kaiser, König von Preußen 205
– II., dt. Kaiser, König von Preußen 214
– I., König von Württemberg 179, 180, 192, 194, 195, 226, 256
– II., König von Württemberg 203, 204
Willehari, Presbyter 39
Willehart, frühma. Adliger 40
Willeher, frühma. Adliger 39
Williswint, frühma. Adlige 38
Windolf, Barbara 190, 120
Windolff, Johann Caspar 99
Wisigart, frühma. Adliger 39
Wither, frühma. Adliger 34
Wittstatt, Familie von 67, 89
–, Hans von 60
–, Hedwig von 66, 68, 70
–, Heinrich von 69
–, Kunz von 59
Wolfinger, Vikar 423
Wolfmüller, Ingenieur 278
Wolfram von Weinsberg 50
Wolfsteiner, J. 149
Wonadun, frühma. Adliger 40
Wörner, Erwin 361, 366, 370, 400, 447
–, Weber 100
Wunnenstein, Adelheid von 68
–, Wolf von 60, 68, 89
Wuste, Hans 71
Wyck (Weicken), Hans 67
Wydmann, Rudolf 71
Wyler, Hense 73

Ysimenger, Peter 73
Ynis, Caspar 73
–, Hense 73

Zechmeister, Paul 404
Zeisolf von Magenheim 58
Zelter, Karl Friedrich 439
Zetterer, Adam 264
Zickler, Oberamtsrichter 200
Ziegler, Jörg 151

Firmen

J. Anderssen, Hammerwerk, Kesselschmiede, Schiffswerft 276
Audi AG 299, 373, 374, 376
Audi NSU Auto Union 298 f., 324 f., 371, 373, 449

Baldauf, Holzwerkzeugfabrik 285 f., 293, 310, 350
Otto Bauer GmbH & Co. KG, Straßen- und Tiefbau 290
J. A. Becker & Söhne, Hydraulische Hebebühnen und Druckluftkompressoren 287, 294
Jakob Beckert, Modellwerkstätte 294
Binder-Kunststofftechnik GmbH 300
Franz Binder, Werkzeug- und Vorrichtungsbau 300
– GmbH & Co., Elektrische Bauelemente KG 300
P. Bruckmann GmbH & Co., Silberwaren- und Besteckfabrik 296

Daten-Service Beck GmbH & Co. 300
Karl Denz, Gipsergeschäft 288
Deutsche Ölfeuerungswerke 283
Diemer, Kunstweberei 251
Alfons Diemer, Textilkaufhaus 290

Fischel, Holzhandlung 260, 270
Josef Fischer, Malz- und Kaffeesurrogatfabrik 271
Förschner, Baugeschäft 289

Christoph Geiger, Bierhefefabrik 271

G. Hähnle, Carbidgroßhandlung 291
Hähnle KG Schweißtechnik 291
A. Hegner & Co., Holzgroßhandlung, Sperrholz, Furniere 286, 291
Martin Hespeler, Dampfsägewerk und Holzhandlung 270, 271, 286

Kaufhaus Ihlein 290

Gebr. Keitel, Bauunternehmen 288
KK-Automation Klaus Th. Krämer KG 300
Julius Knapp, Dampfsägewerk und Holzhandlung 266, 270, 286

Kolbenschmidt 283 f., 287, 293, 296, 297 f., 315, 346, 347, 348, 350, 375

Lidl, Fleischwerk 300

Müller, Schnupf- und Rauchtabakfabrik 252

Neckarsulmer Fahrradwerke AG 277
Neckarsulmer Fahrzeugwerke AG 277 – 280, 281 f., 292 f., 294 f., 310, 315, 321, 323, 329, 334, 336, 346, 347, 348, 350, 353, 354, 367, 373, 422, 449
Neckarsulmer Holzwerke Gebr. Hespeler AG 286
Neckarsulmer Schiffswerft 272, 273, 296, 297, 302 f.

Carl Pecoroni, Seifenfabrik 272
Porkus Fleischwaren GmbH 300

Gustav Rank GmbH, Bauunternehmung 289
Max Rummerl, Malergeschäft 289

Viktor Schädel, Bauunternehmen 289
Scharssich & Anderssen, Schiffswerft und Kesselschmiede 275
Schiffs- und Maschinenbau AG 293, 296
Schleppschiffahrt auf dem Neckar AG 273, 274
Christian Schmidt, Strickmaschinenfabrik 251, 270, 271, 276, 302, 303
Schmitt & Emmerich, Gleis- und Tiefbau 289
Christian Schrade KG, Eisenhandel 290
Karl Senghaas, Bauunternehmen 289
Gebr. Spohn, Jutespinnerei und -weberei 270, 284 f., 296, 297, 321, 350
S-Team Elektronik GmbH 300

TELCOS Tele-Communications-System Erhard Strom GmbH 300

Wacker-Werke GmbH & Co. KG, Baumaschinen und Service 300

Vereine

Arbeiter-Spar- und Geselligkeitsverein „Einigkeit" 311

Arbeiter-Turn- und Sportverein 338
Association für die Bereitung und Verwertung des Weinmosts 265

Brieftaubenzüchterverein 338

Erster Fußballclub Neckarsulm 312, 441

Freier Turnverein 311, 313

Gesangverein „Concordia" 205, 219, 311, 338, 418, 440, 441, 442
– „Frohsinn" 205, 311, 440, 441, 442
– „Lassallia" 205, 218, 219, 311, 324, 338, 418, 442
– „Liederkranz" 205, 311, 439, 440, 441, 442
– „Sängerbund" 219, 332, 440, 442
Gewerbeverein Neckarsulm 250, 300, 338, 418

Heimatspielverein 446

Jugendmusikschule Neckarsulm e. V. 449

Karlsverein 203, 229, 249
Kath. Arbeiterinnenverein 444, 446
– Arbeiterverein 418, 444, 446
– Gesellenverein 418, 444
– Jungfrauenverein 444
– Leseverein 418, 444
– Vereinshaus e. V. 418

Neckarsulmer Fußballgesellschaft „Phönix" 312, 441

Radfahrvereinigung „Solidarität" 312, 442
Radler-Club „Pfeil" 442

Sozialer Arbeiterverein 209
Sportverein Neckarsulm e. V. 441
Sportvereinigung Neckarsulm 324

Turnverein Neckarsulm 338, 441

Veteranenverein 203

Weinbauverein 230, 265
Weingärtnergenossenschaft Neckarsulm e. G. 228, 240, 265, 338
Weingärtnerverein 225, 226, 338, 418

Ortsregister und topographisches Register Neckarsulm

Orte

Aichen 94
Akkon 77, 78
Amorbach, Kloster 44, 45, 46, 49, 62, 69, 70, 71, 85, 89, 90, 91, 92, 94, 413, 414
Augsburg 94, 95

Bachenau 83
Bad Friedrichshall 253, 360, 361, 406, 407, 408
Bad Wimpfen 29, 48, 51, 55, 124, 125, 131, 150, 258
   Dominikanerkloster 85, 89
   Ritterstift St. Peter 51, 85, 89, 90, 414
Bernbronn 82
Bernhausen 304
Biberach 82, 87, 89
Binswangen 45, 58, 63, 83, 94, 164, 189, 306, 394
Bobenhausen 95
Böckingen 29, 89, 348
Bönnigheim 180
Bordighera 442
Böttingen 82
Brackenheim 56, 182, 183
Braunau 190, 191
Breitenbach 92
Brettach 127, 180
Bruchsal 348
Budakeszi 442
Bürg 127

Carmaux 442
Comburg, Kloster 85, 89, 90, 414

Dachau, KZ 344
Dahenfeld 83, 164, 189, 374, 386, 398, 422, 424
   Grundschule 398
   St.-Remigius-Kirche 424
Degmarn 82, 189
Diedesheim 187
Dinkelsbühl 95
Donauwörth 94

Dorfgütingen 95
Duttenberg 83

Eberbach 56, 95
Eisesheim → Obereisesheim
Ellingen 95
Ellwangen 95
Eppingen 56
Erlenbach 45, 63, 58, 83, 84, 94, 164, 189, 306, 374, 375, 394

Forchtenberg 56
Frankenbach 89
Frankfurt 86, 91, 92, 309
Friedrichshall → Bad Friedrichshall

Gaildorf 345
Geisingen 94
Gellmersbach 45, 58, 83, 94
Gnadental, Kloster 85
Gochsen 127
Göggingen 96
Göppingen 187, 348
Grenchen 442
Groß-Heubach 92
Güglingen 56
Gundelsheim 82, 87, 176, 187, 200, 240, 253, 258, 266, 394, 408, 428

Hagenbach 83
Hanau 91
Heilbronn 45, 48, 55, 67, 69, 82, 95, 125, 126, 127, 131, 174, 188, 196, 200, 216, 248, 252, 255, 256, 257, 260, 269, 341, 343, 347, 348, 353, 360, 406
   Klarissenkloster 89, 414
– Böckingen → Böckingen
– Neckargartach → Neckargartach
Heiningen b. Göppingen 304
Heinsheim 82
Herlikofen 48
Hetzenberg 26, 27, 28
Heubach 95

Heuberg, KZ 330
Heuchlingen 83
Höchstberg 82
Hohenheim 241

Ilgenberg 83
Ingolstadt 95, 299

Jagstfeld 83, 217, 258, 394
Jagsthausen 29

Kirchhausen 82, 87
Kleingartach 55, 56
Knittlingen 304
Kochersteinsfeld 127, 180
Kochendorf 176, 217, 253, 394, 427, 433
Kochertürn 45, 58, 83, 87, 94, 127, 189, 394
Königsberg 79
Krautheim 83

Lauffen a. N. 45, 343, 410
Lautenbach 45, 58
Lindach 48
Lorsch, Kloster 33, 44, 45, 46, 89, 413, 414

Mainz, Erzstift 54, 58, 61, 62, 73, 89, 91, 414
Mannheim 95, 187
Marburg/L. 78
Marienburg, Burg 78
Mergentheim 80, 87
Metzingen 304
Miltenberg 60
Möckmühl 56, 176, 181, 201, 249
Mosbach 95, 96, 131
München 95

Naumenheim 348
Neckarelz 187
Neckargartach 27, 94
Neckargemünd 56
Neresheim, Kloster 96
Neubronn 61
Neuburg 348

Neudenau 55
Neuenstadt 55, 124, 125, 127, 176, 177, 178, 407
Neuenstein 304
Neuhausen, Kloster 44, 45
Nördlingen 86
Nürnberg 78, 86

Obereisesheim 25, 27, 28, 29, 30, 45, 58, 89, 353, 374, 386, 394, 398, 403, 422, 423
Obergriesheim 83, 164
Oberrot 92
Oedheim 45, 58, 83, 180, 360, 361, 394, 408
Offenau 83, 249, 253, 258, 428
Öhringen 29, 55, 124, 131, 182

Philippsburg 187
Plieningen 304
Prozelten, Burg und Stadt 61, 82

Regensburg 86, 95
Reutlingen 200, 348
Roigheim 180
Rothenburg o. T. 48
Rottenburg 208

Saint-Denis, Kloster 43, 44, 45
Seelbach 82
Schluchtern 89
Schnaitheim 95
Schöntal, Kloster 47, 62, 69, 70, 71, 89, 414
Schwäbisch Gmünd 48, 95
Schwäbisch Hall 95, 131, 132
Schwabmünchen 348
Sindringen 55, 56
Sinsheim 92, 131
Sontheim 82
Stockheim 82
Stocksberg, Burg 82
Straubing 95

Talheim 82
Tannhausen 94, 95
Tiefenbach 82

Ulm 86, 94, 348
Untereisesheim 374, 375, 398, 407
Untergriesheim 83
Untergruppenbach 94

Varzin 208

Wangen i. Allgäu 304
Wangen b. Göppingen 304
Weinsberg, Burg und Stadt 47, 48, 50, 55, 56, 125, 182, 183, 255, 256, 298, 343, 414
Weißenburg, Kloster 33, 43, 44

Widdern 55, 56, 180, 306
Wien 95
Wimpfen → Bad Wimpfen

Zschopau 442
Züttlingen 248, 253

Neckarsulm

Albert-Schweitzer-Gymnasium 371, 406 f.
Amorbach 28, 358, 360-363, 370, 371, 376, 401, 422, 423
Amorbacher Hof 142, 155 f., 225
Amorbacher-Hof-Gasse → Lange Gasse
Amorbachschule 362, 398
„Am Sender", Neubaugebiet 26
AQUAtoll, Freizeitbad 372, 377

Ballei 372, 376, 380, 450
Bender, Anwesen 156
Benefizhaus 142
Binswanger Straße 27, 29, 30, 343, 386
Bleichstraße 386
Brunnersche Mühle 158, 253, 254, 269

Centgasse 143

Deutsches Zweirad-Museum und NSU-Museum 367, 370, 380 f., 449 f.

Engelwirtsgasse 142, 143
Ev. Gemeindehaus 432
Ev. Kirche 417, 428-432
Ev. Volksschule 386, 434

Fahräcker 28
Frauenkirche 149
Frühmeßgasse 142

Gemeindehaus (und Töchterinstitut) St. Paulus 346, 394, 410, 420, 421, 422
Gemeindezentrum St. Johannes 424
Georg-Schwarz-Siedlung 323, 341
Gewerbeschule 370, 389 f., 400
Gewerbliches Kreisberufsschulzentrum 409
Greckenhof 142
Große Kelter 92, 141, 155, 225, 356, 364, 378

Hängelbachmühle 158
Hauptstraße 142

Haushaltungs- und Handelsschule St. Paulus 394
Heilbronner Feld 344, 345, 347
Heilig-Geist-Kirche 362, 363
Hermann-Greiner-Realschule 404 ff.

Industriegebiet „Rötel" 296, 375

Johannes-Häußler-Schule 400, 403
Judengasse 143

Kapuzinerkloster 52, 53, 150 f., 415
Karlsschule 391, 392, 396, 400, 403
Kernerstraße 28
Kleine Kelter 62, 92, 141, 143, 155
Kreiskrankenhaus 376
Kreissonderschule G 410
Kurze Gasse 143

Lammwirtsgasse 142, 143
Lange Gasse (Kolpingstraße) 142
Lateinschule 387 f.
Latein- und Realschule 392 f., 396
Lindachkelter 54, 66, 70, 71, 90, 155, 156
Löwenwirtsgasse 142

Marktplatz 358, 367
Martin-Luther-Kirche 364

Nähermühle 70, 71, 158, 253, 269
Neckarschule 386, 396
Neckarsulm-Dahenfeld
  → Orte: Dahenfeld
– Obereisesheim → Orte: Obereisesheim
Neuberg 364, 424
Neubergschule 403
NSU-Kasino 376, 447, 450

Oberschule im Bandhaus 28
Olgastraße 28

Paulinenstraße 27, 28
Pax-Christi-Kirche 362, 423, 424
Pestalozzischule 408
Pfarräcker 26
„Prinz Carl" 136, 158
Progymnasium im Aufbau
  → Albert-Schweitzer-Gymnasium

Rathaus 141, 151-155, 356, 364, 367, 372, 378
Realschule Neckarsulm
  → Hermann-Greiner-Realschule

Reichertsberg 28, 363
Reisachmühle 136, 158, 253, 254, 269

Salinenstraße 28
St.-Johannes-Kirche 424
Schiffmannshof 143, 157
Scheuerberg 45, 134, 135
–, Burg 27, 52 f., 54, 56, 57, 58, 59, 60, 63, 89
Schlieffen-Kaserne 343, 345
Schloßkapelle 145 f., 427, 437
Schloßkelter 225, 356
Spital 148
Stadtbefestigung 139 f.
Stadtbücherei 450
Städtische Musikschule 380, 450
Städtisches Krankenhaus 345, 346

Stadtpfarrkirche St. Dionysius 141, 146-149, 356, 365, 366 f., 415, 420, 421, 424
Stadtschloß 64, 141, 143-146, 346, 366 f.
Steinachschule 370, 400 f., 403
Steppach-Siedlung 323
Sulmtalpark 371

Untere Wildäcker 27
Urbanstraße 143

Viktorshöhe 322, 400 f.

Wartberg 345
Wilhelm-Maier-Schule 403

Ziegelhütte 158 f.

Die Ehrenbürger der Stadt Neckarsulm

Das Ehrenbürgerrecht geht auf die Französische Revolution zurück. Die Städte der jungen französischen Republik hatten als erste damit begonnen, Personen, die sich um ihre Stadt, um ihr Vaterland verdient gemacht hatten, mit dem Titel eines „bourgeois honoraire" auszuzeichnen. Zu den ersten Städten in Deutschland, die einen ähnlichen Ehrentitel vergaben, gehörten Saarbrücken (1790), Frankfurt a.M. und Bremen (1795). In Neckarsulm hat es noch fast 100 Jahre gedauert, bis auch hier ein Ehrenbürgerrecht verliehen wurde. Im Jahre 1888 erhielt der Oberlehrer und Jugendbuchautor *Franz Sträßle* bei seinem Abschied vom Schuldienst das Ehrenbürgerrecht der Stadt Neckarsulm, gleichzeitig wurde ihm die Verdienstmedaille des württembergischen Kronenordens verliehen. Franz Sträßle wurde am 18.12.1817 in Binzwangen bei Riedlingen geboren. Nach seiner Ausbildung zum Volksschullehrer kam er 1845 zum erstenmal nach Neckarsulm, war dann elf Jahre lang Lehrer in Steinbach (Komburg), um letztlich ab 1859 bis zu seiner Pensionierung in Neckarsulm zu wirken. Sträßles literarische Arbeit muß umfangreich und bedeutend gewesen sein. Zeitgenossen bestätigen dies mit lobenden Kommentaren, z.B. Menges: „... der am meisten in den Kinderstuben gelesene Schriftsteller ist Franz Sträßle." Davon ist uns leider sehr wenig überkommen. Im Handschriftenbestand des Frankfurter Goethemuseums/Dt. Hochstift findet sich ein Manuskript mit Märchenbearbeitungen, und im „Deutschen Literatur-Kalender" Berlin/Stuttgart 1889, wird er als vielfältiger Verfasser von „Schul- und Jugendschriften" aufgeführt. Sträßle starb am 21.10.1906 in Neckarsulm.

Jeder an geschichtlichen Fragen interessierte Neckarsulmer kennt den „Maucher", damit ist das erste (gedruckte) Heimatbuch gemeint oder, wie der Verfasser selbst schreibt, die „geschichtlich chronikalische Darstellung der Entwicklung und der Geschicke dieser Stadt", die Geschichte Neckarsulms (Waldsee 1901). Der Autor ist der zweite Ehrenbürger Neckarsulms: *Franz Joseph Maucher,* geb. 14.4.1826 in Hägnaufurt/Winterstettendorf (Krs. Biberach). Er war 35 Jahre lang Seelsorger und Stadtpfarrer in Neckarsulm. Nach der Priesterweihe 1852 diente er als Dompräbendar und 1. Lehrer der Lateinschule Rottenburg, bis er am 4.10.1875 zum Stadtpfarrer an St. Dionysius in Neckarsulm bestellt wurde. In Anbetracht seiner Verdienste im geistlichen Amt verlieh ihm das württembergische Königshaus den Friedrichsorden, im Jahre 1900 erhielt er den Titel „Oberkirchenrat". Die Stadt Neckarsulm verlieh Maucher durch Beschluß von Gemeinderat und Bürgerausschuß am 4.10.1894 das Ehrenbürgerrecht. Wegen der auch stadtgeschichtlich interessanten Erläuterung sei auszugsweise das entsprechende Protokoll zitiert: „... dem Herrn Stadtpfarrer Maucher aus Anlaß der heutigen bischöflichen Konsekration der wiederhergestellten Klosterkirche und des damit zusammentreffenden Jubiläums seines hiesigen und segensreichen Wirkens und gebührender Anerkennung der vielen und großen Verdienste, die derselbe bei der Renovation der seit 4.10.1811 geschlossenen und seit 1829 als städtisches Magazin benützten Klosterkirche, ... um Stadt, Kirche und Schule sich erworben hat, das Ehrenbürgerrecht der Stadt zu verleihen." Franz Joseph Maucher starb am 29.10.1910, seine Grabstätte befindet sich im alten Friedhof zu Neckarsulm.

Mit Kommerzienrat *Gottlob Banzhaf,* am 19.11.1858 in Illingen bei Mühlacker geboren, wurde 1911 ein Mann der Industrie mit der höchsten Auszeichnung einer Kommune geehrt. Gottlob Banzhaf, der Schwager des jung verstorbenen Firmengründers Christian Schmidt, ein Mann von aufrechter Art und großer Schaffenskraft, war der erste Direktor der „Neckarsulmer Strickmaschinen-Fabrik" von 1884 bis zum Jahre 1910. Ihm ist es letztlich zu verdanken, daß aus dem Unternehmen die weltbekannten NSU-Werke wurden. Er veranlaßte die Aufnahme der Fahrradproduktion, die Herstellung des damals in Deutschland noch kaum bekannten Motorrades und ab 1906 die Aufnahme des Automobilbaus. In Anerkennung seiner „Verdienste um die württbg. Industrie" wurde Gottlob Banzhaf 1908 vom damaligen König zum Kommerzienrat ernannt. Aus Gesundheitsgründen schied er 1910 als Generaldirektor der in eine Aktiengesellschaft umgewandelten Firma aus, blieb aber Mitglied des Aufsichtsrates und siedelte nach Stuttgart über. Die Stadt Neckarsulm ehrte die Verdienste des Scheidenden dadurch, daß sie ihm das Ehrenbürgerrecht verlieh. Banzhaf schreibt in seinen Lebenserinnerungen (1921), „daß sich die ehemalige Mechanische Werkstätte zu einem Fahrzeugwerk mit über 2000 Beschäftigten ausgewachsen habe, erfülle ihn mit Befriedigung". Gottlob Banzhaf starb am 11.10.1930, die Straße vom NSU-Ledigenheim zur Neuenstädter Straße erhielt seinerzeit seinen Namen.

Zwischen den beiden Weltkriegen wurde im Jahre 1930 an *Prof. Dr. Ernst Bauer* das Ehrenbürgerrecht verliehen, nachdem sein Heimatspiel „Peter Heinrich Merckle, der Löwenwirt von Neckarsulm" ein großer Erfolg war; rund 15000 Personen hatten an 15 Tagen die Vorstellungen der Neckarsulmer Laienspielschar besucht. Ernst Josef Bauer, geb. 17.3.1881 in Neckarsulm, Gymnasialprofessor in Ludwigsburg bis zu seinem Tode am 18.4.1940, war also der erste in Neckarsulm geborene Ehrenbürger. Die Verleihungsurkunde führt u.a. dazu aus: „Er hat sich gezeigt als Künder Alt-Neckarsulmer Bürgertugend, als Wegweiser aus heutiger Not, als Wahrer und Mehrer des Ansehens und Ruhmes seiner Heimatstadt..." Ungeklärt ist die Frage, warum Prof. Bauer sein Ehrenbürgerrecht im Januar 1934 zurückgab. Es fehlen darüber entsprechende Unterlagen, nur der Vorgang als solcher ist vermerkt. Zeitzeugen meinen, Bauer habe damit protestieren wollen gegen die nach 1933 in den Städten gängige Praxis, den an die Macht gekommenen NS-Größen Ehrenrecht und Titel zu verleihen. Auch der Neckarsulmer Gemeinderat hatte sich dieser „Übung" angeschlossen und dem damaligen Ministerpräsidenten Christian Mergenthaler im Juli 1933 das Ehrenbürgerrecht verliehen (1947 wieder aberkannt!).

Eine große Grund- und Hauptschule und eine Straße im Stadtteil Amorbach tragen seinen Namen: *Johannes Häußler*, erster Ehrenbürger im Neuanfang der Demokratie. Johannes Häußler, geb. 24.11.1879 in Arnegg bei Ulm, war über 30 Jahre lang – Unterbrechungen 1941 – 1945/46 – Stadtschultheiß und Bürgermeister der Stadt Neckarsulm. Als Oberamtssekretär von Ravensburg kommend, wurde er erstmalig am 2.10.1913 mit überzeugender Mehrheit gewählt. Fortan leitete er die Geschicke der Gemeinde, getreu seinem Wahlspruch „Diener der Stadt", mit großem Einsatz überaus erfolgreich. Er hat die aufstrebende Industriestadt mitgeprägt durch sein Eintreten für den Bau des Nekkarkanals, durch sein Handeln in den NSU-Krisen, durch sein soziales Engagement, z.B. als Mitbegründer der Heimstättengenossenschaft, vor allem durch seine Standfestigkeit in den schweren Zeiten der beiden Kriege. Zum 1. März 1949 legte er sein Amt infolge schwerer Krankheit nieder. Der Gemeinderat beschloß einstimmig, ihm anläßlich seines Ausscheidens das Ehrenbürgerrecht zu verleihen. Johannes Häußler starb am 16.9.1949.

Zu seinem 70. Geburtstag, am 20.8.1950, wurde *Richard Spohn*, Gemeinderat und Direktor der Gebrüder Spohn GmbH mit dem Ehrenbürgerrecht ausgezeichnet. Als junger Mann war er mit seinem Vater, Kommerzienrat Julius Spohn, und den Brüdern aus Ravensburg nach Neckarsulm gekommen, um beim Aufbau der umgesiedelten Jutespinnerei und -Weberei zu helfen. Ab 1919 war Richard Spohn Geschäftsführer der Firma und machte sie zu einem der bedeutendsten Unternehmen der deutschen Juteindustrie (1950 ca. 850 Beschäftigte). Er hatte zu dieser Zeit Funktionen im Aufsichtsrat der Vereinigten Jutespinnereien und -Webereien AG, der DLW Bietigheim, Portland-Zementwerke Heidelberg, EVS Biberach, Brauerei Cluss Heilbronn u.a. Nicht nur in seinen Unternehmen und in Wirtschaftsgremien war Richard Spohn aktiv, sondern schon 1945 begann seine elfjährige Tätigkeit in der Neckarsulmer Kommunalpolitik. In dieser Zeit war es für die Stadt von Nutzen, guten Kontakt zur Firma zu haben, die durch Bereitstellung von Geräten und Materialien zum Wiederaufbau Neckarsulms einen wertvollen Beitrag leistete. Richard Spohn erhielt als erster Unternehmer der Region das Große Bundesverdienstkreuz. 1956 verzichtete das langjährige Mitglied der CDU-Gemeinderatsfraktion auf eine Wiederwahl. Am 20.9.1959 ist Richard Spohn gestorben; die Fa. Gebrüder Spohn GmbH stellte zum 30.6.1981 ihre Produktion ein.

Am Vorabend seines 70. Geburtstags, am 11.2.1956, wurde das Vorstandsmitglied der Heimstättengenossenschaft Neckarsulm *Hermann Greiner* „in Anerkennung seiner Verdienste um die Stadt" zum Ehrenbürger ernannt. Der im Jahre 1886 in Stangenbach/Wüstenrot geborene Greiner, ehemals Dreher bei den NSU-Werken, Mitbegründer der Heimstättengenossenschaft 1917 und danach lange Jahre deren Geschäftsführer, gehörte zu den markantesten Persönlichkeiten der Stadt. Hermann Greiner war Mitglied des Gemeinderats von 1919 bis zum Ausschluß der SPD im Juni 1933. Während des Dritten Reiches politisch verfolgt und letztlich ins KZ gebracht, stellte er sich nach Kriegsende sofort wieder in den Dienst der Allgemeinheit. Er wird zum stellvertretenden Bürgermeister bestellt, bis Joh. Häußler 1946 die Amtsgeschäfte wieder übernehmen kann. Die Lösung sozialer Fragen und die Beseitigung von Notständen waren für Hermann Greiner das Hauptanliegen seiner vielfältigen politischen Betätigung. Er gehörte dem ersten Landtag von 1946–1950 sowie dem Gemeinderat und dem Kreistag an. Als erstem Einwohner des Landkreises Heilbronn wurde ihm 1952 das Bundesverdienstkreuz am Bande, bei seinem Abschied von den politischen Mandaten 1968 das Große Bundesverdienstkreuz verliehen. Der „große alte Mann" der Neckarsulmer Sozialdemokratie starb am 25.6.1976.

Die zeitlich jüngste Verleihung des Ehrenbürgerrechts erfolgte am 9.11.1989 an *Karl Volk* anläßlich seines Ausscheidens aus dem Gemeinderat der Stadt Neckarsulm. Karl Volk, geb. 22.12.1924 in Neckarsulm, ehem. Geschäftsführer der AUDI-Betriebskrankenkasse, war seit 1954, also 35 Jahre lang, Mitglied des Gemeinderates, seit 1962 Vorsitzender der CDU-Fraktion, für seine Partei auch ab 1971 im Kreistag. Darüber hinaus hatte sich Karl Volk über lange Jahre in verschiedenen Vereinen und Gremien engagiert: z.B. als Vorstandsvorsitzender der Volksbank seit 1968, als Vorsitzender der Sportfreunde Neckarsulm von 1950 bis 1974, auch als Mitglied des Zulassungsausschusses für Kassenärzte im Bezirk Nordwürttemberg. Seine hervorragenden Verdienste um das Gemeinwohl fanden schon 1979 ihre Würdigung mit der Verleihung des Bundesverdienstkreuzes und der Ehrenmedaille. Karl Volk ist außerdem seit seinem 60. Geburtstag Träger des Ehrenringes der Stadt Neckarsulm.

Bildnachweis

Bauverwaltungsamt Neckarsulm: Taf. 9
Bayerisches Hauptstaatsarchiv München: Abb. 14
Ev. Stadtkirche Neckarsulm, Archiv: Abb. 148, 151 – 154
Fundberichte aus Baden-Württemberg 9, 1984 (Taf. 18 A): Abb. 9
Hauptstaatsarchiv Stuttgart: Abb. 17; Taf. 1 unten
Dr. A. Häußler, Neckarsulm: Abb. 145
Dieter Herlan, Neckarsulm: Abb. 107
Hermann-Greiner-Realschule: Abb. 140
Hohenlohe Zentralarchiv Neuenstein: Abb. 16
Landesdenkmalamt Baden-Württemberg, Arch. Denkmalpflege: Abb. 10
Naturhistorisches Museum Heilbronn: Abb. 5, 8
Hans Posovsky, Ellhofen: Abb. 46, 48, 142; Taf. 4 unten, 12
Staatsarchiv Ludwigsburg: Abb. 22 – 24, 28, 31, 37, 39, 51; Taf. 3 unten
Staatsarchiv Wertheim: Taf. 2 links
Stadtarchiv Heilbronn: Abb. 41
Stadtarchiv Neckarsulm: Abb. 1 – 4, 6, 7, 18, 20, 21, 25 – 27, 29 – 31, 33 – 36, 38, 40, 42 – 44, 47, 49, 50, 52 – 55, 57 – 89, 92 – 106, 108 – 138, 141, 143, 144, 146, 147, 155 – 160, 162; Taf. 3 oben, 4 oben, 5 – 8, 10, 11
Stadtarchiv Schwäbisch Hall: Taf. 1 oben
Städtische Museen Heilbronn: Abb. 11 (Zeichnung Gustav Scholl), 12 (Foto Werner E. Friedel), 13, 15 (Foto Werner E. Friedel)
Städtische Musikschule Neckarsulm: Abb. 161
Heinz Thudium, Neckarsulm: Abb. 139
August Vogt, Neckarsulm: Abb. 45
Elisabeth Gräfin Waldersee, Von Klarheit zu Klarheit, Stuttgart 1915: Abb. 149, 150
Württembergische Landesbibliothek: Abb. 56, 91
Württembergisches Landesmuseum: Abb. 19; Taf. 2 rechts

Landeskunde – Landesgeschichte

Reiner Rinker
Baden-Württemberg in der Mitte Europas

78 Seiten mit 64 Farbtafeln. Text und Bildlegenden dreisprachig. Baden-Württemberg: eine glückliche Mischung aus Gottesgaben und Menschenwerk. Dies zeigen die bestechend schönen Farbtafeln mit Landschaften, Städten, Fachwerkdörfern, Burgen, Schlössern und Kirchen.

Hermann Baumhauer
Baden-Württemberg

Bild einer Kulturlandschaft. 256 Seiten mit 156 ganzseitigen Farbtafeln. Ein farbiger Geschenkband, der zu über 150 ausgewählten, besonders eindrucksvollen kulturhistorischen Sehenswürdigkeiten führt.

Hermann Baumhauer
Im Herzen des Schwabenlandes

Kulturgeschichte in Wort und Bild. 180 Seiten mit 118 Farbtafeln. Dieser prächtige Band führt in die reizvolle Landschaft zwischen Schwarzwald und Alb, Donau und Franken mit ihren kulturhistorischen Zeugnissen.

Albrecht Brugger
Baden-Württemberg

Eine Landeskunde im Luftbild. 258 Seiten mit 161 Tafeln, davon 125 in Farbe. Die Spannweite und Vielschichtigkeit des Landes in Vergangenheit und Gegenwart, eingefangen in neuer, überraschender Perspektive.

Albrecht Brugger
Baden-Württemberg. Landschaft im Wandel

Eine kritische Bilanz in Luftbildern aus 35 Jahren. 143 Seiten mit 111 Abbildungen, davon 16 in Farbe. Die einzigartige Dokumentation rapider und totaler Landschaftsveränderung.

Karl und Arnold Weller
Württembergische Geschichte im südwestdeutschen Raum

464 Seiten mit 56 Tafeln und 19 Karten. Beginnend mit der Vor- und Frühgeschichte bis hin zur regionalen Neuordnung des Bundeslandes Baden-Württemberg spannt sich der Bogen dieser umfassenden Darstellung der Geschichte Südwestdeutschlands.

Die Geschichte Baden-Württembergs

Herausgegeben von Reiner Rinker und Wilfried Setzler. 458 Seiten mit 203 Abbildungen auf 104 Tafeln und zahlreichen Abbildungen im Text. 26 Historiker verfolgen die geschichtliche Entwicklung auf dem Boden des heutigen Bundeslandes von der Vor- und Frühgeschichte bis zur Gegenwart.

Julius Fekete
Kunst- und Kulturdenkmale in Stadt- und Landkreis Heilbronn

333 Seiten mit 201 Abbildungen. Der handliche Führer zu den kunsthistorischen Sehenswürdigkeiten und Kulturdenkmalen in Stadt- und Landkreis Heilbronn.

THEISS

Schwäbisches – Unterhaltsames

Traugott Haberschlacht
Kleine Geschichten aus alter Zeit

Verbürgtes, Überliefertes und Erfundenes von der Stein- bis zur Backsteinzeit. 213 Seiten mit 15 Zeichnungen. Die von Sachkenntnis nicht ungetrübten historischen Purzelbäume dieses Buches beweisen, daß Geschichten aus der alten Geschichte weder langweilig und trocken sein müssen, noch einer gewissen Aktualität entbehren.

Traugott Haberschlacht
Kleine Geschichte(n) von Baden-Württemberg

Verbürgtes, Überliefertes und Erfundenes von der Früh- bis zur Spätzeit. 238 Seiten mit 16 Zeichnungen. 39 historische Purzelbäume über die Geschichte unseres Landes.

Gunter Haug
Droben stehet die Kapelle...

Ausflüge in die Vergangenheit Schwabens. 192 Seiten mit 15 Zeichnungen. Erlebte Geschichte auf fünfzig Ausflügen zu schwäbischen Sehenswürdigkeiten, Museen, Gedenkstätten und Naturdenkmalen.

Wolfgang Walker
Du, Mutter, wenn ich größer bin

Gedichte von früher – wiederentdeckt in UAwg. 160 Seiten. Gedichte für jeden Tag und alle Lebenslagen, gesucht und gefunden in der bekannten SDR-Sendung »UAwg«.

Karl Napf
Der Schultes

Anekdoten ums Rathaus. 126 Seiten mit 8 Zeichnungen. Der »neue Napf«: 99 Anekdoten um Bürgermeister, Bauraschultes und Gemeinderäte in Baden-Württemberg.

Karl Napf
Der fromme Metzger

Heitere Geschichten aus der Provinz. 196 Seiten mit 14 Zeichnungen. Der Autor zeichnet in seinen 36 knapp gefaßten amüsanten »neuen Schwarzwälder Dorfgeschichten« ein farbiges Bild ländlichen und kleinstädtischen Milieus, das nicht in Nostalgie verfällt, sondern durch seine Gegenwartsnähe besticht.

Karl Napf
Der neue Schwabenspiegel

208 Seiten mit 14 Zeichnungen. Mit Witz, Humor und Ironie zeichnet Karl Napf das Bild des Schwaben, wie er wirklich ist. 33 Porträts real existierender Württemberger, z. B. »Die Kehrwöchnerin«, »Der Tüftler«, »Der Häuslebauer«, »D' heilig Sophie«, »Der Daimlerarbeiter« und viele mehr.

Manfred Wetzel
Vom Mummelsee zur Weibertreu

Die schönsten Sagen aus Baden-Württemberg. 418 Seiten mit 48 Zeichnungen. 200 Sagen aus allen Landesteilen Baden-Württembergs, neu erzählt und reizvoll illustriert.

THEISS